Fatos Baxhaku / Karl Kaser
Die Stammesgesellschaften Nordalbaniens

Fatos Baxhaku / Karl Kaser

Die Stammesgesellschaften Nordalbaniens

Berichte und Forschungen
österreichischer Konsuln und Gelehrter
(1861–1917)

BÖHLAU VERLAG WIEN · KÖLN · WEIMAR

Gedruckt mit Unterstützung durch
den Fonds zur Förderung der wissenschaftlichen Forschung

Umschlagabbildung: Das Photo zeigt Baron Franz von Nopsca in typisch
nordalbanischer Tracht und Bewaffnung; Phototek Marubi, Shkodra.

Die Deutsche Bibliothek – CIP-Einheitsaufnahme

Baxhaku, Fatos:
Die Stammesgesellschaften Nordalbaniens : Berichte und Forschungen
österreichischer Konsuln und Gelehrter (1861–1917) / Fatos Baxhaku/Karl Kaser. –
Wien ; Köln ; Weimar : Böhlau, 1996

ISBN 3-205-98470-6

NE: Kaser, Karl

© 1996 by Böhlau Verlag Ges.m.b.H. und Co.KG., Wien · Köln · Weimar

Gedruckt auf umweltfreundlichem, chlor- und säurefreiem Papier

Satz und Repro: Zehetner Ges. m. b. H., 2105 Oberrohrbach

Druck: Plöchl, 4240 Freistadt

Inhalt

Einleitung

Ein Buch über die Stammesgesellschaften Nordalbaniens berührt nicht nur ent-
rückte Vergangenheit, sondern auch die Gegenwart. Selbst nach fünf Jahrzehnten der kommunistischen Repression gegen die archaisch anmutenden Stam-
messtrukturen und des Versuchs einer radikalen Modernisierung in den schwer
zugänglichen Gebirgsregionen bestehen beträchtliche Reste von
Stammesdenken, Stammesverwaltung und Stammesterritorien. Die Auseinandersetzung, die zwischen Stammes- und Staatsmacht das gesamte 20. Jahrhundert hindurch geführt worden ist, endete vorläufig damit, daß sich beide Macht-
sphären nun überlagern. So stehen gewählte Bürgermeister als Vertreter des
Staats und die auf Grund des Gewohnheitsrechts agierenden Stammesoberhäup-
ter neben- und vielfach gegeneinander; zum Teil wird nach staatlichen Rechts-
vorstellungen gerichtet, zum Teil nach gewohnheitsrechtlichen. Das Wiederauf-
leben der Blutrache in den letzten Jahren ist ein unübersehbares Zeichen dafür,
daß das Gewohnheitsrecht in vielen Regionen des Nordens noch bedeutsame
juridische Relevanz besitzt.

Der „Kanuni i Lek Dukagjinit" (Gewohnheitsrecht des Lek Dukagjin), wie
dieses Gewohnheitsrecht allgemein in Albanien bezeichnet wird, regelte über
Jahrhunderte das Leben der Menschen in jenen Gebirgszonen, in denen staatliche Administrationen nicht Fuß fassen konnten. Seit der zweiten Hälfte des
14. Jahrhunderts gerieten die albanischen Siedlungsgebiete sukzessive unter die
Herrschaft des Osmanischen Reiches. In den folgenden Jahrhunderten bis zum
Ende der osmanischen Oberherrschaft (1912) gelang der fremden Verwaltung
lediglich die Etablierung einer indirekten Herrschaft über die Stammesgebiete.
Dies und der Umstand, daß es bis heute in diesen Gebieten an einer starken
politischen Autorität – selbst die kommunistische Regierung mußte sich mit
einer eher formalen Herrschaft begnügen – mangelte, erklärt, weshalb dieses
Gewohnheitsrecht gegenwärtig noch eine so wesentliche Rolle spielt.

Lek (Alexander) Dukagjin, nach dem das Gewohnheitsrecht bezeichnet wird,
war ein Zeitgenosse des albanischen Nationalhelden Skenderbeg (gestorben
1468), der für einige Jahrzehnte erfolgreichen Widerstand gegen die Unterwerfung albanischer Territorien unter die osmanische Herrschaft organisieren
konnte. Die Frage, wie alt dieses Gewohnheitsrecht ist, kann nicht eindeutig
beantwortet werden; jedenfalls wird man annehmen können, daß Lek dieses
Recht nicht geschaffen, sondern lediglich bestehende Rechtstraditionen zusammengefaßt hat.

Wenn sich nun ein albanisch-österreichisches Historikerteam zusammenge-
funden hat, um gemeinsam einen Beitrag zur Geschichte des Gewohnheitsrechts sowie zur Geschichte und Organisation dieser Stammesgesellschaften zu
leisten, so geschieht dies vor dem Hintergrund folgender Überlegungen: Österreichisch-ungarische Gelehrte und diplomatische Vertreter haben bedeutsame

Beiträge zur Erforschung von Geschichte, Gesellschaft und Sprache der Albaner und Albanerinnen geleistet. Namen wie Franz von Miklosich, Gustav Meyer, Wilhelm Meyer-Lübke, Norbert Jokl und Maximilian Lambertz im philologischen Bereich; Ludwig von Thallóczy, Konstantin Jireček und Milan von Šufflay im historischen Fachgebiet; Arthur Haberlandt auf dem Gebiet der Ethnographie und Franz Seiner auf dem der Demographie; J. G. von Hahn, der Begründer der Albanologie, Theodor Anton Ippen und Franz Baron Nopcsa waren mehr oder weniger in allen diesen Bereichen tätig. Das damalige Erkenntnisinteresse war zwar nicht ausschließlich, so aber doch zu einem gewissen Ausmaß von den außenpolitischen Interessen der Monarchie bestimmt, die sich mit Albanien einen zuverlässigen Partner auf dem Balkan zu sichern trachtete. Außerdem war der damalige Wissenstransfer aufgrund einer lange Zeit nichtgegebenen albanischen akademischen Tradition ein einseitiger: Es waren die österreichisch-ungarischen Wissenschafter, die bestimmten, was von wissenschaftlichem Interesse war; sie beschrieben die Menschen, schrieben deren Geschichte und analysierten deren Sprache ausschließlich aus ihrer Perspektive. Inzwischen sind siebzig, achtzig Jahre vergangen, und die politische und kulturelle Situation hat sich geändert. Österreich ist erstens keine Großmacht mehr und kann keine außenpolitischen Interessen gegenüber Albanien geltend machen. Inzwischen ist in Albanien bereits die zweite Generation an Akademikern in die wissenschaftlichen Institutionen eingerückt, was nun die Möglichkeit einer gleichberechtigten Kooperation bietet.

Das vorliegende Buch ist die Dokumentation einer solchen Kooperation. Ein albanischer und ein österreichischer Historiker, das Institut für Geschichte an der Albanischen Akademie der Wissenschaften, die Österreichische Akademie der Wissenschaften, das Österreichische Bundesministerium für Wissenschaft und Forschung sowie das Institut für Geschichte an der Karl-Franzens-Universität Graz waren in Vorbereitung, Organisation und Finanzierung des Forschungsprojekts involviert, dessen Ergebnis nun vorliegt.

Österreichisch-ungarische Diplomaten und Forscher haben zum Problem von Geschichte und Organisation der nordalbanischen Stammesgesellschaften erhebliche Grundlagenarbeit geleistet. J. G. von Hahn, der deutsche Diplomat in österreichisch-ungarischen Diensten, war einer der ersten. In seinen „Albanesischen Studien" widmete er dem Problembereich drei Kapitel: „Verfassung der Gebirgsstämme im Bisthume von Skodra", „Notizen über die Stämme des Bisthums Pulati" und „Stammessagen der Gebirgsstämme im Bisthume von Skodra".[1] Wesentliche Angaben, vor allem was die Größe der Stämme und die Anzahl von Stammesmitgliedern anlangt, verdanken wir den Studien von Spiridion Gopčević.[2] Wichtige Forschungsergebnisse in geographischer und ethnographi-

---

1 HAHN, Johann Georg von: Albanesische Studien, Jena 1854, S. 173–210.
2 GOPČEVIĆ, Spiridion: Ethnographische Studien in Ober-Albanien, in: Dr. A. Petermann's Mitteilungen 26/1880, S. 405–420. Ders.: Oberalbanien und seine Liga, Leipzig 1881. Ders.: Die Ehe in Oberalbanien, in: Globus 9/1881, S. 71–74; 10/1881, S. 151–154; 11/1881, S. 170–172.

scher Hinsicht liegen auch vom österreichisch-ungarischen Generalkonsul in Shkodër, Theodor von Ippen, vor, der seinen Aufenthalt im Land (1897–1904) für die Abfassung einer Reihe von wissenschaftlichen Studien nutzte.[3] Aus den eineinhalb Jahrzehnten vor dem Ersten Weltkrieg liegt eine Reihe von interessanten Reiseberichten, die allerdings unterschiedliche wissenschaftliche Qualität aufweisen, vor. Sie suchen zumeist das Exotische in Form der Blutrache oder der Mannfrau und breiten dieses ausführlich vor ihrem Lesepublikum aus. Erwähnt werden sollten diesbezüglich Erich Liebert,[4] Paul Siebertz[5] und Karl Steinmetz.[6] Sowohl qualitativ als auch quantitativ ragen die Arbeiten von Baron Franz von Nopcsa heraus. Er hielt sich lange genug in den Stammesgebieten auf, um einerseits viel von den damals vorhandenen mündlichen Überlieferungen sammeln zu können, andererseits um die Praxis des Gewohnheitsrechts gründlich zu studieren, die materielle Kultur aufzuzeichnen und die spärlichen schriftlichen Quellen zu sammeln.[7] Im Verlauf des Ersten Weltkriegs war Nord- und Mittelalbanien zwischen 1916 und 1918 von österreichisch-ungarischen Truppen besetzt. Im Gefolge kamen auch verstärkt Wissenschafter ins Land. In dieser Zeit entstanden beispielsweise die Studien Arthur Haberlandts.[8] Ein Pio-

---

3 Zum Beispiel: IPPEN, Theodor: Das Gewohnheitsrecht der Hochländer in Albanien, in: Zeitschrift für Ethnologie 33/1901, S. 43–57; 352–363. Ders.: Skutari und die nordalbanische Küstenebene, Sarajevo 1907 (= Zur Kunde der Balkanhalbinsel/Reisen und Beobachtungen 5). Ders.: Die Gebirge des nordwestlichen Albaniens, Wien 1908 (= Abhandlungen der k.k. Geographischen Gesellschaft in Wien 7).

4 LIEBERT, Erich: Aus dem nordalbanischen Hochgebirge, Sarajevo 1909 (= Zur Kunde der Balkanhalbinsel; Reisen und Beobachtungen 10).

5 SIEBERTZ, Paul: Albanien und die Albanesen. Landschafts- und Charakterbilder, Wien 1910.

6 STEINMETZ, Karl: Reise durch die Hochländergaue Oberalbaniens, Wien-Leipzig 1904 (= Zur Kunde der Balkanhalbinsel; Reisen und Beobachtungen 1). Ders.: Ein Vorstoß in die nordalbanischen Alpen, Wien-Leipzig 1905 (= Zur Kunde der Balkanhalbinsel; Reisen und Beobachtungen 3). Ders.: Von der Adria zum Schwarzen Drin, Sarajevo 1908 (= Zur Kunde der Balkanhalbinsel; Reisen und Beobachtungen 6).

7 NOPCSA, Franz: Das katholische Nordalbanien, Budapest 1907. Ders.: Beitrag zur Geschichte der Morde in Nordalbanien, in: Mitteilungen der kais.königl. Geographischen Gesellschaft in Wien 50, S. 429–437. Ders.: Aus Šala und Klementi. Albanische Wanderungen, Sarajevo 1910 (= Zur Kunde der Balkanhalbinsel; Reisen und Beobachtungen 11). Ders.: Haus und Hausrat im katholischen Nordalbanien, Sarajevo 1912 (= Zur Kunde der Balkanhalbinsel; Reisen und Beobachtungen 16). Ders.: Beiträge zur Vorgeschichte und Ethnologie Nordalbaniens, in: Wissenschaftliche Mitteilungen aus Bosnien und Herzegowina 12/1912, S. 168–253. Ders.: Zur Geschichte der Kartographie Nordalbaniens, in: Mitteilungen der k.k. Geographischen Gesellschaft in Wien 59, Wien 1916, S. 520–585. Ders.: Die Herkunft des nordalbanischen Gewohnheitsrechtes, des Kanun Lek Dukadzinit, in: Zeitschrift für vergleichende Rechtswissenschaft 40/1923, S. 371–376. Ders.: Albanien. Bauten, Trachten und Geräte Nordalbaniens, Berlin 1925. Ders.: Topographie und Stammestradition in Nordalbanien, in: Festschrift für Carl Uhlig, Öhringen 1932, S. 1–11.

8 HABERLANDT, Arthur; LEBZELTER, V.: Zur physischen Anthropologie der Albanesen, in: Archiv für Anthropologie, N.F. 17, Braunschweig 1919, S. 123–154. HABERLANDT, Arthur: Ethnographische Beobachtungen in Montenegro und Albanien, in: Mitteilungen der k.k. geographischen Gesellschaft 60/1917, S. 92f. Ders.: Kulturwissenschaftliche Beiträge zur Volkskunde von Montenegro. Albanien und Serbien. Ergebnisse in den von k.u.k. Truppen besetzten Gebieten, Wien 1917 (= Zeitschrift für österreichische Volkskunde, Erg.-Bd. 12 zu Jg. 23).

nierwerk stellt die von Franz Seiner organisierte erste Volkszählung in den
Stammesgebieten dar. Obwohl diese Erhebung von großen Schwierigkeiten begleitet war und daher einige Mängel aufweist, erhalten wir durch sie erstmals
einigermaßen gesicherte Angaben über die Zahl der Stämme, deren Verbrei-
tungsgebiete, die Einwohnerzahlen der einzelnen Dörfer, die Zahl der waffenfähigen Männer sowie der Katholiken und Mohammedaner. Auf einer Fläche
von etwa 8.000 Quadratkilometern hatten etwa 65 Stämme Territorien in Besitz.
Von den etwa 160.000 Bewohnern lebten etwa 60.000 in katholischen und 90.000
in moslemischen Stämmen; etwa 10.000 Bewohner in moslemisch-katholisch gemischten Stammesverbänden.[9]

Das noch heute grundlegende Wissen über die nordalbanischen Stammesgesellschaften wurde in dieser Pionierphase vor dem Ersten Weltkrieg zu einem
beträchtlichen Teil von österreichischen Konsuln und Gelehrten erarbeitet.
Daneben leistete die italienische wie auch die englische Ethnographie bzw. Ethnologie, vertreten durch Ernesto Cozzi[10] und Mary Durham,[11] wichtige Arbeiten.

Die Habsburger Monarchie war in der nordalbanischen Metropole Shkodër
seit der Mitte des 19. Jahrhunderts ständig durch Konsuln vertreten. Sie stellten
bis zur definitiven Errichtung eines selbständigen albanischen Staats im Jahr
1913 die wichtigste österreichische diplomatische Vertretung im albanischen
Bereich dar. Ein wesentlicher Grund für das österreichische Engagement war
die Schutzfunktion, die die Monarchie über die katholischen Bewohner Nordalbaniens ausübte.[12] Die Berichte der österreichischen Repräsentanten an ihre
Dienststelle in Wien stellen eine Quelle ersten Ranges dar. Sie betreffen, dies
muß einschränkend hinzugefügt werden, jedoch in erster Linie die katholischen
Stämme, denen die primäre Aufmerksamkeit der österreichischen Diplomaten
galt. Die österreichischen Konsulatsberichte[13] wurden für die Rekonstruktion
der sozialen, demographischen und ökonomischen Verhältnisse in den Stammesgebieten bislang lediglich teilweise genutzt. Zu erwähnen wäre diesbezüglich etwa die Arbeit von Engelbert Deusch.[14] Neben diesen ungenutzten Konsu-

---

9 SEINER, Franz: Ergebnisse der Volkszählung in Albanien. In dem von den österr.-ungarischen
  Truppen 1916–1918 besetzten Gebieten, Wien-Leipzig 1922 (= Akademie der Wissenschaften
  in Wien. Schriften der Balkankommission, Linguistische Abteilung 13). Ders.: Die Gliederung
  der albanischen Stämme, Graz 1922.

10 COZZI, Ernesto: Malattie, Morte, Funerali nelle Montagne d'Albania, in: Anthropos 4/1909,
   S. 903–918. Ders.: La vendetta del sangue nelle montagne dell' alta Albania, in: Anthropos 5/
   1910, S. 624–687. Ders.: La donna albanese con speciale riguardo al diritto consuetudinario
   delle Montagne di Scutari, in: Anthropos 7/1912, S. 309–335; 617–626.

11 DURHAM, Mary Durham: High Albania, London 1909 (Reprint 1994). Dies.: Some tribal origins, laws and customs of the Balkans, London 1928.

12 Siehe dazu: SCHANDERL, Hanns Dieter: Die Albanienpolitik Österreich-Ungarns und Italiens
   1877–1908, Wiesbaden 1971 (= Albanische Forschungen 9). BENNA, Anna Hedwig: Studien
   zum Kultusprotektorat Österreich-Ungarns in Albanien im Zeitalter des Imperialismus (1888–
   1918), in: Mitteilungen des österreichischen Staatsarchivs 7/1954, S. 13–46.

13 Haus-, Hof- und Staatsarchiv, Politisches Archiv XXXVIII.

14 DEUSCH, Engelbert: Statistische Angaben über Albaniens Katholiken im letzten Viertel des
   19. Jahrhunderts in k.u.k. Konsulatsberichten, in: Österreichische Osthefte 31,3/1989, S. 113–141.

Übersicht
der
Gliederung der albanischen Stämme (Bajraks, Fahnen)
im vormals k.u.k. Besatzungsgebiet
Albanien 1918
Entworfen von Franz Seiner
Maßstab 1:1,000.000

Legende
— Grenze des Gebietes der Stämme
— Gau
— Stammesgrenze
— Flußläufe
○ bis 1000 Einwohner
● von 1-5000 "
● " 10-14.000 "
● " 20-25.000 "
● " 60.000 "

1. Boga 228 - 57	15. Bëna 1643 - 408	32. Kopliku 1455 - 355	49. Reçi (Dibra) 1429 - 346
2. Nikçi 685 - 178	16. Berisha 1013 - 276	33. Krasniqi 4803 - 1210	50. Reçi (Shkodra) 1414 - 311
3. Selca 852 - 160	17. Bishkashi/Brānzha/2191-417	34. Kruma 3875 - 1202	51. Branzhija 423 - 73
4. Vukli 712 - 178	18. Bitçi 2044 - 507	35. Rthella 3952 - 793	52. Brijolli 1530 - 361
Abwesende Angehörige des Gaues 2202 - 508	19. Boksi 1498 - 281	36. Karbini 2209 - 505	53. Selita 1877 - 379
5. Matja 23.643 - 5401	20. Bugjoni 1198 - 256	37. Ljuma 17.978 - 3724	54. Shala 2512 - 650
6. Dibri 5774 - 1254	21. Buza e ujit 675 - 161	38. Lohja 709 - 174	55. Sheh-Hysrnaj (Zrhjani) 1760 - 318
7. Fándi 3332 - 773	22. Dardha 1198 - 238	39. Lurja 1605 - 284	56. Shkreli 2688 - 620
8. Kushnëni 2430 - 537	23. Dervishaj (Kryjka) 995 - 176	40. Luznja 1415 - 298	57. Shoshi 1293 - 337
9. Oroshi 1160 - 228	24. Drishti 1202 - 253	41. Mali i zi 2524 - 578	58. Shllaku-Mazrreku 2023 - 465
10. Spaçi 4230 - 940	25. Gashi-Shipshani 3628 - 770	42. Merburi 2211 - 522	59. Skandëri (Homeshi) 2773 - 663
11. Bulgëri 769 - 165	26. Gimaj 565 - 146	43. Muhuri 1304 - 281	60. Suma 641 - 122
12. Kryezezi 897 - 220	27. Grizha 1044 - 234	44. Nikaj 1652 - 411	61. Temali-Dushmani 939 - 216
13. Manatija 629 - 139	28. Iballja 3197 - 770	45. Plandi 980 - 242	62. Toplana 254 - 63
14. Velja 840 - 203	29. Kabashi 1494 - 345	46. Puka 1525 - 388	63. Xhani 435 - 105
Abwes Gauangehörige 67 - 22	30. Kastrati 3280 - 812	47. Qerreti 2080 - 428	64. Zogaj 1656 - 247
	31. Kiri 534 - 125	48. Qidna 1338 - 296	65. Zymbi 11.140 - 1519

Këlmendi 4679-1081

Mirdita 16.926-3607

Zhuba (Malcija e Lezhjës) 3215-749

Die erste Zahl bezeichnet die Stammesangehörigen, die 2te (mit stehenden Ziffern) die Wehrpflichtigen.

Kartogr. Anstalt G. Freytag & Berndt, Ges. m. b. H., Wien.

latsberichten befindet sich in der Österreichischen Nationalbibliothek ein interessantes und wichtiges Manuskript Nopcsas: „Die Bergstämme Nordalbaniens und ihr Gewohnheitsrecht".[15] Teile des Manuskriptes sind wissenschaftlich bereits überholt, die Abschnitte III und IV jedoch, die über die Geschichte der Stämme und ihr Gewohnheitsrecht handeln, sind für die Forschung von allergrößtem Interesse. Die vorliegende Quellensammlung setzt sich aus den beiden Komponenten Diplomatenberichte und Manuskript Nopcsas zusammen.

Um den Wert des hier präsentierten Materials adäquat einschätzen zu können, ist es notwendig, auf Geschichte, Struktur und Gewohnheitsrecht der nordalbanischen Stammesgesellschaften einzugehen. Zuvor jedoch muß geklärt werden, was ein Stamm, im Albanischen *fis* genannt, darstellt. Er ist in erster Linie ein patrilineare Abstammungsgruppe. In dem uns bekannten bilinearen, kognatischen Verwandtschaftssystem haben sowohl die mütterlichen als auch die väterlichen Verwandten konzeptionell gleichrangige Bedeutung, und daher verfügt eine Personengruppe auch nicht über einen einzigen, einige Generationen zurückverfolgbaren „Urahnen". Anders hingegen die patrilineare Abstammungsgruppe. Ihr gehören alle jene Menschen an, die über die männliche Linie von einem gemeinsamen Urahnen abstammen. Diese Gruppe konstituiert sowohl

---

15 NOPCSA, Franz Baron von Felsöszlás (1877–1933), Geologe, Paläontologe, Ethnologe und Historiker. Einer der Begründer der modernen Albanologie. Über sein Leben und Werk siehe ROBEL, Gert: Franz Baron Nopcsa und Albanien, Wiesbaden 1966 (= Albanische Forschungen 5). Nopcsas Manuskript „Albanien. Die Bergstämme Albaniens und ihr Gewohnheitsrecht" befindet sich in der Österreichischen Nationalbibliothek, Handschriftensammlung, ser. nov. 9392. Es umfaßt 510 paginierte Blätter. Die Blätter sind großteils mit Maschinenschrift geschrieben, doch sind auch viele von ihnen handschriftlich verfaßt. Spätere Korrekturen und Ergänzungen sind ebenfalls in Handschrift. Das Manuskript ist in fünf Abschnitte geteilt. Der erste heißt „Charakter der Albaner" und umfaßt Bl. 5–58. Der zweite hat den Titel „Jüngste Politische Vergangenheit", Bl. 59–180. Der dritte Abschnitt ist „Die Geschichte der Nordalbanischen Gebirgsstämme", Bl. 181–182. Der vierte heißt „Das Nordalbanische Gewohnheitsrecht", Bl. 283–398. Der letzte Abschnitt beschäftigt sich mit der „Herkunft des albanischen Gewohnheitsrechts", Bl. 399–498, und anschließend folgt das Literaturverzeichnis, Bl. 499–510. Nach einer handschriftlichen Bemerkung auf Blatt 4, soll das Manuskript bereits im Jahre 1923 abgeschlossen worden sein (siehe auch ROBEL, ebenda, S. 166–168). Wir veröffentlichen hier nur die Abschnitte drei und vier, weil sie die interessantesten sind.
Nopcsas andere Arbeiten über Albanien sind: Beitrag zur Statistik der Morde in Nordalbanien, in: Mitteilungen der k. k. Geographischen Gesellschaft, 50/1907, S. 429–437; Aus Šala und Klementi. Albanische Wanderungen, Sarajevo 1910; Haus und Hausrat im katholischen Nordalbanien, Sarajevo, 1912; Beiträge zur Vorgeschichte und Ethnologie Nordalbaniens, in: Wissenschaftliche Mitteilungen, 12/1912, S. 168–253; Az Abániáról szóló legujább irodalom, Budapest 1918; Die Herkunft des nordalbanischen Gewohnheitsrechtes, des Kanun Lek Dukadžinit, in: Zeitschrift für vergleichende Geschichtswissenschaft, 40/1923, S. 371–376; Zur Geologie der Küstenketten Nordalbaniens, in: Mitteilungen aus dem Jahrbuche der Kgl. Ungarischen Geologischen Anstalt, Bd. 24, H. 2–5, Budapest 1923; Bauten, Trachten und Geräte Nordalbaniens, Berlin-Leipzig 1925; Ergänzungen zu meinem Buch über die Bauten, Trachten und Geräte Nordalbaniens, in: Zeitschrift für Ethnologie, 59 (1927), S. 279–381; Geographie und Geologie Albaniens, hrsg. von Nopcsa, Budapest 1929; Topographie und Stammesorganisation in Nordalbanien, in: Festschrift für Carl Uhlig., Öhringen o. J. (1932), S. 1–11.
In der Österreichischen Nationalbibliothek (Handschriftensammlung ser. nov. 9393) befindet sich das Manuskript „Religiöse Anschauungen, Sitten und Gebräuche".

die Verwandtschaftsgruppe als auch die Stammesgesellschaft. Die Verwandtschaftsgruppe ist also fest umrissen und besteht unabhängig von der jeweiligen Position des Ego. In einem bilinearen Verwandtschaftssystem haben üblicherweise nur die Geschwister des Egos dieselbe Verwandtschaftsgruppe, da Verwandtschaft bei einem bestimmten Grad endet. Die nordalbanische patrilineare Abstammungsgruppe kennt keine Grade; die Verwandtschaft endet theoretisch nie. Da alle Mitglieder einer Abstammungsgruppe verwandt sind, herrscht (noch heute) das Exogamiegebot (Heiratsverbot).

Der nordalbanische Stamm stellt zweitens einen Territorialverband dar. Er verfügt über ein klar abgegrenztes Territorium, das grundsätzlich Winter- und Sommerweidegebiete umfaßt. Der Hauptwirtschaftszweig Nordalbaniens war historisch die Schaf- und Ziegenhaltung. Nach dem kurzen Intermezzo sozialistischer Planwirtschaft kehren die Stammesbewohner Nordalbaniens nun wieder zu dieser Art des Wirtschaftens zurück. In diesem geographischen Milieu war für eine funktionierende Weidewirtschaft die saisonale Weidung auf unterschiedlichen Höhenstufen eine Grundvoraussetzung. Die schroffen Höhenunterschiede des südlichen Dinarischen Gebirges bewirkten, daß Winter- und Sommerweiden relativ nahe beisammenlagen. Daher konnte sich die patrilineare Abstammungsgruppe auch ein eigenes, zusammenhängendes Territorium sichern.[16] Es ist jedoch nicht so, daß die traditionellen Beziehungen im Rahmen der Stammesterritorien nach dem Ende der kommunistischen Herrschaft (1991) einfach wieder hergestellt werden könnten. Es ist vor allem der Bevölkerungsanstieg der letzten Jahrzehnte, der dies unmöglich macht. Nach der Rückgabe von Grund und Boden an die Stammesbewohner können viele nicht mehr von den klein gewordenen Parzellen leben und ziehen daher in die Ebenen, wo sie sich permanent niederlassen. Die Beziehungen zu ihren Stammesgebieten reißen dadurch ab. Dies betrifft vor allem Familien aus den Regionen Puka, Tropoja, Luma und Dibra.

Der Stamm bildet drittens einen rechtlichen Verband. Alle jene, die zur Abstammungsgruppe gehören, sind Verwandte und Freunde; sie sind vom selben Blut. Die Angehörigen der anderen Abstammungsgruppe sind potentielle Feinde, denn sie sind fremden Blutes. Für die Angehörigen der eigenen Gruppe gelten andere Gesetze als der fremden Gruppe gegenüber. Während die Stammesführer in früheren Zeiten bei einem Mordfall innerhalb des Stammes versuchten, einen Ausgleich zwischen den beiden Parteien herbeizuführen, um den Ausbruch von Blutrache zur vermeiden, konnte ein Mordfall außerhalb des eigenen Stammes zu einer langandauernden Stammesfehde mit vielen Toten führen.

Die Stammesgesellschaften Nordalbaniens bildeten bis zum beginnenden 20. Jahrhundert akephale Einheiten. Die Stammesbewohner verweigerten seit dem Beginn der osmanischen Herrschaft erfolgreich eine Integration in die osmanische Verwaltung. Da es den Stämmen aber auch nicht möglich war, ober-

---

16 KASER, Karl: Hirten, Kämpfer, Stammeshelden. Ursprünge und Gegenwart des balkanischen Patriarchats, Wien-Köln-Weimar 1992, S. 302–318.

halb der Stammesebene Verwaltungs- und Organisationsstrukturen zu errichten, lebte ein Stamm neben dem anderen, ohne daß sich zwischen ihnen eine Koordinationsebene entwickelt hätte. Es konnte sich daher auch kein gemeinsamer politischer Wille der Stämme herausbilden; so ging jeder seinen eigenen Weg. Diese Führungslosigkeit bot beispielsweise den österreichischen Konsuln die Möglichkeit, sich politisch der katholischen Stämme zu bedienen und so die einen Stämme gegen die anderen auszuspielen.

Die Urahnen vieler Stämme lebten in der ersten Phase der osmanischen Eroberung. Man wird daher das Entstehen der Stämme in dieser Zeit vermuten müssen, wenngleich die Stammesformierung wohl auf ein viel älteres kulturelles Muster zurückzuführen sein wird. Die osmanischen Eroberungen hatten die mittelalterlichen Staaten Südosteuropas und damit den gewohnten und organisierten Rahmen für die Weidewirtschaft zerstört. Wenn diese Staaten den wandernden Viehhaltern auch keine allzu große Sicherheit verschaffen konnten – eine gewisse Sicherheit und Kalkulierbarkeit war doch gegeben gewesen. Durch die osmanischen Eroberungen war dies in Frage gestellt. Die Kämpfe gegen die Eroberer zogen sich über Jahrzehnte dahin – Jahrzehnte der Unsicherheit und der Frage, ob es möglich sein würde, die für das Überleben der Herden nötigen Weiden sicherzustellen. Es war ein logisch nachvollziehbarer kollektiver Reflex dieser Viehhaltergesellschaften, sich zu festen, ausgedehnten Organisationen auf verwandtschaftlicher Grundlage zusammenzuschließen, die den dringend benötigten Schutz gegen die feindliche Umwelt bieten, einer Bedrohung der Weidegebiete entsprechend entgegentreten und vor allem die „Achillessehne" des Wechsels von Sommer- und Winterweide absichern konnten.

Von der neuen Herrschaft gingen keine Impulse, die zu einer Auflösung der entstehenden sozialen Organisationen führen konnten, aus. Da sich die neuen Herren nicht sehr um das Leben dieser christlichen (und vorerst wenigen moslemischen) Nomaden in den Gebirgen kümmerten, bildeten diese bald auch feste innere Organisationsstrukturen und Institutionen auf altbalkanischer Grundlage aus. Ohne diese soziale und wirtschaftliche Grunddisposition, gepaart mit den entsprechenden geographischen Rahmenbedingungen, hätte es nämlich wahrscheinlich nicht zu diesen festen Zusammenschlüssen kommen können.

Der *Katun* (Weidegemeinschaft) bzw. die Organisation der Katunswirtschaft war der Kristallisationskern für das Entstehen der Stammesgesellschaften. Zwischen dem Zerfall des Serbischen Reiches in der zweiten Hälfte des 14. Jahrhunderts und dem Aufbau der neuen osmanischen Verwaltung in der zweiten Hälfte des 15. Jahrhunderts erstreckte sich von kurzen Zwischenperioden abgesehen etwa ein Jahrhundert nichtexistierender staatlicher Gewalt und Administration. In dieser Phase war der Katun und die Katunsorganisation die einzig stabile und stets präsente Organisation. Kein Wunder, daß es in dieser Zeit zu einer Stärkung des Katuns und des katunalen Lebens kam. Dies war die Grundlage für die Territorialisierung des Katuns und diese wiederum die Basis für das Entstehen der Stammesorganisationen. „Territorialisierung" in diesem Zusammen-

hang bedeutet das territoriale Zusammenwachsen von Sommer- und Winterwei-
degebieten und die Festlegung stabiler Grenzen. Im großen und ganzen dürften
sich die Territorialisierungsprozesse während des 14. und 15. Jahrhunderts vollzogen haben. Die relative Nähe von Sommer- und Winterweidemöglichkeiten
förderte deren Zusammenwachsen zu einem einzigen Territorium. Auf diese
Weise bildeten sich die Stammesterritorien aus.[17]

Die schriftlichen Quellen weisen darauf hin, daß diese Katune zwischen dem
12. und 15. Jahrhundert Viehhaltergemeinschaften gewesen waren, deren Mitglieder durch sehr starke Blutsbande miteinander verbunden waren. Dies vor
allem auch deswegen, weil sie im Unterschied zu späteren Zeiten noch keinen
festen Wohnsitz – weder im Sommerweide- noch im Winterweidegebiet – inne-
hatten und daher die Blutsbande die einzigen strukturbildenden Elemente darstellten. In einer Quelle aus dem beginnenden 14. Jahrhundert heißt es über die
albanischen Viehhalter: Sie „wohnen in Zelten, und ständig bewegen sie sich
von einem Ort zum anderen, in Haufen und in Stämmen".[18] „Stämme" ist hier
nicht in unserem Sinn zu verstehen, sondern wohl im Sinn von „Weidegemeinschaft". Der Großteil der albanischen Katune befand sich im Bereich der Zeta
(Montenegro) und in den die nordalbanische Ebene von Shkodër begrenzenden
Gebirgsbereichen. In Zentral- und Südalbanien existierten zu dieser Zeit keine
Katune, zumindest sind in den historischen Quellen keine registriert. Als Win-
terweidegebiete bevorzugten sie die Ebene von Shkodër.

Die Winterweiden befanden sich jedoch nicht in ihrem Besitz, sondern waren
lediglich für eine gewisse Zeit gepachtet. Sie entzogen sich damit lange Zeit den
Feudalbeziehungen der Ebene. Im 14./15. Jahrhundert änderte sich die Situation
jedoch grundlegend. Eine große Zahl von Katunen begann sich über die Ebenen
von Shkodër und Podgorica zu verbreiten. Die Katungemeinschaften wurden seßhaft, siedelten sich in Dörfern an, begannen die Viehhaltung zurückzustellen und
die landwirtschaftliche Tätigkeit zu verstärken. Im Jahr 1330 wird beispielsweise
der albanische Katun des Llesh Tuzi erwähnt. Die Zahl seiner Familien erhöhte
sich stark, und im 15. Jahrhundert begannen sich die Tuzi-Familien in der Ebene
festzusetzen. Sie errichteten Dörfer und Wohnstätten und lebten anfänglich nur
im Winter, bald jedoch ständig in diesen Dörfern. Im Jahr 1382 waren es bereits
elf Dörfer, die den Namen „Tuz" trugen. Mit der Gründung fester Dörfer wurde
allmählich die Landwirtschaft zum dominierenden Zweig ihrer Wirtschaftstätig-
keit. Damit wurden sie aber auch in das Feudalsystem eingebettet. Eine andere
Folge war jedoch, daß dadurch die Blutsbeziehung der Katunsgemeinschaft im
Laufe der Zeit verlorenging. Das bedeutete den Sieg der Territorialbeziehung
über die Blutsbeziehung. Die Mitglieder der Tuzi-Sippen verschmolzen mit den
Mitgliedern anderer Sippen und wurden von Bewohnern der Ebene überschich-
tet. Man sieht also, daß knapp vor dem Beginn der osmanischen Herrschaft die

---

17 Ebenda, S. 144f.
18 Zitiert nach PULAHA, Selami: Kontribut për studimin e ngulitjes së katuneve dhe krijimin e
   fiseve në Shqipërinë e veriut shekujt XV–XVI, in: Studimë Historike 1975,1, S. 75–110.

albanische Feudalgesellschaft der Ebenen drauf und dran war, die beweglichen Katune zu stabilisieren, in der Ebene zu fixieren und in die feudale Gesellschaft einzugliedern. Ihr völliges Verschwinden wäre wohl die Folge gewesen.[19]

Aber noch waren die angestammten Sommerweidegebiete in den Gebirgen genutzt worden, und Reste der noch nicht seßhaft gewordenen Katune waren präsent. Die durch die osmanischen Eroberungen ausgelöste Migration in die Gebirge und die Auffüllung der schon schwach gewordenen Katune reaktivierte ihre Tätigkeit wieder. Gleichzeitig erfolgten aufgrund der großen Zahl der Zusiedler Territorialisierung und Abgrenzung der Weidegebiete und damit die Territorialisierung von Katunen. Die ersten großen Komplexe, die so nachweislich im 16. Jahrhundert entstanden waren, waren die der Shala, Shoshi, Mërturi, Krasniqi und Mirdita. Wie in der Ebene war dabei das Territorialprinzip bereits stärker als das Blutsprinzip. Die Folge war – wie oben bereits angedeutet –, daß während des 15., 16. und 17. Jahrhunderts Stämme entstanden, die in überwiegender Zahl Konglomerate von Abstammungsgruppen verschiedener Herkunft darstellten. Bluts- und Territorialprinzip überlagerten sich in vielfältiger Weise. Die meisten Gruppen lebten zudem nicht etwa geschlossen in einem einzigen Dorf, sondern über mehrere Dörfer verstreut.[20] Es handelte sich also in der Mehrzahl der Stämme ursprünglich um fiktive Abstammungsgruppen. Um ihrem damaligen Charakter gerecht zu werden, könnte man sie als „regional-administrative und sozial-ökonomische Einheiten, die sich auf der Basis des Gewohnheitsrechts selbst verwalteten", definieren.[21]

Im Verlauf der folgenden Jahrhunderte sollten sich daraus patrilineare Abstammungsgruppen entwickeln. Dies wurde vielfach deshalb möglich, weil sich einzelne Abstammungsgruppen innerhalb der sich herausbildenden Stämme durchsetzten und diese dominierten. Die anderen, zahlenmäßig schwachen Abstammungsgruppen wurden in den Hintergrund gedrängt. Die dominierende Abstammungsgruppe wurde so der Träger der Stammestradition und verfügte auch über die kollektive Erinnerung in Form von Gründungssagen. Dies trifft insbesondere auf Stämme zu, die nach dem echten oder fiktiven Stammesgründer benannt sind. So führen die Shala ihre Existenz auf den Stammesgründer Shako zurück, die Kastrati auf einen Krsto. Eine andere Version der Kastrati-Gründungslegende bezeichnet einen gewissen Detali (Delti, Dedli) Bratosi als Gründungsvater. Die Nikaj führen ihre Herkunft auf einen Hirten Namens Nik oder Nikoll zurück, der angeblich mit seiner Herde in das spätere Stammesgebiet eingewandert war. Über die Klimenti oder Kelmendi, von denen im Jahr

19 Ebenda.
20 So lebten etwa die Mitglieder der Bushati-Gruppe in den Dörfern Brisha, Shala, Blanda, Huan, Klir und David; die Mitglieder der Kuçi-Gruppe in den Dörfern Martish, Klir und Bukmir usw. Ebenda, S. 103–107.
21 Ebenda, S. 103–107. Ders.: Formation des regions de selfgovernment dans les Malessies du sandjak de Shkodër aux XV-XVIIe siecles, in: Studia Albanica 1976, S. 174–179. Ders.: Mbi gjallërimin e lidhjeve farefisnore dhe krijmin e fiseve në Shqipërinë e veriut në shek. XVI-XVII, in: Studimë Historike 1975, 2, S. 128–134.

1497 fünf Katune mit insgesamt 152 Häusern gezählt wurden, gibt es auch verschiedene Versionen über den Urahnen und die Stammesgründung. Der Urahne
war entweder ein Hirte Klement, der sich im späteren Stammesgebiet mit seiner
Frau Bubei und 20 Stück Schafen niederließ, oder ein italienischer Flüchtling
Namens Abate Clemente. Interessant sind die Gründungssagen, die ihren Ausgangspunkt bei Keçi, Llesh Tuzi und Mur Deti haben, da sich daraus weitver-
zweigte Beziehungen zwischen mehreren Stämmen ergeben. Die Herkunft des
Keçi bleibt in den Abstammungssagen unbekannt. Er dürfte jedenfalls Albaner
gewesen sein und floh angeblich vor den Osmanen in die montenegrinische
Landschaft Piperi. Der Katun des Albaners Llesh Tuzi, der um 1330 existiert
hatte, lag an der Grenze zur Zeta. Ihm entstammen der Legende nach die
Stämme Hoti, Kuči, Mataguši und Bushati.[22]

Ein Stamm setzt sich prinzipiell aus mehreren patrilinearen Abstammungsgruppen, Dörfern und Haushalten zusammen. Er kann in seiner Zusammensetzung auch ident mit einer einzigen Abstammungsgruppe sein. Grundsätzlich
war es so, daß das Exogamiegebot für die Gruppe, nicht für den gesamten
Stamm galt, weil die meisten Stämme aus Abstammungsgruppen verschiedener
Herkunft – wie oben skizziert – zusammengesetzt waren. Das Dorf wiederum
konnte ident mit den Haushalten einer Gruppe sein. Sie konnte sich jedoch auch
über mehrere Dörfer erstrecken. Ein Dorf konnte auch aus den Haushalten
mehrerer Gruppen zusammengesetzt sein. Im Grunde war jede Kombination
möglich; Stamm, Abstammungsgruppe und Dorf waren in ihrem Umfang keine
feststehenden Größen.

Auch für die Zusammensetzung der Hirtengemeinschaften (Katune), also für
die pastorale Arbeitseinheit kann man keine fixe Regelung feststellen. Die
Gemeinschaft konnte ident mit der Dorfgemeinschaft sein, sie konnte sich aus
einer bestimmten Gruppe eines Dorfes rekrutieren, und sie konnte ident mit
einer Gruppe unabhängig von der Dorfzusammensetzung sein.

Jeder Stamm verfügte über eine minimale innere Verwaltungsstruktur auf
nichtschriftlicher Basis. Zumindest zwei Institutionen waren in den meisten
Stämmen anzutreffen: die des Stammesältesten und die der Allgemeinen Stammesversammlung. Je größer der Stamm, desto komplizierter wurde die Administration. Zu dieser minimalen Verwaltungsstruktur gehörten auch meist ad hoc
gebildete Institutionen, die Konflikte innerhalb des Stammes regelten, aber auch
über Verbrechen zu Gericht saßen. Institutionalisierte Gerichte und ein ständi-
ges Richteramt gab es nicht. Das größte Problem in diesem Zusammenhang
waren Angelegenheiten, die über die Stammesgrenzen hinausreichten: Probleme hinsichtlich der Weidegrenzen sowie Fälle von Mord und Diebstahl. Es
gab, da keinerlei überstammliche Strukturen ausgebildet waren, keine institutionalisierte Regelung solcher Probleme. Daher darf es auch nicht verwundern,
daß Konflikte zwischen den Stämmen leicht eskalieren konnten.

Soweit einige generelle Bemerkungen über die grundlegende Struktur der

---

22 KASER, S. 148f.

Stammesgesellschaften. Innerhalb dieser Struktur können im Norden Albaniens
zwei unterschiedliche Varianten herausgearbeitet werden. Die erste Gruppe bildet den *Malesia-Typ*. Dieser umfaßt jene Stämme, die im großen und ganzen
ihre Stammesgebiete im Bereich der Nordalbanischen Alpen (Malesia) hatten.
Diesem Typ gehören im wesentlichen also jene albanischen Stämme an, die
nördlich des Drin-Flusses lebten. Aber der Fluß ist diesbezüglich keine klare
Grenze. Man kann jedoch konstatieren, daß die südlich davon anschließenden
Stämme merklich an Konföderationscharakter gewinnen. Das entscheidende
Charakteristikum des Malesia-Typs ist wohl, daß die ihm angehörenden Stämme
die Bezeichnung „Abstammungsgesellschaften" am ehesten verdienen, da hier
Stamm als rechtliche, soziale und geographische Einheit und Abstammungsgruppe in den meisten Fällen ident sind. Man kann davon ausgehen, daß von
den etwa 65 zu Beginn unseres Jahrhunderts registrierten Stämmen ungefähr
die Hälfte dem Malesia-Typ angehörte. Da die meisten der Malesia-Stämme sehr
klein waren, kann man annehmen, daß von den 162.268 im Jahr 1918 registrierten albanischen Stammesbewohnern etwas über 50.000 diesem Typ zuzurech-
nen sind.[23]

Die meisten der Malesia-Stämme waren katholisch, die restlichen moslemisch. Manche Stämme hatten katholische und moslemische Mitglieder, wie
zum Beispiel der Gruda-Stamm, der etwa zur Hälfte katholische und moslemische Mitglieder umfaßte. Der Hoti-Stamm hingegen hatte zu Beginn unseres
Jahrhunderts nur drei moslemische Haushalte in seinen katholischen Reihen;
ähnlich war das Verhältnis bei den etwa 500 Häuser zählenden Kastrati und den
knapp 3.000 Shkreli. Bei den Kelmendi waren drei Bairaks katholisch, einer fast
ausschließlich moslemisch. Um 1880 waren von den etwa 50.000 Stammesbewohnern nördlich des Drins etwa 15.000 Moslems.[24]

Der Malesia-Typ weist nicht nur die klarsten Abstammungsprinzipien auf, er
zeigt auch in seiner inneren Verwaltung die klarsten und homogensten Strukturen. Die höchste Autorität genoß der Anführer mit dem türkischen Titel „Bairaktar". Er war je nach Größe des betreffenden Stammes entweder das Oberhaupt
eines einzigen Stammes, mehrerer kleiner Stämme oder eines Teiles eines großen Stammes. Er vertrat den Stamm nach außen, berief Stammesversammlungen ein und übernahm auf solchen den Vorsitz. Er führte als Träger der Stam-
mesfahne in Kämpfen den militärischen Oberbefehl. Der Ursprung des Amtes ist

---

23 Unter diesen Stämmen sind ganz kleine, wie zum Beispiel Kiri (mit 534 Bewohnern), Xhani
   (435), Toplana (254), Reçi (311) oder Boga (228). Darunter sind aber auch einige der größten
   albanischen Stämme, wie zum Beispiel der Zymbi-Stamm westlich von Prizren mit 11.140
   Bewohnern, die Krasniqi mit 4.803 und die Kelmendi mit 4.679 Bewohnern. Manche Stammesgebiete umfaßten winzige Gebiete, etwa das Territorium der Kocaj mit 10 Quadratkilometern, das der Bushahujt mit etwa 20, das der Triepši mit 30 oder der Rioli mit etwa 50 Quadratkilometern. Die größeren Stämme nördlich des Drin hingegen erstreckten sich über Territorien, die etwa 200 bis 400 Quadratkilometer groß waren. Die Kelmendi verfügten über ein
   Territorium von etwa 300 Quadratkilometern, die Posripa von etwa 360, die Krasniqi, Nikaj
   und Gashi von etwa 250 Quadratkilometern: GOPČEVIĆ (1880), S. 410.
24 KASER, S. 181f.

wahrscheinlich in dieser militärischen Funktion zu suchen. Als Bairaktar war er dafür verantwortlich, im Kriegsfall ein gewisses Kontingent zu stellen und dieses zu befehligen. Daher wurde er auch vom osmanischen Staat entlohnt. Seine Amtsbefugnis deckte sich auch nicht immer mit dem Territorium eines Stammes, weil die Zahl der verfügbaren Soldaten wahrscheinlich das entscheidende Kriterium für die Festlegung seines Amtsbereichs war. Beispielsweise hatte für den Stamm der Hoti bis um das Jahr 1850 nur ein Bairaktar amtiert. Zu dieser Zeit hatte ein Bairak angeblich 70 bis 120 Krieger zu stellen. Durch den Bevölkerungsanstieg im Stamm und die ständigen Kriege mit den aufständischen montenegrinischen Stämmen gewährte der osmanische Statthalter in Shkodër dem Stamm einen zweiten Bairaktar. Um 1880 amtierte bereits ein dritter; der Bairak Trabojna setzte sich aus drei, der Bairak Arapshija aus vier Dörfern zusammen.[25]

Ähnlich war die Situation bei den Kelmendi. Der große Stamm setzte sich aus vier großen Abstammungsgruppen zusammen: den Vukli, den Boga, den Nikshi und den Selca. Ursprünglich trug der Vertreter des Gesamtstammes noch den Titel „Vojvode", der in der Familie Nikmartin der Selca-Gruppe erblich war. Irgendwann übertrug dann der osmanische Sultan das Bairaktarsamt auf einen Vertreter der Nikshi-Gruppe. Um das Jahr 1700 dürfte dann der Stamm in zwei Bairaks geteilt worden sein. Der eine nahm das Gebiet östlich, der andere Bairak das Gebiet westlich des Cemi-Flusses ein. Ausgelöst durch den natürlichen Bevölkerungszuwachs wurde dann den zwei übrigen Stammesteilen auch jeweils ein Bairaktar bewilligt. So herrschten im Stamm der Kelmendi vier Bairaktare; Gesamtstammesinteressen wurden dadurch kaum mehr gewahrt. Zwar nahm der Selca-Bairak eine dominierende Stellung ein, weil er am mitgliederstärksten war, aber jeder Bairak handelte unabhängig. Nur einige weitere größere Stämme hatten mehr als einen Bairaktar in ihren Reihen. Der Stamm Kopliku (1918: 1.455 Einwohner) setzte sich aus drei Bairaks zusammen. Die Gashi waren in zwei Bairaks geteilt. Bei den Rijolli war ein Bairak moslemisch, der andere katholisch. Wie sehr die organisatorische Neueinrichtung der Bairaks vom Bevölkerungszuwachs abhängig war und wie sehr dies in Richtung Eigenständigkeit eines solchen Bairaks drängte, zeigt sich am Beispiel einer Gruppe von Stämmen, die in der wissenschaftlichen Literatur „Pulati-Gruppe" genannt wird. Ursprünglich handelte es sich um einen einzigen Stamm, der durch den Bevölkerungsanstieg in fünf Bairaks geteilt wurde. Um das Jahr 1880 hatten sich zwei Bairaks bereits organisatorisch herausgelöst und bildeten eigenständige Stämme, nämlich Shoshi und Shala. Im Jahr 1918 wurden die drei restlichen Bairaks ebenfalls bereits als eigenständige Stämme geführt.[26]

Fälle, in denen mehrere Stämme in einen Bairak zusammengefaßt wurden, waren seltener. Gewöhnlich bildete – zumindest im Beobachtungszeitraum 19./ 20. Jahrhundert – ein Stamm auch einen Bairak. In diesen Fällen waren das Amt

---

25 Ebenda, S. 183.
26 Ebenda, S. 183f.

des Stammesoberhauptes und des Bairaks identisch. Es scheint ziemlich klar zu sein, daß das Bairaktarsamt und die Einrichtung von Bairaks einerseits auf die bestehende Stammesorganisation aufbaute, andererseits aber auch eine lose Einbindung in die militärischen Strukturen des Osmanischen Reichs bedeutete und daher zum Teil die Stammesstruktur ignorierte.

Ganz egal, wie weit die Ingerenz eines Bairaktars reichte, er war bei den Malesia-Stämmen grundsätzlich der einzige und alleinige Bewahrer der Stammesinteressen nach außen. Das Amt war gewöhnlich in einer Familie erblich und ging vom Vater auf den ältesten oder fähigsten Sohn über. Ebenso erblich war ein zweites wichtiges Amt – das des „Vojvoden".[27] Der Vojvode war hier das Oberhaupt einer Abstammungsgruppe. Bildete diese zugleich auch eine Dorfgemeinschaft, war er auch Oberhaupt des Dorfes. Das Oberhaupt einer kleineren Gruppe wurde auch „Glavar"[28] genannt. Noch eine dritte Bezeichnung war zur Kennzeichnung dieses Amtes üblich, nämlich „Çoban".[29] Glavare, Çobane und Vojvoden übten die richterliche und administrative Macht über ihre Gruppen aus. Die Zahl solcher Amtsinhaber hing von der Größe des Stammes ab.[30]

Der Bairaktar oder die Bairaktare bildeten zusammen mit den Gruppenoberhäuptern – zumindest in einigen Stämmen – einen Rat, der die wichtigsten Entscheidungen traf und „Plečenija" genannt wurde. Die wichtigsten Probleme des Stammes mußten allerdings der zumeist in Herbst und Frühjahr abgehaltenen Stammesversammlung zur Entscheidung vorgelegt werden. Zum „Kuvend", so hieß hier diese Stammesversammlung, erschienen alle Würdenträger, Oberhäupter, alle Vorstände der Ortsviertel sowie alle Hausvorstände[31] des Stammes. Die Stammesversammlung entschied über wichtige Fragen des Alltags und über wesentliche rechtliche Angelegenheiten. Daneben konnte es noch unregelmäßig abgehaltene Generalversammlungen aller oder zumindest mehrerer Malisorenstämme geben. Die Tradition verlangte, daß den Vorsitz der Bairaktar des Hoti-Stammes übernahm. Auch auf solchen Versammlungen sollte jedes Haus vertreten sein. Diese wie auch die einzelnen Stammesversammlungen fanden unter freiem Himmel statt, weil keine entsprechend großen Gebäude existierten.[32]

Südlich der Malesia-Region dominierte der Typ der *Stammesföderation*. Das Charakteristische daran ist, daß verschiedene Stämme unter der Herrschaft eines einzigen aus dieser Gruppe vereint wurden, aber die Eigenständigkeit ihrer Stammesorganisation bewahrten. Die bekanntesten Stammesföderationen sind die der katholischen Mirditen und der moslemischen Mati; weniger bekannt, aber dennoch bedeutsam war die Ljuma-Föderation. Daneben gab es in dieser Region aber auch Stämme, die ähnlich wie die Malisorenstämme außer-

---

27 Slawisch: Herzog, Anführer.
28 Slawisch: Haupt, Anführer.
29 Oberhirte.
30 GOPČEVIĆ (1880), S. 415.
31 Plak, Mz. Plek.
32 KASER, S. 186.

halb von Föderationen standen. Aber die innere Struktur dieser Stämme ist deutlich anders als bei den Malisoren.

Die Mati-Föderation umfaßte im Jahr 1918 23.643 Menschen und bestand aus verschiedenen Stämmen, deren Mitglieder vermischt in den Dörfern zusammenlebten. Das Gebiet der Föderation bildete innerhalb der osmanischen Verwaltung formell einen eigenen Bezirk. Der österreichischen Volkszählung von 1918 war es nicht möglich, die Angehörigen der verschiedenen Stämme zu erfassen, weil noch zu wenig über sie bekannt war. Mati bestand aus vier Regionen; sie hießen Zogoll, Olomani, Çelaj und Boshitsh. Es waren dies offensichtlich Grund- oder Gutsherrschaften von vier feudalen Beyfamilien. Die Zogolli-Familie war die mächtigste dieser vier. Aus dieser Familie stammte auch der spätere albanische König Zogu I. Neben diesen vier feudalen Beyfamilien gab es noch einige andere, die eigenen Großgrundbesitz besaßen; das Gros der Bevölkerung stand in Abhängigkeitsverhältnissen zu diesen Familien.[33]

Die Mirdita-Föderation umfaßte im Jahr 1918 16.926 Einwohner. Seit Beginn des 18. Jahrhunderts stand ein von der osmanischen Regierung bezahlter „Kapitän" an der Spitze. Dieses Amt der Mirditen war in der Familie Gjonmarku erblich. Die Residenz der Kapitäne war in Oroshi, wo auch ein eigener „Abt der Mirditen", dem die 14 Franziskanerpfarreien dieses Gebiets unterstanden, seine Residenz hatte. Die Kapitäne der Mirditen spielten in der albanischen Geschichte stets eine bedeutende Rolle. Große Bedeutung erlangte etwa Prenk Bib Doda, der auch in den Dokumenten der österreichischen Konsuln oftmals erwähnt wird, vor und während des Ersten Weltkrieges. Die Kapitäne hatten im Auftrag der osmanischen Verwaltung für Verwaltung und Rechtsprechung zu sorgen. Die Urteile der Mirditen-Kapitäne hatten über das eigentliche Gebiet hinaus große Bedeutung. In einem der letzten Romane des berühmten albanischen Schriftstellers Ismail Kadare, „Der zerrissene April", bildet dieser Sachverhalt den Hintergrund der Handlung.

Die innere Struktur der Mirdita-Föderation war übersichtlich. Sie setzte sich aus den fünf Bairaks Oroshi, Spaçi, Kuzhneni, Fandi und Dibri zusammen. Diese Bairaks bzw. Stämme waren durch Verträge und Gesetze miteinander verbunden. Die Stämme Dibri und Fandi traten der Föderation erst um 1850 bei. Die Würde der Bairaktare war erblich. Eine gewisse Anzahl erblicher Vojvoden kam ihnen zu Hilfe. Zwei kollektive Organe hielten die Föderation zusammen: Das eine war der aus 25 Mitgliedern bestehende „Bairaktarsrat", in dem alle Stämme ihrer Größe entsprechend vertreten waren, und die „Bairaktarsversammlung", die aus 13 Mitgliedern (die 12 Stammesbairaktare und der Kapitän) bestand. Sie traten gewöhnlich in Oroshi oder Kishnëne Shpalit zusammen. Wichtige Entscheidungen (Krieg und Frieden, Verträge mit der osmanischen Verwaltung und den Nachbarstämmen) mußten von der Allgemeinen Stammesversammlung getroffen werden. Diese trat gewöhnlich jedes Jahr im Frühjahr bei der an der Straße von Shkodër nach Oroshi gelegenen Paulskirche zusammen. Jedes Haus

---

33 Ebenda, S. 189ff.

konnte einen Vertreter entsenden. Wenn alle Vertreter kamen, waren etwa 2.000 Teilnehmer anwesend.[34]

Ein Stamm, auch wenn er eine einzige Abstammungsgruppe repräsentierte, war in Segmente von unterschiedlicher Größe gegliedert, von denen jedes für die eigene Verwaltung und Organisation sorgte. Es gab unter den Malisorenstämmen mehrere Möglichkeiten der Segmentierung. Man konnte zum Beispiel den Stamm in „große Bruderschaften" und „kleine Bruderschaften" teilen. Ein anderes Verfahren war, ihn in „Füße" zu aufzuteilen und dazu noch am unteren Ende der Abstammungsliste die letzten drei oder vier Generationen nach „Geschlechtern" („Bark") zu scheiden. Die Segmente bildeten Teile eines Dorfes oder bestanden als Gesamtdorf. Es gab Fälle, in denen die gesamte männliche Bevölkerung eines Dorfes ein einziges Segment bildete. An ihrer Spitze stand – wie oben bereits erwähnt – ein „Vojvode" oder „Glavar", der gewöhnlich dem Haushalt angehörte, von dem die Segmentbildung ausgegangen war. Die verheirateten Brüder eines Haushalts gingen aus verschiedenen Gründen auseinander und gründeten eigene Haushalte. Die neugegründeten Haushalte füllten sich in einer, vielleicht in zwei oder drei Generationen wieder auf und trennten sich dann wieder. Eine recht umfangreiche Abstammungsgruppe war entstanden. Der Vorgang verlief in der Praxis wohl nicht so linear wie geschildert, aber das Prinzip war so. Das Segment bildete gewöhnlich eine viel wichtigere Kooperationsgruppe als der Stamm. Ihre Mitglieder waren nämlich tatsächlich von gemeinsamer Abstammung; sie waren sich dessen bewußt und kannten gewöhnlich auch den Namen des Urahnen.[35]

Die Dörfer wurden gewöhnlich als „Katunit" bezeichnet. Oft bezeichneten sich Häuser auch als eigenes Dorf, wenn sie weiter entfernt vom Dorf standen und eigene Wiesen, Weiden und Wälder besaßen. In sehr vielen Dörfern lebten die Angehörigen verschiedener Gruppen. In solchen Fällen wurde das Dorf organisatorisch in „Mahallë", in Dorfviertel, eingeteilt. Gewöhnlich konnte man diese Viertel auch optisch erkennen, weil zwischen den einzelnen Vierteln größere Abstände waren als zwischen den Häusern einer Gruppe. In dem aus fünf Gruppen bestehenden großen Stamm Shkreli (1918: 2.688 Bewohner) lebte jede in einem ausgedehnten Dorf. Andererseits bestand der kleine Stamm Kočaj aus vier Dörfern, die jedoch sehr klein waren. Die Größe der Dörfer variiert enorm. Zwischen einem und über hundert Häuser war alles möglich. Die meisten bestanden jedoch aus 20 bis 50 Häusern.[36]

Wie eingangs bemerkt, spielt das Gewohnheitsrecht noch heute eine bedeutende Rolle und steht vielfach in Konkurrenz zu den staatlichen Gesetzen. Es war bis zum beginnenden 20. Jahrhundert ein mündlich tradiertes Recht. Erst seit den zwanziger Jahren existieren auch schriftliche Aufzeichnungen. Es ist möglich, daß am Beginn der osmanischen Herrschaft ein einheitlicher und für

---

34 Ebenda, S. 191.
35 Ebenda, S. 187.
36 Ebenda, S. 188.

die meisten Teile des Nordens verbindlicher Gesetzeskodex existiert hat. Wir müssen davon ausgehen, daß aufgrund der regionalen Abgeschlossenheit und der mündlichen Tradierung es zur Ausbildung verschiedener Varianten kam. Auf der anderen Seite ist aber auch nicht zu beobachten, daß jeder Stamm seine eigene Variante ausgebildet hätte.[37] Die osmanische Verwaltung hatte seit der Mitte des 19. Jahrhunderts versucht, die staatliche Rechtsprechung auch in den Gebirgen durchzusetzen – doch vergeblich. Auf das Gewohnheitsrecht hier näher einzugehen, erübrigt sich. Nopcsas Abhandlung über das Gewohnheitsrecht im letzten Teil des Buches gibt einen sehr guten Überblick.

Die 99 Dokumente, das heißt Berichte der österreichischen Konsuln, Generalkonsuln oder Konsulatsbeamten, zeichnen sich dadurch aus, daß sie für den Zeitraum 1861 bis 1917 die oben skizzierte Geschichte und Struktur der nordalbanischen Stammesgesellschaften vertiefen, verdeutlichen und anhand von konkreten Beispielen klarmachen. Wenn nun in der Folge versucht wird, die Dokumente inhaltlich zu bündeln, so ist klar, daß die Schwerpunkte sich aus den Interessen der Verfasser ergeben und eine Auswahl darstellen. Wir ließen uns in der Auswahl davon leiten, ob die Dokumente zur Erhellung von ungeklärten Problemen hinsichtlich der Stammesstruktur, -organisation und -geschichte, insbesondere jedoch hinsichtlich der sozialen und ökonomischen Lage in den Stammesgebieten beitragen können. Dokumente ausschließlich politischen Inhalts wurden nicht berücksichtigt. Viele politische Berichte beinhalten allerdings auch Bemerkungen zu interessanten, nichtpolitischen Fragestellungen; solche wurden aufgenommen.

Nach inhaltlichen Gesichtspunkten gegliedert, ergeben die Dokumente vier Schwerpunkte. Der erste kristallisiert sich um die Beziehungen der Stämme zu den osmanischen Behörden: Gerichts- und Rechtsprechung, Vermittlung von Konflikten, Sanktionsmaßnahmen der Verwaltungen und Aufstände der Stämme gegen die osmanische Herrschaft bilden die hauptsächlichen Inhalte. In diese Kategorie fallen die Dokumente 5, 11, 13, 16, 17, 19, 20, 23, 24, 26, 29, 30, 32–35, 39, 40, 42, 49, 53, 54, 69, 73, 76, 77, 79, 85, 86, 90–92.

Eine zweite Gruppe von Dokumenten setzt sich hauptsächlich mit Bevölkerung und der ökonomischen und sozialen Lage einzelner Stämme auseinander. Den österreichischen außenpolitischen Interessen entsprechend widmen sich die Verfasser in erster Linie den katholischen Stammesgebieten, hauptsächlich

---

37 Die erste schriftliche Aufzeichnung des Gewohnheitsrechts, hauptsächlich auf der Basis des unter den Mirditen gepflegten, stammt von einem katholischen Pfarrer. GJEÇOV, Shtjefen: Kanuni i Lekë Dukagjinit, Shkodër 1933. Eine überarbeitete Version wurde von der Albanischen Akademie der Wissenschaften herausgegeben: E drejta zakonore Shqiptare, Tirana 1989. Eine deutsche Ausgabe stammt von GODIN, Marie Amelie Freiin von: Das albanische Gewohnheitsrecht, in: Zeitschrift für vergleichende Rechtswissenschaft 56/1953, S. 1–46; 57/1954, S. 5–73; 58/1956, S. 121–198. Vor kurzer Zeit erschien eine weitere Version: Kanuni i Skanderbegut, Milot 1993. Nopcsa selbst präsentiert seine Version des Gewohnheitsrechts; er hatte sich jahrelang in der Malësia e Madhe aufgehalten und erlebte die dortige Rechtspraxis. Daher weicht das von ihm präsentierte Gewohnheitsrecht in bestimmten Punkten von dem Gjeçovs ab, der die Rechtspraxis hauptsächlich in der Mirdita studiert hatte.

dem Mirditen-Stammesverband und in zweiter Linie den katholischen Stämmen des Dukagjin-Hochlandes (von diesen wiederum hauptsächlich dem Shala-Stamm, der noch heute als der führende dieser Gruppe angesehen wird). In diese Kategorie fallen die Dokumente 2, 4, 9, 10, 12, 14, 17, 26, 29, 30, 34, 35, 37, 40, 42, 48, 53, 54, 58, 60, 69, 76, 90. Über andere Stämme handeln lediglich die Dokumente 23, 25, 58, 59, 74.

Den dritten zentralen Themenkomplex bilden Kämpfe und Auseinandersetzungen zwischen Stämmen, die die oben skizzierte akephale Ordnung widerspiegeln. Kämpfe zwischen Mirdita und Shkreli, Krasniqi und Shala, Hoti und Triepshi, Gjani und Kiri, Kelmendi und Kuči, Kelmendi und Triepshi und zwischen moslemischen und katholischen Stämmen. Die Ursachen dafür war vielfältig, doch Konflikte um Sommerweiden und Stammesgrenzen waren die häufigsten; dazu kommen Fälle von Blutrache und Mädchenraub. Zu dieser Gruppe gehören die Dokumente 1, 6–8, 10, 28, 31, 36, 37, 57, 82, 84.

Der vierte häufig angesprochene Themenkomplex kreist um die Personen der Stammesführer und Bairaktare und behandelt interne Organisations- und Verwaltungsabläufe der Stämme. Über die Stammesführer, deren Probleme und Status ist in der überwiegenden Zahl der Dokumente unter anderem die Rede, konzentriert jedoch in den Dokumenten 2, 38, 41, 44, 48, 63, 67, 68, 70 und 83.

Interessante Aspekte werden vielfach in zahlenmäßig wenigen, jedoch zumeist umfangreichen Dokumenten beschrieben oder analysiert. So etwa die Beziehungen mit den angrenzenden montenegrinischen Stämmen in den Dokumenten 7, 44, 46, 50, 56, 57, 64 und 75. Die Dokumente 45–47, 72, 78, 87, 93, 94 und 96 befassen sich mit dem Problem der Blutrache; die drei Dokumente 11, 38 und 65 mit der Besa (Besa: zeitliche, örtliche und/oder endgültige Sistierung von Blutracheansprüchen). Von großem Interesse sind die Dokumente, die die Beziehungen zwischen den viehhaltenden Gebirgsbewohnern und den Landwirtschaft betreibenden Bewohnern der Ebene anlangen. Die Dokumente 18, 27, 62 und 71 zeigen beispielsweise, wie Teile der Stämme Kelmendi und Shkreli aus wirtschaftlichen Gründen gezwungen waren, das Stammesgebiet zu verlassen und sich in der Ebene südlich von Shkodra niederzulassen. Ein anderes Konfliktpotential zwischen beiden sind die vielen Fälle von Viehdiebstahl durch hungernde Gebirgsbewohner in der Ebene (Dokumente 43, 51, 65, 81). Von hoher Qualität sind die zwei landeskundlichen Beschreibungen der Gewässer Nordalbaniens (52, 105). Dies trifft auch auf die Dokumente zu, die sich mit der rechtlichen Lage von Wäldern und Landgütern, mit Bodenkultur und Viehzucht auseinandersetzen (Dokumente 95, 97, 98, 99). Die Dokumente 98 und 99 entstanden bereits unter der Okkupation Österreich-Ungarns; sie befassen sich mit Möglichkeiten der Nahrungsrequirierung und Versorgung der am Rande des Hungertodes stehenden Stammesbevölkerung. Die Dokumente 12, 22, und 55 schließlich geben einige Einblicke darüber, wie die österreichischen Konsuln immer wieder versuchten, einzelne Stämme in ihre politischen Absichten einzubauen.

Verfasser der publizierten Berichte sind in erster Linie die Vize- und Generalkonsuln in Shkodër. Von Dubravcich stammen die Dokumente 1–9 (1861–1868), von Rehm die Dokumente 10–12 (1868/69), von Wassitch die Dokumente 13–22 (1871–1877), von Lippich die Dokumente 23–50 (1878–1888) und zusätzlich das Dokument 15 (1873) aus seiner Zeit als Konsul in Prizren, von Hickel die Dokumente 51–54 (1893–1897), von Ippen die Dokumente 55–79 (1897–1903), von Kral die Dokumente 81–87 (1905–1909) und wieder 98 und 99 (1917–1918 als Vertreter des Außenministeriums während der österreichisch-ungarischen Besatzungszeit) und von Zambaur die Dokumente 88–96. Jeweils ein Dokument wurde von den Vizekonsuln Rappaport von Arbenau (Nr. 52), Dr. Ranzi (Nr. 65) und Freiherr von Bornemisza (Nr. 75) verfaßt.

Der Aufbau eines edierten Dokuments erfolgt einheitlich: An die Spitze werden jeweils drei Zeilen gesetzt (1. Zeile: Kurzregest, 2. Zeile: Verfasser, Adressat, Ort und Datum der Abfassung, 3. Zeile: genaues Zitat). Anschließend folgt der Text des Dokuments, vielfach in gekürzter Form und einer Beistrichsetzung, die unseren heutigen Usancen entspricht. Auch die S-Schreibung wurde den heutigen Standards angepaßt. In den anschließenden Fußnoten folgen diverse Anmerkungen zu Personen oder Orten, Literaturhinweise sowie Querverweise auf andere Dokumente. Die Dokumente wurden jedoch grundsätzlich in ihrer Originalsprache und -schreibweise belassen, das heißt, wir haben keine Änderungen in Stil und Duktus vorgenommen. Einige jedoch mußten gekürzt werden, die Kürzung wird mit […] angezeigt; an einigen Stellen mußten Worte eingefügt werden, um den Inhalt verständlich zu machen, dies wird mit [Beispiel] deutlich gemacht. Runde Klammern (…) werden ausschließlich im Originaltext verwendet. Die Dokumente 1 bis 10 und 15 sind in französischer, das Dokument 24 ist zum Teil in italienischer Sprache abgefaßt. Sie weisen erhebliche sprachliche und grammatikalische Schwächen auf, die wir jedoch beibelassen haben.

Das Manuskript Nopcsas „Die Bergstämme Nordalbaniens und ihr Gewohnheitsrecht" wird nur in den zentralen Ausschnitten wiedergegeben. Es umfaßt im Original 510, zumeist maschinengeschriebene paginierte Blätter mit vielen handgeschriebenen Ergänzungen und Korrekturen. Der Text ist in fünf Abschnitte gegliedert: 1. Abschnitt: Charakter der Albaner, 2. Abschnitt: Jüngste politische Vergangenheit, 3. Abschnitt: Die Geschichte der Nordalbanischen Gebirgsstämme, 4. Abschnitt: Das Nordalbanische Gewohnheitsrecht, 5. Abschnitt: Herkunft des Nordalbanischen Gewohnheitsrechts. Einer handschriftlichen Bemerkung nach zu schließen, dürfte das Manuskript im Jahr 1923 abgeschlossen worden sein. Publiziert werden hier nur der dritte und vierte Abschnitt, da diese aus heutiger Perspektive noch wissenschaftliches Neuland erschließen helfen können.

Diese beiden Abschnitte sind, verglichen mit dem gegenwärtigen Stand der Forschung, als sensationell einzustufen. Sie können als frühe Beispiele einer ethnohistorischen Geschichtsschreibung gewertet werden. Durch seine zahlreichen und teilweise sehr langen Aufenthalte in den Stammesgebieten war es ihm möglich, die mündlich tradierten (Herkunft und Geschichte) und alle zugänglichen stammessagenschriftlichen Quellen zu sammeln; er erstellte Stammesgenealogien, problematisierte den Stammesbegriff und versuchte ethnologische Zugangsweisen mit historischen zu verknüpfen. Er ist dadurch in der Lage, die

Geschichte von 25 Stämmen zu schreiben und die Abstammungslinien zu rekonstruieren.

In weiteren Abschnitten untersucht er, wie Organisation und Administration der Stämme konkret funktionierten, welche Möglichkeiten die Bairaktare, der Rat der Alten und die Stammesversammlung hatten und wie die Funktionsteilung zwischen diesen Institution organisiert war.

Der vierte Abschnitt über das Gewohnheitsrecht ist deshalb einzigartig, weil er konkrete Beispiele für die Anwendung der Rechtsgrundsätze aus dem beginnenden 20. Jahrhundert bietet. Die bisher publizierten Varianten des Gewohnheitsrechts haben den Nachteil, daß es an solchen konkreten Beispielen mangelt. Erst dadurch vermittelt eine tot scheinende Gesetzesmaterie lebendige Realität. Seine Statistik über die Zahl der Blutrachetoten aus der Zeit um 1900 ist die älteste bekannte. Sie bringt erstmals klare Daten über das tatsächliche Ausmaß dieser im Gewohnheitsrecht verankerten Praxis.

Auch das Manuskript Nopcsas wurde hinsichtlich der Interpunktion und der S-Schreibung heutigen Gepflogenheiten angepaßt. Auch hier mußten einzelne Worte ergänzt oder ausgelassen werden, um einen Sinn herzustellen. Ansonsten wurde in die Rechtschreibung der damaligen Zeit nicht eingegriffen, um den Charakter des Manuskriptes nicht zu verwässern. Lediglich die Schreibung einiger in der Originalschreibweise schwer entzifferbarer Wörter wurde verbessert.

In den Dokumenten wie auch in Nopcsas Manuskript tauchen viele albanische Orts- und Personennamen wie auch Redewendungen auf, die nicht mehr der modernen albanischen Grammatik und Schreibweise entsprechen. Die gültige Schreibweise wird in Fußnoten angeführt. Außerdem wird im Personen-, Sach- sowie Orts- und Stammesregister sowohl die gültige als auch die im Text verwendete Schreibweise von Personen, geographischen Begriffen und Themen angeführt. Damit sollte eine eindeutige Identifizierung gewährleistet sein. Das Personen- sowie Orts- und Stammesregister enthält alle im Text vorkommenden Orte, Stämme und Personen; das Sachregister beruht naturgemäß auf einer Auswahl. Wichtige Personen und Sachverhalte werden bei der erstmaligen Erwähnung erklärt. Über die Register gelangt man zur Seite der Ersterwähnung. Die öfters vorkommenden Abkürzungen FL und K bedeuten Gulden bzw. Krone (österreichisch-ungarische Währungen), HHStA ist die Abkürzung für Österreichisches Haus-, Hof- und Staatsarchiv.

Die Herausgeber sind der Ansicht, daß die publizierten Materialien den albanischen Wissenschaftern ebenso wie den nichtalbanischen von großem Nutzen sein können; sie können für die Geschichts- und Rechtswissenschaft genauso wertvoll sein wie für die Ethnologie und Volkskunde. Wenn sie das Interesse für eine Wiederaufnahme der wissenschaftlichen Erforschung der nordalbanischen Stammesgesellschaften stimulieren würde, wäre eines der grundlegenden Anliegen dieser Publikation erfüllt.

1. Berichte der österreichischen Konsuln in Scutari

Dokument 1

Konflikte zwischen den Mirditen und dem Stamm Shkreli.
Bericht 219/68 von Dubravcich[1] an Rechberg-Rothenlöwen,[2] Scutari.[3]
19. Oktober 1861.
HHStA, Politisches Archiv XXXVIII, 144 (Scutari 1861), Blatt 297–299.

Monseieur le Conte,

Le Commissaire Impérial Giaudet efendi et Achmet Pacha gouverneur ad interim de Scutari ont fait le 16 une excursion sur le lac et ont visité les forteresses de Lessendra, Vragnina et Zabljak.[4] Ils sont revenus de leur tournée.

Toute les démarches de Giaudet efendi portent le cachet de déférence pour l'élément musulman et il est toujours prêt à seconder les désirs ou plutôt les passions des Turcs. Parmi les mesures prises jusqu'ici il y a celle de l'élargement des détenus pour des crimes. A la vérité il y avait aussi qui êtaient écroués pour des crimes d'assassinats ou des violences publiques. Un musulman de Medie,[5] village situé non loin de Scutari et dont j'avais demandé l'arrestation et l'emprisonnement pour avoir enlevé de force un cheval à ce prêtre chatolique et pour l'avoir menacé de le tuer, a trouvé grâce aussi auprés de Giaudet efendi, bien qu'il soit constaté qu'il avait précédemment assassiné plusiueurs individus. Je m'en vais réclamer contre se déni de justice.

A la suite de mes démarches reiterées on a organisé le Tribunal Commercial (Tigiaret). La moitié des membres appartiennent à l'élément turc et l'autre à l'élément chrétien. Le choix des membres est tombé sur des personnes qui juissent d'une certaine considération dans leur pays par rapport à leur intelligence et leur connaissances. Mais l'intelligence des dits mêmbres et leurs connaissances sont toute-fois tres relatives, car aucun n'a pas des notions de droit commercial et biens moins de la procédure commerciale. Mais dans un pays comme celui-ci, plongé dans l'ignorance, ce serait demander l'impossible que de demander des gens instruits et capables pour prononcer des jugements en semblables matières. Aussi sommes-nous assez hereux par la formation de dit tribunal tel qu'il est d'être affranchis de l'application des dispositions du Coran dont nous avions quelques craintes à l'arrivée de Giaudet efendi. Au reste personne à l'exception du parti retro-grade ne se trouve satisfait de l'arrivée de ce dernier car il est de notoriété publique que toutes les démarches sont inspirée par les membres plus fanatiques du Medjlis local, membres dont la destitution et l'éloigne-

---

1   Österreichischer Konsul in Shkodra; siehe BARTL, Peter: Die Mirditen. Bemerkungen zur nordalbanischen Stammesgeschichte, in: Münchner Zeitschrift für Balkankunde, 1/1978, S. 41.
2   Rechberg-Rothenlöven, Bernhard Johann Graf (1806–1899), Ministerpräsident und Außenminister Österreichs von 1859 bis 1864.
3   Italienische Form des Wortes Shkodër. Die Herausgeber haben stets die Originalschreibweise belassen.
4   Lesendra, Vranjina und Žabljak, heute in Montenegro.
5   Das Dorf Mjeda an der Grenze zwischen Mirdita und der Zadrima-Ebene.

ment de Scutari serait le plus grand bienfait du pays. Cette extrême condescendance du Commissaire Imperial serait-ce une arrière pensée pour s'attacher les Turcs et pouvoir compter sur eux dans l'éventualité d'une campagne prochaine? Je ne saurais le dire. Cependant comme on nous annonce la prochaine arrivée du nouveau Gouverneur Rachid Pacha, toute plainte au Gouvernement serait pour le moment inutile, car celui-ci nous remettrait naturellement au dit gouverneur.

La tribu de Mirdite,[6] ayant pour Chef Bib Doda[7] élevé par le Sultan au grade de général, excerçait des brigandages dans les dernières temps au préjudice des habitants d'autres tribus voicines, particulièrement de la tribu des Skreli[8] a laquelle on avait enlevé une quantite considérable de bestiaux. Les derniers s'en etaient plaints a l'Autorité, mais cette-ci soit par impuissance, soit par négligence ne s'est pas occupé de la restitution des boeufs enlevés. Peut-être croyait-elle que cette affaire était du ressort du Chef du Mirdites qui de son côté ne montre aucun empressement à redresser les torts faits par les chrétiens de sa tribu. Les autres tribus enleverent plus tard à leur tours à titre de represailles des chevaux et des moutons au Mirdites. Da la nouvelles represailles de ces derniers, et la relations des dites tribus s'étaient à un tel point aigries qu'un conflit sanglant était sur le point d'éclater, si les chefs les plus agés et les mieux intentionnés ne se faisent interposés et n'eussent obtenu une trêve de quelque jours. Or, les tribus qui se trouvent en scission peuvent reunir un nombre de 5 a 6.000 hommes et de cette lutte fratricite il ne pourrait résulter que des faits déplorables dont le gouvernement Ottoman le premier aurait à en ressentir les effets, dont les agents garde jusqu'ici une imperturbable indifférence. Les chefs de Skreli et des autres tribus liées a celle-ci par l'identité des intérêts se sont presenté chez moi pour me raconter leurs griefs et pour me communicier qu'ils ont été appelés par les Autorités de Scutari pour un arrangement avec les Mirdites, que Bib Doda et d'autres chefs de ces derniers doivent se rendre bientôt au même appel, mais qu'ils avaient une bien faible confiance dans l'empressement et dans l'influence des Autorités à mettre fin aux désordres survenus. Ils ont par conséquent exprimé le désir d'une action de quelque Consul dans leur différend. Je me suis empressé aussitôt d'en faire mention à mes collègues de Russie et d'Angleterre et nous restames convenus que lorsque les chefs Miridites seront arrivés et que l'Autorité locale nous aura invités d'agire concert avec elle pour terminer à l'amiable leurs différends, nous nous empresseront de travailler à la reussite d'une arrangement, qui aura naturellement pour base la restitution réciproque des bestiaux enlevés.

Je prie Votre Exellence d'agréer l'hommage de mon profond respect.

---

6 Die Stammesföderation Mirdita; über seine Geschichte und Bevölkerung siehe unten NOPCSA, Die Bergstämme.

7 Führer (Kapitän) des Mirdita-Stammes; Mitglied der Familie Gjon Marku, gestorben 1868. Über seine politische Tätigkeit siehe BARTL, ebenda, S. 33–35.

8 Shkreli, Stamm in der Landschaft Dukagjini; siehe unten NOPCSA, Die Bergstämme.

Dokument 2

Über die Führer des Zadrima-Distriktes[9] und Bib Doda.
Bericht 48, Dubravcich an Rechberg-Rothenlöwen, Scutari 17. Mai 1862.
HHStA, Politisches Archiv XXXVIII, 151 (Scutari 1862), Blatt 106–107.

Monsieur le Comte,

S.E. Abdi Pacha après s'être arrêté 2 a 3 jours à Scutari[10] s'est rendu à Podgoritza[11] pour y diriger les opérations militaires. Il n'a pas jusqu'ici annoncé ni aux habitants du pays, ni aux Consuls la reprise des fonctions de Gouverneur[12] civil et militaire. Rachid Pacha est encore ici, mais en simple particulier en sorte qu'à proprement parler avec tant de hauts fonctionnaires dans ce pays, toutes les affaires civils choment depuis le jours où le rappel de Rachid Pacha est parvenu à la connaissance de ses habitants.

D'après les novelles positives la Nahie de Kucci-Drekalovich[13] s'est fournie et tout est rentré dans l'ordre pour le moment dans ce pays-là.

Avant l'arrivée ici d'Omer Pacha trois chefs du disricts de Zadrima s'étaient présentés à Scutari pour raconter au gouverneur Rachid Pacha que les Mirdites[14] ne cessent d'exercer des brigandages chez eux et de les exiter à faire cause commune avec eux. Les Mirdites leurs auraient déclaré qu'ils n'ont rien à craindre puisque la France aidera et protégera tous les Montagnards Chrétiens qui ne se rendront pas à l'appel des Autorités Ottomanes. Les dits Montagnards n'ayant pu voir ni Rachid Pacha, ni Abdi Pacha sont retournés chez eux. Mais, si les habitants de Zadrima s'unissent aux Mirdites, les autres Montagnes suivront sans doute leur exemple et le danger alors augmentera énormément pour les Turcs.

En attendant le procès de l'Abbé Krasnich demeure suspendu, et même celui-ci est retourné depuis plusieurs jours dans son diocèse sans en avertir le pacha, qui a envoyinutilement des gardes pour le ramener. Krasnich avait déclaré à Rachid Pacha que Mr. Hequard,[15] ex-Consul de France, ayant promis des secours en argent de la part de son gouvernement, bien entendu aux Mirdites qui en

---

9 Zadrima ist eine Niederung direkt im Süden der Stadt Shkodra. Sie ist hauptsächlich von Malissoren bewohnt, die aus den albanischen Alpen abgewandert sind. In dieser Zeit war Zadrima eine administrative Einheit (Nahije) des Sandjak Lezha im Vilayet von Shkodra. Über die administrative Organisation Albaniens Ende des XIX. Jahrhunderts bis Anfang des XX. Jahrhunderts siehe Historia e Shqipërise, Tiranë 1984, Bd II, S. 46–52.

10 Italienische Bezeichnung für Shkodra.

11 Podgorica im heutigen Montenegro.

12 Gouverneure waren im Osmanischen Reich die Administrativ- und Militärführer eines Vilayets.

13 Kuči Drekalović; Stamm im Grenzgebiet zwischen Albanien und Makedonien; siehe GOPČE-VIĆ, Oberalbanien.

14 Mirdita-Stammesverband; siehe Einleitung S. 21–22.

15 Hyacinthe Hecquard: ehemaliger französischer Konsul in Shkodra in den 1860er Jahren; siehe HECQUARD, Hyacinthe: Histoire et description de la Haute Albanie ou Guégarie, Paris 1863.

avaient besoin, il avait fait connaître aux dits montagnards une pareille promesse. Mais probablement ni l'abbé, ni le Consul n'ont pas parlé des pauvres mirdites, mais bien de tous ceux qui se montrerait désobéissants aux ordres des Autorités Ottomanes.[16]

Bib Doda[17] est toujours ici et on ne sait quelles mesures prendra à son égard Omer Pacha. En attendant les Mirdites persistent à rester chez eux. On nous mande à l'instant d'Antivari[18] qu'un fortin construit dernièrement à Zubci, village du dit district, par les Turcs a été rasé la nuit dernière par un détachement de Monténégrins.

Je prie Votre Exellence d'agréer l'hommage de mon profond respect.

Dokument 3

Ein Brief Bib Dodas an Konsul Dubravcich.
Bericht 98, Dubravcich an Rechberg-Rothenlöwen, Scutari 24. September 1862.
HHStA, Politisches Archiv XXXVIII, 151 (Scutari 1862), Blatt 250–251.

Monsieur le Comte,
J'ai recu il y a quelques jours de Bib Doda, chef des Mirdites,[19] une lettre que je me fais un devoir d'inclure, et par laquelle il m'invite à prendre part dans son procès avec l'abbé Krasnich.[20] J'ai dit au portuer de la lettre qu'il n'avait qu'à provoquer une enquête en s'adressant aux Autorites Supérieures á Constantinople, mais que je n'étais point autorisé à me mêler dans une affaire où aucun intèrêt Autrichien n'est en jeu.

Je prie Votre Exellence d'agréer l'hommage de mon plus profond respect.
Orosci il 12. Settembre 1862Illustrissimo Signor Console I. E. d'Austria

Con grato piacere sento che la S.V. Illma in seno coi prediletti della rispettabilissima Famiglia Consolare gode perfetta salute.

Io sono assai travagliato da una infiammazione di golla con febbri.

In in Suo pragiatissimo foglio compresi, che non le fosse permesso a framischiarsi in cose che passano tra me ed il Governo di Sua Maesta il Sultano. D'altronde io ho la piu intima persuasione che Sua Maesta L'Imperatore d'Austria previa Sua Somma Sapienza, notissima bonta ed equita di bilancio ha sempre in-

---

16 Krasniqi, Gasper, Erzabt der Mirditen seit 1860. Er war mit Bib Doda in Konflikt geraten, da er ihn als Diener der Türken betrachtete. Bib Doda widersetzte sich der Anerkennung Krasniqis als Abt der Mirditen. Die osmanischen Behörden haben daher versucht, die Frage vor Gericht zu lösen; siehe BARTL, ebenda, S. 42–45, 68–69.
17 Führer der Mirditastämme.
18 Die heutige Stadt Tivar (albanisch) oder Bar (serbisch) liegt in der Republik Montenegro.
19 Die Einwohner der Landschaft Mirdita. Ein Teil der Bevölkerung war gegen ihn; siehe BARTL, ebenda, S. 42.
20 Die Zadrima-Ebene; siehe Dokument 2.

terposta la efficaccissima propria mediazione in difesa degli Cattolici Epiroti[21] in trionfo della giustizia e la stessa casa mia ne sperimentò li vantaggi in occorrenze.

Dunque ancora la S.V. Illma: puo prendere parte alle mie difese, mentre l'assicuro che sono nettissimo nelle mie gestioni come apparira nelle attuazioni giustificative anzi ne la prego a influire in mio scopo. Il mio cappettano Sorba dopo fatti i convenevoli con V.S. Illma le dira a voce altre cose, e ad esso comandi quel che crede opportuno in mio proposito.

Aggredisca i sensi della mia estimazione e considerazione

Bib Doda

Dokument 4

Angriff der Mirditen gegen den Kapitän Marco Doda.
Bericht 11, Dubravcich an Rechberg-Rothenlöwen, Scutari 24. März 1863.
HHStA, Politisches Archiv XXXVIII, 157 (Scutari 1863), Blatt 17–18.

Monsieur le Comte,

J'ai l'honneur de rapporter que le Capitaine Marco Doda,[22] après le départ de son cousin Bib Doda pour Constantinople, est parti de Scutari pour se rendre au poste de celui-ci. Mais il se trouvait à peine dans la pleine de Sadrima,[23] district situé dans la proximité des Montagnes de Mirdites, qu'une bande de ce derniers s'embusquant derrière une masure tira plusieurs coups de feu sur lui, et tua son cheval. Les balles lui percèrent les habits et blessèrent trois individus de sa suite. Le cheval s'étant affaissé à la suite de coup recu renversa le Capitaine Marco, ce qui fit croire aux assaillants qu'il avait été tué et cessèrent par conséquent de tirer de nouveau.

Cet événement était prevu de longue main et on s'étonne que Capitaine Marco ait risqué de s'aventurer dans un pays où les partisans de Bib Doda sont si nombreux et où sa personne devait se trouver à chaque pas menacée.

D'après les usages barbares de ces pays-ci cet attentat sera bientôt vengé par le parti contraire et par conséquent la guerre civile allumée. Si les Autorités locales voudront soutenir le Capitaine Marco, elles devront recourir aux armes, mais ce moyen rencontrera des graves difficultés, car ces Montagnards ont été et son au plus haut point jaloux de leurs privilèges, qui refusent aux Turcs le droit de leur nommer un chef, ce droit n'appartenant qu'à leurs assemblées générales.

---

21 Die Bewohner Albaniens wurden damals, meist in der Literatursprache, auch als „Epiroti" bezeichnet.
22 Neuer Kapitän von Mirdita. Ein Teil der Bevölkerung Mirditas war gegen seine Bestellung, siehe BARTL, ebenda.
23 Die Zadrima-Ebene, siehe Dokument 2.

Mr. Wiett, Consul de France, est décedé la nuit du 22 courant à la suite d'une fièvre pernicieuse syncopale d'après le diagnostic des médecins du pays. Cette mort a été accompagnée de circonstances qui ont produit sur le soussigné la plus pénible sensation. Mr. Wiett avait l'habitude de venir les jours de fête passer la soirée chez le soussigné. Le 22 du courant, jour du dimanche, il arrivait chez moi à 9 heures du soir avec son Chancelier et le gouverneur provisoire Mahmoud Pacha. A peine avait il monté l'escalier qu'il tomba en syncope, et tous les soins de deux médécins qui se trouvaient présents n'ont pu empêcher les progrès de la maladie. J'eus donc le chagrin de le voir mourir après 2 heures de souffrances. Les obsèques ont eu lieu aujourd'hui au milieu d'un nombreux concurs. Le convoi était précédé de la bande militaire turque et d'un certain nombre de troupes. Les Autorités civiles et militaires, le clergé, les consuls avec leurs employés, et tous les membres de la colonie européenne ont pris part au cortège. Le Muchir Abdul Kerim cependant s'en abstint.

Je prie Votre Excellenze d'agréer l'hommage de mon plus profond respect.

Dokument 5

Beziehungen zwischen Mirditen und türkischen Behörden.
Bericht 31, Dubravcich an Rechberg-Rothenlöwen, Scutari 25. August 1863.
HHStA, Politisches Archiv XXXVIII, 157 (Scutari 1863), Blatt 61–62.

Monsieur le Comte!

Il est à la connaissence de Votre Exellence que le chef des Mirdites Bib Doda se trouve depuis le mois de Mars à Constantinople, où les Autoritès lui auraient fait un assez bon accueil et lui auraient fait espèrer d'être bientot reintegré dans ses fonctions. Pendant son absence Marco Doda, nouveaux chef élu, avait essayé de se rendre au pays des Mirdites, mais ansi que j'ai l'honneur de rapporter en son temps, peu s'en est fallu qu'il ne perdit la vie ayant été assaillé par la parti de Bib Doda qiu a fini par avoir la prépondérance dans la Montagne. Marco Doda a même declaré formellement aux Autorités qu'il renoncait aux fonctions de chef des Mirdites sachant bien qu'il ne pourrait pas les conserver sans danger.[24] Le Pacha de Scutari nomma alors un musulman nommé Mehmet Sokoli, autrefois membre du medilis de cette ville, et lui confia la surveillance du pays. Bien que celui-ci se mêle peu de l'administration du pays qui continue à être régi d'aprés des lois traditionnelles, le parti de Bib Doda est très contraire à ce choix et surtout à la présence d'un Turc dans leur pays, présence qu'ils considérent comme une humiliation et une infraction à leurs privilèges. Mehmet Sokoli s'en étant apercu s'est rallié au parti contraire et on craint qu'il n'arrive des nouveaux conflits sérieux au sein de la Montagne.

---

24 Siehe Dokument 4.

On attend aujourd'hui même l'arrivée de Mr. le Consul de Hahn[25] puor l'exploration de la rivière nommé le Drin. Dejà ses compagnons de voyage parmi lesquels l'officier de Marine Mr. le Baron de Spann et un photographe sont arrivés.

Les dames Anglaises MacKenzie et Yrby[26] venant de Prisrendi se sont arrêtées ici pendant quelques jours. Elle sont parties hier pour Monténégro d'ou elles poursuivront pour la Servie. Ces dames avant d'arriver à Priserendi ont visité le Monastère grec de Dečiàni situé près des frontières Serbes.

Le général de brigade Ibrahim Pacha est mort d'une fièvre pernicieuse.

Le gérant du Consulat francais Mr. Moreau est parti aujourd'hui pour Monténégro.

Je prie Votre Exellence d'agréer l'hommage de mon plus profond respect.

Dokument 6

Zusammenstoß zwischen Krasniqi und Shala.
Bericht 17, Dubravcich an Mensdorff-Pouilly,[27] Scutari 11. September 1866.
HHStA, Politisches Archiv XXXVIII, 171 (Scutari 1866), Blatt 49–50.

Monsieur le Comte,

J'ai plusieurs fois pris la liberté a entretenir Votre Exellence de l'état d'anarchie qui règne depuis plusieurs annès dans la province de Djakova.[28] Cet état des choses provient de ce que les habitants musulmans et surtout ceux habitant les montagnes de Krasnić,[29] Gachi,[30] Bututch[31] et Priépolje[32] n'ont jamais voulu

---

25 Hahn, Johannes Georg von (geboren 1811, gestorben 1869), österreichischer Diplomat, Reisender und Albanologe. Er war der erste, der wissenschaftlich über das Gewohnheitsrecht der albanischen Bergbewohner gearbeitet hat. Autor der Werke: Albanesische Studien; Ders.: Reise durch die Gebiete des Drin und Wardar, im Auftrage der Kaiserlichen Akademie der Wissenschaften unternommen im Jahre 1867, in: Denkschriften der Kaiserlichen Akademie der Wissenschaften, Philosophisch-historische Classe, 15/1867, 2. Abt. S. 1–188, 16/1869, 2. Abt. S. 1–177. Ders.: Reise von Belgrad nach Salonik. Nebst vier Abhandlungen zur alten Geschichte des Morawagebietes, 2. Aufl. Wien, 1868. Ders.: Griechische und albanesische Märchen, 2 Bde, München-Berlin 1918. Über sein Leben und Werk siehe: GRIMM, Gerhard: Johann Georg von Hahn (1811–1869). Leben und Werk. Wiesbaden 1966.
26 Englische Reisende, siehe MACKENZIE, G. M. – IRBY, A. P.: Travels in the Slavonic provinces of Turkey in Europe, 2 Bde, London 1877.
27 Mensdorff-Pouilly, Alexander Graf, Staatsmann, k.k. Feldmarschall-Leutnant und 1864–1866 österreichischer Außenminister.
28 Gjakova im heutigen Albanischen, oder Djakovice im Serbischen. Stadt in der heutigen serbisch-albanischen Provinz Kosovo, überwiegend von albanischer Bevölkerung bewohnt.
29 Gebirge im heutigen Kosovo-Gebiet.
30 Gebirgslandschaft am nordöstlichen Rand der heutigen Republik Albanien.
31 Im heutigen albanischen Bytyç. Bergland im heutigen Distrikt von Tropoja im Nordosten des Landes.
32 Gebiet im heutigen Montenegro, nördlich von Plava und Gusinje gelegen.

se soumettre à l'enrôlement et aux réformes introduites dans les autres parties de la Turqie. Le gouvernement ottoman a dans ces dernièrès années envoyés même des troupes sur les lieux, ais ses eforts se sont montrés insuffisants. L'opinion générale, et surtout celle du clergé catholique, en attribue les désordres existants au gouverneur actuel Nazif Pacha. Quant à moi, je ne pourrais entièrement me rallier à cette opinion, car tout le monde sait que les Montagnards de l'Albanie n'écoutent ni ordres ni conseils, et se soucient fort peu aux menaces. Pour soumettre ces hordes tumultueuses il n'y a que la force des armes.

Dernierèment les montagnards de Krasnić élevèrent des prétentions sur une petite montagne appartenante au district de Chala[33] entièrement habité par des catholiques. Cette montagne destinée au pâcage des bestiaux de Chala avait été vendue par son propriétaire chrétien à un autre chrétien du pays pour la somme de 15.000 piastres. Les Krasnić trouvant les Chalas décidés à ne pas faire attentiton à leurs prétendus droits, s'armerènt de tous points et marchèrent sur Challa pour obtenir par la force ce qu'ils ne pouvaient obtenir par leurs demandes. Pour se rendre à Challa il faut traverser les districts chrétiens de Martouri[34] et Nikai.[35] En y passant ils leur prirent des ôtages pour s'assurer la retraite et pour empêcher que les deux districts prissent part en faveur de Challa. Mg. Beriscia, évêque de Poulati,[36] à la juridiction duquel appartiens la tribu menacée demanda secours au gouverneur de Scutari qui s'empressa d'envoyer sur les lieux plusieurs fonctionnaires et d'autres personnes. Les efforts réunis de l'évêque et de ceux-ci parvinrent à réconcilier les parties et à èpargner une effusion de sang qui aurait pu prendre des proportions considérables. Si, comme le prétend Mg. Beriscia, Nazif Pacha de Prisren[37] a rapporté à Constantinople les faits surénoncés en déversant encore cette fois-ci la faute aux chrétiens, je me crois autorisé à m'inscrire en faux contre pareille insinuation.

Malgré les représentations de Mg. Severini, évêque de Zadrima ou Sappa, il n'a pas pu obtenir l'élargation de six de ses diocésains qui, au mois de Janvier dernier, avaient été jugés comme coupables de rebelion contre l'autorité du Mudir de Zadrima Salich Bey, maintenant Salih Pacha. (Sur cet incident j'ai eu l'honneur d'entretenir Votre Exellence) par mes très humbles rapports de 6 et 13 mars ansi que du 24 Avril Nr. 2, 4 et 7.) Ces six individus ont été exilés à

---

33 Stammesgebiet des gleichnamigen Stammes; im heutigen Albanischen: Shala. Einer der stärksten Stämme Nordalbaniens. Über seine' Geschichte und Bevölkerung siehe Teil NOPCSA, Die Bergstämme.

34 Im heutigen Albanischen: Merturi; Stammesgebiet des gleichnamigen Stammes. Es befindet sich im zentralen Teil der albanischen Alpen, beiderseits des Drin-Flußes.

35 Im heutigen Albanischen: Nikaj; Wohngebiet des Stammes Nikaj, nordwestlich von Merturi; siehe NOPCSA, Die Bergstämme.

36 Albanisch Pulti; Ethnographische Einheit am oberen Flußlauf des Kiri-Baches. Seine Einwohner unterschieden sich immer von den anderen Stämmen, aber mit der Zeit war der Einfluß der Einwohner von Dukagjin so stark, daß Pulti als der sechste Bajrak Dukagjins betrachtet wurde.

37 Stadt in Kosovo, überwiegend von albanischer Bevölkerung bewohnt. In dieser Zeit war Prizren Hauptort des gleichnamigen Sandjaks im Vilajet Kosovo; siehe Historia II, S. 49.

Tripoli de Barbarie[38] par ordre de la Porte. Au moment qu'il allaient s'émbar-
quer, Mg. Pooten, archevêque d'Antivari,[39] se trouvait ici, ainsi que les évêques
de Zadrima, d'Alessio[40] et de Pulati. Ces quatres prélats se sont rendus chez
S.Ex. Ismail Pacha pour obtenir de S.M. le Sultan la grâce des dits exilés, et
Ismail Pacha leur a promis de la demander à Constantinople. Jusqu'à présent
aucune réponse satisfaisante n'est arrivé de la Capitale.

Un duplicate du présent rapport e été présenté à S.Ex. Mr. l'Internonce.

Je prie Votre Exellence de vouloir bien agréer l'expression de mon plus profond respect.

Dokument 7

**Konflikt mit den Montenegrinern um die Weiden.[41] Ein Cholerafall in einem
Dorf neben Shkodra.
Bericht 13, Dubravcich an de Beust,[42] Scutari 23. April 1867.
HHStA, Politisches Archiv XXXVIII, 176 (Scutari 1867), Blatt 31–32.**

Monsieur le Baron,

Il y a plusieurs jours que nous ne recevons de nouvelles officielles de Prisrendi, mais d'après celles qui nous sont communiquées par des personnes arrivées
de ce pays-la, la tranquillité n'y a pas été troublée depuis l'arrivée de Mahmoud
Pacha.

Par mon rapport du 9 courant Nr. 12 je faisait connaître à Votre Exellence que
les monténégrins avaient de nouveau détruit des constructions à Velje-bardo,[43]
et que le gouvernement de Scutari s'était adressé au Prince Nicolas[44] pour le
châtiment des coupables. Tandis qu'on en attendait une réponse, le dit gouverneur apprit que les monténégrins avaient élevé des prétentions sur le village de
Momtche[45] situé entre les Nr. 63 et 64 de la ligne de frontière, et que les Kout-
chis[46] Ottomans étaient décidés à les repousser les armes à la main. Pour empê-

---

38 Tripoli in Libyen.
39 Stadt in der heutigen Republik Montenegro. Albanisch Tivar, serbisch Bar.
40 Kleine Stadt im Süden von Shkodra, das heutige Lezha.
41 Weidekonflikte sind sehr oft zwischen den Albanern und den Montenegrinern ausgebrochen.
    Die Weiden sorgten immer wieder für Spannungen zwischen den Stämmen, siehe HEER,
    Caspar: Territorialentwicklung und Grenzfragen von Montenegro in der Zeit seiner Staats-
    werdung (1830–1887), Bern etc. 1981.
42 Ferdinand Graf von Beust, sächsischer und österreichischer Außenminister und Reichskanz-
    ler (1809–1886).
43 Im heutigen Montenegro gelegen.
44 Nikola I. Petrović Njegoš (1841–1921), zuerst Fürst, später König von Montenegro, Begründer
    des modernen montenegrinischen Staates.
45 Dorf im heutigen Montenegro.
46 Einer der größten montenegrinischen Stämme.

cher un conflit qui paraissait inévitable, le gouvernement envoya à Cettigne[47] Salih Pacha, actuel gouverneur de Tirana,[48] pour proposer au Prince l'envoi sur les lieux d'une commission mixte chargée à l'aide de la carte de délimitation de résoudre la question. Le Prince de Monténégro a accueili favorablement la proposition et s'est engagé de faire respecter par les liens la décision de la Commission. Quant à Velje-bardo on est tombé pour le moment d'accord que les deux collines formant les paturages de Velje et Mali-Bardo[49] appartiendront aux Monténégrins jusqu'à la route qui conduit de Podgoritza[50] à Spouz.[51] Les Ottomans auront le droit de conduire leurs troupeaux jusqu'à cette limite qui longe les collines.

Tandis qu'on attend le rapport de la commission, nous venons d'apprendre que les Monténégrins viennent d'entreprendre des constructions dans le territoire de Novoselo[52].

Plusieurs cas de choléra ont éclaté ces derniers jours dans un petit village situé sur la rivière de Bojana,[53] appelé Recci à 4 heures de Scutari. Une commission médicale envoyée sur les lieux a constaté qu'il y a eu huit décés sur 14 attaques. Le village e été isolé par un cordon sanitaire.

Un duplicate du présent rapport est soumis à S.E. Monsieur l'Internonce.

Je prie Votre Exellence d'agréer l'hommage de mon profond respect.

Dokument 8

Weidekonflikt zwischen mohammedanischen und katholischen Stämmen.[54]
Bericht 30, Dubravcich an de Beust, Scutari 12. November 1867.
HHStA, Politisches Archiv XXXVIII, 176 (Scutari 1867), Blatt 68–69.

Monsieur le Baron,

Nous n'avons aucune nouvelle de Prisrendi. Le Chancelier Mr. Lippich appelé à diriger notre Agence dans la dite ville ne puovait nous transmettre aucun renseignement n'étant parti d'ici que le 8 du courant. Des négociants arrivés de ces côtés-la ne nous signalent cependant aucun événement important. On sait seulement que la Commission Ottomane a pris un nouveau logement pour l'hiver et

---

47 Das heutige Cetinje, Stadt in Montenegro; damals die Hauptstadt des Landes.
48 Seit 1920 Hauptstadt Albaniens. In dieser Zeit war Tirana Hauptort einer administrativen Einheit (Kaza) im Vilajet Shkodra; siehe Historia II, S. 49.
49 Im heutigen Montenegro gelegen.
50 Die heutige Hauptstadt Montenegros Podgorica.
51 Im heutigen serbischen Spuž, damals eine kleine Festung nördlich von Podgorica.
52 Dorf im heutigen Montenegro.
53 Im Albanischen: Buna; Fluß, der vom Shkodra-See ins Meer fließt. Er war damals der einzige schiffbare Fluß Albaniens.
54 Nach der von Seiner organisierten Volkszählung wohnten im Stammesgebiet im Jahre 1918 99.948 Mohammedaner und 62.316 römisch-katholische Einwohner; siehe SEINER, Gliederung, S. 13.

procède lentement dans ses opérations au sujet desquelles elle parait garder le plus profond secret.

Un déplorable conflit est arrivé derniérement entre les Mahometans d'Urastreit[55] et les catholiques de Prekali,[56] village avoisinant Urastreit, et situé à une distance de 8 heures de Scutari. Entre ces deux Tribus des démelés étaient surgis au sujet de la jouissance de certains terreins destinés au pâturages des bestiaux et à la coupe du bois à brûler. L'Autorité de Scutari avait composé le differend en envoyant sur les lieux une commission qui plaça des marques de bornage. Mgr. Beriscia, Evêque de Pulati, à la jurisdiction du quel appartient le village de Prekali, comme chef spirituel, contribua beacoup à l'aplanissement des difficultés. En dernier lieu, quelques urcs[57] d'Urastreit se rendirent dans le village de Prekali, et se permirent d'arracher une croix grossière en bois qui se trouvait plantée sur un mur à su, et la jeter dans la rivière de Kiri. Cette croix était un objet de vénération pour les Chrétiens du pays qui avant la construction d'une chapelle, y faisaient dit-on celebrer la Messe, comme on la célèbre en plein air en plusieurs districts montagneux de l'Albanie. Non contents de cet outrage à la réligion chrétienne, ils jetèrent des ordures sur le mur portant la croix et la transportérent ensuite au pied de village de Prekali en adressant aux habitants des injures de toute sorte. Arrivée cette nouvelle à ma connaissance, j'ai tout de suite adressé au gouverneur de Scutari une note demandant à titre de satisfaction qu'une nouvelle croix de la même demension à celle qui a été transportée par l'eau à la mer soit replacée sur le mur qui la portait et que les coupables soit assujettis à une peine correspondante et exemplaire.[58] Lundi prochain 18 court. le soussigné assistera à l'enquête qui aura lieu auprès du Gouverneur en présence de l'Evêque de Pulati. Les Catholiques de Prekali, informés de l'outragé se sont rendus à Urastreit, oû un conflit sanglant s'engagea. Plusieurs maisons turques furent brulées et trois Turcs tués. Le Gouverneur envoya du Zaptiés pour les pacifier, mais les chrétiens auraient repoussé les gens envoyés par le gouverneur. Il s'en suit que d'une côté il y aura jugement contre des Musulmans outrageants la croix, et contre des Chrétiens se faisant justice d'euxmêmes. Dans une conversation avec le Gouverneur de Scutari, j'ai tâché de le persuader à ne pas [ètre] trop séver dans les moments actuels contre les Chrétiens s'appuyant, comme il a fait pour les exilés de Zadrima à des rapports de ses subordonnés qui lorsqu'il s'agit de persécuter les chrétiens ne manquent pas de déguiser et d'altèrer la verité.

Les rapports entre ce pays et le Monténégro sont des plus satisfaisants depuis quelques mois. Le gouverneur de Scutari se montre toujours très conciliant à

---

55 Im Albanischen Ura Shtrenjte, ein Dorf des Stammes Drishti; siehe SEINER, ebenda, S. 10.

56 Prekali war ein Bajrak des Stammes Shoshi, siehe SEINER, ebenda.

57 Das Wort „Turc" ist, wie damals üblich, im Sinne der Religionszugehörigkeit für Mohammedaner gebraucht worden.

58 Österreich-Ungarn übte das „Cultusprotektorat" schon seit dem XVII. Jahrhundert aus. Die österreichisch-ungarischen Konsuln setzten sich für die Interessen der katholischen Bevölkerung ein; siehe BENNA, Kultusprotektorat.

l'endroit des diffèrends qui se passent au confin. Le Prince Nicolas de son côté se montre disposé à ne pas trouble le paix existante.

Un duplicata du présent rapport est soumis à son Exellence M. l'Ambassadeur. Je prie Votre Exellence d'agréer l'hommage de mon profond respect.

Dokument 9

Der Tod Bib Dodas und das Problem seines Nachfolgers. Die Anzahl der Familien und der Bevölkerung in Mirdita.
Bericht 8, Dubravcich an de Beust, Scutari 21. Juli 1868.
HHStA, Politisches Archiv XXXVIII, 182 (Scutari 1868), Blatt 22–23.

Les canonières cuirassées sont arrivées à Obotti,[59] port situé sur la Bojana, et à la distance de deux heures de Scutari. Elles ne pourront gagner le lac avant que les pluies n'aient présenté une crue d'eau suffisante pour en faire la traversée.

La canonnière „Persit" a jeté l'ancre à Antivari le 8. du courant. Le Vice-amiral Edhem Pacha s'est rendu à Scutari á l'effet de recevoir de la main de Mr. Carié, ingenieur français, les dittes cuirassées. D'aprés le contrat stipulé entre la Société Française et l'Ambassadeur Ottoman à Paris, le gouvernement Ottoman doit payer à la dite Société pour les dits bâtiments le prix de 900.000 francs.

Il n'en fallait pas davantage pour construire une route carrossable entre Antivari et Prisrendi et en même temps pour régler les cours du Drin et déblayer la bouche de la Bojana. Avec ces traveaux que le soussigné et tous ses collègues ont cent fois proposé aux gouverneurs de Scutari et surtout à Ismail Pacha on aurait rendu la prosperité à un pays où le commerce depuis grand nombre d'années se trouve dans un état d'avilissement déplorable, avec ses traveaux les relations commerciales avec l'Autriche auraient repris toute leur ancienne prospérité. Et quant aux canonières le gouvernement Ottoman se trompe s'il croit qu'elles pourrant empêcher des incursions des monténégrins, leurs velléités se bornant pour le moment à posséder l'espace de terrain qui le sépare de la Moraccia.[60] Lorsque les forteresses situés sur le lac et les blockhaus construit sur la frontière se trouveront toujours en bon état de défense, les Monténégrins auront bien de la peine à réaliser leurs projets.

Le 18 du courant Bib Doda, chef des Mirdites est mort à l'age de 50 ans á Scutari où il s'était rendu pour se faire traiter d'une maladie du foi. Les obséques ont eu lieu le 19 avec une pompe inusitée.

La musique militaire en tête, le cortège se trouva composer d'un Ferik, du corps consulaire, de tout le clergé, et de toutes les notabilités du pays. Ces honneurs rendus à un chef chrétien, sujet ottoman a produit meilleure impression.

---

59 Im albanischen Dorf Oboti, wenige Kilometer südlich von Shkodra am linken Ufer des Buna-Flusses. Es war damals der einzige Hafen entlang der Buna.
60 Fluß an der albanisch-montenegrinischen Grenze.

Bib Doda s'était acquis une réputation militaire pendant la guerre de la Crimèe
où il avait été envoyé à la tête de 3.000 Mirdites, et elle lui a valu le grade de général de brigade, et 7.000 piastres mensuelles d'appointements. Il a laissé une
fille de 15 ans et un garçon de 10 qui ne pourra lui succeder d'aprés les statuts
existants, la succession devant être dévolu au plus proche et plus âgé des pa-
rents. L'Assemblée générale composé de tous les chefs de famille devra au reste
bientôt désigner le successeur du défunt.[61] On porte á 25.000 le nombre des habitants de la Mirditie divisés en environ 4.000 famille,[62] sans compter les famil-
les des Mirdites établis à Djakova, dont les chefs aussi doivent faire partie de la
dite assemblée. Sur le cercueil de Bib Doda on a rémarque le pavillon français.
Le soussigné tient de la bouche de ses collègues precedents de France, que le
gouvernement français leur avait ordonné d'empêcher qu'il soit porté de la part
du gouvernement ottoman la moindre atteinte aux priviléges des Mirdites.

Le défunt se croyait donc pour ainsi dire sous la protection française. Cela n'a
pas empêché que toutes les affaires du clergé de la Mirditie n'aient pas été trai-
tées constantement par le Consulat d'Autriche.

Un duplicata du présent rapport est soumis à Son Exellence Mr. l'Ambassadeur de Constantinople.

Je prie Votre Exellenze d'agréer l'hommage de mon plus profond respect.

Dokument 10

**Weidekonflikt zwischen den Stämmen Hoti und Triepshi. Das Nachfolge-
problem in Mirdita.
Bericht 18, Rehn[63] an de Beust, Scutari 8. Dezember 1868.
HHStA, Politisches Archiv XXXVIII, 182 (Scutari 1868), Blatt 51–55.**

Monsieur le Baron,
Déjà depuis longtemps la tribu albanaise catholique de Hotti[64] convoitait les
pâturages sur une montagne près du fleuve Zem[65] qui de temps immémorial
avait toujours appartenun à la tribu catholique de Triepsi[66] sise dans le voisi-

---

61 Das Recht, den Nachfolger des Häuptlings zu wählen, war nach dem albanischen Gewohnheitsrecht (dem Kanun) nur dem Altenrat gegeben; siehe GODIN, 58/1956, S. 140.
62 Über die Zahl der Einwohner Mirditas in dieser Zeit gibt es verschiedene Angaben; siehe den
  Teil NOPCSA, Die Bergstämme.
63 Konsulatsbeamter.
64 Stamm, der sich im Norden von Shkodra, im heutigen albanischen Hoti befand. Im Jahr 1913
  blieb ein Teil seines Stammesgebietes unter montenegrinischer Herrschaft. Über seine
  Geschichte und statistische Angaben siehe den Teil NOPCSA, Die Bergstämme.
65 Im heutigen Albanischen Cem; er fließt teilweise durch die Malesia e Madhe am nördlichsten
  Rand Albaniens.
66 Kleine Landschaft im heutigen Montenegro. Nach Gopčević wohnten gegen Ende des vorigen
  Jahrhunderts in Triepshi etwa 600 Einwohner, alle katholischer Religion; siehe GOPČEVIĆ,
  Oberalbanien, S. 240.

nage de celle de Koutchi dont le territoire à la suite de la guerre de Monténégro en 1858 fut adjugé à l'Empire Ottoman. Pour mettre fin aux éternelles contestations soulevées d'une part et de l'autre le prédécesseur du gouverneur actuel, Ismail Pacha avait envoyé au printemps dernier Salih Pacha et Suleiman boulougbachi de Hotti en mission spéciale sur l'éndroit. Cependant l'un de ces deux commissaires guidé par esprit d'intrigue bien connu en Albanie et l'autre redoutant ces propres compatriotes avaient résolu la question dans un sens complétement injuste et défavorable à la tribu de Triepsi qui devait perdre l'erxecice de son droit de proprieté sur la Montagne en question. Déjà alors les Triepsi avaient juré de venger cette injustice par le sang dès que les Hottis tenteraient de prendre possession de ce terrain situé sur les confins des deux tribus. Ce fut alors que Mgr. Pooten l'archévêque de Scutari dirigeait l'attention d'Ismail Pacha sur la gravité de la question et sur l'injusticie dela décission faite par Suleiman Hotti et Salih pacha, en lui faisant aussi savoir que la tribu de Triepsi ne se soumettrait jamais à cette décision injuste. Il ne cachait pas à Ismail Pacha, les tristes conséquences qui résulteraient d'un refus de la part de Triepsi d'accepter la décision de ces deux malintentionnés organs du gouvernement local et la possibilité que cette dernière tribu, ne reculerait pas d'accepter l'appui de ses voisins du rite orthodoxe. Le gouvernement local ainsi préparé de la longue main à un prochain combat dans une dèplorable méconnaissance du caractére tenace des populations montagnardes semi indépendantes laissait les choses telles qu'elles étaient, et ne fit aucun effort pour calmer les esprit. Ce qui depuis longtemps était prévu arriva.

Le 3 Decembre aċ. les tribus de Hotti et Triepsi vinrent aux prises. Celle de Hotti s'était fortifiée derrière quelques remparts construit à la hâte, après avoir brûlé quelques huttes appartenantes à celle de Triepsi. Dans cette position les hommes de Hotti forts d'environ 150 fusils furent assillis par la tribu de Triepsi avec l'aide des habitants du village catholique de Coccia,[67] de quelques hommes armés de Gruda[68] et de Fundina[69] et surtout de la tribu slave orthodoxe Coutchi, en sorte que la tribu de Triepsi dont la population ne s'élève qu'à 800 têtes était en état d'apposer à la tribu de Hotti plus de 500 fusil. A l'approche de cette petite armée une femme de Hotti voulant prévenir le combat s'approchait de la ligne de bataille des Triepsi. Mais à peine sortie des rangs de Hotti elle fut, chose inouie dans les Montagnes, où la femme jouit d'un grand respecte, tuée à copus de fusil.[70] Alors le combat général s'engagea et dura toute la journée du 3 Dé-

---

67 Im Albanischen Koċaj, heute in Montenegro gelegen. Am Ende des vorigen Jahrhunderts wohnten hier nach Gopčević 450 Einwohner, die Mehrheit davon Albaner katholischer Religion; siehe GOPČEVIĆ, Oberalbanien, ebenda.

68 Dieser Stamm lebte damals am östlichen Ufer des Shkodra-Sees, südlich von Gruda. 1913 verblieb ein großer Teil seines Gebiets unter Montenegro. Über seine Geschichte und Bevölkerung siehe den Teil NOPCSA, Die Bergstämme.

69 Nach Gopčević einer der vier Dörfer des Stammes Kocaj (1881 200 Einwohner, hauptsächlich katholische Albaner), siehe GOPČEVIĆ, Oberalbanien, S. 243.

70 Über die Stellung der Frau im Kanun siehe GODIN, ebenda, 56/1954, S. 35 u. 38; 58/1956, S. 124.

cembre. Les Hotti perdirent leurs position fortifiée et durent se retirer. Les pertes effectives des parties ne sont pas encore bien connues.

D'après un rapport de Podgoritza que j'ai reçu la perte de Hotti s'éléve à 100 morts et 25 blessés, de la part de Triepsi et ses alliés à 9 morts et 14 blessés. Ce chiffre me paraît inexact, attendu que le combat durait presque toute la journée. Le gouvernement local évalue lui-même l'ensemble des pertes à 100 hommes. Parmi les morts du côté de Hotti se trouvaient 3 femmes et de celui de Triepsi une femme. Le gouverneur général averti par le télégraphe de ce déplorable événement envoya sur le champ un certain Mahmoud Bey bien connu dans les Montagnes sur le champ de combat, pour concilier les adversaires et pour leur proposer une trêve (bessa).[71] La tribu de Hotti accepta immédiatement cette proposition, celle de Triepsi aussi après quelques difficultés. La derniére dans un écrit signé par ses anciens et dont l'autopsie me fut accordé, s'oblige de mainténir la trêve jusqu'au bairam turc après quoi si les démarches n'auraient pas d'effet ils s'obligent de soumettre l'arrangement de leur affaire à la décision d'Omer Fevzi Pacha.

La Montagne qui a coûté tant de sang aux deux parties fut evacuée aussi par la partie victorieuse de Triepsi.

Ce combat curieux à tant de points de vues donne lieu à beacoup d'observations que je me permet de porter à la connaissance de Votre Exellence. D'abord il y furent tuées et blessées plusieurs femmes contrairement aux habitudes guerrières des Albanais tant catholiques que musulmans. La femme dans toutes les petites luttes qui surgissaient entr'eux était toujours sûre d'être respectée.

En outre le caractère fier et notable, bien que barbare des Albanais n'admettait jamais la mutiliatin des cadavres de leurs ennemis vaincus. A cette occasion au contraire les hommes de Triepsi se livrerent aux actes les plus brutaux et barbares aux corps des infortunés hommes de Hotti tombés entre leurs mains. A huit victimes la tête fut coupée et ensuite remportée comme trophée du combat. D'autres hommes de Hotti eurent les oreilles et le nez coupé.

Ce ne fut que sur les démarches d'Omer Fevzi Pacha, que ces tristes trophées furent rendus. Pendant le combat un homme de Hotti fut fait prisonnier, ensuite conduit par la tribu de Triepsi au fleuve Zemi où ce malhereux fut littéralement mis en pièces.

Tous ces incidents qui ne se sont jamais vus dans les combat des tribus malhereusement assez fréquents laissent entrevoir la présence ou au moins l'influence d'un élément étranger qui poussait les Albanais à ces actes barbares q'on ne connaissait qu'aux Monténégrins et aux peuples de langue serbe dans la Turqie.

Il est du reste un fait que la tribu de Koutchi composée de Slave du rite orthodoxe et jusque 1858 appartenante au Monténégro fit cause commune avec la tribu de Triepsi et lui rendait en telle sorte l'attaque contre Hotti, qui dispose de plus de 200 hommes armés, possible et facile. Bien que seulement une part de

---

71 Im Albanischen Besa: der Friede, siehe GODIN, ebenda, 58/1956, S. 125.

Koutchi prît part au combat il est néanmois constaté que tout ce qui peut porter les armes se mit en route pour secourir les aggresseurs, un fait qui prouve que l'attaque depuis longtemps ètait bâclée et préparée entre des slaves orthodoxes de Koutchi et les Albanais catholiques de Triepsi.

Jusqu'ici le gouvernement turc était toujours à même de considérer les Albanais catholiques et Musulmans comme un rempart naturel contre les aggressions du Monténégro sachant bien que la haine religieuse entre l'Albanais catholiques et le Slave orthodoxe était plus profonde que l'aversion des catholiques pour les musulmans. Sur cette haine de race et de foi le gouvernement pouvait compter avec sûreté mathématique et en effet en 1862 lors de la guerre de Monténégro toutes les tribus albanaises des montagnes se levèrent comme un homme pour combattre contre leur ennemi et celui du Gouvernement turc, contre le Monténégro. Les arts séducteurs d'influences étrangères ont réussi et pour la première fois on a vu sur le champ de bataille les Albanais catholiques à côté des Slaves dont les habitudes barbares ils ont pris par la mutilation des cadavres. Sur les cadavres et les blessés de Hotti on a constaté des plaies provenantes des fusils rayés. Or le fusil rayé n'est pas employé par les Albanais qiu ont encore leurs anciens fusils à silex, mais il est bien en usage chez les Monténégrins. [...]

Omer Fevzi Pacha pour résoudre la question de succession dans la Myrditie avait invité les 5 enseignes (bairakdars) et les sénateurs (cubbars) à Scutari pour procéder à l'election d'un chef. Mais personne n'accepta l'ivitation du Pacha. Là aussi il rencontre de la méfiance. la question reste donc en suspens et causera peut-être encore des emabarras au gouvernement, attendu que les Myrdites gardent encore de la rancune pour la mutilation du cadavre de leur défunt chef Bib Doda Pacha. Son petit fils ou plutôt sa grande mère disposés seulement du bairak d'Oroch tandis que les 4 autres donnent la préférence au capitaine Gion. [...]

Dokument 11

Die Haltung der türkischen Lokalregierung zu dem Konflikt zwischen Hoti und Triepshi. Über die Besa.
Bericht 3, Rehn an Beust, Scutari 7. Febbruar 1869.
HHStA, Politisches Archiv XXXVIII, 186 (Scutari 1869), Blatt 5–8.

Hochgeborner Graf,

Mit meinem ergebensten Bericht vom 8. Dezember v. J. Nr. 18. hatte ich die Ehre, Eurer Exellenz der aus Anlaß einer Grenzstreitigkeit zwischen den katholischen Bergstämmen von Triepsi und Hotti ausgebrochenen Konflikt anzuzeigen.

Ich erlaubte mir am Schluße desselben zu bemerken, daß die beiden Streittheile übereingekommen waren, die zwischen ihnen vereinbarte Waffenruhe bis drei Tage nach dem mohammedanischen Bairam auszudehnen.

In der Zwischenzeit machte die Lokalregierung vergebliche Versuche, die Stammesältesten der interessierten Streittheile zu einer Reise nach Scutari zu bewegen, denn die Männer von Triepsi, Fundina, Coccia und Cutschi, die drei letzteren als Alliirte des ersten Stammes fürchteten mit Recht, für die Sicherheit ihrer Delegierten.

Omer Fevzi Pacha wendete sich in den letzten Tagen seines hiesigen Aufenthaltes auch an den Erzbischof Mgr. Pooten um Beistand in dieser von Ismail Pacha versehenen Angelegenheit. Mgr. Pooten, an den das gedachte Ersuchen 1½ Monate nach dem letzten Konflikt und am letzten Tag der Waffenruhe ergangen war, war leider nicht in der Lage, in aller Eile Rath zu schaffen.

Endlich erbot sich ein gewisser Mahmud Bey, welcher der ottom. Regierung in Albanien schon vielfache Beweise seiner Befähigung geliefert hatte, die Stammesältesten von Hoti, Triepsi, Fundina, Cocci und Cutschi zur Reise nach Scutari zu bewegen, wenn man ihn verspreche, daß das freie Geleite zur Hin- und Rückreise, welches er im Namen der Lokalregierung den fünf Stämmen anbieten werde, wirklich gewährt werde. Omer Fevzi Pacha nahm den Vorschlag Mahmud Bey's und die obige Bedingung an, und theilte sie auch seinem Nachfolger Esaad Pacha mit, worauf Mahmud Bey zu den 5 in Frage stehenden Stämmen sich begab, und unter Verbürgung mit seinem Ehrenwort (Bessa), welches von den albanischen Bergstämmen höher als ein Eid gehalten und streng geachtet wird, dieselben überredete, einen Theil ihrer Ältesten und Fähnriche (Bairakdar's) nach Scutari in aller Sicherheit zu senden. In der That fanden sich in der ersten Woche nach dem türkischen Bairam die Delegirten aller dieser Stämme in Scutari ein und Esaad Pacha, der neue General-Gouverneur, war volle 14 Tage beschäftigt, die Ansprüche um Genugthuung der streitenden Partheien zu prüfen.

Am 2. d. Mts., in einer ad hoc abgehaltenen Sitzung, wurde vom Generalgouverneur beschlossen, zwei Delegirte von Triepsi, einen von Fundina und einen von Coccia, weil deren Stämme, ohne vorher die Hilfe der Lokalregierung nachgesucht zu haben, den Stamm von Hotti angegriffen hatten, trotz der bündigsten Versicherungen der Lokalregierung betreffs des freien Geleites, in Ketten auf die Festung zu bringen. Einige Älteste von Hotti erhielten von Esaad Pacha Geschenke in Waffen und Gold bestehend. Die Frage über das Eigenthumsrecht der streitigen Weide wurde nicht erörtert, da Esaad Pacha vor hat, sich selbst an Ort und Stelle zu begeben, um sich über den Streitgegenstand näher zu informieren. Am Schluß dieser Sitzung, als die vier albanischen Ältesten in Ketten nach der Festung geführt worden waren, ereignete sich eine dramatische Scene im Gouvernements-Palais. Esaad Pacha ließ allen Mitgliedern Erfrischungen reichen und dem ebenfalls anwesenden Mahmud Bey eine Tasse Kaffe anbieten. Dieser schlug sie aus. Als der Pacha um die Ursache fragte, trat er zum Entsetzen aller Anwesenden vor Esaad Pacha und hielt, wie mir von Augenzeugen versichert wird, folgende Ansprache: Mit deinem Vorwissen wurde ich nach den Bergen entsendet, um den Stämmen freies Geleite für ihre Abgeordneten zuzusichern. Das Wort, welches ich ihnen gegeben habe, hast du gebrochen und mir meine Ehre geraubt. In ganz Albanien wird Niemand mehr meinem Worte Glauben schenken. Ich werde an meiner Hausthüre ein schwarzes Tuch aushängen, damit die Welt sieht, welch ein Unrecht du mir angethan hast. Ich habe stets treu der H. Pforte gedient, meine Brust ist voll Narben und mein Arm ist gelähmt von den Kugeln, die ich im letzten montenegrinischen Kriege erhalten. Ich will fortan der Pforte nicht mehr dienen, [gebe] den Säbel, den ich bisher im Dienste der H. Pforte getragen habe, zurück. [...]

Dokument 12

Das Nachfolgeproblem nach dem Tode Preng Bib Dodas.
Bericht 4, Rehn an Beust, Scutari 2. März 1869.
HHStA, Politisches Archiv XXXVIII, 186 (Scutari 1869), Blatt 9–10.

Hochgeborner Graf,
    In meinem ergebensten Berichte vom 7. Februar 1869, Nr. 3. hatte ich die Ehre, Euer Exellenz die endliche Lösung der Successionsfrage im Myriditenland anzuzeigen, eine große Partei hatte sich in der That für den 10jährigen Sohn[72] des verstorbenen Myriditenchef Bib Doda erklärt, so daß sich der erstere für berechtiget hielt, in einem Schreiben, welches er mit Prenk Pacha unterzeichnete, die Uebernahme seiner neuen Würde anzuzeigend.
    Esaad Pacha hielt es jedoch nicht für angemessen, die Zügel der Regierung im Myrditenland den schwachen Händen eines 10jährigen Knaben anzuvertrauen und berief daher die einzelnen Familienglieder der Häuptlingsfamilie Prenk sammt der Myriditen Ältesten nach Scutari, wo die Successionsfrage von ihm einer reiflichen Prüfung unterzogen wurde.
    Als Resultat ergab sich, daß Capitan Gioni, Vater des verstorbenen Chefs Bib Doda und seit dem Tode dieses letzteren Regent zum Kaimmakam[73] des Myriditenlandes von Esaad Pacha ernennet wurde. Indem die Lokalregierung dem Capitan Gioni den Titel eines Regierungsbeamten gab, wich sie von dem alten Usus, dem jeweiligen Myriditenchef den Titel: Reis, d.i. Häuptling, zu verleihen, ab.
    Die Großmutter des jungen Sohnes Bib Doda's, die durch ihre financiellen Mittel und große Energie sich einen bedeutenden Anhang im Lande erworben hat, wird jetzt sicher keine Anstrengung scheuen, die Unzufriedenheit im

---

72 Preng Bib Doda Pasha (1860–1919); Führer der Mirditen. 1876 hat er den großen Aufstand der Mirditen gegen die Hohe Pforte geführt. Seine Truppen nahmen in den Kämpfen der Liga von Prizren (1878–1881) teil. 1914 führte er die Malissoren, die gegen die moslemischen Aufständischen kämpften, an.

73 Der Kaimakam von Mirdita war ein Beamter, der von der Hohen Pforte ernannt war, um die Beziehungen zwischen der Lokalbevölkerung und der Regierung in Shkodra zu regeln. Seine Funktion war jedoch eine formelle, da die Mirditen ihre administrative Unabhängigkeit wahrten.

Lande gegen diese neueste Entscheidung des hiesigen General-Gouvernants zu nähren.

Der Mutesarif von Scutari Raschid Pascha wurde am 27. v. M. abgesetzt. An seiner Stelle kommt ein sicherer Ali Bey, ehedem Finanzdirektor in Scutari.

Die Provinz Prisren ist gegenwärtig von Truppen ganz entblößt, indem alle disponible Mannschaft nach Monastir[74] und dem Süden dirigiert wurde.

Die gleichlautende Abschrift dieses Berichtes wurde Seiner Exellenz dem K.u.K. Botschafter in Constantinopol vorgelegt.

Geruhen Euer Exellenz den Ausdruck meiner tiefsten Ehrfurcht zu genehmigen.

Dokument 13

Eine Expedition gegen die Bergstämme.
Bericht 8, Wassitch an Beust, Scutari 25. May 1871.
HHStA, Politisches Archiv XXXVIII, 194 (Scutari 1871), Blatt 28–30.

Hochgeborner Graf,

In Fortsetzung meines Berichtes vom 22. May l. J. Nr. 7 über die militärische Expedition gegen die Gebirgsalbanesen habe ich heute zu melden, daß der Distriktvorsteher Suleiman Hota und die zwei Kompagnien Jäger Schoschi[75] verlassen hatten und ein entfernteres Dorf, Kiri[76], besetzten. Dort wurde Suleiman Hoti durch einen Albanesen aus Schoschi erschossen.

In einem Gefechte, das sich die Begleiter Suleimans dem sich flüchtenden Mörder lieferten, fiel ein Diener Suleimans, ohne daß es gelungen wäre, sich des im Gefechte verwundeten Mörders zu bemächtigen. Man arretierte jedoch im Dorfe Kiri vier Albanesen aus Schoschi, die man als Mitschuldige am Morde des Distriktsvorstehers ansieht und daher hieher einlieferte.

Der Generalgouverneur gibt nicht zu, daß die von ihm angeordnete Expedition auf ernstlichen Widerstand stoße, demungeachtet sendete er gestern weitere zwei Kompagnien nach Kiri. Die Verdopplung der Expeditionstruppen und die Tödtung des Chefs der Expedition lassen jedoch die Aufrichtigkeit des Generalgouverneurs in Zweifel ziehen.

Die Nachrichten über die Tätigkeit der Expedition und über die Rolle, welche der Generalgouverneur in dem eben begonnenen Drama spielt, sind je nach der Quelle, der sie entspringen, äußerst verschieden. Die Freunde des Pacha lassen

---

74 Die heutige Stadt Bitola in Ostmakedonien; Albanisch Manastir. Damals war sie die Hauptstadt des gleichnamigen Vilayets.

75 Stammesgebiet des gleichnamigen Stammes im Nordosten von Shkodra. Über seine Geschichte und Bevölkerung siehe den Teil NOPCSA, Die Bergstämme.

76 Stammesgebiet des gleichnamigen Stammes am oberen Lauf des Kiri-Baches. Über seine Geschichte und Bevölkerung siehe den Teil NOPCSA, Die Bergstämme.

seine Anordnungen als eben so nothwendige als zweckmäßige Maßregeln erscheinen, die Gegner desselben ziehen ihn der Habsucht. Personen, die Lokal-
kenntnisse besitzen, glauben, daß Ismail Pacha durch die Ränke des getödteten
Suleiman Hota sich habe zur Expedition bewegen lassen, Andere glauben, daß
Ismail Pacha die Anordnungen der Hohen Pforte vollziehe, welche die albanesischen Gebirgsdistrikte ihrer unmittelbaren Verwaltung unterstellen will, daher
bei jedem Vorwande, deren militärische Besetzung anordnet.

Jede dieser Annahmen kann leicht gerechtfertiget, aber noch leichter bestritten werden. Alle Wahrscheinlichkeit spricht dafür, daß Ismail Pascha ohne
bestimmten Auftrag der Pforte über Anrathen Suleiman Hotas die Expedition im
Glauben unternommen habe, daß von Seite der Gebirgsbewohner kein Widerstand versucht werden würde. Es scheint, daß der Generalgouverneur bis zu
einem gewissen Grade richtig informiert war, denn bisher kam kein Angriff auf
die Truppen vor, und es dürfte noch längere Zeit dauern, bis es zur Organisierung des Widerstandes kommen wird, ja die Zahl derjenigen, welche keinen
ernstlichen Widerstand erwarten, ist auch heute noch überwiegend.

Da sich die Expedition dem Sitze des Bischofs von Pulati, Monsignor Crachi,
nähert, so werde ich nächstens in der Lage sein, bestimmte Daten über die Vorgänge in den Bergen aus den Mittheilungen dieses Bischofs berichten.

Gleichlautend berichte ich Seiner Excellenz dem Herrn Botschafter in Constantinopel.

Geruhen, Eure Excellenz, die Versicherung meiner ehrfurchtvollen Ergebenheit gnädig aufzunehmen.

Dokument 14

Bericht von einer Reise in Mirdita.
Bericht 14, Wassitch an Andrassy,[77] Scutari 6. August 1872.
HHStA, Politisches Archiv XXXVIII, 198 (Scutari 1872), Blatt 41–53.

Hochgeborner Graf,
    Im Anschlusse erlaube ich mir, eine Abschrift meines dem Grafen Ludolf
über meine Reise durch das Land der Miriditen erstatteten Berichtes Euer Exellenz zur Kenntnisnahme vorzulegen.

    Genehmigen Eure Exellenz, die Versicherung meiner ehrfurchtvollen Erge-
benheit.

                                                                    Wassitch
Nr. 14   Abschrift   Scutari, 6 August 1872

---

77 Andrássy, Julius (Gyula) Graf (1823–1890); Außenminister Österreich-Ungarns von 1871 bis
   1879.

Hochgeborner Graf,

Wie ich unter dem 16ten v. M. Z. XXIV Eurer Exellenz ergebenst meldete, habe ich am 17ten v. M. Scutari verlassen um zunächst in Oroschi, im Lande der Mirditen, den Auftrag Eurer Hochgeboren vom 5ten Juli l. J. Z 1325 zu vollziehen und um sodann in Prisrend die mir mit Ministerialreskript vom 28 Juni l. J. Z 9070 aufgetragene Inspektion des dortigen Consulates vorzunehmen. Nunmehr ich am 4ten l. M. von Prisrend hieher zurückgekehrt bin und meinen Inspektionsbericht unter heutigem Datum Seiner Exellenz dem Herrn Minister vorgelegt habe, beehre ich mich im Nachstehenden Eurer Exellenz zu melden, in welcher Weise ich mich des erhaltenen Auftrages in Oroschi entlediget habe.

Vor meiner Abreise aus Scutari theilte ich Chefket Pascha und meinen Collegen mit, daß ich Herrn Lippich[78] in Prisrend besuchen gehe und, um nicht zweimal den Weg längst des Drin nehmen zu müssen, den Hinweg durch das Land der Mirditen machen werde. Chefket Pascha gab mir ein Empfehlungsschreiben an den Valy in Prisrend Galib Pascha mit.

Da in den Bergen der Mirditen derzeit keine Civilbehörde besteht, so hilt ich es für zweckmäßig, zunächst auch zum Bischofe der Mirditen, welcher in Calmeti[79] bei Alessio residirt, zu begeben und mit seinem Geleite die Berge zu durchziehen. Monsignor Malczynski nahm mich in seinem Hause freundlichst auf, sendet Boten an die Pfarrer, deren Sprengel ich durchziehen sollte und auch an die Witwe Bib Dodas, Frau Marcella. In Begleitung des Capellanes des Bischofs, zwei Pfarrer, die sich mir am Wege anschlossen, und mehrerer bewaffneter Mirditen traff ich am 21. Juli in Oroschi ein.

Frau Marcella hatte mir einen Boten entgegengesendet und mich durch ihn versichern lassen, daß sie es sich zur größten Ehre anrechne, mich und mein Gefolge in ihrem Familienhause empfangen und bewirthen zu dürfen.

Frau Marcella, deren 20 Jahre alte Tochter Fräulein Devidé, und Kapitain Geon, ein Cousin des verstorbenen Bib Doda, empfingen mich am Hofthore und führten mich in die oberen Räume des Wohnhauses.

Obgleich Oroschi als der größte Ort des Miriditenbezirkes angesehen wird, so ist er doch nur der Familiensitz der Bib Doda's. Außer dem großen aus behauenen Steine und mit albanischen Luxus erbauten Hause Bib Dodas, welchem der Name Palast beigelegt wird, haben in Oroschi die Cousins des verstorbenen Bib Doda, Kapitän Geon /Johann/ und Kapitän Col /Nicolaus/ statliche Häuser. Die wenigen sonst vorfindlichen Hüten sind von den Familien der Dienerschaft dieser Häuptlinge bewohnt. Die drei Häuser der Bib Doda's sind mit Schießscharten versehen und werden von Thürmen überragt, die das umliegende Terrain auf Schußweite dominiren. Die Familie Bib Doda bestand manche blutige Fehde mit den benachbarten muhamedanischen Häuptlingen und mit unzufriedenen

---

78 Damals österreichisch-ungarischer Konsul im Vilajet Kosovo. Später wird Lippich zum Konsul in Shkodra ernannt; siehe Dokument 23.

79 Albanisch Kallmeti genannt, Dorf in der Nähe der Stadt Lezha. 1918 hatte Kallmeti ungefähr 1.000 Einwohner; siehe SEINER, Ergebnisse, S. 27.

Mirditen. Die Sicherstellung der Häuser gegen unvorhergesehene Angriffe ist übrigens auch heut zu Tage noch unentbehrlich, wie Eure Hochgeboren aus dem Verlaufe dieses Berichtes entnehmen werden.

Der Mangel an Ortschaften kann wegen der eigenthümlichen Gestaltung des Landes nicht auffallen. Die Berge sind hier so zusammengedrängt, daß es keine Thäler, sondern nur Thalschluchten gibt, die von Gießbächen ausgefüllt werden. Zum Ackerbau werden nur weniger steile Bergabhänge benützt, die jedoch in zu kleiner Ausdehnung vorkommen, um mehr als eine Familie nähren zu können. Die große Mehrzahl der Miriditen lebt daher in vollkommener Abgeschlossenheit auf die eigene Familie beschränkt. Der Vater vererbt auf den Sohn sein ganzes Haben und Wissen. Der Sohn übernimmt mit der Hüte und den Traditionen des Stammes und Hauses auch die Leidenschaften und Tugenden des Vaters, die er gegen die geistliche und weltliche Macht mit der Zähigkeit eines Wilden vertheidigt.[80] Religion und Gesetz bestehen für ihn nur in so ferne als sie ihm durch Traditionen bekannt sind.

Während der Reise hatte ich Gelegenheit, über die Vermögensverhältnisse der Familie Bib Doda verläßliche Nachrichten zu erhalten. Darnach fehlt es der Familie Bib Doda nicht an Realitäten, allein deren Verwaltung von unerfahrenen Frauen geleitet, gibt nicht jene Rennten, die sie geben könnte, wenn ein energischer Mann an deren Spize stände. Frau Marcella glaubt, alle mit der Stellung des Häuptlings verbundenen Lasten tragen zu müssen, um im Volke die Erinnerung an den verstorbenen Kapitän nicht erlöschen zu lassen und dadurch dem heranwachsenden Sohn den Antritt der ihm nach Landesgebrauch zufallenden Kapitänswürde zu erleichtern.

Frau Marcella hält gegen zwanzig Diener, die zugleich die Besazung des Hauses bilden, das in manchen Gemächern das Aussehen einer Caserne hat. Sie übt in größtem Maßstabe die Gastfreundschaft als die erste Pflicht des Mirditenchefs.[81] Auch unterstüzt sie die Cousins, Geon und Col, die von den eigenen Renten nicht leben können und alle ihrer Bezüge als Unterchefs von der Regierung verlustig erklärt wurden.

Um den die Einkünfte übersteigenden Aufwand zu decken, hat sie die Großmutter des kleinen Princes Bib Doda eines der in Scutari vom verstorbenen Kapitän gekauften Häuser um 800 Napoleond'ors verkauft und einen Theil des Geldes nach Constantinopel mitgenommen, einen Theil aber ihrer Schwiegertochter Marcella belassen. Ich glaube nicht, daß hievon sich noch ein Rest vorfindet. Frau Marcella beaufsichtiget selbst die Wirtschaft in Oroschi und ließ die Pächter in der Ebene durch einen Diener beaufsichtigen, der vor wenigen Wochen mit den Renten und Rechnungen die Flucht ergriff. Da die Pächter ohne Ausnahme die Flucht des Verwalters benützen, um zu behaupten, den Pachtschilling entrichtet zu haben, kam sie heuer um die ganze Rente ihrer Besitzungen in der Ebene.

---

80 Über die Abschnitte des albanischen Gewohnheitsrechtes, die die Erbschaft regelten, siehe GODIN, 56/1954, S. 43–46.
81 Über die Gastfreundschaft nach dem Kanun siehe GODIN, 57/1955, S. 53–58.

Frau Marcella erwartet bessere Zeiten von der Uebernahme der Verwaltung durch ihren derzeit noch minderjährigen Sohn. Derselbe wird als Vorsteher des Bezirkes der Miriditen von der Regierung einen Gehalt beziehen, und einen Antheil an den über Verbrechen verhängten Geldstrafen haben, und derart auch bei geschmälerten Stammvermögen seine Stellung in den Bergen behaupten können.

Im vertraulichen Gespräche mit Frau Marcella machte deren italienisch sprechende und schreibende Tochter Devidé den Dolmetsch. Frau Marcella vernahm mit großer Freude, daß Primus sich in Constantinopel wohl befindet und daß sich Eure Hochgeboren um dessen Fortschritte interessire. Sie fügte hinzu, daß ihr verstorbener Gatte viele Freunde hatte, die nun dessen Familie vergessen zu haben scheinen. Mein Besuch in den Bergen sei seit langen Jahren der erste Beweis, daß die Familie Bib Doda noch Freunde hätte.

Mit dem Verbleiben ihres Sohnes in Contantinopel erklärte sich Frau Marcella um so mehr einverstanden, da in Folge der vom Gouverneur von Scutari gegen die Chefs der Miriditen eingeleiteten Corruptiones leicht zu blutigen Parteikämpfen in ihren Bergen kommen könnte, denen Primus im gegenwärtigen Momente fremd bleiben müßte.

Ich gab der Mutter den Rath, dem Sohn zu empfehlen, sich hie und da unserem Botschafter in Constantinopel vorzustellen. Derselbe werde ihn in allen Angelegenheiten unterstützen, und dort könnte er auch andere angesehene Persönlichkeiten kennen lernen, deren Bekanntschaft ihm, wenn er als Miriditenchef gegen die Vorladungen der Statthalter werde kämpfen müssen, von großem Vortheile sein können.

Fräulein Devidé, welche für die Mutter die Correspondenz mit Primus Bib Doda führt, nahm es auf sich, ihrem Bruder in dieser Beziehung zu schreiben.

Schlüßlich ließ ich durch Fräulein Devidé der Witwe Bib Doda mittheilen, daß ihre bedrängte Lage der oest. ung. Regierung nicht unbekannt geblieben ist und daß dieselbe, um die Verdienste des verstorbenen Gatten zu ehren und um ihre Sympathie für das glaubenstreue Volk der Miriditen werkthätig zu bezeugen, sich bewogen gefunden habe, der Mutter des Primus Bib Doda eine Unterstützung monatlicher 2.000 Piaster vorderhand für ein Jahr zukommen zu lassen. Ich sprach die Hoffnung aus, daß, im Falle sich die Familie für diese Wohlthat dankbar erweisen werde, auch die k. und k. Regierung sich bewogen fühlen dürfte, für die Dauer der Bedrängtheit der jezigen Lage der Witwe von Jahr zu Jahr die Unterstützung zu erneuern.

Meine Worte überraschten die Frauen derart, daß sie deren Sinn mißverstanden zu haben wähnten und mich ersuchten, ihnen die Mittheilung zu wiederholen. Ich fügte noch hinzu, daß um keinen Neid zu erregen, ich es für wünschenswerth halte, daß die Frauen vom Pensionsbezuge mit niemanden sprechen, sondern diese Gnadenbezeugung als ihr Geheimnis bewahren mögen.

Ich habe die Ueberzeugung, daß ich durch die Nachricht von der Witwe Bib Doda's zugedachten hochherzigen Unterstützung und mehr noch durch den dadurch gegebenen Beweis des Interesses, welches die k. u k. Regierung dem Volke der Miriditen widmete, die beiden Frauen glücklich machte.

In Oroschi wurde auch von der kritischen Lage, in der sich eben der Bezirk der Miriditen befindet, gesprochen. Ich habe Eure Hochgeboren davon unterrichtet, daß die Gouverneurs von Scutari ihr Streben dahin richten, die Autonomie dieses Bezirkes zu brechen und die Minderjährigkeit des gesetzlichen Stammhauptes als den hiezu geeigneten Moment benüzen, ohne bisher einen anderen Erfolg als die Anarchie in jenem Bezirke aufweisen zu können.

Nach dem Landesgebrauche hat im Falle der Minderjährigkeit des Stammhauptes dessen nächster Verwandte die Vormundschaft über den Minderjährigen und die Verwaltung des Landes zu übernehmen. Der hinzu berufene Kapitän Geon, der zur Zeit der häufigen und lange andauernden Abwesenheit Bib Doda's die Verwaltung des Landes besorgte, übernahm dieselbe auch nach dessen Tode, ohne Widerstand zu erfahren. Erst einige Monate später fand sich die Regierung veranlaßt, einen aus den Bergen ausgewanderten, in Scutari ansässigen Verwandten Bib Doda's, den Kapitän Marco, zum Vorsteher des Miriditen-Bezirkes zu ernennen.

Kapitän Marco führte längere Zeit ein abenteuerliches Leben. Er hilt sich mehrere Jahre in Italien auf, wo im Neapolitanischen viele albanesischen Auswanderer noch heut zu Tage ihre Sitten und Sprache beibehalten haben. Einige dieser Familien, im Verlaufe der vier Jahrhunderte ihres Aufenthaltes in Italien zu Reichtum und hohen Ehren gelangt, empfangen sehr gastfrei Albanesen aus der Türkei.[82] Bei diesen verbrachte Kapitän Marco mehrere Jahre. Die katholische Geistlichkeit will wissen, daß Kapitän Marco unter Garibaldi gegen den heiligen Vater gefochten habe, und überhaupt ein gottloser Mann sei. Im Lande der Miriditen nennt er weder ein Haus noch ein Grundstück sein eigen und wird von der Bevölkerung dem Lande als fremd betrachtet, daher unfähig daselbst irgendeine Autorität auszuüben. Die Ausübung eines Regierungsaktes von seiner Seite würde als Willkühr angesehen und mit Gewalt zurückgeworfen werden. Kapitän Marco bezieht den Gehalt des Bezirksvorstehers, wagt es aber nicht, in seinen Bezirk zu gehen. Um sich beim Gouverneur zu rechtfertigen, behauptet er, daß die Kapitäne Geon und Col ihm nach dem Leben streben und erregt so den Zorn des Gouverneurs gegen diese zwei ruhig in den Bergen verweilenden Verwandten Bib Doda's.

Um sich eine Parthei zu schaffen, vertheilte Marco die für die Erhaltung der Gendarmerie im Miriditenbezirke bestimmte Summe unter 25 Vorsteher der Stämme. Dadurch hat er zwar 25 Männer sich persönlich geneigt gemacht, aber die Tausende unbestochenen Miriditen sind ihm abgeneigt geblieben, und er wagt es jezt weniger denn zuvor, die Berge zu betreten, die aus gänzlichem Mangel an polizeiliche Aufsicht eine Räuberherberge zu werden drohen.

---

82 Es handelt sich um die „Arberesh" genannte Bevölkerung, die am Ende des XV. Jahrhunderts nach der Eroberung Albaniens durch die Osmanen nach Italien ausgewandert war. Nachfolger dieser Auswanderer leben heute in verschiedenen Gebieten Süditaliens (Sizilien, Calabrien, Apulien, Basilicata, Molise), und viele von ihnen fühlten sich noch am Ende des XIX. Jahrhunderts als Teil der albanischen Nation und nahmen an der albanischen Nationalbewegung teil.

Seit vier Jahren ist Kapitän Marco dem Namen nach Chef der Miriditen. In diesem ganzen Zeitraume wurde keine Gerichtssitzung gehalten und keine Maßregel gegen notorische Räuber und Diebe ergriffen. Jede Gemeinde sorgt dafür, daß in ihrem Bezirke nicht gestohlen wird und kümmert sich nicht um Diebstähle, die ihre Gemeindemitglieder außer der Gemeinde begehen. Die Ebenen von Alessio, Scutari und Prisrend werden daher besonders von Pferdedieben aus dem Lande der Miriditen hart mitgenommen.

Kapitän Geon und Col, seit vier Jahren ohne Dienst und ohne Gendarmen, können gegen die Diebe nichts unternehmen. Die Gemeindechefs, welche den Gendarmeriegehalt beziehen, denken nicht im Entferntem daran, verdächtige Individuen zu überwachen. Leztere durchziehen daher frei die Berge, stehlen Pferde von den Weiden in Prisrend und verkaufen sie bei Scutari und treiben die in Scutari gestohlenen Pferde auf die Märkte von Prisrend.

Wenn die einzelnen Gemeinden zur Not mit ihren eigenen Angelegenheiten fertig werden, so bleiben alle den ganzen Stamme betreffenden Angelegenheiten unbesorgt, da zu diesem Zweck sich alle Stammesvorsteher unter dem Vorsize des Landeskapitäns vereinen müssen, welcher es jedoch nicht wagt, sich im Lande zu zeigen.

Alle westlich denkenden Miriditen bedauern die Zustände, die ihnen die Provinzialregierung bereitet, sind jedoch weit entfernt, gegen Aufgabung ihrer Landesinstitutionen geordnetere Verhältnisse einzutauschen.

Chefket Pascha[83] sah sogleich das Unhaltbare dieses Zustandes und dachte die Berge der Anarchie zu entreißen und hier die öffentliche Sicherheit zu sorgen, konnte jedoch bisher nicht zum Ziele gelangen, weil er ungerne die bisher erzwungenen trügerischen Erfolge gegen die Landesautonomie aufgeben möchte. Er ist vielmehr eben daran, die lezte Karte gegen die Landesautonomie auszubenützen um, falls auch diesmal das Ziel nicht erreicht werden könnte, das entgegengesezte System in Anwendung zu bringen.

Seiner Ansicht nach müssen die zum Volke stehenden Kapitäne, Geon und Col, entweder sich der Regierung ausschließlich und ihr als Werkzeuge gegen die Landesautonomie dienen, oder sie müssen als Stüzen dieser Autonomie um jeden Preis entfernt werden. Geht Geon auf die Vorschläge des Gouverneurs ein, so wird er zum Vorsteher ernannt und ihm die Ernennung und Leitung der Gendarmerie überlassen. Verschmäht er auf diesen Vorschlag einzugehen, dann müsse er arretiert und aus dem Lande geschafft werden. Um mit Geon und Col darüber zu sprechen, ließ er sie im Monate Mai d. J. nach Scutari kommen und lud sie zu sich zu Tische.

Es spricht alle Wahrscheinlichkeit dafür, daß Kapitän Marco es nicht darauf ankommenlassen wollte, an Geon sein Amt abzutreten, und demselben auf individuellem Wege wissen ließ, daß die Einladung des Gouverneurs nur eine Falle sei, indem er und sein Cousin nach Tisch arretiert und in eine entfernte Festung in sicheres Gewahrsam gebracht werden sollen.

---

83 Damals Generalgouverneur des Vilayets Shkodra.

Geon und Col fanden diese Einflüsterung so wahrscheinlich, daß sie nicht wagten, in den Gasthof zurückzukehren um ihre Pferde und Waffen abzuholen, sondern allsogleich zu Fuß den Weg in ihre Berge einschlugen.

Zur Zeit, als ich in Oroschi war, hatte der Gouverneur an Geon, Col und an die 25 Stammvorsteher Aufforderungen gesendet, sich in Scutari zum Zwecke einer Berathung einzufinden. Capitän Geon sagte mir, daß er dem von Marco schlecht unterrichteten Gouverneur nur dann trauen könne, wenn derselbe sein Wort darauf gebe, daß er Geon und Col, falls ihre Ansichten mit den seinigen nicht übereinstimmten, wieder frei in die Berge zurückkehren ließe. Er bat mich nach meiner Rückkehr aus Prisrend, dies dem Gouverneur mitzutheilen und ihm zu schreiben falls er das Wort gebe, da in diesem Falle sowohl er als [auch] Col seinem Rufe sogleich Folge leisten würden.

Capitän Geon scheint sich in den Bergen ganz sicher zu fühlen, er begleitete mich über Auftrag der Witwe Bib Doda's nur mit sechs bewaffneten Dienern zwei Tagereisen weit durch so unsichere Gegenden, daß die bewaffneten Stämme dieselben nur flüchtigen Fußes durcheilen und sich hüten, ihre Heerden auf die dort zahlreichen und üppigen Bergewiesen aufzutreiben oder dieselben abzumähen. Ich beschenkte Geon und seine Leute, so wie auch die anderen Miriditen, die mir einen Dienst zu leisten Gelegenheit hatten. Ich glaube dieses Umstandes besonders erwähnen zu sollen, da ich aus meinen Notizen entnehme, im Ganzen 150 fl auf Geschenke verwendet zu haben.

Als ich am 3ten August auf der Rückreise über Puka[84] einen Theil des Miriditenlandes abermals betrat, bemerkte ich an den erregten Mienen der eine Herberge umstehenden Miriditen, daß etwas Ungewöhnliches vorgefallen sein müßte. Ich stieg vom Pferde und wurde vom Wirthe über den die Leute erregenden Vorfall aufgeklärt. Chefket Pascha besprach mit den in Scutari erschienenen 25 Stammvorstehern die Lage des Miriditenlandes, ließ sie bewirthen und verlangte zum Schlusse, sie mögen ihm die nicht erschienenen Geon und Col, welche die eigentliche Ursache dieser mißlichen Zustände sind, ausliefern. Als die Stammvorsteher erklärten, sie hätten hiezu keine Macht, daß darüber vielmehr eine Volksversammlung der Miriditen entscheiden müsse, ließ sie Chefket Pascha ins Gefängnis abführen. Ich muß hinzufügen, daß die Gefangenschaft mehr einem Hausarreste ähnlich sieht, da diese Miriditen im Militärspitale in leeren Krankenzimmern untergebracht sind und mit allem Nothwendigen, Rauchtabak nicht ausgenommen, reichlich versorgt sind.

Die 25 Stammhäupter schrieben an ihre Bekannten, damit eine Volksversammlung abgehalten und über das Verlangen des Gouverneurs ein Beschluß gefaßt werde. Diese Versammlung soll am 8ten d. M. abgehalten werden.

Gleich nach meiner Ankunft in Scutari besuchte ich Chefket Pascha und

---

84 Die heutige Stadt Puka. Damals war Puka Hauptort eines Distriktes im Sandjak Shkodra des
    gleichnamigen Vilayetes. Nach Seiner hatte Puka 583 Einwohner; siehe SEINER, Ergebnisse,
    S. 24. Der Distrikt Puka hatte nach Gopčević 3.000 Einwohner; siehe GOPČEVIĆ, ebenda,
    S. 264.

theilte ihm den Wunsch Capitän Geons mit. Chefket Pascha will den Beschluß der Miriditen abwarten und hofft noch immer, durch die eingeleiteten Zwangsmaßregeln zum Ziele zu gelangen. Sollte dem doch nicht so sein, so hält er es noch immer an der Zeit, den Vorschlag Geons anzunehmen. Während Chefket Pascha auf Besiegung der Miriditen durch Miriditen sinnt, denkt das Bergvolk daran, für die arretierten Stammhäupter sich Geiseln zu verschaffen, und hat vor, auf der Volksversammlung die Arretierung und Abführung in die Berge von 25 einflußreichen Türken in Antrag zu bringen.

Leute, die Land und Bevölkerung gut kennen, sind der Ansicht, daß die Action Chefket Paschas im Sande verrinen werde, da kein Miridite auf den Auslieferungsantrag eingehen werde und dieselben aus traditioneller Erfahrung wissen, daß die Paschas bald müde werden, die eingesperrten Miriditen zu verpflegen.

Ich werde übrigens die Aktion Chefket Paschas nicht aus den Augen verlieren und Eure Hochgeboren von deren Phasen rechtzeitig unterrichten.

Bezüglich der Aushändigung der monatlichen 2.000 Piaster an Frau Marcella habe ich zu bemerken, daß dieselbe im November nach Scutari kommt und daselbst bis Mai verweilt. Die Pension könnte ihr daher durch mich im November und April ausgehändigt werden, und Eurer Hochgeboren bleibt es überlassen, mich aus Constantinopel oder Wien mit dem hinzu nothwendigen Geldbetrage zu versehen. Nach dem hiesigen Curse sind 2.000 Piaster gleichig 19 Liv. turques und 5 Piaster und in Francs = 21¾ Napoleon d'ors.

Genehmigen etc.

Dokument 15

Ein Versuch, die Beilegung der Blutrache im Vilayet Prisren zu erreichen.[85]
Bericht 5, Lippich[86] an von Ludolf,[87] Prisren 20. Juli 1873.
HHStA, Botschaft Archiv – Konstantinopel, 345 (1873), Dok. 2026.

Monsieur le Comte,

Le Gouverneur Général Husni Pacha ayant dernièrement convoqué un conseil général formé par les notables de la province et les chefs des différents tribus albanaises, à l'effet de leur faire accepter une convention destinée à établir une paix générale, je me permets d'en présenter à Votre Excellence une traduction suivie par celle du protocole, par lequel l'assemblée déclara d'accéder aux articles de la paix, ou Bessa, projetée par le Pacha.

[…] prescrit l'inncendie des maisons, la destruction des récoltes et des arbres fruitieres appartenant à certains classes de criminels fugitifs. Le brigandage, le

---

85 Das Vilayet Prizren (oder Vilayet Kosovo) umfaßte damals den heutigen Kosovo. Auch hier war der Kanun sehr stark in Anwendung. Über die Verbreitung siehe GODIN, 58/1956, S. 197.
86 Ritter von Lippich, zuerst Konsul in Prizren, dann Generalkonsul in Shkodra.
87 Damals österreichisch-ungarischer Botschafter in Konstantinopel.

vol des bestiaux, à la riguer encore les lois incendiaires, peuvent être reprimées
par une vigilance constante du gouvernement; mais celui-ci sera toujours im-
puissant à extirper les deux abus principaux, le port d'armes et la vengeance du
sang, le premier étant la consequence naturelle du second.

Malgré la paix, donc, proclamée par Husni Pacha, les Albanais continuereont
à aller armés, et les vengeances[88] iront leur train. Tout récemment on en a pu
constater cinq cas dans le seul district de Djakova. Les chefs des tribus ont bien
apposé leurs cachets au masbata d'accession aux articles du réglement, mais ils
sont partis pour leurs montagnes fortement résolus de ne rien faire de ce qu'ils
ont promis.

Les conseils de paix commencent à fonctionner et, à leur aide, le gouverneur
général pourra, sans aucun doute, pacifier un grand nombre de sangs, car bien
de personnes seront contentes d'échapper aux conséquences funestes de cette
loi inéxorable qui, en beacoup de cas, les condamne, dés leur naissance pour
ainsi dire, à une mort prématurée. Le prix d'un sang a été fixé à cinqmille piastres, somme assez modique pour ne pas empêcher les arrangements. Il est vrai
qu'il y aura bien d'individus qui recepteront ce prix quand on les y forcera, quit-
tes à le restituer à leurs adversaires, ces arrangements n'étant strictement obli-
gatoires que lorsqu'on les fait par l'entremise des anciens de tribu et suivant la
coutume du pays.

Le cautionnement réciproque et la solidarité des membres des commissions
de paix, cachent des dangers qui, si Husni Pascha y a bien refléchi, ne peuvent
pas avoir échappés à sa sagacité. D'abord, dans les villages de Dibre,[89] Matt,[90]
Louma,[91] Ipek[92] et Djakova, on trouve bien peu de personnes qui n'aient à ré-
pondre de quelque action illégale. En beacoup de cas, les brigands et les voleurs, contre l'activité dangereuse des quels on veut prémunir les habitants pai-
sibles, se feront cautionner par leurs associés qui, quand l'occasion de faire un
bon butin se présentera, favoriseront leurs exploit, y participeront et se sauve-
ront avec eux.

Les commissions de paix, responsables de tout ce qui, dans le Kasa respectif,
se commetra contre les articles du réglement, se verront appelées à saisir les
contrevenants, chose, dont elle n'auront pas le pouvoir, quand même elles en
eussent toujours la bonne volonté. Lorsque le Pacha voudra faire peser sur elles
la responsabilité dont il les a chargés, le mêcontentement ne tardera pas à se

---

88 Über die Blutrache nach dem albanischen Kanun siehe ELEZI, Ismet: Sur la vendetta en
   Albanie, in: Studia Albanica, 1/1966, S. 305–318.

89 Gebiet in Ostalbanien, heute geteilt zwischen Albanien und Makedonien. Administrativ
   gehörte dieses Gebiet zum Sandjak Dibra des Vilayets Manastir. Seine Bevölkerung war
   hauptsächlich albanisch.

90 Landschaft im südlichen Nordalbanien, Albanisch: Mati. In dieser Zeit war Mati eine administrative Einheit des Sandjaks Dibra; siehe Historia II, ebenda. Über seine Bevölkerung siehe
   Dokument 70.

91 Albanisch: Luma, Landschaft am Nordosten des Landes. Luma ist bei Gopčević als Stamm
   genannt; siehe GOPČEVIĆ, ebenda, S. 272.

92 Die heutige Stadt Peja (serbisch Peć) im Kosovo.

faire sentir; il se fera jour par un redoublement d'éxcès, contre lesquels le Pacha se devra montrer sévère: Cela le conduira, peut être, à des interventions armèes, chose risquée quand il s'agit d'attaquer des localités qui, très souvent, forment autant de forteresses naturelles défendues par des hommes résolues et dont le courage ne peut pas être mis en doute.

Aux montagnes donc, où, selon toute probabilité, la résistance contre la Bessa de Husni Pacha s'organisera, on devra maintenir l'état actuel des choses, à moin que la Sublime Porte ne veuille autoriser le Vali à briser leur opposition à l'aide d'une expédititon militaire. Sans les montagnes, cependant, la pacification se-ra pas générale et devra rester un ouvrage défectueux.

Traduction du Réglement destiné à introduire une paix générale dans le Vi-layet de Prisren.

Art. 1

Comme le port d'armes doit être considéré comme la source de tous les maux, il est défendu d'en porter. Les armes seront gardées dans les maisons et personne ne pourra aller armé exepté le seul cas d'un voyage d'un kasa à l'autre.

Art. 2

Les vengeances du sang qui, contrairement à la loi, se commettent dans la Guégarie, causant des meurtres fréquents, cet usage devra cesser. Tous ceux, qui se trouveraient encore sous la charge d'un sang, devront faire la paix avec leurs adversaires, et tout le monde devra contribuer à la pacification générale.

Art. 3

La hardiesse avec laquelle les habitants du vilayet de Prisren, et parmi eux, en première ligne, les gens farouches des montagnes de Dibré et des kasas de Louma et d'Ipek, commettent des assassinats, des brigandages et des vols, a dé-passè les bornes, et s'est attiré, à juste titre, le courrours(?) Impérial. Pour en dé-tourner les conséquences, personne n'aura plus, ni dans les villes ni dans les vil-lages, l'audace de commettre de pareilles actions. Les contraventeurs devront être pris et remis vifs ou morts aux autorités.

Art. 4

A tous ceux qui se sont rendus coupables de pareilles actions, il sera permis, pour cette fois encore, de fournir caution suffisante que dorénavant, ils demeu-reront tranquilles dans leurs villages, sans plus faire du mal à personne. On sai-sira et remettra aux autorités ceux qui persisteront à tenir une conduite irrégu-lière. Ceux qui n'acctepteront pas le cautionnement et se tiendront écartés de leurs villages devront être pris, en cas de résistance armée ils pourront être pas-sés par les armes.

Art. 5

Des maisons ou d'autres propriétés privées ne pourront plus être brulées, ni pour se venger de quelque fugitif ou de qui que ce soit, ni pour un autre motif quelconque. Les contrevenants seront pounis de mort en vertu des ordonnances du Code Pénal.

Art. 6

Outre avoir donné des bonnes garanties, les voleurs devront restituer aux propriétaires respectifs les moutons, bestiaux et autres objets volés depuis le mois de mai de l'année passée. La restitution devra être complète et se fera en nature ou par remboursement du prix en vertu des listes dressées à cet effet.

Art. 7

Ceux qui auront atteint l'âge militaire se présenteront, en nombre complet, pour la conscription. Après avoir tiré au sort, ils retourneront chez eux, sauf de se rendre aux dépôts à l'expiration de leur congé. De même les rédifs se renderont chaque année aux dépôts de leurs bataillons et ne se soustrairont pas à l'exercice annuel d'un mois.

Art. 8

Les hommes qui seront entrés dans la catégorie des réserves de ligne ou de rédif, seront, au nombre complet, envoyés à leur corps toutes les fois qu'on les appellera. Personne n'osera plus les y soustraire en les cachant, comme c'était la pratique jusqu'à ce jour.

Art. 9

Le cautionnement solidaire formant l'abuse sur laquelle il sera facile d'attender et de raffermir la tâche que le présent réglement se propose, on devra procéder immédiatement à son exécution, soit dans les villes soit dans les villages. Ceux qui, pendant qu'on s'en occupera, n'auront pas pu se cautionner, seront aussitôtremis au gouvernement qui les traitera selon la loi.

Art. 10

A l'effet de mettre en exécution l'article neuvième, dont les dispositions rendront la tranquillité aux habitants de ce vilayet, il sera institué, sous la direction d'un président et dùn viceprésident, des conseils temporaires de paix, formés par un nombre suffisant de membres pris parmi les trois classes de la population, savoir les notables, les moyens et la basse classe. Ces conseils seront en permanence jusqu'à ce qu'on pourra être sûr du rétablissement de l'ordre. Ils s'occuperont activement de l'accomplissement de la tâche que l'art. 9ème leur impose. Ils seront élus par la population et confirmés par le Vali.

Protocole d'adhésion aux articles ci-dessus.

Nous tous ici présents, réunis en conseil général par ordre de S.Exc., le Vali, acceptons de bon gré toutes les ordonnances qui précèdent, parcequ'elles nous garantissent nos fortunes, nos existences et notre honneur. Au nom de la population du vilayet nous présentons à S.Exc. nos remerciements pour des efforts bienveillants à notre ègard, et pour avoir confirmé les personnes (dont les noms suivent plus bas) élues dans les kasas à la charge d'assesseurs des commissions de paix.

En vertu du pacte fait à la présence de S.Exc. aussi bien qu'entre nous mêmes, nous promettons d'observer môt à môt les articles ci-dessus, d'attaquer ensemble tous ceux qui s'y opposeraient, pour les remettre au gouvernement vifs ou morts, de remettre à l'autorité, et de saisir, en cas de résistance armée, vif ou mort, aussitôt après notre retour, le fameux Doulouman Bey de Matt, qui avait été appelé à notre assemblée sans avoir obei à cet appel et qui s'est souillé d'une quantité de crimes, nous promettons, que quiconque d'entre nous agira en opposition à la présente convention et Bessa (paix) se soumettra spontanément aux peines qu'on prononcera contre lui en vertu du Code Pénal, et de présenter, à notre retour, à toute la population des copies de ce protocole pour le faire accepter et cacheter. En foi de quoi nous avons apposé de plein gré nos cachets au protocole ici-présent.

Prisren, le 19/29 Juin 1873.

(Suivent les signatures)

Dokument 16

**Die Beziehungen zwischen den Mirditen und der Lokalregierung.
Bericht 14, Krantz[93] an Andrássy, Scutari 26. August 1873.
HHStA, Politisches Archiv XXXVIII, 201 (Scutari 1873), Blatt 41–43.**

Hochgeborner Graf,

Der Widerstand, welche die muselmännische Bevölkerung von Podgorizza der Einführung der tapu[94] entgegensetzt, konnte bis jetzt trotz alles strengen Einschreitens von Schevket Pascha nicht überwältiget werden. Die Zahl der auf die Festung Spizza abgeführten Renitenten beläuft sich bereits auf dreißig, und in den letzten Wochen sind auch einige Lehen von dem Gouverneur eingezogen worden, deren Besitzer sich der neuen Maßregel gegenüber ablehnend verhielten.

Trotz dieser offenen Opposition gegen die Befehle der Pforten-Regierung, Opposition, die sich auch in der Schließung des Bazars von Podgorizza sowie in dem Entweichen mancher angesehenen türkischen Grundbesitzer nach Montenegro kundgiebt, ist die öffentliche Ruhe bis heute nie ernstlich gestört gewesen, übrigens ist das Schließen des Bazars eine nichts sagende landesbeliebte Demonstration, welche auf Handel und Verkehr kaum einen Einfluß ausübt, da die Geschäfte entweder vor den Buden und Verkaufsläden in den Gängen des Bazars oder bei halbgeöffneten Läden abgeschlossen werden. Der Gouverneur hofft noch immer, daß die Maßregel binnen einiger Wochen auf befriedigende Weise und auf friedlichem Wege in Podgorizza durchgeführt werden wird. In der Stadt Scutari sowie an andern Orten, begegnet die Regierung keinem Widerstande. Der Hauptgegend der Opposition der musulmännischen Bevölkerung gegen Einführung der tapu, ist die Besorgnis in nahestehender Zeit auch zur Stellung von Rekruten zum stehenden Heere erhalten zu werden, sobald sie einmal freiwillig ihre alten Privilegien entsagte.

Alle Besonnenen und namentlich die christliche Bevölkerung erblicken in der Einführung der tapu eine Institution, welche dem Eigenthümer von Grund und Boden einen vollkommenen Rechtstitel giebt und ihn gegen willkührliche und ungerechte Anfechtungen seines Besitzes schützt. Die Schätzung der Grund-

---

93 Beamter im Konsulat von Shkodra.
94 Das „tapu" war ein Dokument, das einen Besitztitel bestätigte.

stücke wird im commissionellen Wege unter Beiziehung der Ortsältesten vorgenommen, und bis jetzt ist kein Fall vorgekommen, daß von irgend einer Seite ein Einspruch gegen zu hohe Taxirung erhoben worden wäre.

Der Gouverneur hat mit der letzten Post von der Pforte die Ermächtigung erhalten, im Bezirke der Mirditen ein Schulhaus sowie ein Gebäude für die mit der Verwaltung betrauten Beamten aufzuführen. Schevket Pascha gedenkt, im Herbste den Bezirk der Mirditen zu bereisen und will bei dieser Gelegenheit die Wahl des jenigen Ortes treffen, welcher die oben erwähnten Gebäude erhalten und dadurch faktisch Hauptort des Districtes werden wird.

Gleichlautend berichte ich dem k. u k. Gesandten in Constantinopel.

Genehmigen Euere Exellenz den Ausdruck meiner tiefsten Ehrfurcht.

Dokument 17

Aufstand eines Gaues in Mirdita und seine Ursachen.[95]
Bericht 25, Wassitch[96] **an Andrássy, Scutari 23. Dezember 1873.**
HHStA, Politisches Archiv XXXVIII, 201 (Scutari 1873), Blatt 107–110.

Hochgeborner Graf,

Der neue Generalgouverneur Achmed Rassim Pascha ist gestern in Antivari angekommen und wird heute hier erwartet. Ich hoffe mit der nächsten Post melden zu können, in welcher Weise derselbe die immer bedenklicher werdende Lage der Dinge in Albanien auffaßt, und benüze den heute abgehendenen Dampfer, um zu berichten, in welchem Stande der neuen Generalgouverneur die Angelegenheit der Mirditen vorfindet.

Capitän Djon hat mit dem größten Theile seiner Leute die Straße von Scutari nach Prisrend verlassen, nur wenige Mirditen sind daselbst zurückgeblieben um die Communikationen abzusperren. Die Boten der Consulate und Fremde verkehren jedoch zwischen Scuatri und Prisrend ohne besondere Hindernisse. Die Lokalregierung benüzt die Straße über Gussinje, um ohne den Bezirk der Mirditen zu berühren, mit Prisrend in Verbindung zu bleiben. Der Waarenverkehr stockt dagegen gänzlich, da für denselben der lange und schlechte Weg über Gussinje unbrauchbar ist.

Obgleich die Mirditen hinsichtlich des zu erreichenden Zieles, welches in der Beschwerdeschrift vom dritten Dezember seinen Ausdruck findet, einer Meinung sind, besteht doch zur Stunde eine Spaltung zwischen ihnen hinsichtlich der Anwendung der Mittel, die zum Ziele führen sollen. Der der Stadt Scutari und der Drinebene zunächst gelegene Gau von Dibri ist es, welcher mit Djon die Straße besezt hält und auf neue Ausfälle sinnt, während die Gaue von

---

95 Dieser Aufstand ging bald auch auf die Dukagjin-Stämme über; siehe Historia II, S. 162.
96 Konsulatsbeamter.

Oroschi, Kušneni, Fandi und Spači[97] die Ankunft des General-Gouverneurs abwarten, jedoch auf das Evangelium geschworen haben, unter keiner Bedingung von ihrer Autonomie und der Capitänschaft des hiezu berufenen Primus Bib Doda lassen zu wollen. Lezterer hatte einen seiner alten vertrauten Diener aus Constantinopel nach Oroschi mit dem Auftrage gesendet, die Miriditen von Gewaltmaßregeln abzuhalten und auf die Ankunft des neuen Generalgouverneurs zu weisen, dessen Instructionen der Sache der Miriditen günstig sind.

Der in offenem Aufstande befindliche Gau Dibri zählt 500 Familien und kann 1.000 Bewaffnete zu einer gemeinsamen Action vereinen. Die Gesammtzahl des Miriditenstammes wird auf 2.000 Familien und 4–5.000 Bewaffnete geschäzt.[98]

Um das rasche Vorgehen des Gaues von Dibri zu erklären, geben die Anhänger des derzeitigen passiven Widerstandes an, daß der Gau von Dibri aus Montenegro Instructionen erhalte und danach handle. Ich möchte den montenegrinischen Einfluß zwar nicht läugnen, aber auch nicht maßgebend nennen. Der Gau von Dibri ist vorzüglich auf den Handel mit Scutari und Alessio angewiesen. Das Verbot, diese Handelspläze zu besuchen, trifft ihn daher am härtesten und macht ihn am geneigtesten zum Aufstande. In Oroši, Fandi, Spači und Kušneni ist dieses Verbot nicht so eingreifend in das nationaloekonomische Leben des Volkes, auch sind dort der Einfluß der Witwe Bib Dodas, die Intriguen des Kaimakams[99] Haidar Belegu und das Interesse mehrerer Chefs, die Pensionen beziehen, eben so viele Dämpfer, die im Vereine mit der Geistlichkeit das Aufflammen des Aufstandes momentan verhindern.

Capitän Djon betrachtet sich als der derzeitige Chef des Miriditenstammes und hofft im Aufstande es auch in Wirklichkeit zu werden. Er nahm daher keinen Anstand, sich an die Spitze des Gaues von Dibri zu stellen und zu Gewaltmaßregeln zu schreiten. Nebenher mag ein Versprechen aus Cetinje auch williges Gehör gefunden haben, und nicht minder mag die gegen die Bergalbanesen von Dibra im Vilayet von Prisrend ohne Erfolge seit Monaten sich hinziehende Expedition zur Ermunterung der Miriditen beitragen.

Wie ich höre, soll Capitän Djon vorhaben, in Alessio einzurücken und Salz zu requirieren. Die Nachricht scheint mir unwahrscheinlich, da Alessio von 300 Mann Truppen besetzt ist, die mit Leichtigkeit sich gegen die mit alten Gewehren schießenden Miriditen zu vertheidigen vermögen.

Gleichlautend berichte ich unter Einem dem k. u. k. Gesandten in Constantinopel.

Genehmigen Eure Exellenz die Versicherung meiner erfurchtsvollen Ergebenheit.

---

97 Die Namen, die hier als „Gaunamen" gebraucht wurden, waren die Namen der Bajraks von Mirdita; siehe den Teil NOPCSA, Die Bergstämme bzw. GOPČEVIĆ, ebenda, S. 266.

98 Für weitere statistische Angaben über die Bevölkerung Mirditas siehe den Teil NOPCSA, Die Bergstämme bzw. GOPČEVIĆ, ebenda.

99 Kaimakam: Vorsteher eines Kaza (Verwaltungsbezirk).

Dokument 18

Die Beziehungen zwischen dem Stamm Shala und der Lokalregierung.
Die Beziehungen der Bergstämme mit der Bevölkerung der Ebene.
Bericht 19, Wassitch an Andrássy, Scutari 3. August 1875.
HHStA, Politisches Archiv XXXVIII, 207 (Scutari 1875), Blatt 104–106.

Hochgeborner Graf,

Den Bemühungen unseres Gouverneurs, jeden Conflikt mit den albanesischen Bergstämmen hintanzuhalten, ist es in erster Linie zuzuschreiben, daß ich seit Monaten nicht in der Lage war, über Empörungen gegen die Maßregeln der Regierung berichten zu müssen. Allerdings geht die Selbstverläugnung der Regierung so weit, daß dieselbe bereits die Symptome der Schwäche zeigt. Als Eschref Pascha[100] vor wenigen Tagen einen seiner Beamten in die Berge von Schala entsendete, um die Häuptlinge jenes Stammes über einige Ausschreitungen zur Rede zu stellen, wurde dieser Beamte in Schala gefangen gesetzt. Auf dessen Bitte um militärische Intervention zum Zwecke seiner Befreiung erhilt er vom Gouverneur den Bescheid, daß er ihm mit Truppen nicht zu Hilfe kommen könne. Er möge, so gut es möglich ist, seinen Frieden mit den Häuptlingen machen. Der Beamte, der die Sitten der Bergstämme gut kennt, wird daher nächtens unverrichteter Dinge, aber auch ungefährdet nach Scutari zurückkehren.

Die Bewohner der Ebene des Flusses Mat[101] führten Beschwerde gegen die Bergalbanesen im Norden der Ebene und veranlaßten Eschref Pascha, eine Companie Infanterie in das Thal des Mat sperrenden Kastels, Kula-Mati, zu legen. Laut eben eingetroffener Nachrichten aus der Ebene des Mat wurde die Garnison des Kastels von den Bergalbanesen, die sie bewachen sollten, vertrieben. Die Details der Vertreibung sind noch nicht bekannt. Ich muß mir deren Meldung für die nächste Post vorbehalten. Ich beschränke mich für heute, auf den Umstand hinzuweisen, daß die Bergstämme jederzeit der Regierung Hindernisse bereiten, wenn dieselbe Garnisonen in die Bezirke derselben legen will, wie es mit Kula Mati der Fall ist, und daß die türkischen Garnisonen der Forts weder mit Waffen noch Lebensmitteln für die Dauer versehen sind, daher nach kurzer Cernirung die Forts verlassen müssen.

Prenk Kola aus der Familie des Mirditencapitän Bib Doda, welcher in Cetinje auf Kosten Montenegros die Schule besuchte und die Verbindung zwischen Montenegro und den Mirditen bewerkstelligen soll, ist soeben aus Cetinje nach Oroschi zurückgekehrt. Ob Prenk Kola kam, um seine Familie zu besuchen, die er seit zwei Jahren nicht sah, oder er andere Zwecke verfolgte, ist noch nicht bekannt[102].

---

100 Der neue Generalgouverneur des Vilayets Shkodra.
101 Fluß, der durch das gleichnamige Gebiet fließt. Der Mati-Fluß ist einer der größten Albaniens. Über die Bevölkerung der Landschaft Mat siehe Dokument 70 und GOPČEVIĆ, ebenda, S. 268.
102 Montenegro versuchte in dieser Zeit die Feindschaft der Mirditen und der anderen albanischen Bergstämme gegen die Hohe Pforte zu nutzen. In diesem Rahmen ist auch die montenegrinische Unterstützung, die einige albanische Häuptlinge genossen, zu verstehen.

Alles spricht dafür, daß Albanien dem Beispiele der Herzegovina nicht folgen werde.[103] Die Verhältnisse liegen hier ganz anders als dort, wo der türkische Grundbesizer den christlichen Colonen um jede Frucht seiner Tätigkeit bringt.

Ueber Ansuchen meines Collegen in Mostar informierte ich denselben telegraphisch, daß weder in Scutari noch in Podgoritza Truppen nach der Herzegovina in Bewegung gesezt wurden und daß die politische Lage hier nichts Bedrohliches enthalte.

Gleichlautend berichte ich unter Einem dem Freiherrn von Herbert und dem Statthalter für Dalmatien.

Genehmigen Euere Exellenz die Versicherung meiner erfurchtvollen Ergebenheit.

Dokument 19

Der Gouverneur von Scutari verlangt von den Bergstämmen und von den Mirditen Hilfscorps von je 2.500 Mann. Die Geschichte der Bushatli-Familie. Bericht 12, Günner[104] an Andrássy, Scutari 13. Juni 1876.
HHStA, Politisches Archiv XXXVIII, 214 (Scutari 1876), Blatt 62–67.

Hochgeborner Graf,
    Am 8. Juni ließ der Generalgouverneur Ahmed Hamdi Pascha die Chefs der Bergstämme Klementi,[105] Kastrati,[106] Hoti, Gruda und Screlli[107] zu sich kommen und verlangte von ihnen, daß sie ihm 2.500 Mann zur Verfügung stellen. Sobald von der hiesigen Citadelle, respective vom Fort Lessendra, drei Kanonenschüsse erschallen, sollten sich die 2.500 Mann in Scutari einfinden.[108] Die Chefs der Bergstämme zeigten keine große Lust, dem Wunsche des Generalgouverneurs zu entsprechen. Sie antworteten, daß sie bei conträrem Winde die Kanonenschüsse leicht überhören könnten, Ahmed Hamdi Pascha möge daher lieber Boten zu ihnen schicken. Auch wollten sie wissen, wo man sie zu verwenden beabsichtige. Als ihnen der Generalgouverneur Nikšič[109] nannte, erklärten sie, Nikšič sei zu entfernt, so weit könnten sie nicht gehen. Hingegen seien sie

---

103 Einige Monate später, im Jänner 1877, begann in Mirdita ein Aufstand gegen das Osmanische Reich, der bis April 1877 dauerte; siehe Historia II., S. 168.
104 Konsulatsbeamter.
105 Albanisch: Kelmendi, einer der größten Bergstämme Nordalbaniens. Sein Gebiet befand sich am nördlichen Rand des heutigen Albanien. Über seine Geschichte, Gliederung und Bevölkerung siehe den Teil NOPCSA, Die Bergstämme.
106 Stamm in Nordalbanien. Sein Gebiet erstreckte sich südlich von Kelmendi bis an das östliche Ufer des Shkodra-Sees. Über seine Geschichte und Bevölkerung siehe den Teil NOPCSA, Die Bergstämme.
107 Shkreli.
108 Als Kompensation für die administrative Autonomie mußten die Bergstämme der türkischen Regierung im Kriegsfalle Truppen zur Verfügung stellen.
109 Stadt im heutigen Montenegro.

bereit, hier in der Nähe zu kämpfen. Endlich sagten sie, wären sie auch zu schlecht bewaffnet, der Generalgouverneur müßte sie daher mit gezogenen Gewehren (Schesch-chané) versehen.

Als die Chefs der Bergstämme den Generalgouverneur verließen, machten sie Äußerungen, aus denen hervorging daß sie nicht gewillt sind, die Pforte in ausgiebiger Weise mit Streitkräften zu unterstützen. Sie besorgen, man wolle die Blüthe ihrer wehrfähigen Mannschaft in fernen Expeditionen zu Grunde gehen lassen, damit man ihrer Autonomie um so leichter ein Ende machen könne.

Das Bestreben der Pforte war seit jeher auf Einschränkung der Autonomie der Bergstämme gerichtet. Der Generalgouverneur Ahmed Hamdi Pascha verfolgt auch den gleichen Zweck und ist zu diesem Behufe mit der Idee einer neuen politischen Eintheilung des Ejalets von Scutari beschäftigt. Mehrere neue Behörden sollen creirt, unter ander[e]m ein Mutessariflik in Tirana (vielleicht auch in Podgorizza), ferner ein Kaimakamlik in Durazzo[110] sowie in verschiedenen Orten Müdirate errrichtet werden. Er beabsichtigt diese Eintheilung auch auf die Bergstämme auszudehnen und je einen Theil der Berge dem nächstgelegenen Müdirate zuzuweisen. Die türkischen Behörden werden sich auch in Zukunft in die innere Administration der einzelnen Stämme nicht einmischen und wird auch diesen Stämmen fernerhin die Civil- und Strafjustiz über ihre Angehörigen nach den bei denselben seit Altersher bestehenden Gebräuchen belassen werden. Die Ingerenz der türkischen Behörden soll nur dann eintreten, wenn es sich um Differenzen zwischen zwei verschiedenen Stämmen oder zwischen Individuen zweier verschiedener Stämme handelt.

Auch von den Miriditen verlangt Ahmed Hamdi Pascha, daß sie ihm ein Hilfscorps von 2.500 Mann zur Disposition stellen. Mit der Aufgabe, die Miriditen zu dieser Hilfeleistung zu bewegen, wurde der neuernannte Kaimakam Reschid Bey, so wie der ihn nach Oroschi begleitende Capitän Gion betraut.

Bezüglich der Ernennung des Raschid Bey zum Kaimakam der Miriditen, erlaube ich mir Euerer Exellenz Nachstehendes mitzutheilen:

Das Bestreben des Ahmed Hamdi Pascha war darauf gerichtet, zu verhindern, daß die Autonomie des Miriditendistriktes durch Ernennung des jungen Prenk Bib Doda festere Wurzeln fasse.[111] Er hat daher zuerst die zu Gunsten des Prenk petitionirenden Miriditen so lang als möglich durch wage Zusagen hingehalten. Inzwischen wurde weder Geld noch Versprechungen gespart, für welche sich auch einzelne Miriditen als nicht ganz unzugänglich erwiesen. Der Parteichef Capitän Gion entschloß sich, nach Scutari zu kommen, söhnte sich mit der Localbehörde aus und sollte durch die Aussicht auf eine gute Anstellung des Generalgouverneurs gewonnen werden. Er hat sich zwar auch nachträglich in Gegenwart anderer Miriditen immer für Prenk erklärt, hat die Petitionen der

---

110 Albanisch: Durrës; Stadt in Mittelalbanien und der größte Hafen des Landes. Nach den Angaben Seiners hatte Durrës 1918 4.175 Einwohner; siehe SEINER, Ergebnisse, S. 33.

111 Nach dem traditionellen Gewohnheitsrecht stand des Recht auf den Titel „Kapitän" der Miriditen dem Preng Bib Doda, dem Sohn des ehemaligen Kapitäns Bib Doda, zu.

Mirditen mit unterschrieben und betheuerte auch stets der Witwe Bib Doda gegenüber, daß er nur für ihren Sohn Prenk arbeite, in der That hätte er am liebsten die Stelle eines Kaimakams für sich behalten, wenn er Aussichten gehabt hätte, daß ihn die Mirditen anerkennen werden.

Dem Generalgouverneur war nun vor allem darum zu thun, mit Ausschluß des Prenk Bib Doda eine Persönlichkeit ausfindig zu machen, die geeignet wäre, sich im Lande der Mirditen Autorität zu verschaffen. Er glaubte, eine solche in Reschid Bey aus Buschati gefunden zu haben.

Buschati ist ein kleiner Ort, in der Entfernung von drei Stunden von Scutari.[112] Es ist der Stammsitz der Familie Buschatli, in welcher einst die Würde der Statthalter von Scutari erblich war. Die Buschatli's stammen aus dem Mirditenlande und waren ursprünglich Christen. Erst später sind sie zum Islam übergetreten und haben sich bis 1834 in der erblichen Statthalterwürde behauptet, obwohl die Pforte wiederholt Versuche machte, sie hievon auszuschließen. Der eilfte und letzte Statthalter aus dieser Familie, Mustafa Pascha,[113] wurde 1834 von der Pforte beschuldigt, daß er sie im Kampfe gegen ihre aufrührerischen Unterthanen nicht gehörig unterstützt hat. Der damalige Großvezier Reschid Pascha sprach seine Absetzung aus. Mustafa Pascha wollte sich Anfangs der Absetzung nicht fügen und leistete bewaffneten Widerstand, er wurde in der Citadella von Scutari eingeschlossen und mußte schließlich kapitulieren. Es gelang ihm jedoch zu entfliehen, später wurde er von der Pforte amnestiert und beschloß seine Tage in Constantinopel. Man beließ ihm die Würde eines Paschas und gab auch seinen Söhnen hohe Anstellungen. Sie wurden aber von der Pforte verhalten, alle ihre unbeweglichen Güter in Albanien zu verkaufen, um in Contact mit diesem Lande zu stehen.

Der zum Mirditen-Kaimakam ernannte Reschid Bey ist ein Seitenverwandter des Mustafa Pascha. Außer ihm leben hier aus der Familie der Buschatli noch zwei andere Männer, nemlich Selim Bey und Mano Bey, welche sowohl in Buschati als in Scutari begütert sind.

Reschid Bey hat sich nun in Begleitung des Capitan Gion und einiger Mirditen nach Oroschi, dem Hauptorte des Mirditendistriktes, begeben, und wird nun versuchen, ob es ihm gelingen wird, sich daselbst Anerkennung zu verschaffen.

Etwas hat also Ahmed Hamdi Pascha jedenfalls erreicht. Der frühere Kaimakam Haidar Beilegu dürfte sich nie im Mirditenlande sehen lassen und wäre beim Betreten desselben sicherlich umgebracht worden. Man glaubt, daß Reschid

---

112 Albanisch: Bushati, im Süden von Shkodra gelegen. 1918 hatte Bushati 1.130 Einwohner; siehe SEINER, Ergebnisse, S. 30.

113 Bushatlliu, Mustafa Pascha (1796–1860), der letzte Herrscher aus der Familie Bushatlli über die Provinz Shkodra. Die Provinzgouverneure aus dieser Familie regierten zeitweise unabhängig von der Pforte. Über die Geschichte der Familie Bushatlliu siehe KÖHBACH, Markus: Nordalbanien in der zweiten Hälfte des 18. Jahrhunderts. Das Pašalik Shkodër unter der Herrschaft der Familie Bushatlli, in: Albanien-Symposion, hrsg. von Klaus Beitl, Kittsee 1986, S. 133–180.

Bey ein solches Schicksal nicht zu befürchten hat. Ob aber auch die Miriditen die
Autorität des Reschid Bey anerkennen werden, wird sehr bezweifelt. [...]

Dokument 20

**Die Ankunft Prenk Bib Dodas in Scutari und die Streitigkeiten mit der
türkischen Lokalregierung.
Bericht 28, Wassitch an Andrássy, Scutari 21. August 1876.
HHStA, Politisches Archiv XXXVIII, 214 (Scutari 1876), Blatt 163–169.**

Hochgeborner Graf,
    Nichts dürfte geeigneter sein, die Verwirrung in den heutigen Zuständen der
Türkei zu illustriren, als die Sendung Prenk Biba Paschas nach Nordalbanien.
    Seit fünf Jahren bemühte sich die Pforte, die seit der Eroberung Albaniens
datirende administrative Autonomie des katholischen Albanesenstammes der
Miriditen in jeglicher Weise zu untergraben. Sie befürchtete, daß die autonome
Verwaltung mit einem Landescapitaen, dessen Würde in der Familie des Prenk
Biba erblich ist, im Lande der Miriditen Zustände schaffen könnte, wie sie sich
im Laufe der Zeit in Montenegro herangebildet haben. Sie entfernte daher den
erblichen Capitän aus dem Lande unter dem Vorwande, ihn in Constantinopel
erziehen zu lassen, und beantragte die Gouverneurs in Scutari, durch Corrup-
tion und Gewaltmittel auf die Vernichtung der Autonomie einzuwirken.
    Während Oesterreich und Frankreich der Pforte den Rath geben, durch
gewaltiges Vorgehen gegen die Autonomie der Miriditen sich die Sympathien
dieses Stammes nicht zu verscherzen, unterstützte Rußland das Beginnen der
Pforte, weil es die Rathschläge der zwei katholischen Mächte in dem Sinne auf-
faßten, daß durch die Autonomie der Miriditen der Expansion der orienntali-
schen Kirche und des von Rußland protegierten Montenegro ein Damm errichtet
werden sollte.
    Während die Miriditen den Neuerungen der Pforte mit gutem Erfolge passiven
Widerstand entgegensetzten, unternahmen die Montenegriner die ersten
Schritte, um sich im Miriditenlande eine Parthei zu schaffen. Sie lockten
zunächst jene Miriditen in ihre Schlingen, die in erster Linie von der Pforte verfolgt wurden. Die Capitäne Kol und Djon, die als nächste Verwandte Prenk Bibas
und als Repräsentanten seiner Ansprüche mit dem Gouverneur von Scutari auf
gespannten Fuße leben mußten, wurden nach und nach für Montenegro gewonnen. Heute kämpft ein Sohn des Capitän Kol an der Seite des Fürsten Nicolaus
in der Herzegovina.[114] Sieben montenegrinische Emissäre wirken ungestört im
Miriditenlande und werden von den Capitäns Kol und Djon beschützt. Ein Chef
der Miriditen, Marko Djoni Noka, wurde hier im Hause des Prenk Biba als mon-

---

114 Am 1. Juli 1876 hatte der türkisch-montenegrinische Krieg begonnen.

tenegrinischer Partheigänger arretiert. Auch sieht man derzeit im Lande der Mirditen Geldmünzen, was bisher nicht der Fall war.

Nachdem es so weit gekommen war, sah die Pforte ein, daß sie eine falsche Richtung eingeschlagen habe. Den wiederholt vorgebrachten Wünschen der katholischen Geistlichkeit und des unverdorben gebliebenen Volkes entsprechend, entließ sie den erblichen Mirditen-Capitän, Prenk Biba aus Constantinopel, ernannte ihn zum Mutessarif des Mirditenbezirkes mit dem Range eines Pascha und beantragte, ihn sich mit dem üblichen Contingente der Mirditen den gegen Montenegro kämpfenden kais. Truppen anzuschließen. Prenk Biba Pascha wurde in Constantinopel mit so geringen Geldmitteln versehen, daß er die Fahrtkosten auf dem Lloyddampfer auf Credit nehmen mußte und glaubte vor sechs Wochen nicht in der Lage zu sein, dieselben bezahlen zu können.

Am Landungsplatze in Antivari erwartete ein Beamte des Valy, Ahmed Hamdi Pascha, den Mirditen-Capitän, der am 10ten d. M. dort anlangte, um ihm den Auftrag auszurichten, sich sofort, ohne Scutari zu berühren, über die Berge und über den See nach Podgorizza zu begeben. Prenk Pascha erwiderte, daß er, da er seine Mutter seit fünf Jahren nicht sah, da viele Personen aus Scutari ihm entgegen kommen und da seine Anwesenheit in Podgorizza nicht von besonderem Gewichte sein könne, den Weg über Scutari nehmen würde.

Als Prenk Pascha am 10ten Abends hier eintraf, fand er bereits Achmed Hamdi Pascha in Scutari. Derselbe war mittlerweile vom Commando der Truppen durch Mahmud Pascha[115] ersetzt worden und kam hieher, um das Eintreffen des neuen Civilgouverneur, Mustafa Pascha, abzuwarten. Prenk Pascha machte am Morgen des 11ten dem abgesetzten Valy seine Aufwartung. Bei dieser Gelegenheit verlangte Achmed Hamdi Pascha eine schriftliche Erklärung, wonach Prenk Pascha verspricht, Scutari nicht zu verlassen, sondern das Contingent der Mirditen hieher kommen zu lassen. Prenk Pascha wendete ein, daß er mittels Ferman zum Gouverneur des Mirditenbezirkes ernannt sei, welchen er nach den Stammesgewohnheiten verwalten müsse. Es ist daher notwendig, daß er sich nach Oroschi begebe und dort persönlich den Ausmarsch des Contingentes einleite. Achmed Hamdi Pascha zeigte ein Schreiben des Großvezirs vor, wonach Prenk Pascha einen Titel und den Rang eines Pascha der Form nach erhalten habe, daß er aber in Allem vom Valy abhängig sei und daß erst in Folge der Informationen des Generalgouverneurs Prenk Pascha eine amtliche Stellung und Macht erhalten werde. Prenk Pascha erwiderte, daß er die in Scutari anwesenden Mirditenchefs, ohne welche er nichts beschließen könne, um ihre Ansicht fragen werde. Als die Chefs erklärten, daß Prenk nach Oroschi kommen müsse, und es dem neuen Mirditen-Capitän dringlich schien, nach Podgoritza zu gehen, um dem Truppencommandanten seine Aufwartung zu machen, wurde diese Angelegenheit einstweilen in der Schwebe belassen.

Den 12ten brachte Prenk Pascha in Podgoritza bei Machmud Pascha zu, der ihn mit den militärischen Ehren, die einem Pascha zustehen, empfing, sehr

---

115 Kommandant der türkischen Truppen an der montenegrinischen Front.

freundlich behandelte und ihn ermächtigte, sich nach Oroschi oder wohin sonst er es für nothwendig betrachtet, zu begeben.

Als er am Nachmittag des 13ten hieher zurückkehrte, vernahm er die Arretierung des Mirditenchefs Marko Djoni Noka, welche ich mit dem Berichte N. 26 gemeldet habe. In der darauf folgenden Unterredung Prenk Paschas mit dem abgesetzten Valy erklärte letzterer, daß, so lange, bis er die Amtsführung dem Nachfolger nicht übergeben haben würde, das geschehen müsse, was er anordne. Er befahl Prenk Pascha neuerdings, in Scutari zu verbleiben und erklärte, den arretierten Mirditenchef hier behalten und aburtheilen zu wollen. Prenk Pascha fragte an, ob er den Consuln Besuche machen dürfe? Auch dies wurde ihm untersagt. Nunmehr gab es der Mirditen-Capitän auf, weitere Besprechungen mit Ahmed Hamdi Pascha zu pflegen und verschob jeden Beschluß bis zum Einlangen des neuen Valy Mustafa Pascha, der Constantinopel bereits verlassen hatte und täglich hier erwartet wurde.

Am 16ten machte Prenk Pascha mir und den Consuln von England, Frankreich und Italien Besuche, die wir noch am selben Tage erwiderten. Ich sagte dem Prenk Pascha, daß die k.u.k. Regierung immer mit Interesse der Entwicklung des Mirditenstammes zusah und daß sie es wünsche, diesen Stamm immer in Eintracht mit der Hohen Pforte zu sehen. Ich werde mich daher bemühen, wenn je Spannungen zwischen dem Valy und den Mirditen eintreten sollten, auf die Erhaltung des guten Einvernehmens einzuwirken.

Prenk Pascha machte mir nun die Mittheilung, daß ihn Achmed Hamdi Pascha durch die Arretierung des Chefs Marko Djoni in eine mißliche Stellung gebracht habe. Die übrigen Chefs betrachten die Art und Weise dieser Arretierung als eine ihrem Stamme zugefügte Ehrenbeleidigung und wollen mit Prenk in die Berge gehen, um von dort aus unter Androhung der Insurgierung die Herausgabe des Marko Djoni zu fordern. Derselbe habe sich allerdings gegen die Gesetze versündiget, allein die Strafe müsse der Stamm über ihn ausprechen. Ich versprach, ihm seine Reclamation beim neuen Gouverneur befürwortend zu unterstützen. Ein gleiches Versprechen machten ihm meine Collegen von England, Frankreich und Italien.

Der Charakter und die geistigen Begabungen Prenk Paschas können nicht eher mit voller Sicherheit beurtheilt werden, als nachdem er mitten unter seinen Stammesgenossen längere Zeit verweilt und die Leitung der Stammesangelegenheiten geführt haben wird. Wenn es wahr ist, daß die Regierung eines Landes keinen großen Aufwand von Verstand in Anspruch nimmt, so mag Prenk Biba immerhin in der Lage sein, dem winzigen Mirditenlande und seinen patriarchalischen Verhältnissen geistig zu genügen. Leider scheint mir dessen Charakter noch weniger fest zu sein, als ihn Leute seines Alters, er zählt kaum 19 Jahre, gewöhnlich zu haben pflegen. Als Beleg für meine Besorgnisse führe ich einige mir und andere gemachte Äußerungen des neuen Mirditen-Capitäns an.

Den katholischen Pfarrern seines Bezirkes sagte er, als sie sich ihm vorstellten: Nehmet euch die griechischen Pfarrer zum Beispiele, die ihr Volk zur Insurektion führen und mit ihnen kämpfen.

Mir sagte er, daß die Hälfte der Mirditen von den Montenegrinern gewonnen sind. Daß er sich wird Montenegro anschließen müssen wenn man ihm nicht den Marko Djoni ausfolgt und daß sein erstes Werk sein wurde die montenegrinischen Emmissäre aufzuhängen, um den Sultan seine Anhänglichkeit zu bezeugen.

Im Verlaufe des Gespräches erzählte er mir, daß die Reformierung der Türkei unmöglich sei. Daß in Constantinopel kein Groschen aus den Staatskassen zu erlangen sei. Demnach hofft er Geld in Vorhinein zu erhalten, sobald er mit seinem Contingente hier erscheinen werde.

Da er mir sagte, daß er sechs Wochen brauchen würde, um mit seinem Contingente einzurücken, fragte ich ihn, auf wie lange er die wahrscheinliche Dauer des Krieges gegen Montenegro veranschlage. Er erwiderte, daß seiner Ansicht nach die Bezwingung Montenegros anderhalb Jahre erfordern wurde.

In Bezug auf Privatverhältnisse, die zur Sprache kamen, hat Prenk Pascha in seinen Äußerungen weder Geist noch Herz verraten. Mitreisende erzählten, daß er am Bord des Lloydschiffs am liebsten mit seinen Begleitern verkehrte und der Brandweinflasche tüchtig zusprach.

Prenk Pascha drückt sich leidlich in französicher Sprache aus, spricht außerdem etwas italienisch und hinlänglich türkisch.

Charaktere dieser Art pflegen bald eigensinnig bald flatterhaft zu sein. Sie sind der Verführung leicht zugänglich, wenn dieselbe die Befriedigung der Genußsucht in Aussicht steht. Von keiner tieferen Ueberzeugung geleitet, wechseln sie gerne ihren Standpunkt.

Mein College von England, Herr Green, erzählte mir, daß Prenk Pascha sich ihn gegenüber in so leichtfertiger Weise über die politischen Beziehungen der Mirditen zur Pfortenregierung äußerte, daß er ihn auf den Umstand aufmerksam machte, wie leicht es der Pforte derzeit möglich wäre, gewissen Verleiteten der Mirditen dadurch entgegen zu treten, daß sie durch einige Bataillons deren Bezirk besetzen ließe.

Die Mutter Prenk Paschas hat einen festen Charakter. Derselbe wankte mir, wenn es sich um Akte der Unversönlichkeit gegen die Verwandten ihres Mannes handelte. Ich zweifle, daß sie auf ihren Sohn irgend einen Einfluß erlangen werde. Die übrigen Verwandten sind dem Prenk Pascha mehr oder minder abgeneigt und müßten erst durch Wohlthaten ausgesöhnt werden, an deren Erweisung Prenk Pascha kaum jemals denken dürfte.

Die Zwistigkeiten in der Familie Prenk Paschas werden daher aller Wahrscheinlichkeit noch fortdauern und den Intriguen der Montenegriner und der Autonomie abgeneigter Gouverneure den Zugang offen halten.

Die montenegrinische Partei ist derzeit noch sehr klein und flößte bisher keinem Kenner des Landes ernstliche Besorgnisse ein. Allein fortdauernde Unglücksfälle auf dem Kriegsschauplatze und Geldmangel könnten den Anhang der Pforte in dem Grade verringern als sie jener Montenegros vergrößern würden.

Mit Rücksicht auf die Wohlthaten, die die k.u.k. Regierung der Mutter Prenk Paschas angedeihen ließ, – Wohlthaten, die dem Sohne vollkommen bekannt sind – befremdete es mich, daß Prenk Pascha die Feier des Kaiserfestes nicht benüzte, um durch einen Besuch bei mir zu beweisen, daß ihm das Gefühl der Dankbarkeit nicht unbekannt sei.

Prenk Pascha werde heute dem eben angekommenen neuen General-Gouverneur Mustafa Pascha seine Angelegenheiten vortragen und um die Auslieferung des Chefs Marko Djoni Noka und um die Erlaubnis, in den Mirditenbezirk abzureisen, ansuchen. Da die Post um Mittag geschlossen wird, so werde ich die Resultate dieser Unterredung erst im nächsten Berichte zu melden die Ehre haben.

Gleichlautend berichte ich unter Einem an den Herrn Botschafter in Constantinopel und an den Herrn Statthalter von Dalmatien.

Genehmigen, Eure Excellenz, die Versicherung meiner ehrfurchtvollen Ergebenheit.

Dokument 21

Aufstand der Mirditen gegen die Hohe Pforte.
Bericht 27, Wassitch an Andrássy, Scutari 15. April 1877.
HHStA, Politisches Archiv XXXVIII, 220 (Scutari 1877), Blatt 140–148.

Hochgeborner Graf,

Dod Ghega[116] versprach den türkischen Behörden, daß die Expedition gegen die Miriditen nicht mehr als zwei Tage in Anspruch nehmen werde, da alle Dörfer sich den Truppen anschließen und mit der Geistlichkeit an der Spitze gegen Oroschi[117] vordringen werden, um Prenk zu vertreiben. Heute, am achten Tage der Expedition ist nur eine der drei Expeditionscolonen eine Stunde weit in jenem Theile des Mirditen-Landes weit vorgedrungen, welcher in einer steinigen Ebene liegt und jedem Angriff ausgesetzt ist. Es ist dies die Colonne des Osman Bey, welche 1.500 Mann Nizam, zwei Berggeschütze und 2–300 Baschi-Bozuk zählt und sich von Naraci[118] aus am 8. d. M. über Grüka-Ghiadri gegen das erste Mirditen-Dorf Mnella[119] in Bewegung setzte. Die 2.000 Mann Nizam und 5.000 Köpfe Baschi-Bozuk zählende Colonne, welche sich von Alessio über Pedana[120] in Bewegung setzte, ist im letzteren Orte stehen geblieben. Die Baschi-Bozuk okkupierten das verlassene Dorf Bulgari,[121] dessen Einwohner sich in die Berge geflüchtet hatten, und das noch nicht zum Mirditen-Lande, sondern zum Bezirke Alessio gehört.

---

116 Ein Vertreter der Gruppe, die gegen Prenk Bib Doda war.
117 Albanisch: Oroshi; Hauptort des Stammes Mirdita. 1918 hatte Oroshi 1.166 Einwohner; siehe
      SEINER, Ergebnisse, S. 20.
118 Dorf in der Zadrima-Ebene an der Grenze zur Mirdita.
119 Mirditen-Dorf an der westlichen Grenze ihres Gebiets.
120 Albanisch: Pëdhana; Dorf in Malësija e Lezhës, östlich der Mirdita.
121 Albanisch: Bulgëri; Dorf in Malësija e Lezhës.

Von der dritten Colonne, die sich sechs Bataillons stark von der serbischen Grenze über Prisrend und Puka herannähert und ebenfalls 500 Baschi-Bozuk zählt, verlautet noch nicht mit Bestimmtheit, ob sie bereits die Operationen begonnen habe. Gewiß ist, daß zwei von diesen sechs Bataillons am 7. in Prisrend angekommen waren.

Die Colonne von Naraci und Pedana sind seit ihrem Ausmarsche bereits verstärkt worden; die Erstere erhielt ein Bataillon aus Podgoritza, wodurch die Position von Gruda entblößt wurde; die Letztere zog das Bataillon aus Durazzo an sich, welches den Einfall italienischer Freischaaren und die Ausschiffung von Waffen und Munition zu verhindern bestimmt war.

Prenk hat aus Montenegro 600 Stück Dukaten erhalten und meldete dem Fürsten Nicolaus, daß er am 7. d. M. vierzig Parteigänger Dod Ghega's gefangen nahm, und deren Kulé[122] und Häuser verbrennen läßt, daß die Mirditen entschlossen sind, den Kampf aufzunehmen und zu Ende zu führen, und daß er 500 Gewehre und 2 Kanonen von Montenegro sich erbitte.

Am 12. d. M. erhielt ich von Prenk Bib Doda das beiligende Circulare, dd. Oroschi 10. April 1877. Weder ich, noch meine Collegen fanden sich durch dieses Circulare veranlaßt, aus eigenem Antriebe irgend einen Schritt bei den Lokalbehörden zu unternehmen. Meine Collegen von England und Italien berührte es unangenehm, daß Prenk Pascha den ungünstigen Ausgang des ersten Gefechtes der von diesen Herren erwirkten vierzigstündigen Suspendirung des Beginnes der Expedition zuschrieb.

Der Enthusiasmus der Mirditen für den Kampf gegen die Türken ist groß. Alle Mirditen, die in Scutari als Knechte oder Gendarmen dienten, sind in ihre Berge zurückgekehrt um dieselben vertheidigen zu helfen. Dod Ghega mit dem Bairakdar von Dibri; Notz Nretza und mit dem Bairakdar von Fandi, Kol Nikola, befinden sich mit 60 ihrer folgenden Mirditen bei der Colonne des Obersten Osman Bey in Mnella.

Bezüglich dieser Colonne, welche die einzige ist, die bisher im Gefechte war, habe ich nachstehende Details zu melden. Am 8. d. M. setzte sich Osman Bey von Naraci aus in Bewegung. Die Basch-Bozuk, mit neuen Gewehren bewaffnet, bildeten die Vorhut. Die Truppe passierte das letzte Dorf der Drin-Ebene Grüka-Ghiadri und betrat das Land der Mirditen, welches von hier an bis Kaschnetti[123] eine sanfte schiefe Ebene bildet und unserem Karste ähnlich ist. Der steinige Boden ist hie und da von waldigen Anhöhen und bebauten Feldern unterbrochen. In diesem offenen Terrain liegen die zwei Pfarren der Mirditen: Mnella und Vigu[124].

Vor Mnella fanden die Basch-Bozuk einen aus lose übereinander geschlichteten Steinen, die überall in Menge zu finden sind, errichteten Wall, hinter welchem eine Anzahl Mirditen aus Mnella lag. Die Zahl der Vertheidiger des Walles

---

122 Albanisch: Kulla; das traditionelle befestigte Haus der Einwohner Nordalbaniens.
123 Albanisch: Kashnjeti; Mirditen-Dorf im Bajrak Dibri.
124 Mirditen-Dorf im Bajrak Dibri.

wird von Prenk mit 30, von einem bei der Expedition befindlichen englischen Arzte mit 100, und vom Pfarrer von Grüka-Ghiadri mit 70 angegeben.

Die letztere Zahl entspricht der Menge der im Dorfe Mnella befindlichen bewaffneten Männer und dürfte der Wahrheit nahe kommen.

Nachdem Oberst Osman Bey die Stellung rekognoszirt hatte, ließ er durch drei Kanonenschüsse das Signal zum Beginn des Kampfes geben, der um 2 Uhr Nachmittags begann und um 5 Uhr endete. Sowol die Baschi-Bozuk als auch die Truppen blieben 800 Schritte vom Walle entfernt. In dieser Entfernung erreichten die Kugeln der Mirditen nicht ihr Ziel, während die Kugeln der Kanonen und der türkischen Gewehre binnen 3 Stunden vier Mirditen verwundet hatten. Die Letzteren verließen daher diesen Wall und stellten sich hinter einem zweiten dem Dorfe Mnella noch näher liegenden Walle auf.

Oberst Osman Bey ging ihnen am 9. nach und eröffnete am Nachmittage das Feuer auf die hinter dem Wall befindlichen Mirditen, ohne ihnen Schaden zuzufügen. Am 10. waren ungefähr 200 Mirditen hinter dem Walle versammelt. Osman Bey eröffnete das Feuer mit Tagesanbruch. Einen Moment erfaßte Ungeduld die Mirditen, als sie wahrnahmen, daß, während ihre Kugeln die Feinde nicht erreichen, sie abermals bereits vier Verwundete zählten. Einige brachen hinter dem Walle hervor um den Soldaten näher zu kommen, mußten aber sogleich mit dem Verluste von zwei Todten sich zurückziehen. Nach sechsstündigem Kampfe wurde der Wall verlassen.

Osman Bey fühlte sich zu schwach, um über Mnella hinaus zu gehen. Er sah, daß er es mit entschlossenen Leuten zu thun habe und deshalb sich die Communicationen mit der Ebene durch Besatzungen offen halten müsse. Zu diesem Zwecke detachirte er so viel Truppen, daß ihm zum Vorrücken nicht genug Soldaten übrig blieben. Am 11. kapitulirte das Dorf Mnella, und die Truppen konnten dasselbe passiren und die Straße auf Vigu einschlagen. Vigu liegt ebenfalls in der Ebene; allein dessen Bewohner, verstärkt durch andere Mirditen, schickten sich zum Widerstande an. Osman Bey wartete gestern Verstärkungen ab, ohne welche er nicht vordringen kann. Es wurden ihm Zelte nachgesendet, damit die Truppen gegen Regen geschützt sind. Die Rationen werden ihm Tag für Tag aus Miet[125] zugesendet. Wie ich seinerzeit Euer Excellenz berichtete, ist eine ernstliche Expedition gegen die Mirditen schon aus dem Grunde derzeit unausführbar, da die türkischen Truppen für dieselbe nicht eingerichtet sind. Die Truppen aus Miet sind nur eine Stunde weit von Mirdita. [...]

Wenn Ergebenheitsadressen aus anderen Gegenden nothwendig sein sollten, so wird Dod Ghega keine Schwierigkeit finden, dieselben zu fabriziren. Dervisch Pascha[126] ist schon heute darauf eingerichtet, um mit Rücksicht auf diese Meldungen und Adressen die Expedition rückgängig zu machen oder mit Hinweisung auf den Widerstand bei Mnella fortzusetzen.

---

125 Albanisch: Mjedë; Dorf in der Zadrima-Ebene südwestlich von Shkodra.
126 Kommandant der Strafexpedition gegen die Mirditen. Er wurde wegen seines grausamen Vorgehens gegen die Albaner in den Jahren der Liga von Prizren (1878–1881) bekannt.

Es erübrigt mir noch einige, das Benehmen der Truppen bezügliche Daten zu melden. Über die Plünderung und Entheiligung der katholischen Kirche in Grüka-Ghiadri durch die regulären Truppen Osman Bey's habe ich abgesondert berichtet. Baschi-Bozuk und Soldaten stehlen, was sich in den Häusern findet. Viel ist nicht vorhanden, da Weiber und Kinder mit den Heerden und den Hausgeräthen sich in die Berge geflüchtet haben. In Mnella wurde das zurückgebliebene Getreide und Heu für die Truppen requirirt. Einer der außerhalb des Walles getöteten 2 Mirditen blieb auf dem Platze. Ein Soldat hieb ihm den Kopf ab und pflanzte denselben auf eine Stange. Dod Ghega erkannte in diesem Mirditen einen seiner Anhänger.

Wie Prenk, so prophezeit auch der Bischof von Zadrima, Monsignore Marsili, daß der eben in Entwickelung begriffene Kampf den Fanatismus der Christen und Musulmanen entflammen und in einen Religionskrieg ausarten werde. Ich theile diese Meinung nicht. Wie die Regierung den Kampf ausgibt, wird die Ruhe wieder eintreten. Der religiöse Fanatismus ist weder den hiesigen Christen noch den albanesischen Musulmanen eigen. Alle Plünderungen und Entweihungen christlicher Kirchen sind von den hier befindlichen regulären asiatischen Truppen begangen worden. Die hiesigen Musulmanen begehen ähnliche Excesse auch aus dem Grunde nicht, da deren Thäter nicht verborgen bleiben können und auch nach dem Kriege der Rache der bezüglichen Kirchengemeinde zum Opfer zu fallen pflegen.

Gleichlautend berichte ich unter Einem dem Herrn Geschäftsträger in Constantinopol und übersende je eine Abschrift dem Herrn Statthalter für Dalmatien, und dem k.u.k. Consul in Prisrend.

Genehmigen Eure Excellenz die Versicherung meiner ehrfurchtvollen Ergebenheit.

Dokument 22

Die Lage der Familie Bib Doda nach dem Aufstand. Die Albaner als potentielle Hilfe für die Politik Österreichs-Ungarn auf dem Balkan.
Bericht 115, Wassitch an Andrássy, Scutari 16. Juli 1877.
HHStA, Politisches Archiv XXXVIII, 220 (Scutari 1877), Blatt 213–217.

Hochgeborenem Graf,
Unter dem 11ten l. M. hatten Euere Excellenz die Gewogenheit, mich mittels Chiffretelegrammes von dem Erfolge jener Schritte zu verständigen, welche dem Herrn Botschafter in Constantinopol in Folge Euerer Excellenz Instruction vom 4ten Juni l. J. zu gunsten des Prenk Bib Doda bei dem Hohen Pforte unternommen hatte.

Es handelte sich bekanntlich darum, dem Mirditen-Capitän die Zusicherung zu erwirken, daß er, der oft an ihn ergangenen Aufforderung der Lokalbehörde, sich zum Zwecke der Regelung seiner politischen Stellung nach Scutari zu begeben, nachkäme, er sich unbelästigt in seine Berge zurückbegeben dürfte, falls die Lokalbehörde seinen Anträgen nicht beistimmen sollte.

[...] Wie ich bereits die Ehre hatte, Euerer Excellenz zu melden, habe ich mich seinerzeit bei der Lokalbehörde dafür verwendet, daß dem Prenk Bib Doda so wie seiner Mutter und Schwester die Erlaubnis gewährt würde, nach Scutari zu kommen und beliebig abermals in die Berge zurückzukehren. Bezüglich der Mutter und Schwester Prenks wurde keine Schwierigkeit erhoben; dagegen erklärte die Lokalbehörde, daß sie nun ermächtiget sei, dem Prenk die straffreie Rückkehr nach Scutari zu gestatten und ihm günstige Vorschläge bezüglich seiner politischen Stellung zu machen. Die Rückkehr nach dem Lande der Mirditen könnte sie jedoch ohne eine besondere Ermächtigung der Regierung dem Mirditen-Capitän nicht verbürgen. Ich habe auch Euerer Excellenz gemeldet, daß die Mutter und die Schwester Prenk Bib Doda's vor 20 Tagen hieher zurückkehrten. Prenk dagegen erklärte, sich lieber in die Beschwerlichkeiten seiner derzeitigen Lage zu fügen, als sich bedingungslos der Lokalbehörde anzuvertrauen.

Als die Witwe Bib Doda's dem Valy sich vorstellte, wurde sie sehr gut empfangen. Ihre Bitte, die Erträgnisse ihres Gutes beziehen zu dürfen, wurde ebenfalls günstig angenommen. Wenige Tage nach dieser Vorstellung kam zur Witwe Bib Doda's ein Weib, welches in Erpressungs- und Bestechungsangelegenheiten dem Valy als Vermittlerin dient, und erklärte ihr, daß der Valy dem Prenk sämmtliche Häuser und Hüten zurückstellen und sich auch sonst seiner annehmen werde, wenn er freiwillig sich ihm in Scutari stellen wolle. Die Witwe erwiderte, daß sie nicht bevollmächtiget sei, für ihren Sohn zu unterhandeln, auch keine Gelegenheit habe, ihm irgend eine Mittheilung zukommen zu lassen.

Unter solchen Umständen schien mir das Telegramm Euerer Excellenz, in so ferne ich es zu entziffern vermochte, nicht geeignet, mir als Mittel zu dienen, um die derzeitige Sachlage den Interessen des Mirditen-Capitäns günstiger zu gestalten. Uebrigens darf ich nicht unerwähnt lassen, daß sich die Lage der Mirditen und Prenks durch den Abzug der Truppe gebessert hat. Obgleich Prenk und die Mirditen fortfahren, im Kampfe der Pforte gegen Montenegro sich unthätig zu verhalten, so ist doch keine Gefahr vorhanden, daß es zu einer zweiten Expedition gegen sie komme. Da ihnen der Zugang zu den Märkten offen gehalten wird, so stört nichts deren friedliche Existenz. Der Mirditen-Capitän könnte noch manche Woche in dieser Stellung, welche auch den in Euerer Excellenz Instruction vom 2ten November 1876 ausgesprochenen Ansichten entsprechen dürfte, unangefochten verbleiben.

Das Eintreffen Prenk Pascha's in Scutari würde dagegen die Frage des Zuzuges der Mirditen abermals in Fluß bringen. Obgleich derselbe an gewisse Bedingngen geknüpft werden könnte, z. B. Bestättigung der Autonomie, Verwendung der Truppen lediglich zur Landesvertheidigung, so darf doch nicht übersehen werden, daß die Lage des Reiches und der Provinzen eine solche ist, die nicht zur Annahme berechtiget, daß irgend ein Uebereinkommen auf längeren Bestand zählen könne. Auch muß hervorgehoben werden, daß es der Pforte bereits an Mitteln fehlt, um den Landsturm mit neuen Waffen zu versehen. Kleidung und Gold wurden in diesem Feldzuge nie verabreicht. Selbst die Brodration, die derzeit noch verabreicht wird, dürfte nicht immer vertheilt werden. Unter solchen Verhältnissen wäre es schwer, das Contingent der Mirditen zum Auszuge zu bewegen und noch schwerer, es im Felde zu erhalten.

Obgleich es eine Thatsache ist, daß der Albanese, namentlich aber der katholische Bergalbanese, nur ungerne gegen Montenegro zu Felde zieht, so darf demselben dennoch nicht Muth und Patriotismus abgesprochen werden. Die Albanesen glauben, daß ihnen von Seite Montenegros keine Gefahr droht. An dem Bestande des Osmanen-Reiches nehmen sie nur geringen Antheil. Ich bin jedoch überzeugt, daß, sollte einstens die k.u.k. Regierung sich veranlaßt sehen, die Albanesen zur Vertheidigung ihres Landes aufzufordern, nur für Offiziere, Waffen und Geld zu sorgen, die Albanesen in hellen Haufen herbeiströmen und mit Muth, Disciplin und Aufopferung kämpfen würden.

Die derzeitigen Verhältnisse schienen mir demnach nicht eine Mittheilung an Prenk Pascha dringend zu erfordern. Ich glaubte daher zunächst, das Vorstehende berichten zu müssen und die Bitte um schriftliche Mittheilung des unentziffert gebliebenen Telegramms vom 11ten l. M. beizufügen.

Genehmigen, Euere Excellenz, die Versicherung meiner ehrfurchtvollen Ergebenheit.

Dokument 23

Die Bewohner der nordalbanischen Bergstämme und der türkisch-montenegrinische Krieg.
Bericht 17, Lippich an Andrássy, Scutari 2. März 1878.
HHStA, Politisches Archiv XXXVIII, 226 (Scutari 1878), Blatt 48–64.

Hochgeborner Herr Graf,

Die Eroberung eines nicht unbeträchtlichen Theiles von Nordalbanien durch Montenegro,[127] dem jederzeit actions- und annexionslustigen Vorposten Rußlands und des von diesem getragenen Slavismus im Westen der Balkanhalbinsel, steht, indem die mit der Feststellung der Demarcationslinie zwischen den montenegrinischen und türkischen Streitkräften betraute Militärcommission unter der Mitwirkung eines von dem kaiserlich russichen Hauptquartiere entsendeten höheren Offizieres derselben eine während der Dauer des Waffenstillstandes für beide Theile bindende Abgrenzung gibt, auf dem Punkte, in ein erstes Stadium völkerrechtlicher Anerkennung zu treten.

Der gegenwärtige Moment, in welchem, vor der Hand wenigstens, nicht mehr eine Erweiterung oder Beschränkung des eroberten Gebietes durch militärische Operationen zu erwarten ist, sondern in dem die Invasion vor einer bestimmten

---

127 Dieses Gebiet war in der Zeit des türkisch-montenegrinischen Krieges (1. Juli 1876 bis 31. Jänner 1878) erobert worden.

Linie zum Stillstande gelangt, erscheint mir als der paßendste, um das von den montenegrinischen Waffen theils durch wohlfeile Erfolge, theils durch die rücksichtslose Ausbeutung besonders günstiger Umstände geschaffene fait accompli einer Besprechung zu unterziehen, welche – unter der Voraussetzung der Möglichkeit, daß ihm, gleich der jezigen vorübergehenden auch eine endgiltige Sanction zu Theil werden könnte – die Rückwirkungen desselben auf die politische Gestaltung der Dinge in Nordalbanien und die künftige militärische Situation des Landes, jedoch auch die Frage zum Gegenstande hat, ob und in wie weit es mir österreichisch-ungarische Interessen zu berühren scheint.

Es ist das erste Mal, daß Montenegro, aus einer beschränkteren Actionssphäre hinausgetreten, sich als Alliirter Rußlands eine Stellung erkämpft hat, welche in seiner ganzen Vergangenheit ohne Beispiel ist und ihm für die Zukunft weit mehr als Serbien die Rolle eines südslavischen Piemont ermöglicht. Es wird bei seinem heutigen Erfolge nicht stehen bleiben wollen, sondern jede ihm günstige Conjunctur zu benützen suchen, um weitere Erfolge zu erringen, welche, da sie gegen die Herzegovina und Altserbien[128] keine oder geringe Chancen für sich hätte, dort würden gesucht werden, wo dem Fürstenthume ein günstigeres militärisches und politisches Operationsfeld offen zu stehen scheint, nämlich in Nordalbanien, in welchem bereits einmal, allerdings nur zur Zeit der höchsten Macht des serbischen Czarenreiches, eine slavische Herrschaft Fuß gefaßt und sich geraume Zeit zu erhalten gewußt hatte.

Gegenwärtig bereits ist der faktische Besitzstand Montenegros gegen Norden und Süden ein wesentlich größerer als je vorher und bedeutet – für Nordalbanien wenigstens – eine seit dem Bestande des heutigen Montenegro noch nicht dagewesene Verschiebung der Territorialverhältnisse. Montenegro würde, wenn ihm die in Nordalbanien besetzten Gebiete verbleiben sollten, ein von seinem bisherigen ganz verschiedenes Gepräge erhalten und ein wirklicher, wenn auch noch kleiner Staat werden, welcher, da seine Politik eine eminent aggressive ist, rastlos darauf bedacht sein wird, den einmal durchbrochenen Felsengürtel des Stammländchens immer weiter nach Süden vorzuschieben und sich zum Herren Albaniens zu machen, bis zu dem Punkte, wo es mit der hellenischen Interessensphäre collidiren wird. Es würde aus einem rein slavischen und exclusiv griechischgläubigen Staate mit angefochtener Souveränität ein gemischter, allseitig anerkannter souveräner werden, welcher die ihm zugefallenen Angehörigen der nichtslavischen Nationalität, der albanesischen und der zwei dem griechischgläubigen Orthodoxismus entgegenstehenden Confessionen – der mohammedanischen und römisch-katholischen – mit allen Mitteln niederzuhalten, zu slavisiren und in seine eigenen Reiche hinüberzuführen bestrebt sein wird. Die nichtslavischen Racen und die nach griechischgläubiger Auffassung heterodoxen Confessionen sind jedoch auf der Balkanhalbinsel nicht stark genug vertreten, um für sich als ein zureichender Wall gegen den Alles nivellirenden orthodoxen Slavismus betrachtet zu werden, und jeder Stein, welcher

---

128 Kosovo.

aus dem Gefüge dieses an sich schon nicht starken Bollwerkes herausgebrochen wird, bedeutet eine Lockerung statt eine Stärkung desselben, ist daher ein empfindlicher Verlust und eine Bedrohung für die Erhaltung des Ganzen. – In dieser Richtung ist das Fußfasssen Montenegro's in Nordalbanien ein für alle nichtslavischen und nicht orthodoxen Interessen, voran für das Interesse Oesterreich-Ungarn's, außerordentlich bedenkliches, denn es berührt und bedroht ein Element, dessen nationale und confessionelle Verhältnisse für den Kaiserstaat von Werth sind, diesen Werth jedoch einbüßen werden, sobald dem par excellenze orthodoxen und slavischen Montenegro Macht über dasselbe eingeräumt wird.

Abgesehen davon ergiebt sich ein weitgehendes politisches Bedenken gegen die Belassung Montenegro's in Nordalbanien aus dem Umstande, daß es in den Besitz des an Dalmatien grenzenden Küstenstriches bis zu der Mündung des einzigen schiffbaren und auch der Seeschiffahrt zugänglichen Stromes Albaniens, der Bojana, gelangt ist, dessen Unterlauf beherrscht und die Seeverbindung Scutari's, des bedeutendsten Handelsplatzes des Landes, nach Belieben sperren kann; da es, statt des bisher aspirirten kleinen Hafens von Spizza, sich in den Besitz dreier Seehäfen, Antivari's, Val di Noce's und Dulcigno's nebst einer commerciell und strategisch wichtigen Flußeinfahrt gesetzt sieht und dadurch eine Stellung gewinnt, welche die bisherigen Besitz- und Machtverhältnisse in der Adria verschiebt. Es wird sehr viel von der Nothwendigkeit gesprochen, dem armen und daher stets auf die Aggression seiner Nachbarn angewiesenen Montenegro eine Quelle für den Betrieb friedlicher Beschäftigungen dadurch zu eröffnen, daß man ihm den directen Absatz seiner Produkte und den Bezug seines Importes von der Seeseite ermöglicht und einem Theile seiner, wenn auch nicht gerade arbeitsscheuen, doch jetzt noch mehr auf Raub und kriegerische Unternehmungen sinnenden Bevölkerung ein so lucratives Gewerbe, als es der Verkehr zur See ist, zugänglich macht. Dadurch würde es von selbst auf friedliche Bahnen geleitet und ein nützliches Mitglied der europäischen Staatenfamilie werden, während seine aus der Beschaffenheit des Landes entspringende Armuth es bisher recht eigentlich darauf anwies, davon Störefried zu sein. Ich hörte diese Ansicht vielfach in Dalmatien entwikeln und bin weit entfernt, ihr eine Berechtigung vom humanitären Standpunkte und vielleicht auch von dem der allgemeinen Utilität abzusprechen, ja ich würde derselben eine unbedingte Berechtigung zuerkennen, wenn Montenegro von ruhigem, arbeitsamen, dem Betriebe bürgerlicher Beschäftigungen sich zuneigenden Einwohnern bevölkert wäre. Nachdem es sich aber in Folge derselben heroischen Kämpfe um die Erhaltung seiner Freiheit und seines Glaubens, welche ihm den Anspruch auf das Interesse Europa's erworben, das Waffenhandwerk so zu eigen gemacht, daß neben demselben der Sinn für friedlichen Erwerb nur eine sehr untergeordnete Rolle spielt, da es ehrgeizig, jeder Art von Einflüssen zugänglich und nur zu sehr geneigt, sich mit allen möglichen unberechenbaren Elementen in Verbindung zu setzen; da es ferner ein sehr brauchbares, bei der Ansicht auf Gewinn jederzeit bereitwilliges Werkzeug in den Händen der großen slavischen Vormacht ist, treten bei der Beurtheilung der Frage, ob ihm ein albanesischer

Hafen überlassen werden könne, noch ganz andere Rücksichten auf als die auf seine commercielle und civilisatorische Entwicklung. Im ganzen dürften wohl die politischen Nachtheile dieser Frage ihre sehr problematischen politischen Vortheile sowohl, als den daraus für Montenegro selbst zu erwartenden materiellen Gewinn und die anzuhoffende Humanisirung seiner Einwohner überwiegen. Wenn es demselben nur darum zu thun ist, dem mehr auf unsteten Erwerb gerichteten Sinne seiner ärmeren Volksclassen eine friedliche Festung zu geben, so eröffnet sich ihm in der ausgiebigeren Cultivirung des eigenen Landes und der neugewonnenen volksarmen herzegovinischen Districte ein weites Feld für dessen Absatz und Verkehr, bei dem es sich doch nur um eine sehr beschränkte Qualität von Rohprodukten und eine geringe Einfuhr der gangbarsten Artikel handelt, der Hafen von Cattaro und die Bojana mehr als genügen, namentlich wenn ihm auf der letzten das Recht der freien Schifffahrt zugestanden würde. Eines Küstenstriches und eines eigenen Seehafens bedarf Montenegro, um sich commerziell zu heben, nicht, es wäre denn, es hoffte, seinen Seehandel, den Charakteranlagen des Volkes entsprechend, zu einem einträglichen Schleichhandel zu gestalten, dessen Betrieb durch die Configuration der dalmatinischen Küsten, ihre zahlreichen Inseln und Kanäle, die zwischen Montenegro und Süd-Dalmatien bestehenden engen Beziehungen und Sympathien sehr begünstigt werden, jedoch auch die dagegen erforderlichen Maßregeln erheblich erschweren würden. So lange Montenegro nur auf den einzigen kleinen Hafen von Spizza Anspruch erheben und seine Handelsoperationen daher nothwendigerweise auf diesen beschränkt hätte, würde eine Überwachung derselben keinen besonderen Schwierigkeiten unterlegen haben: allein, es hat sich dreier Häfen und einer einen bequemen Schlupfwinkel bietenden Flußeinfahrt bemächtiget, und diese zusammen würden sehr schwer zu beaufsichtigen sein, überdies liegt die Erinnerung an die Piraten Dulcigno's zu nahe, als daß die Gefahr zu übersehen wäre, welche sich ergeben kann, wenn die albanesische Küste bis zur Bojana in die Hände gewinnsüchtiger und unternehmungslustiger Besitzer, denen eine connivente und ebenso unternehmende als seetüchtige Küstenbevölkerung zur Seite stünde, übergehen würde. [...]

Letzterer, zum weitaus größten Theile von albanesischen Katholiken bewohnte Bergdistrikt ist jedoch klein und sind seine Bewohner fast sämmtlich seit dem Beginn der montenegrinischen Occupation im Jahre 1876 ausgewandert. Es könnten ihnen neue Wohnsitze in Grudda oder einem anderen katholischen Bergbezirke angewiesen werden.

Die Tabelle, welche ich Euerer Excellenz zu überreichen die Ehre habe, weist an der Hand möglichst genauer Ziffern die Zahl der Einwohner in den von Montenegro occupirten Bezirken Nordalbanien's nach. Von der Invasion wurden an 15.000 mohammedanische, über 9.000 katholische und 350 griechischgläubige Albanesen, im Ganzen daher über 24.000 Albanesen, ferner bei 6.500 mohammedanische, 2.100 katholische und bei 10.500 griechischgläubige Slaven, daher im Ganzen bei 19.000 Slaven betroffen; die Gesammtzahl der in das Invasionsgebiet Einzubeziehenden beläuft sich daher auf rund 43.000 Seelen. Von diesen haben an 26.000 ihre Wohnsitze verlassen und gehören der überwiegenden Mehrzahl nach der mohammedanischen und katholischen Confession an. Unter ihnen befinden sich an 7.000 mohammedanische Slaven aus Antivari, Podgoritza und Kutschi, 19.000 mohammedanische und katholische Albanesen aus der Kraina,[129] aus Anamalit,[130] Dulcigno,[131] Triepschi, Kotscha und Grudda,[132] nebst etwa 350 griechischgläubige Albanesen aus der Kraina. Die griechischen Slaven aus Antivari und Kutschi verblieben in ihren Wohnsitzen, ebenso die katholischen Slaven Antivari's, die katholischen Albanesen Dulcigno's und Anamalit's, und zum geringen Theile die mohammedanischen Slaven der von den Montenegrinern im Bezirke von Podgoritza besetzten Ortschaften wurden zum Theile nach Montenegro gebracht. Die Flüchtlinge der Kraina, von Antivari, Dulcigno und Anamalit haben sich nach Scutari, Durazzo und Kroja zurückgezogen; die flüchtigen Katholiken und Mohammedaner von Grudda, Triepschi und Kotschi irren obdachlos diesseits des Sem umher.

Was aus diesen vielen Tausenden Flüchtlingen werden soll, weiß Niemand. Viele unter ihnen ließen nicht nur ihre Wohnsitze, sondern auch Theile ihrer beweglichen Habe in den Händen der Montenegriner. Die Meisten flüchteten freiwillig, theils aus Sorge vor montenegrinischen Excessen, wie die Einwohner der Kraina und Anamalit's, theils um sich denselben nicht einmal vorübergehend unterwerfen zu müssen. In dem lezteren Falle befanden sich beinahe sämtliche Muselmänner und die Katholiken von Triepschi, Grudda und Kotscha, zum Theile auch von Anamalit. Viele wurden übrigens auch von den retirirenden türkischen Behörden und Basch-Bozuks gezwungen, ihre Wohnsitze zu verlassen und wurde ihnen in manchem Falle nicht einmal erlaubt, ihre Habe mit sich zu nehmen. – Jene Orte, welche sich ergaben, wurden von den Montenegrinern nicht belästigt, so blieben auch die von ihren Einwohnern verlassenen Dörfer der Kraina und Anamalit's verschont; jene Ortschaften aber, deren Bewohner Widerstand geleistet und auch viele, besonders in den Bergen, welche von ihnen vor dem Anrücken der Montenegriner geräumt worden waren, wurden übel behandelt, geplündert, verheert und niedergebrannt. Antivari ist ein Schutthaufen; außer der katholischen Kirche, dem Wohnhause des Bischofs, der Schule und einigen wenigen christlichen Häusern existirt die Stadt so zu sagen nicht mehr. Der in Dulcigno angerichtete Schaden ist ebenfalls sehr bedeutend. [...]

Beilage:

---

129 Albanisch: Kraja; heute in Montenegro gelegene Landschaft, die sich am westlichen Ufer des Shkodra-Sees erstreckt.

130 Heute teilweise in Montenegro; Landschaft am östlichen Abhang des Taraboshi-Berges westlich von Shkodra.

131 Albanisch: Ulqin; Montenegrinisch: Ulcinj. Stadt im heutigen Montenegro, an der adriatischen Küste.

132 Gruda.

Bevölkerungsausweis der von Montenegro besetzten Landestheile Nordalbaniens

Bennenung der occupirten Bezirke:	Mohammedan. Alban.	Slaven	Röm.-kath. Alban.	Slaven	Griech.-Gläub. Alban.	Slaven	Im Ganzen Alban.	Slaven	Gesamt- bevölk.
Antivari (ganz)	–	5.500	50	2.100	–	950	50	8.550	8.600
Kraina (ganz)	4.200	–	2.100	–	350	–	6.650	–	6.650
Dulcigno (ganz)	7.500	–	2.500	–	–	100	10.000	100	10.100
Anamalit: Die Ortschaften: Krütha, Mila, Bojk, Raschitza, Kravar, Braisch, Kadrokol, Selita, Schass, Schtoder, Sukubina, Dragina, Bukmira, Ambul, Mal Bria:	2.500	–	1.700	–	–	–	4.200	–	4.200
Treipschi (ganz) mit den Gebirgs- dörfern: Mosesko (zerstört), Bengai (halbniedergebran- nt), Nik Marasi, Stiepo (Pfarrort), Delai, Buza:	–	–	780	–	–	–	780	–	780
Kotscha Kutschit (ganz) mit den Gebirgsdörfern: Mara (Pfarrort), Grofska, Sulani, Fundina, (außer der Kirche und dem Pfarrhause nieder- gebrannt):	50	–	520	–	–	–	570	–	570
Grudda: Die Gebirgsdörfer: Selischtie, (ver- brannt), Dinoshi:	490	–	1.550	–	–	–	2.040	–	2.040
Kutschi (ganz):	–	250	–	–	–	7.400	–	7.650	7.650
Podgoritza: (Die Ortschaften: Leschkopolje, Tolo- schi, Momschiki, Prentina, Glavica, Grbavci, Ponari, Vukofci, Žabljak, Vranjina, Les- sendra, Grmažur:)	–	1.050	–	–	–	1.950	–	3.000	3.000
Im Ganzen	14.740	6.800	9.200	2.100	350	10.400	24.290	19.300	43.590
	21.540 Mohammed.		11.300 Katholiken		10.750 Griech.-Gläub.				

Dokument 24

Eine Petition einiger Bergstämme, um die Autonomie[133] am Berliner Kongreß[134] zu erreichen.
Bericht 60, Lippich an Andrássy, Scutari 24. Juni 1878.
HHStA, Politisches Archiv XXXVIII, 226 (Scutari 1878), Blatt 198–199.

Hochgeborner Herr Graf,

Ich erlaube mir, Euerer Excellenz im Beilage eine mir soeben zugekommene Eingabe der katholischen Albanesen von Mirdita, Puka, Klein-Ochrida, Luria[135] und der Berge von Alessio zu überreichen, in welcher dieselben um die Anerkenung ihrer Autonomie durch den Congres und um ihren Anschluß an Mirdita bitten. Die gleiche Eingabe ist auch dem französischen, englischen und italienischen Consulate übergeben worden.

Ksella (Klein Ochrida),[136] Puka und die Berge von Alessio haben durch ihre Haltung allerdings bekundet, daß sie den Anschluß an Mirdita wünschen und haben mit diesem auch während der lezten Ereignisse gemeinsame Sache gemacht. Von Luria, das gemischt katholisch und musulmannisch ist, dürfte das Gleiche im vollen Umfange kaum gesagt werden. Ich lege der Schrift keine besondere Bedeutung bei und erlaube mir, dasselbe Euerer Excellenz lediglich auf das ausdrückliche Verlangen der Eingeber zu überreichen.

Geruhen Euere Excellenz den Ausdruck meiner ehrfurchtvollen Ergebenheit zu genehmigen.

Beilage
Inclito I. R. Consolato Generale
Noi sottoscritti, Capi e vecchiardi della Mirdita, Puka, Ohrida minore, montagne d'Alessio e Luria, suplichiamo umilmente Esso Sudeto Consolato a voler benignamente trasmettere s sottoporre al più tosto possibile ai Signori Plenipotenziari al Congresso Europeo in Berlino la seguente nostra dimanda:

I nostri paesi com'è notorio si sono sempre regolati e governati colle loro proprie Leggi e per conseguenza di fatto hanno goduto l'Autonomia sia riconosciuta ufficialmente anche dalle grandi Potenze Europee, e che la Pucha, Ohrida

---

133 Das Bestreben, eine lokale Autonomie zu erreichen, stand im Gegensatz zum autonomistischen Programm der Liga von Prizren, die später eine Autonomie für ganz Albanien zu erreichen versuchte. Die Idee einer lokalen Autonomie war unter den Führern der Mirditen stark verankert; siehe Historia II, S. 183.

134 Der Berliner Kongreß (13. Juni bis 13. Juli 1878) hatte das Ziel, die Territorialfragen auf dem Balkan nach dem russich-türkischen Krieg zu regeln. Seinen Beschlüssen gemäß fiel ein großer Teil des albanischen Gebiets an Montenegro, Serbien und Griechenland.

135 Albanisch: Lura; Stamm, dessen Gebiet sich zwischen Dibra und Mirdita erstreckt. 1918 hatte Lura 1.605 Einwohner; siehe SEINER, Ergebnisse, S. 111.

136 Albanisch: Kthella, manchmal auch: Ohëri i Vogel (Klein Ochrid) genannt; kleine Landschaft im Süden des Mirdita-Gebiets. Gopčević zählt sie als einen der Bajraks der Mirdita; siehe GOPČEVIĆ, ebenda, S. 266.

minore, montagne d'Alessio e Luria siano unificate alla Mirdita e restino sotto l'immediato e diritto commando del nostro connossttisimo Capo naturale es ereditario Prenk Bib Doda. I nostri paesi hanno a varie riprese manifestato caso unanimo du formare un solo stato autonomo riconosciuto colla Mirdtita e prova speciale ne sono i fatti succeduti da due anni in qua percio speriamo che le asirazioni nostre nell'intento (...) di poterci incaminare finalmente nelll ora del progresso della civilta che tanto desideriamo verranno prese in considerazione ed otterranno l'approvazione di Sig. Plenipotenziari al Congresso in Berlino.

Fiduciosi che Esso Sudito Consolato vorra dare valido appoggio e corso immediato a questa nostra dimanda abbiamo l'onore di dichiararci coi sentimenti del più profondo ossequio

Di Esso Sudito Consolato Generale Umilissimi e Devottissimi

Lesc Mar Stefni Vecch.	Per Deda Capo	Nicol Nrezza Capo
Lesc Gicka	Per Nicoli	Marc Gion Nozza
Nue Lesci	Les Mar Prenit	Nicol Bozzi
Per Noi	Per Gergi	Gin Gioka
Per Nicoli	Col Noka	Nrez Mar Cola
Les Noka	Troch Kola Vecch.	Marca Noi
Gierg Gioka		Per Lesc Marchu Vecch.

Puka

Pieter Smaili Vecch.	Prenk Pali Capo	Luch Preni
Col Marasci	Giock Giergi Vecch.	Pieter Mirasci
Nue Mar Niedi	Nrez Preni	Col Regia

Ocrida Minore

Les Pruha Capo	Marca Nu Geta Capo	Nue Per Doda Capo
Nicol Geta	Bib Giocha	Gioch Ghegha Vecch.
Ruse Sciuti	Marcha Gini	Gin Ghega
Get Marchu	Les Doda	Kross Mazza
		Gheg Deda

Montagne di Alessio Luria

Gheg Preni Capo	Simon Lek Capo	Col Basci Capo
Gheg Marchu	Pren Nicoli	Ded Vladi
Jak Noi	Ded Paloka	Selman Kozzi
Col Toma	Gerg Dusci Vecchn.	Ali Mena
		Hassan Ajazi
		Ali Limani Vecch.

Dokument 25

Der Stamm Klementi und die Grenzfrage nach dem Berliner Kongreß.[137]
Bericht 105, Lippich an Andrássy, Scutari 12. November 1878.
HHStA, Politisches Archiv XXXVIII, 226 (Scutari 1878), Blatt 379–382.

Hochgeborner Herr Graf,

Der Bairakdar von Selce[138] in Klementi, ein in seinem Stamm sehr angesehe-
ner Mann, der vor Kurzem in Gussinje[139] gewesen war und dort sich mit den
Notabeln besprochen hatte, kam mich dieser Tage besuchen und legte mir die
Bitte vor, daß bei der Regulierung der Grenze mit Montenegro auf die im
Bezirke von Gussinje gelegenen Weideplätze der Klementi's Rücksicht genom-
men werden wolle und ebenso auf das aus 140 Gehöften bestehende, an der
Grenze mit Schalla gelegene Dorf Vonthai[140] – das Vusenje Bonés – welches,
obgleich muselmännisch, dennoch dem Stamme Klementi angehört.

Der gedachte Stamm, welcher gegen 5.000 Seelen zählt[141] und der stärkste
unter den katholischen Hochlandsstämmen Scutari's [ist], sieht sich durch die
Configuration seines aus engen Thälern bestehenden Gebietes und den Mangel
an genügenden Weideplätzen gezwungen, den größten Theil seiner Herden des
Winters in das Flachland hinunter, des Sommers aber auf einige bestimmte
Alpen und Thaltriften Gussinje's in der Nähe des kleinen Gebirgs-Sees Rikavetz
zu treiben. Der ungestörte Besitz dieser lezteren Weiden bildet für denselben
eine Lebensfrage, und da die unter dem Namen Brenosci bekannte Localität,
auf welcher der Stamm auch Häuser und Anwesen besitzt, ohnehin nahe der
Grenze Klementi's und Gussinje's zu liegen scheint, dürfte es nicht unschwer
fallen, dieselbe den Klementis, die in ruhigen Zeiten zwar ihr Weidenrecht
ungehindert ausüben, bei der geringsten politischen Complication jedoch sich
in dessen Genusse beeinträchtigt sehen würden, ungeschmälert zu erhalten.
Seiner Zeit könnte auf das hier gemeldete Anliegen vielleicht Rücksicht genommen werden und würde ich mir dann eventuell erlauben, bei Euer Excellenz
anzufragen, ob ich, wenn die Grenzlinie dadurch nicht besonders alteriert werden sollte, dasselbe vor der Delimitirungscommission vertreten kann.

---

137 Der Berliner Kongreß hatte beschlossen, daß ein großer Teil des Gebiets von Gucia an Montenegro fallen sollte.
138 Albanisch: Selca; einer der Bairaks von Kelmendi. Gopčević nennt 1.750 Einwohner für das
   Ende des XIX. Jahrhunderts; siehe GOPČEVIĆ, ebenda, S. 242. Am Anfang des XX. Jahrhunderts hatte Selca 852 Einwohner; siehe SEINER, Ergebnisse, S. 108.
139 Albanisch: Gucia; kleine Stadt im heutigen Montenegro östlich vom Stammesgebiet der Kelmendi. Gucia war Hauptort eines Kazas im Sandjak Peja des Vilayets Kosovo.
140 Der zweite Bajrak der Kelmendi: Vukli. Nach Gopčević hatte Vukli am Ende des XIX. Jahrhunderts 870 Einwohner; siehe GOPČEVIĆ, ebenda. Für den Anfang des XX. Jahrhunderts
   nennt Seiner 712 Einwohner; siehe SEINER, ebenda.
141 Über weitere statistische Angaben zur Bevölkerung von Kelmendi siehe den Teil NOPCSA,
   Die Bergstämme.

Nach der Versicherung des Bairakdars wäre der Bezirk von Gussinje, soweit er albanesisch und muselmännisch ist, nach wie vor entschlossen, sich der Annexion durch Montenegro zu widersetzen. [...]

Dokument 26

Die Beziehungen zwischen Prenk Bib Doda und der Lokalregierung.
Bericht 20, Lippich an Haymerle,[142] Scutari 12. Februar 1881.
HHStA, Politisches Archiv XXXVIII, 240 (Scutari 1881), Blatt 23–25.

Hochwohlgeborner Freiherr,
    Die Beziehungen der Provinzregierung zu den katholischen Bergstämmen sind keine erfreulichen.
    Ich hatte seiner Zeit zu melden die Ehre gehabt, daß verschiedene Chefs dieser Stämme, und zwar die einflußreichsten und wohlhabendsten von Klementi, Schkreli und Kastrati, eingekerkert worden waren, Leztere zehn an der Zahl, aus Anlaß einer Steuerforderung, welche sie von ihren Gegenforderungen rückständigen Kriegssold und Naturallieferungen in Abzug gebracht zu sehen wünschten.
    Indem sie noch immer gefänglich eingezogen sind und außerdem dem Stamme Kastrati[143] die Märkte von Scutari und Tusi verschlossen wurden, schritt derselbe zu Repressalien und bemächtigte sich am 2. d. M. einer verschiedenen Städtchen gehörigen Viehherde, welche in die Berge getrieben wurde.
    Die Eigenthümer suchten, hier Unruhen zu erregen und den Vali zu ganz unopportunen Gewaltmaßregeln zu bewegen, dieser jedoch zog den Weg der Unterhandlungen vor und bewog die Kastrati durch das Versprechen der Freilassung ihrer Chefs zur Zusage der Rückstellung des geraubten Viehes. Morgen soll die Beilegung der Streitsache erfolgen, doch ist erst abzuwarten, ob beide Theile dabei loyal vorgehen werden.
    Vor einigen Tagen wurden zwei in dem Hause Prenk Bib Dodas lebende Cousins desselben, junge Leute von 20 und 15 Jahren, Ersterer als er sich mit einem Passe versehen nach Alessio begeben wollte, Lezterer vor einem Waarenladen sitzend von Soldaten überfallen, in das Gefängnis abgeführt und einer genauen Durchsuchung unterzogen. Prenk's Mutter erblickte darin nicht mit Unrecht eine neue Verfolgung des Anhanges ihres Sohnes und verweigerte, da die Gefangennehmung Beider ganz willkürlich erfolgt war, ihre Bürgschaft als Preis für deren Freilassung, welche darauf hin von dem Vali trotzdem verfügt wurde, ohne daß man weder einen Grund für die plötzliche Arretierung, noch für die ebenso unerwartete Freigebung angegeben hätte.

---

142 Haymerle, Heinrich Karl (seit 1876: Freiherr von, 1828–1881), Außenminister Österreich-
     Ungarns von 1879 bis 1881.
143 Albanisch: Tuzi; kleine Stadt im heutigen Montenegro. In dieser Zeit war sie Hauptort eines
     Kazas im Sandjak Shkodra des gleichnamigen Vilayetes.

Dieses nach jeder Richtung hin willkürliche Vorgehen ist zum Mindesten eine taktlose Unklugheit, welche die keineswegs beruhigten Gemüther der Mirditen und der Katholiken überhaupt nur zu erbittern geeignet ist.

Ich höre, daß der Vali die Gefangennahme der genannten Cousins Prenk Bib Doda's schon seit längerer Zeit beabsichtigt habe – offenbar zu einen von der Regierung nicht eingestandenen politischen Zwecke. Jedenfalls legte er dabei weder die Geschiklichkeit noch die rücksichtslose Energie Dervisch Paschas an den Tag und machte sich überdies durch die bedingungslose Freilassung desselben zum Gespötte des Publicums.

Gleichlautend berichte ich unter Einem Seiner Excellenz dem Herrn Botschafter in Constantinopel.

Genehmigen Eure Excellenz den Ausdruck meiner tiefsten Verehrung.

Dokument 27

Konflikt zwischen Klementi und den Malissoren von Alessio. Die administrative Reform im Vilayet von Scutari.
Bericht 111, Lippich an Haymerle, Scutari 24. September 1881.
HHStA, Politisches Archiv XXXVIII, 240 (Scutari 1881), Blatt 140–141.

Hochwohlgeborner Freiherr,
Die Bergkatholiken von Alessio haben über Intervention des Herrn Bischofs Malczynski die beide von ihnen gefangen genommenen jungen Leute in dessen Residenz nach Kalmeti gebracht, wo sie, nachdem der Kaimakam des Bezirkes mit dem Commandanten der dorthin abgegangenen Truppen sich zu Mgr. Malczynski begeben und sich mit ihm ins Einvernehmen gesetzt hatten, in Freiheit gesetzt und nach Hause entlassen wurden. Damit scheint der Conflict beigelegt zu sein, wenn auch die Katholiken noch nicht völlig befriedigt sind und namentlich die im Bezirk von Alessio überwinternden Klementi und Schkreli erklärt haben, die Angelegenheit auch ihrerseits in die Hand nehmen und nicht nur die Verbannung des Schuldtragenden, sondern auch seiner Brüder verlangen zu wollen.

Die Pforte scheint für Scutari administrative Veränderungen zu beabsichtigen, welche hier lebhaft discutiert werden. Vor der Hand wurde der Vali aufgefordert, unter den hiesigen Regierungsbeamten einen Merkez Mutessarif[144] zu wählen und der Pforte nahmhaft zu machen. Der vor Kurzem hier eingetroffene Mektubdschi[145] Beha Bey, ein Verwandter des gegenwärtigen Scheich ul Islam,[146] wurde für diese Stelle ausersehen. Die Institution der genannten Mutessarifs, welche unter dem Generalgouverneur Kreisvorstände des zum Hauptorte der Provinz gehörigen Territoriums sind, existiert nur in ausgedehnteren und poli-

---

144 Merkez Mutessarif (türkisch): Kreisvorstand.
145 Mektubdschi: Schreiber.
146 Scheich ul Islam: Vorsitzender des Rats der islamischen Gesetzesgelehrten.

tisch wichtigeren Vilajeten, um den Gouverneuren die Last der lokalen Dienst-
geschäfte abzunehmen und ihnen die Leitung der Provinzialangelegenheiten zu
erleichtern. Es wird daraus geschlossen, daß der Provinz Scutari eine Vergröße-
rung zugedacht sei und auch ein Wechsel in der Person des Generalgouverneurs
bevorstehe. Die daran sich knüpfenden weiteren Combinationen erlaube ich
mir noch nicht zu erwähnen, weil die gemeldete rein administrative Maßregel
wohl zu übertriebenen Deutungen Anlaß gibt.

Gleichlautend berichte ich unter einem Seiner Excellenz dem Herrn Botschafter in Constantinopel.

Genehmigen Euere Excellenz den Ausdruck meiner tiefsten Verehrung.

Dokument 28

**Weidekonflikte zwischen Gjani und Kiri und zwischen Kelmendi und Kuči.
Bericht 124, Lippich an Haymerle, Scutari 25. Oktober 1881.
HHStA, Politisches Archiv XXXVIII, 240 (Scutari 1881), Blatt 165–167.**

Hochwohlgeborner Herr,

Nach dem mit meinem gehorsamsten Berichte vom 11. d. M. Zl. 119 gemeldeten Conflicte zwischen den beiden pulatensischen Stämmen Kiri und Giovagni[147]
ist zwischen denselben die landesübliche Bessa zur Bestattung der Todten und
Pflege der Verwundeten bezeichnender Weise nur bis Allerseelen zu Stande
gekommen. Nach Ablauf des Waffenstillstandes müßten die Feindseligkeiten
umso heftiger wieder beginnen, als auf der Seite von Giovagni nur Todte, auf
jener von Kiri nur Verwundete fielen, was daraus erklärlich wird, daß die Leute
des letzteren Ortes einen Trupp des Ersteren in einem Hohlwege mit einer
wohlgezielten Decharge empfingen und sich hirauf sogleich zerstreuten, was
den angegriffenen die Fortsetzung des Gefechtes erschwerte. Vielleicht gelingt
es, den Waffenstillstand zu verlängern oder einen Vergleich herbeizusuchen, im
anderen Falle muß Giovagni den Verlust von Kiri mit dem Eigenen gleichzustellen suchen. Die Provizregierung läßt die Sache gleichgültig ihren Lauf gehen.

Charakteristisch für die naive Art und Weise mit welcher die albanesischen
Hochländer solche Zusammenstöße auffassen, jedoch auch für die Unverbrüch-
lichkeit, mit welcher sie ihre Waffenstillstände beobachten, war der Umstand,
daß zu der von Giovagni abgehaltenen Leichenfeier auch dessen Feinde aus Kiri
erschienen, sich an der Todtenklage für die von ihnen Erschossenen beteiligten
und hierauf unbehelligt zurückkehrten, obwohl beide Theile, abgesehen von dem
Vorgefallenen, wohl wußten, daß sie sich binnen Kurzem wieder mit den Waffen
in der Hand gegenüberstehen würden.

Zwischen den Klementi und den montenegrinischen Kuči haben sich Mißhel-
ligkeiten wegen der Weidegründe der Ersteren in dem von Beiden beanspruch-

---

147 Der Stamm Gjani; siehe den Teil NOPCSA, Die Bergstämme.

ten Bergstreifen von Velipolje[148] erhoben. Die Benützung dieser Weide hatte vordem zu häufigen Zusammenstößen der beiden Anlaß gegeben, und die türkische Regierung sie dadurch beglichen, daß sie den Kuči dafür, daß sie die Lokalität den Klementis außschließlich überließen, im Jahre einige hundert Piaster als Entschädigung zahlte. Nach dem Ausbruch des letzten Krieges[149] wurde diese Zahlung eingestellt, und Kuči beansprucht dieselbe nunmehr von Klementi und soll sie auch mit gewaltsamer Verdrängung bedroht haben. Über Einschreiten des Pfarrers von Selze in Klementi wandte ich mich privat an Herrn Baron v. Thömmel[150] und ersuchte, daß den Kuči von der fürstlichen Regierung aufgetragen werde, sich aller Gewaltthätigkeiten zu enthalten, sowie die gegenwärtigen Besitzverhältnisse zu respectiren, umsomehr als die erst zu delimitirende Grenze zwischen Kuči und Klementi durch Velipolje führt und kein Theil das Recht des ausschließlichen Besitzes beanspruchen kann. [...]

Dokument 29

Blutiger Zusammenstoß zwischen dem Bölükbaşi[151] von Shala und den Stammesbewohnern von Shala.
Bericht 39, Lippich an Kálnoky,[152] Scutari 30. Mai 1882.
HHStA, Politisches Archiv XXXVIII, 243 (Scutari 1882), Blatt 64–66.

Am 27. d. Mts. hat sich in Scutari ein bedauerlicher Vorfall ereignet.

Der Bülükbaschi von Schalla, ein hiesiger Türke Namens Zeinel Aga, ließ am Eingange der Stadt in der Nähe eines von Militär besetzten Wachpostens durch seine Zaptie's,[153] größtentheils Catholiken aus Schalla, einen jungen Mann aus diesem Bergbezirke vor sich citiren, der mit seiner Mutter und seinem Oheim eine Ziegenherde zu Markte trieb.

Als dieser nicht sogleich erschien, befahl er ihn anzuhalten, ohrfeigte ihn und belegte ihn mit dem Schimpfnamen Giaur. Als der Beleidigte protestirte, befahl er ihn zu entwaffnen, worauf dieser blitzschnell seine Pistole zog und auf Zeinel Aga abfeuerte. Der Schuß verwundete den Lezteren, da ein Zaptié die Waffe abwärts gedrückt hatte, nur am Beine, jedoch gefährlich.

Bei dem Versuche sich zu flüchten, wurden sowohl der junge Mann als sein Verwandter von den nachsetzenden Zaptiés und Soldaten erschossen.

---

148 Ebene westlich von Shkodra.
149 Der türkisch-montenegrinische Krieg 1876–1878.
150 Österreichisch-ungarischer Konsul in Cetinje, der Hauptstadt Montenegros.
151 Bölükbaşi (türkisch): Ursprünglich Anführer einer militärischen Einheit; Vertreter eines Stammes vor der Vilajetsverwaltung in Shkodra.
152 Kálnoky, Siegmund Graf, Freiherr von Köröspatak (1832–1898), Außenminister Österreich-Ungarns von 1881 bis 1895.
153 Türkisch: Gendarmen.

Anderen Schalla's, die die Stadt zu betreten im Begriffe standen, wurde gleichfalls nachgesetzt, doch retteten sich dieselben durch schleunige Flucht.

Die ohnehin gereizten Catholiken wurden durch diesen Vorfall noch stärker erregt. Doch werden hoffentlich von ihrer Seite keine Repressalien geübt werden, wenn auch gleiche Mäßigung von Seite der Anverwandten der Getödteten nicht zu erwarten steht. [...]

Dokument 30

Konflikte der Regierung mit den katholischen Bergstämmen. Fälle von Raubzügen und Blutrache. Allgemeine Situation.
Bericht 48, Lippich an Kálnoky, Scutari 1. Juli 1882.
HHStA, Politisches Archiv XXXVIII, 243 (Scutari 1882), Blatt 74–77.

Hochgeborener Herr Graf,

Die katholischen Bergstämme bereiten der Provinzregierung abermals nicht unerhebliche Schwierigkeiten.

Der Stamm Hoti beschloß, die Maistransporte, welche für die in Tusi stationirten Truppen von Scutari nach der Echelle von Helm geführt werden, mit Beschlag zu belegen, so lange seine Forderungen an rükständigem Sold nicht befriedigt werden würden. Doch dürfte dies mehr ein Pressionsmittel sein, um den Gouverneur zu einer Abschlagszahlung zu bestimmen, mit welcher sich seine ungestümen Mahner vorderhand wohl zufrieden stellen werden.

Ernster drohten sich die Folgen eines Raubzuges zu gestalten, welchen derselbe Stamm gegen Golubofze auf montenegrinischem Territorium ausführte. Die von der Razzia betroffenen montenegrinischen Unterthanen dürften sich wieder in den Besitz einer als Beute weggetriebenen Herde von zweihundert Schafen zu setzen, oder auf andere Weise Repressalien zu üben, und, indem das in Tusi vorhandene Militär, bestehend aus zwei incompleten Bataillonen, zu schwach erschien, um den drohenden Conflict zu verhindern, telegraphirte der dortige Kaimakam an den Vali um eine Verstärkung von weiteren zwei Bataillonen. Seinem Ansuchen wurde theilweise willfahrt und ein Bataillon nach Tusi dirigirt, in Folge welcher Maßregel die Ruhe auf beiden Seiten aufrecht erhalten wurde, der Stamm Hotti sich geneigt erklärte, die gemachte Beute zurückzustellen.

Der Stamm Schalla, welcher sich durch den von dem Bülükbaschi Zeinel Aga verschuldeten bedauerlichen Zwischenfall in offenen Conflict gegen die Provinzregierung gesetzt sieht und sich bisher, solange es noch ungewiß war, ob Zeinel Aga seiner Verwundung erliegen werde oder nicht, inso ferne reservirt verhalten hatte, als die Chefs nun die in Schalla befindlichen Häuser einiger zu dem Gefolge des Bulükbaschi gehörigen Zapties hatten niederbrennen lassen, entsendete bei der Nachricht, daß der Verwundete gestorben sei, eine wohlbewaffnete Schaar von sechzig Mann, befehligt von den ersten Chefs sowohl dieses Stammes Schoschi an den Gouverneur, um ihm anzukündigen, daß nunmehr der volle

Blutausgleich vorgenommen werden, und daß der Stamm fortfahren würde, der Regierung zu opponiren, bis er durch einen neuen ihm convenirenden Bülükbaschi vollkommen befriedigt sein werde.

Der Gouverneur versuchte, sich mit dieser bewaffneten Deputation zu verständigen und proponirte einen Bülükbaschi in der Person eines verrufenen Türken von Scutari, der sofort zurückgewiesen wurde, mit der nochmaligen Erklärung, daß nur eine Vertrauensperson der beiden Stämme Schalla und Schoschi acceptirt werden würde.

Der Ausgleich ist um so schwieriger als nach den eisernen Vergeltungsgesetzen der Berge Schalla noch eine Blutforderung hat und als nicht nur die Leichen der in dem Conflicte Erschossenen von Zapties und Soldaten ausgeplündert worden waren, sondern diese auf eine von denselben zu Markte gebrachte Ziegenherde als gute Beute unter sich vertheilt und noch eine zweite zufällig in der Nähe befindliche gleichfalls weggenommen hatten. Die Ersatzansprüche Schallas fallen auf die Regierung zurück, welche Schwierigkeiten macht sie anzuerkennen.

Ein neuer Raubzug einiger Mirditen gegen das Dorf Gramschi in der Zadrima endete für die Angreifer, welche drei Todte und einen Verwundeten auf dem Platze ließen, verhängnisvoll. Die Folgen der Vendetta für die Gebliebenen werden dem Dorfe von Seite der Bluträcher nicht erspart bleiben.

Im Ganzen ist die Situation, da die Fälle von Raub und von Blutrache sich vermehren und die Unsicherheit in Stadt und Land in Folge dessen zunimmt, eine durchaus unerfreuliche.

Der Vali Abdi Pascha erweist sich, wie vorausgesehen wurde, ebenso kraftlos wie sein Vorgänger.

Gleichlautend berichte ich unter Einem Seiner Excellenz dem Botschafter in Constantinopel.

Genehmigen Eure Excellenz den Ausdruck meiner tiefsten Verehrung.

Dokument 31

Haltung des Stammes Hoti. Konflikte in Puka und Shala-Shoshi.
Bericht 53, Lippich an Kálnoky, Scutari 25. Juli 1882.
HHStA, Politisches Archiv XXXVIII, 243 (Scutari 1882), Blatt 82–85.

Hochgeborener Herr Graf,

Die Bemühungen des Gouverneurs, den Stamm Hotti zur Rückgabe der auf montenegrinischem Gebiete geraubten Herden zu veranlassen, sind fruchtlos geblieben.

Wie nunmehr constatirt ist, beläuft sich die Zahl des erbeuteten Viehs auf 612 Stücke. Der Auxiliarbischof von Scutari, Mgr. Guerini, welcher vor Kurzem von vier Visitationsreisen durch die Berge zurückgekehrt ist, hatte gleichfalls Anstrengungen gemacht, um den genannten Stamm zur Nachgiebigkeit zu bewegen, allein er mußte sich mit der Ansage begnügen, daß die nach Cetinje Gegangenen an Leben und Gut unbehelligt bleiben würden. Die gemachte Beute betreffend, erklärten ihm die Hotti, daß es ihnen keineswegs um einen Raub von montenegrinischem Eigenthum, sondern um eine Demonstration zu thun gewesen sei, damit in Cetinje Angesichts des von Einigen unter ihnen gegen den Willen der Mehrheit unternommenen Schrittes kein Zweifel über die wahren Gesinnungen des Stammes aufkommen könne. Sie hätten vor aller Welt kundgeben wollen, daß sie die Aspirationen Montenegros auf die albanesischen Berge perforresciren. Anderseits seien sie, ebenso gut als die übrigen katholischen Stämme, des türkischen Regimentes und der Herrschaft des Islam's überdrüssig und hätten keinen anderen Wunsch, als sich einer christlich-europäischen Macht zu unterwerfen.

Ihrem Hasse gegen den Muhammedanismus gaben sie vor einigen Tagen dadurch Ausdruck, daß sie einen nach Tusi reisenden Militär-Imam aufgriffen, ihn insultirten, ihm den Bart abrasirten, den Koran abnahmen, auf die Stirne ein Kreuz malten und ihn dann in diesem Zustande laufen ließen. Abdi Pascha[154] sucht durch den türkischen Gesandten in Cetinje, den Preis des von Hotti geraubten Viehes zu constatiren, um die von Montenegro geforderte Entschädigung leisten zu können. Beinahe gleichzeitig reclamirte er jedoch gegen die angebliche Besetzung des Hügels Arbanesch dieseits der im Westen des Sees von Scutari tracirten Grenzlinie durch montenegrinische Militärposten und verlangte, daß sie zurückgezogen werden mögen, um Grenzcomplicationen hintanzuhalten.

In dem von Catholiken und Muselmannen bewohnten Bergbezirke von Puka drohte unglängst ein Conflict anläßlich eines von beiden Seiten ausgeführten doppelten Mädchenraubes auszubrechen. Der Gouverneur dirigirte ein Infanterie-Bataillon dahin, woraus der Streit durch die gegenseitige Rückgabe der Geraubten vorläufig beigelegt wurde.

Zwischen den Stämmen Schalla und Schoschi hat am 14ten d. M. einer der landesüblichen blutigen Conflicte stattgefunden, in welchem auf beiden Seiten zwölf Todte und Verwundete fielen. [...]

Dokument 32

Beziehungen zwischen den Bergstämmen und der Lokalregierung.
Bericht 5, Lippich an Kálnoky, Scutari 13. Januar 1883.
HHStA, Politisches Archiv XXXVIII, 248 (Scutari 1883), Blatt 7–10.

Hochgeborener Herr Graf,
    [...] Um die genannter Partei verhaßte Gerichtsorganisation zu beseitigen, wurde der Pforte vorgeschlagen, ein zu gleichen Theilen aus mohammedani-

---

154 Der damalige Generalgouverneur des Vilayets Shkodra.

schen Städtern und katholischen Bergalbanesen gebildetes Polizeiwachcorps von 130 Mann unter dem Comando eines gewissen Issa Bey aus der Familie der Buschatli zu organisiren, welches für die Aufrechthaltung der Ordnung und Sicherheit in der Stadt Scutari nach den Satzungen des in den Bergen geltenden traditionellen Rechtes zu sorgen hätte. Sämmtliche Bergchefs wurden nach Scutari citirt. Das anfänglich mit ihnen arrangierte Einverständnis hat jedoch wegen der Opposition des Stammes Skreli und einige die Organisation selbst betreffender Fragen Zerwürfnissen Platz gemacht, von denen um so eher anzunehmen ist, daß sie das Projekt, selbst wenn es von der Pforte gebilligt zu werden hätte, zum Falle bringen werden, als es den katholischen Bergstämmen keineswegs Ernst damit ist.

Die Haltung dieser Letzteren ist, soweit sie an Montenegro grenzen, bei aller Unabhängigkeit von den Pfortenorganen, doch im Grunde nur montenegrofeindlich, trotzdem eine Minorität derselben von montenegrinischem Gelde erkauft ist. Die vor Kurzem erfolgte Wegnahme zweier mit Munition beladener Regierungsbarken durch den Stamm Hotti hatte nicht so sehr den Zweck, sich in den Besitz derselben zu setzen, als sie eine Repressalie gegen die Finanzorgane von Scutari war, welche die Bergstämme zur Zahlung der Acuse für die von hier über den See in die Berggebiete geführten Artikel verhalten wollten. Der Kaimakam von Tusi, Schaban Bey, übernahm die Vermittlerrolle und verbürgte sich für die Ausfuhrsfreiheit jener Artikel, worauf die weggenommene Munition wieder zurückgegeben wurde.

Die anderen Stämme, in erster Linie die Mirditen, sind der Pforte entschieden feindlich und wären jeden Moment bereit, sich gegen dieselbe zu erheben, doch sind sie unter sich wenig einig, und ohne ihre Bruderstämme im Norden Scutari's auch nicht im Stande, eine gefährliche Bewegung zu organisiren. Bis auf Weiteres perforresciren sie jede wie immer geartete Abhängigkeit von den Landesautoritäten, wie erst vor wenigen Tagen der mirditesische Nachbarstamm von Ksella[155] dargethan hat, welcher das Ansinnen des Valis, einen Regierungsfunctionär bei sich aufzunehmen, in barscher Weise zurückwies, und seine Zusammengehörigkeit mit Mirdita auf das schärfste betonte.

Der in Oroschi befindliche Schattenkaimakam Capitän Kola enthält sich jedwedes Eingreifens in die Landesangelegenheiten und verzehrt ebenso ruhig den kargen, ihm von der Regierung ausgeworfenen Gehalt, als dies der neben ihm functionirende Polizeichef Dod Ghega[156] thut, welcher außer seinen Bezügen auch den größeren Theil der Löhnungen seiner Zaptiés für sich erhält, um die Aufrechthaltung der Ordnung und Sicherheit sich jedoch nicht kümmert. Beide lassen die Stammchefs, welche trotz ihrer geringen Autorität Mord und Raub im Inneren Mirditas doch ziemlich einschränken, nach belieben schalten und walten.

---

155 Kthella, siehe Dokument 24.
156 Siehe Dokument 21.

Gleichlautend berichte ich unter Einem an Seine Excellenz, den Herrn Botschafter in Constantinopel.

Genehmigen Euere Excellenz den Ausdruck meiner tiefsten Verehrung.

Dokument 33

Die Beziehungen zwischen dem Stamm Rjolli und der türkischen Lokalregierung.
Bericht 86, Lippich an Kálnoky, Scutari 17. Juli 1883.
HHStA, Politisches Archiv XXXVIII, 248 (Scutari 1883), Blatt 394–396.

Hochgeborner Herr Graf,
    Über Schalla, Schoschi und Skreli verlautet, daß Hafiz Pascha[157] beauftragt werden soll, die Ausführung der den Chefs ertheilten Befehle hinsichtlich der Ablieferung der flüchtigen Verbrecher und der Zerstörung ihrer Häuser selbst in die Hand zu nehmen und zu diesem Behufe nach dem Ramazan einige Truppenabtheilungen dorthin abzuschicken, falls mittlerweile die Stämme ihre dem Marschall gemachten Zusagen nicht eingehalten hätten.

    In dem kleinen halb katholischen halb muselmännischen Bergbezirke von Rioli sollten zwölf Häuser zur Strafe ihrer Betheiligung an dem bewaffneten Widerstande gegen die Truppen desarmirt werden. Der Bülükbaschi des Stammes war beauftragt worden, sich die Waffen abliefern zu lassen, wurde jedoch, als er sich anschickte, seinen Auftrag auszuführen, erschossen.

    Zuvor hatten die Rioli[158] den englischen Generalconsul Herrn Green ersucht, sich bei Mustafa Assim Pascha[159] für die zu Maßregelnden zu verwenden, Herr Green will diesem Ansinnen jedoch nicht entsprochen haben.

    Dieser Fall, der der erste eines erneuerten Widerstandes der Malisoren gegen Verfügungen der Provinzregierung [ist], erregt großes Aufsehen und wird für die Schuldigen, welche zu schwach sind, sich wirksam zu vertheidigen, wohl üble Folgen nach sich ziehen, ist jedoch auch ein Beleg, daß die Amnestie, welche den an dem Aufstande betheiligt gewesenen Stämmen gewährt worden war, willkürlich ausgelegt und gehandhabt wird.

    Die Bestimmungen dieser Amnestie sind bisher mir in ganz allgemeiner Weise zur Kentnis gelangt. Eine Verlautbarung derselben hat nicht stattgefunden und noch weniger ist ihre Publicirung in jener Weise erfolgt, welche solchen Emanationen den Charakter eines solemnen und unwiderruflichen Gnadenaktes aufprägt. Einige der hier befindlichen Consuln hatten versucht, den wirklichen Inhalt der Amnestie zu erfahren und bei Mustafa Pascha angefragt, ob er geneigt

---

157 Türkischer Offizier.
158 Albanisch: Rrjolli; kleiner Stamm in Nordalbanien. Über seine Geschichte und Bevölkerung siehe den Teil NOPCSA, Die Bergstämme.
159 Mustafa Asim Pasha, Gouverneur des Vilayets Shkodra.

wäre, ihnen Abschriften derselben zu überlassen. Dieses Ersuchen wurde mit der Motivirung abgelehnt, daß dasselbe den Schein einer fremden Einmischung an sich tragen, welche hintanzuhalten man bisher erfolgreich bemüht gewesen. Dem Herrn Green ließ Assim Pascha jedoch auch durchblicken, daß eine offizielle Veröffentlichung der Amnestiebestimmungen die Regierung in Betreff der Modalitäten ihrer Anwendung zu beiden geeignet wäre und daß er vorziehe, in dieser Hinsicht freie Hand zu haben.

Es scheint daraus hervorzugehen, daß die Amnestie als ein Mittel benützt wurde, die Unterwerfung der aufständischen Stämme zu bewirken, daß man jedoch, wie der Rioli betreffende Fall zeigt, nicht gesonnen ist, sie einzuhalten, sondern sie nach Zeit und Umständen zu modificiren.

Der französische Consul Herr Le Rée wurde von der Botschaft in Constantinopel beauftragt, darüber zu wachen, daß das despotische Vorgehen Hafiz Pascha's gegenüber den Bergstämmen denselben nicht allzu nachtheilig werde.

Gleichlautend berichte ich unter Einem an Seine Excellenz den Herrn Botschafter in Constantinopel.

Genehmigen Euere Excellenz den Ausdruck meiner tiefsten Verehrung.

Dokument 34

Strafexpedition der türkischen Regierung gegen Shala. Nachrichten aus Mirdita.
Bericht 94, Lippich an Kálnoky, Scutari 31. Juli 1883.
HHStA, Politisches Archiv XXXVIII, 248 (Scutari 1883), Blatt 423–426.

Hochgeborner Herr Graf,

Aus Schalla eingetroffene Nachrichten bestätigen, daß Hafiz Pascha,[160] nachdem aus Scutari ein aus 500 Pferden bestehender und von zwei Compagnien escortirter Provisionstransport an ihn abgegangenen, mit seiner Truppencolonne dort eingetroffen ist.

Dieselben Nachrichten besagen, daß er sich gegen die Bevölkerung zuvorkommend benimmt und kein Mittel freundlicher Überredung unversucht läßt, um die Auslieferung der an dem Attentate gegen Scutari betheiligt gewesenen Leute zu erreichen. Unter den von ihm angewendeten Mitteln spielt die Austheilung von Goldgeschenken eine große Rolle. Dieser Factor ist auch der hauptsächlichste, welchem neben Gewalt und List Hafiz Pascha seine bisherigen Erfolge in den Bergen verdankt.

Es heißt zwar noch immer, daß eine Anzahl bewaffneter Schalla's, darunter wohl auch die auszuliefernden Personen, sich in das Hochgebirge zurückgezogen hätten, um dort von den Nachbarstämmen Nikai und Merturi unterstüzt,

---

160 Siehe Dokument 33.

einen allfälligen Angrif Hafiz Pascha's zurückzuweisen, allein dieses Gerücht ist ebenso unverbürgt wie ein anderes, nach welchem der mit anderen Chefs von Hafiz Pascha mit Geld gewonnene Bairakdar von Schalla Mar Lula von der Partei des Widerstandes getödtet worden wäre.

Wohin sich Hafiz Pascha aus Schalla respective Schoschi begeben wird, ist ganz unbekant. Er kann sich von dort aus ebenso nach Gusinje als in südliche Richtung nach dem Dukadschin[161] wenden, um, wie eine seit Kurzem kursirende Version behauptet, nach Mirdita vorzurücken, wo für ihn nach der Ermordung Dod Ghega's[162] allerdings Verschiedenes zu thun wäre, namentlich die Verfolgung der beiden Mörder, welche sich eigenthümlicher Weise in das Land des Capitäns Kola, Kaimakams von Mirdita, geflüchtet haben und dort mit den Einwohnern von Oroschi Verhandlungen pflegen, welche für die Partei und die Familie des Ermordeten wenig Gutes erwarten lassen dürften.

Es tritt immer deutlicher hervor, daß mit der Ermordung Dod Ghega's, neben Notizen der Parteirache, auch bestimmte politische Pläne verbunden waren, für welche die ganze mirditesische Capitänsfamilie gewonnen zu sein scheint. Die Rolle, welche dabei der Kaimakam von Mirdita spielt, ist die sonderbarste.

Die Version, welcher zu Folge Hafiz Pascha seinen Zug durch die albanesischen Berge mit einem Ausfluge nach Mirdita beschließen sollte, deutet auch an, daß er bestimmt sei, die Versammlung zu verhindern, in welcher, wie ich unter dem 24. d. M. Z. 88. zu melden die Ehre hatte, für die Rückberufung Prenk Bib Doda's petitionirt werden soll und welche in Folge der Ermordung Dod Ghega's die ganze Mirdita in Aufregung versetzte, noch nicht statt gefunden hat.

Gleichlautend berichte ich unter Einem an Seine Excellenz den Herrn Botschafter in Constantinoipel.

Genehmigen Euere Excellenz den Ausdruck meiner tiefsten Verehrung.

Dokument 35

Beziehungen zwischen den Mirditen und der Lokalregierung.
Bericht 6, Lippich an Kálnoky, Scutari 22. Jänner 1884.
HHStA, Politisches Archiv XXXVIII, 252 (Scutari 1884), Blatt 11–12.

Hochgeborner Herr Graf,
Die Provinzregierung hat an die Stammältesten von Mirdita einen Erlaß gerichtet, welcher dieselben einladet, zwei bis drei Deputirte von jedem der fünf mirditesischen Distrikte zu wählen und nach Scutari zu senden, um mit der Regierung die Mittel zu berathen, wie den dort überhand genommenen Übel-

---

161 Albanisch: Dukagjin; Landschaft zwischen dem Drin-Fluß im Norden und Mirdita im Süden. Sie umfaßte damals nach Gopčević die Bajraks Puka, Halija und Mali i Zi; siehe GOPČEVIĆ, ebenda, S. 264–265.
162 Siehe Dokumente 21 und 32.

stande und den zahlreichen gegen die Ausschreitungen der Mirditen eingelaufenen Klagen abgeholfen werden könne. Der Klerus ist eingeladen, sich bei dieser Berathung durch zwei Mitglieder vertreten zu lassen. Die Abberufung des gegenwärtigen Kaimakams Capitän Kola ist im Principe beschlossen, doch will die Pforte, wie es scheint, seine Ersetzung nicht jezt vornehmen, um den Deputirten nicht Anlaß zur Wiederholung der Bitte um Ernennung Prenk Bib Doda's zu geben.

In den Bergstämmen an der albanesisch-montenegrinischen Grenze und an dieser selbst herrscht absolute Ruhe. Die flüchtigen Chefs fahren fort, sich mit ihren Familien verborgen zu halten und vermeiden jede Compromittirung. Nachrichten, welche über den Tod des Einen oder des Anderen unter ihnen sowie einzelner Familienmitglieder derselben verbreitet worden waren, erwiesen sich als unrichtig und scheinen von ihnen selbst mit Absicht in Umlauf gesetzt worden zu sein. [...]

Dokument 36

Streit zwischen Puka und Mirdita.
Bericht 36, Lippich an Kálnoky, Scutari 29. April 1884.
HHStA, Politisches Archiv XXXVIII, 252 (Scutari 1884), Blatt 87–88.

Hochgeborner Herr Graf,
    In dem Bezirke Puka wurde eine nach Djakova reisende Karawane mirditesischer Fandesen[163] von Musselmännern der Gegend wegen älterer Differenzen überfallen, wobei die Ersteren einen Mann, die Lezteren zwei Weiber, welche die Wegschafung der angerafften Beute besorgen sollten, als Todte auf dem Platze ließen. Da in folge dieses Vorfalles weitere Ruhestörungen zu besorgen waren, entsandte die Regierung aus Prisren zwei Compagnien an die Vesirbrücke, während die Kaimakame von Mirdita und Puka mit den betreffenden Stammchefs nach Scutari berufen wurden, um durch ihre Vermittlung einen Vergleich zwischen den Streittheilen herbei zuführen.

In Hafiz Pascha's Befinden ist wieder eine Verschlimmerung eingetreten, die ebensosehr psichischen Ursachen als seiner Aufregung über die Nichtbeantwortung des von ihm an den Sultan eingesendeten telegrafischen Ansuchens um Beurlaubung zuzuschreiben ist. Er stellt in Abrede, um die Erlaubnis, sich nach Wien begeben zu dürfen, nachgesucht zu haben, und empfindet es angeblich umso schmerzlicher, daß seine wiederholte Bitte, in Constantinopel amtlichen Rath einholen zu können, angesichts seines zerrütteten Gesundheitszustandes nicht berücksichtigt wird.

Seine Anwesenheit in Scutari ist der Pforte von keinem Nutzen mehr, wohl

---

163   Die katholische Bevölkerung der Gegend von Prizren, die aus Mirdita ausgewandert war. Sie wurde „Fandas" genannt, wegen des Fani-Flußes, der der größte Fluß Mirditas ist.

aber könnte, seine Abberufung ihr den Vorteil bieten, sich durch einen an den Vorgängen des verlassenen Jahres unbeteiligten General mit den flüchtigen Führern der katholischen Bergstämme definitiv auseinanderzusetzen.

Gleichlautend berichte ich unter Einem an Seine Excellenz, den Herrn Botschafter.

Genehmigen Euer Excellenz den Ausdruck meiner tiefsten Verehrung.

Dokument 37

Konflikt zwischen Kelmendi und Triepši. Die Beziehungen des Mirditastammes mit der Hohen Pforte.
Bericht 41, Lippich an Kálnoky, Scutari 20. Mai 1884.
HHStA, Politisches Archiv XXXVIII, 252 (Scutari 1884), Blatt 99–101.

Hochgeborner Herr Graf,

Den aus Klementi ausgelaufenen Berichten zu folge war der dort stattgehabte Conflict nicht durch einen Grenzstreit, sondern durch die von einigen Triepschi geplante Entführung zweier Mädchen verursacht worden, an welcher sie durch deren Angehörige verhindert worden waren. Bemerkenswerth ist, daß die Angreifer sofort starken Seccurs aus Triepschi und Kuči erhielten, was auch einen mit Vorbedacht ausgeführten Handstreich schließen läßt, daß der Angriff eine Stunde weit von der Grenze stattgefunden hatte und daß der montenegrinische Commissär, nach dem die verschiedenen für die Angreifer gravirenden Umstände constatiert worden, sich weigerte, hierüber aufgenommenes Protokoll zu unterzeichnen, bevor er an seine Regierung berichtet und die Ermächtigung erhalten haben werde, seine Unterschrift beizusetzen. Der Conflict tritt hiemit in das Stadium der Verschleppung und wird seitens der Klementi wahrscheinlich Repressalien nach sich ziehen.

Die hier eingetroffenen mirditesischen Abgeordneten sind am 15. d. M. nach ihrer Heimat zurückgeschickt worden, um in einem Conflicte zu interveniren, der in Oroschi zwischen den Anhängern des ermordeten Gendarmeriemajors Dod Ghega und jenen seiner Mörder ausgebrochen und von der neutralen Bevölkerung provisorisch durch den Abschluß eines sechsmonatlichen Waffenstillstandes beigelegt worden war. Die Chefs waren von der Regierung gut behandelt worden, hatten eine Anzahlung auf ihre Ausstände und Versprechungen bezüglich der ihnen zukommenden Naturallieferungen sowie auch die Ermächtigung des Kaimakams Capitän Kola, dessen Ersetzung durch einen anderen der Pforte genehmen Funktionär zu beantragen, unter der Bedingung jedoch, daß von einer Rückberufung Prenk Bib Doda's nicht die Rede sein dürfte.

Gleichlautend berichte ich unter einem an Seine Excellenz, den Herrn Botschafter.

Genehmigen, Eure Excellenz, den Ausdruck meiner tiefsten Verehrung.

Dokument 38

Die Tötung eines Bairaktars von Kelmendi in Gussinje und ihre Folgen. Die Beziehungen zwischen Kelmendi und der montenegrinischen Regierung. Bericht 76, Lippich an Kálnoky, Scutari 30. September 1884. HHStA, Politisches Archiv XXXVIII, 252 (Scutari 1884), Blatt 221–224.

Hochgeborner Herr Graf,

Vorgestern früh ist aus den Bergen die Nachricht eingetroffen, daß der Bairakdar von Nikschi,[164] namens Katschel Turco aus dem Stamme der Klementi, im Bazar von Gussinje verwundet worden ist. Er hat mit drei Anderen seines Stammes den Markt des genannten Dorfes besucht, und ist bei dieser Gelegenheit in einem im Bazar gelegenen Han von Gusinjoten angefallen und erschossen worden.

In Regierungskreisen scheint man über die Ursache des Mordes in Zweifel zu sein, doch läßt sich mit aller Sicherheit annehmen, daß derselbe durch die in letzter Zeit besonders prononcirte regierungsfreundliche Haltung des genannten Bairakdar's herbeigeführt worden ist und sich somit als ein Racheakt seitens der mit dieser Haltung nicht einverstandenen Gusinjoten darstellt. Katschul Turco, einer der fünf Bairakdar's von Klementi, und als solcher einer der einflußreichsten Chefs des genannten Stammes, hatte bereits im vorigen Jahre dem Aufstande in Kastrati gegenüber eine neutrale Haltung eingenommen und hat die Klementi bewogen, den im Laufe dieses Sommers aufgetauchten ligistischen Bestrebungen der nordalbanesischen Stämme fernzubleiben und sich an der im Monat August l. J. erneuerten Bessa der in Gussinje, Plava,[165] Djakova, Ipek ansässigen Stämme nicht zu betheiligen. Der Austritt der Klementi aus dieser die um Plava-Gusinje sich gruppirenden Stämme verbindenden Bessa soll ein Werk Haidar Aga's sein, dem Confidenten Mustafa Pascha's, welcher anläßlich seiner im Auftrage des Marschalls vor etwa zwei Monaten unternommenen Rundreise in diesen Gegenden die Spaltung zwischen den Klementi und den der Grenzregulierung sich widersetzenden Stämmen zu einer vollständigen gemacht und dadurch die Erstgenannten in Feindschaft zu den Gusinjoten gebracht hatte.

Die Verwundung Katschel Turco's hatte bereits ein Nachspiel, indem einige Klementi, um den Tod des Bairakdar's zu rächen, vier von dem Scutariner Markte heimkehrende Gusinjoten bei Koplik[166] angefallen und zwei von ihnen getödtet hatten.

---

164 Albanisch: Nikçi; einer der Bajraks des Stammes Kelmendi. Für das Ende des XIX. Jahrhunderts nennt Gopčević 700 Einwohner; siehe GOPČEVIĆ, ebenda, S. 108; Seiner nennt am Anfang des XX. Jahrhunderts 685 Einwohner; siehe SEINER, Ergebnisse, S. 108.

165 Kleine Stadt im Kasa Gucia, heute in Montenegro gelegen. Damals hatte Plava 3.500 Einwohner.

166 Heute Hauptort des Bezirks Malësia e Madhe nördlich von Shkodra. Bei Gopčević und Seiner ein Stamm; siehe GOPČEVIĆ, ebenda, S. 240 (2.500 Einwohner) und SEINER, Ergebnisse, S. 110 (1.455 Einwohner).

Da jedoch der dem Tod eines Bairakdar's suchenden Blutrache vier Menschenleben zum Opfer fallen müssen, dürfte mit der Tödtung der zwei Gusinjoten die Reihe des diesfalls zu gewärtigenden Racheakts nicht abgeschlossen sein.

Der nach meinem ergebensten Bericht von 16. September l. J. N. 15 bis Triepši festgenommene, nach Cetinje eskortirte Neffe des Bairakdar's von Gruda, namens Sokol Baschi, ist bis auf weiteres in Podgoritza untergebracht worden, wo er in seiner persönlichen Freiheit in jeder Beziehung behindert, mit seiner Lage vollkommen zufrieden ist. Der türkische Vertreter in Cetinje, Djevad Pascha, hat vom Fürsten Nikolaus seine Auslieferung im Namen des Sultans als einen Beweis persönlicher Freundschaft verlangt. Der Fürst hat dieselbe jedoch mit aller Entschiedenheit verweigert. Die Weigerung des Fürsten, dem Wunsche des Sultans nachzukommen, dürfte durch den Umstand zu erklären sein, daß die Auslieferung Sokol Baschi's an die türkische Regierung unter den Stämmen Triepši, Kutschi, Gruda eine umso größere Unzufriedenheit hervorgerufen hätte, als die Übergabe Sokol Baschi's an die montenegrinische Regierung seitens der Vojvoden von Kutschi – des aus den 1877-er Kämpfen wohlbekannten Mark Milani[167] – in dessen Hause Sokol Baschi sich aufgehalten hatte, gegen die Versicherung erfolgt ist, daß demselben nichts zu Leide geschehen und er der türkischen Regierung in keinem Falle ausgeliefert werde.

Die Milde, die Fürst Nikolaus dem gefangenen Sokol Baschi gegenüber walten ließ, hatte unter den Flüchtigen die Vermutung aufkommen lassen, daß der Fürst damit den Zweck verfolge, das Vertrauen der flüchtigen Bergchefs zu gewinnen, und auf diese Weise ihre Unterwerfung Montenegro gegenüber zu veranlassen, um sie dann in Gemäßheit des mit dem Sultan getroffenen Übereinkommens der türkischen Regierung en bloc auszuliefern.

Das Zutreffen der ersten Vermuthung, daß Montenegro die Absicht habe, die flüchtigen Bergchefs an sich zu ziehen, hat einen hohen Grad von [...]

Dokument 39

Die albanischen Bergstämme in den türkisch-montenegrinischen Beziehungen.
Bericht 89, Lippich an Kálnoky, Scutari 2. Dezember 1884.
HHStA, Politisches Archiv XXXVIII, 252 (Scutari 1884), Blatt 245–251.

Hochgeborner Herr Graf,
Über das Verhältnis der Regierung zu den katholischen Bergstämmen bin ich in der erfreulichen Lage, Euer Excellenz einige Fakten melden zu können, welche darauf hindeuten, daß sich in denselben ein bedeutsamer Umschwung vorbereitet.

Mustafa Assim Pascha hat nicht nur das zur Beobachtung von Schalla und

---

167 Militärischer Führer der Montenegriner zur Zeit des Berliner Kongresses.

Planti bisher stationirte Bataillon nach Scutari zurückbeordert, sondern auch die Räumung der in Kastrati und Hotti besetzt gehaltenen Positionen in Person durchgeführt und an einem einzigen Punkte des Seeufers ein kleines Detachment von fünfzig Mann zur Bewachung der Communication zurückgelassen. Die Garnisonen von Tusi und Helm[168] wurden auf den schwächsten Friedenstand reduzirt.

Anläßlich seiner Reise von Podgoritza nach Scutari hatten die als Regierungsanhänger geltenden Chefs, welche im Vorjahre Hafiz Pascha und dem als interimistischen Kaimakam von Kastrati fungirenden Zeinel Bey als Spione und Denuntianten gedient hatten, nämlich der Katholik Mustafa Uika, Bairakdar von Traboina in Hotti,[169] die Chefs von Kastrati Schaban Elesi (Muhammedaner), Giok Doda, Tom Nikolla, Prel Toma und andere sich beeilt, ihm ihre Aufwartung zu machen, wurden jedoch nicht empfangen, welche Ehre jedoch dem Sohne des Bairakdars von Arapscha[170] in Hotti, Met (Ahmed) Tschuni, der mit den Aufständischen gegen die Truppen gefochten hatte, zu Theil ward.

In Kastrati berief der Muschir den Schaban Elesi und trug ihm strenge auf, darüber zu wachen, daß die von Hafiz Pascha expropriirten Familien sofort auf ihren Grund und Boden zurückgeführt und daß sie dort von niemandem molestirt würden. Mustafa Assim Pascha bedeutete ihn, daß er keine anderen Chefs von Kastrati anerkenne als den flüchtigen Bairakdar Dod Prenci und die ihm treugebliebenen respektive mit ihm flüchtigen Stammvorstände. Er wies ihm eine Büte vor, auf welcher die Namen von Chefs figurirten, die – vor und nach dem Ausbruche der Unruhen – von Montenegro Geld erhalten und die gerade diejenigen waren, welche die Partei der Regierung ergriffen hatten [...]

Dokument 40

**Beziehungen zwischen Mirdita und der Lokalregierung von Shkodra.
Bericht 37, Lippich an Kálnoky, Scutari 26. Mai 1885.
HHStA, Politisches Archiv XXXVIII, 256 (Scutari 1885), Blatt 100–101.**

Hochgeborner Herr Graf,

Die Differenz der Provinzregierung mit den Mirditenchefs, welche die Communication zwischen Scutari und Prisren gesperrt hatten, um ihrer Forderung Nachdruck zu geben, daß die Naturallieferung von 200 Pferdelasten an Mais, die ihnen seit fünf Jahren nicht geleistet worden war, endlich angewisen werde, ist von Mustafa Assim Pascha im Einvernehmen mit dem hier erschienenen

---

168 Strategisch wichtiger Punkt an der türkisch-montenegrinischen Grenze.
169 Albanisch: Traboina; einer der zwei Bajraks des Stammes Hoti. Ende des XIX. Jahrhunderts hatte Traboina 1.200 Einwohner; siehe GOPČEVIĆ, ebenda, S. 241.
170 Albanisch: Arapsha; der zweite Bajrak von Hoti, nach Gopčević hatte er am Ende des XIX. Jahrhunderts 1.300 Einwohner; siehe GOPČEVIĆ, ebenda.

Kaimakam Capitän Kola, den Bairakdars, Stammschefs und Zaptieoffizieren von Mirdita beigelegt worden.

Die Forderung wurde bewilligt, die rükständigen Gagen der Zaptie's ausgezahlt und der Chef von Gojanni,[171] welcher die Straßensperre geleitet und durchgeführt hatte, zum Mitgliede des Administrativconseils von Mirdita ernannt. Dagegen versprachen die Chefs, die Ordnung und Sicherheit in Mirdita herzustellen und zu diesem Zwecke sofort nach ihrer Rückkehr den üblichen jedoch schon seit langem unterlassenen Gerichtszug durch die fünf Mirditen-Banner zu veranstalten und alle pendenten Privatstreitfragen zu beendigen.

Mustafa Assim Pascha hat vor den Mirditenchefs capitulirt. Die Zusage derselben, die anarchischen Zustände ihres Landes zu steuern, wird, obgleich sie auch schriftlich abgegeben wurde, beiderseitig als eine Formalität betrachtet, mit welcher der Marschall seine Nachgiebigkeit maskirte, die jedoch von keinem Theile ernst genommen wird. Übrigens hat die Ermordung des Cousins Prenk Bib Doda's, Ded Yuzzi, und die Aufnahme der Wittwe Bib Doda im französichen Consulate für die Mirditen alles Übrige vorläufig in den Hintergrund gedrängt und beschäftigt auch den Marschall so ausschließlich, daß das Problem, die immer wieder durch fatale Zwischenfälle gestörte Ruhe in Mirdita auf rechtlichem Wege herzustellen, auch dieses Mal ein ungelöstes bleiben dürfte.

Gleichlautend berichte ich unter Einem an Seine Excellenz den Herrn Botschafter in Constantinopel.

Genehmigen Euere Excellenz den Ausdruck meiner tiefsten Verehrung.

Dokument 41

Aktivität des albanischen Comités im Matigebiet. Die Chefs von Hoti, Kastrati und Gruda kehren nach Hause zurück.
Bericht 41, Lippich an Kálnoky, Scutari 2. Juni 1885.
HHStA, Politisches Archiv XXXVIII, 256 (Scutari 1885), Blatt 112–113.

Hochgeborner Herr Graf,

Die Mirditenchefs sind mit dem Kaimakam Capitän Kola in ihre Berge zurückgekehrt, doch verlautet nichts über den von denselben zu unternehmenden Gerichtszug. Hingegen erhielt die Provinzregierung Nachricht, daß aus Matia einige dortige Eingeborne, in welchen man Agenten des albanesischen Comités in Corfu[172] zu erkennen glaubt, sich nach Mirdita begeben hätten, um Unruhen anzuzetteln. Um dieselben zu überwachen und Näheres über ihre Absichten zu erfahren, wurden Polizeiorgane nach Mirdita abgeschickt.

Aus den Gebieten der katholischen Bergstämme Hotti, Kastrati und Gruda vernehme ich, daß die mit ihren Familien vollzählig dahin zurückgekehrten

---

171 Albanisch: Gojani; Dorf im Bajrak Spaçi in Mirdita.
172 Von albanischen Patrioten gegründet.

Bergchefs mit ihren Stammgenossen und den Autoritäten auf das freundlichste verkehren und sich mit dem Aufbau ihrer Häuser, sowie der Bestellung ihrer Ländereien beschäftigen, wobei sie von der Bevölkerung durch freiwillige Spenden und Arbeitsleistungn kräftigst unterstützt werden. Der Marschall hat bezüglich ihrer Amnestirung noch keinerlei Weisungen aus Constantinopel erhalten.

Gleichlautend berichte ich unter Einem an Seine Exzellenz den Herrn Botschafter in Constantinopel.

Genehmigen Euere Excellenz den Ausdruck meiner tiefsten Verehrung.

Dokument 42

**Beziehungen zwischen Mirditen und der türkischen Lokalregierung.
Bericht 24, Lippich an Kálnoky, Scutari 10. April 1886.
HHStA, Politisches Archiv XXXVIII, 260 (Scutari 1886), Blatt 47–49.**

Hochgeborener Herr Graf,

Die angekündigte Versammlung der fünf Mirditenstämme hat am 28. März d. J. auf dem traditionellen Felde von Sct. Paul bei Oroschi stattgefunden.

Die zu derselben erschienenen Chefs haben mit Ausnahme einiger weniger von der Provinzregierung subventionirter, 37 an der Zahl, eine Petition unterschrieben und an die Letzteren eingesendet. Sie erinnern den Generalgouverneur daran, daß er ihnen im verflossenen Jahre erklärt habe, die zur Zeit der Administration Dervisch Pascha's für dieselben normirten herkömmlichen Naturalbeiträge würden in Geldunterstützung umgewandelt werden, und daß auf seine Anfrage, ob sie etwas dagegen einzuwenden hätten, die Meisten unter ihnen ihm erwidert hatten, sie wollten die Beibehaltung des bisherigen Brauches sowie die Gewährung einer Autonomie, einige andere aber, daß sie sowohl die Naturallieferungen als eine Geldsubvention verlangten, wodurch der Wali ihnen vorgestellt habe, daß solche Ansprüche unstatthaft seien und die Cumulierung von Natural- und Geldbeiträgen nicht gewährt werden könne, es ihnen aber frei stehe, sich für eine der beiden Bezugsarten zu entscheiden.

Die Chefs bestanden auf ihrer Forderung einer Autonomie und der ihnen zugesagten Ausfolgung der immer üblich gewesenen Naturalbeiträge, was nicht involvire, daß sie der Regierung weniger zugethan sein als jene, die Geldpensionen angenommen hatten. Sie gingen nur von der Ansicht aus, daß durch die Bewilligung ihrer Forderungen die Ruhe des Landes wirksam gefördert werden, und auch die Regierung weniger Angelegenheiten mit den Mirditen haben würde.

Schließlich wurde der Marschall ersucht, die Chefs von seinen Entschlüssen zu verständigen.

Die Petition hat bei der Provinzregierung sehr verstimmt, der Mutessarif Jussuf Zia Pascha telegrafirte dieselbe an den in Durazzo abwesenden Marschall.

Es wird versichert, daß die Mirditen in den nächsten Tagen sich wieder in

Sct. Paul versammeln und sowohl die Einsetzung Prenk Bib Doda's in die Capitänswürde zu verlangen als auch eine ihren Zwecken nach noch nicht näher bekannte Liga zu organisiren beabsichtigen. Man hält dafür, die Wittwe Bib Doda's habe die Hand bei diesen Vorgängen im Spiele und griechische Agitation, welcher der hiesige griechische Consul Mitzakis nicht fern stehe, bediene sich ihrer. Die häufigen Reisen des Letztgenannten nach Cetinje respective Rjeka, dem dermaligen Aufenthalte des Fürsten von Montenegro, bei welchem Herr Mitzakis persona grata ist, sowie auch des Prinzen Peter Karageorgevitch, verdienen einige Aufmerksamkeit. Die mirditesichen Angelegenheiten dürften sich je nach der weiteren Entwicklung der schwebenden, die Situation beherrrschenden Fragen nächstens ziemlich interessant gestalten.

Gleichlautend melde ich unter Einem Seiner Excellenz dem Herrn Botschafter in Constantinopel.

Genehmigen Euere Excellenz den Ausdruck meiner tiefsten Verehrung.

Dokument 43

Räubereien der Mirditen in der Zadrima-Ebene.
Bericht 70, Lippich an Kálnoky, Scutari 6. Oktober 1886.
HHStA, Politisches Archiv XXXVIII, 264 (Scutari 1887), Blatt 157–159.

Hochgeborner Herr Graf,

Das Verhältnis zwischen dem Gouverneur Mustafa Assim Pascha und der Bevölkerung wird von Tag zu Tag ein schlechteres; unter den Mohammedanern der Stadt, welche schon seit geraumer Zeit gegen den Marschall eingenommen sind, hat die Verhaftung eines aus Podgorica eingewanderten Notabeln, Mustafa Aga Mučić, der nicht nur unter den Muhadschir sich großen Einflusses erfreut, sondern auch unter den Notabeln Scutaris sehr angesehen ist, böses Blut gemacht. Es scheint, daß ihn der Marschall des Einverständnisses mit Gani Bey beschuldigt; der eigentliche Grund dürfte aber der sein, daß er in ihm einen seiner gefährlicheren Gegner unschädlich machen wollte. Der katholische Teil der städtischen Bevölkerung, der noch einige Sympathie für Mustafa Assim Pascha hegte, ist durch die willkürliche Maßregelung des katholischen Pfarrers von Daici in der Zadrima sehr erbittert worden.

Der ehemalige Chef der Bergbezirke, Zejnel Bey, gegen den, wie im Berichte vom 3. Mai l. J. Nr. 33 gemeldet wurde, eine strenge Untersuchung eingeleitet worden war, ist aus der Haft entlassen und die Untersuchung eingestellt worden; so hat auch die Kampagne, welche der Marschall seinerzeit so geräuschvoll gegen das korrupte Beamtentum der Provinzregierung in Szene gesetzt hatte, ihr klangloses Ende gefunden.

Die Lage in der Zadrima wird für die dortige Bevölkerung eine immer verzweifeltere; die zum Schutze gegen die Räubereien der Mirditen dorthin gelegten Soldaten wagen nicht, diesen entgegenzutreten, begehen jedoch Akte der größten Willkür gegen die friedliche Bevölkerung, deren ganz unmotivierte und widersinnige Entwaffnung aufs strengste durchgeführt wird. Die Mirditen, durch diese Haltung der Truppen ermutigt, werden in ihren Unternehmungen immer kühner; so raubten sie letzten Samstag Nacht in Daici, obzwar sich eine Kompagnie Militär im Orte befindet, aus dem mit einer Mauer geschützten Hofe der Residenz des Mudirs der Zadrima 30 Stück ihm gehöriger Schafe.

Gleichlautend berichte ich unter Einem Seiner Excellenz dem Herrn Botschafter in Constantinopel.

Genehmigen Euere Excellenz den Ausdruck meiner tiefsten Verehrung.

Dokument 44

Die Politik Montenegros gegenüber den Chefs der Stämme.
Bericht 22, Lippich an Kálnoky, Scutari 15. März 1887.
HHStA, Politisches Archiv XXXVIII, 264 (Scutari 1887), Blatt 56–63.

Hochgeborner Herr Graf,

Im Anschlusse an meinen gehorsamsten Bericht vom 12. d. M. N. 19 beehre ich mich, Euerer Excellenz zu melden, daß ich mit den katholischen Bergchefs Ismail Martin, Bairakdar von Gruda, Dod Prenci, Bairakdar von Kastrati, und Ded Djon Luli,[173] erster Vojvode von Traboina in Hotti, zwei streng vertrauliche Unterredungen gehabt habe, über welche ich folgendes mir zu berichten erlaube.

Der Einfluß, welchen, wie im Berichte N. 19 geschildert, Montenegro auf die Bergstämme gewonnen, äußert sich naturgemäß am intensivsten in den unmittelbar an dasselbe grenzenden Gebieten, also in Gruda und Klementi, und nimmt, je entfernter dieselben von seiner Grenze liegen, auch im Verhältnisse ab. Die Mittel, deren es sich bedient, um die Bergstämme auf seine Seite zu ziehen oder sich doch unter denselben eine tunlichst große Anzahl von Parteigänger zu verschaffen, sind sehr einfach. Außer gelegentlichen, ziemlich beschränkten Geldbeteiligungen ist es namentlich der Hinweis auf seine übermächtige Stellung in deren unmittelbaren Nachbarschaft, auf die Schlagfertigkeit und vorzügliche Bewaffnung seiner Truppen, auf seine bessere Verwaltung und Gerechtigkeitspflege, auf die in Montenegro herrschende Ordnung und Sicherheit und in neuster Zeit auch die seinen Katholiken durch die erfolgte Kreirung des selbständigen montenegrinischen Bistums gewährten Garantien, welcher den Stämmen, abgesehen von ihrer prekären Lage zwischen den ihnen wolbekannten Aspirationen des fortschreitenden aggressiven Fürstentums und der apathischen Haltung der mit Montenegro anscheinend auf intimem Fuße verkehrenden und demselben Konzession auf Konzession gewährenden Türkei, schon an sich selbst zu imponiren geeignet

---

173 Albanisch: Luli, Dedë Gjo Luli (1840–1915); einer der berühmtesten Führer der Malissoren im Kampfe gegen die Türken. Besonders bekannt als einer der wichtigsten Führer des albanischen Aufstandes des Jahres 1911.

ist. Nebenbei wird auch mit den Gefahren gedroht, welchen sich jene aussetzen, die im Widerstande gegen Montenegro beharren oder demselben eventuell mit den Waffen in der Hand entgegentreten sollten. Endlich bedient man sich auch eines ganz illegalen Mittels; man deckt sich nämlich mit dem Namen Österreich-Ungarns und gibt vor, die Politik Montenegros gegenüber Albaniens sei mit jener der Monarchie identisch. Das Fürstentum agire im Einvernehmen mit derselben und gewissermaßen in deren Auftrage. Wenn unter dem Einflusse einer solchen, teils durch die tatsächlichen Verhältnisse selbst bedingten, teils durch die schwachsinnige Haltung und die korrupte Wirtschaft der eigenen Regierung begünstigten systematischen Bearbeitung der früher so entschlossene einmütige Widerstand der Bergstämme zu erlahmen beginnt und Stimmen laut werden, welche den Anschluß an Montenegro als das einzige Heil, die Bewahrung der Loyalität gegen die immer zweideutiger auftretende und vielleicht durch einen geheimen Pakt mit Montenegro verbundene Türkei hingegen als den unabwendbaren Ruin proklamiren, ist dies im Grunde nicht zu verwundern. Der Mißbrauch des österreich-ungarischen Namens ist vollends geeignet, die Gemüter zu verwirren, den Stämmen deren Glauben beizubringen, die k. und k. Regierung sei geneigt, deren Gebiete Montenegro zu überlassen, und ihnen die letzte Hoffnung auf eine bessere Zukunft unter dem von allen herbeigewünschten direkten Regime Österreichs zu benehmen.

Die Chefs, auf deren Schilderungen die voranstehende Darstellung basirt, erzählten mir ein Faktum, welches es zur Tatsache erhebt, daß Montenegro von dem letzteren Mittel Gebrauch macht.

Vor zwei Wochen wurde Ded Djon Luli von Hotti im Namen des in Podgorica internirten Flüchtlings Sokol Baschi[174] von Gruda eingeladen, sich zum Zwecke einer Besprechung mit demselben dorthin zu begeben. Er leistete der Einladung Folge. Statt zu Sokol Baschi wurde er zu einem ihm unbekannten, europäisch gekleideten montenegrinischen Funktionär geführt, welcher sich mit ihm in eine Besprechung der Zustände in den Berggebieten einließ, durch ihn in direkte Beziehungen zu den einflußreichsten Montenegro abgeneigten Chefs, besonders zu dem Bairakdar von Kastrati, treten wollte, ihm erklärte, selbst die entschiedensten Gegen Montenegro's könnten in der Anknüpfung solcher Beziehungen nichts Abträgliches erblicken, indem das Fürstentum in Allem, was sie betreffe, sich im vollen Einvernehmen mit Österreich-Ungarn befinde, und ihm nahelegte, ihn zu dem Bairakdar Dod Prenci zu geleiten, indem er an einem bezeichneten Tage über den See nach Kastrati zu kommen gedenkte. Ded Djon Luli versicherte, sich dieser zugemuteten Succession unter dem Hinweise auf die imminente Gefahr einer Kompromittirung seiner selbst und des Bairakdars erwehrt, auch einen Antrag auf Besorgung geheimer Briefschaften an nicht näher bezeichnete Personen abgelehnt zu haben, und endlich unter Ausdruck des Bedauerns unbehelligt entlassen worden zu sein. [...]

---

174 Siehe das Dokument 38.

Dokument 45

Ein Versuch der Hohen Pforte zur Beilegung der Blutrache.
Bericht 35, Lippich an Kálnoky, Scutari 26. April 1887.
HHStA, Politisches Archiv XXXVIII, 264 (Scutari 1887), Blatt 107–108.

Hochgeborner Herr Graf,

Tahir Pascha[175] hat die Chefs der vom Sandschak Scutari dependirenden
Bergstämme mit Ausnahme Mirdita's für die laufende Woche hierher berufen,
um denselben anzukündigen, daß die Hohe Pforte die Beilegung der Blutfehden
angeordnet habe, und um mit ihnen die Modalitäten zu berathen, unter denen
die Pacification vor sich zu gehen haben wird, sowie hauptsächlich die Höhe der
Geldbeträge festzustellen, welche von den der Blutrache Verfallenen an die Bluträcher zu erlegen sein wird. Die Maßregel war zur Nothwendigkeit geworden,
indem dieselbe schon seit einer Reihe von Jahren nicht durchgeführt worden
und in Folge dessen die Zahl der anhängigen Blutfehden in allen Bergen so
beteutend angewachsen war, daß die Chefs anläßlich ihrer letzten Anwesenheit
in Scutari dem Generalgouverneur die Dringlichkeit einer allgemeinen Pacificirung vorgestellt hatten. Ob die Maßregel auch auf Mirdita wird ausgedehnt werden können, ist bei den dort herrschenden Zuständen zweifelhaft.

Gleichlautend berichte ich unter einem Seiner Excellenz dem Herrn Botschafter in Constantinopel.

Genehmigen Euere Excellenz den Ausdruck meiner tiefsten Verehrung.

Dokument 46

Ein Blutrachefall zwischen Gruda und montenegrinischen Bergbewohnern.
Bericht 38, Lippich an Kálnoky, Scutari 10. Mai 1887.
HHStA, Politisches Archiv XXXVIII, 264 (Scutari 1887), Blatt 113–114.

Hochgeborner Herr Graf,

Außer den bereits gemeldeten Fällen von Blutrache, welche sich gleichzeitig
mit der Proklamirung des die allgemeine Pacificirung verordnenden Fermans[176]
ereigneten, wurden noch aus Hotti, Tusi und Gruda analoge Fälle zur Anzeige
gebracht. In einem derselben gelang es, des Thäters habhaft zu werden.

Was die in Gruda verübte Blutthat betrifft, ist hervorzuheben, daß die Thäter
zwei Montenegriner aus Kutschi waren, welche zwei Leute des genannten Stammes am 4. d. M. aus Blutrache erschossen. In Folge dieses Vorfalls entstand in
Gruda und überhaupt in den der Grenze naheliegenden Stämmen eine heftige
Aufregung, welche unmittelbare Repressalien befürchten ließ.

---

175 Damaliger Generalgouverneur von Shkodra.
176 Verordnung des Sultans.

Tahir Pascha wies den Kaimakam von Tusi telegrafisch an, Vorsichtsmaßregeln zu ergreifen und die Erklärung zu geben, daß die Thäter bereits von den montenegrinischen Autoritäten verhaftet worden seien und bestraft werden würden.

Seine durch Vermittlung Djavad Pascha's[177] in Cetinje angestrengten Reclamationen hatten insoferne nicht das gewünschte Resultat, als die fürstliche Regierung sich nur bereit erklärte, an einer zu bildenden gemischten Untersuchungscommisssion theilzunehmen, welche, sobald die der Tödtung von Montenegrinern bezichtigten ottomanischen Unterthanen gefänglich eingezogen sein würden, die beiderseitigen Uebelthäter gleicher Bestrafung zuzuführen hätte. Tahir Pascha hat sich diesfalls um Weisungen an die Hohe Pforte gewendet.

Das Geburtsfest Sr. M. des Sultans wurde hier am 9. d. M. in solemner Weise gefeiert. Das Consularcorps interwenirte bei diesem Anlasse über Einladung des Marschalls in Uniform, eine Übung, von welcher seit Jahren Umgang genommen worden war, und drückte denselben seine Glückwünsche aus.

Gleichlautend berichte ich unter Einem Seiner Excellenz dem Herrn Botschafter in Constantinopel.

Genehmigen Euere Excellenz den Ausdruck meiner tiefsten Verehrung.

Dokument 47

Fortgang der Pazifizierung der Blutfehden.[178]
Bericht 41, Lippich an Kálnoky, Scutari 17. Mai 1887.
HHStA, Politisches Archiv XXXVIII, 264 (Scutari 1887), Blatt 117–118.

Hochgeborner Herr Graf,

Die Beilegung der Blutfehden, welche Angelegenheit dermalen in dem nördlichen Theile der Provinz die Regierung vor allen anderen in Anspruch nimmt, wird noch immer ab und zu durch einzelne störende Zwischenfälle unterbrochen, schreitet jedoch im Ganzen vorwärts, indem sowohl die Stadt Scutari mit ihrem weiteren Gebiete, als die Bergstämme, selbst die entfernteren von Pulati, mit derselben Angelegenheit sich beschäftigen. Auch in Mirdita ist der diesbezügliche Ferman proclamirt und von den Chefs angenommen worden. In den letzten Tagen hat sich allerdings wieder ein größerer Fall von Blutrache zwischen dem Stamme Klementi und jenem von Kastrati ergeben, bei welchem vier Mann todt blieben. Die angreifenden Klementi verloren drei Mann.

Andere Nachrichten von Interesse liegen aus keinem Theile der Provinz vor.

Gleichlautend berichte ich unter Einem Seiner Excellenz dem Herrn Botschafter in Constantinopel.

Genehmigen Euere Excellenz den Ausdruck meiner tiefsten Verehrung.

---

177 Vertreter des Osmanischen Reichs in Cetinje.
178 Über den Anfang der Pazifizierung siehe Dokumente 45 und 46.

Dokument 48

Versammlung der Mirditenchefs in Oroschi. Gerüchte über einen Diebstahl in Kruja.
Bericht 64, Lippich an Kálnoky, Scutari 3. September 1887.
HHStA, Politisches Archiv XXXVIII, 264 (Scutari 1887), Blatt 153–154.

Hochgeborner Herr Graf,
[...] Sonntag den 28. August fand in Oroschi eine Versammlung von den hervorragendsten Chefs der Mirditesen statt, in welcher der Beschluß gefaßt wurde, die Absetzung des gegenwärtigen Kaimakams Capitän Cola und die Ernennung Prenk Bib Doda's an dessen Stelle zu verlangen.

In dem diesbezüglich an den Vali erstatteten Bericht beschuldigt der Kaimakam mehrere Gendarmerieofficiere des Einverständnisses mit den Mirditesen.

Hier cursirt das Gerücht über eine neuerlichen Diebstahl in Cruja.[179] Es heißt, daß 19 Pferde sowie 10.000 Pister geraubt wurden und werden Einwohner aus Ksella[180] als die Thäter bezeichnet.

Gleichlautend berichte ich unter Einem an Seine Excellenz den Herrn Botschafter in Constantinopel.

Genehmigen Euere Excellenz den Ausdruck meiner tiefsten Verehrung.

Dokument 49

Fortsetzung der Differenzen zwischen den Mirditen und der Regierung.
Bericht 26, Lippich an Kálnoky, Scutari 10. April 1888.
HHStA, Politisches Archiv XXXVIII, 271 (Scutari 1888), Blatt 71–72.

Hochgeborner Herr Graf,
Die Differenzen zwischen der Provinzregierung und den Mirditen dauern fort.

Die Chefs derselben schickten dem Vali ein Schreiben folgenden Inhalts zu: Sie hätten fünf Chefs mit einem Geistlichen an ihn gesendet, um ihn zu bitten, daß Prenk Bib Doda zu ihrem Capitän ernannt werde. Der Vali habe sie nicht empfangen und sich in eine Besprechung ihrer Angelegenheiten nicht einlassen wollen, sie seien daher unverrichteter Dinge nach Mirdita zurückgekehrt. Seit siebzig Jahren habe kein Vali sich in ähnlicher Weise gegen die Mirditenchefs benommen. Die Bevölkerung werfe ihnen vor, daß sie ihre Anliegen der Regierung nicht zur Kenntnis brächten, daß sie die Aufhebung des herkömmlichen Landesgesetzes anstrebten und es unterließen, die Einsetzung des rechtmäßigen Landesoberhauptes zu verlangen. Die Bevölkerung habe sie verständigt, daß sie

---

179 Albanisch: Kruja; Stadt in Mittelalbanien, südlich der Mirdita. Damals war Kruja Hauptort eines Kasas, siehe Historia II, S. 49.
180 Das Dorf Kthella im Gebiet der Mirditen.

wie bisher so auch von nun an nur an die Beschlüsse des aus fünfundzwanzig Chefs bestehenden Rathes hören würde, nicht aber an jene des Administrationsrates, dessen Zustandekommen die Regierung betreibe. Sie seien daher genötigt, die bereits aus gefertigten Ernennungsschreiben der Beisitzer dieses Rathes dem Vali wieder zurückzustellen und ersuchen ihn, die Bevölkerung durch die Ernennung Prenk's zum Capitän zu befriedigen, widrigenfalls sie keine Verantwortung für die bedauerlichen Vorkommnisse übernehmen würden, welche die Folge der Nichtberücksichtigung der Volkswünsche sein könnte.

Tahir Pascha sandte die vorerwähnten Dekrete den Chefs durch den Major der mirditesischen Gendarmerie[181] mit der Aufforderung zurück, die Annahme derselben nicht länger zu verweigern und seinen Befehlen umso gewisser zu gehorchen, als sie sich sonst Unannehmlichkeiten aussetzen würden.

Gleichlautend berichte ich unter Einem Seiner Excellenz dem Herrn Botschafter in Constantinopel.

Genehmigen Euere Excellenz den Ausdruck meiner tiefsten Verehrung.

Dokument 50

Zusammenstöße zwischen Kastrati, Gruda und den Montenegrinern.
Bericht 39, Lippich an Kálnoky, Scutari 9. Juni 1888.
HHStA, Politisches Archiv XXXVIII, 271 (Scutari 1888), Blatt 56–58.

Hochgeborner Herr Graf,

Am 6. d. M. besuchte mich der Bairakdar von Kastrati in Begleitung des Vojvoda von Hotti, Ded Djon Luli.

Im Verlaufe unserer streng vertraulichen Unterredung bestätigten mir die Genannten nicht nur die am 30. Mai stattgehabten Grenzüberschreitung, sondern wußten auch zu erzählen, daß die unter Bazo Kurti eingebrochene Schaar über 50 Mann stark gewesen, die sich in drei Hinterhalte vertheilten, so daß die Leute denen sie auflauerten, ihnen nicht entgehen konnten. Während der Expedition patrouillirten montenegrinische Militärdetachements längs des Zemiflusses und deckten später den Rückzug der retirirenden Schaar. Es sei allerdings vor ungefähr zehn Tagen ein montenegrinischer Kuči von einem Gruda in Podgoritza auf offenem Markte erschossen worden und sei der Mörder, welcher für die Entführung seiner Frau Rache genommen, entflohen, doch stehe der Fall mit dem bereits vorher organisirten Einbruche in keinem ursächlichen Zusammenhange, indem die Widerverhaftung den Thäter oder dessen Angehörigen von Seite der Angehörigen des Erschossenen hätte treffen müßen, während die von Bazo Kurti angegriffenen Leute aus den besten Häusern Gruda's und Hotti waren, die mit jenem Vorfalle nichts zu thun hatten.

Bazo Kurti und die anderen Theilnehmer der Expedition seien über Befehl

---

181 Über die Organisation der Mirditen-Gendarmerie siehe Dokument 83.

aus Cetinje scheinbar zur Verantwortung gezogen und an die herzegowinische Grenze geschickt worden, wo sie vor der Hand internirt bleiben sollen.

Der Bairakdar theilte mir ferner mit, daß ihm am 4. d. M. durch Freunde hinterbracht worden sei, Fürst Nicolaus hätte Befehl gegeben ihn niederzumachen und sein Haus in Brand zu stecken, was allerdings leichter anzuordnen als auszuführen ist, indem der Bairakdar seinen Bezirk, in welchem er nicht leicht überfallen werden kann, nicht verläßt. Der Groll des Fürsten datire von fünf Jahren her und zwar wegen der Abweisung eines montenegrinischen Angriffes auf Fischerbarken von Kastrati und der damit im Zusammenhange gestandenen Erschießung des Bruders des Vojvoden Mašo Verbica[182] im Bazar von Scutari durch Leute aus Kastrati.

Die Lage der Bergstämme schilderten mir beide als sehr traurige. Von der eigenen Regierung feindlich behandelt und nahezu aufgegeben, von Montenegro bedroht und angegriffen, wüßten sie sich nicht mehr zu helfen und hofften einzig auf den Schutz Oesterreich-Ungarns. Ich ermahnte sie zur Geduld, zur Ausdauer und Mäßigung. [...]

Offenbar verfolge Montenegro auch die Absicht, die Bergstämme einzuschüchtern und dadurch das zu erlangen, was es seit Jahren anstrebt, nämlich die Stämme, sei es durch Güte, sei es durch Gewalt in Abhängigkeit von sich zu bringen.

Seit gestern schon circuliren Gerüchte über neue Zusammenstöße an der albanesisch-montenegrinischen Grenze. Während es jedoch einerseits heißt, die Gruda hätten drei Kuči erschossen, verlautet andererseits, daß diese Letzteren ein am Zem gelegenes Grudadorf zwischen Dinoschi und Miljesch[183] nächtlicherweile überfallen, sich jedoch nach kurzem unblutigem Kampfe wieder zurückgezogen hätten.

Gleichlautend berichte ich unter Einem der k. u. k. Botschaft in Constantinopel.

Genehmigen Euere Excellenz den Ausdruck meiner tiefsten Verehrung.

Dokument 51

**Ein Viehraub der Mirditen bei Miet, einem Dorf in der Nähe von Scutari.
Bericht 27/res., Hickel[184] an Kálnoky, Scutari 13. Mai 1893.
HHStA, Politisches Archiv XXXVIII, 290 (Scutari 1893).**

Hochgeborner Graf,

Vor 3 Tagen hat ein Trupp Mirditesen die alljährlich üblichen Vieh-Raube eingeleitet, [in deren Verlauf] in der Ebene bei Miet (Am Drin-Flusse) ein Über-

---

182 Einer der engsten Mitarbeiter des montenegrinischen Fürsten Nikola.
183 Dörfer des Stammes Gruda.
184 Österreichisch-ungarischer Konsul in Shkodra.

fall auf das dort weidende Vieh, welches musulmänischen Einwohnern von Miet gehört, ausgeführt und etwa 80 Kühe weggetrieben wurden.

Die Dorfbewohner von Miet, unterstützt von den dort garnisonirenden 2 Compagnien Militär, leiteten sofort die Verfolgung ein, stießen aber bei einem nahen Gehölze auf angeblich 300 dort lauernde Mirditesen, worauf durch einige Stunden hin- und hergeschossen wurde. Hiebei blieb ein Türke tot, der übrigens hiemit nur eine ältere Blutthat sühnte, ein anderer sowie zwei Soldaten sollen verwundet sein. Die Verluste der Mirditesen sind wie gewöhnlich nicht bekannt.

Abdul Kerim Pascha[185] entsendete in zwei Abtheilungen je zwei Compagnien reguläres Militär nach Miet, und berichtete telegraphisch nach Constantinopel, um für sich nach Ertheilung von weitgehender Vollmacht behufs persönlicher Aktion zu beantragen.

Nach den bisherigen Versuchen im vergangenen Jahre dürfte es zweifelhaft sein, daß er in Constantinopel mit dem Antrage noch seinen Ideen durchdringt. Bis zur Stunde ist eine Antwort von der Hohen Pforte noch nicht ertheilt worden.

Aus dem neuerlichen Vorfalle erhellt übrigens am Klarsten, welche Früchte die vorjährige, mit so viel Emphase geschilderte Durchreise des Vali durch Mirdita getragen hat.

Gleichlautend berichte ich unter Einem Seiner Excellenz dem Herrn Botschafter in Constantinopel.

Geruhen Euere Excellenz den Ausdruck meiner tiefsten Ehrfurcht huldvollst zu genehmigen.

Dokument 52

Darstellung des Zustandes der Gewässer in der Umgebung Scutaris.
Beilage des Berichtes 36/res., Rappaport[186] an Goluchowsky,[187] Scutari
12. August 1895.
HHStA, Politisches Archiv XXXVIII, 300 (Scutari 1895), Blatt 23–26.

Darstellung des gegenwärtiges Zustandes der Gewässer in der Umgebung Scutari's und der eine Regulirung derselben erheischenden Gründe.

(Dataillirter karthographischer Befehl: Zone 37. Col. XXI der vom k. u. k.

---

185 Damaliger türkischer Generalgouverneur von Shkodra.
186 Rappaport von Arbengau, Alfred (1868–1918), österreichisch-ungarischer Vizekonsul in Shkodra, später Konsul in Mazedonien. Autor des Buches „Au pays des martyrs. Notes et souvenirs d'un ancien Consul Général d'Autriche-Hongrie en Macédoine (1904–1909)", Paris 1927. Über seine Tätigkeit siehe SCHWANKE, Robert: Österreichs Diplomaten in der Türkei. Ihre Verdienste zur Erweckung und Förderung landeskundlicher Forschungen in Albanien, in: Albanien-Symposion 1984, hrsg. von Klaus Beitl, Kittsee 1986, S. 26.
187 Goluchowsky, Agenor d. J., Graf (1849–1921), Außenminister Österreich-Ungarns von 1895 bis 1906.

militärgeographischen Institute im Jahre 1893 entworfenen Specialkarte von Montenegro, Maßstab 1:75.000)

Gegenwärtiger Zustand

Gegenwärtig bestehet im wesentlichen das folgende Gewässersystem in der Umgebung Scutari's:

Sofort nach dem Verlassen der Berge bei Vau Deîns[188] theilt sich der Drin in zwei Arme. Der eine wasserärmere (genannt alter Drin oder Drin von Alessio) trennt die Zadrima von der übrigen Ebene und ergießt sich unterhalb Alessio's ins Meer. Der andere mächtigere Arm (Drinasa)[189] bildet eine Bifurcation, welche bei der Citadelle von Scutari in die Bojana mündet. Letztgenannter Strom ist der Ausfluß des Scutarisee's. Südwärts fließend und zum Theil die türkisch-montenegrinische Grenzen bildend, erreicht er zwischen S. Nicolo[190] und Pulaj[191] in einem Delta die See. Schließlich nimmt die Drinasa am Ostende der Scutariner Hügel den aus den Bergen von Pulati kommenden, in Sommer gänzlich versiegenden Gießbach Kiri auf.

Historisches

Dieses Gewässersystem hat jedoch durchaus nicht immer in derselben Form existirt. Ganz abgesehen von früheren, geologisch nachweisbaren, aber auch dem Laien noch erkennbaren Veränderungen, existirt der gegenwärtige Zustand erst seit relativ kurzer Zeit. Wie aus historischen Quellen, aus der Überlieferung, ja sogar aus der Erzählung ergrauter Augenzeugen hervorgeht und durch die Existenz alter Flußbette bestätigt wird, durchfloß vor allem der Kiri noch vor einem Jahrhundert ein nördliches, heute noch „Kiras" genanntes Stadtviertel von Scutari und mündete direct in den See. Durch Versandung des Bettes war aber der genannte Gießbach aus dieser Richtung abgedrängt und ergoß sich seither über den Umweg um die südlich von der Stadt gelegenen Hügel und die Cittadelle (ehemals „Rosafa" genannt) in die Bojana. Seither gingen durch die Fluthen des Kiri wiederholt ganze Stadttheile zugrunde oder wurden wenigstens von diesem Schiksale bedroht.

Der dem albanesischen Hochlande entströmende Drin hatte damals nur ein einziges Bett, u. zw. den jetzigen Alessiner Arm, welcher allmählig versandete und so Überschwemmungen hervorrief, so oft der Wasserstand durch Aufthauen der Schneewasser stieg. Analoge, freilich schwächere Erscheinung, wies auch die damals noch gänzlich getrennte Boyana auf.

In besonders feuchten Wintern ereignete sich nun aber der Fall, daß zufolge der geringen Niveaudifferenzen an mehr als einer Stelle die beiden Inundations-

---

188 Albanisch: Vau i Dejës; Dorf in der Zadrima-Ebene südöstlich von Shkodra.
189 Alter Name, nicht mehr in Gebrauch. Dieser Arm entstand im Jahre 1854 nach einer riesigen Überschwemmung.
190 Dorf im Delta des Buna-Flusses.
191 Dorf im Delta des Buna-Flusses.

gebiete sich berührten, wie dies auch jetzt noch bei hohen Wasserstande in den Morästen von Truš[192] u. Kneta Baldrinit[193] vorkommt. So konnte es denn nicht ausbleiben, daß ein kleiner Anlaß – angeblich die Anlage eines Mühlgrabens durch einen, Ländereien besitzenden Vali – genügte, um nach dem Sinken der Hochwässer eine Bifurcation zurückzulassen.

Diese Bildung vollzog sich vor etwa 50 Jahren, und floß damals der neue Drinarm bei der in der Karte mit „Ura Trinaš" bezeichneten Localität vorbei.

Als mit der Zeit auch dieser Arm mit Schlamm und Sand ausgefüllt ward und dem immer mächtiger werdenden Wasserüberschusse des Alessianer Drines nicht mehr genügte, änderte sich der Lauf abermals und bildete durch Vereinigung mit dem neuen Unterlaufe des Kiri die heutige Drinasa, welche jetzt an Wasserreichtum den anderen Arm bei weitem übersteigt.

Nachtheile des gegenwärtigen Zustandes, gleichzeitig Motive einer Regulirung.

Diese Veränderung der Wasserläufe war von fortwährenden schweren Catastrophen begleitet und bewirkt heute noch für die Bewohner Scutari's u. seiner Umgebung, ja auch für die der angrenzenden montenegrinischen Landestheile folgende Nachtheile und Gefahren, welche gleichzeitig ebenso viele Motive für eine Reguliring des ganzen Systems bilden:

1.) Trotz einiger schwacher, durch frühere Vilayetsingenieure errichteter Dämme verwüstet der oft in wenigen Stunden hochanschwellende Kiri jährlich mehrmals besonders durch seine zurückbleibenden Schottermassen die im NO u. O an Scutari angrenzenden Felder und bedroht einzelne Theile der Stadt selbst.

2.) Bei dem minimalen Niveauunterschied zwischen der Drinasa u. dem Scutarisee ereignet sich häufig der Fall, daß das Hochwasser der Ersteren den Seeabfluss nicht nur zum Stauen bringt, sondern sich sogar selbst, des letzteren Stromrichtung verkehrend, in den See ergießt. Hiedurch wird ein rapides Steigen des Seeniveaus bewirkt und häufig (wie im vergangenen Winter durch mehr als zwei Monate) nicht bloß der Bazar v. Scutari, sondern auch das niedere N.O. Ufer des Beckens, darunter auch montenegrinische Landestheile, unter Wasser gesetzt.

3.) Die von der Drinasa in die Boyana geführten Schlamm u. Landwasser vermehren nicht bloß in bedenklicher Weise die Überschwemmungen der „Bregu Buns"[194] genannten Uferlandschaften, sondern beeinträchtigen auch durch Schaffung von Untiefen Schiffbarkeit der Boyana, insbesonders hat in der allerletzten Zeit zwischen Oboti u. Scutari, aber auch schon früher an der Mündung die Tiefe des Fahrwassers sehr abgenommen. Dies ist umso bedauerlicher, als die eine Grund-Bedingung des ökonomischen Lebens dieser Provinz und Montenegro's bildende Boyanaschiffahrt ohnehin wegen der Brandung an der Barre

---

192 Albanisch: Trush; Dorf in der Bregu i Bunës-Ebene südwestlich von Shkodra.
193 Landschaft in der Zadrima-Ebene.
194 Albanisch: Bregu i Bunës; Landschaft entlang der beiden Ufer des Buna-Flusses.

und der durch Felsenufer gebildeten scharfen Wendung des Flusses südl. von Belaj ohnehin nicht gefahrlos ist. (vgl. Art. XXIX des Berl[iner] Vertrages.)

4.) Obwohl die Drinasa den versandeten Alessiner Drin bei Hochwasser nahezu gänzlich entlastet, tritt derselbe dennoch regelmäßig aus, woran die unterhalb der Gabelung einmündenden linken Zuflüsse, vor allem der in Mirdita entspringende reißende Giadri schuldtragend sind.

5.) Die Drinasa selbst überschwemmt im Winter ihre beiden Ufer sammt den darauf gelegenen Ortschaften (insbesondere der Scutariner Vorstadt Tabaki – auf der Karte irrthümlich Fabaki) schadet aber vielleicht noch mehr durch die enorme Stromgeschwindigkeit, welche häufig Uferstrecken von mehreren Morgen Umfang einfach losreißt. Dieses Schicksal hat vor kurzem eine Strecke der von den Elementarereignissen ohnehin hart mitgenommenen Straße nach Medua ereilt.

6.) Wie aus dem Vorstehenden erhellt, ist eigentlich kein Punkt des Tieflandes mehr vor dem Wasser geborgen. Abgesehen von den traurigen Folgen für die menschlichen Wohnstätten und die landwirthschaftlichen Anbauflächen kann daher, so lange dieser Zustand fortbesteht, an die dauernde Errichtung moderner Communicationen, seien es auch nur Chausseen, in dem ganzen tiefgelegenen Theile des Sandschaks Scutari gar nicht gedacht werden.

Dokument 53

Die Haltung der katholischen Bergstämme gegenüber den Reformen der türkischen Regierung.[195]
Bericht 68/res., Hickel an Goluchowsky, Scutari 22. Dezember 1896.
HHStA, Politisches Archiv XXXVIII, 417 (Scutari 1896–1899), Blatt 60–62.

Hochgeborner Graf,

In Ergänzung meiner ergebensten ausführlichen Meldung vom 17. l. M. N. 67/ res. habe ich für heute nur zu berichten, daß der Generalgouverneur Edib Pascha endlich seinerseits zur Beruhigung der wachsenden Gährung eingreift.

Er berief nämlich am Abend des 18. l. M. je 2 Muhtars[196] der hiesigen 14 muselmännischen Stadviertel und am 19. l. M. Morgens die Muhtars der katholischen Gemeinde zu sich in den Konak,[197] wo er denselben versicherte, daß es sich nicht um Beeinträchtigung der bisher für das Vilajet Scutari noch in Kraft bestehenden Exemptionen, also auch nicht um Einführung neuer Steuern oder der allgemeinen Wehrpflicht oder um Entwaffnung handle; ferner empfahl er,

---

195 Im April 1896 hatte der türkische Sultan Abdul Hamid, um eine Lösung der Mazedonischen Frage zu finden, das Gesetz „Über die Reform in der Europäischen Türkei" dekretiert. Die Ursache dafür war die albanische Autonomie-Bewegung; siehe Historia II, S. 329ff.
196 Muhtar: seit 1834 Regierungsvertreter in Städten und Stadtvierteln.
197 Konak: Regierungssitz des Gouverneurs.

tumultuöse Versammlungen zu unterlassen, fügte aber doch auch bei, die Christen sollten sich von den Mohammedanern in dieser Sache nicht trennen, sondern vielmehr einträchtige Beschlüsse durch eine beschränkte kleine Anzahl von Delegirten fassen, ja er stellte ihnen sogar eine Berathungslocalität, sei es im Konak, sei es im Municipalitäts-Gebäude unaufgefordert zur Verfügung.

Am 20. l. M. berief Edib Pascha die Mohammedaner in größerer Anzahl neuerlich zu sich in den Konak, äußerte sich im Wesentlichen ebenso wie früher, ging aber auch um einen Schritt weiter, indem er selbst anbot, einen der Kjatib's[198] mit der Redaction des „Mazbata"[199] zu beauftragen, welchem sonach die Unterschriften nach gemeinsamer Berathung beizusetzen wären. Nach einer Version hätte er sogar errathen lassen, daß er selbst dieses Mazbata mitfertigen würde.

Aus allem geht ziemlich klar hervor, daß die hiesige Regierung alles andere eher anstrebt als die ernstliche Durchführung der angeblichen Aufträge betreffs der Reformen aus Constantinopel.

Die Mohammedaner wie auch die Christen in Scutari erwarten nun die Ankunft der Berg-Chefs, was man auch dem Vali mittheilte. Die katholischen Berg-Chefs, welche bisher bei Ablehnung von Regierungsmaßregeln fast stets mit den mohammedanischen Städtern stimmten, um ihre theilweise Unabhängigkeit zu wahren, scheinen jedoch nicht geneigt, der an sie ergangenen Berufung vor Ablauf der Weihnachtsfeste Folge zu leisten, und man kann daher erwarten, daß in den Conventikeln eine Unterschreibung eintreten werde, wie ja auch die Sitzungen der „Reform-Commission" stillschweigend als suspendirt zu betrachten sind.

Gleichlautend berichte ich unter Einem an Seine Excellenz den Herrn Botschafter in Constantinopel.

Genehmigen Euere Excellenz den Ausdruck meiner tief ergebensten Ehrerbietung.

Dokument 54

Angriff der Mirditen gegen türkische Soldaten in der Nähe von Puka.
Bericht 14/res., Hickel an Goluchowsky, Scutari 3. März 1897.
HHStA, Politisches Archiv XXXVIII, 417 (Scutari 1896–1899), Blatt 9–11.

Hochgeborner Graf,

Das kleine Nizam[200]-Detachement, welches dem Kaimakam[201] von Puka, eine starke Tagreise östlich von Scutari auf der Communication mit Prisren gelegen,

---

198 Gelehrter, Rechtsausleger, Sekretär.
199 Protokoll, Gesetzesentwurf.
200 Nizam: reguläre Soldaten.
201 Kaimakam: Vorsitzender eines Kaza (Bezirk).

zur Aufrechthaltung der Autorität in jenem Kaza zugetheilt ist, pflegt seine Fourage aus dem Depot in Miet (am Drin-Flusse) zu beziehen.

Der letzte derartige Transport, bestehend aus mehreren Lastthieren unter Escorte von 4 oder 5 Mann Nizams wurde vor vier Tagen, anscheinend auf dem Rückwege von Puka nach Miet bei Duschi[202] aus einem Hinterhalte von angeblich bei 50 Mirditesen angeschossen, wobei 4 Soldaten, darunter ein zur Abgabe an das Militärspital bestimmter Kranker tot blieben, während 2 Soldaten entkamen; die Mirditesen bemächtigten sich der Martini-Gewehre samt Munition der Gefallenen, sowie der Lastthiere und verschwanden.

Der Generalgouverneur Edib Pascha berichtete den Vorfall sofort telegraphisch nach Constantinopel; es scheint aber, daß er, wenn überhaupt, jedenfalls nicht die von ihm gewünschte Autorisation zu strenger Ahndung des Angriffes auf reguläres Militär, sondern nur unbestimmte Instructionen erhalten habe, wie dies ja gewöhnlich der Fall ist, so oft es sich um ähnliche Stückchen der Mirditen handelte. Thatsächlich beauftragte Edib Pascha nur die im Dienste der Localregierung stehenden sogenannten „Mirditen-Zaptijés",[203] nach den Missethätern zu fahnden.

Derartige Expedition der Mirditen pflegen jedoch notorisch stets gerade von Mitgliedern dieses Zaptijé-Corps inscenirt zu werden, zumeist um irgend eine Pression auf den Vali wegen rückständiger Löhnungen auszuüben. Das hat man jedes Mal constatiren können, so oft z. B. die Communication mit Prisren gesperrt wurde.

Übrigens wird im neuesten Falle behauptet, daß der eigentliche Anlaß eine Blutrache sei, indem vor circa 3 Monaten von dem Militär in Miet ein Mirditese erschossen und dessen Vater gefesselt nach Scutari abgegeben wurde, all' dies unter der angeblich falschen Beschuldigung, daß diese Mirditesen das Räuberhandwerk betreiben würden.

Trotzdem der Vali über diesen neuen Zwischenfall sehr aufgebracht schien, glaube ich doch nicht, daß die Sache zu weitgreifenden Maßnahmen führen dürfte, wenigstens nicht in höherem Maße, als seit vielen Jahren bei ähnlichen Anlässen.

Gleichlautend berichte ich unter Einem an Seine Excellenz den Herrn Botschafter in Constantinopel.

Genehmigen Euere Excellenz den Ausdruck meiner tief ergebensten Ehrerbietung.

---

202 Dushi, kleines Dorf in der Zadrima-Ebene.
203 Türkischer Ausdruck für die Mirditen-Gendarmerie, siehe Dokument 83.

Dokument 55

Das Interesse Österreich-Ungarns an den albanischen Bergstämmen.
Bericht 190, Ippen[204] an Ministerium des Äußeren, Scutari 28. Juni 1897.
HHStA, Politisches Archiv XXXVIII, 417 (Scutari 1896–1899), Blatt 48–51.

Hochgeborner Graf,

Ich hege den lebhaften Wunsch, den Franciscaner Pater Pierbattista Grumelli da Verolavecchia, derzeit Pfarrer in Zumbi bei Prisren, her nach Scutari zu bringen. Dieser Pater kann unsere Action hier in hervorragendem Grade fördern, während in Zumbi seine Fähigkeiten und Qualification nicht ausgenützt ist. P. Grumelli ist ein gründlicher Kenner der Verhältnisse und der Persönlichkeiten unter den Stämmen Kastrati, Hoti, Gruda, Klementi, welche auch die „Malsia maze"[205] (la grande montagne) genannt werden, er genießt bei denselben großes Ansehen, Beliebtheit und Einfluß.

Er wirkte bis zum Jahre 1888 hier und war für den verstorbenen Generalconsul Ritter von Lippich ein verläßlicher und ergebener Mittelsmann für alle die früher erwähnten Malissoren-Stämme betreffenden Angelegenheiten.

Derzeit fehlt hier ein solcher vollständig, das Generalconsulat besitzt gar keine Beziehungen zu diesen Stämmen, infolgedessen auch keine über die Vorgänge innerhalb derselben und keine Einwirkung auf sie, alle diese Beziehungen werden nie direkt gepflogen werden können, ein Mittelsmann wird immer notwendig sein.

Ich weiß derzeit nur P. Grumelli, der zu dieser Aufgabe hervorragend befähigt wäre. Mit ihm als Mittelsmann für die Malsia-maze, mit Bischof Marconi in Dukadžin und Erzabt Docchi[206] in Mirdita kann ich sagen, daß ich die gesammten katholischen Berggebiete Albaniens in der Hand habe und daß Euere Excellenz über dieselben jederzeit und für jede Eventualität disponiren können.

Ich glaube, ein solches Resultat ist die Aufwendung von Mühe wert, die es kosten wird, den P. Grumelli herzubekommen. Es könnten nämlich in der Propaganda oder im Ordensgeneralrate Schwierigkeiten gegen einen solchen von uns vorgebrachten Wunsch erhoben werden. In den Jahren 1887/8 war P. Grumelli das Object vielfacher Anschuldigungen aus dem Titel der geistlichen Moralität, ich glaube die schwerwiegendste war, daß er im Beichtstuhle Frauen courtisirt haben soll; es kam jedoch zu keinem disciplinären Proceß und er wurde äußerlich vollkommen rehabilitirt, so daß ich annehmen muß, daß die

---

204 Ippen, Theodor Anton (1861–1935), österreichisch-ungarischer Konsul in Shkodra in den Jahren 1897–1904. Ippen ist der Autor vieler Bücher und Abhandlungen über Albanien. Über sein Leben und Werk siehe WERNICKE, ebenda.

205 Albanisch: Malësia e Madhe; Landschaft am nördlichen Rande Albaniens, die die Gebiete der Stämme Hoti, Gruda, Kastrati und Kelmendi umfaßt.

206 Doçi, Preng (1847–1917), in dieser Zeit geistlicher Führer der Mirditen. Doçi ist in Albanien auch als Dichter bekannt; siehe BARTL, ebenda, S. 30 und BARTL, Peter: Prenk Doçi – Priester und Revolutionär. Zur Biographie eines albanischen Patrioten, in: Konferenca Shkencore për Lidhjen e Prizrenit, Tiranë.

Anschuldigungen als unbegründet erkannt worden sind. Dies kann also kein Hindernis bilden, und es wäre nur persönliche Animosität und feindselige Gesinnung gegen unsere Interessen, wenn man uns diesen Mann verweigern würde.

P. Grumelli würde allerdings verdienen, in höherer Stellung nach Scutari zurückzukehren; derzeit ist jedoch keine solche zu vergeben. Ich würde ihn demnach als Superior des hiesigen reformirten Hospizes vorschlagen. Das hiesige Hospiz der reformirten Franciscaner leidet seit Jahren an einer Vorstands-Krise, indem keiner der verschiedenen Superioren, mit denen man es successive versuchte, entsprach.

P. Grumelli hat früher bewiesen, daß er für diese Stelle sehr qualificirt ist, durch eine solche Verfügung werden daher die Interessen des Ordens gewahrt und die unseren sehr gefördert.

Ich stelle also den ergebensten Antrag, Euere Excellenz geruhe in Rom die Berufung des P. Pierbattista Grumelli da Verolavecchia in Zumbi als Superior des reformirten Franciscaner Hospizes in Scutari zu begehren und zu erwirken.

Ich erlaube mir Euere Excellenz zu bitten, diesem Antrage die größte Berücksichtigung gnädigst angedeihen zu lassen, da ich im Interesse unserer Aktion auf eine Verwendung des P. Grumelli das größte Gewicht legen muß. Derselbe ist dem hohen Ministerium kein Unbekannter, ich erlaube mir, auf den h. a. Bericht vom 22. Juli 1890 N. 133/res. zu verweisen sowie darauf, daß er seit Jahren ein k. u. k. Verdienstkreuz besitzt. P. Zubac hat mir versprochen, dem General darüber zu schreiben, und den P. Grumelli hoffe ich durch persönliche Intervention zur Annahme der hiesigen Stellung zu bewegen.

Genehmigen Euere Excellenz den Ausdruck meiner tief ergebensten Ehrerbietung.

Dokument 56

Ein Konflikt zwischen Albanern und Montenegrinern im Grenzgebiet.
Eine Reise Ippens in Kelmendis Berge.
Bericht 31, Ippen an Goluchowski, Scutari 1. August 1897.
HHStA, Politisches Archiv XXXVIII, 417 (Scutari 1896–1899), Blatt 66–73.

Hochgeborner Graf!

Ich bin in der Lage, Euerer Excellenz über den jüngsten Conflict an der türkisch-montenegrinischen Grenze auf Grund persönlicher Wahrnehmung an Ort und Stelle Bericht zu erstatten, indem ich, da ich die drückende Sommerhitze in Skutari nicht ertragen konnte, mich in die der Grenze nahen Alpen der Klementi, um Erholung zu finden, geflüchtet hatte. Ich hatte auf der Alpe Majan, welche auf der vom Landesbeschreibungs-Bureau des k. u. k. Generalstabes im Jahre 1893 angefertigten Specialkarte von Montenegro, Blatt Andrijevica, verzeichnet erscheint, Aufenthalt genommen. Am Montag den 26. Juli, dem St. Annen-Tage, welchen die katholischen Malissoren als Fest der hl. Prenna (Veneranda) besonders feiern, las der Pfarrer von Selce die hl. Messe auf der benachbarten Alpe Ježindol; ich wohnte der hl. Messe bei und, nachdem wir einige Zeit in den Sennhütten verweilt hatten, begaben wir, d.i. der Pfarrer und ich von einigen Malissoren begleitet, uns nach meinem Zelte zurück. Die Malissoren hatten uns erzählt, daß Tags zuvor sich starke Gruppen von Vassojevič[207] (Montenegrinern) auf den Gipfeln, auf denen die Grenze läuft, gezeigt hatten. Um 5 Uhr fiel ein Schuß; wie ich später hörte, wurde er als Signalschuß auf dem Gipfel Iljine Glave (alb. Žihovo) abgefeuert, gleich darauf eröffneten die Vassojevič, welche unbemerkt die Grenze besetzt hatten, an vier Punkten Feuer auf die albanesischen Hirten. Das Feuer war jedoch unschädlich, und die Hirten konnten sich mit ihren Heerden zu den Sennhütten zurückziehen. Sofort erschallte jedoch von den Gipfeln der Allarmruf der Malissoren: „Die Büchse hat geknallt, die Schismatiker (d. h. Montenegriner) haben die Fehde begonnen" (albanesich: Ka kris puška, u nis n'luft Škja).[208] Innerhalb zwei Stunden waren 200 Malissoren an der Grenze, besetzten die Gipfel, von denen sich die Vassojevič zurückgezogen hatten, und verblieben die Nacht auf Posten. Sie schickten zwei Frauen als Parlamentare zu den Montenegrinern, um nach dem Grunde des Angriffes zu fragen. Die Frauen brachten die frivole Antwort, daß dies nichts bedeute und die Vassojevič den Malissoren nichts anhaben wollen, der Angriff sei von einigen tollen Leuten verübt worden, weil an einem anderen Punkte der Grenze Landsleute getötet worden seien. Die ganze Nacht zogen bewaffnete Montenegriner bis von Kuči her, hinter der Grenze, vorbei gegen Velika zu, den nächsten Morgen schien das von der Grenze sichtbare Vassojevič-Dorf Konjuhe von den Männern verlassen, es wurden nicht einmal die Herden auf die Alpe getrieben. Am Dienstag und Mittwoch machten mir dann in Gussinje der türkische Kajmakam und die Häupter von Gussinje folgende Mitteilungen.

Am 25. Juli war eine montenegrinische Četa[209] aus Velika[210] in türkisches Gebiet eingedrungen und stahl katholischen Malissoren von Selce, welche dort die Alpe bezogen hatten, Pferde. Die Malissoren verfolgten die Räuber und erreichten sie bei Bjeluke noch auf türkischem Gebiete; es wurde beiderseits gefeuert, 2 Montenegriner fielen, ein dritter soll verwundet sein; ein mohammedanischer Malissor aus Vunsaj[211] rief den Seljanern zu: „Es sind Albanesen aus Rugova.[212] Ihr habt genug getan, machet nicht unnötige Blutschuld". Darauf stellten die Malissoren das Feuer ein, und die Montenegriner, angeblich 5 Mann, entkamen. Bei Besichtigung der Gefallenen sahen die Malissoren, daß es Montenegriner in Kleidung der Rugova waren, sie waren über ihren Kameraden aus

---

207　Vasojevići: Montenegrinischer Stamm.
208　Ippen schreibt diese Phrase im gegischen Dialekt Nordalbaniens.
209　Albanisches Wort, bedeutet: „kleine Gruppe bewaffneter Menschen".
210　Montenegrinisches Dorf im Norden des Kelmendi-Gebiets.
211　Kleines Dorf im Süden der Stadt Gucia.
212　Landschaft in heutigen Kosovo, nordöstlich von der Stadt Gucia.

Vunsaj sehr erbost, denn ohne seinen Zwischenruf hätten sie alle Räuber getötet. Sie schnitten Einem das Ohr ab, nahmen sein montenegrinisches Militär Gewehr und seinen Umschwung mit Patrontasche an sich.

Auf die Schüsse eilte der Commandant des Wachhauses Čakor mit einer Patrouille herbei, die flüchtenden Montenegriner gaben auf die Soldaten Feuer und verwundeten den Officier. Ich sah denselben am Mittwoch in Gussinje, als er eben von Čakor ankam; er hatte oberhalb des linken Auges einen Streifschuß, der ihn, wenn er um einen Centimeter näher dem Auge gewesen wäre, auf der Stelle getötet hätte; der Mann ist Vater zweier kleiner Kinder.

Auf die Schüsse war auch die montenegrinische Grenz-Patrouille an die Grenze geeilt und nahm die flüchtenden Räuber auf. Die Patrouille schoß auf die türkische Vedette beim Wachhause Čakor, tötete den armen Anatolier, schnitt ihm die Nase ab und zertrümmerte den Schädel mit Steinwaffen; die Türken konnten die Leiche erst nach 20 Stunden ausgefolgt erhalten.

Die türkischen Soldaten aus dem Wachhause feuerten nun auch und töteten einen Montenegriner der Grenzpatrouille, den Sohn des Popen von Velika.

Die Montenegriner allarmirten daraufhin den ganzen Stamm Vassojevič, im Laufe des Montags sammelten sich 4 Bataillone Montenegriner in Velika, diese Zuzüge passirten dabei auch türkisches Gebiet über das Dorf Ržanica. Die Montenegriner belagerten durch 20 Stunden das Wachhaus Čakor und beschossen es, erst als die Albanesen von Rugova und Ipek[213] sich an der Grenze sammelten, zogen sie sich zurück.

Alle diese Vorgänge hatten die Bevölkerung begreiflicherweise sehr erregt, da sich dieselbe sagte, die Montenegriner wollen in ihr Gebiet einbrechen, und das türkische Militär sei zu schwach um das zu verhindern; die Gussinjaner wollten, da ihnen vielfach Waffen fehlen, das Militärdepôt erbrechen und sich bewaffnen; es gelang dem Kaimakam sie davon abzubringen. Sie entsendeten jedoch 3 Abteilungen zu je 100 Mann, um die Zugänge zur Stadt u. z. Vjeternik, Zagradje und Plava in der Nacht von Montag auf Dienstag zu bewachen, da sie einen montenegrinischen Angriff fürchteten.

Ich kam nun, auf der Rückkehr von den Alpen der Klementi nach Scutari begriffen, in das Gebiet von Gussinje. Trotz dieser aufregenden Vorkommnisse empfingen mich die Häupter der Bevölkerung in einer freundlichen und zuvorkommenden Weise, die ich gar nicht beschreiben kann. Sie baten mich von Allem, was vorgefallen war, Kentnnis zu nehmen und es wahrheitsgetreu meiner Regierung zu berichten, um festzustellen, wer bei diesen Conflicten der schuldtragende Teil sei. Die armen Leute behandelten mich wie ihren Erlöser, der sie von dem schweren Drucke, unter dem ihr unruhiger Nachbar sie leiden läßt, befreien könnte.

Diese Vorkommnisse constituieren einen eclatanten Friedensbruch Seitens der Montenegriner, insbesondere ist es Faustschlag gegen alles Völkerrecht, daß

---

213 Albanisch: Pejë; serbisch: Peć; Stadt im Kosovo. Damals war Pejë Hauptort eines Sandjaks im Vilayet Kosovo; siehe Historia, S. 49.

die Grenzpatrouille, also in activen Dienste befindliche Miliz, auf Truppen eines befreundeten Staates feuert; eine geradezu unerhörte Provocation ist die bedrohliche Ansammlung von Streitkräften in jenem vorspringenden Ausfallswinkel von Velika und Šekulare.[214] [...]

Dokument 57

Beschreibung der Weidegrenzen zwischen Kelmendi und den slawischen Stämmen.
Bericht 34, Ippen an Goluchowski, Scutari 20. August 1897.
HHStA, Politisches Archiv XXXVIII, 417 (Scutari 1896–1899), Blatt 85–88.

Hochgeborener Graf!
 Ich habe während eines 10 tägigen Aufenthaltes Gelegenheit gehabt, die Verhältnisse an der Südgrenze Montenegro's kennen zu lernen.
 Als nördliche Grenznachbarn dieses Fürstentumes haben wir an der montengrinisch-albanesischen Grenze zweifelsohne Interesse und kann uns die Lage an derselben nicht gleichgiltig sein.
 Der heikelste Teil dieser Grenze ist die Strecke vom Rikavec-See[215] bis zur Bezirkstadt Berane. Während die Grenze von der Adria bis zum Rikavec-See durch eine von den Signataren des Berliner Vertrags entsendete Commission delimitirt wurde, ist die Grenzstrecke Rikavec-See – Berane das Ergebnis directer Verhandlungen der limitrophen Staaten; diese Grenze ist jedoch der Schauplatz von sich immer wiederholenden blutigen Grenzconflicten.
 Die montenegrinische Grenzbevölkerung gehört den Stämmen Kuči und Vassojevič an; diese letzteren sind ein umsomehr ruhestörendes Element, als sie eine Irredente besitzen, denn ein Teil des Stammes ist unter türkischer Herrschaft verblieben und bildet den Bezirk von Berane.[216]
 Auf türkischer Seite sind auf der Strecke vom Rikavec-See bis zum Lim der katholische Malissoren-Clan Selce des Clementi-Stammes Nachbaren der Kuči und Vassojevič, weiter der mohammedanische Clan Rugova desselben Stammes. Hinter diesen Albanesen sind im Hintertreffen die von Bosniaken bewohnten Schwesterorte Gussinje und Plava.
 Die Seljaner (Selce) haben an der Grenze nur ihre Alpen, die ihnen als Sommerweiden dienen; die Landesgrenze stimmt so ziemlich mit der Grenze des Privatbesitzes überein; an einem Puncte haben die Seljaner ein Stück Alpe auf montenegrinischem Territorium, nämlich die Alpe Radotin am rechten Ufer des Gebirgsbaches Peručica. Die Vassojevič ihrerseits haben eine Alpe Kuti auf türkischem Gebiete, beiläufig 2 Stunden von Gussinje.

---

214 Montenegrinisches Gebirge.
215 Montenegrinischer See.
216 Administrative Einheit, damals teilweise von Albanern bewohnt.

Während jedoch sowohl die türkischen Behörden als die albanesische Bevölkerung die Vassojevič ungehindert diese Alpe abweiden lassen, haben die Montenegriner den Malissoren den Genuß der auf montenegrinischem Gebiete liegenden Alpe behindert. Nicht genug an dem, trachten die Kuči und Vassojevič die Malissoren auch aus den innerhalb der türkischen Landesgrenze liegenden Alpen zu verdrängen, indem sie jeden Sommer Angriffe auf sie machen. Besonders bedroht sind die Alpen Mojan, Ježindol und Bištnja; auf denselben sommern ca. 100 Hauscommunionen,[217] dieselben sind den Vassojevič gegenüber in großer Minderzahl und sind die Zeit, welche sie auf diesen Alpen verweilen, in steter Befürchtung eines Überfalles. [...]

[...] Die Vassojevič, welche früher Colonen der Aga's von Gussinje und Plava waren, haben aus dieser Zeit einen starken Haß gegen ihre ehemaligen Grundherren bewahrt und machen demselben Luft, indem sie soviele als sie erreichen können, töten und ausrauben und zahlreiche Grenzüberschreitungen begehen. [...]

Dokument 58

Beschreibung des Dukagjini Stammgebietes.
Bericht 33B., Ippen an Goluchowski, Scutari 17. August 1898.
HHStA, Politisches Archiv XXXVIII, 417 (Scutari 1896–1899), Blatt 58–65.

Hochgeborener Graf!
Die katholischen Malissoren Albaniens gliedern sich in 3 große Gruppen; die Malssia e madhe, die Mirditen mit den ihnen benachbarten Stämmen, endlich die Dukadžin, welche letztere man auch die Stämme der Diöcese Pulati nennt. Die Dukadžin begreifen eine über drei lange parallel laufende Gebirgsthäler – das Kiri – Šala – und Nikaj-Merturi-Thal – vertheilte Bevölkerung von 15.000 Seelen, sämtlich Katholiken.

Ich habe über dieselben im vorigen Jahre sub N. 22 d.ato. 25 Juni 1897 an Euere Excellenz zu berichten mir erlaubt und habe seither durch Beobachtung und persönlichen Contact meine Wahrnehmungen so completirt, daß ich mir erlaube, diesen Gegenstand neuerdings bei Euer Excellenz zu berühren. Von allen katholischen Malissoren haben wir die Dukadžin am wenigsten in der Hand; theils infolge ihrer rohen Unwissenheit und geistigen Verwahrlosung, theils weil sie wenig nach Scutari kommen und wenig Berührung mit dem Generalconsulate haben, ist – wie ich glaube – unser Einfluß auf diese Malissoren ein sehr fackärer.

Ich finde ein Beispiel, wie sehr ihnen ein politisches Unterscheidungsvermögen abgeht, in Thatsachen wie die folgenden: Diese katholischen Malissoren gehen ohne weitere Veranlassung nach Cetinje und machen dem Fürsten ihre

---

217 Hauscommunionen: Komplexe Haushalte aus mehreren konjugalen Paaren bestehend.

Reverenz, nur um die paar Goldstücke zu erhalten, die der Fürst in solchen Fällen zu schenken pflegt.

Als die Nachricht von den russischen Waffengeschenken an Montenegro im Dukadžin bekannt wurde, wollten diese Malissoren nach Cetinje eine Abordnung schicken, um auch für sich von diesen Waffen zu erbitten.

Als ich jetzt in den am weitest entlegenen Thälern von Ober-Šala, Tsuraj[218] und Nikaj war, meinten viele dieser Malissoren, ich reise dort, um das Land auszuspionieren, dann mit Soldaten wiederzukommen und sie aus ihren Wohnstätten hinauszutreiben, um mich deren zu bemächtigen. Ich muß hinzufügen, daß die Führer der Stämme solchen Gereden energisch entgegentraten und mir überall einen herzlichen Empfang bereiteten. So wenig sind sich diese Malissoren über Österreich, die österreichischen Aspirationen in Albanien und die Intentionen Österreichs ihnen gegenüber klar, trotz der von uns bisher während 80 Jahren zu ihrer Unterstützung aufgewendeten Gelder und Bemühungen.

Diese compacte katholische Bevölkerung, welche die Übergänge über das Gebirge nach Gusinje und in das obere Limthal innehat und welche das Bindeglied zwischen Scutari und Djakova mit seinen großen mohammedanischen Malissorenstämmen der Krasnić,[219] Gaši,[220] Tropoja,[221] Bituč[222] und Beriš[223] bildet, stellt einen Factor dar, welchem wir unser politisches Interesse nicht vorenthalten können, der uns unmöglich gleichgiltig bleiben kann. Wir müssen trachten, im Dukadžin mindestens ebenso Fuß zu fassen wie in der Malssia madhe,[224] wir können aus dem Dukadžin ein zweites Mirdita und zwar ohne französische Concurrenz machen; es ist jedenfalls eine verhängnisvolle Unterlassung, wenn wir die Verhältnisse so weiter belassen.

Hand in Hand mit diesem Bestreben geht die Aufgabe, das geistige Niveau der Malissoren des Dukadžin zu heben.

Die Instrumente, die uns in dem jetzigen Anfangs-Stadium zur Verfolgung

---

218 Albanisch: Curaj; Dorf im Stammesgebiet der Nikaj.

219 Albanisch: Krasniq; Gopčević erwähnt Krasniq als einen Stamm, dessen Gebiet von Luma im Osten, Thači und Merturi im Westen und dem Drin-Fluß im Süden begrenzt war. Nach demselben Autor hatte dieser Stamm am Ende des XIX. Jahrhunderts 550 waffenfähige Männer; siehe GOPČEVIĆ, ebenda, S. 250. Nach Seiner war das Gebiet von Krasniq von Nikaj und Merturi im Westen, vom Drin-Fluß im Süden, und von Bytyi und Gashi im Osten begrenzt. In dieser Zeit hatte Krasniqi nach Seiner 4.803 Einwohner.

220 Gashi; Stamm im östlichen Teil der Albanischen Alpen. Sein Gebiet grenzt an Bytyçi im Süden und Krasniqi im Westen. Nach Gopčević hatte Gashi 3.300 Einwohner; siehe GOPČEVIĆ, ebenda; nach Seiner 3.628; siehe SEINER, Ergebnisse, S. 109.

221 Tropoja; damals Dorf im Gashi-Gebiet; siehe SEINER, Ergebnisse, ebenda; die heutige Stadt Bajram Curri ist Hauptort des Tropoja-Distriktes.

222 Albanisch Bytyç; Stamm, dessen Gebiet vom Drin-Fluß im Süden, Kruma im Osten und Krasniqi im Westen begrenzt war. 1918 hatte er 2.044 Einwohner; siehe SEINER, Ergebnisse, ebenda.

223 Berisha; Stamm, dessen Gebiet südlich vom Drin-Fluß zwischen Toplana und Iballja gelegen war. Über seine Geschichte und Bevölkerung siehe den Teil NOPSCA, Die Bergstämme.

224 Malësia e Madhe, siehe Dokument 55.

dieser beiden Tendenzen zur Verfügung stehen, sind die Pfarrer und in erster Linie der Bischof von Pulati.

Ich habe auf der beiligenden Karte die Grenzen des Bisthumes Pulati eingezeichnet und die einzelnen Pfarren sowie die bischöfliche Residenz in Dschoani[225] kenntlich gemacht. Euere Excellenz geruhen zu bemerken, wie ungünstig die Residenz des Bischofs gelegen ist, indem sie sich ganz an der Peripherie der Diöcese statt in ihrem Centrum befindet. Bei den ungeheuer schwierigen Communicationen jener Gebirgslandschaft lebt der Bischof also wie abgeschnitten von dem Gros seiner Diöcesanen und von den meisten seiner Pfarrer. Es ist daher bei dieser Sachlage ganz unmöglich, daß der Bischof irgend einen Einfluß auf die Diöcesanen, sei es in politischer, sei es in civilisatorischer Richtung nehme.

Ich erachte es für unbedingt geboten, daß der Bischof im Centrum seiner Diöcese residire; das ist das Thal von Šala; dieses bietet den weiteren Vortheil, dass der Stamm Šala der Ausschlag gebende des Dukadžin ist, was Šala thut, dem folgen die anderen Stämme. Personen, welche diese Landschaft sehr gut kennen, haben die Lokalität Kodra Šnjercit (Hügel St. Georg), wo sich die Ruinen einer alten Benediktiner-Abtei befinden, als den geeignetsten Punkt für die Residenz des Bischofes von Pulati bezeichnet. Dieses ist also die erste Maßregel, die durchgeführt werden muß, damit wir die Malissoren des Dukadžin in unsere Einfluß- und Attractionssphäre bringen.

Zweitens ist die Zahl der Pfarrer zu vermehren, damit die Einwirkung auf die Malissoren eine intensivere wird; es wären neue Pfarren zu errichten

1. am rechten Ufer des Baches von Šala für die Dörfer von Nderlumtza[226] bis Lotaj/Pfarre[227] Unter-Šala rechtes Ufer.

2. in Prekali für den unteren Theil des Stammgebietes Šoši.

3. in Tsuraj für diesen Theil des Stammes Nikaj.

4. in Seltza für einige Dörfer des Stammes Merturi, die von der Pfarre Raja zu weit entfernt sind.

Es wäre dann Aufgabe des Bischofs und der Pfarrer vor allem die Auswüchse, welche die Blutrache in diesen Stämmen treibt, worüber mein ergebenster Bericht vom 25. Juni 1897 N. 22 Einiges enthält, abzustellen und diesen Brauch soweit einzudämmen, wie es in der Malssia madhe geschehen ist.

Endlich wäre es gut, wenn alljährlich eine wenn auch nicht große Summe zur Verfügung stünde, um Mais zu kaufen und in der Zeit von April bis Oktober, wärend welcher viele Familien buchstäblich kein Brod zu essen haben und von Käse und Waldfrüchten leben, zu vertheilen.

Ich schalte hier als Beweis für diese traurigen Verhältnisse ein, daß ich Anfang August d. J. in den 90 Häusern von Sesi[228] – Ober-Šala – nach Mais für

---

225 Gjani; Stamm in Oberalbanien, siehe den Teil NOPCSA, Die Bergstämme.
226 Ndërlumca; Weiler im Shala-Gebiet.
227 Lotaj; Dorf im Shala-Gebiet; siehe SEINER, Ergebnisse, S. 112.
228 Thethi; Dorf im Shala-Gebiet; siehe SEINER, ebenda.

meine Reit- und Tragthiere – Hafer oder Gerste gibt es nicht – suchte und mit großer Mühe 10 Kilogramm auftreiben konnte.

Ich füge noch hinzu, daß diese Ideen nicht exclusiv persönliche Ideen von mir sind, sondern daß auch Bischof Marconi und einige seiner Geistlichen, die über die Verhältnisse ihres Aufenthaltsortes nachdenken, zu diesen Ideen gelangt sind.

Genehmigen Euer Excellenz den Ausdruck meiner tiefsten Ehrfurcht.

Dokument 59

Beschreibung der Lage im Bezirk Puka.
Bericht 38B., Ippen an Goluchowski, Scutari 21. September 1898.
HHStA, Politisches Archiv XXXVIII, 417 (Scutari 1896–1899), Blatt 88–94.

Hochgeborner Graf!

Der Generalgouverneur hat jüngst die Chefs der 7 Banner von Puka nach Scutari berufen.

Im officiellen türkischen Almanach figurirt Puka als ein Bezirk der Provinz Scutari;[229] in Wirklichkeit ist es eine Gebirgslandschaft zwischen dem Drinflusse und dem Saumwege Scutari-Prisren gelegen – welche von 7 ganz unabhängigen Malissoren-Stämmen bewohnt ist,[230] in deren Mitte eine mit dem Titel eines Kaimakam's (Bezirksvorsteher's) bekleidete Persönlichkeit residirt, welche die Staatsautorität repräsentirt.

Im Allgemeinen gibt es gar keine Verwaltung, und wird irgend ein Akt vorgenommen, welchen man als eine Regierungsmaßregel ansehen könnte, so geschieht das nach dem traditionellen Malissoren-Rechte, dem Gesetze (Kanun) des Lek Dukadschin. Der Berufung des Generalgouverneurs leisteten 15 Häuptlinge Folge; von diesen waren 9 Mohammedaner und 6 Katholiken. 10 katholische Chefs, welche drei Banner vertreten, waren ausgeblieben. Der Grund ihres Fernbleibens ist Mißtrauen gegen die Intentionen der türkischen Regierung, Furcht, daß man ihnen etwas Böses anthun will, die Scheu des halbwilden, in seinen Bergen freien Gebirgsbauern vor der engen Stadt und den Behörden, die er in eine Kategorie mit den Wölfen seiner Berge stellt.

---

229 Puka war Hauptort eines Kazas im Sandjak Shkodra des gleichnamigen Vilayetes; siehe Historia II, S. 149.

230 Eine Definition, welche die 7 Bajraks von Puka waren, findet man in einem anderen Konsularbericht aus Shkodra von 4. Juni 1890. In diesem Bericht liest man: „Die in den Bergen gelegenen Pfarren, Beriscia, Cielsa, Dusci, Vierdha, Kčira, Komana, bilden sieben Bajraks welche dem Kaimakam von Puka Kriegsfolge leisten." (siehe DEUSCH, S. 119). Diese Namen sind von den anderen Autoren als einzelne Stammesnamen erwähnt worden. Für Puka selbst nennt Gopčević nur drei Bajraks, nämlich Puka, Halija und Mali i Zi; siehe GOPČE-VIĆ, ebenda, S. 264f. Nach Seiner hatte Puka acht Bajraks; Blinishti, Buzhala, Dedaj, Dushnesti, Lëvrushku, Midhaj, Puka, Ukthi; siehe SEINER, Ergebnisse, S. 111.

Ich habe die Pfarrer jener Stämme ersucht, den Chefs zu erklären, daß sie schlecht handeln, denn durch diese Abstinenz erwecken sie im Generalgouverneur die Ansicht, daß sie unbotmässig seien und lassen sich durch ihre mohammedanischen Landsleute den Rang ablaufen.

Der Generalgouverneur hatte diese Malissoren Chefs berufen, um ihre Bekanntschaft zu machen und ihnen einige allgemeine Phrasen über Unterthanstreue und Unterthanspflichten zu machen, sowie sich über die Pacification der Blutfehden bei ihnen zu erkundigen, innerhalb dieser 7 Banner sind 94 Blutfehden ausgeglichen worden. Der officielle türkische Almanach gibt die Bevölkerungszahl von Puka mit 11.690 Seelen an, wovon 6.130 Mohammedaner, 5.560 Katholiken; andere Angaben beziffern die Bevölkerung auf 14.500 Seelen, wovon 8.600 Katholiken und 5.900 Mohammedaner.[231]

Von den 7 Bannern ist eines, das Prisren zunächst liegt, complet mohammedanisch und zählt 4.000 Seelen, auf die übrigen 6 Banner entfallen daher 8.600 Katholiken und bloß 1.900 Mohammedaner.

Die Situation der Katholiken in dieser Landschaft ist eine schlechte, sie sind den Mohammedanern gegenüber in einer Weise nachgestellt, welche nicht dem numerischen Verhältnisse in den 6 Bannern entspricht, die ⅘ Katholiken und ⅕ Mohammedaner enthalten.

Wie ich früher erwähnt habe, besteht keine staatliche Verwaltung, sondern eine Art self-government, nicht durch die Katholiken ausgeübt, sondern trachtet immer denselben einen Mohammedaner aufzuzwingen.

Unter der Connivenz der Regierung erlauben sich einige solche mohammedanische Dorftyrannen alle Art von Bedrückung und Erpressung gegen die katholischen Gebirgsbauern.

Die katholische Geistlichkeit von Puka wollte deswegen an den Generalgouverneur eine Beschwerdeschrift überreichen; ich habe diesen Schritt aufgehalten, weil kein genügendes thatsächliches Material gesammelt war, sondern die Beschwerde mehr allgemeine Phrasen enthielt und weil ich deren sichere Erfolglosigkeit voraussah; ich erlaube mir, eine Abschrift dieser Beilage vorzulegen.

Es wäre vielleicht von irgendwelchem Nutzen, die Aufmerksamkeit der Hohen Pforte darauf zu lenken, daß einige Aga von Puka gegen die Katholiken allerlei Erpressungen und Willkür sich erlauben und daß die Organe der Regierung diesen Aga nicht ihre Unterstützung leihen, sondern deren Übergriffe und Eigenmächtigkeiten eindämmen sollten.

Nach dem Almanach der Provinz Scutari besteht der Medschliss[232] von Puka

---

231 In den 70er Jahren des XIX. Jahrhunderts hatte der Kaza Puka 4.500 mohammedanische und 5.000 katholische Einwohner; siehe SAX, Carl Ritter von: Ethnographische Karte der europäischen Türkei und ihrer Dependenzen zur Zeit des Kriegsausbruches im Jahre 1877, Wien 1878, S. 9ff. Einige Jahre später nennt Gopčević für den Stamm Puka 6.800 Einwohner; siehe GOPČEVIĆ, ebenda, S. 264. Am Anfang des zwanzigsten Jahrhunderts nennt Seiner 1.525 Einwohner; siehe SEINER, Ergebnisse, S. 111.

232 Meclis (türkisch): Verwaltungsrat.

aus 2 Mohammedanern und 1 Katholiken; diese Zusammensetzung ist gegen das Gesetz, es sollen 2 katholische Mitglieder sein.

Wenn auch nach meiner Erfahrung die Anwesenheit von katholischen Mitgliedern in den Medschliss von gar keinem Werte für die Interessen ihrer Religionsgenossen ist, so zeigt doch der Umstand, daß in einem überwiegend katholischen Bezirke nicht einmal diese äußerliche Gleichberechtigung eingehalten wird, wie wenig ernst es der türkischen Regierung um die wirkliche Gleichberechtigung ihrer katholischen Unterthanen mit den Mohammedanern ist.

Gleichlautend berichte ich an Seine Excellenz den Herrn Botschafter in Constantinopel.

Genehmigen Euere Excellenz den Ausdruck meiner tiefsten Ehrfurcht.

Dokument 60

Beschreibung der Lage in Mirdita.
Bericht 42D., Ippen an Goluchowski, Scutari 19. October 1898.
HHStA, Politisches Archiv XXXVIII, 417 (Scutari 1896–1899), Blatt 105–107.

Hochgeborner Graf!

Ich bin jüngst in Mirdita gewesen; die Eindrücke, die ich dort erhalten habe, waren sehr traurige.

Dieser Bezirk und seine Bevölkerung sind in zwieträchtige Parteien gespalten. Die Chefs beuten ihre Stellung gegen das Volk aus und bedrücken es immer mit der Absicht, Geld zu gewinnen und ihr Ansehen zu mehren.

Das Volk ist aufgereizt und zu allen Gewaltakten bereit, das Volk erwartet eine Besserung nur von der Wiedereinsetzung ihres angestammten Häuptlings Prenk Bib Doda in das Amt eines Verwesers von Mirdita; er würde das Volk gegen die Übergriffe und den Terrorismus der Oligarchen schützen.

Die Folge dieser Zerwürfnisse ist eine vollständige Anarchie, es gibt keine andere Autorität als die Waffe. Die Anarchie ist die Form, unter welcher die Mirditen Obstruction machen, um ihr home-rule zu erhalten.

Die Anarchie zieht die fortschreitende Verarmung der Bevölkerung nach sich; sie wagen nicht, mit den Herden herumzuziehen, aus Furcht vor Blutrache oder Anfällen der Gegner.

Die Regierung schürt diese fortschreitende Zersetzung, indem sie den verderblichen Instinkten ihres Faktotums Notz Nretza[233] freien Lauf läßt.

Von allen humanitären Gründen absehend, erachte ich aus reinen Utilitätsgründen diesen Zustand Mirdita's für uns als unvorteilhaft.

Wir wollen, daß das katholische Element in Albanien stark sei, indessen wird gerade sein stärkster Theil systematisch gebrochen. Ein zerrüttetes Mirdita bietet für alle Sorten fremder Agitation zahlreiche Anknüpfungspunkte.

---

233 Die Identität dieser Person ist nicht zu eruieren.

Es wäre daher an der Zeit, daß Prenk Bib Doda in die Machtbefugnisse seines verstorbenes Vaters Bib Doda eingesetzt werde, um gesicherte und geordnete Verhältnisse einzuführen, wozu sich die Generalgouverneure von Scutari seit 30 Jahren unfähig erweisen.

Gleichlautend berichte ich an Seine Excellenz den Herrn Botschafter in Constantinopel.

Genehmigen Euere Excellenz den Ausdruck meiner tiefsten Ehrfurcht.

Dokument 61

Beschreibung der Lage in der Mirdita. Konflikt zwischen dem Dorf Mnella in Mirdita und dem Dorf Haimeli in Zadrima.
Bericht 47B., Ippen an Goluchowski, Scutari 24. November 1898.
HHStA, Politisches Archiv XXXVIII, 417 (Scutari 1896–1899), Blatt 119–123.

Hochgeborener Graf!

Mein russischer College war auf einem Jagdausfluge in der Zadrima, im Dorfe Haimeli;[234] die dortigen Bauern, welche sich momentan in einem acuten Grenzstreite mit ihren Nachbarn, den Mirditen von Mnela, befinden, haben ihm viel über die Deprivationen der Mirditen vorgejammert und um seine Intervention gebeten. Herr Schtscherbina ist mit einer großen Portion Entrüstung gegen die Mirditen [hier]her zurückgekehrt und mit dem Entschlusse, im Namen der Humanität und der Gerechtigkeit einerseits dem Generalgouverneur ernste Vorstellungen zu machen, damit die Regierung die Gewalttätigkeiten der Mirditen abstellen möge, anderseits seiner Botschaft wahrheitsgetreuen Bericht über die Zustände zu machen.

Ein solcher Bericht wird wahrscheinlich darin gipfeln, daß Mirdita manu militari zur Ordnung zu verhalten sei, militärische Occupation, Einsetzung eines energischen Kaimakams etc.

Für den unwahrscheinlichen Fall, daß Herr Zinovjev[235] diesen Bericht nicht bloß in's Archiv einverleiben, sondern die Zustände von Mirdita wirklich bei der Pforte zur Sprache bringen sollte, erlaube ich mir den unseren Interessen entsprechenden Standpunkt zu umschreiben. Um nicht in Wiederholung zu verfallen, beehre ich mich auf meine ergebensten Berichte vom 14. November v. Jahres N. 44M./16B. zu verweisen. Seit dem Tode Kapetan's Bib Doda Pascha im Jahre 1868, also seit 30 Jahren, ist Mirdita das Feld der Experimente der Pforte und ihrer hiesigen Generalgouverneure, welche die Vernichtung der Autonomie zum Zwecke haben, trotz der 30jährigen Bemühungen ist das nicht gelungen, das Resultat ist die jetzt herrschende Anarchie, die der Regierung allein zur Last

---

234 Dorf in der Zadrima-Ebene, unweit des Mirditen-Gebiets.
235 Der damalige russische Botschafter in Konstantinopel.

zu legen ist; es wäre also Zeit mit diesem System zu brechen und Mirdita den Ausgleich zu bewilligen, der dasselbe sofort beruhigen wird.

Es werden vielleicht Stimmen laut werden, daß wir die Fortdauer der Gewalttätigkeiten der Mirditen wünschen, da wir einer militärischen Maßregelung derselben opponiren. Ich muß darauf entgegnen, daß gerade der Wunsch, geordnete Zustände retablirt zu sehen, uns gegen das ganz verkehrte Mittel einer militärischen Execution auftreten läßt. Mirdita war vom April 1877 bis Februar 1878 militärisch besetzt,[236] und es wurde gar nichts damit erreicht.

Der richtige Weg, die aus dieser Quelle entspringenden Übelstände zu beseitigen, ist für die türkischen Regierung der folgende:

1. Aufhebung des sogenannten mirditesischen Gendarmerie-Ba[taill]ons.

2. Einsetzung des Prenk Bib Doda nicht als Kaimakam, sondern, wie die staatrechtliche Bezeichnung bis zum Jahre 1868 lautete, als Chef von Mirdita, türk. Mirdita-Reissi.

3. Führung der Verwaltung Mirdita's durch Prenk Bib Doda nach dem traditionellen Rechte ohne Einmischung der Vilayetregierung.

4. Beistellung der Mittel für den Sicherheitsdienst zu Handen Prenk Bib Doda's durch Zahlung von mindestens 1.200 türk. Pfund jährlich.

Ich möchte mich noch gegen eine falsche Vorstellung wenden, die man allgemein trifft. Man hört allgemein, die Mirditen sind Räuber; richtig ist, daß unter den 3.000 Familien, die Mirdita zählt, 100–200 Häuser Räuber sind, die übrigen sind Leute, die weder stehlen noch rauben, noch mordbrennen.

Der jüngste Vorfall, wegen dessen mein russischer College sich so viel böses Blut macht, ist folgender: Die Mirditen haben mit den Bauern von Haimeli eine Grenzstreitigkeit. Es wurde ausgemacht, daß das strittige Terrain von beiden Theilen nur als Weide benützt werden soll.

Eine mirditische Familie begann dort Kalk zu brennen, die Bauern von Haimeli opponirten, die Mirditen brannten jedoch mit dem Gewehre in der Faust den Kalk zu Ende. Vor wenigen Tagen gieng einer dieser Mirditen nach Haimeli einkaufen und wurde dort erschossen.

Die Mirditen von Mnela sagen nun, dieser Mann ist wegen der Grenzstreitigkeit gefallen, die das ganze Dorf interessirt, das ganze Dorf muß ihn also rächen. Sie versuchten einen Überfall auf Haimeli, reüssirten jedoch nicht, da es militärisch bewacht wurde.

Am 21. hatten die Bauern von Haimeli eine Braut einzuholen und mußten durch das Dorfgebiet von Mnela passiren; obzwar der Bruder des erschossenen Mirditen ihnen freies Geleit zugesagt hatte, wurden die Hochzeiter unterwegs angeschossen und 7 erschossen.

Damit dieser Conflict nicht zu einem Kampfe aller Mirditen gegen alle Zadrimer (Bauern aus der Zadrima) ausarte, muß er localisirt werden; ein brutales Eingreifen der Localbehörde wird ihn generalisiren.

---

236 Nach der Niederschlagung des anti-osmanischen Aufstandes Jänner-April 1877; siehe Dokument 21.

Gleichlautend berichte ich an Seine Excellenz den Herrn Botschafter in Constantinopel.

Genehmigen Euere Excellenz den Ausdruck meiner tiefsten Ehrfurcht.

Dokument 62

Über die Viehweiden der Kelmendi und Shkreli.
Bericht 5A., Ippen an Goluchowski, Scutari 28. Jänner 1899.
HHStA, Politisches Archiv XXXVIII, 417 (Scutari 1896–1899), Blatt 24–26.

Hochgeborener Graf!

Das Bestreben Montenegro's, die Malissoren der albanischen Grenze zu sich heranzuziehen und unter ihnen Terrain zu gewinnen, wird nebst andern Umständen auch durch den Umstand gefördert, daß in dem zum Fürstentume gehörigen Teile des rechten Ufer-Geländes der Bojana Malissoren ihre Wintersitze und ihre Winterweiden haben.

In der Ebene Schtoj[237] zwischen Dulcigno und Scinkoll[238] a. d. Bojanamündung sind gegen 50 Familien der Klementi ansässig, die den Sommer auf ihren Alpen auf türkischem Gebiete zubringen, gegen 7 Monate im Jahre aber auf montenegrinischem Gebiete domiciliren, wo sie Viehweiden und Felder besitzen.

Sieben Familien dieser Malissoren sind bereits montenegrinische Unterthanen geworden. Herr Miušković[239] hier behauptet, sie hätten sich bei der montenegrinischen Behörde mit Ungestüm um Aufnahme in die montenegrinische Unterthanschaft beworben. Die türkische Regierung hat diesen Wechsel der Staatsangehörigkeit übel genommen und durch einige Jahre diesen Leuten den Durchzug durch Scutari und den Aufenthalt auf den Alpen auf türkischem Gebiete verwehrt. Dank der Intervention der montenegrinischen Regierung ist beides freigegeben worden, und man sieht diese Malissoren mit der montenegrinischen Nationalkappe und den Abzeichen ihrer militärischen Grade (Korporal – Zugsführer) unter ihren Stammesgenossen erscheinen.

Es ist anzunehmen, daß mit der Zeit der größte Teil dieser 50 Familien in der Schtoj montenegrinische Unterthanen werden dürften.

In der Ebene von Zogaj[240] und auf dem Bergzuge Mali Brins hatten circa 60 Familien des Stammes Schkreli ihre Wintersitze, im Jahre 1891 wurden sie nach den Euerer Excellenz bekannten blutigen Conflikten mit den montenegrinischen Behörden von denselben hinausgeworfen, die Viehweiden wurden confiscirt, die Häuser und Ackergründe den Eigenthümern belassen, die sie so gut als möglich verpachteten.

---

237 Ebene, heute in Montenegro zwischen Ulqin und dem Buna-Fluß gelegen.
238 Dorf, heute in Montenegro in der Niederung zwischen Shkodra-See und Ulqin gelegen.
239 Der montenegrinische Konsul in Shkodra.
240 Dorf in der Nähe Shkodras.

Diese 69 Familien Schkreli haben auf dem linken Bojana-Ufer in der Ebene Velepoja[241] Zuflucht gesucht, leben aber sehr kümmerlich.

Es hat nun den Anschein, daß die montenegrinische Regierung ihnen verzeihen und wieder gestatten wird, auf montenegrinischem Gebiete zu überwintern. Der frühere Gouverneur des Primorje,[242] Vojvoda Simo Popovič, war gegen die Zulassung dieser Malissoren sehr ablehnend, der jetzige Gouverneur, Vojvoda Marko Petrovič, ist sehr conciliant [...].

Diese Maßregel wird einen für Montenegro sehr günstigen Erfolg und Eindruck unter den Malissoren hervorrufen. Die Stimmung derselben ist jetzt die, daß sie sagen „Was kümmert uns, ob der Sultan oder Knjaz[243] herrscht, wenn wir nur unsere Äcker und Weidegründe ungestört besitzen." Der Bajrakdar von Schkreli dürfte jedoch auf türkischem Gebiete bleiben.

Diese kluge, den Malissoren freundliche Haltung Montenegro's und anderseits die unpolitische, schlechte Behandlung, welche die türkischen Behörden ihnen zu Teil werden lassen, lassen einen allmäligen Umschwung in dem Verhältnisse zwischen Montenegro und den Malissoren voraussehen, wie ich bereits zu wiederholten Malen, so in meinen ergebenen Berichten 20. VIII. 1897 N. 35 und vom 19. X. 1898 N. 42C. Min./18B. Botsch. auszuführen Gelegenheit genommen habe.

Gleichlautend berichte ich unter Einem an die k. u. k. Botschaft in Constantinopel.

Genehmigen Euere Exellenz den Ausdruck meiner tiefsten Ehrfurcht.

Dokument 63

Über das Verwaltungsproblem in Mirdita.
Bericht 6 A.-E., Ippen an Goluchowski, Scutari 2. Februar 1899.
HHStA, Politisches Archiv XXXVIII, 417 (Scutari 1896–1899), Blatt 30–31.

Hochgeborener Graf,

Mit dem hohen Erlasse vom 18. Jänner l. J. N. 19 haben Euere Excellenz mich erinnert, daß auf die im hohen Erlasse vom 22. November v. J. N. 1270 enthaltenen, auf Mirdita bezüglichen Anwürfe eine Antwort aussteht.

Ich habe beide Ideen mit dem Abt Docchi,[244] der seit circa 3 Monaten hier weilt, besprochen, konnte ihn aber weder für die eine, noch für die andere gewinnen.

---

241 Velipoja, Dorf in der Ebene von Bregu i Bunës an der adriatischen Küste südwestlich von Shkodra.
242 „Primorje" wurde von den Montenegrinern das Gebiet zwischen Tivar im Norden und Buna-Fluß im Süden genannt, das sie nach dem Berliner Kongreß von 1878 besetzten.
243 Serbisch: „Fürst"; es handelt sich um Fürst Nikola von Montenegro.
244 Siehe Dokument 55.

Die eine Idee, die Verwaltung Mirdita's in die Hände eines „obersten Rates" zu legen, welcher aus den Bajrakdaren der 5 mirditischen Banner gebildet wäre, erklärt Abt Docchi für in der Praxis undurchführbar.

Er motiviert diese Ansicht damit, daß die Bajrakdar nicht die Chef's der Banner sind, sie sind „primi inter pares" unter 25 Chefs (alb. Krent = Häupter) welche vom Volke als Träger der Autorität anerkannt werden. Mirdita hat die Organisation einer aristokratischen Republik mit einem Erbstatthalter an der Spitze.

Auf die andere Idee, eine intelligente und energische Persönlichkeit unter den Mirditen zu finden und derselben einstweilen die Leitung der Angelegenheiten Mirdita's anzuvertrauen, entgegnete Abt Docchi, daß sein ganzes bisheriges Leben, seine Überzeugung und seine Gesinnung ihm verbieten, auf dieselbe je einzugehen. Er erklärte ein solches Vorhaben für einen politischen Selbstmord der Mirdita, wenn Mirdita schon ihre Privilegien verlieren soll, so möge sich dieses Verhängnis infolge gewaltsamen Einschreitens der Türken vollziehen, nie aber solle Mirdita selbst dazu die Hand bieten; solches wäre aber der Fall durch Einschlagen des eben angedeuteten Weges.

Nach meiner ergebensten Ansicht wäre es unpraktisch mit Abt Docchi wegen dieser intransigenten Haltung zu rechten; in Wirklichkeit findet sich unter den Mirditen keine Persönlichkeit, die im Stande wäre, die Leitung der Angelegenheiten des Bergländchens in die Hand zu nehmen.

Diese Ansicht hat auch der Generalgouverneur mir gegenüber wiederholt geäußert, nach der Entfernung des Kaimakam's Kapetan Marka Dschonit hat er Umschau gehalten, aber Niemanden gefunden, so daß das Provisorium fortdauert, Kraft welchem der Major Halil Bey als stellvertretender Kaimakam mit dem Rate der „Krent" Mirdita nominell und außerhalb des Territoriums residirend verwaltet.

Genehmigen Euere Excellenz den Ausdruck meiner tiefsten Ehrfurcht.

Dokument 64

Ein Beschluß des Bajraks Rapsha gegen die montenegrinischen Einflüsse.
Bericht 10C., Ippen an Goluchowski, Scutari 9. März 1899.
HHStA, Politisches Archiv XXXVIII, 417 (Scutari 1896–1899), Blatt 69.

Hochgeborener Graf,

Die Hälfte des Stammes Hoti, der Bajrak Rapša, hat am Ascher-Mittwoch einen Stammesbeschluß angenommen, daß Keiner zum Fürsten von Montenegro oder zu einem Organe seiner Regierung sich begeben dürfe.

Zuwiderhandelnde sollen aus dem Stammesgebiete vertrieben werden.

Dieser Beschluß wurde gefaßt, weil die Malissoren merkten, daß sie durch das Erscheinen einiger der Ihrigen vor dem Fürsten von Montenegro compromittirt werden.

Gleichlautend berichte ich unter Einem an die K. u. K. Botschaft in Constantinopel.

Genehmigen Euere Excellenz den Ausdruck meiner tiefsten Ehrfurcht.

Dokument 65

Kundgebung der Mirditen zugunsten Prenk Bib Dodas.
Bericht 31A., Ranzi[245] an Goluchowski, Scutari 27. Juli 1899.
HHStA, Politisches Archiv XXXVIII, 417 (Scutari 1896–1899), Blatt 152–157.

Hochgeborner Graf!

Die Bemühungen der Regierung, eine allgemeine Pacification der Blutfehden
in der Provinz Scutari zuwege zu bringen (vis.h.ä. Bericht vom 14. Juli 1898 N.
28A) wurden auch heuer fortgesetzt und haben bezüglich des Distriktes Ksella
zu dem gewünschten Resultate geführt. In Mirdita ist hingegen der Versuch vollkommen gescheitert, und damit ist einer der Hauptzwecke der ganzen Action,
nämlich den unaufhörlichen Raubzügen der Mirditen in der Zadrima und ihren
beständigen Fehden mit den Malissoren, welche die Winterweiden in den Niederungen des Matflusses beziehen, ein Ziel zu setzen, verfehlt.

Vor ca 2 Monaten wurden die Chefs der Mirditen nach Mied entboten und
von dem Kaimakam-Stellvertreter Mirdita's Chalil Bey[246] als Vertreter des Vali
aufgefordert, der Bessa beizutreten. Sie erklärten, daß sie die Sache einer allgemeinen Notablenversammlung unterbreiten würden, welche auf den 16ten Juli
in S. Paul im Gaue Spač anberaumt wurde.

Eine Deputation von Mirditen lud den General-Gouverneur ein, der Versammlung beizuwohnen oder einen Vertreter zu senden. Seltsamerweise wollte
Kjazim Pascha[247] den Kjatib (Secretär) Chalil Bey's als solchen designiren; erst
als ihm die Deputation vorstellte, daß die Mirditen eine so untergeordnete Person füglich nicht als Vertreter des Sultans ansehen könnten, beauftragte er Chalil Bey selbst mit dieser Mission, womit zwar die Deputation ebenfalls nicht einverstanden war, sich aber zufrieden geben mußte.

In der allgemeinen Versammlung zu welcher sämmtliche Chefs und Notabeln
Mirdita's erschienen waren, gaben diese nach kurzer Beratung dem Regierungs-
vertreter einmütig die folgende Erklärung ab: „Seit 30 Jahren herrscht in Mirdita
Anarchie. Es hat zwar an Versuchen der Regierung nicht gefehlt, geordnete
Zustände herzustellen, doch hatten diese Versuche niemals Erfolg und konnten
keinen haben, weil sie stets unter Verletzung der Privilegien des Mirditenvolkes
in's Werk gesetzt wurden. Jene Reihe von Beamten, sei es Christen, sei es
Mohammedaner, welche von der Regierung in dem genannten Zeitraum zu

---

245 Dr. Ranzi, Vizekonsul in Shkodra und später k.u.k. Konsul in Ioannina.
246 Siehe Dokument 63.
247 Gouverneur des Vilayets Shkodra.

Kaimakamen Mirdita's widerrechtlich bestellt wurden, haben daher niemals wirkliche Macht und Einfluß in Mirdita gehabt, welches manche von ihnen nicht einmal zu betreten wagten. Von einer Besserung der Verhältnisse durch sie konnte daher keine Rede sein.

Wir, die Chefs und Notabeln Mirdita's, erkennen sehr wol die Notwendigkeit, dem inneren Hader endlich ein Ende zu machen, und haben daher die Aufforderung des Pascha, die Blutfehden beizulegen, mit Freuden begrüßt. Allein wir haben weder das Recht noch die Macht, eine solche Bessa im Namen des Volkes zu schließen: das Recht, weil ein giltiger Stammesbeschluß nur unter Mitwirkung des legitimen Stammeshauptes zustande kommen kann; die Macht, weil das Volk unsere Autorität als Behörde nicht anerkennt. Wollten wir also gegen Einen, der die Bessa verletzt hat, mit den gesetzlichen Strafen vorgehen, so würden wir selbst der Blutrache verfallen. Denn nur die vom Volke anerkannte Behörde steht über derselben.

Wir sehen kein anders Mittel, dem Lande die Ruhe wiederzugeben, als die Rückkehr unseres legitimen Capitäns. Wir wollen deshalb zu den vielen vergeblichen Petitionen, die wir bisher gemacht haben, noch eine hinzufügen. Und wenn schon die Regierung unsere Bitte nicht erhört, so soll sie wenigstens offen erklären, daß die Privilegien Mirdita's abgeschafft seien."

Diese Erklärung wurde dem General-Gouverneur durch eine Deputation von 50 Personen (10 von jedem Bajrak) als Antwort des Mirditenvolkes mitgetheilt. Dem General-Gouverneur, welcher gegenwärtig genug mit der Beilegung der Militärrevolte zu thun hat, kam die Sache höchst ungelegen, er versprach indes, die Erklärung, welche übrigens nur mündlich vorgebracht worden war, zur Kenntnis der hohen Pforte.

Sehr bemerkenswert ist der Schlußpassus, welcher die Regierung gleichsam vor die Alternative stellt, entweder in die Rückkehr Prenk Bib Doda's zu willigen oder die Privilegien Mirdita's offen für abgeschafft zu erklären. Es gibt sich hierin unverkennbar eine Drohung.

Daß die Gährung in Mirdita einen hohen Grad erreicht hat, bestätigte mir auch Mgre. Docchi.[248] Letzterer hat sich übrigens durch seinen bis jetzt verlängerten Aufenthalt in Scutari ostentativ von der Bewegung Mirdita's fern gehalten und versicherte mir, keinerlei Einfluss auf den Beschluß der Notabeln genommen zu haben, was allerdings wenig wahrscheinlich ist.

Gleichlautend berichte ich unter Einem an Seine Excellenz den Herrn Botschafter in Constantinopel.

Genehmigen Euere Excellenz den Ausdruck meiner tiefsten Ehrfurcht.

---

248 Siehe Dokument 55.

Dokument 66

Die ökonomische Lage der Stämme Gruda und Hoti nach der Festlegung der osmanisch-montenegrinischen Grenze.
Bericht 44A.-B., Ippen an Goluchowski, Scutari 2. November 1899.
HHStA, Politisches Archiv XXXVIII, 417 (Scutari 1896–1899), Blatt 206–209.

Hochgeborener Graf,
Ich habe dieser Tage eine Tour an die montenegrinische Grenze gemacht und auf derselben die nachfolgenden Beobachtungen gesammelt.

Der Stamm Klementi (Bajrak Selce) besiedelt die Grenzstrecke Gussinje bis Han Grabom, das obere Limthal und das obere Zemthal; er ist der Nachbar der montenegrinischen Stämme Vassojevic und Kuči.

Diesen Sommer hatten die Klementi wieder die gewohnten Streitigkeiten mit den Vassojevic, weil letztere die Alpen der Klementi ober Gussinje vor denselben abweideten. Die Kuči stahlen den Klementi sehr viel Vieh; die Klementi hielten zum Schluß gute Wache, es gelang ihnen, eine Diebsbande zu ertappen, und sie schossen einen Mann nieder und verwundeten zwei, welche, wie verlautet, in ihren Häusern den Wunden erlagen.

Die Klementi schrieben die Schuld an diesen wenig freundnachbarlichen Verhalten der Kuči dem Kapetan Novi Spasojev zu.

Sehr unerquicklich sind die Zustände im Stamm Gruda; derselbe wohnt an der Grenze von der Škala Smedetz bis an den Scutari-See. Der Stamm ist derzeit materiell ruinirt und verarmt. Er besaß in der Ebene südwestlich von Tusi den Grundcomplex „Leu – i – zi" (Schwarze Erde), welcher sich zwischen den Localitäten Šipčanik – Vranj – Gostilj – Golubovec – Sv. Nicola ausdehnt. Dieser Complex beträgt ca 4.000 Morgen Ackerland im Werte von 400.000 franc und ernährte den Stamm Gruda.

Bis zum Jahre 1883 konnten die Gruda die schwarze Erde nutznießen. Das mir nicht näher bekannte Protokoll N. 3 von Cetinje vom 10. Jänner 1883 der türkisch-montenegrinischen Grenzdelimitations-Commission überließ den größeren Teil der schwarzen Erde an Montenegro.[249] Nun hatten allerdings die Vertreter der Signatarmächte des Berliner Vertrages in der internationalen Delimitations-Commission das Prinzip angestellt, daß bezüglich der privaten Eigentumsrechte und der Nutznießungsrechte der staus quo gewahrt bleiben sollte.

Montenegro verwehrte jedoch in Verletzung dieses Prinzipes den Gruda die Bearbeitung der schwarzen Erde, und die türkische Regierung stimmte dem zu, weil sie die Gruda für ihre Erhebung gegen die Regierung im Sommer 1883 strafen wollte.

Dieser Zustand reizte die Malissoren umsomehr als die montenegrinischen Unterthanen von Triepschi auf türkischem Territorium auf dem Abfalle des Berges Bukovik gegen den Zem ungestört Weiderechte ausübten.

---

249 Siehe dazu HEER, ebenda, S. 229.

Um Retorsion zu üben, trachteten die Gruda vereint mit Hoti in den Jahren 1890–1894, die montenegrinischen Triepschaner an der Nutznießung dieser Weiderechte zu verhindern.

Angesichts dieser Conflicte versprach die türkische Regierung ihren Unterthanen, sich ihrer anzunehmen. Es trat im Jahre 1894 eine Commission zusammen, welche alle privatrechtlichen Eigentums- und Nutznießungfragen lösen sollte, aber keine Resultate ergab als das, daß die schwarze Erde weder von den Gruda noch von den Montenegrinern bearbeitet werden soll.

So sehen sich die Gruda seit 17 Jahren eines jährlichen Ertrages von ca 14.000 Gulden beraubt und in ihre steinigen und unfruchtbaren Berge zurückgedrängt.

Für die Weiterexistenz der Gruda ist eine Regulirung der Privatinteressen an der Grenze unbedingt notwendig, eventuell in dem Sinne, daß Montenegro zur Ablösung ihrer Rechte eine Geldsumme zahle.

Der Stamm Hoti ist nur auf einer ganz kurzen Strecke – von Han Grabom bis zur Škala Smedetz – in unmittelbarer Berührung mit montenegrinischem Territorium, gerade dort, wo die montenegrinischen Triepschaner das Weiderecht auf türkischem Territorium ausüben. Unter den Hoti wird die Agitation von Montenegro aus am stärksten betrieben, und der Stamm ist durch dieselbe ganz zerwühlt.

Die dem Fürsten von Montenegro geneigte Partei und die ihm gegnerische Partei liegen in fortwährendem Hader, der von Montenegro aus geschürt wird. Die Parteigänger des Fürsten Nicola führen als Argument in's Treffen, daß die eigene türkische Regierung dem Stamme Hoti nur Zeichen von Feindschaft und Vergewaltigung entgegenbringt, da früher oder später doch Fürst Nicola Herr des Landes werden dürfte, sei es besser sich schon jetzt mit ihm zu vertragen.

Die Partei, welche eine Herrschaft Montenegro's über die Malissoren perhorrescirt, ist groß, dieselbe ist jedoch kleinmütig, da sich die Leute sagen, daß sie, von der Türkei eventuell aufgegeben, mit eigenen Kräften allein nicht erfolgreichen Widerstand leisten könnten.

Diese Leute erinnern sich der Jahre 1879–1881, und aus der damaligen Haltung der österr. ung. Consularvertretung von Scutari schöpfen sie die Hoffnung, in Österreich-Ungarn einen Rückhalt gegen die montenegrinische Occupation zu finden.

Gleichlautend berichte ich unter Einem an die K. u. K. Botschaft in Constantinopel.

Genehmigen Euere Excellenz den Ausdruck meiner tiefsten Ehrfurcht.

Dokument 67

Veränderungen in der Verwaltung der Bevölkerung in Malësia e Lezhës.
Bericht 2A-C, Ippen an Goluchowski, Scutari 15. Jänner 1900.
HHStA, Politisches Archiv XXXVIII, 418 (Scutari 1900), Blatt 11–12.

Hochgeborener Graf,
    Ich beehre mich, Euerer Excellenz eine kleine Änderung in der Verfassung
der katholischen Bergstämme dieser Provinz zu berichten.
    Der um die Bezirksstadt Alessio[250] gelegene Gebirgs-Distrikt[251] wurde bisher
durch einen „Hauptmann der Berge von Alessio" (Bülükbaschi) verwaltet, welcher immer unter den Mohammedanern von Alessio und vorzugsweise der
Familie des Bey von Alessio entnommen wurde.
    Der Generalgouverneur hat dies nun abgeschafft, und fortan werden die Baj-
rakdare jener Gebirgsgemeinden unter Vorsitz des Kaimakam's von Alessio die
Geschäfte der Verwaltung wahrnehmen.
    Diese Verfügung hat zwei interessante Momente: Erstens wird das auf der
katholischen Bevölkerung bisher schwer lastende Vorrecht der mohammedanischen Feudalherren, welches die Bergstämme in ihre Hand gab, aufgehoben,
zweitens bedient sich die Regierung des self-government zur Verwaltung dieser
katholischen Gebirgsgemeinden.
    Das Territorium, um welches es sich handelt, ist klein, es sind vier Gemein-
den mit beiläufig 400 Familien.[252]
    Ich möchte noch erwähnen, daß obwohl die frühere Organisation durch einen
kaiserlichen Iradé vor ca 50 Jahren eingeführt worden war, die derzeitige Neu-
Organisation vom General-Gouverneur selbständig verfügt worden ist.
    Gleichlautend berichte ich unter Einem an Seine Excellenz den Herrn Bot-
schafter in Constantinipel.
    Genehmigen Euere Excellenz den Ausdruck meiner tiefsten Ehrfurcht.

---

250 Alessio, albanisch Lezha; war in dieser Zeit Hauptort eines Kazas im gleichnamigen Vilayet;
     siehe Historia II, S. 49.
251 Malësia e Lezhës (die Gebirge von Lezha) bildete vier Bajraks: Velja, Bulgëri, Kryezez,
     Manatia; siehe DEUSCH, ebenda, S. 425. Seiner nennt dieses Gebiet auch Zhupa, siehe SEI-
     NER, S. 109.
252 Nach anderen Angaben hatte in 1895 Malësia e Lezhës 391 Häuser und 3.665 Einwohner,
     siehe DEUSCH, ebenda, S. 125f. Für das Jahr 1918 gibt Seiner 692 Häuser und 3.215 Einwoh-
     ner, siehe SEINER, Ergebnisse, ebenda.

Dokument 68

Über die Frage der Verwaltung in den Stammesgebieten.
Bericht 3A-C, Ippen an Goluchowski, Scutari 31. Jänner 1900.
HHStA, Politisches Archiv XXXVIII, 418 (Scutari 1900), Blatt 20–25.

Hochgeborener Graf,

Ich hatte mit dem Generalgouverneur vor 14 Tagen eine Unterredung, welche sich auf die Feindseligkeit zwischen Oberskutariner Malissoren und den Mirditen bezog.

Ich bemerkte dem General-Gouverneur, daß es mir und meinen Collegen aufgefallen ist, daß der im Sommer 1898 erflossene Kaiserliche Irade,[253] welcher eine gütliche Beilegung aller schwebenden Blutrachen verfügte, auf die zwischen Malissoren und Mirditen schwebenden Differenzen dieser Categorie keine Vollstreckung erfahren hat.

Kjazim Pascha gab diese peinliche Unterlassung zu, fügte aber bei, daß er jetzt angesichts des in meinem ergeb. Berichte vom 28. Dezember v. J. N. 48 mitgeteilten jüngsten Vorfalles eine Versöhnungs-Aktion zwischen Malissoren und Mirditen versuchen wolle.

Ich hatte, da ich das schon früher erfahren hatte, mit Mgre Dochi[254] und einigen Vertrauensmännern der Malissoren Vorbesprechungen über diese Verständigungsaction gepflogen und benützte diese Gelegenheit, um Kjazim Pascha die Ansichten meiner Vertauensmänner zu suggeriren, womit ich auch den in den hohen Erlässen vom 7. November 1898 Z. 1270 mir mitgeteilten Instruktionen Eurer Exellenz Rechnung zu tragen in die Lage kam.

Ich empfahl für die Verständigung ein beschränktes Programm; es würde als Anfang genügen, wenn die Mirditen sich verpflichten würden, die Brandlegungen zu unterlassen und die Malissoren sich verpflichten würden, Überfälle und Tötungen auf den öffentlichen Wegen zu unterlassen. Gegen die den Mirditen zur Last gelegten Räubereien sollten sich die Malissoren durch bewaffnete Überwachung ihrer Habe schützen, und sonstige vorkommende Tötungen seien nach dem alten Brauche auszutragen. Was die formelle Seite der Verständigungs-Aktion betrifft, empfahl ich dem Generalgouverneur, die Chefs der Stämme des Dukadschin und Alessio's als Vermittler und Garanten der Vereinbarungen zu berufen.

Die Verständigungs-Conferenz ist am 20. d. M. zusammengetreten. Die Designirung der Vertrauensmänner hat der Generalgouverneur dem Präsidenten der „Commission des Montagnes de Scodra"[255] und dem Stellvertreter von Mirdita

---

253 Zirkularverordnung des Sultans.
254 Siehe Dokument 55.
255 In türkischer Sprache: Meclis. Es handelte sich dabei um eine aus den Vertretern der Stämme und der Lokalbehörden zusammengesetzte Kommission, die Probleme, die zwischen der osmanischen Verwaltung und den Stämmen entstanden waren, lösen sollte. Die wichtigsten und immer wieder auftretenden Probleme waren: Steuereinhebung, Blutrache und die Militärverpflichtung der Stämme für die osmanische Armee.

überlassen, also zwei mohammedanischen Functionären; diese Art der Designirung präjudicirt günstige Ergebnisse der Action.

Die Delegirten waren:

Für die Malissoren:

Met Tschuni	Bajrakdar von Hoti
Ded Dschon Luli[256]	Vojvode[257] von Hoti
Pieter Prenka	Vojvode von Gruda
Dschon Ujka	Bajrakdar von Seltze
Tzan Lutza	Vojvode von Seltze
Kot Turku	Bajrakdar von Niktschi
Dscheto Stak-Pietrusch	Vojvode von Schkreli
Dschok Doda	Vojvode von Kastrati
Pal Kola	Bajrakdar von Schlaku[258]
Zubeir Suleiman	Bajrakdar von Retschi[259]
Ali Hadschi	Bajrakdar von Boksi[260]
Tafil	Bajrakdar von Griže[261]

Für die Mirditen:

Prenk Marko	Bajrakdar von Oroschi
Prenk Gega	Vojvode von Oroschi
Nikol Leschi	Vojvode von Spatschi
Nikol Doda	Bajrakdar von Kuschneni
Dschet Noj	Vojvode von Kuschneni
Ded Nikola	Bajrakdar von Fandi
Prenk Notzi	Vojvode von Fandi
Frok Doda	Bajrakdar von Dibri
Zef Notzi	Vojvoden von Dibri
Kol Butschi	

256 Luli, Dedë Gjon; albanischer militärischer Führer in den Aufständen 1910 bis 1912 gegen die osmanische Armee.
257 „Vojvode", ein aus den slawischen Sprachen kommender Ausdruck, der hier im Sinne von „Führer", „Ältester" verwendet wird.
258 Stamm am rechten Ufer des Drin-Flusses; über seine Geschichte und Bevölkerung siehe den Teil NOPCSA, Die Bergstämme.
259 Kleiner Stamm nördlich von Shkodra am Fuße der Albanischen Alpen. Über seine Geschichte und Bevölkerung siehe den Teil NOPCSA, Die Bergstämme.
260 Für Gopčević ist Boksi nur einer der Hauptorte des Bairaks Drishti im Stammesgebiet Postrriba; siehe GOPČEVIĆ, ebenda, S. 248. Nach Seiner war Boksi ein eigenständiger Stamm mit den Dörfern Boksi, Deraj, Dragoi, Mesi, Myselimi, Rrashi und Vorfa. Nach derselben Quelle belief sich die Bevölkerung von Boksi auf 1.498 Einwohner; siehe SEINER, ebenda, S. 109.
261 Seiner nennt Grizha als eigenständigen Stamm mit 1.044 Einwohnern; siehe Seiner, ebenda, S. 109.

Die im Eingange meines Berichtes mitgeteilten Ausführungen, welche den Inhalt meiner Unterredung mit Kjazim Pascha gebildet hatten, waren in Form eines Protokolles zum Substrat der Verhandlung genommen worden.

Die mirditischen Delegirten beantworteten die Mitteilung dieser Stipulationen mit einer Verwahrung, die beiläufig folgenden Inhalt hatte:

Mirdita ist seines legitimen Kapetan's beraubt, derselbe ist der Depositär der Autorität, sie – die Chefs der einzelnen Stämme – sind nur seine Beistände bei Ausübung der öffentlichen Gewalt; allein können sie dieselbe nicht ausüben. Daher können sie keine Verbindlichkeit eingehen, weil sie unfähig seien, gegen Zuwiderhandelnde die Strafenaction zu vollstrecken; es hieße nur, die Mitcontrahenten betrügen.

Da hiedurch jede weitere Verhandlung unmöglich war, ließ der Generalgouverneur die mirditischen Delegirten vor sich kommen und forderte sie auf, ihre Haltung zu modificiren. Als sie erklärten, sie könnten dies nicht, mußten sie einem vehementen Wutausbruch Kjazim Pascha's Stand halten; er bedrohte sie mit Exil, Verhaftung, militärischer Execution.

Es gelang endlich den mirditischen Delegirten, Kjazim Pascha zu überzeugen, daß sie keine factiöse Opposition treiben, sondern unter dem Zwang der von ihnen nicht verschuldeten Lage seien, welche eine Frucht der von der Regierung seit 30 Jahren bezüglich Mirdita verfolgten Politik ist.

Es wurde ein Waffenstillstand auf einen Monat – bis Ende Februar – vereinbart, und Kjazim Pascha erklärte, die Chefs der Malissoren von Dukadschin und Alessio berufen zu wollen, damit die Verhandlungen unter ihrer Intervention von Neuem begonnen werden.

Ich habe nicht unterlassen, Mgre. Dochi über die Haltung der mirditischen Delegation Vorwürfe zu machen; ich habe ihm die Ansicht und den Wunsch Eurer Excellenz vorgehalten, daß die Besserung der Verhältnisse in Mirdita nicht von der fraglichen Rückkehr Prenk Bib Doda's abhängig gemacht werden dürfe, daß vielmehr ein Weg gefunden werden muß, ungeachtet der Abwesenheit Prenk Bib Doda's geordnete Zustände herbeizuführen und daß Euere Excellenz hiebei in erster Linie auf seine Einwirkung rechnen.

Mgre Dochi bat mich, nicht zu glauben daß die Haltung der mirditischen Delegation ein taktisches Manöver sei, eine Obstruktion, um die Reintegrirung Prenk Bib Doda's zu erzwingen, sondern überzeugt zu sein, daß die Delegirten die Wahrheit gesagt haben mit dem Bekenntnis, daß sie nicht die Macht hätten, die Gesetze des Kanuni Leks Dukadschinit[262] aufrecht zu erhalten.

Ich habe bereits in meinem ergeb. Berichte vom 2. Februar 1899 N. 6A die Ehre gehabt auseinanderzusetzen, daß diese Sache der tote Punkt ist, über den ich in meinen Bezihungen mit Mgre Dochi nicht hinauskommen kann.

---

262 Bis in das 20. Jahrhundert nicht schriftlich fixiertes Gewohnheitsrecht, das für die meisten Stämme Anwendung fand und zum Teil jetzt noch findet. Es wurde vom katholischen Priester Shtjefen Gjecov erstmals aufgezeichnet; siehe GJEÇOV. Eine deutschsprachige Version siehe GODIN. Zur Problematik des Gewohnheitsrechts siehe auch den Teil NOPCSA, Die Bergstämme.

Anderseits habe ich in meinem ergeb. Berichte vom 29. Oktober 1897 N. 57 ausgeführt, daß die gegenwärtige Organisation der Oberskutariner Malissoren ein zu dem Zwecke ausgeklügelter Apparat ist, um dieselben den mohammedanischen Bey und Aga von Scutari auf Gnade und Ungnade auszuliefern. Das ist nun ein abschreckendes Beispiel für die Mirditen und ein Ansporn ihre eigene historische Organisation zu verteidigen, um nicht in ein ähnliches Joch gespannt zu werden.

Ich muß aufrichtig sagen, daß ich den Mirditen Recht geben muß, je mehr ich die erwähnte Commission des Montagnes du Vilayet de Scodra beobachte.

In dem bevorstehenden Zusammentritte von Delegirten der Oberskutariner Malissoren, des Dukadschin, Mirdita's und der Malissoren von Alessio sieht Mgre. Dochi eine wertvolle Etape auf dem Wege zur nationalen Ralliirung der katholischen Bergstämme Nordalbaniens, auf welche Euere Excellenz im Interesse der nationalen Entwicklung der Albanier besonderes Gewicht legen.

Er nimmt dieses Verdienst für sich in Anspruch und hofft, sich dadurch die Zufriedenheit Euerer Excellenz erworben zu haben.

Allerdings hat der Herr Erzabt nicht unterlassen, bei dieser Gelegenheit zu klagen, daß eine ausgreifendere Tätigkeit ihm durch das Fehlen der nötigen reichlichen Geldmittel unmöglich gemacht wird.

Gleichlautend berichte ich unter Einem an Seine Excellenz den K. u. K. Botschafter in Constantinopel.

Genehmigen Euere Excellenz den Ausdruck meiner tiefsten Ehrfurcht.

Dokument 69

Die innere Lage in Mirdita und die Beziehungen mit der türkischen Regierung.
Bericht 26, Ippen an Goluchowski, Scutari 11. August 1900.
HHStA, Politisches Archiv XXXVIII, 418 (Scutari 1900), Blatt 214–216.

Hochgeborener Graf,

Die Mirditen bereiten einen Schritt vor, um neuerdings die Reintegrirung Prenk Pascha Bib Doda's in die Würde eines Kapetan's und die Anerkennung ihrer ab antiquo besessenen Privilegien und Immunitäten zu verlangen. Der Schritt soll in einem Telegramm an S.M. den Sultan und in einer Petition an den Generalgouverneur, ihre Bitte bei Seiner Majestät und bei der Pforte zu befürworten, bestehen.

Ähnliche Schritte wurden schon öfters unternommen: Im Jahre 1883 wurde eine solche Petition im Wege des hiesigen französischen Consulates an die französische Botschaft in Constantinopel geschickt. Im Jahre 1894 wurde eine solche Petition dem damaligen Generalgouverneur Kerim Pascha übereicht. Im vorigen Jahre übermittelten die Mirditen eine ähnliche Resolution dem Generalgouverneur Kiazim Pascha. Alle diese Petitionen sind ohne Erfolg geblieben.

Das hauptsächlichste Argument, auf welches die Mirditen hinweisen dürften, ist die Anarchie, unter welcher ihr District zu leiden hat.

Der Generalgouverneur hat von diesen Vorbereitungen Kenntnis und hat sich mir gegenüber in einem ungünstigen Sinne geäußert; er meinte, es sei jetzt nicht die Zeit für eine solche Maßregel.

Die Position der Mirditen ist diesmal stärker als die früheren Male. Der Chef der Partei der türkischen Regierung, Notz Nretza,[263] dessen sich sonst die Regierung bediente, um die Partei des Prenk Pascha zu bekämpfen, hat sich mit dem Generalgouverneur zerschlagen, hat seinen Dienst als stellvertretender Commandant des Gendarmerie-Bataillons Mirdita verlassen und hat sich der Partei Prenk Bib Doda's angeschlossen. Die türkische Regierung verfügt jetzt in Mirdita nur über den kleinen Anhang eines alten Gegners der Familie der Kapetane Namens Nue Kol Skana.

Mein französischer College, welcher jüngst 10 Tage in Mirdita zugebracht hat, besitzt jedenfalls Kenntnis von diesen Vorbereitungen. Da derselbe eine große Sympathie für Mirdita an den Tag legt, so zweifle ich nicht, daß er es unternehmen wird, die französische Botschaft für diesen Schritt der Mirditen zu interessiren.

Gleichlautend berichte ich unter Einem an Seine Excellenz den Herrn Botschafter in Constantinopel.

Genehmigen Euere Excellenz den Ausdruck meiner tiefsten Ehrfurcht.

Dokument 70

Beschreibung der Lage in der Landschaft Mati.
Bericht 14B, Ippen an Goluchowski, Scutari 30. Mai 1901.
HHStA, Politisches Archiv XXXVIII, 419 (Scutari 1901), Blatt 150–156.

Hochgeborener Graf,

Während eines Aufenthaltes, welchen ich in den letzten Tagen in dem zu meinem engeren Amtsbereiche gehörenden Bezirke Kroja nahm, besuchte ich das benachbarte Mat, teils um dieses Gebiet und dessen Kaimakam, mit welchem der Mgre. Dochi immer Berührungen sucht, kennen zu lernen, teils um mir in diesem Gebiete, welches bei der Entscheidung der Nordalbanien berührenden Fragen eine stark in's Gewicht fallende Stimme hat, Verbindungen zu schaffen.

Mat ist eine Gebirgslandschaft im Süden von Mirdita und begreift das Tal des oberen Laufes des Mat-Flusses, sie ist das Durchzugsland zwischen Kroja und Tirana einerseits und Dibra anderseits, gehört administrativ zum Sandschak Dibra beziehungsweise zum Vilajet Manastir, hat aber mit Kroja und Tirana beinahe ebensoviel Beziehungen wie mit Dibra.

---

263 Siehe Dokument 60.

Ich schätze die Zahl der Bevölkerung von Mati auf 20–30.000 Seelen,[264] sämmtlich Mohammedaner; die Leute sind jedoch gar nicht fanatisch, nicht einmal orthodox, sie trinken Spirituosen, besuchen sehr wenig die Moscheen und sind indifferent in Glaubenssachen.

Mat ist ein Kaimakamlik,[265] nominell ist das Tanzimat, d. h. Totalität aller Verwaltungs-und Justizgesetze, dort eingeführt, de facto zahlen jedoch die Matjaner bloß einen kleinen Teil der ihnen vorgeschriebenen Steuern, stellen keine Rekruten und entscheiden alle Civil- und Strafprocesse nach dem Kanuni Dschibal, dem Rechte des Hochlands, mit Umgehung der kaiserlichen Gerichte.

Eine angesehene Persönlichkeit aus einer der ersten Familien, Kurt Bey Čelaj, erklärte mir: Wir sind dem Sultan ergeben und werden jederzeit für ihn kämpfen, aber wir werden uns gegen jedes „Bidat" wehren. Bidat ist ein arabisches Wort und bedeutet „Innovation"; hier in Albanien wird mit Bidat jede Abänderung der traditionellen administrativen Privilegien durch Application der Tanzimat-Gesetze (das sind die seit 1839 erlassenen Gesetze) bezeichnet.

Als Kaimakam fungirt nie ein Fremder, sondern immer der auch von der Tradition der Landschaft als ihr Chef anerkannte Senior der Familie Zogolj, gleich wie es früher zur Zeit Bib Doda Pascha's in Mirdita der Fall war, derzeit ist es Dschemal pascha,[266] welcher seit 14 Jahren hier Kaimakam ist.

Diese im Vorstehenden skizzirte Volksmeinung in Mat stellt nach meiner Ansicht eine rohe, primitive Form eines Autonomieprogrammes vor.

Ich war durch 24 Stunden der Gast Dschemal Pascha's in seinem Seraj (Palais) in Burgajet.[267]

Dschemal Pascha ist durch seine Frau mit der Familie der Bey Toptan in Tirana verschwägert, seine Schwester ist die Mutter des Dervisch Bey in Elbassan, er steht mithin mitten in einem Verwandtenkreise von lauter national-albanischen Patrioten. Sein Bruder Zia Bey, Artillerie-Oberstlieutenant in Monastir, hat den Ruf, selbst ein eifriger Patriot zu sein. Dschemal Pascha selbst ist fern von seiner Heimat aufgewachsen, er hat zumeist in Constantinopel gelebt. Ich vermied aus Vorsicht jedes Gespräch, welches die nationale Bewegung unter den Albaniern zum Gegenstande hätte haben können, um den kaiserlichen Beamten Dschemal Pascha nicht in ein für ihn peinliches Dilemma zu bringen. Dennoch konnte ich mir hierüber die folgende Meinung bilden.

Ich möchte nicht behaupten daß er gegen die nationale Sache gleichgültig sei, ich hatte jedoch den Eindruck, daß Dschemal Pascha es vorziehe, eine Carrière als türkischer Beamter zu machen denn als Patriot für die nationale Sache

---

264 Nach Gopčević gab es Ende des XIX. Jahrhunderts einen Stamm Mati, aus vier Bajraks bestehend: Zogolj, Čelaj, Oloman, Bogšin; siehe GOPČEVIĆ, ebenda, S. 268. 1918 hatte der Distrikt Mati 24.015 Einwohner; siehe SEINER, Ebenda, S. 18.

265 Kaimakamlik: Bezirk.

266 Zogu, Xhemal Pasha (gestorben 1911); er war der Vater von Ahmed Zogu (1895–1961), König Albaniens von 1928 bis 1939.

267 Burgajet war der Sitz der Familie Zogolli und der Hauptort des Bezirkes Mati.

seines Volkes zu arbeiten; ich glaube aber nicht, daß er derselben geradezu entgegenarbeiten oder sie verraten würde.

Unsere Gespräche betrafen zumeist die Zustände in Dibra, und es interessirte mich, über Verhältnisse, über welche ich bisher wenig authentische und verläßliche Auskünfte erhalten hatte, Mitteilungen von einer so competenten Seite zu hören, wie es Dschemal Pascha ist, welcher häufig in Dibra sich längere Zeit aufhält. [...]

Dokument 71

Protest der Bauern in der Zadrima wegen der hohen Steuern.
Bericht 14D, Ippen an Goluchowski, Scutari 30. Mai 1901.
HHStA, Politisches Archiv XXXVIII, 419 (Scutari 1901), Blatt 160–161.

Hochgeborener Graf!

Im Verfolge meines ergebensten Berichtes vom 1. l. M. N. 12A beehre ich mich mitzutheilen, daß die Bauern der Zadrima, als sie sahen, daß die Deputation ihrer Gemeindevorsteher, welche um eine Erleichterung in der Steuereinhebung gebeten hatte, keinen Erfolg erzielte, am 16. d. M. sich in der Zahl von beiläufig 150 Personen ansammelten und unbewaffnet zum Mudir[268] im Dorfe Daitschi sich begaben, um ihm zu erklären, daß sie außer Stande wären, die Steuern zu zahlen.

Als der Mudir dem Militär den Auftrag gab, den Sprecher zu verhaften, drängten alle Bauern gegen das Arrestlokal, indem sie verlangten, alle zusammen eingesperrt zu werden.

Es entstand ein Durcheinander, in dessen Verlauf der Mudir zu Boden geworfen und die Soldaten zurückgedrängt wurden. Der Mudir wagte nicht, dem Militär Befehl zu geben, gegen die unbewaffneten Bauern Gebrauch von den Waffen zu machen und entließ die Demonstranten vorläufig unbehelligt.

Die Stimmung unter den Bauern der Zadrima ist eine verzweifelte.

Gleichlautend berichte ich sub N. 17 Seiner Excellenz den Herrn Botschafter in Constantinopel.

Genehmigen Euere Excellenz den Ausdruck meiner tiefsten Ehrfurcht.

---

268 Müdir; ein dem Gouverneur unterstellter Amtsträger der Finanzverwaltung. Müdire gab es in jedem Bezirk (Kaza) und größeren Städten.

Dokument 72

Ein Blutrachefall zwischen Kraja und Kastrati.
Bericht 37, Ippen an Goluchowski, Scutari 7. September 1901.
HHStA, Politisches Archiv XXXVIII, 419 (Scutari 1901), Blatt 376–379.

Hochgeborener Graf,

Den 22. August legten eine größere Schaar aus der Landschaft Kraja ca 1/2 Stunde von der Stadt entfernt am Seeufer einen Hinterhalt und feuerten auf ein Boot mit katholischen Malissoren aus Hoti und Kastrati, in welchem sich auch Frauen und Kinder befanden, gegen 50 Schüsse ab. Das Ergebnis war 2 Tote, 3 Schwerverwundete und 2 Leichtverwundete; von den Frauen und Kindern wurde keine getroffen.

Das Motiv zu diesem Überfalle war Blutrache, da die Kastrati vor ca 6 Monaten aus dem Hause des Man Kraja (Sulejman Aga Kraja), eines Notabeln des Stammes Kraja, einen Mann getötet hatten.

Ich möchte aber hier gleich das Mißverhältnis zwischen der Verletzung und der Sühne hervorheben; die Kastrati töten einen Mann, die Krajaner begehen einen eclatanten Landfriedensbruch im Weichbild der Stadt und schießen in ein auf dem See schwimmendes vollbesetztes Boot hinein, ohne Rücksicht, daß nicht alle Insassen Kastrati und daß unter ihnen auch Frauen und Kinder sind.

Man Kraja, der Urheber dieses Überfalles, ist ein Verwandter und Schützling des Ferik Tahir Pascha, Commandanten der albanischen Tüfenkdschi (Trabantengarde) im Yildiz;[269] beide stammen aus dem jetzt zu Montenegro gehörigen Dorfe Dragonić, sind aber, als dasselbe im Jahre 1878 montenegrinisch wurde, in die Türkei ausgewandert.[270] Man Kraja ist mit seinen Hausgenossen nach Montenegro übergetreten; es verlautet, daß er sich von da nach Constantinopel begeben wird.

Tahir Pascha ist auch schon in Aktion getreten und dem hiesigen Vali ist aus dem Palais bedeutet worden, daß er diesen Zwischenfall so beilegen muß, daß den Krajanern daraus kein Schaden erwachse.

Die beleidigten Hoti und Kastrati würden darauf verzichten, daß die Staatsbehörde gegen die Krajaner wegen des Landsfriedensbruches einschreite, sie werden jedoch nie darauf verzichten, ihrerseits die Blutrache gegen die Krajaner auszuüben.

Der Vali hingegen will sonst die Krajaner straflos ausgehen lassen als auch die katholischen Malisoren verhalten, auf ihre Blutrache zu verzichten.

In diesem Behufe hat er die Chefs von Kastrati und Hoti nach Scutari citirt. Dieselben wissen, wenn sie in Scutari erscheinen, wird der Vali von ihnen die Ausstellung einer Bürgschaftserklärung verlangen, daß sie für ihren Stamm auf die Blutrache verzichten und sich verbürgen, daß eine solche nicht ausgeübt werden wird.

---

269 Residenz der osmanischen Sultane in Istanbul.
270 Nach den Entscheidungen des Berliner Kongresses von 1878.

Die betreffenden Malissoren-Chefs sind sich bewußt, daß sie eine solche Bürgschaft nicht einhalten können. Die Folgen sind klar: ein Hoti oder Kastrati tötet einen Krajaner; die Behörde, welche wie gewöhnlich des wirklichen Täters nicht wird habhaft werden können, wird die Chefs zur Verantwortung ziehen, und wie Kjazim Pascha es bisher in solchen Fällen getan hat, werden die Bürgen die Strafe des wirklichen Täters erleiden: nämlich Kerker oder Exil auf Lebensdauer.

Es ist sohin sehr begreifflich, daß die Malissorenchefs nicht selbst den Kopf in die Schlinge legen wollen, wie Kjazim Pascha sie freundlich auffordert und daß sie es vorziehen, nicht der Berufung nach Scutari Folge zu leisten.

Kjazim Pascha ist nun in der Enge zwischen den Aufträgen aus dem Palais und dem Widerstande der Malissorenchefs. Aus dieser Verlegenheit wird er sich voraussichtlich durch eine seiner enormen Ungerechtigkeiten, wie wir solche von ihm in ähnlichen Fällen gesehen haben und die natürlich auf Kosten der katholischen Malissoren gehen wird, heraushelfen.

Ich will nun gewiß nicht den übrigen menschlich begreiflichen Wunsch der katholischen Malissoren nach Blutrache vertreten und das Bestreben des Vali, der Blutrache vorzubeugen, verurteilen. Ich muß aber die Art und Weise verurteilen, wie der Vali vorgeht.

Wollte der Vali gerecht vorgehen, so sollte er den festen Willen der Regierung verkünden, solche Personen, welche die Blutrache ausüben werden, exemplarisch zu strafen, jedoch nur sie, die direkten Täter und Schuldigen; nicht aber, soferne dieselben sich der Justiz durch Flucht entziehen, an ihrer Stelle Unbeteiligte und Unschuldige. Und in einer solchen Sache Bürgen verlangen, das heißt, sich rechtzeitig unschuldige Opfer für den Schlag sichern, von dem man voraussieht, daß man ihn in der Zukunft wird führen müssen, ihn aber gegen die wirklich Schuldigen nicht wird führen können.

Die Malissoren sind denn auch in Desperation. Sie sagen: Unsere mohammedanischen Landsleute dürfen uns ungestraft töten; wenn wir das an uns verübte Unrecht rächen wollen, vernichtet uns unsere Behörde. Für sie ist die Befreiung aus dieser sie drückenden Lage darin gelegen, sich dem Fürsten von Montenegro in die Arme zu werfen.

Bei solchem Vorgehen der türkischen Behörden ist es schwer, die Malissoren zu ermahnen, sich in den derzeitigen Status quo zu fügen und den montenegrinischen Avancen kein Gehör zu schenken.

Wenn die enorme Ungerechtigkeit, welche sich jetzt verbreitet, vollbracht sein wird, so sehe ich voraus, daß die Anhänger Montenegro's unter den Malissoren die Überzal erhalten werden.

Die in dieser Sache betroffenen Malissoren-Chefs sind gerade die beiden Vojvoden, von denen mein ergebenster Bericht vom 18. Juni 1900 N. 20A handelte und die bisher zur türkischen Regierung hielten und entschiedene Gegner Montenegro's waren.

Gleichlautend berichte ich unter Einem sub N. 43 nach Constantinopel.

Genehmigen Euere Excellenz den Ausdruck meiner tiefsten Ehrfurcht.

Dokument 73

Eine Strafexpedition gegen Kastrati.
Bericht 39B, Ippen an Goluchowski, Scutari 7. Oktober 1901.
HHStA, Politisches Archiv XXXVIII, 419 (Scutari 1901), Blatt 394–396.

Hochgeborener Graf,
    Am 29. v. M. Nachts hat der Generalgouverneur eine militärische Strafexpedi-
tion, bestehend aus Infanterie, Cavallerie und Geschützen, gegen die katholischen Malissoren-Stamm Kastrati ausgesendet, welche am 5. d. M. zurückgekehrt ist, nachdem sie das Gehöft eines Chefs dieses Stammes, welcher Mohammedaner ist, niedergebrannt und einen katholischen Malissoren verhaftet hat.
    Diese außerordentliche Maßregel war durch gar keine Vorkommnisse be-
gründet, sondern nur ein Ausfluß der gekränkten Eigenliebe des Generalgouverneurs. Diese Strafexpedition hängt mit dem im ergeb. Berichte vom 7. September l. J. N. 37 gemeldeten Landsfriedensbruch der Krajaner zusammen. Der
Generalgouverneur verlangte unter der Pression des Beschützers der Krajaner
im Palais in Constantinopel, Tahir Pascha, daß die Kastrati sich verpflichten, bis
zum Nicolaus Tage (6. Dezember) keine Blutrache gegen Kraja zu üben.
    Der frühere erwähnte mohammedanische Vojvode von Kastrati fand das Vor-
gehen des Vali gegen die Kasrati ungerecht, derselbe war bereits wegen zweier
früherer Ungerechtigkeiten des Vali gegen die Kastrati in Opposition gegen den
Vali; im Frühjahre 1900 war nämlich ein Mohammedaner von Scutari in einem
Dorfe bei Kastrati ermordet worden, und im Frühjahre 1901 wurde ein Hodža in
Kastrati ermordet. In beiden Fällen vermochte die Polizei des Vali die wirklichen
Täter nicht zu eruiren; um diese Unfähigkeit zu beschönigen, verhaftete der Vali
in beiden Fällen unschuldige Personen und erklärte dieselben als verantwortlich.
    Darüber erbost, daß es der mehrerwähnte Vojvode wagte, seine Ungerechtig-
keiten offen zu mißbilligen, stempelte der Vali dieses Vorgehen als Auflehnung
gegen die Obrigkeit und entsendete die militärische Strafexpedition.
    Ich will nun mich nicht damit befassen, ob diese Maßregel gerecht oder unge-
recht war, ich möchte aber hervorheben, daß solche militärische Expeditionen
in das Gebiet der Malissoren eine Gefahr für die Aufrechthaltung der Ruhe sind
und der Anlaß zu Ruhestörung werden können, welche in diesem Gebiete und
in der gegewärtigen Zeit vermeiden zu sehen die Pforte selbst am meisten interessirt ist.
    Daß diese meine Befürchtung nicht eine willkürliche Erfindung ist, erhellt
daraus, daß bei dieser Strafexpedition die beiden katholischen Stämme Kastrati
und Hoti sehr erregt waren, daß die militärische Abteilung sich aus Steinen eine
Feldschanze errichten mußte, innerhalb welcher sie campirte, daß endlich in
der Nacht ein Soldat, welcher sich aus dem Lager entfernte, durch Hiebe auf
den Kopf mit Steinen getötet wurde. Es hing an einem Haar, daß die Abteilung
von den Malissoren angegriffen wurde. Wenn nun in der Nacht ein solcher

Angriff erfolgt und eine Anzahl Soldaten getötet worden wäre, so wäre die militärische Ehre engagirt gewesen, und es hätte sich die Notwendigkeit ergeben, eine große Sühnexpedition gegen die Kastrati und Hoti zu entsenden. Wir hätten eine Neuauflage der Kämpfe des Jahres 1883 erlebt und einen förmlichen Aufstand hier gehabt, der nur durch die Laune und das unüberlegte Vorgehen Kiazim Pascha's hervorgerufen gewesen wäre.

Aus diesen Gründen muß ich es als im Interesse der Ruhe wünschenswert bezeichnen, daß Kiazim Pascha fürderhin militärische Expeditionen gegen die Malissoren unterlasse, und ich wäre sehr dankbar, wenn Euere Excellenz die Aufmerksamkeit der Pforte darauf lenken wollten, welche Complicationen aus den übereilten Beschlüssen Kiazim Pascha's entstehen können. Um die Entscheidung der Regierung zu vollstrecken, stehen dem Vali andere Mittel als Militär zu Gebote; speciell die Malissoren haben ihre hiesigen autonomen Einrichtungen, die Commission des Montagnes de Scodra mit ihrem Präsidenten, dem Dschibal Reissi, die Bülükbaschi, die Bajrakdare und Vojvoden der einzelnen Stämme, endlich die Specialgendarmerie für das Gebiet der Malissoren.

Gleichlautend berichte ich unter Einem sub N. 46 nach Constantinopel.

Genehmigen Euere Excellenz den Ausdruck meiner tiefsten Ehrfurcht.

Dokument 74

Beschreibung der Lage in Dibra.
Bericht 41A-B, Ippen an Goluchowski, Scutari 19. Oktober 1901.
HHStA, Politisches Archiv XXXVIII, 419 (Scutari 1901), Blatt 412–413.

Hochgeborener Graf,

Ein Vertrauensmann aus der zwischen Dibra[271] und der Provinz Scutari gelegenen Landschaft Mat, welche administrativ zu Dibra gehört, teilt mir mit, daß seit Anfang Juli Dschemal Pascha Zogol,[272] der Häuptling von Mat, über Wunsch der türkischen Regierung in der Stadt Dibra[273] sich aufhält, wohin er als Mitglied einer Commission berufen worden ist. Dieser Commission gehören noch Salih Bey Došište und ein Scheich an, welcher im Volke als Scheich von Istrelitsch bezeichnet wird. In Dibra nannte man die Mitglieder eines daselbst verbreiteten Derwisch-Ordens[274] „Scheich", und sie genießen dort das gleiche Anse-

---

271 Der Sandjak Dibra gehörte zum Vilayet Manastir; siehe Historia II, S. 49. 1912 hatte dieser Sandjak 130.000 Einwohner, wovon 114.000 Albaner waren; siehe ebenda, S. 51.

272 Über die Landschaft Mat und Xhemal Pashë Zogu siehe Dokument 70.

273 Hauptstadt des Sandjaks Dibra.

274 „Derwisch" kommt aus dem Persischen und bedeutet soviel wie „Bettler", „Armer". Die Derwische bilden den in Europa wohl bekanntesten moslemischen Orden und stellten über Jahrhunderte hinweg führende Theologen, Philosophen und Dichter der islamischen Welt. Angeblich lebte bereits Mitte des 7. Jahrhunderts der erste Derwischmönch, Uways al Karani genannt, als Einsiedler. Siehe zum Beispiel SCHWEIZER, Gerhard: Die Derwische, Salzburg 1980.

hen, wie in anderen mohammedanischen Landesteilen die Ulema oder Chodscha.[275]

Über den Zweck dieser Commission war mein Vertrauensmann nur vag informirt; die Regierung wünscht, die Malissoren des Kreises Dibra sich gefügiger zu machen, in dem Sinne, daß sie einerseits der Regierung nicht durch unzeitgemäße Gewalttätigkeiten Verlegenheiten bereiten, daß aber anderseits das Kraftelement, welches diese Malissoren unstreitig repräsentiren, zur Verfügung der Regierung bleibe und ihr nicht durch oppositionelle Parteien, wie etwa die national-albanische, vorweggenommen werde. Es ist auch diese Commission ein Glied in der Politik der Rallirung des albanisch-mohammedanischen Elementes um den Thron S. M. des Sultans, welche in letzter Zeit stärker als früher verfolgt wird.

Ein weiteres Mittel dieser Politik bildet die Entsendung einiger Functionäre aus Constantinopel, welche im Kreise Dibra die Errichtung von 137 mohammedanischen Schulen vornahmen.

Die Bezirke, welche den Kreis Dibra bilden, sind: Reka, welches eine starke bulgarisch-christliche Bevölkerung hat, Dibra pošter, Mat und der Bezirk Dibra eper rings um die Kreisstadt Dibra; die Bevölkerung von Mat, Dibra pošter und Dibra eper sind lauter Malissoren unter welchen offenbar die neuen Schulen wirken sollen. Von einem Schulbesuch ist jedoch in den Dörfern der Malissoren hier zu Lande gar keine Rede, sodaß die Schulen nur auf dem Papier bestehen. Das Ergebnis der Schulgründungen beschränkt sich darauf, daß in den Dörfern der Malissoren eine Anzal von Chodscha's unregelmäßig bezalte Besoldung von monatlich 100 Piastern (ca 23 francs) von der türkischen Regierung beziehen; dadurch gewinnt die Regierung einige nicht immer verläßliche Agenten unter den Malissoren.

Gleichlautend berichte ich unter Einem sub N. 47 nach Constantinopel.

Genehmigen Euere Excellenz den Ausdruck meiner tiefsten Ehrfurcht.

Dokument 75

Pazifizierung des Stammes Gruda.
Bericht 37A-B, Bornemisza[276] an Goluchowski, Scutari 6. August 1902.
HHStA, Politisches Archiv XXXVIII, 420 (Scutari 1902), Blatt 273–277.

Hochgeborener Graf,

Der in meinem ergebensten Berichte von 24. v. M. N. 36A gemeldete Zwist im Stamme Gruda an der montenegrinischen Grenze ist letzter Tage beigelegt worden.

---

275 »Ulema« kommt aus dem Arabischen: „die Gelehrten" (Einzahl: „Alim"). Es handelte sich dabei um einen Rat von islamischen Gesetzesgelehrten mit großen Machtbefugnissen. An seiner Spitze stand der Scheich ul Islam. Der moslemische Priester heißt „Hodscha".

276 Bornemisza, Freiherr von; österreichisch-ungarischer Vizekonsul in Shkodra, der während der Abwesenheit von Ippen als Konsul wirkte, siehe WERNICKE, S. 14.

Der Generalgouverneur hatte den Gendarmerie Oberst Ibrahim Bey nach Gruda entsendet, damit derselbe die Ordnung wiederherstelle. Die im Gefängnisse gehaltenen Stammeshäupter wurden freigelassen und die Verhandlungen mit den 12 dissidirenden Familien, welche den katholischen Pfarrer zum Verlassen seiner Pfarre gezwungen hatten, eingeleitet.

Die Besprechungen führten anfangs zu keinem Resultate, so daß Ibrahim Bey auf seine diesbezügliche Meldung von der Vilajetsregierung wieder abberufen wurde. Vor seiner Abreise gelang es ihm jedoch, angeblich durch Vermittlung eines in montenegrinischen Gebiete ansässigen albanischen Notabeln, namens Mil Spasi, die opponirende Minorität zu bewegen, Geiseln für die Sicherheit des Pfarrers zu stellen, so daß dieser in seine Pfarre zurückkehren konnte.

Es verlautet, daß diese Beilegung des Conflictes einer Pression Montenegro's auf seine Parteigänger zuzuschreiben ist, da dasselbe eine Ruhestörung an diesem Punkte der Grenze für den Augenblick nicht für erwünscht hielt.

Gleichlautend berichte ich sub 35 unter Einem nach Constantinopel.

Genehmigen Euere Excellenz den Ausdruck meiner tiefsten Ehrfurcht.

Dokument 76

Eine militärische Expedition der türkischen Regierung gegen die Mirditen. Bericht 19D, Ippen an Goluchowski, Scutari 31. März 1903. HHStA, Politisches Archiv XXXVIII, 421 (Scutari 1903–1904), Blatt 130–133.

Hochgeborner Graf!

Ich beehre mich, Euerer Excellenz in der Anlage die Relation meines Berichterstatters bei der Streifung Essad Pascha's[277] in den drei Bajrak von Oroschi[278] ergebenst darzulegen.

Ich habe Zweifel über den Wert und die Bedeutung der von Essad Pascha bisher gemachten Verhaftungen in Bischkasch.[279] Der von Seiner Excellenz dem Herrn Botschafter angeregte Befehl des Großvezirs an Essad Pascha schreibt vor, daß bloß Verbrecher, deren Schuld erwiesen sei, festzunehmen seien. Man hätte also annehmen müssen, daß Essad Pascha seitens der Behörden eine Liste der am meisten gravirten Räuber erhalte und nach dieser die Verhaftungen vornehme. Dies war aber nicht der Fall, und ich habe allen Grund annehmen zu dürfen, daß die Auswahl der zu Verhaftenden ziemlich willkürlich geschah. Unter den circa 30–50 Verhafteten befinden sich Viele, welchen nur geringe

---

277 Toptani, Esat Pashë; albanischer Offizier der osmanischen Armee und damals Anführer der Strafexpedition gegen die Mirditen.

278 Mit dem Ausdruck „die drei Bajraks von Oroschi" verstand Ippen die drei Bajraks der Landschaft Ohëri i Vogel: Bishkashi, Kthella und Selita; siehe GOPČEVIĆ, ebenda, S. 266 und SEINER, ebenda, S. 18f.

279 Bishkashi, einer der drei Bajraks von Ohëri i Vogel, die sogenannten „neuen Bajraks" von Mirdita; siehe GOPČEVIĆ, ebenda.

Diebstähle zur Last fallen; die größten Verbrecher konnten sich flüchten oder erfreuen sich unter dem Schutze eines und des anderen Gendarmerie-Unteroffiziers einer strafflosen Sicherheit. Es wird jedenfalls von Interesse sein, das weitere Verfahren gegen die Verhafteten zu verfolgen und mit dem zu vergleichen, das gegen die circa 200 mohammedanischen Verbrecher, welche sich in den Bezirken Tirana, Schijak[280] und Kroja freiwillig dem Essad Pascha stellten, verfügt werden wird.

In den Bezirken des an die drei Bajrak von Ochri anstoßenden Flachlandes sind durch öffentliche Ausrufer alle jene Personen, welche durch Räuberein der Malissoren geschädigt worden sind, aufgefordert worden, ihre Ansprüche geltend zu machen; Essad Pascha treibt von den Malissoren verschiedenes Vieh ein, welches dann jenen Beschädigten als Ersatz für geraubtes Vieh vertheilt werden soll.

Der dritte Programmpunkt, welchen Essad Pascha durchführt, ist die Eintreibung des rückständigen Tributes der drei Bajrak.[281]

Aus einem Berichte des Pfarrers von Nderfandina in Mirdita vom 29. ds. Mts., in welchen mir Einsicht gegeben wurde, ersehe ich, daß an jenem Tage Essad Pascha mit den Truppen in Rschen[282] eintraf, ohne auf irgend einen Widerstand zu stoßen.

Gleichlautend berichte ich unter Einem sub N. 23 nach Constantinopel.

Genehmigen Eure Excellenz den Ausdruck meiner tiefsten Ehrfurcht.

Übersetzung aus dem Albanischen.

Bischkasch, 27. März 1903

Marka Kuli[283] mit seinen Genossen hat sich an die Truppe herangeschlichen und gegen sie gefeuert; die Gendarmen haben ihn bis Verischte[284] in der Gemeinde Perlataj[285] verfolgt, konnten ihn aber nicht ergreifen. Essad Pascha ließ ihm sagen, daß er ihn pardonnire und daß er sein Blockhaus nicht niederbrennen werde, sofern er sich gutwillig ergebe; jener will sich aber nicht ergeben.

Essad Pascha hat in den Dörfern Schtog, Kakerlok, Stojan und Bringaj[286] die folgenden Leute arretirt: Gerg Vokri, Schüt Biba, Nrek Dschini, Prenk Lazri, Kros Loku, Zef Pietri und weitere dreißig Personen.

Alle Übelthäter bis zum kleinsten Hühnerdiebe mit Ausnahme des Marka Kuli, Nue Miza und Paschko Zefi haben sich dem Essad Pascha ergeben.

---

280 Shijak, kleine Stadt in Mittelalbanien zwischen Tirana und Durrësi. In dieser Zeit war sie Hauptort eines Kazas im Sandjak Durrës des Vilayets von Shkodra; siehe Historia II, S. 49.
281 Siehe Fußnote 278.
282 Rrëshen, damals kleines Dorf südlich von Oroshi. Heute ist Rrëshen Hauptort des Bezirkes Mirdita.
283 Führer des Mirditen-Widerstands.
284 Wahrscheinlich Nedhishta in der Landschaft Kthella, südlich des Mirdita-Gebiets.
285 Dorf in der Landschaft Perlataj.
286 Brija, Kokërlloku, Shtogu und Stijani, Dörfer im Bajrak Bishkashi in der Landschaft Ohëri i Vogël; siehe SEINER, ebenda.

Die Bevölkerung liefert das gestohlene Gut ab und zahlt den Tribut.

Die Soldaten haben große Gewaltthätigkeiten gegen Schuldige und Unschuldige verübt. Es wurden von ihnen weggenommen gegen 120 Pferdelasten Mais, sie haben Stammholz im Werthe von 5.000 Piastern zerstört, zahlreiche Schweine und Hühner getötet.

Dschemal Pascha[287] von Mat ist mit einer Escorte von 20 Bewaffneten zum Besuche zu Essad Pascha gekommen; auch Mazhar Bey Toptan[288] ist mit 10 Bewaffneten gekommen; über ihn hat man angeblich dem Essad Pascha hinterbracht, daß er der Bevölkerung von Ksela[289] sagte: „Essad Pascha geht ohne höheren Befehl vor, leistet ihm bewaffneten Widerstand".

Kapidan Marka Dschoni von Oroschi ist mit 30 Bewaffneten bis Perlataj[290] gekommen, um Essad Pascha aufzusuchen, er ist jedoch aus mir unbekannten Gründen von diesem Besuche abgestanden und zurückgekehrt. Diese plötzliche Rückkehr ist auch dem Essad Pascha und dem Kurd Bey Tschela aufgefallen.

Essad Pascha ist sehr verstimmt. Man vermutet, daß er am 29. März in Rschen, in Škela (Kšela),[291] einrücken wird.

Dokument 77

Revolte einiger Malisoren aus Hoti.
Bericht 29, Ippen an Goluchowski, Scutari 13. Mai 1903.
HHStA, Politisches Archiv XXXVIII, 421 (Scutari 1903–1904), Blatt 179–181.

Hochgeborener Graf,

Die in meinem ergebensten Berichte vom 30. April l. J. N. 26B erwähnte Bande katholischer Malissoren aus Trabojna in Hoti hat in der vergangenen Woche neuerdings die Telegrafenlinie zwischen Tusi und Gusinje beschädigt. Den 11. d. M. hat sie den Gendarm, welcher die Post von Tusi nach Scutari befördert, angehalten, und nur Dank dem Eintreffen einer Abteilung berittener Gendarmerie zog sich die Bande zurück, ohne daß es zu einem Scharmützel kam.

Die Behörde hat gegen diese Bande nichts veranlaßt. Wie ich die Ehre hatte zu berichten, haben die Chefs der Malissorenstämme sich außer Stande erklärt, mit den vom Gewohnheitsrechte ihnen an die Hand gegebenen Strafen gegen die Revoltierenden einzuschreiten; sie befürchten, daß ein solches Einschreiten einen blutigen Kampf der Parteien provociren würde und daß die Revoltirenden Hilfe von Montenegro bekämen. Der Verweser der Provinzregierung fühlte sich nicht competent, ein Einschreiten mit Militär bei der Regierung in Constantino-

---

287 Zogu, Xhemal Pashë; siehe Dokument 70.
288 Lokaler Feudalherr und Verwandter von Essad Pascha.
289 Kthella; einer der drei Bajraks von Ohëri i Vogël.
290 Dorf in Kthella.
291 Kthella.

pel zu beantragen und erklärte, die Entscheidung über die Maßregeln, die zu treffen seien, dem neu zu ernennenden Vali vorzubehalten.

Nach dem letzen Überfall auf die Post hat die türkische Behörde sich ebenfalls begnügt, die Malissoren nach Tusi vor den dortigen Kaimakam vorzuladen und ihnen anzudrohen, daß gegen diejenigen, welche nicht erscheinen, mit Militärgewalt vorgegangen wird.

Nach meinem Dafürhalten ist es ganz ausgeschlossen, daß jene revoltirenden Malissoren sich gegen die Behörden derart trotzig verhalten würden, wenn sie nicht dazu von montenegrinischer Seite aufgehetzt wären unter der Vorspiegelung, daß die guten Beziehungen des Fürsten zum Sultan gewährleisten, daß der Fürst ein strenges Einschreiten der türkischen Behörden von ihnen abzuwenden wissen werde.

Gleichlautend berichte ich sub N. 37 nach Constantinopel.

Genehmigen Euere Excellenz den Ausdruck meiner tiefsten Ehrfurcht.

Dokument 78

Über die Blutrache in den Stämmen Shala, Shoshi, Nikaj und Merturi.
Bericht 48, Ippen an Goluchowski, Scutari 25. Juli 1903.
HHStA, Politisches Archiv XXXVIII, 421 (Scutari 1903–1904), Blatt 262–264.

Hochgeborner Graf!

Eine der Verfügungen, welche die von der türkischen Regierung in das nordöstliche Albanien entsendeten Generale trafen, war die zwangsweise Ausgleichung der Blutrachen. Diese auf türkisch „Musalehe-i-dam", auf albanisch „Paituemi dschatschet"[292] genannte Maßregel wird in Albanien im Interesse der öffentlichen Ordnung und Sicherheit in gewissen Intervallen, die eine mehr oder minder größere Anzahl von Jahren begreifen, durchgeführt und ist eine Liquidation oder ein Clearing aller Blutrache-Conti, wobei für ein Blut oder Menschenleben ein Einheitspreis fixirt wird.[293]

An der Liquidation der Blutrachen, die in Djakova vorgenommen wird, ist auch die Provinz Scutari interessirt, da dieselbe an den Bezirk Djakova grenzt und zwischen der beiderseitigen Bevölkerung viele Blutfeindschaften bestehen.

Es zeigt sich nun, daß diese Blutfeindschaften nicht ausgeglichen werden können, wenn nicht auch für die an den Bezirk Djakova anstoßenden Bezirke der Provinz Scutari die zwangsweise Ausgleichung der Blutrachen verfügt wird. Die in Betracht kommenden Bezirke der Provinz Scutari sind die Bergstämme Schala-Schoschi am nördlichen und der Bezirk Puka am südlichen Drin-Ufer.

Die Stämme Schala-Schoschi grenzen an die zu Djakova gehörenden katholischen Stämme Nikaj und Merturi, und zwischen den beiden Teilen ist ein fort-

---

292 Im Albanischen korrekt: pajtimi i gjaqeve.
293 Über die Blutrache und den Preis des Blutes siehe den Theil NOPCSA, Die Bergstämme.

währendes Morden. Die Missionäre teilen mir mit, daß dies infolge der Aktion der türkischen Truppen im Bezirk von Djakova noch ärger geworden ist. Die zu Djakova gehörenden Nikaj und Merturi sind teils durch die Nähe der Truppen, teils durch das Verbot der Blutrache in der Freiheit, nach Wunsch zu morden, behindert, und die Stämme Schala-Schoschi profitiren davon zu dem Zwecke, um ihrerseits nach Herzenslust in Nikaj und Merturi alle alten Blutrache zu vollstrecken.

Diesem Zustande kann nur ein Ende bereitet werden, wenn auch den Schala-Schoschi die Ausgleichung der Blutrachen octroyirt wird; zu diesem Behufe müßte der Grossvezir an den Vali von Scutari den Befehl erlassen, daß alle zwischen den zu Djakova gehörenden Stämmen Nikaj-Merturi und den zu Scutari gehörenden Stämmen Schala-Schoschi bestehenden Blutrachen auszugleichen seien.

So arg als zwischen den genannten Stämmen, welche alle ganz katholisch sind, wütet nirgends in Albanien die Blutrache. Man tötet sich, auch wenn kein Grund zur Blutrache vorliegt, bloß wegen der Zugehörigkeit an gegnerischen Stämmen, so daß daraus ein fortwährender Kriegszustand zwischen den beiden Nachbarn resultirt; ich glaube, daß im Durchschnitte alljährlich auf beiden Seiten zusammen 30 Personen getötet werden.

Nicht so arg sind die Verhältnisse im Bezirk Puka. Hier bestehen Blutrachen besonders zwischen der auf beiden Ufern des Drin wohnenden Bevölkerung, den am nördlichen nach Djakova gehörenden Ufer wohnenden mohammedanischen Stämme Krasnitsch[294] und den am südlichen, zu Scutari gehördenden Ufer wohnenden Stämmen von Satschi[295] und Berisch.[296]

Im Jahre 1898 fand im Vilajet Scutari eine solche Ausgleichung der Blutrachen statt; auch damals blieben die zwischen der Bevölkerung der mehrgenannten Stämme schwebenden Blutrachen nicht ausgeglichen, weil die Ausgleichung nur für Scutari und nicht auch für Djakova verfügt worden war. Es ist bedauerlich, daß jetzt der gleiche Fehler begangen worden ist; der Landfrieden und die Humanität leiden darunter, den Türken allerdings ist es nicht unlieb, wenn die katholischen Albanier sich unter einander decimiren.

Gleichlautend berichte ich unter Einem sub N. 58 nach Constantinopel.

Genehmigen Euere Excellenz den Ausdruck meiner tiefsten Ehrfurcht.

---

294 Der Stamm Krasniqi.
295 Der Stamm Thaçi; siehe den Teil NOPCSA, Die Bergstämme.
296 Der Stamm Berisha; siehe Dokument 58 und den Teil NOPCSA, Die Bergstämme.

Dokument 79

Beschreibung der allgemeinen Lage in Nikaj und Merturi.
Bericht 56, Ippen an Goluchowski, Scutari 24. August 1903.
HHStA, Politisches Archiv XXXVIII, 421 (Scutari 1903–1904), Blatt 296–300.

Hochgeborner Graf!

Ich habe mit dem Pfarrer von Nikaj über die Situation, welche durch die Operationen der türkischen Truppen im Bezirke von Djakova[297] geschaffen worden ist, eine Conversation gehabt, aus welcher ich Folgendes entnehme.

Die Truppen drangen von Djakova aus in das Gebiet der zu Djakova gehörenden Malissorenstämme zwar ein, kamen aber nur bis Tschafa Morins,[298] dem Passe, welcher an der Grenze des Stammgebietes Krasnitsch liegt, so daß sie nur im Gebiete der Stämme Bitütsch[299] und Gaschi erschienen, während das Gebiet der Stämme Krasnitsch und der katholischen Nikaj und Merturi von ihnen nicht betreten wurde.

Der Hauptzweck, welchen die militärische Vorrückung in diese Gebirgstämme verfolgte, war die Zusammentheilung summarischer Zählungslisten über die Anzahl der Feuerstellen und der männlichen Bevölkerung; gestützt auf diese Erhebungen sollte dann die Zahlung des Zehents und die Stellung von Rekruten gefordert werden.

In beiden Leistungen haben die 4 Gebirgstämme Nikaj, Merturi, Krasnitsch und Gaschi, welche insgesammt eine Bevölkerung von ca. 11.000 Seelen ausmachen, bisher nicht eingewilligt, und sie sind entschlossen, eventuellen Versuchen der türkischen Behörde, die Rekrutirung und die Steuer-Einhebung mit Gewalt durchzuführen, mit den Waffen sich zu widersetzen.

In dieser bedrängten Lage, unter der Bedrohung, ihre Privilegien zu verlieren, haben diese Stämme vom Pfarrer verlangt, zu ihren Gunsten an Oesterreich zu appeliren; es existirt nämlich in diesen albanischen Gebirgen eine alte Tradition, welche Oesterreich als den Beschützer in allen Notlagen, auch gegen die Türkei darstellt; die katholischen Stämme glauben, wegen der Religionsgleichheit ein Anrecht auf diesen Schutz zu haben, und die mohammedanischen Stämme nehmen keinen Anstand, ihn auch zu beanspruchen.

Bisher ist der Widerstand, welchen diese Gebirgsstämme leisten, ein passiver; die Behörde beruft die Häuptlinge nach Djakova, um auf sie dort eine Pression im Sinne der beiden neuen Einführungen auszuüben, die Häuptlinge leisten der Berufung aber keine Folge.

Der Pfarrer bat mich ihm Direktiven zu geben, da die beiden katholischen

---

297 Im März 1903 hatte in Kosovo ein neuer Aufstand gegen die Türkei angefangen. Anlaß war der Versuch der Hohen Pforte, die von den Großmächten verlangten Reformen durchzuführen.

298 Qafa e Morinës, ein Paß an der südöstlichen Grenze Kosovos zum heutigen Albanien.

299 Der Stamm Bytyçi.

Stämme Nikaj und Merturi von ihm Ratschläge verlangen, wie sie sich verhalten sollen.

Mir scheint es nun wirklich eine Ironie, daß für diese Katholiken, für welche die türkische Regierung auf keinem Gebiete der Verwaltung je irgend Etwas getan hat, die Reformen damit beginnen sollen, daß sie schwere Steuern zahlen, welche bei der Armut jener Gebirgstäler ganz unerschwinglich sind.

Ich gab dem Pfarrer den Rat, die beiden katholischen Stämme mögen sich nicht von den gleich interessirten mohammedanischen Stämmen Krasnitsch und Gaschi trennen und vereint mit denselben die Belassung der bisherigen Privilegien fordern, d. h. daß sie an Steuern den althergebrachten Tribut von 2 Piastern für jede Feuerstelle zahlen und daß sie keine Rekruten stellen beziehungsweise die Katholiken nicht die drückenden Militär Befreiungs-Steuer zahlen.

Sollten die Katholiken sehen, daß die Mohammedaner sie im Stiche lassen wollen, so mögen sie die Lostrennung vom Bezirke Djakova und die Angliederung an Scutari verlangen. Nikaj und Merturi gehören der religiösen Einteilung nach zur Diöcese Pulati, welche ganz zu Scutari gehört. Durch die Angliederung an Scutari würden Nikaj und Merturi erreichen, daß sie ebenso behandelt würden wie die zahlreichen katholischen Gebirgsstämme dieser Provinz, welche die Befreiung von der Militärsteuer und vom Zehnt genießen. Angesichts der großen Anzahl solcher privilegirten Katholiken in der Provinz Scutari nimmt die türkische Regierung Anstand, denselben ihre Privilegien abzuschaffen.

Der Pfarrer hat mich schließlich im Namen der beiden katholischen Stämme gebeten, auch Euere Excellenz für ihre Armut und Bedrängnis zu interessiren, damit sie von Bedrückung durch die türkischen Behörden verschont bleiben.

Gleichlautend berichte ich unter Einem sub N. 68 nach Constantinopel.

Genehmigen Euere Excellenz den Ausdruck meiner tiefsten Ehrfurcht.

Dokument 80

Freigabe zweier Bauern aus dem Dorf Bërdica.
Bericht 4, Kwiatkowski[300] an Goluchowski, Scutari 26. März 1904.
HHStA, Politisches Archiv XXXVIII, 421 (Scutari 1903–1904), Blatt 16–17.

Hochgeborner Graf!

Auf Grund besonderer, aus Constantinopel eingelangter Weisungen, wurde das Verfahren gegen die in Haft genommenen katholischen Bauern des Dorfes Berdizza[301] bei Scutari (h. a. Bericht vom 18. ds. Zl. 3) derart beschleunigt, daß die Hauptverhandlung bereits am 20. ds. Mts. durchgeführt werden konnte.

Selbe endete mit dem Freispruche der 17 Individuen, welche beschuldigt waren, auf das Gendarmerie-Detachement geschossen zu haben. Dagegen durch Mat

---

300 Beamter im österreichisch-ungarischen Konsulat in Shkodra.
301 Bërdica; Dorf in der Bregu i Bunës-Ebene in der Nähe von Shkodra.

Gergi und ein gewisser Sosch Deda, welcher mit diesem im cernirten Gebäude getroffen und gegen welche die gleiche Anklage erhoben wurde, zu 5 Jahren Kerker verurtheilt, wiewohl keinerlei Zeugenaussage zu ihren Ungunsten lautete.

Auf 15 Jahre Kerker lautete das Urtheil gegen Mark Gergi's, der gleichzeitig eines in früheren Jahren begangenen Mordes angeklagt war. Auch hier lag keine Zeugenaussage gegen ihn vor.

Die ganze Verhandlung wurde fieberhaft rasch geführt, der falsche Belastungszeuge Hill Kola ebenso Kurt Bey gar nicht einvernommen. Man wollte nur rasch den Freispruch vornehmen und das General-Consulat zufrieden stellen.

Die Enthaftung hat bei der katholischen Bevölkerung von Scutari wie der Dörfer umsogrößere Befriedigung hervorgerufen, als man, mit Rücksicht auf Präzedenzfälle, die Angelegenheit jener von Berdizza für aussichtslos hielt.

Sowohl die Freigesprochenen als auch die Muchtare von Scutari erschienen gestern bei mir, um ihren Dank für das Eingreifen der hohen K. u. K. Botschaft und des General-Consulates zum Ausdrucke zu bringen.

Hiemit wäre die gerichtliche Seite meiner Reklamation beendet.

Meine Bitte um Intervention wegen Entfernung Kurt Bey's halte ich jedoch aufrecht.

Gleichlautend berichte ich unter Einem sub gleicher Zahl nach Constantinopel.

Genehmigen, Euere Excellenz, den Ausdruck meiner tiefsten Ehrfurcht.

Dokument 81

Räubereien der Mirditen in der Ebene.
Bericht 74, Kral[302] an Goluchowski, Scutari 9. September 1905.
HHStA, Politisches Archiv XXXVIII, 422 (Scutari 1905–1906), Blatt 139–141.

Hochgeborner Graf!

Die seit altersher zwischen den Mirditen und den nordscutariner Malissoren herrschende Feindschaft, welche bisher gewöhnlich nur in Blutfehden-Angelegenheiten zum Ausdruck kam, hat kürzlich zu einem sehr bedauerlichen Gewaltact der Ersteren Anlaß gegeben.

Wie Euer Excellenz bekannt, beziehen mehrere der katholischen Bergstämme, vornehmlich die Banner von Clementi, Škreli, Hotti u.s.w., während der kalten Jahreszeit mit ihren Herden Winterweiden nahe der Meeresküste, sowie in den Niederungen des unteren Drin- und Matflusses und haben an gewissen Orten dort sogar größere dorfartige Ansiedlungen gegründet.

Im Sommer stehen dieselben leer, nur einige Leute bleiben mit einer gewissen Menge Vieh zurück, behufs Besorgung der Ernte und Anlegung der Heuvorräthe.

---

302   Kral, August (1859–1918); Generalkonsul in Shkodra 1905 bis 1910; siehe SCHWANKE.

Es ist dies eine ähnlicher Vorgang, wie er in Macedonien und im Epirus bei einem Theile des Kutzo-Walachen üblich ist.

Die in der Ebene von Alessio in den Dörfern Baldren und Kakariči[303] befindlichen Niederlassungen von Malissoren aus Clementi und Škreli sind nun vor 14 Tagen von einer etwa 300 Mann starken Mirditen-Horde überfallen, geplündert und niedergebrannt worden.

Gegen 150 Gehöfte gingen in Flammen auf, und circa 200 Stück Vieh wurden fortgetrieben.

Da – wie erwähnt – bloß wenige der Häuser bewohnt waren, konnte von einem Widerstande keine Rede sein. Nur ein Mann schoß auf die Räuber und streckte einen Angreifer nieder.

Unbehelligt, wie sie gekommen, zog die Bande wieder in ihre heimatlichen Berge ab, was umso auffälliger ist, als sämmtliche aus Mirdita in die Ebene führenden Gebirgsausgänge (Mied, Narači, Nenšati, Fišta, Kalmeti,[304] Alessio) durch starke Militär-Posten besetzt sind. Die Soldaten haben also beide Augen zugedrückt, was auf Befehle des früheren Valis, Zusammenstöße zu vermeiden, zurückzuführen sein soll.

Ein specieller Anlaß für diesen Kriegszug der Mirditen, etwa Blutrache-Angelegenheiten, lag nicht vor, und kann das Motiv hiezu nur in Raubsucht, Übermuth oder Aufreizung gefunden werden.

Das Factum ist aber beklagenswert, weil es zu zahlreichen Racheacten führen und dadurch den aus nationalen Gründen so wünschenswerten Zusammenschluß der katholischen Stämme des Vilajets für lange hinaus wieder verzögern wird.

Nicht unerwähnt kann bleiben, daß der Erzabt Mgre Primo Docchi,[305] von Mgre Miedia[306] zu einem gemeinsamen Versöhnungsversuche aufgefordet, schroff abgelehnt hat.

Es schaut dies so aus, als ob ihm nicht sehr daran gelegen wäre, Einigkeit zu begünstigen, wenn Mirdita dabei nur ein Quentchen seiner Handlungsfreiheit einbüßen müßte, und wird diese Haltung hier mit Rücksicht auf die albanesischen Einigkeits-Bestrebungen nicht gebilligt.

Das gemeldete Vorkommnis zeigt, daß die so vielfach vertretene Idee der einseitigen Bildung eines vorherrschend katholischen Nordalbaniens schon wegen der gegenseitigen Feindschaft der einzelnen katholischen Stämme sehr schwer durchführbar wäre und daß die seit jeher favorisirte Aufrechterhaltung der Sonderstellung Mirdita's eher ein Hindernis für die national-albanesische Einigung ist.

Gleichlautend berichte ich nach Constantinopel sub No. 54.

Genehmigen, Euere Excellenz, den Ausdruck meiner tiefsten Ehrfurcht.

---

303 Balldren und Kakarriq, Dörfer in der Zadrima-Ebene in der Nähe von Lezha.
304 Mjeda, Naraçi, Nënshati, Fishta, Kallmeti, Dörfer am östlichen Rande der Zadrima-Ebene.
305 Doçi, Preng; siehe Dokument 55.
306 Mjeda, Ndre (1866–1937), berühmter albanischer Dichter und Philologe; er war katholischer Priester in der Umgebung von Shkodra.

Dokument 82

Ein Versuch zur Vermittlung zwischen Mirditen und Oberskutariner Stämmen.

Bericht 98, Kral an Goluchowski, Scutari 3. November 1905.
HHStA, Politisches Archiv XXXVIII, 422 (Scutari 1905–1906), Blatt 188–192.

Hochgeborener Graf!

Wie ich mir im ergebensten Berichte vom 3. d. Mts. N. 95 anzuführen erlaubte, will der Herr Erzabt[307] dem Vali von Scutari die Bildung einer gemischten Kommission zur Schlichtung der zwischen den Mirditen und Malissoren obschwebender Streitigkeiten empfohlen haben.

Wie dem immer sei, Tatsache ist, daß eine solche Kommission, ob aus eigener oder fremder Initiative, vom Vali vor einem Monat eingesetzt worden ist und daß zu diesem Zwecke alle Chefs der beteiligten Malissorenstämme sowie jene von ganz Mirdita hierher berufen wurden.

Während die Ersteren ohneweiters erschienen, zögerten die Letzeren, namentlich der als Wichtigster vor allen andern eingeladen Kapetan Marka Džoni, so daß der Vali ernstlich daran dachte, eine militärische Strafexpedition nach Mirdita zu unternehmen.

Marka Džoni, der Garantie seiner persönlichen Sicherheit durch einige Scutariner Bey's verlangte, holte meinen Rat ein, und war ich selbstverständlich für Gehorsam gegenüber der Regierung.

Gegen eine Bürgschaft der Bey's verhielt sich Mustafa Nuri Pascha[308] absolut ablehnend, wogegen er eine durch mich angeregte Einflußnahme des Klerus auf die Notablen von Mirdita im Sinne einer Beschikkung der Kommission sehr beifällig aufnahm und mich um meine Unterstützung in dieser Richtung bat.

Nachdem Marko Džoni hierauf durch Vermittlung eines Pfarrers nahegelegt worden war, seine Opposition aufzugeben, stieg er, begleitet von 25 anderen Chefs und einer ebenso großen Anzahl von Notablen, nach Scutari herab, was bei allen, welche eine Aussöhnung wünschten, mit Befriedigung begrüßt wurde.

Die Arbeiten der Kommission, in welcher einige Scutariner Bey's das große Wort führten, wurden vor 3 Tagen, leider nicht mit einem allseitig zufriedenstellenden Resultate geschlossen.

Die Mirditen opponirten zwar nicht gegen die Entscheidung, daß sie den Malissoren aus der Zadrima den auf 15.000 Ltg geschätzten Schaden zu ersetzen hätten, begehrten aber vergeblich, daß diese Summe aus ihren rückständigen Gehaltsforderungen von der Regierung bezahlt werde und daß sie selbst durch eine bestimmte Bürgschaft gegen Mordtaten der Malissoren sicher zu stellen seien.

---

307 Der Abt von Mirdita, Preng Doçi; siehe Dokument 55.
308 Damaliger Generalgouverneur des Vilayets Shkodra.

Das Gesuch sämtlicher Teilnehmer an der Kommission, für Mühewaltung und Auslagen mit einem Gehalte von 10 Piastern (= 2 K) pro Tag und Kopf entschädigt zu werden – so wie es der Kanun und das Herkommen vorschreiben – blieb unberücksichtigt.

Ohne eine Einigung über alle diese Punkte anzustreben, wurde die Beratung damit geschlossen, daß den Mirditen-Chefs aufgetragen wurde, die Schadenssumme von den Schuldigen selbst einzutreiben, welche schwer durchführbare Aufgabe keine wirkliche Lösung aller aufgetauchten Schwierigkeiten bedeutet.

Gleichwohl ist es ein Erfolg, daß sich die 2 feindlichen Parteien einmal zu gemeinsamer Beratung zusammenfanden und das Bedürfnis nach einer friedlichen Auseinandersetzung dokumentierten. Diese günstige Praezedenz kann einer zukünftigen, endgiltigen Versöhnung nur die Wege ebnen.

Auch während der einmonatlichen Anwesenheit der verschiedenen Stammesvertreter in Scutari ist keinerlei störender Zwischenfall vorgekommen, und hatte ich es allerdings auf keiner Seite an guten Ratschlägen fehlen lassen. In Frieden ging die Kommission aus einander, und ohne jede Behelligung reisten alle ihre Mitglieder nach Hause, ein für die hiesigen Verhältnisse immerhin seltenes und bemerkenswertes Ereignis.

Erfreulich war für uns, bei diesem Anlasse die große Bedeutung zu konstatieren, welche Mirditen und Malissoren der Meinung dieses K. und K. Amtes beimaßen, wodurch erforderlichen Falles auch einmal eine direkte Einflußnahme ausgeübt werden könnte.

Im Schoße der Mirditen herrscht ursprünglich starke Neigung, ihre Mitwirkung an der Kommission von der Ernennung eines Kapetans (also entweder Prenk Pascha's oder Marka Džoni's) abhängig zu machen, worauf man indessen vorläufig verzichtete.

Doch scheint es, daß diese Frage in nicht sehr langer Zeit doch ernstlich aufgeworfen werden dürfte.

Um Rat angegangen, erwiderte ich, in diese mir fremde Angelegenheit mich in keiner Weise einmischen und daher auch hierüber nicht äußern zu können.

Gleichlautend berichte ich unter Einem nach Constantinopel sub N. 75.

Genehmigen, Euere Excellenz, den Ausdruck meiner tiefsten Ehrfurcht.

Dokument 83

Beschreibung der Mirdita-Gendarmerie.
Bericht 39, Kral an Aehrenthal,[309] Scutari 25. März 1907.
HHStA, Politisches Archiv XXXVIII, 423 (Scutari 1907–1908), Blatt 104–108.

Hochwolgeborner Freiherr!

Da zur Bezwingung des Widerstandes in Korbino[310] auch Mirditengendarmerie herangezogen worden war, hat mich Seine Excellenz Markgraf Pallavicini[311] aufgefordert, über das Verhältnis jener Gendarmerie zur Regierung und über ihre Organisation Näheres zu berichten, und habe ich hierüber folgendes ausgeführt.

Die Entstehung des mirditesischen Gendarmeriecorps hängt mit den Bemühungen der türkischen Regierung zusammen, die Geltung des mirditesischen Gewohnheitsrechtes einzuschränken und allmählich eine Neuordnung der Dinge einzuführen.

Anfang der 70-er Jahre boten innere Zwistigkeiten die erwünschte Gelegenheit zum Einschreiten, und wurde der Anführer einer gegen den legitimen Kapetan Bib Doda insgeheim bestandenen Koalition mehrerer Stammeschefs (Dod Gega) als Hauptmann mit der Bildung einer Kompanie einheimischer Gendarmen beauftragt.

Der leitende Gedanke dabei war, den alten Kanun und die Macht der herrschenden Familie Gion Markai, deren Abkömmlinge nach dem Rechte der Primogenitur erblich zur Kapetans-Würde berufen waren, zu brechen und durch eine Art politischen, halb militärisch organisierten Sicherheitskorps zu ersetzen.

Während der Erschütterungen, welchen die Regierungsgewalt in Mirdita namentlich nach der Exilirung des Sohnes Bib Doda's, Prenk, ausgesetzt war, spielte diese Gendarmerie einige Jahre hindurch tatsächlich eine bedeutende Rolle.

Aus der Kompanie (Bölük), deren sämtliche Mitglieder ursprünglich Mirditen und Katholiken waren, entwickelte sich im Laufe der Zeit ein Bataillon, doch traten an die Stelle des christlichen Kommandanten schon nach dem Tode Dod Gega's (1883) türkische Majore, welche seither in ununterbrochener Reihenfolge einander sukzedierten.

Unter diesen Kommandanten verlor die mirditesische Gendarmerie immer mehr an Ansehen und Einfluß im Lande, sodaß sie die wachsende Anarchie nicht aufzuhalten vermochte.

---

309 Aehrenthal, Alois Lex Graf von (1854–1912); Außenminister Österreich-Ungarns von 1906 bis 1912.

310 Kurbini ist eine Landschaft im Norden der Stadt Kruja. Schon 1905 hatte hier der Widerstand gegen die Bezahlung der vorgeschriebenen Steuern begonnen. Nach verschiedenen militärischen Expeditionen der türkischen Regierung endete der Widerstand im Frühling 1907.

311 Pallavicini János, Markgraf von (1848–1941); Diplomat.

Im Jahre 1898 mußte sogar das Stabsquartier des Bataillons von Oroši außerhalb des Landes verlegt werden und befindet sich seither abwechselnd in Scutari oder in Mjed, dem Ausgangspunkt des zunächst gelegenen Gebirgsdefilés.

Die Obligenheiten dieser Gendarmerie sind gegenwärtig ungefähr die gleichen wie jene der türkischen Gendarmerie an anderen Orten, nämlich die Unterstützung der Verwaltungs- und Justizbehörden, die Besorgnung des Polizeidienstes, der Steuereintreibung u.s.w., insoweit man bezüglich Mirdita's überhaupt hievon reden kann.

Die Bestimmung dieses Korps hat indessen insofern eine Erweiterung erfahren, als die Regierung dasselbe keineswegs mehr ausschließlich für Angelegenheiten Mirdita's verwendet, sondern auch für andere Zwecke, mit Vorliebe in Scutari und an den Grenzen von Mirdita.

Hat die Gendarmerie teilsweise den bei ihrer Schaffung verfolgten Zweck des „Divide" verfolgt, so wurde sie seither wegen der unregelmäßigen Bezahlung des Soldes an ihre Mitglieder zu einer rechten Verlegenheit für die Regierung.

Um die Begleichung der Soldrückstände zu erzwingen, sperren die ausgehungerten, gleichzeitig aber unternehmungslustigen Gendarmen fast alljährlich ein paar Mal die öffentlichen Kommunikationen und inszenieren Überfälle aller Art, welche für dieses Vilayet eine Quelle steter Beunruhigung bilden.

Die Disziplin dieses übrigens auch nicht einheitlich uniformierten Bataillons ist die denkbar schlechteste.

Unter dem Vorwande ungenügender Bezahlung verweigern die Gendarmen jeden ihnen nicht behagenden Auftrag und dienen überhaupt nur, wo und wann es ihnen gefällt.

Auf solche Weise hat dieses Korps von einer ordnungsmäßigen Gendarmerie im Grunde genommen nur den Namen, und wenn es einmal zur Anbahnung von Reformen in diesen Gebieten kommen sollte, wird seine Reorganisierung eine der ersten Aufgaben sein.

Was den gegenwärtigen Stand des von einem Major befehligten Bataillons anbetrifft, so besteht es aus zwei Kompanien, deren jede je einen Hauptmann, zwei Leutnants und mehrere Čauš,[312] sowie Odabaši's[313] zählt.

Der Gesamtmannschaftstand erreicht gegenwärtig die Zahl von 120.

Gleichlautend berichte ich unter Einem sub N. 33 nach Constantinopel.

Genehmigen, Euere Excellenz, den Ausdruck meiner tiefsten Ehrfurcht.

---

312 Türkisch çavuş: Botengänger.
313 Türkisch odabaşi: Offiziersrang.

Dokument 84

Zur Spannung zwischen den katholischen und den mohammedanischen Malisoren.
Bericht 18, Kral an Aehrenthal, Scutari 11. Februar 1908.
HHStA, Politisches Archiv XXXVIII, 423 (Scutari 1907–1908), Blatt 54–59.

Hochwolgeborner Freiherr!

Die im ergebensten Berichte vom 18. December v. Js. N. 126 gemeldete Erregung der katholischen Malissoren gegen die Mohammedaner hat noch einige Wochen lang angehalten, hat in einem Bezirke auch zu Gewaltakten gegen die Türken geführt, scheint aber gegenwärtig im Verlaufen. Zu den Weihnachtsfeiertagen bestand hier die Gefahr, daß sich gelegentlich des Schießens in der Christnacht, welches die Mohammedaner als eine Provokation ansehen, blutige Zwischenfälle ereignen, die weitere Consequenzen haben könnten.

Dank der energischen Maßnahmen der Vilajetsregierung und der erzbischöflichen Curie, auf deren Erlassung auch ich nachdrücklichst hingewirkt hatte, ist das Schießen indessen unterblieben, ebenso auch an dem kurze Zeit später fallenden Kurban-Bairam, was bei der herrschenden Spannung ein Glück genannt werden konnte.

Gegen Jahresschluß erhielt ich einen Brief des Pfarrers von Ibalja, dessen Inhalt die damalige gefährliche Stimmung widerspiegelt, gleichzeitig aber auch zeigt, wie man uns in die hiesigen Streitigkeiten hineinzuziehen möchte und was man uns als Protektoratmacht hier alles zumuthet. Aus der Nichterfüllung derart übertriebener Hoffnungen und Wünsche entstehen dann leider nur zu häufig unberechtigte Klagen gegen uns wegen mangelnden Schutzes und dergl.

Der Pfarrer schrieb: Die Chefs der einzelnen Bajraks haben in gemeinsamer Versammlung beschlossen, nächste Tage im öst.-ung. Generalconsulate zu erscheinen, um zu fragen, ob sie von Österreich-Ungarn beschützt sind oder nicht. Sie wollen diesen Schritt unternehmen im Hinblick auf die Entführung P. Luigi's, die Niederbrennung der christlichen Dörfer bei Djakova, die angebliche Entehrung eines Kreuzes, die Zerstörung der Schule von Ibalja und die fortwährenden Beleidigungen, welche sie von den Mohammedanern erleiden müßten, ohne daß sich jemand zu ihrem Schutze aufraffe. Sie wollen unter Drohungen sogar die Priester zwingen, sie nach Scutari zu begleiten."

Trotzdem ich dem Pfarrer sofort antwortete, derlei unnütze ja schädliche Demonstrationen zu verhindern, seinen ganzen Einfluß zur Beruhigung der Gemüther aufzubieten, in unsere, den Katholischen Interessen am besten entsprechende Haltung, in die Maßnahmen des Erzbischofes und der türkischen Regierung Vertrauen zu haben, erschien dennoch eine große Reihe von Stammeschefs aus jener Gegend (Puka, Dukadžin, Nikaj etc.) zum erwähnten Zwecke bei mir in Scutari.

Aus ihrer erregten, selbstbewußten Sprache ging hervor, wie sehr sie aufgehetzt waren, und es kostete einige Mühe, sie von den irrigen Ansichten in denen sie befangen waren, und von ihren feindseligen Plänen abzubringen. Meine eindringlichen und ernsten Worte erzeugten aber doch die nötige Ernüchterung.

Einigen besonders hitzigen Köpfen erklärte ich bündig, daß, wenn sie meinen Ratschlägen nicht Gehör schenkend, trotzdem Gewaltacte gegen Mohammedaner verüben sollten, sie bei einem so thörichten und tollkühnen Beginnen weder auf die Unterstützung noch auf die Sympathien dieses Generalconsulates rechnen dürften.

Während die betreffenden Abgesandten noch in Scutari weilten, kam aber die Nachricht, daß eine hundertköpfige Rotte von Leuten aus Thači, Beriša und Merturi unter dem Eindruck der Nachricht einer Kreuzschändung durch Türken bei Ibalja, das große Kula (Befestigte Haus) des ersten und reichsten der dortigen Mohammedaner, Liman Aga, nächtlicherweise angegriffen, niedergebrannt und sein sonstiges Hab und Gut teilweise der Zerstörung preisgegeben hatte.

Liman Aga war durch Zufall oder Geschicklichkeit dem Tode entronnen.

Ein Antheil an der Organisierung dieser „Execution" wurde dem Pfarrer von Beriša, P. Michele Temali, zugeschrieben, der die Bande sogar begleitet hatte, angeblich um den Gefallenen sogleich die Sterbesakramente spenden zu können.

Die Nachricht von der Kreuzschändung hat sich bald nachher als unwahr und als bloßes Agitationsmanöver herausgestellt.

Liman Aga floh nach Scutari, und kann man sich nunmehr auf eine Strafexpedition seitens der Regierung gefaßt machen.

Daß eine solche befürchtet wird, ergibt sich aus eine zweiten, mir kürzlich zugekommenen Briefe des Pfarrers von Ibalja, in welchem er im eigenen und im Namen der ihm benachbarten Pfarrer verspricht, in gewissenhafter Befolgung meiner Ratschläge allen Einfluß aufbieten zu wollen, um die Leute von weiteren Gewaltthaten gegen die Türken abzuhalten. Die Niederbrennung des Hauses Liman's, welche wegen Beleidigung der katholischen Religion erfolgte (!), sei nicht von den Angehörigen des Bajraks Ibalja, sondern von anderen ausgeführt worden, weshalb er meinen Schutz für die ersteren erbitte.

Seit jenem bedauerlichen Factum hat die Ernüchterung weitere Fortschritte gemacht, so daß ich hoffe, es werden, unvorhergesehene Zwischenfälle ausgenommen, sich in der nächsten Zeit keine weiteren Fakten ereignen, welche das ohnehin gespannte Verhältnis zwischen den Katholiken und Mohammedanern noch verschlechtern könnten.

Auch in der Diözese von Pulati haben sich die Gemüther laut eines Briefes Mgre Marconi's, der über meine Aufforderung mahnend eingegriffen hatte, zusehends beruhigt.

Gleichlautend berichte ich unter Einem sub N. 11 nach Constantinopel.

Genehmigen, Euere Excellenz, den Ausdruck meiner tiefsten Ehrfurcht.

Dokument 85

Aufstand in Kurbin wegen der hohen Steuern.[314]
Bericht 20, Kral an Aehrenthal, Scutari 26. Februar 1908.
HHStA, Politisches Archiv XXXVIII, 423 (Scutari 1907–1908), Blatt 64–69.

Hochwolgeborner Freiherr!

Mittelst der Berichte dd. Durazzo 11. l. Mts. N. 3 und 17. l. Mts. N. 5 hat Vize-Konsul Halla von einer Expedition des Valis Seifullah Pascha nach Kurbino Meldung erstattet.

Nachdem der Letztere am 22. l. Mts. hieher zurückgekehrt und die Anlegenheit, um welche es sich handelte, ihrer Lösung zugeführt worden ist, so erlaube ich mir, über dieselbe im Nachstehenden zusammenfassend gehorsamst zu berichten.

Während die Vilayetsregierung, getreu der mit den Delegierten der katholischen Einwohner von Korbino im vergangenen Frühjahre getroffenen Abmachung während des Restes des Finanzjahres die Eintreibung der von den Genannten anerkannten Steuern nur lässig betrieben hatte, versuchten die erwähnten Katholiken doch wieder, sich ihrer Verpflichtung zu entziehen und gingen bei ihrem Ungehorsam so weit, die von Kroja aus gekommenen Steuereinnehmer davonzujagen.

Es handelte sich zu diesem Zeitpunkte (Ende des Jahres 1323) lediglich um die Bezahlung eines Pauschalbetrages von 8.000 Piastern für Grund-, Militär- und Schafsteuer pro 1323 (1907/08), wogegen die auf dasselbe Jahr entfallende restliche Summe von zirka 25–27.000 Piastern nur allmählig und mit vielen Erleichterungen sowie Executionen zur Eintreibung gelangen sollte.

Ungefähr zur selben Zeit (Ende Jänner) hatte der Vali eine Militärabtheilung von ungefähr 150 Mann in die Wälder von Skuraj (Korbino)[315] entsendet, um dort das von den Einheimischen ohne Erlaubnis begonnene Holzfällen in Staatswaldungen zu verhindern.

Mit der Expedition dieser kleinen Truppenmacht scheint gleichzeitig eine Demonstration gegen Kurbino beabsichtigt gewesen zu sein.

Die Regelung der Forstangelegenheit ging jedoch ohne weitere Schwierigkeit von statten, so daß das Militär aus den Wäldern zurückgezogen werden konnte.

Da sich anderseits aber in der Steuerfrage keine Nachgibigkeit zeigte, beschloß der Vali schärfere Maßnahmen und begab sich, von einem Bataillon Infanterie begleitet, anfangs des laufenden Monates über Alessio nach Kroja.

Vice-Konsul Halla hat bereits geschildert, daß dem Rufe des General-Gouverneurs nach Alessio seitens der katholischen Notablen Korbino's keine Folge geleistet wurde, sondern daß nur untergeordnete Abgesandte kamen.

---

314 Siehe Dokument 83.
315 Skuraj war das Hauptort der Landschaft Kurbini.

Der Streit drehte sich um die Auslegung der im vorigen Jahre mit dem Vali Mustafa Hilmi Pascha getroffenen Vereinbarungen.

Während damals, wie bereits erwähnt, bestimmt worden war, daß außer den 8.000 Piastern Pauschalbetrag die restliche Steuerschuldigkeit pro 1323 per 25–27.000 Piaster „nach Thunlichkeit" geleistet werden solle, leugneten jetzt die Führer der Katholiken von Kurbino den letzteren Punkt, versuchend mit 8.000 Piastern quitt zu werden.

Um die Wahrheit festzustellen, berief der Vali den Katholiken Šan Deda, Mitglied des hiesigen Verwaltungausschusses, welcher über die vorjährigen Stipulationen infolge eigener Mitwirkung genau informiert war, nach Miloti.

Da wegen des fortgesetzten Widerstandes der Genannten die Truppen aber mittlerweile vorgerückt waren, hatte sich ein Teil der katholischen Einwohner von Kurbino unter Anführung Gjin Pietri's aus Skutari und Nikol Ndreu's aus Malibarot neuerdings in die Berge geflüchtet.

Durch die Ausdauer Šan Deda's, der den Vali von der Erteilung des Befehles zur Eröffnung der Feindseligkeiten abhielt, gelang es schließlich doch, ein Zusammentreffen zwischen Gjin und den Regierungs-Vertretern zustande zu bringen, wobei der starrköpfige Malissorenhäuptling, von Šan Deda in die Enge getrieben, sein Unrecht schließlich eingestehen mußte und nachgab.

Die Auflehnung der Katholiken war diesmal keineswegs eine so einmüthige wie im vergangenen Jahre, sondern beschränkte sich auf etwa 35 Familien. Die übrigen hatten schon vor dem Eingreifen der Truppen die Steuerforderungen anerkannt und die Abgaben zum Teile geleistet.

Nach der Unterwerfung Gjin Pietri's (am 20. l. Mts.) stellte jedes einzelne Dorf eine, die akzeptierte Steuervorschreibung genau präzisierende Urkunde aus unter gleichzeitiger Nennung der Notablen der benachbarten Landschaft von Kthela als Bürger. Von den bis Ende l. Js. fällig gewordenen 8.000 Piastern Steuern wurden 6.000 bereits gezahlt.

Die jetzt getroffenen Vereinbarungen sind nichts anderes als eine Bekräftigung der früheren: Nach denselben hat die noch für das Jahr 1323 (1907/08) geltende teilweise Pauschalierung der Kleinvieh- und Immobiliarsteuern sowie der Militärtaxe aufzuhören und individuelle Steuervorschreibung und Einhebung einzutreten. Nichts destoweniger soll der Gesamtbetrag den bisher geleisteten (zirka 33–35.000 Piaster) nicht übersteigen.

Insoferne als die Bezahlung der Taxen freiwillig durch die Gemeindeältesten selbst erfolgte, würde von der Verwendung amtlicher Steuereintreiber abgesehen werden. Auf die Rückstände vor dem Jahre 1323 wird verzichtet.

Die Beendigung der Angelegenheit ohne Blutvergießen und Gewaltmaßnahmen ist als eine günstige zu bezeichnen, umsomehr, als der Regierung nicht zugemuthet werden kann, sich von einer so kleinen Minderheit wie der katholischen Bevölkerung von Korbino übertriebene Abgabenfreiheiten abtrotzen zu lassen.

Gleichlautend berichte ich unter einem sub N. 14 nach Constantinopel.

Genehmigen, Euere Excellenz, den Ausdruck meiner tiefsten Ehrfurcht.

Dokument 86

Die ersten politischen Wahlen im Osmanischen Reich und die Ergebnisse im Sandjak Shkodra.[316]
Bericht 125, Kral an Aehrenthal, Scutari 7. Dezember 1908.
HHStA, Politisches Archiv XXXVIII, 423 (Scutari 1907–1908), Blatt 372–380.

Hochwohlgeborener Freiherr!

Bereits im ergebensten Berichte vom 10. Oktober l. J. Z. 95 über die Verfassungsdurchführung und die bevorstehende Wahlkampagne hatte ich Gelegenheit, die Vermutung auszusprechen, daß die Chancen der christlichen Bevölkerung recht geringe sein würden, und hat sich diese Voraussage leider nur allzusehr bewahrheitet. Die Schuld daran tragen sowohl die Regierungskreise und die Mohammedaner als auch die Inkuranz der katholischen Bevölkerung selbst, welche sich wochenlang um die Wahlangelegenheiten nicht gekümmert und erst dann gerührt hat, als es bereits zu spät war.

Die ersten und wichtigsten Mißbräuche geschahen bei der Aufstellung des Zensus. Von der ursprünglichen Regel, die männliche Bevölkerung und die Zahl der Wahlberechtigten von Regierungsdelegierten unter Mitwirkung des Pfarrers feststellen zu lassen, wurde in den meisten Fällen abgegangen, und ist nicht zu verwundern, daß unter solchen Verhältnissen in die Listen an vielen Orten rein willkürliche Zahlen geschrieben wurden.

Allerdings waren sich die unwissenden Landbewohner sehr häufig über das Wesen der Volkszählung im Unklaren, und ist es ein nachgewiesenes Faktum, daß man sich auf katholischer Seite sehr häufig des Wahlrechtes enthob, weil man von einer Eintragung in die Wählerliste das Eingehen einer neuen Wehr- oder Steuerverpflichtung befürchtet.

Der Klerus tat nichts zur Aufklärung der Bevölkerung, und die mohammedanischen Machthaber hatten schon gar keinen Grund, den unwissenden Bergbewohnern ihre Täuschung zu benehmen.

Von einer Kontrolle war keine Rede.

So kam es, daß die Anzahl der Katholiken allerorts als verhältnismäßig viel zu niedrig registriert wurde und daß man selbst dort, wo notorisch eine katholische Mehrheit besteht, aus ihr eine Minderheit fabrizierte.

Die christliche Bevölkerung des Kaza von Puka, dann die Landschaften Schala, Schoschi, Planti, Kiri, Giovanni und Toplana, endlich die Katholiken der Malcia von Alessio und jene von ganz Mirdita samt Kthela wurden von der Wahlberechtigung ganz ausgeschlossen mit der Begründung, daß sie keine Grundsteuer zahlen, was dem Wahlkodex vollkommen widerspricht. Dort ist

---

316 Dies waren die ersten freien Wahlen im Osmanischen Reich. Sie waren eine Folge der „Jungtürkischen Revolution" vom Sommer 1908. Das Wahlgesetz war im September proklamiert worden. Nach diesem Gesetz wurden alle Bürger des Reiches „osmanlli" (Osmanen) genannt. Diese Wahlen wurden von der albanischen Bevölkerung massiv boykottiert.

nicht von Grundsteuer die Rede, sondern von Steuerzahlung überhaupt, und besteht nach diesem Grundsatze z. B. auch an der Wahlberechtigung der Mirditen und der Leute von Puka, die eine „Redifchané" genannte Abgabe von 100 Para pro Familie entrichten, kein Zweifel.

Was die übrigen der genannten Stämme anbetrifft, so trifft nun allerdings zu, daß sie keine Steuern leisten, doch ist in Betracht zu ziehen, daß diese Befreiung auf Privilegien beruht, weshalb die Ausschließung aus der Wählerliste als ungerechtfertigt empfunden wurde.

In der katholischen Gemeinde von Skutari hat man von 1.800 Männern über 25 Jahren das Wahlrecht nur 700 Personen gegeben unter dem Vorwande, daß nicht alle Steuer zahlen, während in Wirklichkeit von der katholischen Gemeinde eine Steuerpauschalsumme entrichtet wird.

Die Anzahl der für die einzelnen Wahlbezirke aufgestellten Wahlmänner entsprach den bei der Zusammenstellung der Wählerlisten geschehenen Willkürlichkeiten und illustriert sich deutlich durch die Tatsache, daß z. B. dem Kaza Scutari, der eine Bevölkerung von ungefähr 44.000 Katholiken und 37.000 Mohammedaner zählt, 21 mohammedanische und 13 christliche Wahlmänner zugewiesen wurden (Beilage 1).

Die Mohammedaner Skutaris erhielten 6, die Katholiken dagegen nur 2 Wahlmänner und die Orthodoxen, die über kaum 200 Familien verfügen, 1 Wahlmann.

Dem Kaza Tuzi, bestehend aus den Landschaften von Tuzi, Gruda und Hoti, wo etwa 2.000 Mohammedaner 5.000 Katholiken und etwa 600 Orthodoxe gegenüberstehen, gab man 2 katholische, 3 mohammedanische und 1 orthodoxen Wahlmann.

Im Kaza Alessio, welcher den größten Teil der Zadrima umfaßt und in dem 11.000 Katholiken neben 1.500 Mohammedanern wohnen, figurierten bloß 4 katholische Wahlmänner neben 1 türkischen.

Für den Kaza von Puka (Dukagin), in welchem das Verhältnis der Katholiken zu den Mohammedanern etwa 12.000 zu 6.000 beträgt, bestimmte man 3 katholische und 4 türkische Wahlmänner.

Mirdita mit seiner etwa 18.000 Seelen ausmachenden Bevölkerung wurde, wie bereits erwähnt, anfänglich vollkommen übergangen.

Als dieses, jeder Gerechtigkeit hohnsprechende Ergebnis der Wahlvorbereitungen bekannt wurde, bemächtigte sich der katholischen Bevölkerung eine tiefe Entrüstung. Jetzt erst giengen ihr die Augen auf, wozu ihre Apathie in den Wahlangelegenheiten und ihre Zersplitterung in kleine Parteiungen geführt hatte. Versammlung über Versammlung wurde abgehalten, Proteste bei Generalgouverneur und beim jungtürkischen Komité wurden eingereicht, und mit aller Energie forderte man eine neue Zählung der christlichen Bevölkerung, um eine höhere Anzahl von Elektoren zu erreichen. [...]

Dokument 87

Die Blutrache in Mirdita und eine diesbezügliche Expedition der türkischen Regierung.
Bericht 127, Kral an Aehrenthal, Scutari 23. September 1909.
HHStA, Politisches Archiv XXXVIII, 424 (Scutari 1909–1912), Blatt 179–180.

Hochgeborener Graf!

Während in Mirdita der Landfrieden (Bessa) am Aschermittwoch bis zu Aller-heiligen verlängert worden war, was zur Aufrechterhaltung der Ruhe und Sicherheit in diesem Gebiete wesentlich beitrug, hat ein ähnlicher Beschluß für Kthela nicht gefaßt werden können, weshalb dort in altgewohnter Weise Morde und Räubereien überhandnahmen. Unter den Letzteren litt, wie auch Vizekon-sul Halla berichtete, insbesondere das angrenzende Kaza von Kroja, was den Vali zur Entsendung eines größeren Gendarmeriedetachements in die am mei-sten exponierten Gegenden veranlaßte, durch welche Maßnahme indessen kein nachhaltiger Erfolg erzielt wurde.

Viel Aufsehen erregte die kürzlich erfolgte Ermordung des Bruders der Adop-tivtochter Martha der Marcella Bib Doda,[317] namens Lesch Prenka, eines der bei-den Bajraktars von Kthela, durch seinen langjährigen Blutgegner Dod Bardok Melyschi, des zweiten Bajraktars derselben Landschaft, und beschloß der Vali aus diesem Anlaß eine Strafexpedition. Zwei Bataillone sollen am 25. l. M. nach Kthela aufbrechen, um zu versuchen, dort die hauptsächlichsten Uebeltäter in die Hand zu bekommen und auf alle Fälle deren Anwesen zu zerstören.

Außerdem erhielt Prenk Pascha den Auftrag, sich schon vorher an Ort und Stelle zu begeben, um die Leute wenn möglich zu einer freiwilligen Uebergabe der von der Regierung Gesuchten zu veranlassen. Er wird hierauf auch die Truppen begleiten, vermutlich zusammen mit einer Anzahl Mirditischer Gen-darmen und Notablen, die dem Rufe, gegen ihre verhaßten Nachbarn von Kthela vorzugehen, nicht ungern folgen werden.

Streng geheim:

Nach Beendigung ihrer Aufgabe in Kthela beabsichtigt der Generalgouver-neur, die betreffenden zwei Bataillone, immer unter Zuteilung Prenk Pascha's, über Oroschi, Luria,[318] Retschi[319] u.s.w. Džavid Pascha[320] entgegenzusenden, um sich mit diesem an einem noch näher zu bestimmenden Punkte, eventuell in Ljuma,[321] zu vereinigen und gewisse mohammedanische Stämme in jener Gegend zur Unterwerfung unter die Neuerungen des konstitutionellen Regimes zu zwingen.

---

317 Marcela Bib Doda war Schwester des Kapetans Preng Bib Doda.
318 Lura; Landschaft zwischen Mati, Mirdita und Dibra.
319 Reçi; kleiner Stamm zwischen Mirdita und Dibra.
320 Kommandant der türkischen Strafexpedition des Jahres 1909.
321 Luma; Landschaft östlich von Mirdita und nördlich von Dibra; Gebiet des gleichnamigen Stammes. 1918 hatte er 17.978 Einwohner; siehe SEINER, S. 110.

Nach den Bajramfeiertagen, die ungefähr in die Mitte des Monats Oktober fallen, soll auch in Skutari und Umgebung mit der Volkszählung und mit der Registrierung der bisher im Kataster nicht verzeichnet gewesenen Ländereien begonnen werden, und heißt es, daß im Falle des geringsten Widerstandes Džavid Pascha den Auftrag erhielte, mit seinen Truppen hier zu erscheinen, wo unter Umständen auch der Belagerungszustand verkündet werden soll.

Gleichlautend berichte ich unter Einem sub Nr. 90 nach Konstantinopel.

Genehmigen, Euere Excellenz, den Ausdruck meiner tiefsten Ehrfurcht.

Dokument 88

Expedition der türkischen Truppen in Nikaj und Merturi.[322]
Bericht 65, Von Zambaur[323] an Aehrenthal, Scutari 1. August 1910.
HStA, Politisches Archiv XXXVIII, 424 (Scutari 1909–1912), Blatt 114–115.

Hochgeborener Graf!

Ueber das Schiksal der im Anschluß an die Gebiete von Krasnici und Hasi durch die Truppen Chevki Paschas[324] okkupiert gewesenen, in administrativer Hinsicht zum Vilajet Kossovo gehörigen Pfarrsprengel der Diözese Pulati, Nikaj und Merturi, fanden in letzter Zeit vielfach übertriebene Darstellungen, so – namentlich, daß die Kirche von Nikaj durch türkische Militär zerstört und der Pfarrer als Gefangener abgeführt wurde – auch in der Presse – Verbreitung.

Behufs Richtigstellung dieser Nachrichten erlaube ich mir ergebenst zu melden, daß ich im Besitze eines Briefes des Franziskanerpaters in Plani bin, in welchem mir derselbe unterm 21. Juli (d.i. zu einem Zeitpunkt, da die Truppen aus Nikaj schon abgezogen waren) schreibt, daß die Kirche von Nikaj intakt ist, während mir was P. Pietro Giadri, den Pfarrer von Nikaj, anlangt, sowohl der Generalstabschef Turgut Pascha,[325] Fevzi Bey, als der gestern hier eingetroffene Divisionär Chevki Pascha die Gefangennahme desselben auf das entschiedenste in Abrede stellt.

Ob deshalb auch das Gerücht, daß P. Giadri wegen Abhandenkommen von in der Kirche deponiert gewesenen Waffen von einem Offizier geprügelt wurde, unwahr ist, konnte nicht festgestellt werden.

Gleichlautend berichte ich unter Einem sub Nr. 35 nach Konstantinopel.

Genehmigen, Euer Excellenz, den Ausdruck meiner tiefsten Ehrfurcht.

---

322 Im April 1910 begann im Kosovo neuerlich ein Aufstand gegen die Türken. Er breitete sich auch im Gebiete von Krasniqi und Hasi aus; siehe Historia II, S. 437–442.

323 Österreichisch-ungarischer Konsul in Shkodra.

324 Führer der Strafexpedition.

325 Shefqet Turgut Pasha; Kommandant der türkischen Truppen während des albanischen Aufstandes 1911. Er ist in Albanien noch heute wegen seiner Grausamkeit bekannt.

Dokument 89

Entwaffnung der Bevölkerung im Sandjak Shkodra.
Bericht 66, Von Zambaur an Aehrenthal, Scutari 1. August 1910.
HHStA, Politisches Archiv XXXVIII, 424 (Scutari 1909–1912), Blatt 117–118.

Hochgeborener Graf!

Die in meinem letzten ergebensten Berichte vom 27. Juli d. Js. Z. 62 avisierte Einlieferung der bei der Bevölkerung befindlichen Waffen und Munition macht im Gebiete von Scutari sehr rasche Fortschritte.

Was noch vor wenigen Monaten undenkbar erschienen wäre, daß sich der hiesige Albanese, ohne zu den äußersten Mitteln des Widerstandes zu greifen, von seiner ihm buchstäblich über Alles gehenden Waffe zu trennen, ist nunmehr zur Wahrheit geworden.

Die Stadt Scutari hat bis heute allein 11.000 Gewehre und Revolver neuer Systeme (alte Waffen, Revolver unter 15 cm Lauflänge und Jagdgewehre konnten behalten werden) und ganze Wagenladungen Patronen abgeliefert.

Von auswärts waren es die Dörfer der Scutariner Ebene, welche dem Beispiel der Stadt sogleich folgten: seit zwei Tagen beginnen auch Ortschaften aus entfernter gelegenen Gegenden, wie Shkreli, mit der Abgabe der Waffen, Dukagjin liefert dieselben in Puka ab, in Kastrati ist ein Bataillon aus Tuzi zur Waffenübernahme eingetroffen, und sogar aus Gjoani,[326] der Residenz des Bischofs von Pulati, das in Stammesfragen zu Shala gehört, werden seit gestern die Waffen abgeführt, was hoffen läßt, daß sich vielleicht auch Shala selbst zu einem ähnlichen Vorgehen entschließen und dadurch zu einer milderen Auffassung des seinerzeit den Truppen geleisteten Widerstandes beitragen, beziehungsweise sein Los verbessern werde.

In Mirdita herrscht Dank der beruhigenden Einwirkung des Erzabtes Mgre Docchi und des Kapetan Marca Gioni gleichfalls wenigstens äußerlich Ruhe. Die Bevölkerung ist jedoch sehr ungehalten darüber, daß sie ihr oberster Chef, Prenk Bib Doda, gerade in diesem kritischen Momente im Stiche gelassen hat. Mit der den Behörden bereits zugesicherten Waffenabgabe ist noch nicht begonnen worden.

Was den zweiten Punkt, der vom Armeekorps Turgut Paschas[327] oktroyierten Reformen, die Rekrutenaushebung, anlangt ist man gegenwärtig erst in Scutari mit der Anlage der Volkszählungslisten beschäftigt, während für den übrigen Sandjak die bezüglichen Arbeiten sich in Vorbereitung befinden.

Bisher ist Alles was seit dem Einrücken der Truppen Turgut Paschas in das Vilajet Scutari angeordnet wurde, vollkommen friktionslos zur Durchführung gelangt: auch die hiesigen fremden Konsularvertreter hatten keinen Grund zu klagen. Doch scheint man behördlicherseits dadurch ermutigt im Reformeifer

---

326 Der Stamm Gjani.
327 Nach der Unterdrückung des Widerstandes im östlichen Teil Nordalbaniens passierte die türkische Strafexpedition den Sandjak Shkodra. Shefqet Turgut Pasha verlangte die Ablieferung der Waffen; siehe Dokument 88.

zu weit gehen zu wollen, denn schon hat es der Vali versucht, kaum daß die Bevölkerung entwaffnet war, eine Beschränkung im Waffentragen der Konsular-kawassen durchzusetzen, und auch Vorstöße gegen die Kirche respektive deren Eigentum durch gewaltsame Expropriirungen für neue Straßenzüge sind geplant, was speziell bei der intransigenten in Betracht kommenden Ordensgeistlichkeit im Entgegenhalte zu der bekannten Haltung der ottomanischen Behörden in kirchlichen Angelegenheiten, die Ausübung des auf der einen Seite nicht anerkannten, auf der anderen aber täglich stürmischer angerufenen Kultusprotektorates – ganz abgesehen von den herrschenden Ausnahmsgesetzen – äußerst schwierig gestalten wird.

Gleichlautend berichte ich unter Einem sub Nr. 36 nach Konstantinopel.

Genehmigen, Euer Excellenz, den Ausdruck meiner tiefsten Ehrfurcht.

Dokument 90

Die Lage in Shala während des Aufstandes des Jahres 1910.[328]
Bericht 67, Von Zambaur an Aehrenthal, Scutari 2. August 1910.
HHStA, Politisches Archiv XXXVIII, 424 (Scutari 1909–1912), Blatt 121–123.

Hochgeborner Graf!

Ich habe in meinem letzten ergebensten Berichten wiederholt darauf hingewiesen, daß der ganze Sandjak Scutari allen bisher geltenden Gebräuchen zuwider sich bereit zeigt, den Anordnungen des Reformarmeekorps – wie Turgut Pascha seine Truppen bezeichnet – zu fügen, daß hierin nur einige Bajraks des Stammes Shala eine vielbemerkte Ausnahme machen.

Ueber die gegenwärtige Lage in diesem Gebiete konnte ich mich heute bei dem vorübergehend in Scutari weilenden Bischof von Pulati, Mgre Marconi, eingehend informieren.

Leider sind die Mitteilungen, die mir Mgre Marconi machte, geeignet, die Situation in einem Teile seiner Diözese nach wie vor als höchst kritisch erscheinen zu lassen.

Aus denselben geht nämlich hervor, daß die Leute von Shala, Shoshi, Thethi und Planti, nicht genug an dem, daß sie ihren bedrängten Stammesgenossen von Nikaj und Merturi aus ihren Stellungen an der Grenze der Vilajets Kossovo und Scutari durch tagelanges Beschießen der bei Palci, Salca und Briza[329] stehenden Truppen aktiven Beistand leisteten, dieselben auch gegenwärtig noch nicht zu bewegen sind, ihre Unterwerfung anzumelden.

Sie wären wohl eventuell bereit, ihre Waffen abzugeben und Steuern zu zahlen, perhorreszieren jedoch die Rekrutenaushebung, worauf die Regierung natürlich unter keinen Umständen eingehen kann.

---

328 Über die Entwicklung des Widerstandes in anderen Gebieten siehe Dokument 88 und 89.
329 Palca, Salca und Briza sind Dörfer im Gebiete von Nikaj und Mërturi.

Der Waffenablieferung bei gleichzeitiger Einführung des normalen Militärdienstes wollen sie sich hingegen auf das äußerste widersetzen und lieber bis
auf den letzten Mann im Kampfe mit den Truppen fallen, als in dieser Hinsicht
nachgeben.

Bischof Marconi hat ferner nicht verhehlt, daß – wie mir auch von anderer
Seite mitgeteilt wurde – einige Priester, so die Pfarrer von Shala und Thethi –
trotz aller gegenteiliger Versicherungen, einen großen Teil der Schuld an den
Verirrungen ihrer Administrierten tragen, indem sie selbe anstatt zu beruhigen
nur noch mehr aufreizten und sich auch anderweitig durch Entsendung schrift-
licher Einladungen an mehrere Priester sich der Bewegung anzuschließen,
schwer kompromittierten.

Ich habe deshalb Bischof Marconi dahin instruiert, daß er im Verkehre mit
dem Generalgouverneur – ebenso wie dies bei frühern Gelegenheiten schon
von mir geschehen ist – seine und seiner untergeordneten Priester Tätigkeit zur
Beruhigung der aufgeregten Gemüter in das richtige Licht stellen und speziell
darauf hinweisen möge, daß die der bischöflichen Residenz und ihrem Einfluß
zunächst gelegenen Bajraks von Gjoani[330] und Kiri regierungsfreundlich geblieben sind. Das gleiche könne er auch bezüglich der bloßgestellten Pfarrer von
Shala (Abata) und Thethi versuchen, indem er den schweren Stand hervorzuheben hätte, welchen die genannten Geistlichen der besonders wilden und starr-
köpfigen Bevölkerung von Shala gegenüber hatten – dies Alles aber natürlich
nur solange, als die Behörde nicht in den Besitz gegenteiliger Beweise bezüglich
der Haltung dieser Priester gelangt ist.

Sollte der letzte Fall eintreten, so könnte auch das Generalkonsulat für die
erwähnten, den hieramts erhaltenen Instruktionen ostentativ zuwiderhandeln-
den Geistlichen nichts mehr tun.

Bisher hat die Regierung noch keine besonderen Maßnahmen gegen Shala
getroffen, doch soll sich ein Teil der hiesigen Truppen insgeheim bereits auf die
schwierige Gebirgsexpedition dorthin vorbereiten.

Die Shalaner hingegen haben nach Mgre Marconi beschlossen, im äußersten
Falle dem Beispiel des Issa Boletin[331] zu folgen und nach Montenegro überzu-
treten.

In Podgoritza sind in den letzten Tagen bereits 30–40 Katholiken, Mohammedaner und Orthodoxe aus dem türkischen Grenzgebiet, die entweder sich oder
ihre Waffen in Sicherheit bringen wollten, eingetroffen.

Dieser Wahrnehmung folgte türkischerseits die Einführung des bisher nicht
bestandenen Paßzwangs für den beiderseitigen Grenzverkehr.

Gleichlautend berichte ich unter Einem sub Nr. 37 nach Konstantinopel.

Genehmigen, Euer Excellenz, den Ausdruck meiner tiefsten Ehrfurcht.

---

330 Gjani.
331 Boletini, Isa (1864–1916); einer der wichtigsten Führer der albanischen Aufstände in den Jahren 1910–1912, die zur Unabhängigkeit des Landes führten. 1910 ging er nach Montenegro,
da er Unterstützung von montenegrinischer Seite erhoffte.

Dokument 91

Widerstand gegen Rekrutenaushebung in einem Dorf in der Nähe von Lezha.
Bericht 93, Kohlruss[332] an Aehrenthal, Scutari 21. Oktober 1910.
HHStA, Politisches Archiv XXXVIII, 424 (Scutari 1909–1912), Blatt 164–165.

Hochgeborner Graf!

Ein vereinzelter Widerstand gegen die von der Regierung in Albanien einge-führten Neuerungen ergab sich in Velja südöstlich von Kalmeti in der Diözese Alessio.

Allen sonstigen Neueinführungen gegenüber eher gleichgiltig, glaubten die Bewohner der genannten Ortschaft die Rekrutenaushebung nicht akzeptieren zu können und flüchtete der intransigente Teil der Ortsbevölkerung (mehr als 50 Männer) schon vor längerer Zeit in die Berge, um sich dieser Last zu entziehen.

Militär versuchte wiederholt und ohne Erfolg über verschiedene Zwischen-fälle (worunter beiderseitiges Feuer) der Flüchtigen habhaft zu werden.

Letzthin wurde von den Insurgenten für die Belagerungstruppen bestimmter Proviant unterwegs geraubt, unter Andrem ein Gendarme der Begleitung getötet und die restliche kleine Eskorte entwaffnet.

Die auf Bataillone verstärkten Truppen trachten mit Hilfe Ortskundiger die Insurgenten, die sich in kleinere Banden formiert haben, zu zernieren.

Als Pressionsmittel zur Ergebung wird die Anwendung ähnlicher Maßnahmen wie die gegen die Emigranten nach Montenegro getroffenen: vornehmlich Ein-äscherung der Häuser der Insurgenten geplant.

Gleichlautend berichte ich unter Einem sub Nr. 53 nach Konstantinopel.

Genehmigen, Euer Excellenz, den Ausdruck meiner tiefsten Ehrfurcht.

Dokument 92

Die Lage in Kelmendi während des Aufstandes des Jahres 1910.[333]
Bericht 101, Von Zambaur an Aehrenthal, Scutari 18. November 1910.
HHStA, Politisches Archiv XXXVIII, 424 (Scutari 1909–1912), Blatt 168–171.

Hochgeborener Graf!

Die Situation im Oberscutariner Bergland hat abermals eine Verschlechterung erfahren.

Während bisher nur der westliche Teil desselben (Gruda, Hoti und Kastrati) durch die aufsehenerregende Emigration nach Montenegro seine Unzufrieden-heit mit der gegenwärtigen Lage in Albanien manifestierte, beginnt es nunmehr auch im Stamme von Klemeni und Boga ernstlich zu gären.

---

332 Konsulatsbeamter.
333 Über die Entwicklung des Aufstandes in anderen Gebieten siehe Dokumente 88–90.

Beide Stämme haben kürzlich eine Bessa geschlossen, derzufolge sie sich der nur in Klemeni noch nicht durchgeführten Entwaffnung, der Rekrutierung und der Steuereinhebung beziehungsweise dem Eindringen türkischen Militärs in ihr Gebiet widersetzen wollen.

Den äußeren Anstoß zum Abschluß dieser Bessa gab die von der Regierung verfügte militärische Besetzung der Grenze behufs Verhinderung weiterer Übertritte von Albanien nach Montenegro. Zwei zu dem gedachten Zwecke aus Djakova herangezogene Bataillone (II. und III/14.) wurden vor 10 Tagen von Skutari in die Malzija, und zwar das eine nach Shkreli, eines nach Selce (Hauptort von Klemeni) dirigiert.

Trotzdem der Vali, welcher von der Bewegung rechtzeitig Kenntnis erhielt, in Klemeni sogleich verkünden ließ, daß das für Selce[334] bestimmte Bataillon lediglich die Aufgabe habe, die montenegrinische Grenze zu bewachen, hat sich die Erregung nicht gelegt, und, nachdem die Klemeni tatsächlich Miene machten, den Vormarsch der Truppe mit Gewalt zu verwehren, sah sich das mehrerwähnte Bataillon veranlaßt, in Rapscha zu halten, wo dasselbe noch heute steht.

Unterdessen ist die Regierung mit den an der Küste überwinternden Chefs von Klemeni in Verhandlungen getreten, als deren Resultat vorläufig die Entsendung des Bairaktars und einiger Vertrauensmänner der Behörde nach Selce zur Beschwichtigung der dortigen Bevölkerung gelten kann.

In hiesigen albanesischen Kreisen, welche der Erhebung von Klemeni große Bedeutung beimessen, verspricht man sich jedoch von der Regierungsaktion wenig Erfolg, schon weil die Leute von Klemeni relativ gut bewaffnet sind, über reichliche Lebensmittel verfügen und in ihren unzugänglichen Bergen, namentlich im Winter, eine festungsänliche, fast unangreifbare Position innenhaben.

Hiezu tritt noch ein weiteres höchst bedenkliches Moment, nämlich die immer weitergreifende Ausbreitung des montenegrinischen Einflusses in den albanesischen Grenzdistrikten. Die Klemeni hätten an und für sich gar keine besondere Ursache gehabt, aus der auch in anderen Teilen Albaniens beobachteten Reserve herauszutreten. Sie sind der einzige Stamm im Vilajet Skutari, welchem von Torgud Pascha[335] die Waffen belassen wurden, die Regierung hat auf ihrem Territorium bisher weder Steuern eingehoben noch mit der Einführung des Militärdienstes begonnen, und auch sonst hat sich nichts vexatorisches ereignet, was eine außerordentliche Erregung gerechtfertigt erscheinen ließe.

Wenn sich dennoch dieser Stamm als erster nach der Niederwerfung Albaniens erhebt, und zwar nicht einfach indem er seine Scholle verläßt, sondern mit der Absicht, gegen die türkischen Truppen zu kämpfen, so wird man unwillkürlich geneigt sein, hinter diesem Entschluß andere Kräfte wirkend anzunehmen, als die allerdings allgemeine und tiefgehende Unzufriedenheit mit dem neuen Regime und der von diesem in Albanien inaugurierten Politik.

Es liegen aber auch positive Anzeichen dafür vor, daß Montenegro bei dem

---

334 Selca war der Hauptort des Stammes Kelmendi.
335 Shefqet Turgut Pasha; siehe Dokumente 88 und 89.

plötzlichen Aufflammen der Bewegung in Klemeni die Hand im Spiele hat. So wird mir aus vollkommen sicheren Quellen gemeldet, daß montenegrinische Gewehre und Munition in Klemeni Eingang gefunden haben, sowie daß an der erwähnten Bessa außer Klemeni, Boga und den albanesischen Flüchtlingen auch die montenegrinischen Triepsi, dann Kuci und Piper teilnehmen, welch' letztere sich verpflichten, im Falle eines Zusammenstoßes mit türkischem Militär, den Klemeni sofort zu Hilfe zu kommen. Um hiebei nicht als Montenegriner erkannt zu werden, sollen sich dieselben schon jetzt albanesische Kopfbedeckungen angeschafft haben.

Hat aber Montenegro einmal in Klemeni festen Fuß, so werden sich demselben auch sofort die unzufriedenen Elemente von Shala, Shoshi und Shkreli anschließen, wodurch die bisher noch auf Schwierigkeiten stoßende Verbindung mit Nikaj-Merturi einer-, Puka-Mirdita andrerseits hergestellt und Skutari im großen Bogen eingeschlossen wäre.

Beim Vilajet ist man in Berücksichtigung der kritischen Lage geneigt, ganz besonders schonungsvoll vorzugehen und insbesondere von der Einführung der zur Mißstimmung Anlaß gebenden Reformen in Klemeni vorläufig Abstand zu nehmen. Dagegen will man an der militärischen Absperrung der Grenze unbedingt festhalten, schon um die für den Geist der albanesischen Grenzbevölkerung gefährliche Kommunikation mit Montenegro zu unterbinden, dann aber auch zur Verhinderung des sich neuerdings wieder stark bemerkbar machenden Waffenschmuggels, welcher speziell über die montenegrinische Grenze am gefährlichsten erscheint, da man türkischerseits in Erfahrung gebracht haben will, daß Rußland vor kurzem 40.000 Gewehre zur Bewaffnung Albaniens nach Montenegro gelangen ließ.

Gerade aus der Durchführung dieser Maßregel können sich jedoch sehr bald Konflikte ergeben.

Ich habe schon Eingangs erwähnt, daß sich ein Bataillon seit mehreren Tagen in Rapscha befindet und seinen Bestimmungsort Selce infolge der drohenden Haltung der dortigen Bevölkerung nicht erreichen kann. Nun hat man in hiesigen militärischen Kreisen die Absicht gehabt, das Bataillon bei Rapscha durch die Entsendung von Truppen aus Gusinje nach Selce zu degagieren, mußte davon aber wieder abkommen, angeblich weil der einzige, sehr beschwerliche Weg von Kelmeni verlegt und außerdem starker Schneefall eintrat, der ein Passieren desselben unmöglich macht.

Zur Verstärkung der hiesigen Garnison sind vorgestern zwei weitere Bataillone (II und III/3) aus dem Vilajet Kossowo, letzte Station Prisren, in Skutari eingetroffen.

Der Beschwichtigungsaktion des Vali hat sich selbstverständlich auch die Geistlichkeit angeschlossen. Erzbischof Sereggi[336] entsandte im Einvernehmen mit den Lokalbehörden diesem k. und k. Generalkonsulate einen Spezialboten

---

336 Jakob Serreqi, Erzbischof von Shkodra; siehe Dokumente 93, 94 und 96.

nach Selce, welcher dem dortigen Pfarrer die Weisung überbringt, alles aufzubieten, um die Bevölkerung seines Sprengels von Tätlichkeiten gegenüber den
türkischen Truppen abzuhalten. Leider haben solche Ermahnungen heute nicht
mehr ihre ursprüngliche Kraft. Denn einerseits hat der Klerus infolge der Ereignisse der letzten Monate viel von seinem Einfluß verloren, während gleichzeitig
die Verlockungen von montenegrinischer Seite einer beruhigenden Betätigung
desselben diametral entgegenwirken.

Gleichlautend berichte ich unter Einem sub Z. 61 nach Konstantinopel.

Genehmigen, Euer Exellenz, den Ausdruck meiner tiefsten Ehrfurcht.

Dokument 93

Ein Blutrachefall in der Familie des Erzbischofs Sereggi.
Bericht 42, Von Zambaur an Berchtold,[337] Scutari 12. März 1912.
HHStA, Politisches Archiv XXXVIII, 424 (Scutari 1909–1912), Blatt 47–48.

Hochgeborener Graf!

Am 4. l. Mts. verwundete ein Neffe Msgre Sereggis einen mohammedanischen
Skutariner, der ihn angeblich zu unsittlichen Handlungen verleiten wollte, auf
offener Straße durch einen Schuß aus einer Mannlicherpistole.

Der Täter entzog sich zwar der Rache des ihn unter Abgabe zahlreicher
Schüsse verfolgenden Mohammedaners durch die Flucht, wurde aber bald dar-
auf von der Polizei verhaftet und befindet sich gegenwärtig in strafgerichtlicher
Untersuchung.

Der Fall erregte unter den – notorisch nicht sehr mutigen – hiesigen Katholiken lebhafte Bestürzung, weil sie Repressalien der „Türken" (mohammedanischen Albanesen) und Demonstrationen vor dem erzbischöflichen Palais, wohin
sich alle männlichen Mitglieder der Familie Sereggi unmittelbar nach Bekannt-
werden der Tat geflüchtet hatten, befürchteten.

Die Lokalbehörde – von diesen Eventualitäten hieramtlicherseits in Kenntnis
gesetzt – verfügte einen verschärften Wachdienst vor der Residenz, so daß Zwischenfälle nicht zu verzeichnen waren.

Mit Rücksicht darauf, daß der Verwundete nunmehr außer Lebensgefahr ist,
hat sich die Erregung jedoch gelegt, und besteht in katholischen Kreisen die
Hoffnung, diesen der Blutrache unterliegenden Fall in einer dem albanischen
Gewohnheitsrechte entsprechenden Form friedlich beilegen zu können.

Gleichlautend berichte ich unter Einem nach Konstantinopel sub N. 23.

Genehmigen, Euere Excellenz, den Ausdruck meiner tiefsten Ehrfurcht.

---

337 Berchtold, Leopold Anton Graf, Freiherr von (1863–1942), Außenminister Österreich-
    Ungarns von 1912 bis 1915.

Dokument 94

Über den Blutrachefall im Hause Sereggi.[338]
Bericht 68, Von Zambaur an Berchtold, Scutari 26. April 1912.
HHStA, Politisches Archiv XXXVIII, 424 (Scutari 1909–1912), Blatt 84–85.

Hochgeborener Graf!

Der mit hieramtlichem Bericht vom 12. v. Mts. N. 42 gemeldete Blutrachefall im Hause des Herrn Erzbischofs ist trotz aller Bemühungen hiesiger Notabler noch immer nicht zur Schlichtung gelangt.

Die Hoffnung auf baldige Beilegung desselben wurde nämlich durch den Umstand, daß im Befinden des verwundeten Mohammedaners plötzlich eine Verschlimmerung eintrat, welche zuletzt den Tod zur Folge hatte, zunichte gemacht.

Wenn nun auch nach albanesichem Gewohnheitsrecht[339] die vollständige Versöhnung der beiden Familien unmöglich, oder doch in weite Ferne gerückt erscheint, so waren die Bemühungen der angeseheneren Katholiken sowie auch dieses k. und k. Amtes darauf gerichtet, wenigstens für den Herrn Erzbischof selbst – der seit dem 7. l. Mts. den Grundkomplex der Residenz und der Kathedrale nicht mehr verlassen konnte – eine „Bessa" und somit seine Ausscheidung aus der Rache zu erwirken.

Da alle privaten Versuche, zu diesem Zwecke zwei angesehene mohammedanische Familien als Gutsteher für die Sicherheit Monsignore Sereggis zu gewinnen, fehlschlugen, sah ich mich heute veranlaßt, den Vali zu ersuchen, die Ordnung dieser Angelegenheit – insoweit sie den Herrn Erzbischof für dessen Bewegungsfreiheit in seiner Eigenschaft als ottomanischer Würdenträger die Regierung zu sorgen verpflichtet sei, betrifft, von amtswegen in die Hand zu nehmen.

Hassan Riza[340] gab die Notwendigkeit einer amtlichen Intervention zu und versprach mir, alles daran zu setzen, damit jene mohammedanischen Familien, deren Bürgschaft Monsignore Sereggi als einzig mögliche Sicherheit seines Lebens verlangt, die Gutstehung übernähmen.

Gleichlautend berichte ich unter Einem nach Konstantinopel sub N. 38.

Genehmigen, Euere Excellenz, den Ausdruck meiner tiefsten Ehrfurcht.

---

338 Siehe Dokument 93.
339 Dieser Fall zeigt, daß in dieser Zeit das albanische Gewohnheitsrecht auch in der Stadt Shkodra wirksam war.
340 Hasan Riza Pasha, Generalgouverneur des Vilayets Shkodra.

Dokument 95

Exploitationsfähige Wälder sowie Landgüter in Nord- und Mittelalbanien.
Wien 1912.
HHStA, Politisches Archiv XXXVIII, 425 (Scutari 1913–1918), o. B.

Die Bestrebungen albanesischer Grund- und Waldbesitzer sowie einzelner Gemeinden, ihre Eigentums-, beziehungsweise Nutznießungsrechte an Grund und
Boden und Wäldern durch Verpachtung zu verwerten, gehen, soweit bekannt,
auf die Achtziger-Jahre des vergangenen Jahrhunderts zurück, sind aber mit
voller Intensität erst in den letzten Jahren, seit der türkischen Konstitutionspro-
klamierung, in die Erscheinung getreten.

Die immer zahlreicher auftretenden Exploitierungsprojekte, mit welchen sich
im Laufe der Jahre die verschiedensten Interessenten aus Italien, aus den beiden Staaten der Monarchie, aus Frankreich und aus dem Deutschen Reiche be-
faßt haben, sind aber in der Regel über die Vornahme von Expertisen beziehungsweise über den Abschluß von Vorverträgen nicht hinaus gediehen. Nur
wenige dieser Projekte wurden tatsächlich zur Ausführung in Angriff genommen, und über eine befriedigende, gänzliche Durchführung der einen oder
anderen Exploitierung ist nie etwas bekannt geworden.

Die Gründe, welche der Realisierung dieser Projekte bisher im Wege standen,
sind einerseits die unklaren Eigentumsverhältnisse, die bei Durchführung jedes
Projektes Kontroversen und Streitigkeiten mit dem Staate, den Gemeinden und
Anrainern befürchten ließen, andererseits die mangelhafte Kenntnis der in
Frage kommenden Wald- und Gutsgebiete, deren eingehende Besichtigung bisher klimatischer Schwierigkeiten und politischer Verhältnisse halber, sowie aus
persönlichen Sicherheitsgründen nur in den seltensten Fällen möglich war.

Über die Rechtverhältnisse an Grund und Boden und an den Waldkomplexen
nach dem bisher zur Beurteilung heranzuziehenden ottomanischen Rechte wäre
im allgemeinen folgendes zu sagen:

Nach ottomanischem Grundrecht gibt es fünf Arten von Grund und Boden:

1. Mülk (volles Privateigentum);

2. Mirie (Staatseigentum, Domanialbesitz);

3. Mewkufe (Güter der toten Hand);

4. Metruke (für den öffentlichen Gebrauch bestimmt, Gemeindebesitz);

5. Mevat (herrenlose Güter).

Unter die Kategorie 2, Mirie, fallen zwei ihrer rechtlichen Natur nach vollkommen verschiedene Arten von Grundbesitz

a) der eigentliche Domanialbesitz, der vom Staate direkt bewirtschaftet wird
und dessen volles Erträgnis ihm zufließt;

b) der in der Nutznießung Privater stehende Grundbesitz, an welchem der
Staat ein Obereigentum besitzt, das in der Entrichtung des Zehent seinen Ausdruck findet.

Da Wälder nach türkischem Grundrechte weder unter die sub 1 noch unter die sub 5 aufgezählte Kategorien fallen können, sind dieselben in folgende 4 Klassen zu scheiden:

1. Eigentliche Staatswaldungen (Domanialbesitz, der nicht in Erbpacht vergeben wurde und dessen volles Erträgnis dem Staate zukommt);

2. Wakufwaldungen (Kirchen oder frommen Stiftungen gehörig);

3. Gemeindewald (Baltalyq);

4. Privatwälder (im Obereigentum des Staates, in Nutznießung Privater stehend und mit dem Zehent belastet).

Mit Rücksicht darauf, daß dem Staate auch bei den Komplexen der Kategorie 2, 3 und 4 das Obereigentum zusteht, muß das Recht auf die Nutznießung, ob es von Seiten der toten Hand, von Gemeinden oder Privaten beansprucht wird, bewiesen werden, da sonst die Rechtsvermutung gilt, daß es sich um eigentlichen Domanialbesitz handelt. Dieser Beweis wird durch den Tapu (amtliches Besitzdokument) erbracht.

Die zur Verpachtung angebotenen Güter, welche später einzeln besprochen werden, dürften, soweit nicht dazugehörige Waldkomplexe in Frage kommen, durchswegs Mirie sein.

Hinsichtlich der im folgenden angeführten Waldkomplexe muß festgestellt werden, daß eigentlich nur die im folgenden unter Nr. 2 erwähnten Wälder des Prenk Bib Doda unbestritten unter die Kategorie 4 gehören, da derselbe im Besitze der erforderlichen Tapus ist.

Die übrigen Waldkomplexe werden von der ottomanischen Regierung zum allergrößten Teil als Wälder nach Kategorie 1 als volles Staatseigentum angesehen, während die Gemeinden, einzelne Private und die erzbischöfliche Kurie diese Wälder für sich in Anspruch nehmen und nur das Obereigentum des Staates anerkennen wollen.

Der Erzabt von Mirdita, Monsignore Docchi,[341] ist auf Grund dieser ungeklärten Rechtslage mit einer Reihe (44 bis 46) von waldbesitzenden albanischen Gemeinden in Verbindung getreten und hat sich die Abtretung ihrer Ansprüche gegen Bezahlung gewisser Entschädigungen in einem Optionsvertrage gesichert. Gleichzeitig hat sich Docchi auch mit der ottomanischen Regierung wegen Verleihung einer Konzession zur Exploitierung dieser Waldkomplexe gegen angemessene Entschädigung an den Staat ins Einvernehmen gesetzt und die Konzession, die auch die Erlaubnis zum Bau von Straßen und Brücken und zur Ausnützung der Wasserkräfte sowie die Zusicherung der Befreiung von Abgaben und Zöllen enthält, am 17. Mai 1328/30. Mai 1912 erhalten.

Durch die seitherigen politischen Ereignisse haben sich die Verhältnisse völlig geändert. Über das künftige Schicksal dieser Wälder, darüber, ob sie von der albanischen Regierung als Gemeinde- beziehungsweise Privateigentum anerkannt oder als Staatsbesitz erklärt werden, ist noch keine Entscheidung getroffen.

Es hat aber den Anschein, als ob Prenk Bib Doda das von Docchi gegebene

---

341 Siehe Dokument 55.

Beispiel nachahmen und seinerseits in Verhandlungen mit den Waldgemeinden eintreten wollte, um deren wirkliche oder vermeintliche Rechte zu erwerben und dann als Geschäftsproponent für die Exploitierung des gesamten Komplexes aufzutreten.

Über die einzelnen Gut- und Waldkomplexe ist nachstehendes bekannt:

1. Grundbesitz des Prenk Bib Doda Pascha am unteren Drin bei Alessio

Dieser Besitz umfaßt größere, bisher nur teilweise bebaute, ganz ebene Ländereien, die sogenannte Zeka am linken Drinufer gegenüber von Kakaritschi und Baldren,[342] ferner noch Parzellen in Ischul,[343] südwestlich von Alessio, bei Kakaritschi und Kalmeti.[344] Eigentümer der Gründe ist Prenk Bib Doda Pascha; die Gesamtausdehnung des Areales beträgt zirka 2.000 Dönüm mit ergiebigem, für Getreide- und Tabakbau geeignetem Boden. Die Ländereien sind von fahrbaren Naturwegen durchzogen und besitzen überdies den Drin als möglichen Transportweg von und zum Meere.

1a. Grundbesitz der früheren Vezire von Schkodra aus der Familie Buschati

Derzeitiger Besitzer Damad Dschelaleddin Pascha in Konstantinopel.

2. Waldkomplex Tschaf Mola[345]

Dieser Waldkomplex ist zwischen dem Fanimaz[346] und dem Šperlazafluß,[347] 10 Reitstunden von Alessio, 20 Kilometer von Rubigu[348] gelegen und enthält zirka 150.000 Kubikmeter Eichenholz. Die Eichenwaldungen sollen überwiegend dünne Stämme aufweisen und sich lediglich in den gegen den Šperlazafluß gelegenen Abhängen stärkere Bäume vorfinden. Eigentümer der Wälder ist Prenk Bib Doda Pascha, der gleichzeitig im Besitz einer Waldbaukonzession (Krüzeze[349]-Nerfusha[350]-Šlinza[351]) ist. Sein Eigentumsrecht ist auf ordnungsgemäße Tapus gestützt. Holztransport über 3 Kilometer lange Bergrücken zum Šperlazafluß, durch den Fanimaz, den Fani und den Mati ins Meer. Die 45 Kilometer lange Flußstrecke wäre durch einige Verbesserung und Arbeiten flößbar zu machen. Verschiffungsgelegenheiten: Reede von Šlinza. Arbeitslohn für die fertige Schwelle 3 und 4 Piaster, Fällungs- und Transportkosten nach einer Schätzung 7, nach der anderen 12 Piaster. Arbeiter zu drei Viertel an Ort und Stelle vorhanden.

---

342 Die Dörfer Kakarriq und Balldren.
343 Das Dorf Ishulli i Lezhës.
344 Das Dorf Kallmeti.
345 Qafë Molla.
346 Fani i Madh, Fluß im Gebiet von Mirdita.
347 Shperlaca (?).
348 Rrubiku, heute kleine Stadt im Distrikt Mirdita.
349 Kryezezë, Dorf in der Landschaft Malësija e Lezhës.
350 Ebenso.
351 Shllinza, Dorf in der Landschaft Kurbin, nördlich der Stadt Kruja.

Exploitirung wurde vom Eigentümer im Mai 1910 an ein italienisches Konsortium unter Führung eines Geschäftsmannes Vismara aus Mailand um den Einheitspreis von 18 Franken pro Kubikmeter (Minimaldimension der schlagbaren Hölzer 2,60 Meter Länge 25 Zentimeter Durchmesser) übertragen und vom Konsortium 60.000 Franken Anzahlung erlegt. Wegen nicht Durchführung der Abstockung wurde der Vertrag vom Eigentümer als erloschen erklärt, soll aber seither durch eine nachträgliche Vereinbarung wieder in Wirksamkeit getreten sein.

3. Waldkomplex Mali Dervenit,[352] Nerfusha und Nerfandina[353]

Dieser Waldkomplex ist nördlich des Matiflußes und östlich der Wälder von Tschaf Mola und Bulgeri[354] gelegen und von Rubigu aus in zwei Tagesritten zu besichtigen. Er enthält hauptsächlich Eichen und Eschen. Das Eigentum an diesen Wäldern ist zwischen den dort gelegenen Gemeinden und dem Ärar streitig. Die Rechte der Gemeinden an den Wäldern wurden angeblich vom Erzabt Primo Docchi im Vertragswege erworben, der das Abstockungsrecht nunmehr einem zu bildenden europäischen Konsortium offeriert. Transportweg für das gewonnene Holz: der Matifluß.

4. Wälder von Livadi[355]

Diese Wälder sind zwischen dem Dibri[356] und Rejaflusse[357] gelegen und werden von den Gemeinden und vom Ärar als Eigentum beansprucht. Die Gemeinderechte wurden gleichfalls vom Primo Docchi erworben.

5. Waldkomplex Molungo

Dieser Waldkomplex ist in der Malsia von Alessio, auf dem „Molungo" genannten Höhenrücken, südlich der Maja Vels[358] und westlich des Bulgriflusses gelegen. Er enthält nach einer vor einigen Jahren durchgeführten Besichtigung fast ausschließlich junge Stämme und sollen sich im ganzen Komplexe kaum mehr als 1.000 zur Schwellenerzeugung geeignete Stämme vorfinden. Die Exploitirung wird überdies durch den Mangel irgendwelcher Kommunikationsmittel sehr erschwert. Das Eigentumsrecht an diesen Waldungen wird einerseits von der Regierung, anderseits von Primo Docchi in Anspruch genommen, der auf Teile dieses Komplexes selbst Besitzansprüche erhebt und mit den im Waldgebiet gelegenen Gemeinden Bogjani, Špitjani, Šenkolu, Trenši Abtretungsverträge abgeschlossen hat. Der Waldkomplex Molungo befindet sich unter den von Docchi offerierten Wäldern.

---

352 Mali i Dërvenit.
353 Ndërfandina, Dorf im Bajrak Kushneni in Mirdita.
354 Bulgëri, Dorf in der Malësija e Lezhës.
355 Waldgebiet in Mirdita.
356 Dibri, einer der Bajraks von Mirdita.
357 Kleiner Fluß in Mirdita.
358 Maja e Velës.

6. Wald Bulgeri

Der Wald Bulgeri liegt zwischen den Komplexen Molungo und Mali Dervenit auf beiden Seiten des Fani bis zum Mati. Das Eigentumsrecht ist anscheinend zwischen den Waldgemeinden und dem Ärar streitig; er gehört ebenfalls zu jenen Wäldern, deren Ausbeutungsrecht Docchi von den Gemeinden erworben hat und nunmehr einem Exploitierungskonsortium offeriert.

7. Wald von Šne Prenna[359]

Der Wald Šne Prenna liegt zur rechten Hand des zum Mati abfließenden Baches Proni Hurzas und bildet mit den später angeführten Wäldern von Skuraj, Selita Keče und Mali Barz[360] einen mehr oder weniger zusammenhängenden Komplex, der im ganzen nach einer Schätzung über drei Millionen, nach einer anderen Schätzung über eineinhalb Millionen fällbare Bäume enthalten soll. Die Eigentumsverhältnisse sind bei Šne Prenna, wie auch bei den anderen erwähnten Wäldern, ungeklärt. Den größten Teil dieses Waldes reklamiert die erzbischöfliche Kurie von Durtz[361] für sich und stützt sich hiebei auf alte, ihren Besitz erweisende Hüdschets. Zur Ausstellung von Tapus ist es bisher trotz mehrjähriger Bemühungen des derzeitigen Erzbischofs Monsignore Bianchi nicht gekommen. Ansprüche erheben auch die im Waldgebiete befindlichen Gemeinden und die Pfarre von Šne Prenna. Der Wald wurde im Jahre 1907 an den Pugliaagenten Pisoni zum Preise von 1 Franken pro Schwelle im Walde verpachtet. Zur Ausführung dieses Pachtvertrages scheint es nicht gekommen zu sein, doch dürfte dieser Wald, wie aus verschiedenen Meldungen hervorgeht, unter den genannten Komplexen am stärksten ausgebeutet worden sein und zur Erzeugung von Dauben und Binderholz geeignete Stämme fast nicht mehr enthalten.

Ein weiteres für die Frage der Exploitirung von Šne Prenna und der drei anderen am Proni Hurzas gelegenen Komplexe wichtiges Moment ist die Tatsache, daß die Fortbringung des gewonnenen Holzes anscheinend großen Schwierigkeiten begegnet. Seitens der Interessenten ist allerdings behauptet worden, daß die Hurzasa und Mati jederzeit flößbar sind und daß es daher leicht sei, die erzeugten Balken ans Meer zu bringen. Dem stehen Erhebungen von Fachexperten gegenüber, nach welchen, abgesehen von der Schwierigkeit des Holztransportes vom Fällorte über mehrere Kilometer lange Abhänge zum Bache, die Hurzasa nur bei Hochwasser durchwegs flößbar sein soll und überdies hohe felsige Ufer mit sehr viel Krümmungen besitzt, so daß sie als Beförderungsweg erst in letzter Linie in Betracht kommt. Das Holz müßte vielmehr in der Regel zu Lande bis Berzana und von dort durch den Mati ans Meer gebracht werden, was die Erzeugungskosten wesentlich steigern würde. Die angeblichen Eigentumsrechte der Gemeinden sollen von Primo Docchi erworben worden sein.

---

359 Shne Prena.
360 Skuraj, Selita e Keqe, Mali i Bardhë, Dörfer in der Landschaft Kurbin, nördlich der Stadt Kruja.
361 Die Kurie von Durrës.

8. Wald Skuraj

Der Wald Skuraj liegt zwischen dem Matiflusse und dem Komplex von Šne Prenna, gleichfalls am rechten Ufer des Proni Hurzas. Die Grenze zwischen Šne Prenna und Skuraj bildet der Proni Slans. Das Eigentum an diesem Walde ist zwischen der erzbischöflichen Kurie von Durtz, den Gemeinden und dem Staat strittig und soll derselbe ebenfalls bereits ziemlich stark ausgeschlagen sein. Hinsichtlich des Transportes des gewonnenen Holzes siehe sub 7. Primo Docchi hat angeblich die Eigentumsrechte der Gemeinden erworben.

9. Wald Selita Keče

Der Wald Selita Keče liegt am linken Ufer des Proni Hurzas, grenzt im Norden an die Wälder des Mali Barz, im Süden an den Wald von Predani; er wird als wesentlich holzreicher als die beiden vorerwähnten Komplexe geschildert und soll allein 1.000 Hektar dicht bestockte Flächen umfassen, die zirka 300.000 Stämme, 600.000 Schwellen erster und zweiter Qualität enthalten. Das Holz soll für Dauben nicht verwendbar sein, weil es zu viel Blindäste und Zweigtriebe aufweist. Eigentumsansprüche werden von der erzbischöflichen Kurie, von den Gemeinden Delbeništi[362] und Selita Keče sowie vom Staate erhoben, doch scheinen bezüglich dieses Waldes die urkundlichen Nachweise der Kurie zu versagen, so daß bei einer eventuellen Exploitierung in erster Linie mit den Gemeinden zu rechnen wäre. Der Wald wurde im August 1910 an die italienische Firma Bonanziga um 80.000 Lire zur Exploitierung überlassen. Über die Durchführung dieser Arbeiten ist nichts bekannt. Bezüglich der Bringungverhältnisse siehe das sub 7 Gesagte. Die Eigentumsrechte der Gemeinden sollen von Primo Docchi erworben worden sein.

10. Wald Mali Barz

Der Wald Mali Barz, am linken Ufer des Proni Hurzas, nördlich von Selita Keče gegen den Mati zu gelegen, soll unter den an der Hurzasa liegenden Komplexen weitaus die besten Wald-, insbesondere Eichenbestände aufweisen. Die Eigentumsverhältnisse sind ungeklärt. Die erzbischöfliche Kurie, die Gemeinden, der Staat und Essad Toptan Pascha[363] machen Ansprüche geltend, unter welchen jene Essads scheinbar am wenigsten begründet sind, jedoch mit dem größten Nachdruck verfochten werden. Die Kurie beansprucht zirka ein Drittel des Komplexes als ihr Eigentum, Essad Pascha in erster Linie den nördlichen Teil bis Miljoti[364] am Mati, die Gemeinden die in ihren unmittelbaren Bereich gelegenen Wälder. Die Ausbeutung dieses Komplexes wurde bereits einmal vom Kaufmann Cilli aus Durazzo für englische Rechnung in Angriff genommen, doch scheinen die Arbeiten der ungeklärten Eigentumsverhältnisse halber auf sehr erhebliche Schwierigkeiten gestoßen und sistiert worden zu sein. Hinsichtlich der Brin-

---

362 Delbnishti, Dorf nordöstlich der Stadt Kruja.
363 Siehe Dokument 76.
364 Miloti, Dorf in der Landschaft Kurbin.

gungsverhältnisse im südlichen Teil des Waldkomplexes ist auf das sub 7 Gesagte zu verweisen; der von Essad beanspruchte nördliche Teil ist diesfalls infolge der Nähe des Mati günstiger daran. Die Gemeinderechte scheinen von Primo Docchi erworben zu sein.

11. Wald Predani

Dieser Wald ist südlich von Selita Keče gelegen. Das Eigentum ist zwischen dem Staat, der Kurie und der katholischen Gemeinde Lesteri strittig. Die letztere trat das Abstockungsrecht gegen Entschädigung an einen Skutariner Kaufmann ab, doch wurden die von demselben begonnenen Exploitirungsarbeiten von Staats wegen durch eine aus Kroja entsendete Militärassistenz wieder eingestellt. Über die weitere Ausbeutung dieser Wälder ist hier nichts bekannt.

12. Wald Žeja[365]

Der zwischen dem Pfarrdorf Latschi[366] und dem Sperzetwald gelegene Komplex Žeja ist in seinem westlichen Teile dem Walde von Bušneši[367] ähnlich, enthält Eichen und Eschen, sumpfigen Boden und besitzt zu Transportzwecken angelegte Gräben, die die Bringung des gewonnenen Holzes an die Reede von Šlinza ermöglichen sollen. Das Eigentum an diesem Komplex wird einerseits vom Staate, anderseits von den Erben des Haidar Aga Beleku aus Kroja in Anspruch genommen. Die letzteren verkauften das Abstockungsrecht im Jahre 1910 an den deutschen Staatsangehörigen F. Bäumer auf fünf Jahre um 2.500 Ltqs. Die ottomanische Regierung erhob gegen die Durchführung dieser Exploitirung Einsprache, und das Bäumerische Unternehmen stellte bald darauf seinen Betrieb wieder ein. Primo Docchi hat auch diesen Wald in seine Offerte aufgenommen.

13. Wälder Lači und Džönem[368]

Die Wälder von Lači und Džönem, fälschlich Püla Kartül genannt, werden nördlich vom Walde Mali Barz, östlich von Selita Keče und südlich vom Žeja- und Šperzetwald begrenzt; nach Westen zu senken sie sich gegen das Gebiet von Gursi und die Wälder von Fuša Kuče. Das Eigentum an diesem Komplex, dessen Exploitirung durch die schlechten Kommunikationsverhältnisse sehr erschwert ist, ist zwischen Staat und Gemeinden streitig. Primo Docchi will die Rechte der Gemeinden erworben haben.

14. Wald von Vinjali[369]

Der Waldkomplex von Vinjali liegt südlich und östlich der Wälder von Šne Prenna. Die Wälder gehören angeblich der gleichnamigen Gemeinde, die das

---

365 Dorf in der Landschaft Kurbin.
366 Laçi, ebenso.
367 Bushneshi, ebenso.
368 Gjinej, ebenso.
369 Vinjalli, ebenso.

Abstockungsrecht für die Taxe von 1 Piaster per loco erzeugte Schwelle an einen französischen Unternehmer abgab. Später interessierte sich ein unter Leitung Crispis, des Sohnes des ehemaligen italienischen Ministers, stehendes italienisches Syndikat für diese Waldungen, doch ist nicht bekannt, ob es zur Durchführung von Exploitierungsarbeiten seitens desselben gekommen ist. Die Gemeinde Vinjali soll nunmehr ihr Rechte an Docchi abgetreten haben.

15. Wald Šperzet

Der Wald von Šperzet ist östlich vom Waldkomplex Sumana,[370] südlich von Žeja und nördlich von Derveni gelegen und soll sehr gute Eichenbestände enthalten. Die Ausbeutung des als Staatsbesitz anzusehenden Waldkomplexes wird durch das Fehlen von Kommunikationen erschwert. Über etwaige bereits durchgeführte Exploitirungsarbeiten in diesen Wäldern ist nichts bekannt. Der Šperzetwald gehört ebenfalls unter die von Primo Docchi offerierten Wälder.

16. Waldkomplex Maja Skanderbegut

Dieser Waldkomplex ist südlich von den Wäldern von Vinjali, östlich von Kroja gelegen und gehört ebenfalls zu jenen Waldgebieten, deren Abstockungsrecht Primo Docchi erworben haben will.

17. Waldkomplex von Derveni

Der Waldkomplex Derveni ist in der Umgebung des gleichnamigen katholischen Pfarrdorfes gelegen, das in zirka 8 Reitstunden von Durazzo aus zu erreichen ist. Er enthält reiche Bestände an Eichen, Eschen, Ahorn, Rusten, Platanen und Pappeln von 30 bis 100 Zentimeter Durchmesser und soll sich zur Exploitirung gut eignen. Die Nähe des Meeres (20 Kilometer) und die Verbindung desselben mit dem Waldkomplex durch den Išmifluß lassen auch die Kommunikationsverhältnisse günstig erscheinen. Eigentümer ist Essad Pascha, doch werden auch seitens der angrenzenden Dorfgemeinden Ansprüche erhoben. Die Abholzung wurde vor nicht langer Zeit an Herrn Lebouvier, bei Zugrundelegung der Holzpreise von 15, 16, 18 und 25 Franken pro Kubikmeter übertragen, wobei Essad Pascha die Zahlung der Steuern und Abgaben übernahm und sich zur Beschaffung der Konzession für eine Decauvillebahn zum Išmifluß[371] verpflichtete.

18. Waldkomplex von Sumana

Der Wald Sumana ist westlich vom Šperzewald gegen das Meer zu gelegen und wurde im Jahre 1907 von einem französischen Experten besucht. Über Eigentums-, Boden- und Bestockungsverhältnisse ist nichts bekannt.

---

370 Thumana, ebenso.
371 Ishëm, Fluß in Mittelalbanien; einer der größten Flüsse des Landes.

19. Wälder von Bušneš

Die Wälder von Bušneš erstrecken sich zwischen dem Waldkomplex Fuša Kuče und dem Drojafluß. Sie enthalten viel Sumpfboden, der teilweise von Gräben zum Transporte des gewonnenen Holzes ans Meer (Šlinza) durchgezogen ist. Die Hochbestände, Eichen, Eschen und Platanen, sind fast durchwegs schlagbare. Das Eigentum ist zwischen dem Staate und Risa Bey Toptan aus Tirana streitig. Dieser Komplex wurde im Jahre 1913 von den Skutarinern Malik Aga Güli und Hadži Mehmed Aga Betzi exploitiert und dortselbst Klötze für Schwellen und Werkholz, vor allem aber Brennholz gewonnen, das nach Alexandrien verfrachtet wurde. Über die spätere Fortsetzung dieser Arbeit ist nichts bekannt.

20. Waldkomplex von Fuša Kuče

Dieser Wald ist an der Meeresküste, südlich des Gebietes von Gursi, zwischen der Matimündung und Kap Rodoni gelegen und enthält vier Parzellen, Gora Sipre, Gora Poštme, Fuša Kuče Sipre und Fuša Kuče Poštme.[372] Er ist als Staatseigentum anzusehen; der Boden ist infolge der Meeresnähe sumpfig; zum Transport des gewonnenen Holzes (Eichen, Eschen, Ulmen) an die Reede von Šlinza sind, wie in mehreren anderen Komplexen, Gräben angelegt. Auch dieser Waldkomplex wurde im Jahre 1903 von den vorgenannten Skutarinern exploitirt. Über die Fortsetzung der Arbeiten ist nichts bekannt.

21. Gut Gursi

Das Gut Gursi ist südlich von der Matimündung am Meere gelegen. Es ist Eigentum der Vermögensverwaltung des Sultans und hat einen Katastralflächeninhalt von 6.600 Dönüm. Der Boden ist im allgemeinen sumpfig und enthält auch nicht unbedeutende Waldbestände, deren Exploitierung durch das Vorhandensein von Wassergräben zum Transporte des Holzes ans Meer nach Šlinza erleichtert wird.

21a. Besitz des Essad Pascha Toptan, u. zw.:

Meierhof Lusia,[373] südlich von Kruja. Meierhof Res, östlich von Durtz.

22. Wälder von Lals, Korata Vogel und Škafona

Diese Wälder sind zwischen dem Išmiflusse und der Lales Bai, südlich von Kap Rodoni gelegen. Von diesem Waldkomplex gehören 400 Dönüm dem Skutariner Hadži Mehmed Betzi, der Rest ist zwischen dem Ärar und den Gemeinden streitig. Der Wald enthält hauptsächlich bereits schlagbare Eichenstämme; das Holz wird nach Š'Pieter an der Meeresküste geschleift und kann von dort weitertransportiert werden. Der gesamte Waldkomplex wurde im Jahre 1876 von der Firma Häusler und Co. gepachtet, die an Ort und Stelle Schwellen erzeugte, ein Säge-

---

372 Gora e Sipërme, Gora e Poshtme, Fusha e Kuqe e Sipërme, Fusha e Kuqe e Poshtme, in der Landschaft Bregu i Matës.

373 Das Dorf Luzja.

werk errichtete und einen Molo in Š'Pieter gebaut hat. Das Unternehmen bestand nur wenige Jahre und ist über seitherige anderweitige Exploitirungs-versuche nichts bekannt geworden.

23. Wald Kodralač

Der Waldkomplex von Kodralač ist nördlich der Güter Ruškoli[374] und Ruba am Meere gelegen und wird als Mewatgrund angesehen. Er enthält wertvolle Eichenbestände, die seinerzeit von der Firma Carbone und Fripo, den Pächtern des später erwähnten Waldes von Ruškoli, ausgebeutet wurden; die Pächter ihrerseits standen wieder im Vertragsverhältnis mit der italienischen Eisenbahn-verwaltung, welcher sie mehrere Jahre Schwellen lieferten. Die Exploitirungsar-beiten der genannten Firma wurden später wegen gewisser Unklarheiten im Abstockungsvertrage sistiert; ob dieselben wieder aufgenommen wurden, ist nicht bekannt.

24. Gur Ruškuli und Čiftliku-i-Ri[375]

Das Gut Ruškoli mit dem Meierhofe Čiftliku i Ri liegt zwischen Kap Pali und Kap Rodoni am Arsenflusse.[376] Das gleichnamige Dorf ist dreiviertel Stunden vom Meere entfernt und von Durazzo in zweieinhalb Reitstunden zu erreichen. Eigentümer des Gutes und Meierhofes sind die beiden Brüder Miltiades und Nikolaus Salvari aus Durazzo. Die Größe des Gutes beträgt, mit Ausschluß einer zirka 300 Hektar großen Lagune, katastermäßig 18.850 Dönüm, gleich 2.640 Hektar; zum Gute gehören zwei Wohnhäuser in Ruškoli, ein Meierhof in Čift-liku-i-Ri, ferner Stallungen, Speicher und eine Wassermühle. Der 8 bis 10 Meter über dem Fluß gelegene Besitz ist im allgemeinen eben, nur an der Südgrenze erheben sich drei mäßig hohe Hügel. Der Boden gilt als fett und für jede Kultur, auch für Wiesenwirtschaft geeignet. Bis nun sind zirka 88 Hektar kultiviert, 400 dienen als Weide, der Rest ist Wald. Von den Besitzern wird als jährliche Pacht-summe der Betrag von 30.000 Franken ausschließlich der Waldexploitation gefordert und darauf verwiesen, daß in einer bereits vergangenen Epoche eine größere Bodenfläche kultiviert war und damals zirka 1.600 q. Getreide im bei-läufigen Werte von 20.000 Franken trug. Der auf dem Gute gelegene Waldkom-plex (30.000 Stämme) scheidet sich in zwei Bestände: einen östlichen, der im Jahre 1902 abgeholzt wurde und derzeit nur unverwertbaren Nachwuchs ent-hält, und einen westlichen, der aus Eichen, Rusten, Eschen, Pappeln von zirka 35 Zentimeter Durchmesser besteht, die zur Erzeugung von Binderholz und Traversen Verwendung finden können. Nach Schätzungen sollen dortselbst 700.000 Eimer Binderholz und 140.000 Schwellen zu erzeugen sein. Das Eigen-tumsrecht der Brüder Salvari an den Waldbeständen ist strittig. Salvari hat zur Klarstellung der Rechtverhältnisse einen Prozeß angestrengt, der nach für ihn

---

374 Das Dorf Rrushkulli.
375 Das Dorf Çifliku i Ri in der Ishmi-Ebene.
376 Der Fluß Erzeni.

günstigen Entscheidungen der unteren Instanzen in letzter Instanz noch anhängig ist. Die Brüder Salvari haben inzwischen die Waldabstockung an den deutschen Unternehmer Rüdiger um den Preis von 3 Franken pro Stamm verpachtet, der sein Exploitationsrecht nach einigen Jahren an die schon genannte Firma Carbone und Fripo in Genua zediert hat. Ob dieselbe es gegenwärtig ausübt, ist unbekannt. Zum Transport des Holzes an die Meeresküste besteht eine 1 Kilometer lange Decauvillebahn, deren Betrieb aber von den türkischen Behörden offenbar mangels Konzession verboten wurde. Die Exploitirungsmöglichkeit dieses Besitzes wurde von Fachleuten mit der Einschränkung als günstig bezeichnet, daß die Vornahme der Arbeiten klimatischer Verhältnisse halber nur während fünf Monaten des Jahres erfolgen kann.

25. Gut Juba und Duschk[377]

Die beiden Güter Juba und Duschk liegen am Meere südlich von Ruškoli an der Reede von Kap Pali. Sie gehörten früher den Brüdern Refik Bey und Murat Bey aus Tirana, ferner dem Muhtar Bey aus Argyrokastro und Basili Spiro aus Durazzo. Refik Bey hat seinen Anteil an Ferid Pascha verkauft. Das Gut enthält 11 Parzellen mit einem Katastralflächeninhalt von 6.475 Dönüm.

25a. Gut Suks[378]

4.000 Dönüm, Besitzer Hamid Bey Toptan in Tirana.

26. Gut Kamza

Das Gut Kamza ist nördlich von Tirana am Lumi Tirans (Nebenfluß des Išmi) gelegen; es enthält Wiesen, Weiden und Felder mit einer Gesamtfläche von zirka 2.000 Hektar und ist im Eigentum des ebengenannten Refik Bey aus Tirana, des ehemaligen Mitbesitzers der Güter Juba und Duschk.

26a. Grundbesitz der Vermögensverwaltung des Sultans bei Kavaja[379]

Wien, September 1912.

---

377 Jubë und Dushk, Dörfer in der Nähe der Stadt Durrës.
378 Sukth, ebenso.
379 Kavaja, Stadt südlich von Durrës.

Dokument 96

Aufruf des Erzbischofes von Shkodra zur Beilegung der Blutrachen.
Bericht 29, Von Zambaur an Berchtold, Scutari 8. Juni 1913.
HHStA, Politisches Archiv XXXVIII, 425 (Scutari 1913–1918), Blatt 11–15.

Hochgeborener Graf!

In der Anlage habe ich die Ehre, Eurer Excellenz eine Übersetzung des Hirtenbriefes, den Monsignore Sereggi zum Zwecke der Eindämmung der Blutrache an seine Diözesanen gerichtet hat und der heute in der ganzen Erzdiözese von der Kanzel aus zur Verlesung gelangt, ergebenst zu unterbreiten.

Genehmigen, Eure Excellenz, den Ausdruck meiner tiefsten Ehrfurcht.

Beilage 2) zum Bericht ddo Skutari, am 8. Juni 1913, N. 29/pol.
Übersetzung
  Jakob Sereggi
  Erzbischof von Skutari
Gruß und Segen den Häuptern und dem Volke der 5 Stämme der Großen Malcija[380] und der ganzen Malcija von Dukagjini.[381]

Nach vielen Qualen, die in den letzten Zeiten Albanien und speziell Euch, meine lieben Kinder, heimsuchten, wandte Gott sein Antlitz zu uns, indem sich die Großmächte erhoben, uns von den Feinden des Glaubens und des Vaterlandes zu schützen. Unsere Wünsche, welche stets darauf gingen, Albanien selbständig zu sehen, wurden erfüllt.

Eure Liebe und Tapferkeit habt Ihr des Öftern gezeigt, und so oft ich Gelegenheit hatte, Euch um etwas zu bitten wurde ich immer zufriedengestellt. Was ich für Euch gesprochen und getan, war für mich stets von Ehre, und meine Liebe zu Euch hat stetig zugenommen.

In der Hoffnung, daß Ihr immer gehorchen werdet, gestützt auf Eure frühere Tapferkeit, verlange ich von Euch noch eine Gefälligkeit, die ich erwarte, und rechne auf Euren Gehorsam.

Ich verlange nichts für mich, sondern nur für Euch, einzig und allein für Euch und das ist, Euch in gemeinschaftlicher Liebe und Brüderlichkeit zu vereinigen, die Reibungen untereinander zu vermeiden, das Morden, die Blutrache und die Diebstähle einzustellen.

Die Liebe und die Brüderlichkeit ist immer nützlich und in diesen Momenten notwendiger als je. Der Blick von ganz Europa ist auf uns gerichtet und erwartet zuversichtlich, uns einig zu sehen.

Indem sie uns so beobachten, gebührt es mir als Eurem Hirten über Euch zu

---

380 Malcija; heißt im nordalbanischen Dialekt „Gebirge". Das Große Gebirge (Malësia e Madhe) umfaßte die Stammesgebiete der Stämme Kelmendi, Hoti, Gruda, Kastrati und Shkreli.

381 Der Landschaft Dukagjin umfaßte die Stammesgebiete der Stämme, Gimaj, Kiri, Mërturi, Nikaj, Planti, Shala, Shoshi, Toplana und Gjani.

wachen, um die Ideen der Großmächte über unser Land und über Euch zu verändern und zu trachten, die Gefahren, die unser harren könnten, wenn wir Grund zur Unzufriedenheit gäben, zu beseitigen.

Obwohl, Gott sei Dank, in diesen letzten Zeiten eine besondere Eintracht in uns wahrgenommen, die Blutrache und die Zwistigkeiten eingestellt wurden, so verlange ich trotzdem heute von Euch eine gemeinschaftliche „Besa",[382] will Brüderlichkeit und Frieden in Euren Ländern erblicken, sodaß keine Blutrache mehr bei Euch existiere und daß sowohl die alten als auch die neuen Fälle von Rachsucht zu bestehen aufhören sollen.

Ich kann nicht von Tür zu Tür gehen, zu jenen, die Rache suchen, und zu jenen, die sie dazu aufstacheln, denn das würde eine sehr verwickelte und langweilige Tätigkeit sein, was auch Ihr von mir nicht verlangen könnt.

Nun wird Euch mit diesem meinem Schreiben von der Kanzel bekanntgegeben, daß ich die gemeinschaftliche Besa verlange; und gemäß dieser Verlesung wird es jeder von Euch so auffassen, als wenn ich zu jedem einzelnen persönlich gekommen wäre.

Volk und Häupter, geht mit Freunden zu denen, die zornig gegeneinander sind, sprecht in meinem Namen und verlangt von jedem die „Besa", aber tapfere „Besa", sucht die „Bestare",[383] wie es bei Euch üblich ist, und trachtet, daß was ich für Euch tue von Ehre für mich sein kann.

Die Starrköpfe sucht auf gütlichem Wege von den unklugen Absichten abzubringen; denen die nicht Gehör leisten wollen, gebet ihr selbst die Strafe, die er verdient, bevor die drohende Hand kommt, um strenges Urteil über die Mörder ihrer Mitbrüder zu fällen und große Strafen zu verhängen.

Vom ganzen Herzen erflehe ich Euch Segen und Glück von Gott, dem Allmächtigen.

Dokument 97

Albanien. Referat über die Bodenkultur. 1914.[384] Aus der k.k Hof- und Staatsdruckerei.
HHStA, Wildner, Karton 2 (1913), S. 1–17.

Die vorliegende Arbeit ist als eine auszugsweise Zusammenstellung der Referate jener Mitglieder der im Herbst 1913 nach Albanien entsandten Studienkommission anzusehen, die mit dem speziellen Studium der Bodenkultur betraut waren.

---

382 Albanisch: das gegebene Ehrenwort, den Frieden zu bewahren.
383 Albanisch: die Verschworenen.
384 Dieses Dokument ist in veränderter Form erstmals 1916 abgedruckt. Sedlmayr, E. C.: Die Landwirtschaft Albaniens, in: Illyrisch-albanische Forschungen, hg. von Ludwig von Thallóczy, Bd II, S. 3–44.

Eine Zusammenfassung der Referate über Land- und Forstwirtschaft mit jenem der Kulturtechnik erscheint dadurch begründet, daß diese beiden wichtigsten Zweige der Bodenproduktion nur dann zu einer gedeihlichen Entwicklung gebracht werden können, falls bei Feststellung der diesbezüglichen nötigen Maßnahmen auch die Frage der Entwässerung, Bewässerung usw. voll berücksichtigt werden.

Einleitend soll nur bemerkt werden, daß alle mit dem Studium der Bodenkultur Albaniens betrauten Referenten gelegentlich ihrer Studienreise den Eindruck gewonnen haben, daß die Unterstützung und Förderung der landwirtschaftlichen Produktion als dringendste und wichtigste Aufgabe anzusehen ist.

Nur durch die energische Förderung der Bodenproduktion kann der Volkswohlstand gehoben und die Grundlage für Handel und Industrie des Landes geschaffen werden. Albanien kann nur als ausgesprochener Agrikulturstaat gedeihen.

Es sei noch bemerkt, daß innerhalb der vorliegenden Referate nicht alle einschlägigen Fragen genügend eingehend behandelt werden konnten und eine derartige erschöpfende Besprechung auch nicht angestrebt wurde, da es doch genügen dürfte, wenn die vorliegende Arbeit zum Studium der verschiedenen Fragen auf diesem Gebiete anregt.

Der Weg der Studienreise

Eine kurze, flüchtige Skizzierung des Weges, welchen die Studienkommission durch Albanien nahm, dürfte deshalb nicht überflüssig sein, da die geschilderten Eindrücke und die Vorschläge doch nur dann richtig beurteilt werden können, wenn man hierüber im klaren ist, in wieweit das Land von den Referenten bereist wurde. Wichtig erscheint diese Klarstellung auch unter dem Gesichtswinkel eventueller, durch die Referenten zu beantwortender, ergänzender Fragen.

Die Studienreise wurde in den Monaten September-Oktober 1913 durchgeführt.

Die Referenten über Landwirtschaft und Kulturtechnik studierten vorerst die Umgebungen von Valona[385] (Kanina, Krionero, Arta) und nahmen dann den Weg über Lakatun, Frakula[386] respektive Aliban nach Fjeri,[387] besichtigten daselbst das Staatsgut Bišanaka,[388] dann das Vakufgut Libovca[389] bei Ardenica. Ihr Weg führte dann über Ardenica, Drenovica und Banja nach Berat,[390] von da über Petrohondi und Polovin[391] nach Molas,[392] über den Pušok, Jagodina nach Elbassan, Pekinje,[393] Kavaja und Durazzo.

---

385 Vlora; Hafenstadt im Süden Albaniens.
386 Llakatund und Frakulla; Dörfer in der Nähe von Vlora.
387 Fier; Stadt in Mittelalbanien in der Myzeqeja-Ebene.
388 Das Dorf Bishani in der Nähe von Fier.
389 Das Dorf Libofsha zwischen den Städten Fier und Lushnje.
390 Berati; Stadt in Südalbanien.
391 Die Dörfer Perhondi und Polovinë in der Nähe von Berat.
392 Mollas; Dorf in der Landschaft Sulova südlich der Stadt Elbasan.
393 Die Stadt Peqin zwischen Elbasan und Durrës.

Von Durazzo aus wurde Suksi, Ruškuli, Juba und Šinavlaš besucht, dann der Tschiftlik Res besichtigt. Über Tirana, Kamza, Valias, Mamuras, Lači und das Staatsgut Gurs wurde der Weg über Preka, Alessio und Barbuluši nach Skutari genommen. Soweit die Zeit reichte, wurde auch die Umgebung von Skutari besucht.

Die Forstwirte studierten die Umgebung von Valona und südlich davon die Wälder von Isvora, Trajas und Dukati[394] wie den Logara-Paß.[395] Der Ritt in das Inland erfolgte über Armeni und Selenica (Asphaltbergwerk) nach Sinja, Berat, von da am rechten Ufer des Devoli entlang über Kajani, Gjuralja nach Elbassan und über den Kraba-Paß nach Tirana und Durazzo.

Von Durazzo wurde der Weg wieder über Tirana genommen, dann über Derveni, Lači, Delbiništi,[396] Kula-Bulgjerit,[397] Manatia, Alessio und Skutari erreicht.

Der Landwirtschaftsbetrieb in Albanien

Referat des k.k.o.ö. Professors E. C. Sedlmayr-Wien.

Bodenverhältnisse

Dem Landwirtschaftsbetrieb dürften derzeit in Albanien – abgesehen von den Gebirgsweiden – annähernd 200.000 bis 250.000 Hektar Kulturboden zur Verfügung stehen. Dabei könnte man diese Kulturböden in drei große Gruppen einteilen.

Das beste Land befindet sich im allgemeinen in den Seitentälern der größeren Flüsse, das ist in den Gebirgstälern.

Der größte Teil des landwirtschaftlich nutzbaren Bodens befindet sich in den großen Ebenen am Meere, so insbesonders in der Musakja[398] und den angrenzenden Ebenen bis an die Bai von Durazzo, in der Ebene oberhalb Durazzo (Juba, Ruškuli etc.) und in der Ebene zwischen Alessio und Skutari (Zadrima und Bregu Buns). Mit geringen Ausnahmen weisen jedoch diese ausgedehnten Flächen gegenüber der erst erwähnten Bodenkategorie eine minder günstige Qualität auf, nachdem die physikalische Beschaffenheit dieser Böden nahezu durchwegs viel zu wünschen übrig läßt. Es fehlt denselben zumeist an Humus.

Als dritte Kategorie an Böden möchten wir das landwirtschaftlich genützte Land im Gebirge nennen, meist kleinere Parzellen von äußerst wechselnder Beschaffenheit in unmittelbarer Nähe der Gehöfte und Ortschaften.

A. Die größeren Ebenen am Meere

Die Ebene zwischen Valona und Arta weist eine sehr wechselnde Bodenbeschaffenheit auf. Unmittelbar neben Valona sind die Grundstücke anscheinend recht

---

394 Izvori, Tragjas und Dukat; Dörfer in der Nähe von Vlora.
395 Qafa e Llogarasë; südlich von Vlora.
396 Das Dorf Delbnishti.
397 Kulla e Bulgërit.
398 Myzeqeja; die größte Ebene Albaniens, an der adriatischen Küste gelegen.

gut, so auch am Fuße der Hügelkette, die sich von Valona gegen Arta hinzieht. Diese Böden versprechen, in rationeller Weise genutzt, einen vollen Ertrag. Ein großer Teil dieser Ebene ist jedoch zeitweise unter Wasser, ein anderer Teil steriles Land oder auch mit Salz gesättigter Boden, so daß die ganze Ebene vom landwirtschaftlichen Standpunkte betrachtet, keinen großen Wert besitzt. Die Muzakja mit den anschließenden Ebenen, das heißt die große Ebene am Meeresstrand zwischen Valona und Durazzo, welche annähernd etwa 80.000 Hektar landwirtschaftlich nutzbaren Boden umfaßt, muß als das vom landwirtschaftlichen Standpunkte interessanteste Gebiet bezeichnet werden. Dieses Gebiet dürfte in Zukunft die Kornkammmer Albaniens werden. Die anscheinend viel verbreitete Ansicht, daß die Muzakja eine ganz vorzügliche Bodenbeschaffenheit aufweist, ist gewiß nicht richtig, vielmehr sind die Böden daselbst zumeist humusarme, untätige Lehmböden, die keine günstige physikalische Beschaffenheit besitzen. Stellenweise, und zwar auf großen Strecken, ist dieses Land auch den Überschwemmungen ausgesetzt, oder es fehlt der Abfluß für die Niederschläge, so daß während und nach der Regenzeit ausgedehnte Flächen unter Wasser stehen.

Dieser Übelstand ließe sich jedoch ohne wesentliche technische Schwierigkeiten und mit einem verhältnismäßig nicht allzu großen Kostenaufwand beheben, da weder hohe, noch viele Schutzdämme notwendig wären, um das Kulturland vor Überschwemmungen zu sichern und die Verhältnisse auch für die Ableitung des Niederschlagewassers zumeist nicht ungünstig liegen.

Stellenweise zeigt diese Ebene wohl auch eine von der normalen Bodenbeschaffenheit ganz abweichende Qualität. Ein ganz vorzüglicher, humoser und tiefgründiger Boden findet sich zum Beispiel in der Ausdehnung von 100 bis 200 Hektar in der Nähe von Kavaja, wie wir an anderen Stellen auf recht minderwertigen Boden gestoßen sind. Im großen ganzen sind jedoch diese Böden als Ausnahme zu betrachten und ist der Charakter dieser großen Ebene ein ziemlich gleichförmiger.

Da die gedachten Flächen von drei großen Flüssen, der Vojusa, dem Semeni und Škumbi[399] durchschnitten werden, welche Flüsse auch in der Sommerzeit große Wassermengen führen, so erscheint hiermit die Möglichkeit der Bewässerung sehr ausgedehnter Flächen gegeben.

Die Ebene nördlich von Durazzo, an beiden Ufern des Arsen gelegen, zeigt eine wechselnde Bodenbeschaffenheit und finden sich in derselben nebst unproduktiven reinem Sand auch leichte und schwere Lehmböden. Im allgemeinen dürfte die Qualität dieser Böden eine bessere sein, als der normale Boden der Muzakja. Auch liegt dieser Landstrich zumeist wesentlich über dem Wasserspiegel des Arsen, so daß derselbe Überschwemmungen zumeist nicht ausgesetzt ist.

Die Ebene am Dringolf zwischen Derveni und Alessio zeigt ähnlichen Charakter wie die große Muzakja und auch eine ähnliche Bodenbeschaffenheit.

---

399 Der Fluß Shkumbini.

Schwerer humusarmer Lehmboden dürfte in dieser, zum Teil der Überschwemmung ausgesetzten Ebene überwiegen. Auch hier wäre die zeitweise Überflutung größerer Flächen leicht zu verhindern und könnten mit verhältnismäßig billigen Schutzdammanlagen weite Flächen guten Landes gewonnen und die Erträge derselben sichergestellt werden. Auch für die Anlage von Bewässerungen sind stellenweise alle Grundbedingungen gegeben, so daß die Durchführung derselben nicht nur technisch möglich ist, sondern auch wirtschaftlich voll gerechtfertigt sein dürfte.

Die Zadrima zwischen Alessio und Skutari und die Bojanaebene (Bregu Buns), beide Ebenen mit wechselnden, teilweise recht guten Böden, doch vielem der Überschwemmung ausgesetzten Land. In diesen Ebenen findet sich auch viel zur Wiesenkultur geeignetes Land, welcher Umstand vom landwirtschaftlichen Standpunkte die vollste Beachtung verdient.

Die Ebene nördlich von Skutari weist verschiedenartigen Boden von sehr wechselnder Beschaffenheit auf. In der Nähe von Skutari bis zur Brücke über den Kiri bei Mesi ist der Boden schlecht und unproduktiv, das Land, ursprünglich durch den Fluß Kiri angeschwemmt, minderwertiger, schlechter Weideoder Waldboden. Weiterhin gegen Norden wird dann die Ebene fruchtbarer und die Böden stellenweise sogar recht gut.

B. Die Flußtäler im Gebirge

Der Kulturboden, der in den größeren Flußtälern dem Landwirtschaftsbetriebe zu dienen vermag, umfaßt insgesamt wohl keine sehr bedeutenden Flächen. Die Böden weisen jedoch in diesen Lagen, soweit meine Erfahrung reicht, oft recht gute Bonitäten auf und sind somit in der Qualität den Böden der Muzakja und den Böden der übrigen Ebenen am Meere wesentlich überlegen.

Ich möchte nur auf das Tal der Sušiza[400] hinweisen mit dem Gute Lakatun des Ekrem Bey,[401] auf das Tal des Semeni[402] von Berat bis zum Austritt des Flusses aus dem Gebirge, auf das Tal des Devoli von Pušok bis zum Einfluß in den Semeni, den Pušok selbst und das Tal des Škumbi von Murikjani[403] bis Elbassan usw.

Neben der meist günstigen Beschaffenheit des Bodens hat das in den breiteren Flußtälern im Gebirge liegende landwirtschaftlich nutzbare Land auch den Vorteil der geschützten Lage und der zumeist gegebenen Möglichkeit einer Bewässerung für sich. Die letztere Möglichkeit wurde wohl auch schon seit urdenklichen Zeiten stellenweise ausgenutzt und finden sich derartige Bewässerungsanlagen vielfach in diesen Lagen.

---

400 Shushica; Fluß in der Nähe von Vlora.
401 Vlora, Eqerem Bej, geboren in Vlora 1885, gestorben in Wien 1964; albanischer Politiker und Publizist; siehe VLORA, Eqrem: Lebenserinnerungen, 2 Bde, München 1968–1973.
402 Semani; Fluß in Südalbanien.
403 Murriqan; Dorf in der Ebene Dumreja südlich von Elbasan.

C. Kulturboden im Gebirge

Verhältnismäßig weist das Gebirgsland wenig kulturfähige Böden auf. Insbesondere sind die hohen Lagen zumeist steriler Fels, ohne daß dieses Gebirge Karstcharakter hätte. Nur das Gebirgsland östlich von Alessio ist unbedingt als Karstland anzusprechen.

Im ganzen Lande fehlt es jedoch an üppigen, wirklich wertvollen Gebirgsweiden, und ist der Boden im Gebirge, insofern derselbe nicht vollkommen unproduktiv ist, in den meisten Lagen nur als Waldboden anzusprechen. Flächen, die sich hier auch für den landwirtschaftlichen Betrieb gut eignen würden, sind selten. Immerhin findet man in allen bewohnten Gegenden kleinere und auch größere Flächen, die bei äußerst wechselnder Beschaffenheit der Böden dem Ackerbau dienen, oft auch Flächen ganz beträchtlicher Ausdehnung, die sich für die Olivenkultur und für den Weinbau recht gut eignen würden.

Besitzverhältnisse

Abgesehen von den großen Staats- und Vakufgütern, die in ganz Albanien eine Gesamtfläche von etwa 150.000 ha umfassen dürften (Staatsgüter zirka 125.000 ha, Vakufgüter zirka 25.000 ha), ist daselbst

1. der Großgrundbesitz ziemlich stark vertreten. Dabei ist dieser Großgrundbesitz heute eigentlich in Händen von nur fünf großen Familien, und zwar der Familie Vlora in der Gegend von Valona (Besitz circa 60.000 ha), der Familie Vrioni in der Muzakja etc. (Besitz ebenfalls zirka 60.000 ha), der Familie Toptani in Durazzo und Tirana etc. (Besitz zirka 50.000 ha), den Familien von Elbassan in den Längstälern des Škumbi und Prenk Bib Doda, welch letztere zumeist nur Waldland besitzt. Den erstgenannten Familien gehört ein großer Teil der landwirtschaftlich wichtigen großen Ebene an der Küste Albaniens.

2. Der Mittelbesitz, zu welchem wir die Besitzungen im Ausmaß von etwa 100 ha zählen, ist im Lande auch nicht selten. So dürften zum Beispiel im Bezirke von Valona etwa 30 derartige Besitzungen gelegen sein.

3. Der Bauernbesitz nimmt den Rest der Fläche ein, und verfügt der selbständige Bauer im Durchschnitt über etwa 10 ha. Der weitaus größte Teil dieser bäuerlichen Besitzungen findet sich im Gebirge, während im Flachland der kleine Besitz gegenüber dem Großgrundbesitz sehr stark zurücktritt.

Vielfach sind die Besitzverhältnisse derzeit nicht klar geordnet, obwohl eine Art Kataster wie auch Grundbücher geführt wurden. Insbesondere dürften sich stellenweise im letzten Jahre die Besitzverhältnisse stark verschoben haben. So wurde zum Beispiel das Ackerland des Staatsgutes Gurs von Malissoren, hauptsächlich Bauern aus der Gegend von Miljoti annektiert, ohne daß dieselben die übliche Abgabe von ein Drittel der Körnerfechsung leisten. An zahlreichen anderen Stellen, insbesondere in Gebieten mit minderwertigen Böden, dürften die Grenzen zwischen den einzelnen Besitzungen überhaupt nicht festgesetzt sein. Eine Regelung der Besitzverhältnisse wäre somit eine der dringendsten und wichtigsten Aufgaben.

Verkehrsverhältnisse

Unglaublich ungünstig liegen im ganzen Lande die Verkehrsverhältnisse. Fahrbare Straßen sind nur zwischen Durazzo und Tirana und von Skutari über Alessio nach Medua vorhanden. Selbst diese beiden Straßen sind stellenweise sehr schlecht erhalten. Aus alten Zeiten finden sich im Lande noch größere Strecken gebauter Straßen, doch da dieselben nicht erhalten wurden, so sind sie vollkommen verfallen, heute ganz unpassierbar und können die Reste dieser Straßen dem Verkehr in keiner Weise dienen. Stellenweise bilden diese, zum Teil wohl auch von den Römern und Venetianern erbauten Steinstraßen heute ein ausgesprochenes Verkehrshindernis und können selbst von den Tragtieren nicht benutzt werden, so zum Beispiel in der Ebene zwischen Preka und Alessio und an anderen Orten.

Insbesondere in den letzten 50 Jahren wurde in dieser Hinsicht viel gesündigt und nicht nur die Schaffung neuer Wege vollkommen unterlassen, vielmehr auch die Werke der Väter zerstört. So soll die 12 km lange Straße von der Brücke „Ura Hassan Beut" bei Banja, die entlang des Flusses nach Berat führt, erst von den Vätern des noch lebenden Kahreman Pascha und Hussein Bey erbaut worden sein. Trotzdem ist auch diese Straße schon in trostlosem Zustande, stellenweise von dem abfließenden Wasser der Reisfelder durchgerissen, so daß das Flußbett derzeit der Straße als Verkehrsweg vorgezogen wird.

Dabei ist der Verkehr im ganzen Lande durch das Fehlen von Brücken erschwert, an Stelle welcher zumeist äußerst primitive Fähren die Überfuhr vermitteln. Da dieses Überfuhrrecht von der Regierung um teures Geld verpachtet wurde – die Pacht betrug zum Beispiel für zwei Fähren an der Vojusa (Wjossa) 5.400 Kronen bis 6.000 Kronen pro Jahr – so war die Überfuhr auch teuer. Angeblich wird für jede Person der Betrag von 0.30 Kronen, für jedes Tier mit oder ohne Reiter der Betrag von 0.50 Kronen eingehoben.

Diese so überaus ungünstigen Verkehrsverhältnisse beeinflussen in ganz ausschlaggebender Weise den gesamten Betrieb der Landwirtschaft. Da der Abtransport landwirtschaftlicher Produkte in größerer Menge zufolge Mangels an Verkehrswegen äußerst erschwert oder stellenweise direkt unmöglich ist, zeitweise für viele Landwirtschaftsbetriebe jede Verkehrsmöglichkeit vollkommen aufgehoben erscheint, so wird die Produktion in allererster Reihe stets den eigenen Bedürfnissen angepaßt. Die Erzeugung marktgängiger Produkte tritt daher in den Hintergrund, wozu auch noch der Umstand beiträgt, daß der Bedarf an Bargeld innerhalb der Landgutwirtschaft ein äußerst geringer ist; wird doch auch der Pachtschilling und die hauptsächlichste Steuer (Zehent) in natura entrichtet.

Betriebsweise

Der skizzierte Mangel an Verkehrswegen, der Umstand, daß es oft an fahrbaren Wegen zwischen den Grundstücken und der Wirtschaft fehlt, die mangelnde Ordnung und Sicherheit im Staate bedingen eine ganz rückständige Weise des Betriebes der Landgutwirtschaften. Auch die den Verkehr hemmende, tief in das

wirtschaftliche Leben eingreifende Sitte der Blutrache mag wesentlich dazu beitragen, daß die Betriebsweise der Landgutwirtschaften in Albanien auch heute
noch auf einer unglaublich niedrigen Stufe steht.

Alle Großbetriebe werden sozusagen ausschließlich im Wege der Parzellen-
pachtung genutzt. Der Betrieb in Eigenregie ist weder auf den Staatsdomänen
und Vakufgütern noch bei privaten Großgrundbesitzern üblich. Ausnahmen auf
kleinen Flächen bestätigen diese Regel.

Die Verpachtung dieser großen Güter an die Bauernpächter erfolgt hierbei
durchwegs gegen Naturalabgabe und zwar wird in der Regel diese Naturalabgabe nur von den produzierten Körnerfrüchten geleistet. Die Teilung der Ernte-
erträge erfolgt dann gewöhnlich derart, daß

1 Zehntel der Staat als Steuer,
3 Zehntel der Grundherr erhält und
6 Zehntel dem Pächter (Bauer) verbleiben.

Wo seitens des Grundherrn für eine, wenn auch nur ganz primitive Bewässerung gesorgt wird, gebührt demselben zumeist ein weiteres Zehntel der Körner-
ernte für die Beistellung des Wassers. Es ist dann vielfach Usus, die Ernte in elf
Teile zu teilen und erhält dann

1 Elftel der Staat als Steuer,
1 Elftel der Grundherr für das Wasser,
3 Elftel der Grundherr für den Boden und
6 Elftel verbleiben dem Bauern (Tschiftschi) als Pächter.

Die naturale Steuer (Zehent), ein Zehntel der Körnerfechsung, wurde den
Bauern als Pächter auf den Staats- und Vakufgütern unter Abdul Hamid[404] nachgelassen und seit dieser Zeit nur auf den privaten Gütern eingehoben. Der
Zweck dieser Maßnahme mag wohl der gewesen sein, Bauern (Tschiftschis) für
diese Betriebe zu gewinnen, da es im Lande, insbesondere im Süden, an denselben mangelt.

Das Verhältnis zwischen den Grundherren und den Bauern ist streng genommen ein reines Pachtverhältnis, ohne daß hierfür eine gesetzliche Basis gegeben
wäre. Nur der bisherige Brauch ist maßgebend und kann beiderseits dieses Verhältnis jederzeit gelöst werden.

Meldet sich ein Bauer als Pächter, so wird demselben ein Haus, die Geräte
und der für das erste Jahr nötige Samen, daneben ein Stück Land zugewiesen
und zwar etwa 49 Dünüm (zirka 4 ha) für ein Paar Zugochsen. Im Süden erhält
der Bauer stellenweise auch das nötige Zugvieh und zwar ein bis drei Paar Ochsen, je nachdem ob die Familie weniger oder mehr arbeitsfähige Leute zu stellen vermag. In manchen Staatsgütern und privaten Tschiftliks muß sich der
Bauer auch sein Haus selbst erbauen.

Der Verkehr mit dem Bauer als Pächter, die Überwachung der Bauern und
die Kontrolle über die richtige Einlieferung des Naturalpachtes besorgen die
„Verwalter“, zumeist primitive Leute ohne jedwede landwirtschaftliche Schu-

---

404 Abdülhamid II (1842–1918); osmanischer Sultan von 1876 bis 1909.

lung, welche später oft selbst als Pächter größere Landflächen in Pacht nehmen, um dieselben auf eigene Rechnung an die Bauern in Subpacht zu vergeben.

Ist diesen Bauern als Pächter, das heißt den sogenannten Tschiftschis, auch die Freizügigkeit gewahrt, so scheint dieselbe doch durch die eigenartigen Verhältnisse enge eingeschränkt. So hörte ich von einem Falle, in welchem dem Bauer einfach alles Vieh erschossen wurde, als er es gewagt hatte, seinen Grund stehen zu lassen und nach einem benachbarten Tschiftlik zu übersiedeln. Stirbt der Vater, so übergeht die Pacht gewöhnlich auf seinen Sohn. Ist derselbe noch minderjährig, so wird er oft bei anderen Familien untergebracht, bis er heranwächst und selbst die Wirtschaft führen kann.

Im Norden, das heißt in der Gegend von Skutari, werden die Pachtverträge zwischen den Grundbesitzern und den Bauern auch fünf bis sechs Jahre fix abgeschlossen. Dabei beträgt die naturale Abgabe an Pacht je nach der Qualität der Felder ein Drittel, zwei Fünftel oder die Hälfte der Körnerfechsung. Der Bauer als Pächter entlehnt daselbst auch oft das Vieh gegen eine jährliche Entschädigung von 10 bis 15 Prozent vom Wert der Tiere oder gegen eine naturale Leistung, bestehend aus einer Pferdelast Mais pro Ochse und Jahr (100 Okka à 1.4 kg).

Große Pachtungen in der bei uns üblichen Form existieren derzeit – meines Wissens – in Albanien nicht. Ein diesbezüglich vor etwa 20 Jahren unternommener Versuch wurde anscheinend nicht wiederholt. Damals pachtete Graf Imre Keglevics aus Ungarn das Gut Frakula zwischen Valona und Fjeri, welches der Familie Vlora – dem Vater Ekrem Beys – gehörte, auf neun Jahre. Der Pachtschilling betrug 45.000 Franken. Der Erfolg, welchen Graf Keglevics erzielte, soll befriedigend gewesen sein, doch wurde ihm die Pachtung durch die Vexation der Behörden verleidet, so daß er dieselbe vorzeitig aufgab und hierbei viel Geld verlor.

Der Betrieb in Eigenregie findet sich nur auf den kleineren oder ganz kleinen Landgutwirtschaften, insbesondere in den bäuerlichen Betrieben. Auch innerhalb derselben ist die Wirtschaftsweise eine ganz rückständige.

Feldbetrieb

Sowohl auf den Pacht- als auch auf den Regiewirtschaften wird der Feldbetrieb in äußerst mangelhafter Weise gehandhabt. Vor allem fehlt es den Landwirten in Albanien an brauchbaren Geräten zur Bearbeitung des Bodens. Nahezu im ganzen Lande ist noch der uralte Holzpflug (Zoche) üblich, welcher den Boden nicht wendet, sondern nur auf geringe Tiefe lockert. Nur in der Gegend zwischen Alessio und Skutari findet man derzeit schon bessere Pflüge, regelrecht gepflügte Felder, wogegen südlich von Alessio das Ackerland wohl nur bei einigen wenigen Landwirten und selbst da nur ausnahmsweise eine wirkliche Pflugfurche erhält. Neben dem Holzpflug (Zoche) finden sich nur ganz primitive Dorneggen zum Herrichten der Felder in den Betrieben. Nur in allerletzter Zeit wurden von den Landwirten einige wenige leichte eiserne Pflüge angekauft und verwendet.

An eine Versorgung des Ackerlandes mit Stallmist wird im großen und ganzen überhaupt nicht gedacht. Es fehlt auch an den Grundbedingungen hierzu; ist doch die Stallhaltung des Viehes zumeist noch unbekannt, sowie auch keine brauchbaren Wege und Transportmittel für die Ausfuhr größerer Stallmistmengen vorhanden sind.

Daß die derart schlecht bearbeiteten ungedüngten Felder doch immerhin verhältnismäßig nicht schlechte Erträge liefern, zeigt, daß im allgemeinen die Böden nicht unfruchtbar und das Klima dem Wachstum der Pflanzen außerordentlich günstig ist.

In den Ebenen am Meere, in den Gebirgstälern und im Vorgebirge überwiegt der Maisbau ganz gewaltig gegenüber allen anderen Kulturpflanzen, stellenweise wird überhaupt nur Mais gebaut. Dabei folgt Mais auf Mais oft ununterbrochen Jahr für Jahr am gleichen Feld. Der Mais wird anfangs und Mitte Oktober eingebracht, dabei mit den Kolben geschnitten, in Haufen gleichförmig in Reihen aufgestellt, um die Feststellung des Zehent und die eventuelle Abgabe an Naturalpacht zu erleichtern.

Die Kolben werden dann in Maiskörben, in größeren Tschiftliks auch in gemauerten soliden Maistrockenhäusern eingebracht und vor dem Verbrauch ausgeschlagen.

Das Maisstroh wird in Haufen gelegt (Tristen) oder auch im nördlichen Albanien in ganz absonderlicher Weise auf den Bäumen aufbewahrt.

Im ganzen Lande wird neben dem Mais auch Weizen, Roggen, Gerste und Hafer gebaut, doch verhältnismäßig in geringer Menge. Auch den Reisbau trifft man in der Gegend von Berat und Elbassan auf den daselbst bewässerbaren Flächen. Dagegen fehlt der Feldfutterbau im ganzen Lande.

In kleineren Mengen wird auch Hanf, Flachs und Baumwolle für den eigenen Bedarf und auch Tabak in den hierzu geeigneten Lagen gebaut.

Olivenpflanzungen, Wein- und Obstbau

An den Geländen der Hügel, insbesondere im Süden Albaniens, sind ausgedehnte Olivenpflanzungen und auch Weingärten zu finden.

Speziell die Oliven ergeben in den ihnen zusagenden Böden und günstigen Lagen recht gute Erträge, obwohl im ganzen Lande ausschließlich nur ganz alte Anpflanzungen, sind insbesondere in Valona, bei Elbassan, zwischen Kalmeti und Alessio und vielfach auch sonst in den Vorbergen anzutreffen. Um Skutari wurden diese Bestände zur Zeit der Belagerung stark verwüstet, und steht nur noch ein Rest von etwa 1.500 Bäumen am Bardanjole, östlich von Skutari.

In den besseren Anpflanzungen dürften pro Hektar im Durchschnitt etwa 100 Olivenbäume entfallen, ausnahmsweise auch 150, nicht selten jedoch weit weniger Bäume. Dabei stehen die Olivenbäume stellenweise hoch im Wert und werden zum Beispiel in der Gegend zwischen Valona und Arta nach den Angaben des Gutsbesitzers Christakis N. Oekonomos derzeit durchschnittlich mit etwa 50 Kronen pro Baum bezahlt, wobei die Preise von 40 Kronen bis 70 Kronen schwanken, ausnahmsweise wohl auch 80 Kronen bezahlt werden. Ekrem Bey bestätigt die Richtigkeit dieser Angaben und kann aus dem Umstande, daß ein Hektar Olivenpflanzung in dieser Gegend einen Wert von etwa 5.000 Kronen repräsentiert, gewiß mit einem hohen Ertrag nach diesen Kulturen gerechnet werden.

Auch der Wein gedeiht stellenweise recht gut und finden sich vielfach alle Grundbedingungen für einen ertragreichen Weinbau. Speziell in Krionero hatte ich Gelegenheit, Weingärten eingehender zu besichtigen. Die Behandlung der Stöcke ließ daselbst sehr viel zu wünschen übrig, auch waren diese Bestände, obwohl gespritzt, doch von der Peronospora stark befallen. Die Blauen Trauben waren trotzdem sehr reich an Zucker, sehr süß, und müßten, richtig behandelt, einen recht guten Wein ergeben.

An Obstbäumen ist das Land arm. Am häufigsten findet man im nördlichen Teil des Landes den Nußbaum. Sehr gut scheinen die Quitten und Granatäpfel zu gedeihen, doch kommen stellenweise auch Pflaumen, Äpfel und Birnen wie auch andere Obstarten gut fort. Eine ausschlaggebende Bedeutung hat jedoch der Obstbau derzeit in Albanien nicht.

Wiesen und Weiden

An Wiesenland fehlt es vielfach im Lande. Nur im Norden, in der Gegend von Skutari, tritt der Wiesenbau stärker hervor, wogegen im übrigen Land das vorhandene Grasland zumeist als Weide genutzt wird. Dabei ist dieses Grasland von äußerst wechselnder Qualität und sind wirklich gute ausgiebige Weiden verhältnismäßig selten. Große, sehr ausgedehnte Weidegebiete sind dagegen minderwertig und mit Gebüsch und Gestrüpp überdeckt, unter welchen sich nur eine spärliche Grasnarbe als Nahrung für das weidende Vieh vorfindet. Da seit Menschengedenken an eine Pflege dieser Weiden nicht gedacht wurde, so wurden dieselben immer schlechter und schlechter, bis man durch das Niederbrennen des Gestrüppes dem Weidegras wieder etwas mehr Licht und Luft schaffte.

Viehzucht und Viehaltung

Der Viehstand mag in den letzten Jahren stark zurückgegangen sein und sich derzeit auf dem Tiefstand befinden. Es ist sehr wenig Vieh im Lande.

In ganz Albanien werden kleine, doch äußerst genügsame, ausdauernde Pferde gezogen; doch findet man dieselben nicht bei der Feldarbeit, sondern nur als Reit- und Tragtier in Verwendung. Im Süden sind neben den Eseln auch recht gute Maultiere zu finden. So wird zum Beispiel der Transport des Asphaltes vom Bergwerke Selenica nach dem Hafen von Valona ausschließlich mit als Tragtiere verwendeten Maultieren bewerkstelligt.

Im Urzustand befindet sich die Zucht des Rindviehes. Die Rasse ist im ganzen Lande gleich (illyrisches Rind), klein, etwa 100 bis 110 cm hohe, braune, gelbbraune und graubraune Kühe, etwas größere Ochsen und Stiere. Die Haltung dieses Rindviehes, das auch zum Zug verwendet wird, ist die denkbar primitivste. Von einer Stallhaltung kann kaum gesprochen werden, wie die Kühe auch nur ausnahmsweise in manchen Gegenden gemolken werden. Es ist daher begreiflich, daß im Lande keine Kuhmilch produziert wird, daß man in Valona Kuhmilch überhaupt nicht, in anderen Städten schwer, sehr teuer und in schlechtester Qualität erhält. Nur ganz im Norden Albaniens liegen diesbezüglich die Verhältnisse etwas günstiger; immerhin muß man auch in Skutari einen Liter Milch minderer Qualität noch mit 70 Heller bezahlen.

Im Tiefland Albaniens werden auch Büffel gezüchtet. Da die gegebenen Verhältnisse diesen Tieren zusagen, die Haltung derselben begünstigen, so zeigen sie auch eine bessere Entwicklung. Im allgemeinen sind die Büffel, welche ich antraf, wohl nicht groß, doch gut entwickelt und für viele Zugarbeiten gut tauglich.

Die Schafzucht wird im Lande mit etwas größerem Verständnis betrieben, obwohl die eingeführte Schafrasse weder viel noch gute Wolle bringt und auch mit Rücksicht auf die Fleischproduktion keinesfalls befriedigen kann. Insbesondere im Gebirge tritt die Schafzucht gegenüber der Rindviehhaltung stark in den Vordergrund und bildet dieselbe wohl eine Haupteinnahmsquelle der Gebirgsbewohner.

Als Landplage muß die Haltung und Züchtung der im ganzen Lande, insbesondere jedoch im Gebirge stark verbreiteten Ziegen angesehen werden. Die Verwüstung der Waldungen, respektive die so trostlose Erscheinung, daß in den Waldungen jeder Nachwuchs fehlt, kein Baum aufkommen kann, ist mit in erster Reihe dieser Ziegenhaltung zuzuschreiben. Nicht genug daran, daß die Ziegen alle jungen Pflanzen verbeißen und zugrunde richten, es werden für dieselben bei Futtermangel ohne weiteres durch den Hirten auch jüngere Bäume umgeschlagen und Futterlaub in rücksichtslosester Weise gewonnen.

Daß die Schweinhaltung trotz des so starken Maisbaues und den sonst in den Ebenen gegebenen so günstigen Bedingungen im Lande nahezu vollkommen fehlt, kann nur dem Umstande zugeschrieben werden, daß doch die mohammedanische Bevölkerung im Lande überwiegt. Von Valona bis über Durazzo hinaus sind Schweine überhaupt nicht zu finden, somit nur im Norden, woselbst die christliche Bevölkerung das Übergewicht hat, Schweine gehalten und gezüchtet werden. So halten die Bauern insbesondere in Vraka, Bregu Buns und Zadrima Schweine, um den Bedarf an Fleisch, Speck etc. für den Winter zu decken oder auch um durch Verkauf derselben Geld für den Wirtschaftsbetrieb zu bekommen. Doch auch hier fehlt in vielen bäuerlichen Wirtschaften das Schwein als Haustier.

Recht günstig dürften in einem großen Teil des Landes die Verhältnisse für die Geflügelzucht liegen. Gänse, Truthühner, Hühner und sonstiges Geflügel sind daher nahezu überall gut entwickelt und ist es nur zu verwundern, daß die für die Geflügelzucht meist so günstig liegenden Verhältnisse von der Bevölkerung nicht besser ausgenutzt werden.

Jagd

An jagdbaren Tieren fehlt es in ganz Albanien, und wurde das Wild auf den landwirtschaftlich genutzten Flächen fast vollkommen ausgerottet. Kein Wunder in einem Lande, wo die Jagd nicht geschützt ist, jedermann von Jugend auf ein

Gewehr trägt. M. Ekrem Bey Vlora schreibt hierüber: „Die Art des Jagens ist in Albanien sehr verschieden; sie wechselt nach der Gegend und dem Stamme. Eines ist jedoch gemeinalbanisch: die sinnlose Ausrottungssucht des Wildes. Man kennt keine bestimmte Jagdzeit und keine Vorschrift".

In der Ebene findet man Wasserwild und Schnepfen, im Gebirge ziemlich häufig Wildschweine, da dieselben von der mohammedanischen Bevölkerung nicht gejagt werden, in den Höhenlagen über 1.000 m Gemsen. Rehwild ist sehr selten, noch weit seltener Bären die, wie Ekrem Bey berichtet, kleiner und lichter gefärbt sein sollen als die Bären in Rußland und in den Karpathen. Häufiger sind Füchse und Wölfe, ab und zu auch Auerhähne zu finden.

Jedenfalls ist jedoch der gesamte Wildstand in Albanien ein äußerst geringer und wären Maßnahmen zum Schutze desselben sehr erwünscht.

Ganz nebenbei bemerkt trafen wir auf unserem Weg, und zwar nicht nur im Flachland, sondern auch in den Tälern der Vorberge zahlreiche Schildkröten, welche die Bevölkerung anscheinend ganz unbeachtet läßt.

Dokument 98

Projekt eines Bewässerungskanals in Krasniqi.
Bericht 156/P., Kral[405] an von Chudenitz, Scutari 17. September 1917.
HHStA, Politisches Archiv XXXVIII, 425 (Scutari 1913–1918), o. B.[406]

Die Notablen von Krasniçi (Bezirk VI)[407] beabsichtigen, auf eigene Kosten einen Bewässerungskanal zu erbauen und haben sich an die Bezirkskommando-Expositur in Bunjaj mit der Bitte gewendet, ihnen die technischen Kräfte zur Vermessung und zur Leitung der Arbeiten beizustellen; die übrigen Kosten wollen die Einwohner tragen und auch die Arbeiter beistellen.

Die Landschaft Krasniçi liegt 15–25 m über der Valbona[408] und leidet im Sommer an vollständigem Wassermangel. Der Mais, welcher dort ausschließlich gebaut wird, ist bloß auf die im Erdboden befindliche Feuchtigkeit angewiesen und findet wegen vollständigen Mangels an Niederschlägen nur ein kümmerliches Fortkommen. Der Bau des fraglichen Kanals wäre daher für die dortige Bevölkerung von vitalem Interesse. Die Hebung des Maisbaues wäre gewährleistet.

Der projektierte Bewässerungskanal würde bei Dragobia[409] aus der Valbona

---

405 Kral war in dieser Zeit Vertreter des Außenministeriums in Shkodra.
406 Die Dokumente 98 und 99 haben wir unnummeriert unter dem Verzeichnis „Duplikate" gefunden.
407 Seit Jänner 1916, als Albanien von der österreichisch-ungarischen Truppen bis an den Vjosa-Fluß besetzt war, war dieser Teil des Landes in militärische Bezirke organisiert worden. Siehe SCHWANKE: Helmut, Zur Geschichte der österreichisch-ungarischen Militärverwaltung in Albanien 1916–1918, Diss., Wien 1982.
408 Der Fluß Valbona.
409 Dorf im Krasniqi-Gebiet.

abzweigen, an der westlichen Talbegleitung hinziehen und sich bis Geguseni[410] erstrecken. Seine gesamte Länge wird mit 18,5 km projektiert. Das durch die Bewässerung fruchtbar gemachte Gebiet würde ca 25 km² umfassen.

Das Korpskommando steht diesem Plane sympathisch gegenüber und dürfte der Leiter einer derzeit in Kolgecaj[411] weilenden Vermessungsabteilung mit den einschlägigen Vorarbeiten betraut werden.

Ich gestatte mir, eine Spezialkarte von Krasniçi – mit der eingezeichneten Trace des Kanals, sowie des ungefähren Bewässerungsgebietes – anruhend in Vorlage zu bringen.

Dokument 99

Plan eines Bewässerungskanales in der Landschaft Luma.[412]
Bericht 211/P., Kral an von Chudenitz, Scutari 3. November 1917.
HHStA, Politisches Archiv XXXVIII, 425 (Scutari 1913–1918), o. B.

Die Bevölkerung der Ortschaften Göstil, Sticni und Nangat[413] in Luma hat an das k.u.k. Bezirkskommando in Dzuri[414] die Bitte gestellt, ihr bei dem Baue eines Bewässerungskanales durch Beistellung technischer Kräfte behilflich zu sein.

Die hierauf im Auftrage des genannten Bezirkskommando erfolgte Rekognoszierung ergab über die Bewässerungsmöglichkeit der zwischen den obgenannten drei Ortschaften befindlichen, derzeit nicht bebauten, aber fruchtbaren Ebene folgendes Resultat:

Das Wasser der Luma würde, laut anliegender Skizze, durch einen bei der Stelle a). aufgeführten Staudamm und durch einen Wassergraben auf die fragliche Fläche geleitet werden. Vermessungen sollen auch schon zu türkischer Zeit vorgenommen worden sein.

Der Luma-Fluß führt das ganze Jahr, auch bei anhaltender Trockenheit, genügende Wassermengen, so daß die Wasserversorgung des Kanals sichergestellt erscheint.

An der Stelle, wo der Staudamm zu errichten wäre, ist die Luma durch steile Felswände eingeengt, an welchen der Graben 1 bis 1½ km weit geführt werden müßte. Zu diesen Arbeiten wären im Sprengwesen bewanderte Soldaten notwendig. Die übrigen Arbeiten würden die genannten drei Ortschaften beistellen, und zwar ca. 200 Mann.

Die zu bewässernde Fläche, welche mehrere km² groß ist, ist gegenwärtig mit Gestrüpp und Wiesenflächen bedeckt, besitzt aber einen guten, erdigen Boden, welcher bei genügender Bewässerung große Fruchtbarkeit verspricht.

---

410 Geghyseni, ebenso.
411 Ebenso.
412 Siehe Dokument 100.
413 Gjostil, Stiçni, Nangati.
414 Zhuri; Dorf im nördlichsten Teil der Landschaft Luma.

Die Bevölkerung der Gegend ist eher arm, weil die Grundstücke bisher nicht bewässert werden konnten.

Die einschlägigen Arbeiten, welche ca. 6 Monate dauern dürften, würden, die Kosten der einheimischen Arbeiter nicht miteingerechnet, einen Aufwand von rund 20.000 Kronen erfordern.

Mit Rücksicht auf die wirtschaftlichen und politischen Vorteile dieses Planes befürwortet das Bezirkskommando in Dzuri dessen Ausführung. Die Entscheidung des Korpskommandos wird sicherlich zustimmend ausfallen.

2. Die Bergstämme Nordalbaniens und ihr Gewohnheitsrecht

von

Franz Baron Nopcsa

Die Geschichte der nordalbanischen Gebirgsstämme

I. Allgemeines

Eine der interessantesten Charakterzüge des nordalbanischen Berglandes besteht darin, daß seine Bevölkerung eine wohl ausgeprägte Stammesorganisation aufweist, und es gibt keinen Albanienforscher, der diese Eigentümlichkeit nicht besonders hervorgehoben hätte. Wie Cvijič[1] betont, ist die Stammesorganisation eine Erscheinung, die man nur in Montenegro, Albanien und im alten Rascien antrifft.

Anläßlich meiner langjährigen Reisen in Albanien war naturgemäß auch meine Aufmerksamkeit auf die Hochländer-Stämme gerichtet. Allmählich gelang es, hier und dort einzelne, oft isolierte Angaben zu erhalten und naturgemäß trachtete ich dann, die Angaben zu einem Bilde zu vereinen.

Das Sammeln von Stammessagen ist mit der Arbeit eines solchen Historikers zu vergleichen, dem nur hier und dort ein Fetzen einer alten Handschrift in die Hand fällt.

Manchmal glaubt man, die schönsten Urkunden zu besitzen und dann stellt sich plötzlich heraus, daß das Ganze ein Falsificat ist, manchmal wieder enthält ein Zettel des Notizbuches kaum mehr als einen Namen, und doch ist er von Bedeutung. Stück für Stück müssen die einzelnen Angaben gesammelt, dann geprüft, geordnet und endlich zusammengestellt werden. Beim Zusammenstellen ist das wesentlichste die Methode, und deshalb sei die bei dem Aufarbeiten der die Stämme Nordalbaniens betreffenden Notizen verwendete Methode in erster Linie erläutert. Das erste, was ich in Nordalbanien tat, war, daß ich im Anschlusse an die Stammessagen an das Entwerfen von Stammtafeln der Gebirgsstämme herantrat. Zu diesem Zweck ließ ich mir Ahnenreihen vorsagen, notierte dieselben in den verschiedensten Gebieten und controllierte dann die einzelnen Stammbaumfragmente dadurch, daß ich nachprüfte, ob die Anzahl der auf einen gemeinsamen Ahnen führenden Generationen verschiedener Orte ungefähr übereinstimmt.

Der Grund, warum sich die Albaner ihre, wie ich oft konstatierte, mehrere hundert Namen umfassenden Stammbäume so genau merken, beruht darauf, daß verwandtschaftliche Beziehungen in Fällen von Blutrache, Erbschaft und Kauf von Grund und Boden eine sehr große Bedeutung haben. Der untergeordneten Stellung der Frau, die in der Regel weder den Gesetzen der Blutrache unterworfen ist noch Grund und Boden erbt, entspricht es, daß man bei der Genealogie die Spindelseite gar nicht berücksichtigt. Daß hingegen die Ver-

---

1 Cvijić, Jovan (1865–1927); serbischer Geograph und Ethnograph, siehe CVIJIĆ, Jovan: Balkansko poluostrvo, Beograd 1922.

wandschaft von der Speerseite selbst im achten Grade bei der Blutrache in Betracht kommt, habe ich 1908 in Curaj eper[2] feststellen können. Nach der Herstellung der Stammesbäume gieng ich daran, dieselben chronologisch zu fixieren.

Zahlreiche Stichprobleme bei jetzt lebenden Menschen hatten mich davon überzeugt, daß 33 Jahre in Nordalbanien ungefähr einer Generation entsprechen und da mir nun in vielen Dörfern einzelne Auskünfte über Verwandschaftsverhältnisse mitgeteilt worden waren, die ich zu genealogischen Stammbäumen vereint hatte, so ergab sich die Möglichkeit, das Datum, wann irgendeine in einem Stammbaume erwähnte Person gelebt haben dürfte, approximativ zu bestimmen, denn man brauchte nur die Anzahl der Generationen mit 33 zu multiplicieren. War dies geschehen und war mit einer Person eines Stammbaumes ein bestimmtes Ereignis der Stammesgeschichte verbunden, so konnte man auch hoffen, es chronologisch zu fixieren. Die Resultate dieser Methode waren geradezu überraschend und deshalb verlohnt es sich, dies an einem Beispiele ausführlich zu erörtern.

In Beriša[3] war mir von irgend jemandem eine Ahnenreihe seiner eigenen Familie gegeben worden: sie zeigte vor 7 Generationen einen gewissen Mem Doda, bei anderen Familien Berišas fand ich Mem Doda als den achten oder neunten Ahnen. Fast einen Tagesmarsch von Beriša entfernt sind die Wohnsitze der Šlaku. Durch den brückenlosen Drinfluß getrennt unterhält dieser Stamm nur wenige Verbindungen mit Beriša. Sagen einer gemeinsamen Abstammung fehlen gleichfalls. Auch in Šlaku stellte ich Familienstammbäume zusammen, und eine Ahnenreihe der Šlaku zeigte vor 7 Generationen ein gewissen Djonuš Pali. Leider konnte ich diese Angabe nicht weiter controllieren. Bei einer dritten Gelegenheit erzählte man mir aber später in Beriša von einem Kriege Berišas mit einem gewissenen Begoli[4] Bey aus Ipek,[5] und den Schluß bildete die Bemerkung, daß Begoli Bey durch Mem Doda aus Beriša und Djonuš Pali aus Šlaku[6] getödet wurde, daß dann beide Leute hingerichtet, hierauf aber heilig gesprochen worden seien. Dies war das Material, das ich zur Fixierung einer geschichtlichen Begebenheit im Stammbaume der Beriša zur Verfügung hatte. Ich stellte nun die isolierten Angaben zusammen. Was in erster Linie auffiel war, daß den Stammbäumen zufolge Djonuš Pali und Mem Doda ungefähr Zeitgenossen waren. Sie lebten, nach meinen Notizen des Jahres 1909, vor 7–8 Generationen, und dies führt uns in die Zeit zwischen 1689 und 1722. Der Sage nach fällt aber etwas vor 1772 ein Krieg Berišas mit den Türken und die Tödtung eines Begolli. Beide Ereignisse können auf anderer Weise bestätigt werden, denn der Todt eines Begoli in 1737 ist allerdings ohne dem Namen seiner Geg-

---

2 Das Dorf Curaj i Epër im Gebiet des Stammes Nikaj.

3 Der Stamm Berisha.

4 Begolli Bej: großer albanischer Feudalherr, siehe „Shqipëria e Veriut në shekullin XVIII, Bd. I, Tirana 1967, S. 120.

5 Die Stadt Peja (Peć) in Kosovo.

6 Der Stamm Shllaku.

ner in einer venezianischen Relazion erwähnt worden. Er erfolgte also tatsächlich bloß 15 Jahre später als die auf Grund mündlicher Traditionen angestellte Berechnung angibt, und eine Verwüstung des Landstriches zwischen Vauspas und Skutari durch Truppen Begollis fällt, wie historisch nachweisbar, in das Jahr 1740. Es zeigt sich schon durch dieses Beispiel, daß die Beriša Tradition, aber auch unsere Arbeitsmethode recht gut sind. Das kann uns einen Begriff geben, was das gesammelte Material Werth ist. Die Beispiele ließen sich übrigens noch vermehren. Bei der Schilderung der Stämme Nordalbaniens müssen wir verschiedene Punkte unterscheiden. In erster Linie müssen wir uns das zusammenstellen, was über die Vergangenheit der Stämme an Stammessagen oder historischen Daten überhaupt bekannt ist, dann müssen wir uns darüber klar werden, wie denn ein Stamm im allgemeinen in seinem Inneren organisiert ist und hauptsächlich schauen, ob er eine durch sein Alter fixierte oder in Fortentwicklung begriffene Institution darstellt, dann können die Ursachen der Stammesentwicklung erörtert werden, und schließlich können wir durch das Zusammenfassen aller dieser Punkte als Resultat ein Bild der Stammesgeschichte und Stammesentwicklung der Hochländer Stämme erhalten.

Im Laufe der Arbeit wird sich die Notwendigkeit ergeben, eine zu Stammesgröße herangewachsene Familie von dem politischen Stammesbegriff zu trennen. Die deutsche Sprache hat, wie mir scheint, hiefür keine eigene Worte. Das Wort Stamm läßt sich für beide Begriffgruppen verwenden. Ich halte es für gut, den Ausdruck Stamm auf den politischen Begriff zu reducieren und für die groß gewordene Familie den albanischen Ausdruck Fis in Anwendung zu bringen. Dies ist deshalb nöthig, weil der Fis, wie wir sehen werden, eine albanische Specialität ist. Die folgenden Vergleiche sind auf Wundt, Völkerpsychologie Vol. VII.[7] und Torraws Arbeit basiert.

Der Begriff Fis deckt sich in Vielem recht gut mit dem altrömischen Begriffe „Gens" und der germanischen „Sippe". Die Gens geht wie die germanische Sippe nach Wundt auf je einen Vorfahren zurück und kennt innerhalb der Gens rp. Sippe den Einfluß der väterlichen Gewalt. Im Erbrechte zeigt sich eine Analogie des Fis mit der altrömischen Familie, der aus dieser erwachseren Gens, denn die aus der Gens rp. den Fis hinausgeheiratete Tochter verliert ihr Erbrecht. Über das Vermögen der römischen Familie verfügte, ebenso wie über das der germanischen Sippe und das der albanischen Familie, der Familien-Chef.

Da das Haften aller für alle die germanische Sippe von der Gens unterscheidet, läßt sich die vergrößerte albanische Familie recht gut mit der Sippe, weniger gut hingegen mit der Gens vergleichen.

Von der Phratrie unterscheidet sich der Fis dadurch, daß, wie Wundt betont, der Phratrie der Begriff der Unterordnung unter einem gemeinsamen Chef fehlt. Der albanische Stamm hat mit dem aus einem Männerbunde hervorgegangenen

---

7 Wilhelm Wundt (1832–1920); deutscher Philosoph, berühmt für seine Studien über die Psychologie der Völker; siehe WUNDT, Wilhelm: Völkerpsychologie, Bd 7: Die Gesellschaft, Leipzig 1917.

Clan das gemeinsam, daß in beiden Fällen die Frauen von den öffentlichen Handlungen ausgeschlossen sind. Eine weitere Ähnlichkeit ergibt sich daraus, daß die aus dem Clan hinaus geheiratete Frau auch weiterhin den Schutz des Clan genießt und das teilweise auch in Albanien zutrifft. Als Unterabtheilung mancher Stämme haben wir die Fahnenbezirke (Bajraks) zu unterscheiden. Aus dieser Nomenclatur ergeben sich daher mehrere Combinationen: Ein Stamm kann aus einem oder mehreren Bajraks bestehen. Stammesbegriff und Fisbegriff können sich decken. Ein Fis kann in mehrere Stämme und Bajraks zerfallen, losgelöste Äste eines Fis können zu Theilen eines fremden Stammes werden. Ein Stamm kann monophylitischen oder, wenn er aus zwei oder mehreren Fis besteht, polyphyletischen Ursprung haben.

Ob alle diese Combinationen tatsächlich existieren, wird unsere Untersuchung lehren.

II. Geschichte der Hochländerstämme

Über die Stammessagen der nordalbanischen Gebirgsstämme ist bloß wenig geschrieben worden. Nachrichten über die Stammessagen brachten Hahn[8] und Hequard,[9] und zwar oft aus ein und der selben Quelle, ferner ich selbst[10] und Durham.[11] Angaben über die späteren Geschichte des einen oder anderen Stammes publicierten Ljubič,[12] Tomič[13] und Jireček.[14]

1. Klmeni[15]

Da am häufigsten die Geschichte des an Montenegro grenzenden Stammes Klmeni besprochen worden ist, und hierüber schon eine ganze Bibliographie besteht, wollen auch wir unsere Stammesgeschichte der nordalbanischen Stämme mit der Geschichte dieses Stammes beginnen, wobei wir der Hahnschen und nicht der Hequardschen Variante folgen. Der Name Klmeni findet sich als Kilmendi auch in Pelopones. Vor vielen Jahren lebte in der Gegend von Triepši ein reicher Herdenbesitzer. Zu diesem kam ein junger Mann Klmeni und wurde bei ihm als Hirte angestellt. In dieser Stellung lernte Klmeni die Tochter seines Dienstgebers

8 HAHN, Studien, S. 183–192.
9 HECQUARD.
10 NOPCSA, Beiträge. Ders., Herkunft.
11 DURHAM, Origins. Dies.: High Albania.
12 LJUBIĆ, Sime: Marijana Bolice Kotoranina opis sandžakata Skadarskoga od g. 1614, in: Starine 12/1880, S. 165–205.
13 TOMIĆ, Jovan N.: Gradja za istoriju Gornje Arbanije, Beograd, 1905, in: Srpska Kraljevska Akademija, Spomenik 42, S. 51–77.
14 JIREČEK, Constantin: Scutari und sein Gebiet im Mittelalter, in: Illyrisch-albanische Forschungen, hrsg. Ludwig von Thallóczy, München-Leipzig 1916, Band I, S. 94–124.
15 Kelmendi; die Stammesnamen sind von Nopcsa meistens im gegischen Dialekt geschrieben worden.

namens Bubči kennen. Es entspann sich zwischen beiden ein Liebes-Verhältnis und Bubči wurde von Klmeni schwanger. Als Bubčis Vater von dieser Sache erfuhr, wollte er zuerst seine Tochter tödten, da sie aber garstig war und ohnehin zu heiraten keine Aussicht hatte, ließ er Gnade vor Recht ergehen, gab sie dem Klmeni zur Frau und gab ihm noch etwas Vieh als Brautausstattung, nötigte aber das neue Ehepaar, Triepši zu verlassen. Das Ehepaar siedelte sich in Bestana an. Nach einer aus 1684 überlieferten Variation hieß der Ort Bersirano und lag in Gruda. In Bestana hatte Klmeni 9 Söhne, die die Ahnherrn der Klmeni-Fis Selce, Vukli, Nikši und Vuthaj wurden. Über die Namen der Söhne gehen die Ansichten auseinander. Der Anonymus von 1684 nennt einen Leši, Hahn nennt der Reihe nach Kola, Vuk und Nika.[16] Hecquard nennt Ndovi, Abate und Boga.[17] Letztere Angabe ist entschieden unrichtig, denn Boga ist, wie ich allerdings erst spät feststellen konnte, mit Klmeni überhaupt nicht verwandt. Als Nachkommen Ndovis nennt Hequard Gjon und Nik,[18] doch gibt er von ersteren das an, daß er Vukli gegründet hatte, und auch dieses scheint wegen Unähnlichkeit der Namen Vukli und Gjon unwahrscheinlich.

Mir sind die Namen zweier Klmeni Söhne bekannt geworden, nämlich Kol und Niš, von denen der letztere als Gründer von Nikši, trotz der Namensvariante, wohl mit Hahns und Hequards Nika, dem Gründer von Nikši, ident ist. Kol gilt als der Gründer von Selze. Klmeni dürfte um das Jahr 1480 gelebt haben, und dies stimmt gut mit der Tatsache, daß 1455 der Stamm Klmeni als solcher noch nicht erwähnt wird.[19]

Aus dem Sagenkreise ergibt sich diese Tatsache einerseits daraus, daß Klmeni vor 14 Generationen lebte, anderseits daraus, daß sich für die Söhne Dak Vukas, deren Conflict mit den Türken, wie aus dem Anonymus von 1684 festgestellt, hat in 1634 4 Generationen nach Klmeni, aber 9 Generationen vor 1909 feststellen lassen; was alles mit der Annahme, daß die Dauer einer Generation 33 Jahre betragt, gut übereinstimmt. Nach Hammers Geschichte des Osmanischen Reiches[20] finde ich die Angabe, daß Vuk Doda, der Anführer der rebellischen Klmeni, aber in 1638 lebte. Hammer schöpft diese Angabe aus einer türkischen Quelle. In 1614 zählte der Stamm Klmeni bereits 178 Häuser, doch läßt sich dies nicht als Gegenargument gegen das jugendliche Alter der Klmeni verwenden, denn offenbar ist hiezu der existierende Stamm Virali mit eingerechnet worden.

Nach dem Anonymus von 1684 [muß] Klmeni allerdings stark vor 1460 gelebt haben, denn er führt als Ahne Vuk Delias folgende Namenreihe an: Klmeni-Leš, Klmenit-Maš, Lešit-Vul, Maši-Vruja, Vuli-Zem, Vruja-Diu, Zami-Vuk Duia. Es

---

16 HAHN, Studien, S. 184.
17 HECQUARD, S. 182.
18 DERS., S. 183.
19 1497 hatte die Nahije (der Kreis) Kelmendi zwei Dörfer, Selçisha und Ishpaja, mit 152 Häusern. In diesem Jahr wird der Name Kelmend vielmals als Personenname erwähnt, siehe PULAHA, Selami: Defteri i regjistrimit të Sanxhakut të Shkodrës i vitit 1485, Bd. I, Tiranë 1973, S. 431–434.
20 HAMMER-PURGSTALL, Joseph: Geschichte des Osmanischen Reiches, 10 Bde, Graz 1963.

führt uns diese Reihenfolge bis zum Jahre 1405. Als unbekannte Coinzidenz erwähne ich, daß ein Climenti eines gewissen Džoni in 1330 Gemeinde-Notar in Scutari war.

Eine scheinbare Bestättigung findet dieser Stammbaum in der von Windisch offenbar bei den Klementinern Syrmiens erhobenen Tradition, daß der Stammvater der Klementi namens Clemens ein Zeitgenosse Skanderbegs gewesen wäre, der seine Stammesgenossen in 1465 zum Widerstand gegen die Türken anspornte und in die bei Gussinje befindlichen Gebirge geführt hätte. Erst nach 1526 wäre Windisch seinen Angaben zu folge es endlich den Türken gelungen, die Klementi tributpflichtig zu machen. Diese Variante der Klementisage ist später von Chopin in Univers pictoresque vol. 39[21] neuerdings abgedruckt und seither auch von anderen französischen Schriftstellern wiederholt worden. Die Ansiedelung in ihre jetzigen Gebiete verlegt diese Sage um das Jahr 1455.

Jedenfalls ist interessant, daß sein Stammbaum, den ich in 1907 aufgenommen hatte, so wie der Anonymus von 1644 Vuk Deda und zwar mit richtigen Datum anführt. Die Nachkommen Klmenis fanden das Land um Gusinje, das sie zuerst besaßen, von den Latini bevölkert. Sie vermehrten sich rasch, wurden die Ahnen der Rugovesen[22] und gerieten mit ihren Nachbaren in Conflict. Bis 1760 waren auch die Rugovesen katholisch, erst damals traten sie zum Islam über. Über den ersten historisch beglaubigten Conflict, den Klmeni mit den Türken auszufechten hatten, der um 1610 stattfand und damit endete, daß die Türken in 1612 die Festung Gussinje erbauten, wodurch die Klementi aus ihren ursprünglichen Stammsitzen westwärts gedrängt wurden, schweigt die Sage. Um 1614 wurde der Stammeschef der Kuči Ndrekalović[23] von einigen klmenischen Schafdieben erschlagen (Stammessage der Kuči, Rovinsky).[24] Ungefähr gleichzeitig beschlossen die Stämme Kuči, Piperi, Bjelopali und Klmeni einen Aufstand gegen die Türken. Ob der Aufstand tatsächlich ausbrach, habe ich noch nicht eruiert, und der erste Krieg, über den die Klmeni-Sage berichtet, betrifft einen Krieg Klmenis mit den Paschas von Škodra. Der Krieg beginnt um das Jahr 1624. Türkischerseits war Arvat Pascha aus Skutari der Befehlhaber. Die Klmeni, mit denen offenbar die damals im Gebiete von Vukli lebenden Vrali verbündet gewesen sein dürften, zogen sich z. Th. in eine feste, „Fortsa Klmenit" genannte Stellung zurück, die aus einem dreieckigen, allseits von Felswänden umgebenen, mit einer Spitze abwärts geneigtem Plateau besteht, doch erlitten sie bei aller Heldenhaftigkeit sehr große Verluste, und namentlich der Hungertod von 200 Greisen und Kindern in einer Grotte im Cemtal ist von der Sage festgehalten worden. Immerhin hatten auch die Klmeni durch die Niedermetzelung und Töd-

---

21 CHOPIN, Jean Marie: Univers pictoresque, Bd 39.
22 Die Einwohner von Rugova, deren Gebiet im Südosten von Kelmendi war, heute im Kosovo.
23 Kuči Drkalović.
24 ROVINSKII, Pavel: Černogorija v eja prošlom i nastojaščem. Geografija, istorija, etnografija, arheologija, Sankt Petersburg, in: Sbornik otdjelenija russkago jazika i slovesnosti imperatorskoi akademin nauk 45/1888; 69/1901, S. 1–646; 80/1905, S. 1–693; 86/1909, S. 1–231; 91/1915, S. 1–501.

tung zahlreicher Türken Erfolge zu verzeichen, freilich sind aber die überlieferten Zahlen, die zwischen 6.000 und 10.000 schwanken, zweifellos übertrieben.

Aus dem zweiten Conflict Klmenis mit den Türken sind keine bemerkenswerthen Ereignisse überliefert, es heißt, daß er gegen Podgorica geführt wurde, wir können daher an die Feldzüge vor 1638 denken. Dak Vuka, der möglicherweise mit dem Sohne Vuks, des Enkels des Ahnherrn Klmenis, ident ist und der um diese Zeit lebte, war, wie die Sage berichtet, mit dem Sultan gut befreundet, wir dürfen daher annehmen, daß er sich in diesem Kriege auf der türkischen Seite befand. Der dritte Krieg der Klmeni gegen den Sultan war durch Intriguen gegen eben diesen Dak Vuka veranlaßt. Ich erfuhr hierüber folgendes:

Es ging einst ein Mann mit einem Wildtier in der Hand, Packtaschen am Rükken und Feuer am Haupte zum Sultan, und dieser fragte ihn, was er wolle. Statt zu antworten, schüttete der Ankömmling den Inhalt der Packtaschen vor dem Sultan aus, es waren Weiberbrüste. Der Sultan fragte, wer das getan habe, der Fremde sagte: „Dak Vuka", worauf der Sultan erklärte, daß er zwar mit Dak Vuka gut gesinnt sei, ihn aber wegen dieser Mißtat doch vorladen werde. Dak Vuka, der sich während des Sommers in Domendol aufhielt, erfuhr, daß ihn der Sultan rufen lasse, er sattelte daher sein Pferd und legte sich aber vor dem Antritt der Reise nach dem Essen noch etwas schlafen. Als es Nachmittag war und er noch schlief, wollten ihn seine Genossen aufwecken, damit er aufbreche, da bemerkten sie aber, daß er tot war.

Nun gab es niemanden, der die Klmeni vor dem Sultan rechtfertigen könnte, und deshalb erfolgte zwischen ihnen und dem Sultan ein dreijähriger Krieg. In diesem Kriege waren die Klmeni anfangs so glücklich und erfolgreich, daß sie die Festung Gussinje belagern konnten, bald aber entspann sich unter ihnen ein Streit, und zwar entweder wegen der Art und Weise, wie die Beute zu vertheilen sei, oder nach anderer Version deshalb, weil ein Klmeni deshalb ausgelacht wurde, weil er sein geladenes Gewehr im Regen hatte stehen lassen, so daß das auf der Pfanne befindliche Pulver verdorben wurde. Wie dem auch sei, das Resultat dieses Streites führte dazu, daß ein Klmeni, die Namen schwanken zwischen Djo Bala oder Vuf Gjoni, zum Verräther an seinem Stamme wurde.

Die Klmeni verdankten ihre Erfolge bis dahin hauptsächlich einer Art von großen wollenen Filzschildern oder, wie Hahn überliefert, mit Wolle gefüllten Schänzkörben, die sie vor sich einherschoben, und da gab nun der zu den Türken übergegangene Klmeni diesen den Rath, in der Nacht vor der Front [Wort fehlt] in den Boden zu schlagen, wodurch die Klmeni in der Bewegung ihrer Schutzwehren behindert würden.[25] Die Türken befolgten den Rath, die Klmeni geriethen, als sie sich am folgenden Tage zum Angriffe anschickten, in Verwirrung und wurde geschlagen.

Thornton verweist in seinem Werke über die Türkei (Paris 1812)[26] auf eine von Ripeant vom Ende des XVII. Jahrhunderts verzeichnete Sitte, daß jener, der

---

25 HAHN, Studien, S. 185.
26 THORNTON, Th.: Etat actuel de la Turquie, Paris 1812.

Feuer auf sein Haupt nahm (zjerm n'krü = Feuer am Haupt), unbedingt und sofort vor den Sultan vorgelassen werden mußte. Am Anfange des XIX. Jahrhunderts war diese Sitte nicht mehr bekannt. Ihr Vorkommen in der Klmeni-Sage erhöht die Glaubswürdigkeit der in das XVII. Jahrhundert zu verlegenden Tradition. Die wollenen Schilder der Klmeni erinnern an den „Leinwandpanzer" des homerischen Zeitalters und der Hellenen.

Mit der Dak-Vuka-Episode sind die Kämpfe zwischen den Klmeni und Türken noch lange nicht zu Ende, denn ein weiterer Kampf fällt etwas vor das Jahr 1700. Er findet seinen Abschluß damit, daß Begolipascha die Klmeni in 1700 besiegt.

Damals mußten sich die Klmeni auf Gnade und Ungnade ergeben und wurden aus ihrer Heimat verpflanzt. Dieser Krieg von 1700 war dadurch hervorgerufen, daß die Klmeni sich theilweise wohl in 1690 den kaiserlichen Truppen angeschlossen hatten, wodurch der Stamm in den Augen der Türken compromittiert wurde.[27]

Die Verpflanzung der Klmeni nach ihrer Besiegung durch Begoli Bey verfolgte an den Lap Fluss nach Gilan und in die Pešerta.[28] Sie dauerte jedoch nicht lange, denn schon 1707 erzwang sich ein Theil der Klmeni mit den Waffen in der Hand die Rückkehr in die Malcija Madhe, und ein weiterer Theil folgte in 1711, und die Störung der Besitzverhältnisse in dieser Gegend war dann die Ursache, weshalb um 1750 ein gewisser Preni die Malcija Madhe verließ, über die Nordalbanischen Alpen südwärts zog, sich im Quellgebiet des Kiribaches niederließ, und so der Stammvater eines Theiles der Bevölkerung von Plani wurde. Von dem Anschlusse der Klmeni an die Christenaufstände von 1737 berichtet die Sage gar nichts. Es ist bekannt, daß sich die Türken anfangs zurückziehen mußten und die Albanesen, die im Gebiete des späteren Sandschak Novibazar einige Vortheile davon trugen, bald wurden sie aber von den Türken arg bedrängt. Zahlreiche Klmeni zogen sich nach Avala in Serbien zurück, ein großer Theil von ihnen wurde jedoch in 1738 infolge eines plötzlichen Überfalles von den unter dem Commando des Befehlhabers von Zvornik, Mehmet Pascha, stehenden türkischen Truppen aufgerieben, so daß nur wenige Klmeni nach Syrmien gelangten, wo sie nach mannigfachen Schwierigkeiten und Entbehrungen in 1749 in den Dörfern Herkovce und Nikinze angesiedelt wurden.

In Wien war es schon damals Sitte, vieles zu versprechen, dann aber die Versprechen gar nicht oder zur Hälfte zu erfüllen. Ja, die Behandlung der nach Slavonien geflüchteten Klementis war zwischen den Jahren 1738 und 1749 so schlecht, daß sich nicht nur Räuberbanden bildeten, sondern die Klmeni, obzwar Christen z. Th., wieder in die Türkei flüchteten, da sie dorten weniger drangsa-

---

27 Über die Teilnahme der Kelmendi im österreichisch-türkischen Krieg der Jahre 1683–1699 siehe PULAHA, Selami: Dokumente austriake mbi ngjarjet në Kosovë dhe në Rrafshin e Dukagjinit gjatë viteve të luftës austro-osmane (1683–1699), in: Studime Historike, 1989,3, S. 127–192.

28 Berg am nordwestlichen Rande des Kosovo-Gebietes.

liert wurden. Um 1800 gab es in Slavonien sechs Fis der Klmeni. Seit dem Jahre
1737 sind die Klmeni für sich allein nicht besonders hervorgetreten. Bei den verschiedenen Malsorenaufständen, so um 1881 und 1912, hat sich der in den Bergen lebende Theil meist betätigt, ein großer Theil der Klmeni blieb jedoch auch
bei solchen Gelegenheiten, da er sich um 1847 in Bregumatja und Bregubuns
angesiedelt hatte, ruhig, ja dieser Theil hatte sich sogar an das gewöhnt, der türkischen Regierung eine, wenn auch geringe Viehsteuer zu zahlen. Die alte Sitte,
sich sogar in den ernstesten Momenten wegen einer Kleinigkeit zu zerzanken,
hat der Stamm seit Vufi Gjons Zeit allerdings bis heute beibehalten, und dies
kam sogar im Albaneraufstande von 1912 unheilvoll zur Geltung, denn damals
zerzankten sich die Hoti und Klmeni wegen des Hahnes eines gewissen Mar
Lula, und die Folgen waren, daß die Hoti den anstürmenden türkischen Truppen
den in das Gebiet der Klmeni führenden Paß von Godija überließen. Das beiliegende Stammbaumfragment vom Fis Klmeni möge als Basis für weitere Stam-
mesforschungen im Gebiete dieses Stammes dienen.

Klmeni

Häuser

Bolizza[29]	Hecquard[30]	Hahn[31]	Wiet[32]	Gerstner[33]	Pisko[34]	Baldacci[35]	Nopcsa	Durham[36]	Seiner[37]
188	500	500	500	640	636	740	640	550	741

Einwohner

Hahn[38]	Hecquard	Wiet	Sax[39]	Lippich	Pisko[40]	Baldacci[41]	Nopcsa[42]	Durham	Amon	Seiner
3.600	4.000	3.300	3.000	4.800	4.337	6.000	4.200	4.000	9.000	4.451

29 BOLIZZA, Marino, Relatione e descritione del Sangiaccato di Scutari dove si ha piena con-
    tezza delle citta e siti loro villaggi, case et habitationi etc., Venezia 1614, siehe XAMPUTI, Injac
    (Hrsg.): Relacione mbi gjendjen e Shqipërisë Veriore dhe të Mesme në shek. XVII, Band I,
    Tiranë 1963. Andere statistische Angaben über Kelmendi am Anfang des XVIII. Jahrhunderts
    findet man im Bericht des Bischofs Vincenz Smajević, siehe BARTL, Peter (Hrsg.): Quellen
    und Materialien zur albanischen Geschichte im 17. und 18. Jahrhundert, Bd. II, Wiesbaden
    1979, S. 31ff.
30 HECQUARD, S. 176.
31 HAHN, Studien, S. 184f.
32 Französischer Konsul in Shkodra; siehe Dokument 4.
33 Otto von Gerstner: Nordalbanien und seine Bewohner, S. 151f.
34 Siehe den Bericht von Pisko an Konsul Hickel vom 1. Juni 1890, in: DEUSCH, S. 422f.
35 BALDACCI, Antonio: Studi Speciali Albanesi, Bd. III, Roma 1937, S. 100f.
36 Durham nennt 300 Familien für Selca, 94 für Vukli und 75 für Boga, siehe DURHAM, High
    Albania, S. 86.
37 SEINER, Ergebnisse, S. 108.
38 HAHN, Reise, S. 140.
39 In Wirklichkeit nennt Sax 3.600 Einwohner für Kelmendi, wovon 100 Mohammedaner und
    3.500 Katholiken sind; siehe SAX, ebenda, S. 186.
40 DEUSCH, S. 422f.
41 BALDACCI, ebenda.
42 NOPCSA, Aus Šala, S. 57.

2. Boga

Im Anschlusse an Klmeni ist Boga zu besprechen. Boga gilt gemeiniglich als ein Abkömmling von Klmeni und die Boga-Leute erklären sich auch bei jeder Gelegenheit gerne und öffentlich für blutsverwandt mit diesem berühmten Stamme, die Sache ist aber nicht ganz richtig. Richtig ist bloß, daß Boga heute als viertes Bajrak einen Theil des Stammes Klmeni bildet. Wie das beiliegende Stammbaumfragment des Weilers Djokaj[43] bezeugt, kennt man in Boga mehr als 8 Generationen, der Anschluß an Klmeni erfolgt jedoch nicht dadurch, daß sich weiter zurück die Stammbäume beider Fis treffen, sondern auf andere Weise. Das Recht, sich Klmeni zu nennen, und hiemit auch den Schutz des mächtigen Stammes Klmeni erlangte dieser kleine und auch heute von seinen Nachbaren noch wenig angesehene, auch physiognomisch von den Klmeni abweichende Fis dadurch, daß er corporativ dem Stamme Klmeni 600 Oka (720 Kilo) Butter zahlte. In Boga leugnet man natürlich diesen Vorgang, in Klmeni kann man jedoch den Satz „Boga ka ba Klmen me tlüen" (Boga hat sich mit Butter zu Klmeni gemacht) ohne weiters hören. Wann dies geschah sowie nähere Begleitumstände konnte ich leider nicht erfahren, doch ist, wie wir sehen werden, diese Nachricht für die Entstehungsgeschichte nordalbanischer Stämme recht wichtig. Daß der Name Boga über 200 Jahre zurück reicht, ersieht man daraus, daß er schon auf Cantellis und Coronellis Karten auftritt.

Stammbaumfragment aus Boga

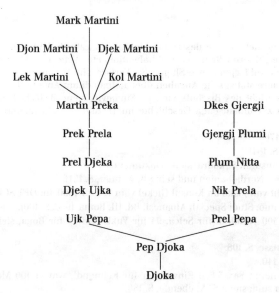

43 Gjokaj.

Boga

Häuser

Hahn[44]	Durham[45]	Steinmetz[46]	Seiner[47]
65	75	75	32+X

Einwohner

Hahn[48]	Seiner[49]
660	222+X

Interessant ist, daß, wie Rovinsky angibt, auch die Bjelopavlič in der zweiten Hälfte des siebzehnten Jahrhunderts den Klmeni zwölf Kähne Flachsgespinst zu zahlen hatten.[50] Es zeigt, daß dieser Stamm vor seiner Vernichtung durch die Türken eine Weile dieselbe Anziehungskraft auf die übrigen umwohnenden hatte, wie im XIX. Jahrhunderte Merdita.

3. Kastrati

Der Name Kastrati kommt als Familienname eines gewissen Alex zum ersten Male in 1403 vor. Die Stammessage der Kastrati beginnt, da Stammbaumfragmente aus Kastrati 10–12 Generationen aufweisen, ungefähr gegen das Ende XVI. Jahrhunderts, zu welcher Zeit ein gewisser, kurz auch Dedli genannter, Detail in Bratoši[51] lebte. Dedli stammte aus dem ursprünglich von Albanern bewohnten südöstlichen Theile Montenegros, und zwar aus der Gegend von Kuči, weshalb denn der heutige Stamm Kastrati mit Kuči verwandt ist. Zur Zeit Dedlis wohnten im heutigen Gebiete von Kastrati die Ahnen der jetzt noch in dieser Gegend lebenden Geschlechtsverbände Totovič, Petrovič und Pelovič,[52] die man „alte Kastrati" (Kastrati močem[53]) nannte. Das Geschlecht des Fürsten von Montenegro soll mit der Familie Petrovič aus Kastrati Močem verwandt sein. Ihren Namen hatten diese alten Kastrati offenbar von dem alten, bei Maršejnt liegenden römischem Castrum, und der Name Kastrati ist als Dorfbezeichnung dementsprechend schon im Kataster von Skutari in 1416 zu treffen. Dedli hatte zwei Frauen und sechs Söhne. Drei dieser Söhne hießen Pal, Gor und Jer, für die übrigen Söhne variieren die Namen bei den verschiedenen diese Stammessage behandelnden Autoren. Man hat die Wahl zwischen Ivan, Nar, Gjon, Jela und Nok, wahrscheinlich hieß der eine von ihnen Ivan. Palaj, Goraj, Jeran und Ivanaj sind die Namen jetzt in und um Kastrati liegender Weiler. Dedli und seine

---

44 HAHN, Studien, S. 184f.
45 DURHAM, High Albania, S. 86.
46 STEINMETZ, Ein Vorstoß, S. 4.
47 SEINER, Ergebnisse, S. 108.
48 HAHN, Studien, S. 184f.
49 SEINER, ebenda.
50 ROVINSKII, ebenda.
51 Bratoshi.
52 Totovič, Petrovič und Pelovič.
53 Kastrati i Moçëm.

Söhne bewohnten eine Höhle, die Špela Baktive am Velečik,[54] die eine Stunde vom Orte Petrovič abliegt, und lebten anfangs sie mit den Autochtonen auf gutem Fuße. Die zunehmende Wohlhabenheit Dedlis sowie sein gesegneter Familienzuwuchs erregte aber nach einiger Zeit den Neid und die Besorgnis der Kastrati Močem und so beschlossen denn die letzteren, ihre Stellung gegen die Neuangekommenen zu präcisieren. In der diesbezüglichen Berathung stritten die Kastrati Močem lange über die Schritte, die sie gegen die Neuangekommenen unternehmen wollten, und während sie nun zu keiner Einigung kommen konnten, da erschien ein hundertjähriger Greis in der Versammlung, berief sich auf seine Erfahrungen und rieth den Petrovič, Totovič und Pelonič, in dieser Angelegenheit die Entscheidung der göttlichen Vorsehung zu überlassen, denn wenn Gottes Hand die Fremden hergeführt hätte, so könne man ohnehin nichts gegen sie unternehmen. Um nun den Willen Gottes zu erfahren, rieth er ihnen, die Dedlis zu einem Gastmahle einzuladen, den Speisetisch aber so weit zu stillen, daß ihn die Eingeladenen eben nur berühren könnten und dann zu beobachten, ob sich die Eingeladenen des Tisches bemächtigen und ihn an sich heranziehen würden oder vorzögen, aufzustehen und ihrerseits an den Tisch zu rücken. Ersteres hätte, meinte er, als schlechtes Omen zu gelten, und dann bliebe ihnen allen nichts anders übrig, als sich mit den Fremden zu befreunden, letzteres wäre jedoch ein gutes Vorzeichen, denn in diesem Falle könnten sie unbesorgt über die Dedlis Söhne herfallen und sie zu Boden schlagen. Um den Rath des Greises zu verstehen, bemerke ich, daß das Heranziehen des Speisetisches einen Eingriff in die Privilegien der Gastgeber bedeutet, daher einen Rückschluß auf Entschlossenheit und Rücksichtlosigkeit zuläßt, während das Aufstehen vom eigenen Platze und das Hinsetzen zum Speisetisch symbolisch so ausgelegt werden könnte, daß der Gast in Etiquettfragen dem Willen des Gastgebers nachgibt. Der Rath des Greises fand in der Versammlung der Kastrati Močem Beifall, und so luden denn die alten Kastrati Dedli und seine Söhne zu einem Mahle. Dedli erschien mit seinen Söhnen, doch hatten die Kastrati Močem den Tisch, auf dem das Mahl stattfinden sollte, recht weit von Dedli weggestellt und auch sonst keine jener Vorbereitungen getroffen, die bei Gastmählern in dieser Gegend üblich waren. Auch wiesen sie weder Dedli noch einem seiner Söhne einen bestimmten Platz am Tische an. Sie warteten vielmehr ruhig ab, was Dedli und seine Söhne tun würden. Ohne auch nur einen Augenblick zu zögern, setzten die sechs Söhne ihren Vater an den Ehrenplatz der Tafel. Der älteste Sohn füllte den „Tšibuk"[55] seines Vaters mit Tabak, der Jüngste brachte von der Feuerstätte Glut zum Anzünden der Pfeife, der Zweitjüngste brachte das Wasser zum Händewaschen, der Drittjüngste schob, da es die Hausherren nicht taten, den Tisch näher zum Vater, der Viertjüngste holte den Löffel und der Fünfte die Schüssel, so daß ohne Vezörgerung mit dem Mahle begonnen werden konnte. Während des Mahles richtete der älteste der

---

54 Shpella e Bagtive am Berg Veleçik.
55 Albanisch: çibuk (die Pfeife).

Ureinwohner an Dedli die Frage, ob er eine Frau habe. Dedli bejahte dies, sagte, er habe zwei Frauen, sein ältester Sohn sei gleichfalls bereits verheiratet und habe auch schon einen kleinen Knaben. Diese Antwort, sowie die entschlossene Art, mit welcher Dedlis Söhne ihrem Vater das Mahl vorbereitet hatten, gefiel dem Hausherrn, und so sprach er den Wunsch, an dem Enkelkind Dedlis den ersten Haarschnitt[56] vornehmen zu dürfen, um hiedurch bei der Familie Dedlis Patenstelle einzunehmen. Dedli willigte ein, und so wurde seine Schwiegertochter die „Nrikula"[57] des Chefs der Ureinwohner des Landes.

Einige Zeit nach dieser Feierlichkeit sandte Dedli die Nrikula in Begleitung seiner zweiten Frau auf Besuch zu dem neuen Paten, schärfte ihr aber ein, achtzugeben, wie sie empfangen würde und daheim hierüber zu berichten. Die beiden Frauen gingen hin, doch kam ihnen das Benehmen ihrer Gastgeber verdächtig vor, und sie bewachten daher einander bei Nacht, damit ihnen kein Leid geschehe. Am folgenden Tage kehrten sie nach Hause zurück und erzählten, daß die Paten mit ihnen ehebrechen wollten. Über diese Nachricht erzürnte Dedli gewaltig und gelobte, St. Markus in Kastrati eine Kirche zu bauen, wenn er ihm beistehe, die ruchlosen Verwandten, die mit seiner Frau Ehebruch treiben und den Johannesfrieden brechen wollten, zu töten. Es kam zu einem Kampf, die Kastrati werden besiegt und nach dem Kampfe wollte der älteste Sohn Dedlis sein Schwert bei den Mühlen des wasserreichen Baches Briu kurz unweit der Čafa Glčerit[58] waschen und vom Blute reinigen. Sein Vater warnte ihn davor, dies zu tun, doch war es zu spät, das Wasser wurde mit Blut befleckt, und die Quelle versiegte. Der zweite Sohn tat bei einer Quelle bei Bajza dasselbe, und auch diese Quelle versiegte. So begann die Wasserarmut des Landes.

Die eine, der in dieser Tradition erwähnten Localitäten, „Briu gurz", habe ich besucht. Ich fand bei Briu gurz auf einer Felsplatte eine junge tellerartige künstliche Höhlung, auf deren flachem Boden drei Kreuze und ein auf einem Ringe aufgesetztes Doppelkreuz eingegraben waren. Alle diese Zeichen trugen Spuren hohen Alters. Die flache Höhlung kann als Sammelstelle des eventuell spärlichen Quellwassers gedeutet werden. Ähnliches sah ich in der Quelle Rnat e hanša in Boga.

Ob Dedli sein Gebiet schon in diesem Kämpfen bis an den Proni That[59] ausdehnte, oder ob dies erst später eintrat, läßt sich nicht fixieren, denn die Geschichte, die man mir diesbezüglich erzählte, enthält, da sie um 1600 spielt, jedoch bereits die erst 1750 emporgekommenen Bušatlijs erwähnt, einen gewaltigen Anachronismus und in Hahns diesbezüglicher Angabe fällt in dieser Tradition der dem Hl. Markus gelobte Kirche, als deren Gründer mir Dedli angege-

---

56 Haarschneidepatenschaft, ein in Albanien unter den Angehörigen aller Religionen weitverbreiteter Usus. Ungefähr ein Jahr nach der Geburt wird dem oder der Geborenen in einer feierlichen Zeremonie das Haar gestutzt. Der Haarschneidepate erhält danach ein Geschenk; siehe GJEÇOV, Kanuni, S. 88.
57 Albanisch, ndrikulla (die Pattin).
58 Qafa e Gëlqerit.
59 Përroi i Thatë.

ben wurde, eine recht bedeutende Rolle zu. Infolge dieser weiterer Aufklärung bedürfenden Wiedersprüche lasse ich beide Varianten der Kastrati-Sage folgen, wobei ich mich freilich dem Argumente nicht verschließ, daß man möglicherweise in der Kastrati-Sage einen älteren, bisher unbekannten Bušatli zu denken vor sich hat, denn schon vor 1700 war ein Bušatli Pascha von Škodra, nach der einen Variante der Kastratisage kam [er] im Kampfe gegen die Kastrati Močem Dedli selbst mit dem Schwert in der Hand bis nach Gradez,[60] da traf er den Bušatli, welcher ihn fragte, was er da treibe, worauf er antwortete, er sei ausgezogen, um für sich und seine Familie ein Gebiet zu erobern. Da er in Bušatli einen mächtigen Herrn erkannte, erklärte er ihm, daß er sich mit seinen Söhnen unter seinen Schutz stellte. Dieser Vorschlag gefiel Bušatli, und er schenkte Dedli soviel Land, als dieser in einem Tage umreiten konnte. Dedli bestieg sein Pferd in Tšaf Malthit[61] ritt von dort auf die Čafa Stares,[62] von da nach Čafa Čingens,[63] nach Barthaj,[64] auf die Kapa Brojs, nach Rans Vrithit,[65] in die Grücka Štinit[66] bei Goraj und von dort nach Gradez, um weit ausgreifend auch in der Ebene ein Gebiet zu besitzen. Im Proni That brach jedoch sein Pferd zusammen, dort stieß Dodli sein Schwert in die Erde, gab dadurch zu verstehen, daß er bereit sei, den Besitz dieses Landes mit Waffengewalt zu vertheidigen. Sein Gebiet war auf diese Weise begrenzt, und er zahlte fortan an Bušatli den Tribut, den er ihm versprochen hatte.

Hahns Aufzeichnungen, die auch bei Hecquard publiciert sind, behandeln die Kastratisage in anderer ausführlicher Weise. Hahn erwähnt, daß unter Dedlis Söhnen das Land in mehrere Theile getheilt wurde, daß Dedlis Söhne von den Trepšis die Weingärten von Budiči pachteten, sich dann Ded Vuka und Vat Vuka bei einem Besuche in Trepši dadurch beleidigt fühlten, daß die Trepši zwei Hunde tödteten, dann, nach Hause zurückgekehrt, ihre Verwandten überredeten, von nun an den Trepši keinen Pacht zu zahlen und die Weinlese in Budiči abzuzahlen, ohne, wie sonst üblich, das Eintreffen der Trepši zu erwarten. Diese Vorgänge führten zu einem Kriege der Dedlis mit den Trepši, doch die Dedli Söhne blieben nach anfänglichen Mißerfolgen siegreich. In der Folge erstarkten die Nachkommen Dedlis dermaßen, daß sie sogar mit den Paschas von Skutari in Streit geriethen und es diese endlich für besser hielten, die Kastrati durch gute Behandlung und Geschenke auf ihre Seite zu ziehen als sie zu bekriegen. Bloß ein gewisser Tahir Bey wollte die Gleichstellung der Kastrati mit allen seinen übrigen Untertanen gewaltsam durchsetzen, und so drang er mit einen starken Heer in ihr Gebiet.[67]

---

60 Gradec.
61 Qafa e Malthit.
62 Qafa e Stares.
63 Qafa e Çingens.
64 Bardhaj.
65 Rranxa e Vrithit.
66 Gryka e Shtinit.
67 HAHN, Studien, S. 188–192.

Es heißt, daß dies angeblich damals, als Ul Vuka schon ein Greis war, also drei Generationen nach Dedli, daher ungefähr um 1680 geschehen wäre, mithin zur selben Zeit, als auch die Klmeni von den Türken bei Gussinje besiegt wurden. In diesem Kriege zogen sich die streitbaren Kastrati vor den türkischen Truppen auf den Velečik zurück, die Greise und Bestraften, unter ihnen Ul Vuka, wurden jedoch im Dorfe gelassen.

Tahir Bey blieb im Hause Ul Vukas, die türkischen Truppen drangen jedoch gegen den Velečik vor, wo es zu einem heftigen Zusammenstoß mit den Kastrati kam. Ul Vuka beobachtete den Kampf, und als er nun merkte, wie die Türken sowohl durch die Kugeln seiner Stammesgenossen als auch durch die auf sie herabgerollten Steine und Baumstämme decimiert wurden, da gelobte er dem St. Markus im Falle, als die Kastrati Sieger blieben, eine Kirche. Als dieser Sieg endlich eintrat, begab sich Ul Vuka in sein Haus und stieß auch Tahir Bey mit einem Messer nieder. Nach dem Tode des Tahirs flohen die türkischen Soldaten, von den siegreichen Kastrati verfolgt, in größter Unordnung bis an den Proni That, und auch heute noch bildet dieser die Südgrenze des Gebietes der Kastrati. St. Markus bekam seine Kirche und ist der Schutzpatron des Stammes.

Kastrati[68]

Häuser

Hecquard[69]	Hahn[70]	Wiet	Pisko[71]	Gerstner	Baldacci[72]	Schematismus[73]	Durham[74]	Seiner[75]
420	307	320	359	400	450	352	500	523

Einwohner

Hecquard[76]	Hahn[77]	Wiet,	russ. Quelle	Lippich	Pisko[78]	Baldacci[79]	Sax[80]	Anonymus	Seiner[81]
4.300	2.000	2.000	4.600	3.600	2.949	2.750	2.000	10.000	3.468

4. Hoti

Der Name Hot tritt uns als Eigenamen zum ersten Male in 1330 entgegen. In 1446 hatte Hoti, wie Rovinsky berichtet, einen Grenzstreit mit dem seither ver-

68 Statistische Angaben über die Kastrati zu Beginn des XVIII. Jahrhunderts findet man auch bei BARTL, Quellen II, S. 27f.
69 HECQUARD, S. 201.
70 Hahn nennt 408 Familien, siehe HAHN, Studien, S. 192.
71 DEUSCH, S. 421.
72 BALDACCI, ebenda.
73 Schematismus. Almae provinciae missionarie Albanie, Sarajevo 1908, S. 37f.
74 DURHAM, High Albania, S. 42.
75 SEINER, Ergebnisse, S. 110 führt 516 Haushalte an.
76 HECQUARD, ebenda.
77 Hahn nennt 3.157 Seelen, siehe HAHN, ebenda.
78 DEUSCH, S. 421.
79 BALDACCI, ebenda.
80 DEUSCH, S. 418.
81 Seiner nennt 3.280 Einwohner für Kastrati; siehe SEINER, Ergebnisse, S. 110.

schollenen Stamm Mataguši, der bei Tuzi gewohnt hat.[82] Die Stammessage der Hoti beginnt mit der Erzählung, daß die Hoti zusammen mit den Gruda vor der Türkenzeit heftige Kämpfe mit den Bošjaken[83] hatten. Die genauere Geschichte des Stammes beginnt mit einen gewissen Keči, der vor 13 Generationen, also um 1520, in Piperi in Montenegro lebte. Er hatte mehrere Söhne und zwar Lazer, Ban, Kastr, Merkot, Vaš und Piperi. Lazer ist der Stammvater der Hoti, den übrigen Söhnen entsprossen die Trepši, dann angeblich auch die Krajsnič, die Vassojevič und die Piperi, wobei die Krajsnič in dieser Überlieferung, Kastravič genannt werden, was freilich etwas gekünstelt erscheint und eher an Kastrati mit einen Suffix „-vič" erinnert. Nach einem Morde mußten alle Keči-Söhne aus Piperi fliehen, bloß dem alten Keči und dem jüngsten Sohne Piperi wurde es gestattet, in der alten Heimat zu verbleiben. Lazer Keči und Ban Keči zogen nach Trepši, als sich jedoch ihre Herden so vermehrten, daß sie diese in Trepši nicht mehr ernähren konnten, theilten die beiden Brüder ihr Hab und Gut, und Lazer zog weiter gegen Süden. Nach ihrem gemeinsamen Beschluß sollte von nun an der Cem die Grenze zwischen beiden Brüdern bilden. Als Lazer schon am südlichen Hang des Cem emporstieg, bemerkte er, unrechtmäßiger Weise einen Pferdehalfter Bans mitgenommen zu haben, um nun aber nicht wieder eines Halfters wegen nach Trepši zurückkehren zu müssen, rief er seinem Bruder aus der Ferne das zu, daß er auf die Grenzbestimmungen verzichte und statt des Halfters auch den gegen den Cem abfallenden Nordhang des Bukovik verlangt. Spätere Nachkommen Lazers wollten diese Abtretung nicht anerkennen, und deshalb ist auch heute noch der Nordabhang des Bukovik ein Zankapfel zwischen den Hoti und den Trepši.

Von Lazers einzigem Sohne Geg stammten die weiteren Ahnherren von Hoti, und zwar gründete der bei Hahn Petz[84] genannte Pjeter Gega den Ort Trabojna. Die übrigen Söhne Gjon, Laj und Jum sind die Stammväter von Rapša. Speciell Gjons Nachkommen leben in Bridža. Kuša soll sich vor 12 Generationen von Trabojna abgegliedert haben, über die Fraktion Vuksanlekaj habe ich bisher so viel Positives erfahren, daß sie von Hoti stammt und daß der Stammvater dieser Fraktion Vuksa der Sohn eines gewissen Leka vor 5 Generationen, also circa in 1788 lebte. Das Dorf Vuksanlekaj rp. seine Besiedelung durch die Hoti ist daher relativ neuen Datums. Ansonsten erfuhr ich noch, daß das ganze Gebiet von Hoti und Gruda vor der Ausbreitung dieser Stämme von Bošjaken bewohnt gewesen wäre. Die letzten Kämpfe mit den Bošjaken verlegt die Sage nach Čaf Kišs[85] und zwar in die Zeit von Djeloš Leka und Vuksan Leka, also in jene Zeit, als ein Theil der Hoti von Trabojna aus in Vuksanlekaj neue Wohnsitze erwarb.

Reste der Urbevölkerung leben noch in Božaj, Ižm und Staja.

Die Hoti galten zur Türkenzeit als der erste Bajrak der Malcija Madhe und hat-

82 ROVINSKII, ebenda.
83 Die Bosnier.
84 HAHN, Albanesische Studien, S. 188.
85 Qafa e Kishës.

ten seinerzeit das Privilegium, bei jeder Schlacht am linken Flügel des türkischen Heeres Aufstellung zu nehmen. Sie verdankten dies der Heldentat Ujk Lutzis, da dieser mit Hilfe der Leute aus Gruda vor sieben Generationen bei der Eroberung Dulcignos[86] durch die Türken eine große Rolle spielte. Nebenbei erhielt Ujk Lutzi auch das Privilegium, sein Pferd beim Eingange des Skutariner Bazars anbinden zu dürfen, ohne die sonst bei so einem Vorgange übliche Marktsteuer zahlen zu müssen. Ujk Lutzi, der leider in unserem Stammbaumfragmente fehlt, convertierte später zum Islamismus und ist der Ahnherr der in Hoti lebenden muhamedanischen Familien. Die Nachricht, daß er vor sieben Generationen gelebt hatte, führt uns in das Jahr 1687 und ist deshalb vom Interesse, weil bei Dulcigno von den Türken tatsächlich um diese Zeit, nämlich im Jahre 1696, eine Schlacht gewonnen wurde. Es ist dies neuerlicher Beleg für die Richtigkeit der von uns bei der Rekonstruktion der Geschichte der albanischen Stämme angewandten Methode. Trotz der Convertierung pflegte der jeweilige Bajraktar bis in die Mitte des XIX. Jahrhunderts das auf den 29. August fallende Fest seines Hauptpatrons, des Hl. Johannes, zu feiern, an diesen Tage außerdem der Messe beizuwohnen und hierauf ein Gastmahl zu geben. Als auf die jüngste Geschichte Bezug habend, gebe ich auch hier die mir erkannt gewordenen statistischen Angaben. Da ein Theil von Hoti in 1913 Montenegro zufiel, lassen sich keine neuen Daten zusammenstellen. Recht gut stimmen die über die Anzahl der Häuser in Hoti bekannten Daten überein. Bolizza erwähnt 392 Häuser,[87] Wiet 405, Hecquard 450,[88] Hahn ungefähr gleichzeitg 403,[89] Gerstner 465[90], Pisko 400,[91] Baldacci 500,[92] der Franziskanner Schematismus 448,[93] Durham rund 500.[94] Die Angaben über die Anzahl der Bewohner gehen weiter auseinander: Karaczay[95] schätzt die Einwohnerzahl auf 4.000, Hecquard[96] zählt 1.100 Einwohner, die russische Quelle 4.500, Wiet und Hahn zählen 2.500[97], Sax[98] 2.500, Lippich 4.180, Pisko 3.740,[99] der alles übertreibende Skutariner Anonymus 9.500.[100] Ich glaube, rund 4.000 Einwohner annehmen zu dürfen.

---

86 Die Stadt Ulqin im heutigen Montenegro.
87 Siehe Bolizzas Bericht in: Relacione, Bd I, S. 273. Über die Bevölkerung Hotis am Anfang des 18. Jahrhunderts siehe BARTL, Quellen II, S. 29.
88 HECQUARD, S. 161.
89 HAHN, Studien, S. 188.
90 GERSTNER, S. 151.
91 DEUSCH, ebenda.
92 BALDACCI, ebenda.
93 Schematismus, S. 40–43.
94 DURHAM, High Albania, S. 67.
95 KARACSAY, F.: Geographical account of Albania, in: Proceedings of the Royal Society, 1842 (Zitat nicht verifiziert).
96 HECQUARD, ebenda.
97 HAHN, Studien, S. 188.
98 DEUSCH, S. 418.
99 Ebenda, S. 422.
100 Albania, Nozioni geografici, Scutari 1915.

5. Gruda

So wie die Hoti hatten auch die Gruda in längstvergangenen Zeiten heftige Kämpfe mit Bošjaken und möglicherweise auch mit den Latini, während welcher Kämpfe z. B. die Ruine Zagunj am Nordhange des Dečič eingenommen wurde. Später, so berichtet die Grudasage, herrschte Ivan Cernovič[101] in diesem Gebiete, die Kämpfe mit den Bošjaken müssen also vor dem Jahr 1450 statgefunden haben. Nach Ivans Regierung wurde Gruda von den Türken besetzt, und erst nach dieser Zeit begann die Besiedelung Grudas mit seinen jetzigen Bewohnern. Einer der ersten Ankömmlinge war ein Flüchtling aus Summa, namens Gjela, der Summa wegen einer Blutracheangelegeheit verlassen hatte und sich in Škala Gegs[102] niederließ. Gruda scheint er, da er vor 12 Generationen lebte, um 1550 erreicht zu haben. Von seinen beiden Söhnen, Pal und Gjel, sind Pal und seine Nachkommen die Gründer der Orte Selišt, Lofke[103] und des Weilers Djokaj in Dinoši[104] geworden, Gjel, der ältere Sohn, der Stammvater des Fis des in Čaf Kronit lebenden Bajraktars und seiner Verwandschaft. Gjela der Erste selbst war ein erbitterter Türkenfeind, und damit kein Türke mit dem Hufe seines Pferdes sein Grab entweihen könne, ließ er sich auf der Spitze der Suka Gruds[105] bestatten.

Außer dem aus Suma flüchtigen Gjela wurde Gruda auch von anderer Seite her und zwar, wie Durham angibt, aus Beriša bevölkert; ferner sollen sich aber daselbst auch sieben Familien aus Piperi befinden.

Das Stammbaumfragment, das ich hier beifüge, bezieht sich auf das Fis des Bajraktars von Čafa Kronit. Auch Grudas theilweise Convertierung zum Islamismus fällt in das Ende des XVII. Jahrhunderts. Auch bei diesem Stammbaume läßt sich seine Richtigkeit historisch belegen, denn aus den Feldakten des K.u.K. Kriegsarchives in Wien wissen wir (Acht: Türkenkriege 1737, Sign. 13/217), daß ein gewisser Džon, der Sohn eines gewissen Martin, in 1737 der Anführer von 200 bewaffneten Grudas war, und aus dem Stammbaume ersehen wir, daß ein Ahne des Bajraktars mit Namen Martin tatsächlich um 1710 lebte. Derselbe konnte also ganz gut um 1737 einen vierzigjährigen Sohn haben. Der Name Džon Martin fehlt nun zwar freilich auf dem Stammbaume, doch kann man diesen Džon ganz gut für einen Bruder des im Stammbaume erwähnten Vuksan Martin halten, der um 1711 geboren werden mußte.[106]

---

101 Cernojević, Ivan (1465–1490); montenegrinischer Großherr, zuerst Gegner der Osmanen, später deren Vasall.
102 Shkalla e Gegës.
103 Selishta und Lofka.
104 Der Weiler Gjokaj in Dinoshi.
105 Suka e Grudës.
106 (Fußnote des Autors). Die übrigen in diesem Akt erwähnten Albaner sind Bits Vata aus Klmeni, Čoro Petar aus Hoti, Toško Bojavič (oder Balovič) aus Piperi, Vuksan Bojavič aus Vassoievič, Pavič Matašević aus Bratanosiči und Radonja Petrovič aus Kuči. Mit insgesammt 1.480 Mann hatten diese Anführer damals die Türken Bihor angegriffen und in Brand gesteckt.

Stammbaumfragment aus Gruda

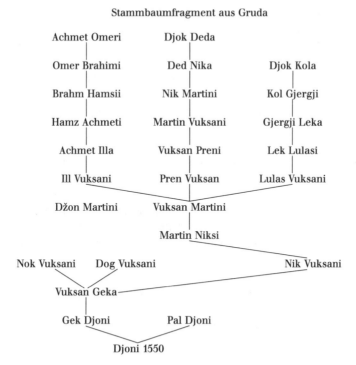

Trotz dieses verschiedenartigen Ursprungs von Gruda, auf dessen Ursache wir noch zurückkommen werden, bildet heute Gruda einen einzigen Bajrak und verhällt sich den übrigen Stämmen gegenüber als wohlbefügte Einheit. Als Anhang lasse ich eine streng genommen nicht zur Stammes-Geschichte gehörende Tradition folgen:

Als in Gruda bereits eine Pfarre und in Vukli bloß eine Kirche existierte, gingen zwei Mönche von Gruda nach Vukli, um dort Gottesdienst zu halten. Als sie aber in Vukli in das Haus traten, wo sie gewöhnlich einkehrten, sahen sie, daß der Hausherr sich neben seiner rechtmäßigen Gemahlin noch eine Konkubine aus Petrovič halte. Sie kehrten deshalb in einem andern Hause ein, und als sich die Vuklileute nach der Ursache dieser Neuerung erkundigten, sagten ihnen die Mönche, daß sie wegen eines Kebsweibes nicht mehr in dem Hause einkehren wollten, wo sie bisher immer bewirtet worden waren. Durch diese Zurücksetzung fühlte sich aber der frühere Gastgeber der beiden Geistlichen sowie der Bruder seiner Nebenfrau beleidigt, und als die Mönche wieder auf dem Heimweg nach Gruda begriffen waren, verlegten ihnen die beiden Männer in Grabom den Rückweg, töteten sie und bedeckten ihre Leichen mit Buchenlaub. Einige Zeit nach diesem Morde weidete ein Hirte aus Trepši an dieser Stelle seine Ziegen, und diese entfernten nun zufällig mit ihren Beinen das über die Toten gehäufte Laub. So kam der Mord zutage, denn bis dahin waren nämlich die Leute in Gruda der Meinung, die beiden Seelsorger befänden sich noch in Vukli, während die Vukli meinten, daß die beiden Mönche glücklich nach Gruda zurückgekehrt seien, denn damals war das Gebiet wild, und die Leute verkehrten selten miteinander.

Die Leute aus Trepši, die den Mord aufgedeckt hatten, verständigten sowohl die Einwohner von Gruda als auch die von Vukli, und man begrub die beiden Pfarrer an der Stelle, wo das Gebiet der drei Stämme Trepši, Vukli und Gruda zusammenstößt. Diese Tradition der Gruda ist interessanter Weise auch historisch beglaubigt, die ermordeten Geistlichen hießen Salvator von Offida und Paulus von Mantua. Das Ereignis geschah in 1644.

Über die Bevölkerung des Stammes Gruda schwanken, da die Grenzen des Stammes nicht von allen Autoren gleich angenommen wurden, die Angaben erheblich.[107] Hecquard zählt 3.000 Einwohner[108] und dieselbe Ziffer übernimmt auch die russische Statistik von 1869. Wiet findet bloß 1.300 Einwohner, Hahn 2.300, Generalconsul Lippich gibt in 1878 genau 2.040 Einwohner an, in 1881 hingegen 4.270, Sax 1.000,[109] Pisko in 1890 ca. 1.690,[110] Baldacci 3.400,[111] ich selbst schätze die Zahl der katholischen Einwohner von Gruda in 1907 auf 2.000. Baldacci gibt 400 Häuser an,[112] Gerstner 318,[113] Pisko 270.[114] Da der Franziskaner Schematismus bloß 279 Häuser angibt,[115] scheint diese Zahl auf den ersten Blick etwas tief gegriffen, doch man muß bedenken, daß in dem Schematismus die mohamedanischen Häuser fehlen. Durhams Angabe, daß Gruda 500 Häuser habe,[116] ist jedenfalls zu hoch und ebenso die Angabe des Anonymus, daß Gruda 5.000 Einwohner habe. Die Annahme von etwas weniger als 3.000 Einwohner wird der Wahrheit am nächsten kommen, sie gibt allerdings 53 Einwohner auf den km^2.

6. Škreli[117]

In meinen Versuchen, etwas über die Stammesgeschichte des Fis Škreli zu erfahren, habe ich fast ebensowenig Erfolge aufzuweisen wie Hahn oder Hecquard. Der Name Škreli tritt uns zum ersten Male und zwar als Ortsname in 1416 entgegen, und zwar liegt er im heutigen Stammesgebiete der Škreli. Der Kataster erwähnt den Ort Škreli im Gebirge und gleich die Škreli-Leute in Luarzi an Ufer der Bojana.[118] Daß unter den Namen Škreli jedoch ein Orts- und

---

107 Über die Bevölkerung Grudas am Anfang des XVIII. Jahrhunderts siehe BARTL, Quellen II, S. 30f.
108 HECQUARD, S. 75.
109 SAX, S. 186.
110 DEUSCH, S. 422.
111 BALDACCI, ebenda.
112 Ebenda.
113 GERSTNER, S. 151.
114 DEUSCH, S. 422.
115 Schematismus, S. 39.
116 DURHAM, Origins, S. 18.
117 Shkreli.
118 Der venezianische Kataster von 1416, siehe CORDIGNANO, Francesco: Catasto veneto die Scutari e Registrum Concessionum 1416–1417, Bd. I, Scutari 1940 (Roma 1942), S. 87, 142.

kein Stammesname zu verstehen ist, geht aus der geringen Anzahl der Bewaffneten hervor, die Bolizza als Škreli aufzählt, es sind nämlich bloß 30, rp. nach einer anderen Stelle 43.[119] Daß der heutige Fis Škreli gleich allen anderen Malsoren-Fisen in sein heutiges Gebiet erst spät eingewandert ist, geht daraus hervor, daß sich in Džaj noch Reste der Urbevölkerung finden. Eine genauere Fixierung des Datums dieser Einwanderung war bisher unmöglich, doch kennt man in Škreli Stammbäume, die auf 9 Generationen, also bis 1650 zurückgehen. Daß der Fis noch älter als ein gewisser Mal Pepa aus Škreli, der sein Haus in Prel Ivanaj am Mali Rencit[120] baute, daselbst eine zerstörte Kirche vorfand und Mal Pepa selbst vor 10 Generationen, also in 1623, lebte.

Als Episode aus der Vergangenheit des Stammes erzählt man, daß einst ein Ahne der Kastrati eine junge Eule fieng und diese einem Škreli so gut gefiel, daß er für sie den Kastrati den ganzen Velečikberg schenkte, der bis dahin den Škreli gehört hatte.

Die statistischen Daten über Škreli stimmen recht gut überein, nur ist die Zahl der Häuser größer, das heißt die Zahl der Großfamilien kleiner geworden.

				Škreli				
				Häuser				
Kataster[121] (1416)	Bolizza[122]	Hecquard[123]	russ. Quelle (1869)	Hahn	Pisko[124]	Baldacci[125]	Steinmetz[126]	Seiner[127]
15	430	500	–	443	500	550	600	603
				Einwohner				
Hecquard[128]	russ. Quelle	Hahn	Sax[129]	Pisko[130]	Baldacci[131]	Anonym	Nopcsa	Seiner[132]
4.500	4.280	4.070	6.200	5.200	5.250	9.000	4.500	3.909

7. Loja

Noch weniger als über Škreli ist über den kleinen Fis Loja bekannt, von dem ich nur das erfahren konnte, daß er vor elf Generationen, also circa 1590, in sein

119 RELACIONE, Band I, S. 269.
120 Mali i Rrencit.
121 CORDIGNANO, S. 87.
122 Relacione, ebenda.
123 HECQUARD, S. 198.
124 DEUSCH, S. 421.
125 BALDACCI, ebenda.
126 STEINMETZ, Vorstoß, S. 3.
127 SEINER, Ergebnisse, S. 112 nennt 415 Haushalte.
128 HECQUARD, ebenda.
129 SAX, S. 186.
130 DEUSCH, S. 421.
131 BALDACCI, ebenda.
132 SEINER, Ergebnisse, S. 111 nennt 2.688 Einwohner.

jetziges Gebiet hinkam, woselbst von der Urbevölkerung noch 4 Familien leben. Daten über den Bajrak Buzaujt zu sammeln, dessen Bajraktar in Sterbeč[133] wohnt, muß ich endlich völlig meinen Nachfolgern überlassen. Vorläufig gebe ich nur die statistischen Daten.

Reči Lohja Rijoli

Kataster[134] (1416) 121	Bolizza[135] 60	Hecquard[136] 485	Häuser Hahn (Lohja) 120	Durham[137] (Reçi) 205	Gerstner[138] 382	Seiner —

	Hecquard[139] 4.800	Hahn 2.000	Einwohner Lippich 2.800	russ. Quelle 2.800	Seiner[140] 1.435

8. Šala[141]

Über das vortürkische Alter des Namens Šala, der an die illyrische Salai erinnert, gibt, wie eben erwähnt, Barletius Aufschluß.[142] Der heutige Fis Šala hält sich für blutsverwandt mit Šoši und mit Mirdita und gleich wie viele Stämme Nordalbaniens bewohnte er ursprünglich ganz andere Gebiete als heute.[143] Für seine Verwandtschaft mit Merdita spricht, abgesehen von der Tradition, auch der Umstand, daß noch vor nicht langer Zeit in Šala die sonst nur in Merdita übliche Dolama[144] getragen wurde.

Die Trennung von Šala, Šoši und Merdita erfolgte am Koder Domjanit[145] bei Duši.[146] Nach der Trennung hielt sich Šala eine Zeit lang in Mila auf, das damals den Herren von Puka gehörte, und die jetzigen Einwohner von Mila behaupten denn daher, von jenen Šalas abzustammen, die nach dem Abzuge Šalas in sein jetziges Gebiet dort zurückblieben.

---

133 Stërbeç.
134 CORDIGNANO, S. 142.
135 Relacione, Band I, S. 257.
136 HECQUARD, S. 147, 149.
137 Durham nennt 120 Häuser für Lohja; DURHAM, Origins, S. 23.
138 GERSTNER, S. 151
139 HECQUARD, ebenda.
140 Seiner veröffentlicht folgende Daten über die Bevölkerung von Reçi, Lohja und Rrjolli: Reçi 172 Haushalte und 1.414 Einwohner, Lohja 94 Haushalte und 709 Einwohner, Rjolli 211 Haushalte und 1.530 Einwohner, siehe SEINER, Ergebnisse, S. 111.
141 Shala.
142 Barleti, Marin (um 1460 bis 1513); Priester, der erste albanische Historiker, Autor von „De obsidione Scodrensi", Venezia 1504 und „Historia de vita et rebus gestis Scanderbegi", Roma, o. J.
143 Über die Herkunft der Shala siehe VALENTINI, Giuseppe: Il diritto delle communità nella tradizione giuridica albanese, Firenze 1965, S. 319; IVANOVA, Julija: Vladimirnova, Severneja Albanija v XIX – načale XX v., Moskva 1973, S. 32; BARTL, Die Mirditen, S. 30f.
144 Lange Weste.
145 Kodra e Domjanit.
146 Dushi; Dorf in der Nähe von Puka.

Ehe die Šala von ihren heutigem Gebiete Besitz ergriffen, war diese Gegend von Latini bevölkert, die von den Šala vertrieben wurden. Nach einer anderen Version sollen die Šala bei ihrer Einwanderung in ihr jetziges Gebiet allerdings außer den Latini auch die Bewohner von Robi Šals und Lopči angetroffen haben. Nach Durhams Angaben wäre diese Einwanderung der Šala vor mehr als 480 Jahren, also vor 1430 erfolgt. Daß sie in der Tat in einer sehr weit zurückgelegenen Zeit erfolgte, erkennt man daraus, daß die Šala untereinander heiraten. Die Urbevölkerung Šalas ist in dem 8 Häuser umfassenden Geschlechte Mehmed Niks vertreten und die exogamischen Šala heiraten dementsprechend auch die Mitglieder dieses Geschlechtes. Ob aber die wenig angesehene Stellung des Geschlechtes Mehmed Niks aus der Zeit der Einwanderung der Šala stammt, oder ob sie später durch eine Reihe unbedeutender männlicher Repräsentanten veruracht wurde, weiß ich nicht zu entscheiden. Der Ahne der Šala hieß Bal Šroka und soll aus Široka[147] stammen, was sich aber offenbar nur auf die Bobi in Šala beziehen kann.

Der Anonymus von 1684, in dem man und zwar wahrscheinlich mit Recht den Erzbischof Bogdanus[148] vermuthet, erzählt, daß Pulati von 3 Brüdern stamme, die drei in 1684 bereits zerstörte Festungen gegründet hatten, dann folgt im Manuskripte folgender Satz: „il primo Piro Kiri, Mauro". Wir ergänzen diesen Satz so, daß die eine durch ihre Ruinen auch heute noch kenntliche Festung Kiri von Petrus gegründet wurde und die andere Mavriči hieß. Noch heute heißt ein unter der Ruine von Dakaj gelegener Ort Šalas „Nan Mavriči", und „Nan" heißt auf albanisch „unter". In seinem Manuskripte der Franziskaner Bibliothek zu Ragusa (Mattei, Memorie storiche di Ragusa, 1772, Vol. II, pag. 237) wird diese Ruine Šlas von Erzbischof Vladagni Maricchio genannt. Ich glaube dieselbe in dem wunderbar gelegenen Čütet Dakajt wiedererkennen zu können. Möglicherweise ist dieses Mavriči, dessen Name offenbar aus dem lateinischen Maurizius abgeleitet ist, mit dem urkundlich in 1334 erwähnten Muriki ident.

Aus der vortürkischen Zeit der Malcija Vogel wissen wir, daß sich zur Zeit Skanderbegs diese Stadt, die Barletius Šala nennt, zusammen mit der Stadt Šoši, gegen Spanos[149] Erben, die Herrn von Drivasto,[150] empörte.

Die Nachkommenschaft der ältesten und angesehensten Linie der Einwanderer, die Fraktion des Bajraktars, bewohnt das Dorf Pecaj. Thethi ist eine Colonie von Pepnikaj[151] und soll sich vor 10 Generationen, also um 1620, von der Fraktion Pecaj abgegliedert haben, weshalb zwischen den Thethi und den Bewohnern von Pepnikaj und Pecaj[152] keine Heirat stattfindet. Angeblich war der Talkessel von Thethi, als er von den Šala besiedelt wurde, menschenleer. Eine aus

---

147 Shiroka; Dorf in der Nähe von Shkodra am Ufer des Shkodra-Sees.
148 Bogdani, Pjetër (circa 1625 bis 1689): Bischof von Shkodra 1656 und Erzbischof von Shkup 1677. Autor von „Cuneus prophetarum", Padova 1685.
149 Spani, Pjetër; Feudalherr in der Region Pulti im XV. Jahrhundert.
150 Das heutige Dorf Drishti in der Landschaft Postrriba, im Mittelalter Drivast genannt.
151 Dorf im Shalagebiet.
152 Dorf im Shalagebiet.

seiner Heimat geflohener Šala gründete bei Ura Štrejt den Weiler Rekaj. Über
die übrigen Weiler Šalas habe ich bisher keine Angaben bekommen. Jastrebov
berichtet, daß sich Šala bald in vier Teile geteilt hätte.[153] Über Lek Dukadžini[154]
und seine Kämpfe gegen die Türken weiß die Šalasage gar manches zu berichten. Sie erzählt, daß sich Lek, als die Türken in das Land drangen, zuerst in Drišti, dann, nach Einnahme dieser Stadt dreißig Jahre lang in dem fast unersteig-
baren Čütet bei Dakaj und hernach in der Felswildnis von Guri Leks[155] bei Šoši
verteidigt habe. Schließlich sei er genötigt gewesen, sich nach Osten zurückzuziehen, doch habe er in der kleinen Festung Guri Leks, unweit Raja, noch einmal
Widerstand geleistet.

Lek Dukadžini hatte zwei, Mark und Pal genannte Brüder. Aus Neid stach
Leka den beiden anderen die Augen aus, und deshalb wollten ihn die Türken
verhaften. In seiner Bedrängnis schickte er seinen Diener zu den beiden Blin-
den, um sie um Rath zu fragen, doch diese verweigerten diesen zu ertheilen.
Darauf gieng der Diener hinaus, horchte aber an der Türe, was nun die beiden
Brüder wohl unter einander reden würden, und da hörte er, wie der eine dem
anderen das sagte, daß sich Leka nur durch verkehrtes Beschlagen seines Pferdes retten könne, um auf diese Weise bei seiner Flucht eine in die entgegen
gesetzte Richtung weisende Fährte zu hinterlassen.

Der Diener sagte dies dem Leka, der tat es und entfloh vom Felsen Škami
Rajs[156] nach Vau Spas.[157] Mark lebt noch heute und bewohnt ein Zimmer in der
Kirche von Dečani, wo ihm heute noch täglich ein ganzer Widder in das Zimmer gebracht wird. Zu Tage kam letzteres dadurch, daß einst ein Gebirgler dem
den Widder vorbringenden Koch nachschliech, und als der Koch die Zimmer-
thüre von Marks Zimmer öffnete, sah er denn dort einen alten Mann, dessen
Bart und Schnurrbart bis an den Boden reichten. Als nun aber der Alte, dies war
eben Mark Dukadžin, seinerseits den Späher erblickte, da bließ er den Neugieri-
gen an, so daß er halbt todt umfiel und sich erst spät erholte.

Das Auftreten eines Mark genannten Bruders Lek Dukadžins zeigt, daß offenbar der Sagenkreis, der sich um die Dukadžins gebildet hatte, durch den serbischen Sagenkreis des Königsohnes Mark beeinflußt wurde. Beweisen läßt sich
dies dadurch, daß Hahn aus Fierza[158] eine Sage über Marko Kral[159] und seinen
Bruder Bidar anführt, und mir im Thale des Lumi Bugjonit bei Lugu Pajet ein
Fels „Guri gat"[160] gezeigt wurde, von dem die Sage gieng, daß ihn ein gewisser

---

153 JASTREBOV, J., S.: Stara Serbija i Albanija, Beograd 1904, S. 203.
154 Dukagjini, Lekë; im XV. Jahrhundert Feudalherr im Gebiet, das heute seinen Namen trägt.
     Einer der wichtigsten Führer der Albaner im Kampfe gegen die Türken nach dem Tode
     Skënderbegs. Mit seinem Namen ist der Kanun (das Gewohnheitsrecht) verbunden.
155 Albanisch, „der Stein von Lek" (Dukagjini).
156 Shkëmbi i Rajës.
157 Vau i Spasit neben Mali i Zi in Puka.
158 Dorf neben Iballja im heutigen Distrikt Puka. HAHN, Reise, S. 67–75.
159 Kraljević, Marko: serbisch: der Königssohn Marko.
160 Guri i gjatë.

Marka Kral zerschnitten hatte. Sonst wußte mir mein Gewährsmann über Marko Kral nichts zu erzählen, der Name hatte für ihn eben schon keine weitere Bedeutung. Da Fierza und Bugjoni[161] auf einer Hauptverbindungslinie des serbischen Gebietes und der adriatischen Küste liegen, ist es ganz natürlich, daß mit den serbischen Karavanen auch serbische Sagen in diese Gegend gelangt sind.

Mit Lek Dukadžin und mit dem Geschlechte Skanderbegs seien, berichtet weiterhin die Sage, viele Albaner nach Italien geflohen, und die Türken hätten die eroberten Gebiete verwüstet.

Hundert Jahre lang nach dieser Verwüstung hausten die im Lande zurückgebliebenen Šala in Höhlen, „ohne zu beichten und ohne die Felder zu bestellen", und nur allmählich trauten sie sich aus ihren Verstecken. Auf ihrem Wege von Kossovo gegen die Adria suchten später zwei angeblich von Österreich gesandte, verkleidete Geistliche nach überlebenden Albanern, und so gelangten sie dabei nach Šala. In Šala trösteten sie die Leute, nahmen ihnen die Beichte ab und unterrichteten sie, im Verborgenen nach ihrer Religion zu leben, „ihre Kirche im Hause zu haben, an bestimmten Tagen Kerzen anzuzünden und zu Hause zu beten". Nach diesen religiösen Unterweisungen entfernten sich die Tröster wieder. Die Šala blieben nach wie vor unter türkischer Oberhoheit, sie vermehrten sich aber nun rapid und erhielten endlich von den Veziren das Recht, Waffen zu tragen. Was sie alsbald dazu gebrauchten, um im Bazar von Skutari Unruhen zu provozieren, wobei 100 Skutariner, ja sogar der Sohn des Vezirs, getötet wurde. Infolge dieses Zwischenfalles hob sich das Selbstgefühl der Šala und da ereignete sich, daß ein Stammeshäuptling von Šala am Wege nach Skutari einer weinenden Frau begegnete, diese nach der Ursache ihrer Trauer befragte und das erfuhr, daß der einzige Sohn der Frau sich noch am selben Tage mit einem herkulisch gebauten Neger schlagen müsse. Durch das Leid der Frau gerührt, übernahm es der Šala, trotz des Abratens der Frau, an Stelle ihres Sohnes den Neger zu bekämpfen. Der Vorschlag wurde in Skutari gebilligt, und als es zum Kampfe kommen sollte, forderte der gepanzerte Neger den ungepanzerten Šala auf, den ersten Hieb zu führen, er bemerkte dabei, er sei zwar schwarz von Natur, er werde aber den Šala noch schwärzer schlagen. Der Šala ließ sich nicht abschrecken, er nahm die Aufforderung, zuerst zu schlagen an, da nun aber der Neger nur am Oberleib gepanzert war, so hieb er mehr praktisch [als] ritterlich dem Neger auf die Beine, so daß dieser hinfiel und mit leichter Mühe getötet werden konnte. Auf diese Weise fand das Gefecht einen unerwarteten Abschluß und der Šala war der Sieger, worauf neuerdings die Achtung wesentlich zu nahm. Zusammenhängendes konnte ich über die Šalasage nichts mehr erfahren.

Eine weitere Nachricht berichtet aber, daß einst sich zur Begrüßung eines neuen Gouverneurs viele mit ganz zerrissenen Kleidern angetane Šala eingefunden hätten, und dies soll das Entsetzen des betreffenden Gouverneurs hervorgerufen haben. Offenbar bezieht sich diese Nachricht auf jenes Ereignis, das sich, Hahns Aufzeichnungen zu Folge, beim Aufkommen der Bušatlis zugetragen

---

161 Bugjoni; Dorf im heutigen Distrikt Puka, nicht weit von Fierza.

haben soll und dessen Inscenierung die Skutariner Localsage dem ersten Bušatli Mehmed[162] zuschreibt.[163] Über die späteren Schicksale der Šala ist mir noch wenig bekannt geworden, das einzige, was ich erfuhr war, daß Mark Kola aus Lota,[164] angeblich vor drei Generationen den Ali Dušmani, der damals Pascha von Ipek war, im Hause Pal Leks in Abat in Šala ermordet hätte, wofür er in Skutari eine lebenslängliche Pension erhielt. Anläßlich dieses Mordes wurde auch die Grenze von Ipek, die seinerzeit auf der Čafa Biškašit[165] war, auf die Čafa Nermajs und Čafa Pejs[166] verlegt. Die Angabe vor drei Generationen scheint darauf zu weisen, daß dieser Mord um 1860 erfolgte. Historisch nachweisbare Kämpfe zwischen den Paschas von Ipek und jenen von Skutari fallen zwischen das Jahr 1770 und 1785.[167] Die Ursache war das Bestreben Mahmud Pascha Bušatlis, sein Gebiet ostwärts zu vergrößern, und in der Tat ist ihm damals dieses auch gelungen.

Das Vorkommen des Brückennames Ura Pejs[168] in Šoši zeigt, daß seinerzeit der Einfluß von Ipek (albansich Pej) in der Tat bis nach Šala und Šoši reichte.

Trotz dieser verschiedenen Angaben bedürfen noch manche Punkte in den Stammessagen der Šala der Aufklärung und dies zumal die Tradition, daß Šala, Šoši und Merdita ihre Namen davon hätten, weil bei der Teilung in Mila, Šala einen Sattel (šal),[169] Šoši ein Sieb (šoš)[170] für sich nahm und Merdita, der nichts erhielt, von der Teilung mit dem Gruße „guten Tag" (mirdit)[171] fortging, offenbar auf Volksetymologie beruht. Die Statistik der Šala ist folgende:

Šala[172]

Häuser

Hahn	Hecquard[173]	Gerstner[174]	Pisko[175]	Steinmetz[176]	Schematismus[177]	Seiner[178]
380	275	335	495	498	498	469

---

162 Bushatlliu, Mehmet Pashë (gestorben 1775); war der Gründer dieser berühmten Familie. Über die Familie Bushatlliu siehe Dokument 19.

163 HAHN, Studien, S. 98.

164 Lotaj; Dorf in Shala.

165 Qafa e Bishakshit.

166 Qafa e Nërmajës und Qafa e Pejës.

167 Siehe NAÇI, Stavri: Pashallëku i Shkodrës nën sundimin e Bushatllive në gjysmën e dytë të shekullit të XVIII (1757–1796), Tiranë 1964.

168 Ura e Pejës (Die Brücke von Peja).

169 Albanisch shala: der Sattel.

170 Albanisch shosha: das Sieb.

171 Albanisch mirëdita: guten Tag!

172 Statistische Angaben über Shala zu Beginn des 18. Jahrhunderts siehe BARTL, Quellen II, S. 53.

173 HECQUARD, S. 143.

174 GERSTNER, S. 152.

175 DEUSCH, S. 423.

176 Steinmetz nennt für den Stamm Shala ohne die Bevölkerung von Thethi 408 Häuser. STEINMETZ, Vorstoß, S. 34.

177 Schematismus, S. 45.

178 Seiner zählt 469 Haushalte und 299 bewohnte Häuser, Hütten usw. SEINER, Ergebnisse, S. 112.

				Einwohner					
Karacsay	Hecquard[179]	Hahn	Lippich	Sax[180]	Pisko[181]	Nopcsa	Ippen[182]	Jastrebov[183]	Seiner[184]
1.200	4.500	3.000	3.300	3.200	4.425	2.800	4.300	2.500	2.535

9. Šoši[185]

Noch weniger als über Šala erfuhr ich über Šoši, das sich so wie Šala für einen Abkömmlung Lek Dukadžins hält, während Pal Dukadžin als der Stammvater der Merditen gilt. Die auch Čütet Dakajt genannte Kalaja Leks[186] in Šala und der in einem fast unnahbaren Felsenwinkel gelegene Ort Guri Leks[187] in Šoši sind die nördlichsten Orte, die den Namen Lek Dukadžins tragen. Der Sage nach sind Lek und Pal Brüder gewesen. Zwei Brüder, Lek und Pal Dukadžin, lebten erwiesenermaßen in der zweiten Hälfte des XIV. Jahrhunderts. Mit Lek, dem späteren Herrn von Dagno (1444),[188] ist aber der Lek der Ursprungssage keineswegs ident, da aber historisch das feststeht, daß Lek Dukadžin nicht Pal Dukadžins Bruder, sondern Sohn war, ist die Stammessage der Šala und Šoši möglicherweise anders umzudeuten rp., daß die Šala als Anhänger des Lek III. Dukadžins anläßlich seines Handstreiches gegen nördlich des Drin gelegene Gebiete (1446) als seine Gefolgsleute vor rund 460 Jahren [in] ihre heutigen nördlichen Wohnsitze gelangten. Es wären auf diese Weise die Šala aus Merdita ausgezogen, und diese Annahme stimmt nun wieder recht gut wieder mit der Nachricht von der Trennung der Šala und der Merditen am Kodra Mils[189] südlich des Drin überein. Belegt wird diese Tradition einer Verwandtschaft von Šala und Merdita dadurch, daß zwischen diesen Stämmen keine Heirat stattfindet, anderseits können aber die in Šala vorkommenden Wechselheiraten möglicherweise als Anzeichen dafür aufgefaßt werden, daß das Gebiet von Šala nicht bloß von einer, sondern mehreren bloß z. Th. aus Merdita einwandernder Familien besetzt wurde. Durham berichtet, daß sich die Šala bei ihrer Ankunft im dortigen Gebiet theilten, die Theilung der Šala untereinander würde dann einfach der Aufteilung des neubesetzten Gebietes entsprechen.[190] Jastrebov berichtet, daß Pepsumaj in Šoši von Suma aus besiedelt wurde.[191]

Möglicherweise werden uns einst die noch fehlenden Stammbäume von Šala

---

179 HECQUARD, S. 143f.
180 SAX, S. 186.
181 DEUSCH, ebenda.
182 Nach Ippen zählte Shala 4.350 Seelen, siehe IPPEN, Theodor A., Gebirge, S. 27.
183 JASTREBOV, S. 204.
184 SEINER, Ergebnisse, ebenda, nennt 2.512 Einwohner.
185 Shoshi.
186 Kalaja e Lekës (die Festung von Lek).
187 Guri i Lekës (der Stein von Lek).
188 Danja; mittelalterliche Festung in diesem Gebiet.
189 Kodra e Milës.
190 DURHAM, High Albania, S. 123.
191 JASTREBOV, ebenda.

und Šoši über alle diese Vorgänge noch genauer orientieren. Eine Colonie von Šoši ist Prekali, das Šoši verwandt ist und sein jetziges Gebiet nach heftigen Kämpfen mit den Einwohnern von Loja vor 9 Generationen, also ungefähr um 1650 besetzte.[192] Der Name Precali kommt als Eigenname (Jon Precali) schon im Jahre 1403 vor.

Šoši[193]

Häuser

Hahn	Hecquard[194]	Gerstner[195]	Pisko[196]	Schematismus[197]	Seiner[198]
182	170	172	225	201	452

Einwohner

Karaczay	Hecquard[199]	Hahn	Lippich	Sax[200]	Ippen[201]	Pisko[202]	Jastrebov[203]	Seiner[204]
1.200	1.920	1.300	1.830	1.600	1.600	1.658	1.100	1.861

10. Nikaj

Über die Stammessage der Erbfeinde der Šala und Šoši, über die Nikaj, gelang es mir, einige Angaben zu sammeln. Die Nikaj betonen im Gegensatz zu vielen anderen Stämmen Nordalbaniens ausdrücklich, daß sie nicht Dukadžin sind. Die Nikaj halten sich, so wie die Krajsnič[205] und Vassojevič,[206] ob mit Recht oder Unrecht sei dahingestellt, für blutsverwandt mit den Hoti. Der Ahnherr des Nikaj namens Nika war ein Hirte in Krasnić, der um das Jahr 1550 von dort auswanderte und sich in Paplekaj niederließ. Nika hatte einen Sohn Biba, dieser wieder drei Söhne, Leka, Kol und Mark, von denen der letztere auch Cur genannt wurde. Lekas Sohn Pap gründete Paplekaj.[207] Lekas Enkel Nika gründete Nikprenaj. Lesas Enkel Gjon, der Sohn Kol Pepas, wurde der Stammvater von Gjon Pepaj. Von Mark rp. seinen beiden Söhnen Nik Biba und Pre Biba stammen die Einwohner von Curaj. Als sich die Nachkommen Niks vermehrten, geriethen sie bald mit den Ureinwohnern des jetzigen Gebietes von Nikaj, den Vajušni Škodrs, in Conflict, bekriegten dieselben, und dies hatte dann die Auswanderung eines

---

192 Seiner nennt Prekali ein Dorf von Shoshi, siehe SEINER, Ergebnisse, S. 112.
193 Über die Bevölkerung Shoshis zu Beginn des 18. Jahrhunderts siehe BARTL, Quellen II, S. 53.
194 HECQUARD, S. 143.
195 GERSTNER, S. 152.
196 DEUSCH, S. 423.
197 Schematismus, S. 43.
198 SEINER, Ergebnisse, S. 112 nennt 272 Haushalte und 353 bewohnte Häuser, Hütten usw.
199 HECQUARD, ebenda.
200 SAX, S. 186.
201 IPPEN, Gebirge, S. 28.
202 DEUSCH, ebenda.
203 JASTREBOV, ebenda.
204 SEINER, Ergebnisse, S. 112 nennt 1.293 Einwohner.
205 Krasniq.
206 Vasojević.
207 Dorf in diesem Gebiet; es wird von Seiner nicht unter den Dörfern von Nikaj erwähnt. Seiner nennt nur Curaj i Epër, Gjonpepaj, Nikprenaj und Peraj; siehe SEINER, Ergebnisse, S. 111.

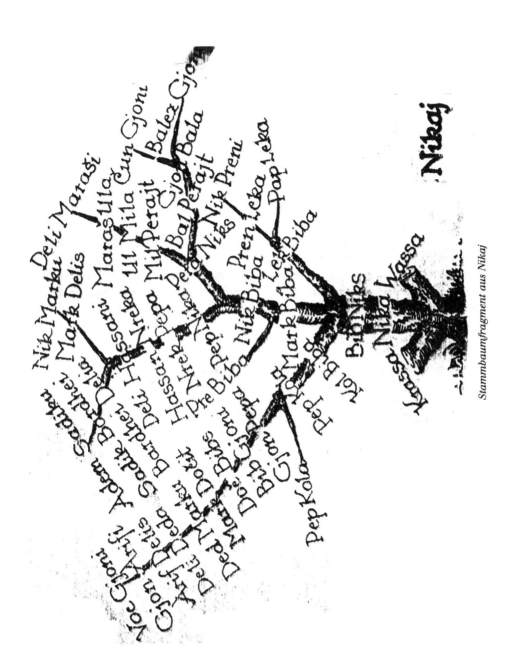

Stammbaumfragment aus Nikaj

großen Theils der Vajušni in das Gebiet von Gussinje zur Folge, wo man sie heute noch antrifft. Bloß der kleinere Theil der Vajuš blieb in der alten Heimat, unterwarf sich den Nikaj, und von diesen Vajušni stammen die Einwohner des Dorfes Kapiti. Interessant ist es, daß der Kataster von 1416 unweit Kopliku, also in der Skutariner Niederung, tatsächlich ein Dorf Vajuš aufweist,[208] wogegen heute ein Dorf dieses Namens in diesem Gebiete fehlt. Vielleicht können wir dieses Dorf Vajuš für den Stammort unserer Kapiti halten und annehmen, daß die Bewohner des Dorfes Vajuš zwischen 1416 und 1500 aus der Skutariner Niederung ausgewandert seien und sich in die Berge des heutigen Stammes Nikaj geflüchtet hatten. Als Grund wäre das Vordringen der Türken und der Fall Skutaris zu betrachten. Wir hätten also in den Nikaj so zu sagen die späteren, zweiten Ankömmlinge zu erblicken. Da die Sage die Nikaj mit den Wassojević verknüpft und sich ein auf letzteren bezughabendes vom Ende des XIV. oder Anfang des XV. Jahrhunderts stammendes Denkmal bei Foča in Südbosnien findet, so erkennen wir, daß damals auch der Stamm Vassojević noch nicht seinen jetzigen Wohnraum inne hatte.

Rovinsky seine Behauptung, daß die Vassojević nicht über Rascien, sondern über die Hercegovina nach Montenegro gekommen waren, ändert nichts an der Sache, das ganze fügt sich vielmehr schön zu einem Bilde.[209] Daß Vassojević und Kuči albanische und romanische Elemente enthalten, gibt sogar Cvijič in 1918 zu. Die Zahl der Einwohner scheint sich in Nikaj nicht vermehrt zu haben, wohl aber die Zahl der Häuser.

Nikaj

Häuser

Hahn	Pisko[210]	Nopcsa	Schematismus[211]	Seiner[212]
106	240	230	266	320

Einwohner

Hahn	Lippich	Steinmetz[213]	Jastrebov[214]	Ippen[215]	Pisko[216]	Seiner[217]
1.649	2.360	2.245	1.500	2.200	2.939	1.655

Die Angabe, daß in Nikaj der nach Croatien und Bosnien weisende Sagenkreis von Muja und Halil bekannt ist, weist auch auf die Herkunft des Stammes aus nördlichen Gebieten.

---

208 CORDIGNANO, S. 85.
209 ROVINSKII, ebenda.
210 DEUSCH, S. 423.
211 Schematismus, S. 49.
212 Seiner nennt für Nikaj 289 Haushalte und 277 bewohnte Häuser. SEINER, Ergebnisse, S. 111.
213 STEINMETZ, Reise, S. 15.
214 JASTREBOV, ebenda.
215 IPPEN, Gebirge, S. 31.
216 DEUSCH, ebenda.
217 SEINER, ebenda, 1.652 Einwohner.

11. Toplana

Der Stamm Toplana besitzt scheinbar hohes Alter. Der Ahne Toplanas, dessen Name mir unbekannt blieb, war der jüngere Bruder Zanga Betas, des Stammvaters von Šlaku. Zanga Beta lebte zwischen 14 oder 15 Generationen, und ein weiterer Bruder Zangas war Gjergj Gabeti, der Stammvater von Mgula. Zu diesen drei Brüdern kam noch ein vierter, der gleichfalls dem Namen nach noch unbekannt ist, der Stammvater von Gaši war, und möglicherweise gab es noch einen Bruder, der der Stammvater von Sirocca[218] wurde, doch ist die Sache nicht ganz sicher. Die vier sicher festgestellten Brüder lebten in dem Gebiete von Šlaku, und dort theilten sie ihre Habe. Nach der Theilung zogen die Stammväter von Gaši und Toplana ostwärts. Gaši bezog das Gebiet von Serma zwischen dem Nikajbache und der Lješnica, Toplana sein heutiges Gebiet [?]. Die Ansiedlung Gašis in Serma war von kurzer Dauer, denn die Auswanderung Gašis aus seinem neuen Gebiete in die Gegend, die er heute innehat, scheint schon um 1660, und zwar, wie mir Msgr Mjedja[219] auf Grund eines alten, seither verlorenen Manuscriptes mündlich mittheilte, deshalb erfolgt zu sein, weil damals einige der noch katholischen Gaši zwei Hodžas ermordeten, worauf der Stamm von den Truppen Begoli Beys aus Ipek umzingelt, zum Abschwören der katholischen Religion und zum Beziehen eines neuen Wohnsitzes genöthigt wurden, wo eine Alas genannte Bevölkerung lebte. Eine in Toplana überlieferte andere Tradition verlegt die Auswanderung der Gaši aus dem Gebiete von Toplana circa in das Jahr 1600. Der Name Alas erinnert an die Anaš Kastratis.

Der Stammbaum von Toplana zeigt 13 Generationen, die Auswanderung von Gaši und Toplana aus Šlaku muß daher schon um 1524 oder sogar noch etwas früher, also wahrscheinlich als Folge der ersten Türkenkriege in Albanien erfolgt sein. Als die Toplana in ihr heutiges Gebiet kamen, war dieses Gebiet natürlich schon bewohnt, doch wurden die Urbewohner allmählich verdrängt, so daß sie heute auf den Weiler Djuraj[220] beschränkt sind. Der Name Djuraj erinnert stark an das slawische Gjuro. Eine local recht interessante Colonisation erfolgte von Toplana aus in der Mitte des XVIII. Jahrhunderts, als Pep Marku aus Toplana nach Ibalja[221] aufbrach und den Gruda zum Weiler Koprati in Ibalja legte, dessen Bewohner sich in Mitten einer nach djakovischer Art kleidenden[222] Bevölkerung noch heute die Tracht der Toplana-Leute tragen. Der Stammbaum von Toplana zeigt recht gut, wie sich aus einer einzigen Familie allmählich ein ganzes Dorf entwickelt, und dazu ist zu beachten, daß in diesem Stammbaume dabei doch nur die Namen der männlichen Nachkommen aufgenommen sind. Die Zahl der Häuser scheint constant zu bleiben, jener der Einwohner zurück zu gehen.

---

218 Shiroka.
219 MJEDIA, Lazër; siehe den vierten Abschnitt.
220 Gjuraj.
221 Das Dorf Iballa.
222 Wie die Einwohner von Gjakova.

Toplana[223]

Häuser

Hecquard[224]	Hahn	Gerstner[225]	Pisko[226]	Nopcsa	Schematismus[227]	Seiner[228]
53	65	53	55	70	70	58

Einwohner

Hecquard[229]	Hahn	Sax[230]	Pisko[231]	Ippen[232]	Seiner[233]
1.300	381	400	627	650	254

12. Šlaku[234]

Das wesentlichste über die Beziehungen des Stammes Šlaku zu den mit ihm verwandten Stämmen ist bereits gesagt worden, hier können wir uns daher auf das Nöthigste beschränken. Šlakus Ahne Gabeti stammt angeblich aus Montenegro, er war orthodoxer Religion, und als er nach Šlaku kam, fand er dort eine Urbevölkerung, nämlich die Vorfahren der Familie Kol Pep Fura vor, deren letzter männlicher Nachkomme ungefähr um das Jahr 1900 starb, womit die, nebenbei bemerkt von den echten Šlaku-Leuten recht verachtete Urbevölkerung dieses Gebietes ausstarb.

Angeblich hieß die Urbevölkerung des Gebietes Šlaku Lorehic, und man sagt, daß sie mit den gleichnamigen Familien in Gurizi[235] in der Skutariner Ebene verwandt war. Der älteste der Nachkommen Zan Gabetis war Jak Zani, von diesem stammt der angesehenste Theil von Šlaku. Einer jüngeren, von Kol Zani gegründeten Linie entstammen die Bewohner von Gušta.[236] Leider fehlen bisher die für die Detailgeschichte von Šlaku nöthigen genealogischen Daten beinahe noch völlig, und deshalb ist es denn auch vorläufig unmöglich, dem nachzugehen, wann die heute in Bušal bei Čelza lebenden Nachkommen der Šlaku dieses Gebiet bezogen. Bei der Statistik in diesem Gebiet scheint eine Bevölkerungszunahme constant.

---

223 Über die Bevölkerung Toplanas zu Beginn des 18. Jahrhunderts siehe BARTL, Quellen II, S. 55.
224 HECQUARD, S. 378.
225 GERSTNER, S. 152.
226 DEUSCH, S. 423.
227 Schematismus, S. 47.
228 SEINER, Ergebnisse, S. 112.
229 HECQUARD, Carte de la Haute Albanie où de la Guégaria, ebenda.
230 SAX, S. 186.
231 DEUSCH, ebenda.
232 IPPEN, Gebirge, S. 29.
233 SEINER, ebenda.
234 Shllaku.
235 Guri i Zi.
236 Gushta.

Šlaku

		Häuser		
Hahn	Gerstner[237]	Pisko[238]	Baldacci[239]	Seiner[240]
125	125	175	440	261

		Einwohner		
Hecquard[241]	Hahn	Pisko[242]	Baldacci[243]	Seiner[244]
900	843	1.590	3.600	1.504

Ahnenreihe von Šlaku

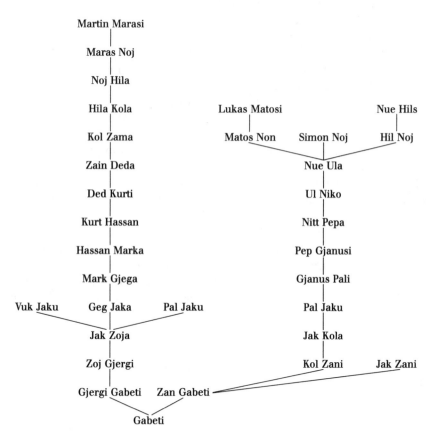

---

237 GERSTNER, S. 151.
238 DEUSCH, S. 425.
239 BALDACCI, ebenda.
240 Seiner nennt 264 bewohnte Häuser; SEINER, S. 112.
241 HECQUARD, Carte, ebenda.
242 DEUSCH, ebenda.
243 BALDACCI, ebenda.
244 SEINER, Ergebnisse, S. 112 nennt 2.023 Einwohner.

13. Dušmani[245]

Der Name Dušmani ist der älteste albanische Stammesname, den wir mit Sicherheit nachweisen können, denn er wird unter der Form Dousmanes bereits von Procop[246] als Name eines von Kaiser Justinian renovierten thrakisch-illyrischen Castelles erwähnt. Da der Eigenname Dussus aus dem mittelalterlichen Albanien, ferner der Eigenname Mani von 1319 an bis heute belegt werden können und da ein Aneinanderreihen von Eigennamen der albanischen Art der Namensgebung entspricht, ist es recht verlockend, den Namen Dušmani als aus Duš und Mani abzuleiten. Ein Dani aus Dusmanus lebte in 1403. Mit dem türkischen Dušman (Feind) hat der Name nichts gemeinsam.

Im Vereine mit dem Namen Kastrati ist der Name Dušmani jedenfalls ein schöner Beweis dafür, daß mancher albanischer Stammesname älter ist als sein heutiger Träger. Möglicherweise hat für die Salae (= Šala?) etwas ähnliches zu gelten. Der Tradition nach ist der Stamm Dušmani mit dem Stamme Thači verwandt. Die Dušmani kamen angeblich aus dem Gebiete von Tuzi und sollen in ihrem jetzigen Gebiete den Stamm Lumabardhi vorgefunden haben. Von dem Stamme Lumabardhi heißt es, daß er mit Toplana und Gaši verwandt war und daß er nach der Ankunft der Dušmani in die Gegend von Ipek abzog. Die kleinen Stammbaumfragmente, die aus Dušmani bekannt sind, zeigen bloß 5–6 Generationen und reichen daher bloß bis 1750, doch ist der Stamm als solcher wohl bedeutend älter, denn einen Seitensproß von Dušmani bildet die Bevölkerung von Čereti Vilz,[247] die aus Vila vor 10 Generationen, also ca. um 1630 auszog. Da Dušmani weder mit den Dukadžins noch mit den Nachkommen Gabetis verwandt ist, heiraten die Dušmani mit Šlaku und mit Šala. Für die Richtigkeit der Behauptung, daß Dušmani mit Thači verwandt ist, spricht der Umstand, daß auch Thači aus der Umgebung des Skutari-Sees herstammt. Auch in diesem äußerst kalkigen Gebiet nimmt ähnlich wie in Toplana die Zahl der Einwohner ab.

Dušmani

Häuser

Hecquard[248]	Hahn	Baldacci[249]	Gerstner[250]	Pisko[251]	Schematismus[252]	Seiner[253]
145	161	200	145	170	174	140

---

245 Dushmani.

246 Procopus aus Caesarea; byzantinischer Geograph in der Zeit Kaiser Justinians (6. Jahrhundert).

247 Seiner erwähnt als einzelnes Dorf Qerreti i Temalit und das Dorf Vila im Gebiet von Dushmani, siehe SEINER, Ergebnisse, S. 26. Ein Dorf mit diesem Namen gibt es auch im heutigen Distrikt Puka, südlich des Drini-Flußes.

248 HECQUARD, S. 378.

249 BALDACCI, ebenda.

250 GERSTNER, S. 152.

251 DEUSCH, S. 423.

252 Schematismus, S. 49.

253 SEINER, Ergebnisse, S. 26.

			Einwohner				
Hecquard[254]	Hahn	Sax[255]	Baldacci[256]	Ippen[257]	Pisko[258]	Jastrebov[259]	Seiner[260]
1.200	1.200	1.400	1.500	1.400	1.420	1.050	740

14. Planti

So wie in dem Stamme Gruda tritt uns auch Planti [als] ein Stamm entgegen, der keinen einheitlichen oder wenigstens größtentheils einheitlichen Ursprung aufweist. Jener Theil der Bevölkerung Plantis, der die Weiler Djuraj[261] und einen Theil von Mgula ausmacht, stammt, wie schon früher erörtert wurde, aus Klmeni. Die Leute des Weilers Thani stammen aus Merturi. Džinaj[262] stammt aus Montenegro, die Bewohner von Bokši[263] repräsentieren endlich die älteste Bevölkerungsschichte und sind seit vortürkischer Zeit, das heißt, seit den „Kauren"[264] in diesem Gebiete. Abweichend hievon gibt Jastrebov irrtümlich an, daß Djuraj und Djanaj[265] aus Merturi stammen.

Allgemein meint man, daß die Bewohner von Bokši jene Leute seien, die den Fall der alten Festung in Planti verschuldeten. Man erzählt nämlich, daß die Türken die Festung Planti trotz vieljähriger Belagerung nicht einnehmen konnten, als aber diese Bokši den Türken die Wasserleitung verrieten, die aus dem Gebirge der Festung das Wasser zuführte, da wurde von den Türken ein toter Hund in die Wasserleitung geworfen, und als die Besatzung der Festung nach der Ursache des schlechten Wassers forschte und den toten Hund fand, da weigerte sie sich, weiterhin das Wasser zu trinken. Wegen Wassermangels mußte sich die Festung dann ergeben.

Der Kommmandant der Festung soll ein König Pulatik Gjergj gewesen sein. Die Verteidiger waren Kauren, über die Lage der Festung soll an anderer Stelle berichtet werden. Sie heißt Kalaja Bokšit, aber auch Kalaja Epulatik Gjurgj. Pulatik ist offenbar mit Pulati ident. Der Name Pulati tritt schon im Jahre 1067 auf.

Bekanntermaßen ist auf Grund einer ganz ähnlichen, von Barletius im Leben Skanderbegs überlieferten Sage Svetigrad von Hahn mit Kodžadžik identifiziert worden, das Vorkommen der nämlichen Tradition bei Plani läßt nun aber mög-

---

254 HECQUARD, Carte, ebenda.
255 SAX, S. 186.
256 BALDACCI, ebenda; siehe auch Ders.: Itinerari Albanesi, Roma 1917, S. 464.
257 IPPEN, Gebirge, S. 29.
258 DEUSCH, ebenda.
259 JASTREBOV, ebenda.
260 SEINER, ebenda, nennt 651 Einwohner.
261 Gjuraj.
262 Gjinaj.
263 Bokshi.
264 Kaur waren für die moslemischen Bergbewohner die „ungläubigen Christen" und „die Zeit der Kauren" war die vortürkische Zeit; siehe IPPEN, Gebirge, S. 22; NOPCSA, Beiträge, S. 237f.
265 Gjanaj.

licherweise darauf schließen, daß ein derartiges Wasserverderben ein im mittelalterlichen Albanien nicht ungewöhnliches Kriegsmanöver war, und seine durchschlagende Wirkung erscheint, wenn man die Voreingenommenheit der Albaner gegen gewisse Speisen kennt, recht plausibel. Zum Essen von Hunden, Pferden, Krebsen, Schildkröten usw. würde sich ein albanischer Gebirgsbewohner wohl nie entschließen.

Interessanter Weise meint man in Šala und in Planti, daß die Urbevölkerung Plantis das č nicht auszusprechen können, weshalb sie statt dessen „ts" sagen, und dies ist deshalb bemerkenswerth, denn gerade dies ist einer jener Dialectunterschiede, durch die sich die Kutzowalachen von den Rumänen unterscheiden. Von dieser Specialität abgesehen meint man übrigens auch noch, daß den Bewohnern von Bokši auch die, bei den Albanern sonst ungemein entwickelte Fähigkeit abgehe, weithin und laut vernehmlich von Berg zu Berg zu rufen. Einen Schandfleck hat der Stamm Planti in seiner Geschichte insoferne zu verzeichnen, als er einst im Kriege gegen Montenegro durch den Tod seines Bajraktars seine Fahne verlor, diese dann von einem Gimaj zurückerobert wurde und die Fahne von Planti seither in erblichen Besitz einer Familie von Gimaj verblieb.

Planti[266]

Häuser

Hahn	Gerstner[267]	Hecquard[268]	Pisko[269]	Schematismus[270]	Seiner[271]
177	180	180	140	165	181

Einwohner

Hahn	Sax[272]	Lippich	Jastrebov[273]	Pisko[274]	Seiner[275]
1.000	950	950	1.000	1.007	980

15. Kiri, Suma und Gjani

Diese kleinen Stämme lassen sich am besten zusammen besprechen. Kir, dessen Name als Eigenname (Nilus Chirist) von 1364 bekannt ist, besteht nach meinen Erhebungen aus einem aus Kuči und einem aus Ipek eingewanderten Theile. Da der erstgenannte Theil von der Einwanderung bis heute 12 Generationen aufweist, ist es wahrscheinlich, daß diese Einwanderung um 1550 stattfand, und dies ist, wie wir sehen werden, für den Ursprung der Beriša und ihre Verwandtschaft zu den Kuči nicht ohne Belang. Ich gebe die Namenreihe der Ahnen die-

---

266 Über die Bevölkerung Plantis zu Beginn des 18. Jahrhunderts siehe BARTL, Quellen II, S. 52.
267 GERSTNER, S. 152.
268 HECQUARD, S. 378.
269 DEUSCH, S. 140.
270 Schematismus, S. 48.
271 SEINER, Ergebnisse, S. 111.
272 SAX, S. 186.
273 JASTREBOV, ebenda.
274 DEUSCH, ebenda.
275 SEINER, Ergebnisse, ebenda.

ses Theiles so wie ich sie gehört habe: Nrekal Kuči – Petal Nrekali – Vuz Petali – Gjin Vuzi – Pep Gjini – Nreh Pepa – Paluš Nreu – Nik Paluši – Pal Nika – Lul Pali – Pal Lula – Mihil Pali. Die Einwanderung der aus Ipek stammenden Familien, die in Nonaj wohnten, erfolgte angeblich vor 6 Generationen, daher um 1750. Suma behauptet aus Merdita, ja sogar geradewegs vom Fis Oroši zu stammen, daher mit Šala und Šoši verwandt zu sein und gibt an, sich bei Bojet e Sums unweit der Gjani Kirche in mehrere Äste geteilt zu haben. Leider fehlen aber auch in diesem Falle vorläufig alle zu einer chronologischen Fixierung dieses Ereignisses nöthigen genealogoischen Daten. Einen Demetrius Suma kennt man schon im Jahre 1332.

Gjani Suma[276]

Häuser

Hahn	Hecquard[277]	Gerstner[278]	Pisko[279]	Seiner[280]
177	115	115	135	138

Einwohner

Hahn	Sax[281]	Pisko[282]	Jastrebov[283]	Seiner[284]
500	900	1.190	1.060	950

Kiri[285]

Häuser

Hahn	Pisko[286]	Gerstner[287]	Hecquard[288]	Schematismus[289]	Seiner[290]
84	70	93	93	73	87

Einwohner

Sax[291]	Pisko[292]	Jastrebov[293]	Seiner[294]
600	637	882	534

---

276 Über die Bevölkerung Gjanis und Sumas am Anfang des 18. Jahrhunderts siehe BARTL, Quellen II, S. 52.
277 HECQUARD, S. 378.
278 GERSTNER, S. 152.
279 Pisko nennt 60 Häuser für Gjani und 40 Häuser für Suma; siehe DEUSCH, S. 423.
280 Seiner nennt 62 Häuser für Gjani und 90 für Suma; siehe SEINER, Ergebnisse, S. 112.
281 SAX, S. 186.
282 Pisko nennt 526 Einwohner für Gjani und 365 für Suma; siehe DEUSCH, ebenda.
283 Jastrebov nennt 670 Einwohner für Gjani; JASTREBOV, ebenda.
284 Seiner nennt 435 Einwohner für Gjani und 641 für Kiri; siehe SEINER, ebenda.
285 Über die Bevölkerung Kiris zu Beginn des 18. Jahrhunderts siehe BARTL, Quellen II, S. 53.
286 DEUSCH, ebenda.
287 GERSTNER, S. 152.
288 HECQUARD, ebenda.
289 Schematismus, S. 45.
290 SEINER, Ergebnisse, S. 110.
291 SAX, S. 186.
292 DEUSCH, ebenda.
293 Jastrebov nennt 650 Einwohner; JASTREBOV, ebenda.
294 SEINER, ebenda.

16. Merturi[295]

Einer der ältesten und angesehensten Fise der Malcija Vogel ist Merturi.

In dem Gebiete, wo heute die Merturi wohnen, lebte zur Zeit Lek Dukadžins ein gewisser Koroci Gets Frati, mit dem Lek Dukadžin Kriege führte, aus denen Lek als Sieger hervorgieng. An Koroci Gets Fratis Herrschaft erinnern der Paß Čafa Fratit bei Curaj eper[296] und das Grab Vorri Fratit unweit der Čafa Nermajs[297] am Grenzgebiete zwischen Šala und Nikaj. Frati heißt albanisch Mönch, da nun aber dieser Frate Koroci Gets zwei Söhne hatte, so werden wir durch diese Sage, wenn auch nicht an orthodoxe Mönche, so doch an orthodoxe Geistliche und so unwillkürlich an die Tatsache erinnert, daß Dušan in 1330 die ganze heutige Malcija Vogel dem orthodoxen Kloster von Dečani geschenkt hat. Nach der Besiegung durch Lek Dukadžin zog sich Koroci Fratit nach Tropoja zurück, wo seine Nachkommen noch heute leben. Offenbar haben wir in dieser Überlieferung eine Verkürzung der albanisch-nationalen Kämpfe gegen die Serben zu erkennen, die in die Zeit von 1370–1390 fallen. Über spätere Ereignisse schweigt die Sage.

Der Fis Merturi ist mit Beriša blutsverwandt, und zwar gibt man in Merturi an, daß Merturi von Lek Pogu, dem Bruder Kojel Pogus, stamme. Kojel Pogu ist der Stammvater von Beriša, und weil der Stamm Merturi nach der Gütertheilung zwischen Lek und Kojel aus Beriša in die Nähe seiner heutigen Wohnsitze kam, nennen ihn die Nikaj auch heute noch nicht „Merturi", sondern „Beriša". Woher die Bezeichnung Merturi stammt, konnte ich nicht ermitteln, doch scheint mir hier nämlich ein Schulbeispiel dafür vorzuliegen, wie ein angekommener Stamm allmählich einen anderen – etwa vorgefundenen – Namen aufnimmt. Der erste Rastplatz der Merturi nach ihrem Abzuge aus Beriša war naturgemäß nicht das reichste, sondern das ärmste Gebiet in der ganzen Umgebung seines heutigen Gebietes, nämlich das steinige Straziče. Erst allmählich gelang es den Merturi, die ältere Bevölkerung auch aus den fruchtbaren Gegenden zu verdrängen. Als Datum der Ansiedelung in Straziče ergibt sich ungefähr das Jahr 1556. Von Straziče aus breitete sich der Fis Merturi sehr bald in alle Richtungen aus, denn schon im 1590 entsandte er einen Seitenast zur Besiedelung von Bridža[298] und zur Besiedelung einiger südlich des Drin gelegener Gebiete. In 1650 erfolgte die Trennung Merturis in die beiden Stammeshälften, die heute den Nordwest- und Südfuß der Korja bewohnen. Der prächtige, wenn auch unvollständige Stammbaum führt uns die Ausbreitung von Merturi wenigstens theilweise vor die Augen.

Ob die Schlacht, die gegen die Türken bei der Špela Orave unweit Apripa stattfand und bei der die Türken infolge der auf sie herabgerollten Käse große Verluste erlitten, vor oder nach der Besetzung dieses Gebietes durch die Merturi

---

295 Mërturi.
296 Qafa e Fratit bei Curraj i Epër.
297 Qafa e Nërmajës.
298 Briza.

stattfand, weiß ich nicht zu entscheiden. Die Tradition verlegt diese Schlacht in 1300, was entschieden zu früh ist, und ebenso unentschieden ist, was von der Nachricht zu halten sei, daß die Merturi edleren Geblütes seien als alle anderen nördlich des Drin wohnenden Stämme. Möglich ist, daß sich diese Angabe auf das hohe Alter bezieht, das der Merturi und Beriša Stammbaum aufweist. Die Kalaja Leks bei der Špela Leks[299] war angeblich die letzte Zufluchtstätte Lek Dukadžinis in seinem Kampfe gegen die Türken.

	Merturi		
	Häuser		
Hahn	Schematismus[300]	Pisko[301]	Seiner[302]
240	216	206	222

		Einwohner			
Lippich	Steinmetz[303]	Pisko[304]	Ippen[305]	Jastrebov[306]	Seiner[307]
2.150	2.000	1.327	2.000	1.700	1.455

17. Mazrek und Drišti[308]

Zwei Stämme, über die ich wenig erfahren konnte, sind Mazrek und Drišti. Die Mazreku behaupten, seit jeher in ihrem Gebiete gewesen zu sein, halten sich also für autochton und sollen angeblich 14 Generationen den Namen nach kennen, doch konnte ich mich hievon nicht überzeugen, die Einwohner des Bajraks Drišti geben an, daß ihr Gebiet von verschiedener Seite besiedelt wurde, und dies ist, da wir die Bewohner des Dorfes Rekaj bereits als Abkömmlinge des Fis Šala kennen gelernt haben, wohl richtig. Die Majorität der Bewohner des eigentlichen Dorfes Drišt gibt an, direct von Osmanen zu stammen, die nach der Eroberung der Festung Drišti im leer gewordenen Raume angesiedelt wurden. Über die Belagerung und Eroberung der Festung Drišti, deren erste urkundliche Erwähnung in das Jahr 1087 fällt und die in 1474 von den Türken erobert wurde, habe ich folgende Sage gehört:

Als Lek Dukadžin sich in Drišti gegen die Türken verteidigte, schoß er, dem Rat des geblendeten Pal Dukadžin Folge leistend, zuerst eine Kanone gegen die Türken ab, die mit Goldstücken geladen war, dies hatte jedoch keinen Erfolg, denn die Türken gebrauchten das Gold, um Proviant zu kaufen und damit ihren Hunger zu stillen, so daß die Belagerung ihren Fortgang nahm. Später nahmen

---

299 Kalaja e Lekës bei Shpella e Lekës (Die Festung von Lek bei der Grotte von Lek).
300 Schematismus, S. 50.
301 Nach DEUSCH, ebenda, 209 Häuser.
302 Seiner nennt 343 bewohnte Häuser; siehe SEINER, Ergebnisse, S. 111.
303 STEINMETZ, Reise, S. 57.
304 DEUSCH, ebenda.
305 IPPEN, Gebirge, S. 32.
306 JASTREBOV, S. 206.
307 Seiner nennt 2.211 Einwohner; siehe SEINER, ebenda.
308 Drishti.

die Türken sogar Leks Frau gefangen und drohten ihr, sie zu töten, worauf diese erschrack und verriet, daß die Ostseite der Festungsmauer in Wirklichkeit nicht aus Steinen, sondern nur aus mit Mörtel beworfener Büffelhaut bestehe.

Nach diesem Verrat konnten die Türken an Drišti eindringen, worauf Lek von dort fliehen mußte. Er floh gegen Osten, die Merturi sind angeblich seine Nachkommen. Historisch ist bekannt, daß die ganze Besatzung Drištis von den Türken vor den Mauern von Skutari niedergemetzelt wurde.

Über Mazrek allein liegen folgende statistische Daten vor:

Mazreku

Häuser

Hahn	Gerstner[309]	Pisko[310]	Seiner[311]
–	47	50	70

Einwohner

Hahn	Pisko[312]	Seiner[313]
318	500	799

18. Beriša[314]

Der Fis Beriša, dessen Genealogie bis 1360 zurückreicht, ist möglicherweise der älteste in ganz Nordalbanien, und er gilt als Stammvater von Kuči, dessen Namen als Stamm schon 1416 erwähnt wird. Vor der Ankunft der Beriša in das heutige Gebiet war das Gebiet von Skina in Beriša von Džuli, andere Gebiete von Latini bewohnt. Der Beriša Fis war angeblich schon 200 Jahre vor Lek Dukadžin in seinen heutigen Wohnsitzen.

Der Stammesmittelpunkt der Fis Beriša hieß Alsiče,[315] Beriša ist ein relativ neuer Name, der aber dennoch sicher bis vor 1510 zurückreicht. Die Grenzen Berišas waren vor Leks Zeiten die Maja Kunors[316] und die Čafa Baltši,[317] von dort reichte sie bis Krabi[318] und bis an eine Kula bei Papi. Das tiefe Tal, das heute die kleine ebene Fläche von Papi von jener Ebene trennt, auf der die Beriša-Kirche steht, bestand damals noch nicht.

Nach der Flucht Lek Dukadžins, der angeblich aus Drišti nach Guri Leks in Šoši und dann längs des Drin nach Ura Vesirit floh, hätte Beriša viele Kämpfe mit dem Sultan und dem einzigen damals wichtigen Stamme, nämlich dem apostasierten Stamm Kabaši,[319] der ja seine Suprematie über Beriša eben seiner

---

309 GERSTNER, S. 151.
310 DEUSCH, S. 424.
311 SEINER, Ergebnisse, S. 26.
312 DEUSCH, ebenda.
313 SEINER, ebenda.
314 Berisha.
315 Alshiqe.
316 Maja e Kunorës.
317 Qafa e Balçit.
318 Korabi.
319 Kabashi.

Apostasie verdankte, und mit Hilfe des Sultans ganz Beriša bis auf die Gegend der Kirche von Beriša nach diesen Kämpfen eroberte. Der Sultan verbannte einen Teil der Leute von Beriša jenseits des Meeres, andere wurden an der Meeresküste an einem Ort namens „Mahmur Dedi" seßhaft, weshalb der um 1480 aus der Verbannung zurückkehrende Ahne Berišas auch Mur Dedi genannt wird. In 1520 trennte sich Merturi von Beriša. Ungefähr um das Jahr 1650 wurden die Beriša in Grenzstreitigkeiten verwickelt. In diesen Streitigkeiten zogen sie den kürzeren, und sie erlitten bedeutende Gebietsverluste, weshalb die Feindschaft zwischen Beriša und Thači bis heute noch anhällt. Nach den Kämpfen mit Thači wurde Beriša zur Zeit Mem Dods in Kämpfe mit den Begoli Beys aus Ipek verwickelt. Begoli Bey brannte ganz Beriša nieder, so daß der Rauch des Feuers bis Vaudejs sichtbar war, und er nahm dann die Kirchenglocke von Beriša mit als Beute. Wegen dieser Handlung und weil Begoli Bey Frauen und Kinder von Beriša gefangen hielt, töteten ihn Osman Deda aus Beriša und Djonuš Pali aus Šlaku, wofür beide hingerichtet wurden. Weil sie aber den Mord im Interesse ihrer katholischen Glaubensgenossen vollbracht hatten, wurden sie aber heilig gesprochen.

Da nach der Šlaku-Genealogie Djonuš Pali vor sieben Generationen, also in 1722, Mem Doda hingegen nach der Beriša-Genealogie vor 8 Generationen, ca. 1689, lebte, können wir beide Angaben gut vereinen, und da der Beriša, der mir die Begoli Episode erzählte, von der Stellung des Djonuš Pali im Stammbaume der Šlaku keine Ahnung hatte, so erkennen wir ein Übereinstimmen der in Šlaku und Beriša gesammelten Daten. Es ist interessant zu sehen, daß die Genealogie der Beriša-Sage dieses Ereignis mit dem Begoli Bey recht genau ansetzt, denn geschichtlich steht das fest, daß ein Mahmud Begoli im 1740 lebte und gerade dieser Begoli ist [mit] einem Heere von Djakova über Vau Spass nach Skutari marschiert. Es scheint infolge dieses Umstandes beinahe sicher, daß Beriša bei dieser Gelegenheit verbannt wurde, zumal ja sogar die historisch beglaubigte Tatsache, daß in den Kämpfen von 1737 zwei Söhne Begoli Beys fielen, sich, wenn auch etwas verzerrt, in der Beriša-Sage wiederfindet. Seit den Kämpfen gegen Begoli Bey hat die Beriša Tradition, so weit ich erfuhr, kein bemerkenswerthes Ereignis zu verzeichnen, namentlich verschweigt sie auch, wann dieses Gebiet aus der Einflußsphäre von Ipek in die Einflußsphäre von Skutari gelangte.

In Figur Nr. ... ist ein partieller Stammbaum des seinem Ursprunge nach einheitlichen Bajraks Beriša gegeben.

Pfarre Beriša

Häuser

Hahn	Gerstner[320]	Pisko[321]	Baldacci[322]	Nopcsa	Schematismus[323]	Seiner[324]
162	162	219	200	250	253	168

Einwohner

Hahn	Baldacci[325]	Pisko[326]	Ippen[327]	Seiner[328]
1.000	1.400	1.700	2.300	1.017

19. Thaçi

Der Vorfahre von Thaçi stammt aus Muričan[329] in Anamalit im Gebiete des heutigen Montenegro, und aus diesem Grunde pflegen denn die umwohnenden Stämme Thaçi als von einem Škjau[330] stammend zu verlachen. Wie der Ahne der Thaçi hieß, konnte ich nicht mehr erfahren, die Tradition besagt aber, daß er sich in Bušati[331] niederließ, von wo einer seiner Nachkommen Bib Bušati um 1450–1480 in das Bergland von Beriša flüchtete und sich in Fuša Thaçit[332] etablierte. Von Fuša Thaçit verlegte Bib Bušatis Nachkomme Gjeci seinen Sitz nach Kodr Gegs[333] im Gebiete von Krüziu,[334] und dort wurden ihm drei Söhne Geg Gjeci, Buč Gjeci und Pren Gjeci geboren, die in der zweiten Hälfte des XVI. Jahrhunderts lebten. Anfangs wohnten die drei Brüder in Eintracht mit einander, eines Tages geschah es aber, daß Buč und Geg plötzlich zur mohamedanischen Religion übertreten wollten. Da sie den Widerstand Pren Gjecis befürchteten, verheimlichten sie vor diesem ihre Absicht. Als erster trat Buč zum Islam über, als nun aber die Reihe an Gjec kam, da erschrak dieser plötzlich vor den Folgen dieses Schrittes, denn er befürchtete den Zorn des ältesten Bruders Pren, er versuchte daher zwischen dem tatsächlich über Buč seine Apostasie heftig erzürnten Pren und Buč versöhnend zu vermitteln. Pren zu Liebe trat Geg von der Apostasie zurück, Buč zu Liebe gelobte er aber in seinem eigenen Namen sowie im Namen seiner Nachkommen, nie wieder Schweinfleisch zu essen. Diese vermittelnde Rolle des jüngsten Bruders machte es Pren unmöglich, den Buč zu tödten, was er gerne gethan hätte. Nach diesem Streite gingen aber die

---

320 GERSTNER, S. 151.
321 DEUSCH, S. 424.
322 BALDACCI, ebenda.
323 Schematismus, S. 55.
324 Seiner nennt 167 bewohnte Häuser; siehe SEINER, Ergebnisse, S. 109.
325 BALDACCI, ebenda.
326 DEUSCH, ebenda.
327 IPPEN, Gebirge, S. 37.
328 Seiner nennt 1.013 Einwohner für den Stamm Berisha, siehe SEINER, ebenda.
329 Murriqan.
330 Shkjau; bedeutet im nordalbanischen Dialekt: slawische Bevölkerung.
331 Bushati.
332 Fusha e Thaçit (die Ebene von Thaçi).
333 Kodra e Gegës.
334 Kryeziu, Dorf im heutigen Distrikt Puka.

Brüder auseinander, Buč wurde der Vorfahre der mohamedanischen Thači in Ibalja,[335] Geg gründete Bugjoni und Grališt[336] und Preni wurde der Stammvater der übrigen Thači.

Geg seine sämmtlichen Nachkommen haben seinen Schwur bis 1908 gehalten, erst in 1909 begannen einige seiner Abkömmlinge, Schweine zu halten und Schweinfleisch zu essen. Damals wurde darüber, daß einige Familien in Bugjoni und Grališti mit der Schweinezucht begonnen hatten, allgemein gesprochen, und es kam deshalb im Dorfe, wo die konservative Partei dem Eid der Vorfahren treu bleiben, die liberale Partei hingegen die Neuregelung durchsetzen wollte, beinahe zu einer Schießerei. Später ließ sich der Führer der Konservativen dazu bewegen, diese Neuerung unter Protest zu dulden. Er selbst war aber nicht dazu zu bewegen, ein Schwein auch nur zu berühren.

Das ganze Gebiet von Bugjoni und Grališt gehörte, als sich die drei Brüder trennten, den Nachkommen der Kojeli, das heißt den Beriša, die Stellung der in Ibalja neu angekommenen Thači war daher der vorigen Urbevölkerung gegenüber recht schwierig. Aus diesem Grunde mußten sich die Neuangekommenen unter den Schutz der Vorfahren Liman Agas stellen. Anfangs war dieser Schutz zu ihrem Vortheil, denn es gelang ihnen, die Beriša bis an den Ljumi Dardhes[337] zu verdrängen, später begannen aber „die Herrn", namentlich ein gewisser Sulejman Aga, ihre Schützlinge zu tyranisieren, und dabei trieben sie es so weit, daß sie z. B. an Bal Alija, der um 1780 lebte, die Anforderung stellten, von dem Gebierge, wo doch kein Korn wuchs, eine Garbe Kornstroh zu holen. Bal Alija gieng nicht in das Gebierge, sondern nach Hause und brachte das Stroh aus seinem Gehöfte, doch damit war der Auftraggeber nicht zufrieden, er schalt daher den Bal Alija und schickte ihn neuerdings auf das Gebirge. Dieser Willkürakt hatte eine Revolte der Thači gegen ihre Grundherren zur Folge, sie weigerten sich, sie als ihre Herrn anzuerkennen, und dies war dann die Ursache zahlreicher bis in die jüngste Zeit anhaltender Scharmützel. Infolge der Verdrängung der Beriša durch die Bugjoni herrscht noch heute zwischen diesen Stämmen hereditäre Feindschaft, weshalb denn ein Mord zwischen ihnen nie durch Geld gesühnt wird. Der Stammbaum der Thači ist aus Figur Nr. ... ersichtlich. Die Statistik der Pfarren Ibalja und Firza[338] ist folgende:

---

335 Iballa.
336 Gralishtë.
337 Lumi i Dardhës.
338 Fierza.

			Häuser		
Hahn[339]	Gerstner[340]	Baldacci[341]	Nopcsa	Schematismus[342]	Seiner[343]
323	314	400	320	368	242

		Einwohner		
Hahn[344]	Baldacci[345]	Nopcsa	Schematismus[346]	Seiner[347]
2.397	2.800	3.000	3.200	1.381

Ganz Thači zusammen nach:

Ippen[348]	Nopcsa	Seiner[349]
5.700	3.000	4.395

20. Dardha

Recht rentabel wird es für künftige Forscher sein, das Verwandtschaftsverhältnis der Stämme Dardha und Kabaši[350] zu untersuchen.

Kabaši kam angeblich aus Kaloja in Süd-Albanien und fand bloß Dušmani und Čereti[351] bereits in ihren heutigen Gebieten, und schon infolge dieser Angabe verlegen wir daher seine Einwanderung jedenfalls vor das Jahr 1600. Da Kabaši ferner der erste nordalbanische Stamm war, der zum Islam übertrat, gelangen wir sogar zu einem noch früheren Datum, denn die Tradition besagt, daß Kabaši sein jetziges Gebiet eben als Lohn für seine Convertierung erhalten hätte.

Diese Angabe stimmt auffallend gut zu einer Tradition, die sich in einer in das Jahr 1736 nach Prisren ausgewanderten Colonie Kabašis erhalten hat, denn Jastrebov berichtet, daß nach der Überlieferung der Ahne des Stammes Kabaši vor 400 Jahren (also um 1500) aus der Gegend von Janina nach Nordalbanien gezogen wäre. An sonsten habe ich über den Stamm Kabaši bisher nichts erfahren. Blutsverwandt mit den mohamedanischen Kabaši ist der katholische Stamm Dardha, dessen beigefügtes Stammbaumfragment acht Generationen aufweist, also ungefähr bis 1690 zurückreicht.

Als Beleg für die Blutsverwandtschaft zwischen Dardha und Kabaši läßt sich anführen, daß Heiraten zwischen diesen beiden Stämmen nicht stattfinden.

---

339 HAHN, Reise, S. 67–75.
340 GERSTNER, S. 151.
341 BALDACCI, ebenda.
342 Schematismus, S. 54 und 56.
343 Seiner zählt für die damaligen Ortsgemeinden Fierza und Iballa zusammen 108 Häuser. SEI-NER, Ergebnisse, S. 23.
344 HAHN, ebenda.
345 BALDACCI, ebenda.
346 Schematismus, ebenda.
347 Seiner nennt 866 Einwohner für die Gemeinde Iballa und 339 für die Gemeinde Fierza. SEI-NER, ebenda.
348 IPPEN, Gebirge, S. 38.
349 Wir wissen nicht, wie Nopcsa diese Zahl errechnet hat, da Seiners Buch keine Angabe über die gesamte Bevölkerung Thacis enthält.
350 Kabashi.
351 Qerreti.

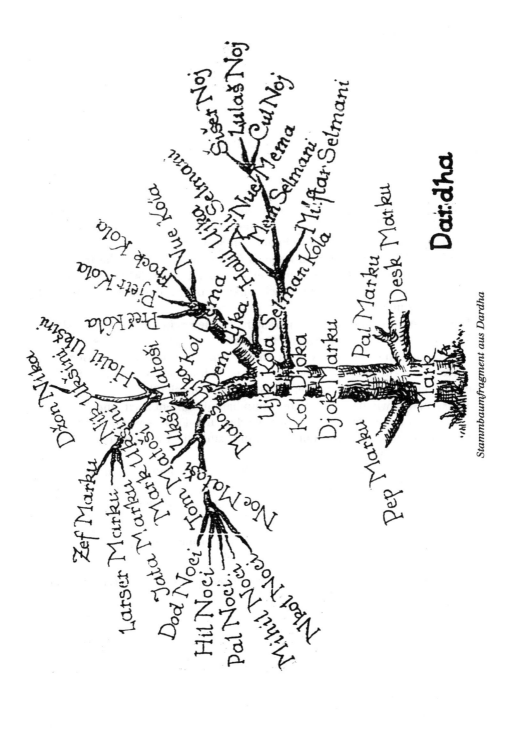

Stammbaumfragment aus Dardha

Für Kabaši kennen wir folgende statistische Angaben:

Kabaši

Häuser

Coronelli[352] (1691)	Hahn (mit Celsa[353])	Gerstner[354]	Pisko[355]	Baldacci[356]	Seiner[357]
230	356	356	300	240	223

Einwohner

Hahn	Pisko[358]	Baldacci	Ippen[359]	Nopcsa	Seiner[360]
2.600	2.550	1.880	2.000	1.300	1.494

21. Duši[361]

In einem der unzugänglichsten Theile Šošis,[362] zwischen Guri Leks und Palaj, liegt eine kleine, Karma genannte Häusergruppe, deren Bewohner möglicherweise nicht mit den übrigen Bewohnern von Šoši verwandt sind.

Ein Einwohner dieses Karma namens Geg fieng, als er aus Karma auswanderte, eines Tages am Guri Sokolit[363] einen lebendigen Falken, und zusammen mit seinem Bruder brachte er ihn Lek Dukadžin, dem damaligen Gebieter dieser Gegend, zum Geschenke.

Die Geschicklichkeit und Aufmerksamkeit dieser Leute gefiel dem Fürsten Lek, und so schenkte er als Entgelt für den Falken dem Überbringer des Vogels so viel Grund und Boden, als er in einem Tage umreiten konnte. Geg bestieg sein Pferd und ritt unermüdlich, wodurch er sich in den Besitz eines beträchtlichen Gebietes setzte, dessen Grenzhügel noch heute sichtbar sind.

Von Geg, der, wie das beigefügte Stammbaumfragment zeigt, angeblich vor 11 Generationen lebte, stammen die südlich des Drin-Flusses wohnenden Einwohner von Duši, und eng mit ihnen verwandt sind die Einwohner des am Drin-Flusse liegenden Karma.

In dieser Tradition ist jedenfalls ein Widerspruch enthalten, denn entweder erfolgte die Schenkung zwar um 1590, aber nicht durch Lek Dukadžin, oder es muß die Angabe von 11 Generationen fallen gelassen werden.

---

352 CORONELLI: Ristretto della Dalmazia divisa né suoi contradi gia presentata alla serenissima Republica di Venezia, Vendig circa 1690.
353 GERSTNER, S. 151.
354 DEUSCH, S. 424: „Cielsa: nur Katholiken, 300 Häuser, 2.750 Seelen, ca. 600 B. Sitz der beiden Bairaks Cabaši sowie des Bairaks Kryeziu."
355 BALDACCI, ebenda.
356 SEINER, Ergebnisse, S. 110.
357 Qelza, Cielsa bei Pisko, Çelza bei Nopcsa.
358 DEUSCH, ebenda, 2.750 Eonwohner.
359 IPPEN, Gebirge, S. 37.
360 SEINER, ebenda.
361 Dushi.
362 Shoshi.
363 Guri i Sokolit.

Als wahrscheinlicher will mir ersteres erscheinen. Was die Duši-Sage trotz ihrer Widersprüche interessant macht, ist der Umstand, daß Duši heute als Theil Merditas gilt, die Stammessage hingegen auf einen ganz anderen Ursprung hinweist. Auf die Wichtigkeit dieser Tatsache werden wir bei späterer Gelegenheit noch zurück zu kommen haben.

Das Erwerben von Gebiet durch Umreiten desselben, was wir schon in der Kastrati-Sage angetroffen haben, ist ein der fränkisch-germanischen Sage recht bekanntes Motiv. Zwei von Grimm herbeigezogene Urkunden Königs Clodvigs vom Ende des V. Jahrhunderts und eine von König Dagobert von 676 behandeln dasselbe Thema.

Aus Duši und nicht aus Dušmani stammt offenbar der Dussins genannte dritte Erzabt von Krajina, der im XV. Jahrhundert lebte.

Stammbaumfragment aus Duši

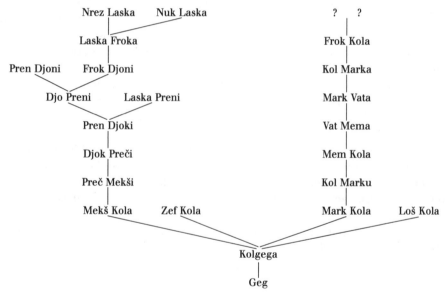

22. Komani

Komani gehört gleich Bobi zu jenen Fisen, die eine so weit gehende Zersplitterung erfahren haben, daß sie heute überhaupt nicht als eigener Bajrak gelten. Der Fis Komani stammt nach einer Version aus Zagarče in Montenegro, nach einer anderen Version aus einem unweit Spuz[364] befindlichen Ort Komani in Montenegro. Der Ursprung des albanischen Komani und des montenegrinischen Komana haben wir im Komgebirge[365] zu suchen. Die Niederlassung bei Spuz fällt,

---

364 Spuž.
365 Gebirge in Montenegro.

wie das romanische Suffix „ana" zeigt, in die vorslavische Zeit, die Ursache dieser
Entstehung war wohl durch das Seßhaftwerden solcher Hirtenfamilien gegeben,
die sich mit ihren Herden im Sommer am Kom, im Winter jedoch in der Ebene
von Spuz aufzuhalten pflegten. Daß [sich] ein Seßhaftwerden in den Winterquartieren noch häufig einstellt, zeigen unter anderem die Klmeni Bregmatjas.[366]

Die Übersiedelung der Komana aus der Spuzergegend nach Albanien fällt
wohl mit irgendeinem feindlichen, vom Norden kommenden Vorstoße zusammen. Jedenfalls war der Fis Komani eine Zeit lang in Čereti pošter[367] ansässig,
dessen Bewohner mit Komani blutsverwandt sind und ihrerseits als Vorfahren
des Dorfes Čereti eper gelten. Außer Dušmani und Čereti eper stammt auch
noch der Fis Bituči im Gebiete von Djakova von Čereti pošter, endlich leiten
auch einige Familien in Čelza[368] ihren Ursprung auf die Einwohner von Čereti
pošter zurück. Stammbäume, mit deren Hilfe man diese Angaben controllieren
und deren Alter fixieren könnte, fehlen vorläufig gänzlich. Ihr Zusammenstellen
sei, soferne es noch nicht zu spät ist, meinen Nachfolgern empfohlen.

Im Gebite von Komani wohnten in vortürkischer Zeit, und ehe Komani von
der jetzigen Bevölkerung bezogen wurde, die Kauren. Die Kauren waren die
Erbauer und Einwohner der Kalaja Dalmaces.[369] Archeologische Funde ermögli-
chen uns eine genauere ethnografische Fixierung dieser Bevölkerung. Diese
sogenannten Kauren wären nicht, wie der Name Kaur vermuthen lassen würde,
Slaven, sondern romanisierte Illyrier. Ihr Untergang erfolgte angeblich im
Kampfe gegen die Türken, in Wirklichkeit dürfte jedoch ihr Untergang von den
Slaven herbei geführt worden sein.

Die Tradition besagt, daß gelegentlich der Entscheidungsschlacht um die
Kalaja Dalmaces, die doch oben auf einem Berggipfel in Lugu Vorrit[370] stattfand,
sogar ein Pferd im Menschenblut ertrank und von dem zu Thal stürzenden Blut-
strom in den Drin geschwemmt wurde. Gegen Ende der Schlacht verbarg der
Anführer der Kauren, Namens Dalmacja, seinen gewaltigen Gold- und Silber-
schatz in der Erde und rühmte sich, daß man, wenn der Schatz später wieder
gefunden würde, die Pferde nicht mehr mit eisernen, sondern mit silbernen
Hufen beschlagen werde.

23. Bobi

So wie Komani ist auch Bobi zu den durch Zersplitterung zu Grunde gegangenen Fisen zu zählen. Angeblich soll das in Šala lebende Geschlecht Bobi aus
dem am Ufer des Skutari-Sees gelegenen Dorf Široka stammen. Das Datum seiner Einwanderung sowie der Name des ersten Einwanderers sind unbekannt

---

366 Die Einwohner aus Kelmendi, die in der Ebene Bregu i Matës angesiedelt sind.
367 Qerreti i Poshtëm.
368 Qelza.
369 Kalaja e Dalmaces (die Festung von Dalmace), siehe NOPCSA, Archäologisches, S. 86f.
370 Lugu i Vorrit.

und von dem in Šala liegenden Bobi (Bobi Šals[371]) stammt nun Bobi, Firza[372] und Kokdorda[373] im Gebite von Thači.

Die Ansiedelung in Thači geschah noch bevor der Fis Thači sein jetziges Gebiet besetzt hatte, also vor 1600, denn um sich niederlassen zu können, mußte der Auswanderer aus Bobi Šals den Fis Beriša und nicht den Fis Thači um die Erlaubnis bitten, sich auf seinem Gebiete ein Haus bauen zu dürfen. Das Gebiet am Lumi Bugjonit gehörte also damals den Beriša. Nach einer allerdings unbeglaubigten Tradition soll der erste Bobiansiedler am Lumi Bugjonit, Kol Dedi geheißen haben, und dies gibt den Bobi Leuten Veranlassung, ihren Ursprung auf Ded Hassani im Stammbaume von Beriša zurückzuführen, doch ist dies nicht richtig.

Daß Bobi immerhin ein altes Fis ist, ersieht man daraus, daß es als Familie schon vor der Ankunft der Šala in Ljesnica Tale wohnte.

Das Zusammenstellen des Stammbaumes der Bobi muß ich gleichfalls meinen Nachfolgern überlassen.

24. Čelza[374]

Čelza gehört in jene Gruppe von Stämmen, die aus mehreren männlicherseits untereinander nicht verwandten Fis bestehen.

Die ältesten Ansiedler Čelzas vertritt die Familie Pervocis nahe bei der Pfarrkirche von Čelza. Die Pervoci gelten als autochton. Später, das heißt um 1450, ließen sich 4 Hirten aus Kčira[375] in diesem Gebiete nieder, was aber diese vier Hirten zur Auswanderung aus Kčira bewogen hat, ist ebenso unbekannt wie deren Namen, denn das einzige, was die Tradition festhällt, ist, daß das angeblich vor 15 Generationen stattfand. Stammbaumfragmente der Nachkommen dieser Hirten zeigen, wie die beiligende Figur veranschaulicht, nicht mehr als 6–7 Generationen, reichen also nur bis 1720.

Ebenso wie Čelza sind auch einige andere Gebiete von Dukadžin, so z. B. Vjerdha am Drin, ferner das unweit Vjerdha gelegene Šildinja[376] von allen Seiten bevölkert worden, und dies ist daher auch der Grund, weshalb diese Gebiete, so wie die auf gleiche Weise bevölkerte Zadrima keine eigenen Bajraks bilden. Interessant ist bei dieser Sachlage, daß die Bewohner von Vjerdha, trotz ihres verschiedenen Ursprungs, dennoch nicht untereinander heiraten, und als ich um den Grund fragte, sagte man mir, daß dies infolge der unter den einzelnen Familien bestehenden Freundschaft und der vielfachen Patenschaft („prej sočni e kumari"[377]) unterbleibe.

---

371 Bobi i Shalës.
372 Fierza.
373 Kokdoda.
374 Qelza.
375 Kçira.
376 Sheldija.
377 „Wegen der Freundschaft und der Patenschaft."

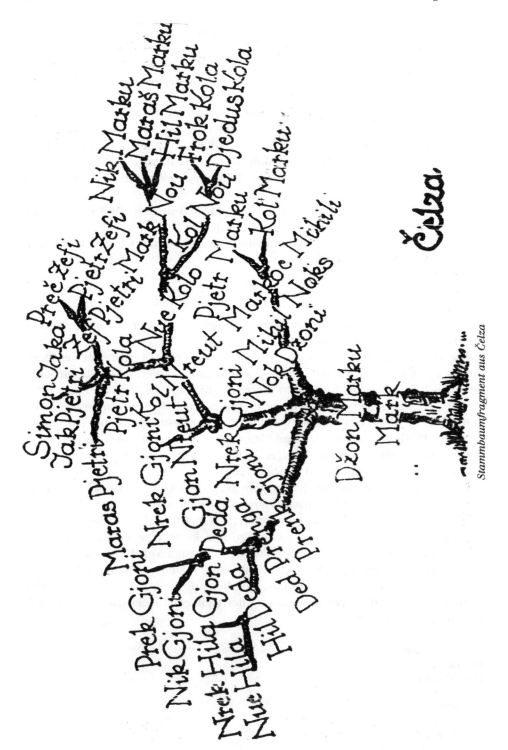

Stammbaumfragment aus Čelza

Als Beispiel des verschiedenartigen Ursprungs der Bewohner der Skutariner Ebene erwähne ich, daß Kalmeti[378] von Leuten aus Selita, Lači[379] von Merditen aus Mnela, und Gojani durch Familien aus Šlaku besiedelt wurde. In allen diesen Gebieten begannen die Neuankömmlinge damit, daß sie zuerst den Grundbesitz der dortigen mohamedanischen Beys pachteten und sich ihn hierauf durch Kauf oder sonst wie aneigneten. Aus diesem Grunde ist ein Abnehmen der Mohamedaner in jenen Gegenden zu bemerken.

25. Merdita

Die Stammesgeschichte des heute einen einheitlichen Complex bildenden Merdita ist von jener der bisher besprochenen Gebite wesentlich verschieden. Die ältesten sicheren Nachrichten über Merdita danken wir Bizzi, der dieses Gebiet in 1610 bereiste.[380] Die Merditen bewohnten damals als Volk die nördlich von Bliništi liegenden Berge. In Bliništi, das Bizzi ein Dorf Fandis nennt und dessen alte Kirche auch heute noch den Versammlungsort Merditas bildet, wohnten die Häuptlinge dieses Gebietes. Der Name eines dieser Häuptlinge ist überliefert, er hieß Gjek Lulaši. Wie Bizzi berichtet, hatten es die Merditen infolge der bergigen Natur ihres Landes schon damals verstanden, ihre Unabhängigkeit von den Türken zu wahren, und diese Tatsache ist uns auch in der Stammessage der Merditen überliefert worden. Der Name Mirdita tritt uns zuerst in 1416 entgegen, verschwindet aber dann bis 1610 und wird erst 1690 allgemein üblich. Einer der ältesten Reisenden, die Merdita besuchten, war Cavalli.[381] Die Tatsache, daß der Name Merdita von Marina Cavalli aber in 1560 nicht erwähnt wird, obzwar er von Kastr, im Gebirge Dibri, nach Prizren reiste, findet ihre Erklärung darin, daß Cavalli von Kastr offenbar über Puka (Terra Nova), dann über die Čafa Malit nach Kulumbria bei Flet und von da längs des Gebietes von Malizi und längs des Drin gegen Prizren reiste – das eigentliche Merdita also nicht berührte. In Terranova wohnte in 1560 der Wojwode des Gebietes, da er dem Reisenden bloß primitive Nahrungsmittel, nämlich Fleisch und Milch offerierte, dürfen wir ihn uns als wohlhabenden Bauern vorstellen. Den von Cavalli erwähnten Ort Godan konnte ich noch nicht lokalisieren. Da uns 1610 die Merditen als große, von der Pforte fast unabhängige Räuber geschildert werden, war das Passieren von Merdita jedenfalls auch in 1560 für eine venezianische Gesandtschaft recht gefährlich. Zur Zeit Skanderbegs und vorher war in Merdita ein starker orthodoxer Einfluß zu bemerken.[382]

Belege sind mehrere vorhanden. Aus Barletius Biographie Skanderbegs wissen wir vor allem, daß trotz des Übertrittes eines großen Teiles von Nordalba-

---

378 Kallmeti.
379 Laçi.
380 Bizzi, Marin; Erzbischof von Tivari, siehe Relacione, Band I, S. 158.
381 Der Venezianer Marina Cavalli.
382 Diese Theorie hat Nopcsa auch bereits früher kurz behandelt, siehe NOPCSA, Beiträge, S. 238ff.

nien in 1250 zur katholischen Religion, sogar noch nach 1400, der, wie sein
Name zeigt, aus Perlati in Kthela stammende Peter Perlat noch immer nicht
römisch-katholischer, sondern orthodoxer Religion war, denn Barletius sagt von
ihm audrücklich, er sei Protosyngel nicht aber Abt eines Klosters in Matja[383]
gewesen.[384] Dies allein weist schon auf die Existenz eines orthodoxen Kleruses
in der Nähe von Merdita, und ein orthodoxer Klerus bedingt aber damals, wo er
noch nicht zu politischer Propaganda verwendet wurde, natürlich zu mindesten
Spuren einer ebensolchen Bevölkerung. Das zweite, ebenso wichtige auf orthodoxen Einfluß weisende Indizium finde ich in dem von Paul Dukadžin irgend
einer Kirche gewidmeten Kreuze aus 1447, das sich in Oroši vorfand und von
Gelchich[385] und ihm folgend sogar auch von Ippen als orthodoxes Widmungs-
kreuz anerkannt wurde. Ippen, dem Peter Perlats Religion entgangen zu sein
scheint, sieht sich, um das Vorkommen eines othodoxen Kreuzes in Oroši erklären zu können, zur Annahme bewogen, selbes sei entweder von den Merditen
erbeutet oder ihnen „von den Türken geschenkt"[386] worden. Beide Annahmen
sind für diese Frage belanglos. Die Annahme einer Erbeutung dieses Kreuzes
durch die Merditen hilft uns leider wenig, denn auch in diesem Falle können
wir es nur als Geschenk Paul Dukadžins an einen mit ihm in Verbindung stehenden, also höchst wahrscheinlich nachbarlichen Protosyngelos zuschreiben,
und darüber hilft auch die andere Alternative, es sei keine Beute, sondern ein
Geschenk der Türken an die Merditen nicht hinweg, und außerdem ist noch die
zweite Annahme, übrigens von ihrer Nutzlosigkeit abgesehen, obendrein eine
ganz willkürliche, denn daß die Muselmänner seinerzeit alte orthodoxe Kultus-
gegenstände aufzuheben pflegten, um sie dann an Katholiken weiter zu ver-
schenken, dafür habe ich bisher noch keine weiteren Belege.

Die Frage, wo wir dieses einen Protosyngelos habende und mit Pal Dukadžin
in Beziehung stehende orthodoxe Kloster zu suchen haben, läßt sich beantworten, denn in 1417 nennt sich der Abt des großen Benedictiner Klosters „St. Ale-
xandri Maior de Albania", das seit 1319 bekannt ist und das ich mit dem Kloster
des Mali Šejnt identificiere, Protosignor rp. Protosyncellus. Was, wie Šufflay sagt,
auf eine höchst curiose Milderung der Hauptgegensätze der beiden Kirchen im
albanischen Gebite am Vorabende der türkischen Okupation hinweist[387].

Noch heute bleiben in ganz Nordalbanien die in der Kirche von den Männern
abgesonderten Frauen während des Evangeliums sitzen. Die knienden Männer
küssen hingegen vielfach während der Erhebung der Hl. Hostie zuerst den
Boden und berühren hierauf diese Stelle mit der Stirne.

---

383 Mati.
384 IPPEN, Denkmäler, S. 26. Ders., Gebirge, S. 51.
385 GELCICH, Giuseppe, La Zedda e la Dinastia dei Balšidi, Spalato 1899, S. 306.
386 IPPEN, Gebirge, S. 51.
387 ŠUFFLAY, Milan, Die Kirchenzustände im vortürkischen Albanien. Die orthodoxe Durch-
     bruchszone im katholischen Damme, in: Illyrisch-Albanische Forschungen, hrsg. Ludwig
     von Thallóczy, Band I, S. 273ff.

Die erste dieser beiden Sitten fiel schon in Griechenland (Lacedemonien) in 1679 dem reisenden Guiletiére [auf]. Dem bulgarischen Kloucheff gegen über meinten die Einwohner Bulgaris Nachkommen von Bulgaren zu sein, die zur Zeit Skanderbegs nach einer Schlacht bei Dibra nordwärts geflohen waren.

Es scheint am zweckmäßigsten, die Statistik Merditas in einer Tabelle zu geben. Denn aus dieser erkennt man am einfachsten, daß die Zahl der Häuser allenthalben eher zunimmt, die Zahl der Einwohner aber eher abnimmt. Dies weist auf eine Übervölkerung des urbaren Bodens und auf das Abströmen in andere Gebite.

Oroši[388]

Häuser

Jastrebov[389]	Pisko[390]	Consular Bericht (1876)	Seiner[391]
125	130	150	150

Einwohner

Hecquard[392]	Lippich	Pisko[393]	Jastrebov[394]	Consular Bericht (1876)	Seiner[395]
1.500	1.500	1.300	1.080	1.200	1.160

Spači[396]

Häuser

Consular Bericht (1876)	Seiner[397]
700	593

Einwohner

Hecquard[398]	Lippich	Jastrebov[399]	Seiner[400]
6.000	2.550	3.450	4.230

---

388 Oroshi; Statistische Angaben über die Bevölkerung Mirditas am Anfang des 18. Jahrhunderts befinden sich bei BARTL, Quellen II, S. 76ff. und 83.
389 JASTREBOV, S. 176.
390 DEUSCH, S. 427.
391 SEINER, Ergebnisse, S. 108.
392 HECQUARD, S. 220.
393 DEUSCH, ebenda.
394 JASTREBOV, ebenda.
395 SEINER, ebenda.
396 Spaçi.
397 SEINER, ebenda.
398 HECQUARD, S. 221.
399 JASTREBOV, S. 177.
400 SEINER, ebenda.

Oroši und SpaČi

Häuser

Junchi[401]	Wiet	Hecquard[402]	Hahn[403]	Helle v. Samo[404]	Pisko[405]	Steinmetz[406]	Baldacci[407]	Seiner[408]
240	529	280	488	529	670	770	700	950

Kušneni[409]

Häuser

Junchi[410]	Hecquard[411]	Hahn	Wiet	Helle[412]	Jastrebov[413]	Steinmetz[414]	Pisko[415]	Cons.-Bericht	Seiner[416]
100	300	162	205	250	205	110	300	300	318

Einwohner

Hecquard[417]	Consular Bericht	Pisko[418]	Jastrebov[419]	Seiner[420]
3.600	5.530	2.630	1.080	2.430

---

401 JUNCHI G.: Succinta Relazione del presente stato della diocesi di Alessio, Rom 1767 (unpublizierte Handschrift).
402 Hecquard nennt 560 Familien für Spaçi und 120 für Oroshi. HECQUARD, S. 220f.
403 HAHN, Reise, S. 75–79.
404 HELLE VON SAMO, A. Ritter zur: Völker des Osmanischen Reiches, Wien 1877, S. 38.
405 Pisko nennt 130 Häuser für die Pfarre Oroshi und für die Pfarre Spaçi 60 Häuser. Der Rest dieses Bajraks war auf andere Pfarren aufgeteilt; SEINER, ebenda.
406 STEINMETZ, Reise, S. 39.
407 BALDACCI, ebenda.
408 Seiner nennt für Oroshi 159 und für Spaçi 593 bewohnte Häuser; SEINER, ebenda.
409 Kushneni.
410 JUNCHI, ebenda.
411 HECQUARD, S. 222.
412 HELLE VON SAMO, ebenda.
413 JASTREBOV, ebenda.
414 STEINMETZ, ebenda.
415 Pisko nennt für die Pfarre Kaçinar die Dörfer Simoni und Kushneni mit 203 Häusern, die nur ein Teil des Bajraks Kushneni bildete, DEUSCH, S. 425.
416 SEINER, ebenda.
417 HECQUARD, ebenda.
418 Seiner nennt für die Pfarre Kaçinar 1.699 Einwohner; DEUSCH, ebenda.
419 JASTREBOV, ebenda.
420 SEINER, ebenda.

Fandi

Häuser

Junchi[421]	Hecquard[422]	Wiet	Cons.-Bericht	Hahn	Helle[423]	Steinmetz[424]	Jastrebov[425]	Baldacci[426]
180	350	290	300	320	290	420	300	250

Pisko[427]	Seiner[428]
415	498

Einwohner

Hecquard[429]	Pisko[430]	Jastrebov[431]	Lippich	Seiner[432]
4.200	4.000	2.500	(1880) 3.350	3.332

Dibri

Häuser

Junchi[433]	Hahn	Hecquard[434]	Wiet	Helle[435]	Pisko[436]	Cons.-Bericht	Steinmetz[437]	Jastrebov[438]
350	418	595	425	425	522	600	600	430

Baldacci[439]	Seiner[440]
500	800

Einwohner

Hecquard[441]	Lippich	Jastrebov[442]	Seiner[443]
6.300	5.660	3.480	5.774

---

421 JUNCHI, ebenda.
422 HECQUARD, S. 220.
423 HELLE VON SAMO, ebenda.
424 STEINMETZ, ebenda.
425 JASTREBOV, ebenda.
426 BALDACCI, ebenda.
427 DEUSCH, S. 426.
428 SEINER, ebenda.
429 HECQUARD, ebenda.
430 DEUSCH, ebenda.
431 JASTREBOV, ebenda.
432 SEINER, ebenda.
433 JUNCHI, ebenda.
434 HECQUARD, S. 223.
435 HELLE VON SAMO, ebenda.
436 DEUSCH, S. 425.
437 STEINMETZ, ebenda.
438 JASTREBOV, S. 176.
439 BALDACCI, ebenda.
440 SEINER, ebenda.
441 HECQUARD, ebenda.
442 JASTREBOV, ebenda.
443 SEINER, ebenda.

Einer von Hahn aufgezeichneten Orošaner Tradition [nach] wäre der Stammesvater dieser Lande ein orthodoxer Bulgarenhäuptling gewesen,[444] und das Dukadžinesische Widmungkreuz wäre, falls diese Tradition zu recht besteht, als Erbstück der ehemals bulgarischen Fürstenfamilie Merditas aufzufassen, der gleichfalls auf slavischen Einfluß weisende Gebrauch der Dolama in Merdita würde sich dann dadurch erklären, daß die Merditen in Bezug auf Tracht einfach ihre Fürsten imitierten. Südlich von Merdita läßt sich der Gebrauch der Dolama bis nach Dibra, also bis in ein ehemals sicher altbulgarisches Gebiet verfolgen. Auch im Grabeskultus der Merditen finde ich etwas orthodoxes, denn die Stäbe neben den Grabkreuzen in Merdita erinnern stark an den Schmuck orthodoxer Kirchen. Hecquard erwähnt, daß die Merditen lange Zeit den julianischen Kalender beibehalten hatten,[445] und zur Zeit Bizzis war auch dies noch tatsächlich der Fall. Nebst der endlichen Argumente lassen sich noch aber andere finden, denn ein weiteres Argument meiner Beweisführung eines bulgarischen Einflusses in Merdita besteht darin, daß am Fandi-Fluß eine Ortschaft vorkommt, die Kula Buldžerit heißt,[446] was ich als „Kula der Bulgaren" übersetzte und für einen nördlichen Grenzposten des ehemaligen Bulgarenreiches halte. Ippen protestiert zwar heftig gegen die Ableitung von Buldžerit aus „Bulgar",[447] aber auch gegen diesen Protest habe ich einige Gegeneinwände zu erheben. Ich finde, daß sich in Merdita jedes Skutariner „g" zu „gj" und jedes Skutariner „gj" zu einem weichen „dž" abschwächt und man daher in Merdita „Gur" (der Stein) als „Gjur", und Gjon (Johannes) fast wie „Džon" ausspricht. Aus diesem Grunde halte ich es in Albanien, mit Ausnahme eines einzigen Gebietes, überall für ausgeschlossen, daß sich das Fremdwort Bulgerit (Genitiv von Bulgar = Bulgare) zuerst zu Bulgjerit und späterhin zu Buldžerit umändert. Das einzige Gebiet, wo dies möglich ist, ist aber eben Merdita. Schon Hahn hat übrigens sogar zweimal auf die Möglichkeit einer bulgarischen Beeinflußung Merditas gewiesen. Die Tradition der Leute von Bulgeri, von Bulgaren zu stammen, ist durch Kloucheff bekannt geworden. Übrigens ist auch eine freilich auf orthodoxen Einfluß weisende Deutung des Namens Oroši sehr wahrscheinlich. Oroši liegt zu Füßen des „heiligen Berges" (alb. Mali Šejnt[448]), auf dessen Gipfel seinerzeit das einen Protosyngelos habende Kloster St. Alexander existierte, und da ist es nicht gesagt, den Namen Oroši aus αγιον όρος ableiten zu sollen, in welchem Falle Mali Šejnt nur die albanische Übersetzung dieses für griechische Bergklöster häufigen Namens wäre. Wie mir Prof. Jokl[449] schreibt, besteht die Herleitung von Oroši aus όρος kein lautgeschichtlicher Einwand. Für den Gebrauch der griechischen Sprache in Skanderbegs Gebiet gibt es gleichfalls

---

444 HAHN, Reise, S. 341.
445 HECQUARD, S. 226.
446 Siehe die Karte bei NOPCSA, Das katholische Nordalbanien.
447 IPPEN, Gebirge, S. 58.
448 Mali i Shenjtë.
449 Jokl, Norbert (1877–1942); österreichischer Philologe und Albanologe, einer der berühmtesten Erforscher der albanischen Sprache.

historische Belege. Von Šufflay sind auch andere historische Belege für die Existenz orthodoxen Einflusses im XV. Jahrhundert in Nordalbanien zusammengestellt worden.[450] Zu diesem gehört z. B. die erst 1414 erfolgte Convertierung der fürstlichen Familie Zakaria zum Katholicismus. Alles gesagte scheint daher, um es kurz zusammen zu fassen, darauf zu deuten, daß in Oroši oder dessen Nähe ein bulgarischer Notabler [weilte], der etwa eine ähnliche halb kirchliche, halb weltliche Rolle spielte wie die Vladikas in Montenegro. Auch Šufflay meint, daß sich gerade an das Alexander Kloster Merditas eine hierarchische Structur gebildet hatte, die an das Reich des Priesters Johannes erinnert. Nun können wir die Merditen-Sage weiter verfolgen. Sie berichtet, daß nach dem Tode Skanderbegs die Merditen in das Gebiet des Baštrik[451] flohen.

Auch diese Flucht beziehen wir auf den bulgarischen Notabeln, denn es hällt sich heute das mohamedanische Marena am Baštrik für blutsverwandt mit der Familie Džon Markus, und es scheint dies ein Fingerzeuge für die Richtung zu sein, in der die Flucht nach 1450 erfolgte. Wir haben betont, daß sich die Merditen für Nachkommen Pal Dukadžins halten.

Pals Sohn hieß, heißt es in der Merdita-Sage, Kol Pali, sein Nachfolger war Mark, und diesem wurde am Baštrik ein Sohn Džon Marku I geboren. Nach diesen Angaben zeigt der Stammbaum nun freilich eine Lücke, denn von Džon Marku I springt er plötzlich auf Džon Marku II über, von dem das feststeht, daß er bereits in Oroši geboren wurde.

Džon Marku II führte schon den Titel Kapitan und lebte vor sieben Generationen, also ungefähr um 1720. Zwischen ihm und Džon Marku I klafft eine hundertjährige Lücke, wir glauben sie aber durch von Degrand[452] publicierte Angaben ausfüllen zu können. Der von Degrand publicierte Stammbaum der Familie Džon Markus stimmt mit Ausnahme der ersten vier Generationen recht gut mit unserem Stammbaum überein, doch ist bei Degrand am Anfang folgende Ahnenreihe zu finden: Mark Pali – Kol Gjok Marki – Gjon Marku – Leš Gjoka. Gewiß ist auch Degrands Stammbaum in diesem Abschnitt nicht ganz richtig, denn Mark Pali konnte nie einen Kol Gjok Marku genannten Sohn haben, und man muß daher am mindesten das annehmen, daß zwischen Mark Pali und Kol Gjok Marku ein Gjon Marku aus blieb. Dieser Gjon Marku würde etwa unserem Džon Marku I entsprechen und dadurch würde sich dann, unter Berücksichtigung der von Ippen um 1890 angestellten Nachforschungen,[453] der Anfang des ganzen Stammesbaumes der Familie Džon Marku folgendermaßen gestalten:

Da wir von der jetzt lebenden Generationen bis Leš Gjoni 6 Generationen zählen, erhalten wir bis Pal Dukadžin, dem angeblichen Stammvater, 13 Generationen oder gelangen, anders gesagt, in das Jahr 1520, was von der Zeit 1444–1458, da ein historischer Pal Dukagjini lebte, abweicht. Vielleicht haben wir aber

---

450 ŠUFFLAY, Kirchenzustände, S. 240f.
451 Bashtrik, Gebirge in Kosovo.
452 DEGRAND, A.: Souvenirs de la Haute-Albanie, Paris 1901, Stammbaum im Anhang.
453 (Fußnote des Autors). Im Archiv des Staatsamtes für Äusseres. Informationsbureau 1890.

nicht an Pal selbst, sondern an seine Nachkommen zu denken, und der Hinweis, daß ein Bruder des Ahnherren der Merditen gegen „Musakia Topia"[454] gekämpft habe, weist in diese Richtung, denn in Hopfs Stammtafeln findet sich richtig ein Nikola Dukadžin, der die Tochter Musachia Arianits zur Frau hatte und im Kampfe gegen die Türken umkam. Dieser Nikola IV. war der directe Enkel Pauls des II, der zwischen 1444 und 1458 lebte. Unter den Nachkommen des Nikol IV finden wir neuerdings einen Pal Dukadžin (seinen Sohn oder Neffen).

Ich benütze hier die Gelegenheit, um einige Besitzungen der Dukadžin, die bisher noch nicht richtig bestimmt worden sind, zu fixieren. Die eine Localität ist Burišan, das Ippen für Beriša hält, ich aber mit Muričan[455] an der Bojana identificiere. Eine andere Localität, die Bolkia genannt wird, identificiere ich mit Bokjan in der Malcija Vels, das in 1767 noch eine Pfarre war, den Guri Kuč möchte ich, da Bosia, die Wittwe Lek Zacarias,[456] dorten einen Weingarten gepflanzt hatte, nicht wie Ippen in Lurja oder bei Selita, sondern anderswo suchen, und da bei den Besitzungen Georg I die Lesart Kakariči und Guri Kuč[457] variirt, suche ich den Guri Kuč am Rande der Zadrima. Die montagnenere liegt in der Nähe von Jubilinse (Jubani), [und] zwar erwähnt die Urkunde die Krešta bei Kalmeti, Pistuli, Šljezi,[458] Suti.

Buba halte ich nicht, wie Ippen, für Bobi in Thači,[459] sondern Baba in der Zadrima. Auch dies war eine Besitzung Lek Zacarias, des Herrn von Dagno, die Lek Dukadžin für sich in Anspruch nahm. Bengaret und Baškia kann ich ebensowenig wie Ippen localisieren. Ein Baksit gibt es immerhin bei Pulaj. Ferner möchte ich Bengaret mit Bung (Eiche) zusammenstellen (toponomastisch wird dies in Folge des im romanischen und lateinischen zur Bildung von Gehölz- und Waldsnamen üblichen Suffix -ot möglich) und daher suche ich auch diesen Ort in der an Eichen reichen Küstenzone in der südlichen Merdita oder bei Selita, wo Föhren und Buchen dominieren. Eine Čafa Bungu gibt es unweit des Jubaniberges bei Gömsiče.[460]

Da der Lek II jedoch auch sonst beim Jubani begütert war, suche ich auch Bengaret dorten. Als sonstige Besitzungen der Dukadžin werden genannt: Baldren, Kakariči, Denja, Arnjeta, Skaramani und St. Martin bei Nenšati. Im allgemeinen zeigt es sich, daß alle die in venezianischen Dokumenten erwähnten Besitzungen der Dukadžin im Gebiete der Zadrima liegen, und schließlich ist es ja natürlich, daß nur diese die Venezianer interessierten. Pulati etc., die als Be-

---

454 Muzakë, Topia; albanischer Feudalherr und Führer im Kriege gegen den Osmanen, 15./16. Jahrhundert.

455 Murriqan.

456 Zaharia, Lekë; Zeitgenosse Skanderbegs, war Besitzer der Festung Danja. Seine Ermordung durch Nikoll Dukagjin im Jahr 1445 war die Ursache der Kämpfe Skanderbegs gegen die Venezianer.

457 Guri i Kuq.

458 Shkjezi.

459 IPPEN, Gebirge, S. 40.

460 Gomsiqe.

sitzungen Tanus Duka Gins angeführt werden, liegen außerhalb der venezianischen Interessensphäre und dementsprechend sind sie auch nicht in einem venezianischen Documente, sondern in Musakias Autobiografie[461] erwähnt worden. Es zeigt dieser Tatsache, daß ein Theil der Familie Dukadžin auch noch nach dem Tode Pauls II in Albanien lebte. Diese Combination läßt den Pal Dukadžin der Merditen-Sage zu einem Zeitgenossen Pals (des Sohnes oder des Neffen Nikol IV) werden. Freilich citiert Hopfs[462] Stammbaum auch einen Carl Musakia Topia, der in 1461 starb. Unsere Deutung ist daher nicht sicher.

Der Name Merdita tritt uns zum ersten Male in 1416[463] und zwar als Name einiger Dorfbewohner eines Dorfes in der Zadrima entgegen, und dies scheint zu deuten, daß in 1614 Merdit entweder Dorfname oder Eigenname war. Da der Name Mirdit im Kataster selten ist, zeigt dies, daß das Dorf Mirdit klein war oder fern ablag. In 1610 tritt uns der Name Mirdit bereits als Stammesname entgegen. Er bezog sich damals auf die nördlich von Bliništi und Bisag liegenden Gebiete, also auf jenen Theil Merditas, der heute die zwei Bajraks Spači und Kušneni ausmacht. Um 1680 umfaßt Merdita, Coronelli zufolge, das Gebiet von Oroši, Spači, Kušneni.[464] Diese drei Bajraks, von denen Oroši 1610 noch gar keine Rolle spielte, halten sich auch heute für blutsverwandt, heiraten daher auch nicht unter einander, während sie mit den heute gleichfalls zu Merdita gehörenden Bajraks Fandi und Dibri Ehen eingehen. Dibri kann man auf Cantellis Karte von 1690 als eigenen Volksnamen ausgeschieden finden, der Name ist aber bereits in Blaeus Novus Atlas von 1647 vorhanden. Der Name Fandi ist aus der Autobiographie Musakias als Elefantine bekannt. Der Tradition zufolge wäre der Name Merdita darauf zurückführen, daß die Türken die Schlacht von Kossovo (1389) wegen schlechter Vorzeichen nicht beginnen wollten, ihre albanische Hilfstruppen jedoch gemeint hätten, der Tag sei gut (Mir Dita) und dies wäre dann ausschlagebend gewesen. Es hat nicht an Versuchen gefehlt, diese Tradition zu discreditieren, und als Argument wurde zumal von Hecquard und später von Ippen das vorgebracht, daß der Name Merdita, da er in Bolizzas Bericht fehlt, erst Anfang des XVIII. Jahrhunderts aufkommt. Diese Annahme ist nicht richtig, denn sie basiert nur darauf, daß diesen Autoren der Skutariner Kataster und Bizzis Reisebericht über Merdita nicht bekannt waren. Da wir nun aber den Namen Merdita als Dorfnamen in 1416 und als Namen eines von der türkischen Oberheit fast unabhängigen Räubervolkes bereits in 1610 vor uns haben, können wir nach dem neuen Stand der Dinge weder Beweise für noch gegen die Merditen-Tradition bringen. Ob wir den Namen Merdita nicht etwa mit dem am Hagion Oroš Merditas seinerzeit wohl üblichen griechischen Gruß Kal Himera zusam-

---

461 Gjon Muzaka war ein Feudalherr, der nach dem Fall Albaniens in osmanische Hände nach Italien ausgewandert war. In Neapel schrieb er im Jahr 1510 „Historia e Genealogia della casa Musacchia".

462 HOPF, Charles: Chroniques Gréco-romaines inedites, Berlin 1873.

463 Relacione I, S. 158.

464 CORONELLI, ebenda.

menzustellen haben, sei als Möglichkeit schon erwähnt, denn Mir dit ist nur die wörtliche Übersetzung von Kal Himera.

Da von Justinian II in 686 n. Ch. persische Mardaiten in Thrakien angesiedelt wurden und die Strategie der Mardaiten mit jener der Strathioten angeblich ident war (Nouvelle Revue Historique 1892, pag. 540), hat es nicht an Versuchen gefehlt, den Namen Merditen mit Mardaiten in Zusammenhang zu bringen.

Das Emporkommen der Familie Džon Markus rp. seine angebliche Rückkehr nach Merdita fällt ungefähr in das Jahr 1690. Historische Argumente für diese Rückkehr und Details darüber, wieso es kommen konnte, daß sich die Familie Džons plötzlich über allejene um 1610 in Bliništi wohnenden Stammeschefs erhob, sind nicht bekannt geworden, ebenso wenig wissen wir etwas über die Gründe, weshalb Džon Marku Oroši und nicht den Hauptort Špal zu seiner Residenz erwählte. Immerhin läßt sich aber an der Hand der Tradition einiges vermuthen. Als Ausgangspunkt für den Namen Merdita gilt nach volkstümlicher Ansicht die Grüka Orošit und zwar bezieht sich dies, da wir Mirdit als Dorfnamen von 1416 kennen, noch auf die Zeit der Dukadžin. Oroši selbst oder ein nahe gelegenes Dorf war damals die Residenz irgend eines höheren orthodoxen Priesters. Der Tradition folgend, nahmen wir nun an, daß der Repräsendant von Oroši, sei er Priester oder Laie gewesen, später in den Baštrik geflohen wäre. Nach der Flucht des Priesters verlegte sich der Schwerpunkt Merditas von Oroši nach Špal, wo aber bloß Stammeshäuptlinge hausten. Džon Marku II gilt als directer Nachfolger des in Baštrik geflohenen Oberhauptes der Merditen, und dies, glaube ich, genügt nun, um sowohl seinen Einfluß in Merdita als auch die Wiederwahl des alten Hauptortes zu erklären. Auch die Gründe für Džon Markus II. Übersiedelung vom Baštrik nach Oroši scheinen leicht erweisbar, denn das Datum dieser Flucht coincidiert mit den Kämpfen des Jahres 1690 und der Flucht des Ipeker Patriarchen Arzen. Daß Merdita zwischen 1590 und 1610 keine Kapetane hatte, ist aus Cavallis und Bizzis Reiseberichten zu erkennen, denn diese hatten es gewiß nicht unterlassen, so etwas besonders zu erwähnen. Näheres über die Rückkehr Džon Markus bleibt allerdings noch zu untersuchen, denn er kann ebenso für wie gegen die kaiserlichen Truppen Partei ergriffen haben, es kann daher seine Rückkehr nach Oroši ebenso gut mit der Einwilligung als gegen die Einwilligung der türkischen Regierungskreise erfolgt sein. Auch hierüber läßt sich neuerdings einiges vermuthen. Wir wissen, daß in 1690 gar manche Albaner gegen die kaiserlichen Truppen Stellung nahmen, wir wissen ferner, daß sich die Anhänger der kaiserlichen Truppen nach der Evacuierung Albaniens gegen Norden zogen und nicht nach Westen flohen, endlich finden wir Džon Marku II einige Jahre nach 1690 als von den Türken anerkannten Feudalherrn der Merdtiten und samt seinen Leuten gerade zu jener Zeit im Solde der türkischen Regirung, wo die Beriša und Klmeni von Begoli Pascha gezüchtigt werden. Dies alles läßt sich als Argument für seine österreichisch-feindliche Stellungnahme in 1690 deuten.

Süssheim erwähnt, daß die Merditen im XVIII. Jahrhundert mehrfach gegen Österreich halfen, weshalb sie einen Jahreslohn von 20 Tonnen Mais erhiel-

ten.[465] Noch in 1874 hatte Merdita jährlich zwar 3.000 Piaster Steuer zu zahlen
und im Kriegsfall 1.000 Bewaffnete zu stellen, dafür erhielt es aber von der
Pforte jährlich ein Geschenk von 200 Pferdelasten Mais.

Džon Marku III. fiel als Gefolgsmann Mahmud Paša Bušatlis bei der Belagerung von Pekinj[466] in 1776. Später finden wir Leš Gjoka mit 2.000 Merditen an
der Seite Mahmuds bei seinem unglücklichen Zuge gegen Bjelopavlič.

Das Problem des Aufkommens der den alten Titel Kapetan führenden Herrnfa-
milie Merditas wäre auf diese Weise gelöst, und wir können uns nun neuerdings
zur Tradition der Merditen wenden. In einer weit zurück gelegenen Zeit gehörte
das Gebiet der Bajraks Oroši, Spači, Kušneni und Fandi unter die Paschas von
Ipek, und die Regierungsgeschäfte pflegte damals eine von Ipek nach Masrocol
entsandte Commission zu besorgen, doch wurden die Merditen endlich dieser
Sache müde, und so geschah es denn einmal, daß die Regierungscommission auf
der Kodr Mastrocorit, wo damals ein Dorf stand, ermordet wurde. Nach diesem
Morde schlossen die Fandi mit den Merditen ein Bündnis, alle vier Bajraks sagten
sich von Ipek los und stellten sich unter den Schutz des Paschas von Skodra. Leider ist das Datum dieses Ereignisses nicht fixierbar, doch ist es nicht unwahrscheinlich, daß es damals geschah, als Mahmud Pascha die Paschas von Ipek,
Tirana und Kavaja besiegte. Am Kampfe Ibrahim Bušatlis gegen die Griechen
betheiligte sich Prenk Leši an der Seite Ibrahims und tödtete eigenhändig zwei
Chefs der Rebellen, später geht er aber auf die Seite Ali Paschas Tepelenis[467] über
und nimmt gegen die Bušatlis Stellung, was zu einem siebenjährigen Krieg
gegen Mustafa Pascha Bušatli I führte. Während der Streitigkeiten mit den Bušatlis vereinigte sich der bis dahin den Paschas von Skutari untergeordnete Bajrak
Dibra mit Merdita, und die Merditen und ihre neuen Bundesgenossen verwüste-
ten die Zadrima. Alles dies dürfte circa nach 1760 geschehen sein. Dann schloß
Merdita mit Bušatli Frieden. Mustafa begnügte sich, Geißeln zu verlangen, der
Bajrak Dibra brauchte aber von nun an keine Steuern zu zahlen und verblieb bei
Merdita. Diese Vereinigung stärkte natürlich Merdita und seine „Fürsten", und
von diesem Zeitpunkt an ist die Geschichte Merditas nur mehr eine Geschichte
der Familie Džon Markus. Bei den Kämpfen der Bušatlis gegen den Sultan in
1831 finden wir die Merditen Chefs Dod Prenga und einen im Stammbaum fehlenden Prenk Marku mit den Merditen auf der Seite der Bušatlis. Nach dem Sturze
der Bušatlis wußten die Kapetane ihre Unabhängigkeit von den Skutariner Gouverneurs theilweise zu wahren, sie sind jedoch als Vasallen des Sultans auf verschiedenen Schlachtfeldern s[o] z. B. unter dem Commando Dod Prengas gegen
Mehmet Ali zu finden. Zuletzt lenken sie unter dem Commando Bib Dodas bei
der Belagerung Silistrias die Aufmerksamkeit auf sich.

---

465 SÜSSHEIM, K., Die Arnauten, in: Enzyclopädie des Islam, Band I, Leiden 1913, S. 466.

466 Peqin.

467 Tepelena, Ali Pashë (1740–1822); großer Feudalherr in Südalbanien, Gründer des autonomen
     Paschaliks von Ioannina, das einen Großteil des heutigen griechischen Festlandes und Süd-
     albanien umfaßte.

Erst seit dem Jahre 1877 trachten die Kapetane, dem Beispiele Montenegros folgend, sich von der Pforte unabhängig zu machen, und verbünden sich im Geheimen öfters mit Serben und Montenegrinern. Gleichsam als rother Faden zeigt sich durch die Geschichte der Merditen die Tendenz, angrenzende Gebiete zu assimilieren. Gegen Norden reichte die Grenze Merditas seiner Zeit, etwa um 1620, von Špači nicht einmal bis Kalivari, und die ganze Thalweiterung von Gojani gehörte, wie die Čafa Puks[468] bei Kalivari erkennen läßt, dem Gebiete von Puka, heute hat Merdita diese Grenze längstens überschritten; Gojani und ein größeres Gebiet nördlich von Kalivari ist merditisch, ja sogar die Fuša Arsit[469] und Čafa Malit[470] liegen in dem Einfluß dieses Stammes. Sogar gegen das mohamedanische Lurja wußte Merdita sein Gebiet durch Besetzung des Guri Kuč erfolgreich zu vergrößern. Dieser assimilierende Einfluß geht so weit, daß die Merditen den Hauptweg zwischen Prizren und Skutari bald beim Passe Čafa Malit, bald unweit des ursprünglich nicht Merdita angehörenden merditisierten Kčira jeden Augenblick zu sperren vermochten. Der merditische Weiler Tröz nördlich Duši ist einer der am weitesten nach Nordwesten vorgeschobenen Posten. Als Pächter ist ein Merdite sogar bei N'čet im Oberlaufe des Berišabaches zu treffen. Wann diese Ausbreitungen Merditas erfolgten, entzieht sich unserer Kenntnis, über andere Assimilationsvorgänge, deren Datum bekannt ist, haben wir schon gesprochen, und die jüngsten Assimilations-Versuche galten dem Gebiete von Kthela und der Malcija von Alessio.

Im Herbste des Jahres 1876 wollten z. B. die Bajraks von Dukadžin, Alessio und Kthela nur zusammen mit den Merditen ins Feld ziehen und in richtiger Erkenntnis dessen, daß dies der Ausfluß von Anschlußbestrebungen sei, trachtete die Pforte dies zu verhindern.

Angeregt wurden die diesbezüglichen Versuche von der Familie der Kapitane, unterstützt wurden sie aber von der öffentlichen Meinung ganz Merditas. Die Ursache dieser Bestrebung wollen wir in einem anderen Kapitel eingehender erörtern, als historische Facten erwähnen wir jedoch, daß noch im Jahre 1912 Gjata Zogu, der Anführer der um Alessio lebenden Klmeni, bloß deshalb, weil er sich in diesem Punkte den Kapitänen widersetzte, von einem Merditen im Auftrage der Kapitäne ermordet wurde und daß sogar 1916 anläßlich der Occupation Merditas durch österr.-ungar. Truppen Kthela und Malsija von Alessio den Anschluß an Merdita stark betonten, obzwar mit Ausnahme von Manatia kein Bajrak der Malsija Leß mit Merdita verwandt ist. Auch Manatias Verwandtschaft mit den drei alten Bajraks von Merdita liegt so weit zurück, daß Manatia mit allen drei Bajraks Ehen eingeht.

Mancher Orts findet man in Merdita und Umgebung Spuren fremder Elemente. Kčira, heißt es, ist theilweise toskischen Ursprungs, Ungrej ist angeblich eine Gründung von Ungarn, die sich zur Zeit Skanderbegs hier niedergelassen

---

468 Qafa e Pukës.
469 Fushë-Arrëz.
470 Qafa e Malit.

hätten. Der Ort Krüezez bei Velja hat angeblich ebenfalls toskischen Ursprung. Da Krüe (Haupt) im toskischen Dialect Femininum, im gegischen jedoch Masculinum ist, so spricht schon die weibliche Form „zez" (männlich „zi" = schwarz) für die Richtigkeit dieser Überlieferung. Ein rein geghischer Ort bei Fuša Arsit wird im Gegensatze zu Krüezez Krüziu bezeichnet.

Über die sich an Merdita anschließende Malcija Vels haben wir bloß wenig übereinstimmende ältere und leider nur wenig neue Daten. Ich gebe sie in der Form zweier Tabellen.

I. Häuser

	Seiner[471]	Junchi	Wiet	Pisko[472]	Hahn	Jastrebov[473]	Gerstner[474]	Steinmetz[475]
Kalmeti	—	400	144	220	191	166	251	—
Manatia	132	390	82	151	76	85	107	75
Bulgeri	158	100	97	107	94	102	97	110
Velja	205	150	108	120	108	110	108	74
Krüezez	183	60	60	85	62	60	36	120
	1.100	491	563	531	599	über 379		

II. Einwohner

	Junchi[476]	Helle[477]	Hecquard[478]	Pisko[479]	Hahn	Jastrebov[480]	Nopcsa	Ippen[481]
Kalmeti	2.400	—	—	1.000	1.685	1.740	—	—
Manatia	3.100	—	—	1.172	970	700	450	—
Bulgari	900	—	—	930	800	700	700	—
Velja	1.200	—	—	1.095	6.297	750	—	—
Krüezez	500	—	—	2.100	577	530	700	—
	8.100	4.400	2.200	5.297	5.059	4.380	?	3.000

III. Zusammenfassung der geschichtlichen Angaben

Was die nordalbanischen Ureinwohner betrifft, so ist folgendes zu bemerken. Bald nennt man sie, so wie in Montenegro Latini (Šala), bald Gog (= Rumenen), z. B. in Thači, bald Džuli (Beriša), was den montenegrinischen Ausdrücken Čifut, Judelli und Jahudi entspricht. In Kastrati und Gaši werden sie Anas rp. Alas genannt.

---

471 SEINER, Ergebnisse, S. 109.
472 Pisko nennt für die Pfarre Kallmeti 100 Häuser und für die Pfarre Manatia 79 Häuser; siehe DEUSCH, S. 425f.
473 JASTREBOV, S. 177.
474 GERSTNER, S. 151.
475 STEINMETZ, Adria, S. 5.
476 JUNCHI, ebenda.
477 HELLE VON SAMO, ebenda.
478 HECQUARD, S. 247.
479 DEUSCH, ebenda.
480 JASTREBOV, ebenda.
481 IPPEN, Gebirge, S. 59.

Andernorts waren sie wie in Nikaj, wo sie Vajuši heißen, und in Dušmana, wo man sie Lumadhi nennt, den Namen nach Albaner. Interessant ist[, daß] Werthausen zufolge auch die Ureinwohner von Onotien Nords (= Juden) genannt werden.

Den montenegrinischen Spani und Jermolessi entsprechende Namen von Autochtonen fehlen derzeit noch aus Albanien. So wie in Montenegro werden auch in Albanien die Ureinwohner mißachtet (Šala, Šlaku). Daß dies auf eine ehemalige Leibeigenschaft zurückgeht, zeigen die Beobachtungen in Montenegro. Ihre geringe Vemehrung deutet man in beiden Gebiten als Fluch (Šala, Loja). Die Ureinwohner von Šlaku starben erst vor einigen Jahren aus.

Da die Anzahl der Romanen, wie schon Cvijič betonte, am ganzen Balkan zurück geht – ich weise auf das Aussterben der Kutzowalachen und das Verschwinden der Romanen auf Veglia – so liegt dieser weit verbreiteten Volkstradition wohl eine richtige Beobachtung zu grunde.

Cvijič seine Annahme, daß Pilot (Pulati) im Mittelalter von Serben bewohnt gewesen wäre, schwebt völlig in der Luft, die einzige Gegend, in der es neben den Albanern auch einige slavische Herren gab, war der westliche Teil der Malcija Madhe.

Rovinskis Argumentation, daß die vor den Türken aus Albanien nordwestlich fliehenden Leute nur Serben gewesen sein konnten, weil nur die Orthodoxen zu ihren weiter nordwärts lebenden Glaubensgenossen zogen, ist einfach lächerlich zu nennen, denn eben bei Rovinski ist zu lesen, daß der in Montenegro lebende Stamm Kuči erst im 17. Jahrhundert vom Katholicismus zur orthodoxen Glaubenslehre convertierte. Cvijič wiederholt etwas ähnliches für die im XII. [Jahrhundert] noch katholischen Uskoken. Damit erledigten sich auch die Hypothesen dieser Verfasser, daß die Ahnen der Hoti und Kastrati Serben gewesen wären. Das gleiche gilt für die jetzt slavisierten Stämme Bjelopavlič und Wassojevič.

Das einzige Argument, das Rovinski für seine Hypothese erbringt, ist die unbewiesene und unsichere Angabe, daß es im Gebiete der Hoti einige orthodoxe Familien geben soll. Die Logik dieser Argumente erinnert an jene von Prof. Cvijič (Peninsule Balcanique, Paris 1918, pag. 161), daß es in Matja im Mittelalter deshalb habe Serben geben müssen, weil die angeblich serbischen, in Wirklichkeit aber albanischen Familien von Reka in Ostalbanien aus Matja stammen. Ich erwähne, daß einer dieser aus Matja stammenden Familien zum Beispiel den absolut nicht serbischen Familien Namen Doda hat. Allerdings ist es umsonst, Chauvinisten zu bekämpfen. Gegen die absichtliche, politischen Tendenzen dienende Verdrehung von Tatsachen gibt es keine wissenschaftlichen Argumente.

Was übrigens die Vorfahren der Nordalbaner in Bezug auf Ethnos waren [, wird] vielleicht einmal in einer eigenen ethnologoschen Arbeit noch ausführlich erörtert werden.

Unternehmen wir nun nach dieser einleitenden Bemerkung eine chronologische Zusammenstellung der bisher bekannten Daten.

EREIGNIS	JAHR
Berišas Stammvater lebt in Beriša	um 1300
Der Stammvater der Klmeni lebt	um 1400
Besiedelung Šalas	1430
Niederlassung einiger Hirten in Čelza	1450
Klmeni bezieht das Gebiet bei Gussinje	1460
Ankunft Thačis auf Koder Thačit	1480
Ankunft Mur Dedis in Beriša	1480
Zan Gabetis Aufenthalt in Šlaku	1480
Keči, Hotis Stammvater, lebt in Montenegro	1520
Mark Pali lebt am Baštrik	um 1520
Ansiedelung eines Flüchtlings aus Suma in Gruda	1550
Ansiedelung Merturis am Berge Straziče	1550
Ankunft des Stammesvaters der Nikaj	1550
Ankunft eines der Stammväter Kiris	1550
Ankunft der jetzigen Bewohner Lojas	1590
Ankunft des Stammvaters der Duši aus Šala	1590
Ausbreitung der Merturi auf den Berg Tšlumi	1590
Ausbreitung der Merturi nach Bridža	1590
Niederlassung Dedlis am Velečik	1590
Gründung Gussinjes. Krieg der Klmeni	1612
Thači zieht in sein jetziges Gebiet	1620
Ausbreitung Dušmanis auf das Gebiet Vilza	1620
Ausbreitung Šalas aus Thethi	1620
Sog. erster Krieg Klmenis	1624
Dak Vuka lebt in Klmeni	um 1650
Ausbreitung Merturis gegen Raja	1650
Ausbreitung Šošis nach Prekali	1650
Streit zwischen Thači und Beriša	1650
Abzug Gašis gegen Osten	1660
Krieg Kastratis mit den Türken	1680
Boga kennt seinen Stammbaum bis	1690
Krieg Klmenis gegen Begoli Pascha	1700
Rückkehr der verbannten Klmeni	1707–1711
Krieg Berišas mit Begoli Pascha	1737
Ankunft Prenis, eines der Stammväter Plantis	1750
Ausbreitung der Toplana auf Ibalja	1750
Ankunft des zweiten Stammvaters der Kiri	1750
Revolte Bal Alijas aus Thači gegen seinen Grundherren	1780

Aus dieser Liste ergibt sich, daß die meisten von den Stammessagen festge-
haltenen Ereignisse in 1480, dann zwischen 1550 und 1650 fallen. Untersuchen
wir nun diese Nachrichten in Bezug auf ihre Natur, so finden wir, daß sämmtliche aus der Zeit zwischen 1550 und 1590 überlieferten Sagen von Neuansiede-

lungen reden, aus der Zeit um 1620 drei Nachrichten über Neuansiedelung und zwei über Kämpfe berichten, aus der Mitte des 17. Jahrhunderts noch immer 3 Nachrichten über Neuansiedelungen vorliegen, dann in den Berichten über Neuansiedelungen eine Pause eintritt und der Überlieferung nach erst 1750 wieder 3 Neuansiedelungen erfolgten. Die Nachrichten vor 1550 berichten aber ausschließlich über Ansiedelungen, von 1620 an sind einige Nachrichten über Kriege und Streitigkeiten zu finden.

Diese Gruppierung zeigt, daß um 1480, dann um 1520 und zwischen 1550 und 1590 in unseren Gebieten eine ziemliche Volksverschiebung stattfand und diese Verschiebung vielleicht etwas schwächer bis 1650 anhielt. Welches der Anlaß zu diesen Verschiebungen war, ist nicht schwer zu erkennen, denn in 1479 fällt Skutari, und in 1590 erobern die Türken Bosnien. Wir können also annehmen, daß die Besitzergreifung Albaniens und das Erstarken der türkischen Macht die Ursachen einer Volksverschiebung waren.

Durham meint, daß die Majorität der Bewohner der Malcija Madhe in der Zeit zwischen 1463 und 1590 infolge der Besetzung Bosniens durch die Türken aus Bosnien, jene von Pulati aber infolge der früher erfolgten Besetzung Rasciens aus diesem Gebiete nach Albanien geflohen wären.[482]

Eine diesbezügliche Gruppierung unseres Materiales kann dies nicht bestättigen, sie ergibt vielmehr folgende Resultate: Im Gebiet von Dukadžin verdichten sich die Nachrichten über Besiedelungen um die Zeit, wo Skanderbeg starb und Drišti und Skutari in die Hände der Türken fielen (1450–1480), dann um die Jahre 1590–1620; in der Malcija Vogel stammen die meisten Daten aus 1550, dann verdichten sie sich um 1620 und 1650, in der Malcija Madhe vertheilen sich die wenigen Nachrichten ziemlich gleichmäßig auf die Zeit von 1460 bis 1590.

Mehrfach hörte ich in Merdita und Dukadžin, daß die Bevölkerung des einen oder anderen Dorfes von Tosken[483] abstamme, es scheint also eine alte Einströmung aus dem Süden erfolgt zu sein, die wir naturgemäß mit dem bekannten Vordringen der Türken aus dem Süden nach der Schlacht bei Berat (1383) zusammen stellen. Die um 1480 erfolgte Besiedelung Dukadžins erfolgte aus der Skutariner Niederung und von der Meeresküste, wir können sie also ohne Bedenken mit dem Falle der Stadt Skutari in Beziehung bringen, dann werden aus 1590 zwei Besiedelungen von Dukadžin von Norden her angeführt. In diesen Besiedelungen erblicken wir, da die Orte, woher die Verschiebungen ausgiengen, in der Malcija Vogel liegen, Anzeichen von Verschiebungen, die durch die große Besiedelung der Malcija Vogel um 1550 bedingt wurden.

Die Besiedelung der Malcija Vogel zeigt in 1430 eine Einwanderung aus dem Süden, in 1500 eine aus Norden, in 1520 und 1550 je eine aus Westen, und zu gleicher Zeit gelangen auch zwei Familien aus nördlich gelegenen Strichen in diese Gebiete. Wir finden auf diese Weise, daß um 1550 die Malcija Vogel die letzte Zufluchtstätte für Flüchtlinge aus allen nördlich, östlich und westlich lie-

---

482 DURHAM, Origins, S. 15–18.
483 Die Bevölkerung Südalbaniens.

genden Gebieten bildet, und im Gegensatz zu diesen Daten weisen alle zwischen 1620 und 1650 vorliegenden Nachrichten nicht auf eine Besiedelung, sondern auf eine Expansion der Bewohner der Malcija Vogel. Diese Nachrichten sind die Besiedelung Thethis von Šala aus, die Besiedelung Rajas von Šnjerč aus und die Besiedelung Prekalis von Šoši. Auch die von Dušmani her erfolgte Besiedelung Vilzas weist auf eine Volksvermehrung hin. So viel über die Malcija Vogel. Die Besiedelungsgeschichte der Malcija Madhe zeigt, daß die Stammväter der heutigen Stämme dieses Gebietes zumeist aus Norden kamen, bloß eine einzige Familie leitet ihren Ursprung von der Nähe der Stadt Skutari her, und zwar ist dies der eine Ahne Grudas. Interessanter Weise floh nun gerade dieser Vorfahre zu jener Zeit aus seiner Heimat, wo sich so viele andere Leute in das Gebiet der Malcija Vogel geflüchtet haben. Er floh aber nicht in die Malcija Vogel, sondern weg von diesem Gebiete und zwar, wie die Sage berichtet, infolge eines Conflictes in seiner ehemaligen Heimat. Ob dieser Conflict mit der Neubesiedelung seiner Heimat in Zusammenhang war oder nicht, muß dahin gestellt bleiben. Aus dieser ganzen Zusammenstellung wird aber jedenfalls das eine immer klarer, daß die scheinbar regellosen Stammessagen einen inneren, causalen Zusammenhang verrathen. Interessant ist, daß in dem benachbarten Montenegro eine Expansion des Stammes Drobnjači im XVIII. Jahrhundert eintrat und bis in das XIX. Jahrhundert anhielt. Die Katune der Drobnjači wurden im XVIII. Jahrhundert in Dauerwohnungen verwandelt.

Vom historischen Standpunkte läßt sich auf diese Weise gegen die Annahme, daß die heutigen Stämme des Gebirges, so wie im benachbarten Montenegro, Neubildungen wären, kein Argument finden, und da die Namen vieler Stämme als geografische Begriffe älter sind als die heutigen Träger, kann man das isolierte Vorkommen eines Namens in der Vergangenheit auch nicht als Beweis betrachten, daß der heutige Stamm dieses Namens schon damals existiert habe. Auf diesen Punkt werden wir übrigens noch einmal zurückzukommmen haben.

IV. Die Organisation der Stämme

In dem vorhergehenden Abschnitte haben wir die Geschichte einzelner Stämme oder Stammestheile Nordalbaniens geschildert, der Zweck dieses Abschnittes ist, ein Bild der Organisation der einzelnen Stämme ohne Rücksicht auf ihre Entstehung zu entwerfen, denn nach dieser Aufgabe werden wir in der Lage sein, uns über die Entstehungsursachen der nordalbanischen Stämme Rechenschaft zu geben.

Die Organisation der Gebirgsstämme wird durch eigene Abschnitte des Kanuni Leks geregelt. Eine Zusammenstellung dieses Gewohnheitsrechtes ist an anderer Stelle gegeben worden, hier haben wir daher bloß jene Gesetzesparagrafen zu erwähnen, die die Stammesorganisation regeln.

1. Der Bajraktar

An der Spitze des Stammes steht der Bajraktar. Im Gebirge Albaniens definiert man seine Stellung allgemein durch die Redewendung: Bajraktari ašt lula e bajrakut[484] (der Bajraktar ist die Blüte seines Stammes). Er ist das Beste und Angesehenste, was der Stamm hervorbringt. Bloß in Šlaku hat der Wojwode den Vortritt vor dem Bajraktar. Die Würde des Bajraktars ist erblich, und zwar geht sie stets von dem Vater auf den ältesten Sohn, falls jedoch kein Sohn da ist, auf den nächstverwandten männlichen Nachkommen über. Es vererbt sich daher die Würde des Bajraktars nach dem Principe der Primogenitur und nicht wie z. B. die Würde der türkischen Sultane im Wege des Seniorates; in Stämmen, die sich auf einen Ahnen zurückführen, ist der Bajraktar stets der nächste, directe Nachkomme des ältesten Sohnes des Gründers.

Armut oder Reichtum hat auf die Bajraktarwürde theorethisch überhaupt keinen, praktisch freilich insoferne einen großen Einfluß, als der Bajraktar desto leichter schalten und walten kann je unabhängiger er ist. Im übrigen hängt sehr viel davon ab, ob die persönlichen Eigenschaften des Bajraktars solche sind, daß sie ihm Einfluß sichern. Ist der Bajraktar klug, beliebt, tapfer, angesehen und energisch, dann hat er einen großen Theil der Bevölkerung für sich und dann kann er daher eine aktive Rolle spielen, das heißt dies und jenes proponieren, im gegentheiligen Falle muß er sich darauf beschränken, die Propositionen anderer Leute mehr oder weniger gutwillig zu sanktionieren. Ein Absetzen des Bajraktars durch Stammesbeschluß ist infolge der Erblichkeit dieser Würde nicht recht möglich. Wird der Bajraktar unbeliebt oder geradezu verhaßt, so kehrt sich der Stamm einfach nicht an seine Beschlüsse. Mir ist nur ein einziger Fall bekannt, wo ein Bajraktar durch Stammesbeschluß feierlich abgesetzt wurde, und zwar trat dies in Škreli 1911 ein, als Vat Maraši, der Bajraktar von Škreli, während des Kampfes der Malsoren gegen Torghut Shefket Pascha[485] in ostentativem Wiederspruche zu seinem Stamme und zu allen Malsorenstämmen überhaupt offen und entschieden auf die Seite der jüngtürkischen Partei trat. An Stelle des abgesetzten Vat Maraši ernannte damals der Stamm Škreli den Bruder Vats, nämlich Nok Maraši, zum Bajraktar, aber sogar diese feierliche Absetzung war nur von vorübergehender Wirkung, denn in 1914 war Vat wieder in seiner früheren Stellung. Als Beispiel eines einflußreichen Bajraktars lebt unter den Šala das Andenken an Mark Lula weiter. „Wäre Mark gebildet gewesen – heißt es heute noch in Šala – dann hätte er König werden können". Offenbar war der selbsbewußte Mark Lula von hervorragender Begabung; wie ein trojanischer Recke der erste in der Versammlung, aber auch der erste in dem Kampfe.

Das Emporkommen besonders reicher oder kräftiger Familien, ja auch einzelner Individuen kann den Wirkungskreis des Bajraktars arg gefährden und ist der Einfluß der Familie des Bajraktars nicht schon dermaßen gesunken, daß sie

---

484 Im nordalbanischen Dialekt „bajraktari âsht lulja e bajrakut".
485 Turgut Shefqet Pasha; siehe Dokumente 88 und 89.

in so einem Falle den Kampf mit den Rivallen aufgibt, so entsteht eine zu gegenseitigen Mord führende Feindschaft. Ein Beispiel hievon bot vor Kurzem das Verhältnis im Bajrake Nikši. Ehedem war der Bajraktar Tur der allein ausschlag-gebende Faktor, allmählich gelangte jedoch durch selbstgewonnenem Reichtum und Energie die Familie eines gewissen Zogu zu erheblichen Ansehn. Lan Turku, der auf Tur folgende Bajraktar, konnte zumal mit Hilfe eines nahen Verwandten, des Klugen Gjergj Kaceli und eines entfernten Verwandten Vuksan Leka, sein Ansehn noch behaupten, als aber seine Stützen starben und er selbst immer mehr und mehr verarmte, Zogus Söhne Gjeta und Deda hingegen immer reicher und reicher wurden, geschikte und einflußreichere Beziehungen anzuknüpfen verstanden, endlich Gjeta durch sein kluges, rechtschaffenes und bei aller Tapferkeit versönliches Wesen sich immer mehr und mehr persönlichen Einfluß sicherte, da hörte man in Klmeni beinahe mehr auf Gjetas als auf Lanis Worte. Lan Turku und sein Sohn Luš Lani fühlten das allmähliche Schwinden ihres Ansehens. Offen gegen die Zogus aufzutreten und sie aus den Weg zu räumen, scheuten sie sich, denn Zogus Verwandte, die die Blutrache übernommen hatten, waren zahlreich und auch tapfer und so blieb ihnen infolge dessen nichts anders übrig. Nicht einmal diese Stille Minierarbeit führte zu einem Erfolge, denn die Zogus stellten sich, ihre Macht klug bemessend als gemäßigtes Element an die Spitze der in Klemeni stets vorhandenen anti-türkischen Partei, und Lani, der Bajraktar, wurde dadurch gegen seinen Willen in das unpopuläre türkenfreundliche Lager geschoben. Endlich blieb Lan Turku und seinem Sohne Luš nichts anders als tödtlicher Haß gegen die Zogus und eine passive Resistenz übrig und vergebens erhob er seine Stimme, auf die Emporkömmlinge Ded und Gjeta nicht zu achten. Das Ansehn beider stieg, und später trat Luš Lani, angeblich in Folge dessen, als einer der wenigen Klmeni offen zur mohammedanischen Partei, also zu jener Essad Paschas über.

Ganz ähnliche Verhältnisse wie in Klmeni zeigten sich in Thači. Auch in Thači war der Bajraktar Frok Kola als das mit der Regierung verkehrende und von ihr bestochene Element eher türkenfreundlich, sein neuer Rivale Cherim Sokoli aber bis zu einem gewissen Momente das rebellische Element. Ein sehr temporäres Schwinden der Macht des Bajraktars war um 1901 auch in Beriša bemerkbar. Dort war die Macht des Bajraktars damals so gesunken, daß man kaum etwas von seiner Existenz wußte und die Stammesangelegenheiten in den Händen von vier sich gegenseitig befehdender Kren (Häuptlingen) lagen. Höhnisch sagten die Nachbar-Stämme, daß in Beriša bald der jene, bald der andere Bajraktar sei.

In Šala hatte z. B. der Bajraktar Prel Marku in Tšun Nika und Mehmed Špendi[486] seine zeitweiligen Rivalen, doch war die Lage hier eine etwas andere als in Klmeni und Thači, denn einerseits gehörten die Rivalen zu seinem näheren Verwandten, zweitens gab es ihnen mehrere, deshalb verloren denn die Conflicte viel von ihrer Schärfe und drittens und letztens suchte aber Prel Marku trotz dieser Rivalen keine compromittierende Anlehnung an die türkische Regierung; er

---

486 Shpendi, Mehmet; im Jahre 1915 getötet, Führer der albanischen Stämme gegen die Türken.

konnte auf diese Weise seine Stellung in seinem türkenfeindlichen Bajrake immerhin behaupten. In den außerhalb Merditas liegenden Theilen des nordalbanischen Berglands waren die Bajraktare jene Stammesorgane, durch die die türkischen Behörden mit den Stämmen in Berührung traten. Als Repräsentant der türkischen Regierung konnte der vom Vali eingesetzte Bülükbaš[487] gelten, der meistens in der Stadt Skutari amtierte, berechtigt war, Klagen der Bevölkerung entgegen zu nehmen, von der Centralregierung anerkannte Strafen zu verhängen und die eventuellen Abgaben der Bergbewohner zu empfangen. Wann diese Institution ins Leben trat, ist vorläufig nicht bekannt. Im November 1856 wurde sie vom Generalgouverneur Mustafa Paša aufgehoben und den Stammeschefs bedeutet, daß sie von nun an direct mit dem Paša zu verkehren hätten, im Jahre 1857 wurde sie aber wieder eingeführt (nicht, wie Ippen meint, neu eruiert!). Wie gering und unbedeutend der Wirkungskreis eines Bülükbaš schon damals war, geht daraus hervor, daß im Jänner 1861 der achtjährige Neffe des Chefs aller Bergstämme, nämlich Hasan Hoti zum Bülükbaš von Šala und Pulati ernannt wurde, freilich wurde dies von den Šala und Pulati als Beleidigung empfunden.

Auch im XX. Jahrhundert war der Bülükbaš noch immer ein und zwar unwichtiges Organ der Regierung und nicht der Stämme, denn erstens kam er überhaupt nur selten in das Gebiet des Stammes, den er zu leiten hatte, und außerdem war er, wenn er dorthin ging, wohl meist stets zuerst gut bedacht, sich wegen seiner Reise mit dem Bajraktar und den Stammeschefs ins Einvernehmen zu setzen, das heißt, sich unter ihren Schutz zu stellen. Die Versammlung aller Bülükbaschen unter einem von der Regierung eingesetzten Präsidenten, dem Sergjerde, heißt das „Džibal";[488] dieses beschließt die für die sämmtlichen Bergstämme gültigen Erlässe. Als Überbleibsel der alten Einrichtungen lebte trotz des Džibal die Gewohnheit weiter[, der gemäß] den in besonderen Fällen der Vali von Skutari die Bajraktars und Stammeschefs direct zu apostrophieren pflegte. Meistens war mit so einer Ansprache ein kleines Geldgeschenk an die betreffenden Stammeschefs verbunden. Aus diesen Angaben sieht man, weshalb der Bajraktar als das Executiv Organ der Scutariner Behörden sich leicht an die Behörden lehnte.

Das sichtbare Zeichen der Würde des Fahnenträgers eines jeden Stammes ist die in seinem Besitze befindliche Fahne. Als einst der Bajrak Planti im Kampfe gegn Montenegro durch den Tod seines Bajraktars seine Fahne an den Feind verlor und dieselbe durch einen Šala aus Gimaj wieder zurückerobert wurde, blieb die Fahne von nun an im Besitze der Familie aus Gimaj. Planti hat also seither keinen eigenen Bajraktar mehr. Allgemein hieß es, das Verleihungsrecht einer Fahne sei ein Privilegium des Großherren in Constantinopel.

Ihrer nüchternen Denkungsart entsprechend pflegen die Albaner auf das ehrwürdige Alter einer Fahne kein besonderes Gewicht zu legen und infolge dieses Umstandes sind die meisten alten Fahnen seit länger Zeit durch neue „schö-

---

487 Bylykbash.
488 Xhibali.

nere" ersetzt worden. Namentlich die Proklamierung der jungtürkischen Constitution hatte in diesem Punkte katastrophale Folgen, denn alle Bajraks wollten in 1908 in Skutari mit neuen schönen fliegenden Fahnen einziehen, und es ließen sich daher fast ohne Ausnahme alle Bajraks neue Fahnen machen.

Nach meiner mündlichen Beschreibung soll das Abzeichen der alten Fahne von Kušneni aus einer weißen Hand in rotem Feld und einem roten Kreuz in weißem Feld bestanden haben. Auch in anderen Fahnen spielte die menschliche Hand (Čeleng) eine große Rolle. (Sie war auch das Emblem alttürkischer Fahnen und sollte das Böse abwenden.)

Interessant ist, daß, wie aus einem nicht publicierten österreichischen Consularbericht des Jahres 1856 hervor geht, damals jeder, der den abgeschnittenen Kopf eines Feindes nach Skutari einbrachte, ein Trinkgeld und außerdem, nach albanischer Sitte, eine Hand in natürlicher Größe (Cheleng) von versilberten Metall erhielt, welche gleich einer Cocarde auf der Kopfbedeckung getragen wird. Ein Čeleng genannter Putz der Kopfbedeckung läßt sich im Mittelalter auch in Bosnien nachweisen und war bis Ungarn verbreitet. Eine der wenigen älteren Fahnen, die ich gesehen habe, ist die aus Leinwand bestehende Fahne von Drišti, auf der von einer breiten rothen Hand ein weißes Feld umrahmt war, in dem unten ein Halbmond und sechseckiger Stern, oben ein roter türkischer Krummsäbel, etwa der Dulfikar, und eine rote Hand sichtbar waren. Durham nennt das Emblem von Merdita eine strahlende Sonne. Die Befestigung der Fahne an der Stange erfolgte so wie bei den Kirchenfahnen vermittelst eines an zwei Schnüren herabhängenden Querzholzes. Von alten Fahnen sind die von der türkischen Regierung ausgetheilten oft seidenen Fahnen, so jene von Merdita, Alessio und Kthela, wesentlich verschieden, denn die alten heraldischen Embleme sind insgesamt verschwunden, und das Ornament beschränkt sich auf eine mehrfach zusammengesetzte Rosette. Als Beispiel so einer jüngeren Fahne kann die in einem anderen Abschnitt dieser Arbeit abgebildete Fahne des Bajraktars von Kthela gelten.

Die Fahne von Kthela ist über 100 Jahre alt, sie wurde dem Großvater Leš Prengas verliehen, hat einen dolchartig endenden Fahnenstock, ihr Emblem besteht aus einem karrierroten sternförmigen Zentrum, das von einem strahlenden weißen Stern umgeben wird; das ganze Ornament ist in einem karrierroten mit weißem Rande versehenen Felde umgebracht. Das Fahnentuch wird durch rothe Ösen befestigt und hat rothe Quasten. Die Fahne ist 5½ Spannen im Geviert, und bei Hochzeiten der Familie des Bajraktar findet diese Fahne dem Range des Ehegatten entsprechend als Kopfputz der Braut Verwendung. Boué erwähnt 1841, daß die Fahne von Merdita das Kreuzeszeichen aufwies und daß die Fahnen der albanischen Freischaren roth und weiß waren. Sogar während des letzten Balkankrieges 1912 zeigten die Fahnen der mohamedanischen irregulären Freiwilligen eine rothe Hand in weißem Feld.

Fahnen mit dem alten albanischen Doppeladler, der in Skutariner Stickereien und Holzschnitzereien versteckt bis in unsere Tage persistierte, habe ich nirgends angetroffen, und dies ist denn ja auch natürlich, denn dieses ausgesprochen antitürkisch und nationale Emblem konnte nur im Verborgenen erhalten bleiben.

Der Anzahl der Fahnenträger eines Stammes war verschieden. In allen kleineren, aber auch vielen größeren Stämmen (Nikaj, Merturi) war nur ein einziger Bajraktar vorhanden, in einigen Stämmen geschah es aber, daß sich der Stamm in mehrere Fahnenbezirke trennte. So ein neuer Bajrak ist als nichts anders als ein groß gewachsenes Dorf zu deuten. In Gimaj wohnt, wie schon gesagt wurde, der Bajraktar von Planti, und da ferner der große Bezirk Gimaj dem übrigen Šala gegenüber seine eigene Autonomie zu wahren wußte, so hat er sich zu einem eigenen, vom übrigen Šala besonders unabhängigen Theil entwickelt, so daß jetzt endlich die für das ganze übrige Šala bindenden Gesetze laut Stammesbeschluß und ohne Blutvergießen in Gimaj nur in dem Falle zur Geltung kommen könne, wenn Gimaj diesen Beschlüssen Šalas zustimmt. Gegen außen ist allerdings noch immer der Bajraktar von Pecaj der Representant des ganzen Šala, einschließlich Gimaj, aber Gimaj [ist eine] autonome Körperschaft (z. B. das Gesetz des Jahres 1903, daß ein vom Bruder getrennt lebender Bruder oder ein vom Vater getrennt lebender Sohn für die Verbrechen des anderen nicht haftbar ist, wogegen bei Gütergemeinschaft solche Haftpflicht besteht, während das übrige Šala, so wie Nikaj, die Tatsache, ob Gütertrennung existiert, nicht berücksichtigt sind, bei Blutracheangelegenheiten nur die Bande der Blutsverwandtschaft maßgebend betrachtet).

Klmeni, das um 1800 noch ein Bajrak war, zerfiel um 1830 in drei Bajraks, Vukli, Selze, Nikši, von denen ein jeder seinen eigenen Bajraktar hat, so daß sich, mit Hinzuzählen des Bajraktar von Boga, für Klmeni vier Bajraktare ergeben, von denen jene von Vukli, Selze und Nikši auch gegen außen circa gleiches Ansehen haben.

Auf die Frage, welches der einheimischen Titel der erblichen Chefs eines nordalbanischen Stammes war, gibt eine Angabe von Steinmetz Aufschluß. Steinmetz berichtet, daß der dem Bajraktar entsprechende Stammeswürdenträger in Lurja Pljak i par und seine Familie Špija i par[489] heißen,[490] was zu deutsch „der erste der Alten" und „das erste Haus" bedeutet. Es weist dies bloß auf deren Ursprung hin.

2. Die Plečnija

Nächst den Bajraktars kommen bei der Leitung eines Stammes jene Elemente in Betracht, die die Plečnija, nämlich den Rath der Alten, bilden. Die Plečnija ist so zu sagen die Versammlung der Parija (Aristokraten), ihr gegenüber steht die vulga plebs, die „Kleinheit". Um Kre zu sein, muß man Grund und Boden haben („Krent jan me plang").[491]

---

489 Shpija e parë.
490 STEINMETZ, Adria, S. 54.
491 „Die Häuptlinge haben Grund und Boden".

Die Plečnija besteht aus den verschiedenen nebst dem Bajraktar Würdenträgern eines Stammes, nämlich die Kren (Häuptlinge) und die Wojwoden.[492] Krüe[493] (Plural Kren) ist der der Geburt nach rangälteste Vorsteher eines jeden Dorfes. Wojwoden sind Chefs von Familien, deren ältestes Mitglied sich dieses Titels brüstet. Außerdem nehmen an der Plečnija auch die sogenannten Gjobar[494] Teil, das heißt jene Leute, die die von der Regierung über ein Stammesmitglied verhängten Strafen zu vollziehen hätten. In Folge des schwankenden Einflusses der Regierung ist die Function eines Gjobar nicht praecis umschrieben und sein Einfluß höchstens individuell. In Škreli gibt es zum Beispiel außer dem Bajraktar vier Wojwoden, in Vukli sollen zwei Wojwoden existieren, Boga hat einen Bajraktar und zwei Wojwoden. In Nikaj gibt es außer dem Bajraktar einen Wojwoden und zwei Kren, in Curaj sind nur zwei Kren vorhanden. In Ibalja existieren vier Kren, die die Plečnija bilden, und die gleiche Anzahl von Kren existiert in Beriša. Es versteht sich von selbst, daß sich aus Eitelkeit alle männlichen Mitglieder eines Hauses, dessen Chef ein Krüe ist, gleichfalls Kren und alle dessen Chef ein Wojwode ist, gleichfalls Wojwoden nennen, und dasselbe gilt für die näheren Verwandten des Bajraktars. Außer dem Bajraktar, den Kren und Wojwoden nehmen, um in der Plečnija zu weilen, auch andere in Folge ihrer Geburt und ihrer Tapferkeit oder Klugheit angesehene Leute an den Berathungen der Plečnija theil, ja zuweilen ist so eine Person dann ganz besonders stolz darauf, daß sie weder Krüe noch Wojwode, sondern einfach N.N. ist. Die Plečnija ist durch den Beitritt tiefer stehender Stammesmitglieder einer Erweiterung fähig. Niedriger als die Krens stehen die Vorsteher der Weiler „Pari Mahals",[495] deren Würde sich gleichfalls im Majoratsprincip forterbt. Virtuell kann ich, von dem Namen abgesehen, zwischen einem Krüe keinen besonderen Unterschied erkennen, denn ein Bajrak ist oft nichts anders als ein Krüe höherer Ordnung; ein Krüe verhällt sich daher zum Bajraktar etwa so wie ein Pari Mahals zu einem Krüe. Das Gebiet von Thethi in Šala ist ein typisches Beispiel dafür, wie die Würde des Kren erst mit der Entwicklung eines neuen Dorfes auftritt, denn es wurde erst 1620 besiedelt, hat aber heute fünf wohlgetrennte Dörfer, und jedes Dorf hat seinen Krüe.

Schwieriger als die Stellung eines Krüe ist es, die Stellung des Wojwoden zu erklären. Es scheint mir nämlich, daß es sich hier nicht um einen bloß auf Primogenitur basierenden Adel, sondern um eine fremde, von außen importierte Würde handelt, die erst später, infolge der sich an alles klammernden Eitelkeit der Albaner in der Familie eines Wojwoden erblich wurde. Am stärksten ist die Institution des Wojwodentums in den Malissoren-Stämmen entwickelt, am wenigsten in der Malcija Vogel. In Mirdita scheint diese Institution ganz zu fehlen. Das Maximum ihrer Entwicklung liegt daher im Gebiete der alten Zedia,[496] also in jenem Gebiete, das den montenegrinischen Einfluß am stärksten spürte.

---

492 Vojvoda.
493 Krye.
494 Von gjobë: Strafgeld.
495 Heute: i pari i mahallës.
496 Zeta.

In Thači, dann in Raja und Palci soll der Wojwode, soferne er darauf besteht, theorethisch den Vortritt vor dem Bajraktar haben. In Nikaj ist sich der Wojwode seiner Würde gleichfalls voll bewußt, dennoch spielt er in keinen der genannten vier Gebiete irgend eine Rolle. Mit Ausnahme von Thači habe ich im Gebiete von Dukadžin oder Merdita nichts über die Existenz eines Wojwoden erfahren. Ich identificiere daher diese nichtalbanische Würde mit der slawischen Wojwodenwürde, doch mit dem Unterschied, daß in slawischen Gebieten der Wojwode gewählt wurde, während sich in Albanien diese Würde von Vater auf Sohn vererbte. Auch im slawischen Gebiete mußte allerdings stellenweise, so bei den Kuči von Drekalović, der Wojwode, der in erster Linie der Heerführer war, aus einem bestimmten Geschlechte gewählt werden, und hiezu erreichte seine Stellung etwar die des Häuptlings eines schottischen Clans. Er wurde zuweilen aber nur auf Kriegszeit gewählt. Im Gegensatze zum Clanchef erhalten aber weder ein montenegrinischer Wojwode noch irgend ein albanischer Chef, sei er Bajraktar, Wojwode oder etwas ähnliches, eine Abgabe vom Stamme.

Daß hervorragende Individuen in Montenegro mit den Wojwoden ebenso rivalisiren konnten, wie mit dem Bajraktare in Albanien, wird von Rovinski ausdrücklich betont.[497] Gjecov[498] erwähnt, daß in Merdita noch besondere Herolde (Kaznec)[499] existieren sollen, deren Würde an ein bestimmtes Gehöft hafte und erblich sei.[500] Diese Kaznec sollen den mittel- und südalbanischen Permittür entsprechen. Ich habe über solche Herolde während eines 5 jährigen Aufenthaltes nichts erfahren, von sonstigen Reisenden werden diese Herolde auch nicht erwähnt. Herolde soll es in jedem Fis und in jedem Dorfe (Katun) geben.

Wie aus diesem Exposé ersichtlich, basiert die Verwaltung und Regierung eines jeden Bajrak in Nordalbanien mutatis mutandis auf einer durch aristokratischen Beirat beschränkten Monarchie, in der, wie wir aber sehen werden, jedes Dorf unter dem Vorsitz seines Chefs eine gewisse Autonomie hat.

3. Die Voglija[501]

Die Voglija, das heißt die Gesamtheit jener Männer eines jeden Stammes, die nicht zur Plečnija gehört, hat bei den Berathungen des ganzen Stammes nichts zu sagen. (Ein Gesuch von Kažnjeti[502] des Jahres 1862 ist allerdings von der Plečnija und Voglija unterfertigt). Da jedoch die türkische Regierung meist nur

---

497 Siehe ROVINSKII, ebenda.
498 Gjeçovi, Shtjefën Konstantin (1873–1929); albanischer Priester, Ethnologe, Archäologe und Schriftsteller. Er hat als erster den Kanuni i Lekë Dukagjinit veröffentlicht, siehe den vierten Abschnitt.
499 Kasnec.
500 Kanuni i Lekë Dukagjinit, mbledhur dhe kodifikuar nga Shtjefën Gjeçovi, hrsg. von Koço Nova, Tiranë 1989, S. 43. (= E drejta zakonore shqiptare, Bd I). Gjeçov wird in weiterer Folge nach dieser Ausgabe zitiert.
501 Vom albanischen Ausdruck „i vogël": klein.
502 Kashnjeti.

mit der Plečnija zu verhandeln hatte, so begreift sich, daß jene Regierung alle Mittel in Anwendung brachte, um die Plečnija in Botmäßigkeit zu halten. Wie bekannt, spielten unter diesen Mitteln Strafexpeditionen und Bestechungsgelder eine wesentliche Rolle, da aber Strafexpeditionen gegen die Bergbewohner stets mehr kosteten als man bei ihnen profitierte, pflegte man hauptsächlich auf die bei dem geldgierigen Charakter der Albaner nie versagenden Bestechungsgelder ziemlich großes Gewicht zu legen. Naturgemäß machte sich die Wirkung dieser Gelder geltend. Die Mitglieder der Plečnija neigten häufig mehr als ihrer Popularität ersprießlich war auf die Seite des Vali und der Bulükbaschen, und dies hatte dann endlich stellenweise eine Reaction zu Folge. Das erste Gebiet, wo gegen den übermäßigen Einfluß des Bajraktars und der Plečnija eine Reaction eintrat, war das Gebiet Šala. Der Träger der Reaction war naturgemäß die Voglija, und die Häupter der reactionären Partei waren naturgemäß des Bajraktars hervorragendste Gegner, also Čun Nika und namentlich Mehmed Špendi. Ihren sichtbaren Ausdruck fand die Reaction in der Gründung der Dželmija.[503] Im Gegensatz zur aristokratischen Plečnija ist die Dželmija eine demokratische Versammlung. Mitglied der Dželmija zu sein, ist daher auch nicht ausgesprochen erblich, und den demokratischen Charakter verräth die Dželmija auch äußerlich schon dadurch, daß sie in Šala bei einer Gesamtbevölkerung von ca 3.000 Seelen gleich 90 Mitglieder umfaßte. Die Dželmija Šals trat erst ungefähr um 1890 ins Leben. Mit ihrem Entstehen war in Šala die Macht des Bajraktars und der Plečnija so zu sagen gebrochen, denn, wenn auch der Bajraktar nach außen hin noch formell als Stammeschef functionierte, so verstand es dennoch Mehmed Špendi mit Hilfe seiner Partei, im Inneren des Stammes den ganzen Einfluß an sich zu reißen.

Als Beleg dafür, daß die Dželmija Šals ihren Willen ohne weiters durch zu setzen vermochte, diene eine kleine Episode. Um 1904 waren bei der Ceremonie des Haarschneidens in Šala unverhältnismäßig hohe Geschenke, das heißt Geschenke von 60 bis 80 Kronen Höhe üblich, und dies war nun einerseits bei angesehenen Familien, die man gerne zur Haarschnittceremonie heranzog, eine ganz bedeutende Belastung ihres Vermögens, anderseits erregte aber dieser Luxus infolge des Neides der Albaner böses Blut bei der ärmeren Klasse. Alles dies zusammen bewog die Dželmija, die Maximalhöhe der Geldgeschenke beim Haarschnitt auf 20 Kronen zu fixieren. Um nun das Gesetz zu umgehen, tauschten zwei Thethi höherwerthige Geschenke, doch da mengte sich die Dželmija mit Mehmed Špendi an ihrer Spitze in die Sache, schlachtete zur Strafe je eine Kuh jeder Familie, und erzwang mit Hilfe von 500 Bewaffneten die Rückerstattung der Geschenke. Auch das wurde ohne äußeren Einfluß von den Dželmija Šals durchgesetzt, daß, um der im Frühjahre stehts wiederkehrenden Preissteigerung des Maises vorzubeugen, seit 1904 die Maisausfuhr aus Šala verboten wurde. Freilich erwarb sich der Rat der Jugend durch diesen Vorschlag unter den reicheren Stammeschefs, die von den höheren Maispreisen profitierten,

---

503 Djelmnija, vom albanischen Wort „djalë": Knabe.

viele Feinde, das Gros der armen Bevölkerung stand ihm jedoch naturgemäß zur Seite. Ein ähnliches Ausfuhrverbot ergieng einst auch in Toplana und dort wurde auch z. B. der Höchstpreis für Schafkäse in analoge Weise fixiert. Ähnliche Bestimmungen finden sich in Padua in 1263 und 1259. Diese Parallelismen sind kulturhistorisch interessant, rechtsgeschichtlich aber als Convergenzenschemen wertlos.

Die Mitglieder der Dželmija mußten in der Kirche auf Kreuz und Missale schwören, alle Gesetze ohne Hintergedanken zu machen und achtzugeben, daß dieselben gehalten werden und zwar schwur der Pari Dželmijs persönlich, dann leisten einige den Eid im Namen aller andern. Die Dželmija regierte Šala in ihrer Art und Weise ganz nach ihren Belieben, und was der Bajraktar tat, gieng sie nichts an. Falls sich gegen die Dželmija eine Opposition regte, wurde diese z. B. durch das Schlachten zweier Kühe bestraft, falls die Opposition größer wurde, entschieden die Waffen. Der erste der Dželmija berief, wenn nötig, die übrigen Mitglieder durch sechs Schüsse und den Ruf „die Gesetze sind verdorben", und darauf mußten sich alle Mitglieder versammeln. Wer sich der Versammlung entzog, erhielt dieselbe Strafe wie jener, wegen dessen Bestrafung die Versammlung einberufen wurde. Bei Verurteilungen durch die Djelmija wurde das Fleisch der zur Sühne geschlachten Thiere an das ganze Dorf vertheilt, die Kren erhielten zusammen die Häute.

Außer dem Schlachten von einer oder mehreren Kühen oder Ochsen, war in der Regel Zahlung von Sühnegeld oder Verbrennen des Hauses die Strafe, zu der die Djelmija die Uebeltäter zu verurtheilen pflegte. Alles dies geschieht, analog zu der Gewohnheit, daß der Regierung oder dem Bajraktar zu zahlendes Sühngeld diesem zukommt, zu Gunsten der Djelmija.

Weniger markant als in Šala kam die demokratisch-nationale Reaktion gegen die Macht der Plečnija in den übrigen Gebieten der Malcija Vogel oder Dukadžin zum Durchbruch. In Ibalja beschränkte sie sich z. B. darauf, daß der aus vier Kren bestehende alte Rath um vier Mitglieder der 24 Kopf starken Djelmija erweitert wurde und von nun an daher acht Kren zählte. Die vier alten Kren pflegten in diesem Gebiete die allgemein nothwendigen Gesetze zu proponieren, während die vier neuen Mitglieder in Vereine mit der Djelmija für deren Durchführung zu sorgen hatten. Der Schwur unbestechlich zu sein, den die vier neuen Kren auf Brot und Salz zu leisten hatten, fiel bei dieser Durchführung freilich nicht schwer in die Waage.

In Nikaj regierten officiell der Bajraktar, der Pari Djelmijs, der Wojwode, dann die vier Kren und die 20 Mitglieder der Djelmija. Bloß ein von allen diesen Leuten gefaßter Beschluß war für den Stamm bindend.

In Komana proponierten die Stammesältesten die Gesetze, die Volksversammlung am Sonntag bei der Kirche entscheidet dann darüber und zwar manchmal auch in negativem Sinne. Durch den Bajraktar der Plečnija und der Djelmija wurden die einen ganzen Stamm betreffenden Angelegenheiten geleitet. Bloß einzelne Dörfer betreffende Angelegenheiten kamen nur in Ausnahmefällen, das heißt im Falle des Appellierens, an diese höhere Instanz. Zur Erledigung localer Vorfälle genügten die einzelnen Kren und die unter ihrem Vorsitze einberufene Versammlung der Familienväter des betreffenden Gebietes.

Naturgemäß sind in Albanien die angesehnsten Familienväter die Dorfältesten des betreffenden Dorfes, und ohne den Dorfältesten konnte der Krüe einer Gegend ebenso wenig unternehmen wie der Bajraktar ohne der Zustimmung der Kren.

Da bei verschieden wichtigen Sachen die Anzahl der über den betreffenden Punkt berathenden Dorfältesten etc je nach der Wichtigkeit der Angelegenheit varirte, [...] ist die Zahl, wie viele Älteste bei einer bestimmten Sache zu berathen hatten, durch die Stammesgesetze genau fixiert [...]. Die so niedrigsten Instanzen in dieser Reihe von Würdenträgern bildeten die Vorstände der einzelnen Familien.

4. Die Familien

Die sociale Einheit Nordalbaniens ist außerhalb der Städte nicht das Individuum, sondern die nur agnatische Verwandtschaft kennende Familie.

Aus linguistischen Eigenthümlichkeiten des Wortes Dhaner[504] (Schwager) scheint Professor Jokl, daß seiner Zeit die Verbindung zwischen Schwiegersohn und Schwiegervater eine intimere war als heute. Trifft dies zu, so weist dies auf eine relativ spät eingetretene Verstärkung des agnatischen Principes. Daß einer Abschließung gegen Fremde diese Verstärkung sowie die Reception des byzantinischen Retractrechtes congeniale Vorgänge sind, sei vorgreifend betont.

Auf das hohe Alter der Sippenverfassung Albaniens und auf ihre starke Ausgestaltung unter dem Einflusse langobardischer Rechtsnormen weist das Vorkommen des langobardischen Wortes „far" für (= Art), das im Langobardischen Nachkommenschaft, Geschlecht bedeutet.

Das Vorkommen auffallend vieler neben einander erbauter Kirchenruinen in allen den in vortürkischer Zeit dichter besiedelten Gebieten Albaniens, so z. B. Dušmani und Toplana, namentlich aber in den Ansiedelungen, die schon um das X. Jahrhundert entstanden, so Kalaja Dalmaces, Surdha und Šaš, läßt es wahrscheinlich erscheinen, daß schon damals jedes der größeren auf sich gegenseitig eifersüchtigen Geschlechter dieser Orte seine eigene „Familien-Kirche" hatte. In Montenegro hat [sich] dieser Zustand in Njegus zum Beispiel noch lange Zeit erhalten. Rovinsky erwähnt von dort 400 Familien und 15 Kirchen. Aus Čekliči 200 Familien und 9 kleine Kirchen.

Charakterisiert wird die jetzige albanische Familie durch die Gemeinsamkeit des Besitztums und daher auch die Gemeinsamkeit der Behausung; da es aber oft einer genaueren Untersuchung bedarf, ob nebeneinander stehende Gebäude von einer Familie gemeinsam oder von mehreren Familien bewohnt werden, ist die Gemeinsamkeit der Behausung nicht immer in die Augen springend. Jede

---

504 Dhanërr (dhëndër).

Familie wird in Albanien „Haus" (Špi)[505] bezeichnet. Das Analoge hiezu ist die serbische Kuča. Genau so wie in Bosnien, läßt sich auch bei der Landbevölkerung Albaniens zwischen der einschichtigen aus Vater, Mutter und unverheirateten Kinder bestehenden Familie und der mehrere Generationen umfassenden vergrößerten Familien gar kein Unterschied constatieren.

Ein für Mirdita eigentümlicher Zug, der allen übrigen Bauernfamilien Nordalbaniens abgeht, besteht darin, daß in Merdita außer den Eigennamen auch Familiennamen üblich sind, die „Ladjam" heißen. Es sind dies in der Regel die Namen des Gründers des betreffenden Hauses. Doch sind diese Familiennamen auch hier nicht allgemeinen bekannt, weshalb man sie nur selten hört. So ein Familienname ist z. B. Skanej. Der vielfache Mangel an Familiennamen in Albanien wird leider von den meisten Historikern außer Acht gelassen, und daher kommt es dazu, daß von Historikern manchmal die Existenz gewisser Adelsfamilien supponiert wird, die wohl niemals bestanden haben. Als Beispiel einer wahrscheinlich nicht existierenden Familie will ich Jonimas (1474–1518) anführen, in welchem Falle der Name offenbar bloß aus Gjoni madh (Gjon der Große) gebildet wurde. Als Gegenstück erwähne ich gleich, daß ein localberühmter Katholik Djakovas heute Zef i vogel (Zef der Kleine) genannt wird. Das albanische Špi (als Familie) deckt sich vollkommen mit jener primitiveren Form der serbischen „Zadruga", bei der nicht der Hausrat, sondern der Hausvater die Entscheidung über alle Fragen in den Händen hatte, es sei denn, daß seine feierliche Absetzung für nötig erachtet wurde.

Die einschichtige, etwa bei dem Auftheilen einer Hauskommunion entstandene Familie vergrößert sich in Albanien so wie in Bosnien durch die Aufnahme der Bräute der im Hause befindlichen Söhne zu einer mehrschichtigen Familie.

Von einer theilweisen oder völligen privaten Absonderung irgend einer Ehegattin oder eines Ehepaars, etwa wie in Bosnien, ist jedoch absolut nie die Rede, und so kann denn theoretisch eine Familie ins Unbegrenzte wachsen. Daß ein Ehepaar ein eigenes Zimmer erhielt, geschah nur beim Bajraktar von Gruda und auch da unter montenegrinischen Einfluß. Je größer eine Familie war, über desto mehr wehrhafte Männer pflegte sie zu verfügen, und da in der Familie namentlich in Blutracheangelegenheiten der Grundsatz „alle für einen, einer für alle" unerschütterlich feststand, bedingte die Größe einer Familie nicht nur den persönlichen Schutz der einzelnen Glieder, sondern erhöhte auch das Ansehn und die Wichtigkeit des Familienchefs in jeder öffentlichen Sache.

Familien mit 20 erwachsenen Männern waren um 1906 in Albanien gar keine seltene Erscheinung und dasselbe galt um 1800 für die in Syrmien lebenden Klmeni. Die Familie Lul Djokas in Thethi zählte, um nur ein konktretes Beispiel anzuführen, vor ihrem Zerfall in 1906 nahezu 50 Männer. In Gomsiče soll sich einst eine Familie getheilt haben, die dreihundert Mitglieder umfaßte. Den Wohlstand dieser Familie charakterisiert am besten die Angabe, daß damals zwei Tausend Schafe aufgetheilt wurden. Auch Hahn erwähnt, daß es seinerzeit

---

505 Shpi (shtëpi).

in einigen albanischen Familien 60–100 männliche Mitglieder gab, und auch aus Borgo Erizzo[506] sind große, bis 50 Mitglieder umfassende Familien bekannt geworden. Heute ist der Durchschnitt der Familien in Merdita und der Malcija Madhe auf 7, in der Malcija Vogel und Dukadžin auf 6 Personen zu schätzen. In Montenegro war in der zweiten Hälfte des XIX. Jahrhunderts sogar in den starken albanischen Einschlag aufweisenden Gebieten die Kopfzahl in den einzelnen Familien schon bedeutend kleiner als in Albanien, denn eine Familie mit 7 Köpfern galt damals schon als Curiosität.

Da in Albanien Großfamilien auch auf Karstgebiet existieren, kann der Mangel desselben in der Katunska Nahija[507] nicht durch die Karstnatur der Gegend bedingt sein. Wenn ein äußerer Factor im Stande ist, die Großfamilie zu erschüttern, so ist es der Gelderwerb einzelner Mitglieder in der Fremde. Da dieser in der Mitte des XIX. Jahrunderts in Montenegro schon existierte – die Montenegriner erwarben sich schon damals zum größten Teil in Constantinopel Geld – den Einwohnern der Karstgebiete Nordalbaniens aber diese Art des Gelderwerbes am Anfange des XIX. Jahrhundert noch fremd war, so glaube ich den Impuls zum Aufhören der Gütergemeinschaft in der Katunska Nahija darin zu suchen, daß die sich in der Fremde Geld erwerbenden Söhne infolge der Lage der Dinge von ihren Vätern unwillkürlich emancipirten.

Den Aufbruch oder Zerfall der Familie bedingen meist, wie bei den Südslawen, der Tod oder das Altern des Familienchefs oder, was [...] bei den Serben noch häufiger vorkommt, Streitigkeiten unter den Frauen, in die endlich die Männer hineingezogen werden. Der Aufbruch der Familie ist mit Gütertheilung und meist mit Zank verbunden, und der Chef eines jeden Theiles gründet nun seinerseits eine kleine Familie. Jede Auftheilung hat naturgemäß eine Verarmung und Schwächung jedes neuen Familientheils zur Folge und mit dem Verschwinden der Gesammtheit sinkt daher auch das Ansehen des Individuums für eine längere Periode. Freilich ergibt die Theilung solcher Familien endlich die Familienverbände oder monophyletischen Stämme einer Gegend. Solche große Familien oder aus diesen hervorgehende Familienverbände sind offenbar die Einheiten, die wir im XII. Jahrhundert aus Dalmatien kennen; eine Entwicklung dieser Familienverbände zu größeren politisch organisierten Stämmen war aber bei diesen alten dalmatischen Familienverbänden offenbar durch den Einfluß der Krone unmöglich.

Da jeder Familie aus den Handlungen ihrer Mitglieder entweder Vortheile oder Nachtheile erwachsen, ist bei wichtigeren Angelegenheiten, wie etwa Mord, die Familie für die Handlungen der Familienmitglieder corporativ haftbar. Offenbar ist diese corporative Haftpflicht als eine das Functionieren der staatlichen Centralgewalt erleichternde Maßregel zu betrachten. Als Chef der Familie gilt der das gemeinsame Vermögen verwaltende Hausherr.

---

506 Stadt in Dalmatien bei Zadar, wo seit dem 18. Jahrhundert eine albanische Kolonie lebt.
507 Gebiet in Montenegro.

Der Familienvater, der „Zoti špijs"[508] oder „i Pari špijs"[509] genannt wird, repräsentiert jede Familie gegen Außen, er entscheidet die im Schoße der Familie aufkommenden Fragen und verwaltet das der Familie gemeinsame Vermögen. Auf das Privatvermögen seiner Frau oder anderer eingeheirateter Frauen hat er nur sehr beschränktes Anrecht. Wie groß das Ansehn des Familienoberhauptes in Albanien ist, kann man daraus ersehn, daß, wenn jemand von einem mit ihm in derselben Familie lebenden Menschen, also einem Familienmitgliede, getödtet wird, dies eine interne, bloß den Familienchef betreffende Familienangelegenheit ist, die den Stamm nichts angeht, weshalb auch eine Versöhnung durch Außenstehende zu den Unmöglichkeiten gehört. Der Familienchef ist in so einem Falle die höchste und einzige richterliche Instanz, die in Betracht kommt. Einen Beleg für diese Befugnis des Familienvaters citiert Durham. Daß sich, wie in dem benachbarten Montenegro, bei Eigenmächtigkeiten des Familienvaters der Stamm als solcher in Familien-Angelegenheiten eingemischt hatte, kam in Albanien nicht vor; dies war allerdings auch in Montenegro selten.

Da dem stets sehr geehrten Familienvater das Verfügungsrecht über das ganze Gut der Familie zukommt und da er die Macht hat, für die Heirat seiner männlichen Nachkommen zu sorgen, da er mit einem Wort in der Familie unumschränkter Herr ist, ist naturgemäß ein Auftheilen des Familienbesitzes zu seiner Lebenszeit fast unmöglich. Beim Tode des Familienvaters gehen dessen Pflichten und Rechte auf den ältesten Sohn oder den nächsten Erben über. Eine Wahl des Familienvaters findet nicht statt. Es ergibt sich, daß zuweilen zwei bis drei Generationen in Gütergemeinschaft in einem oder zwei neben einander gebauten Häusern leben. Hat freilich der erbende ältere Bruder den übrigen Brüdern gegenüber nicht genug Autorität, um die Familie zusammen zu halten, dann kommt es zur Trennung.

5. Das Functionieren der Stammesorganisation

Nachdem wir an der Spitze des Bajraks den Bajraktar und die durch die Dželmija in ihren Wirkungskreis mehr oder weniger eingeschränkte Plečnija, an der Spitze der einzelnen Dörfer die Kren, an der Spitze jedes Weilers den Pari Katunit oder Plaku Mahals, endlich als Vorsteher eines Familiengutes den Pater Families oder seinen Erstgeborenen erkannt haben, außerdem außer diesen Factoren als einen von außen eingesetzten Stammesführer, den Wojwoden und deren Stellung besprochen haben, müssen wir uns fragen, wie die ganze Stammesorganisation functionierte.

Infolge der Autonomie der einzelnen Bestandtheile eines Stammes müssen wir solche Angelegenheiten unterscheiden, die den ganzen Stamm betrafen und solche, die auf einen Stammestheil beschränkt blieben. In erster Linie ohne Rücksicht auf ihre Natur waren alle Angelegenheiten des Stammes mit der tür-

---

508 I zoti i shpis (i zoti i shtëpisë).
509 I pari i shpis (i pari i shtëpisë).

kischen Regierung, sogar jede dem Bülükbaš in Skutari vorgebrachte private Klage, mußte daher im Stammeswege erledigt werden. Nach türkischer Auslegung des Kanun konnte wer immer wegen des Vergehens eines anderen derselben Gemeinde eingesperrt werden, und zwar geschah dies, um die Dorfältesten zu zwingen, die Strafe am eigentlichen Übeltäter zu vollziehen. Gelangte eine Privatsache nicht an das Forum in Skutari, dann war ihre Erledigung naturgemäß Sache des Dorfes oder eventuell des Stammes. Daß sich der Stamm als solcher in eine Privatangelegenheit mischte, geschah nur in schwerwiegenderen Fällen; leichtere Fälle wurde vom Dorfe in eigenem Wirkungskreise erledigt.

Ein Apellieren von der Dorfversammlung zu einer höheren Instanz, also der Pleč[510] oder der Dželmija, war eine zulässige, wenn auch manchmal kostspielige Sache. Oft wurden bei solchen Gelegenheiten ad. captandam benevolentium zuerst die hervorragenden Stammchefs zu einen Gastmahle geladen.

Ich citiere diesbezüglich ein Beispiel. Am 20. November 1905 war durch einige Šala in Planti ein Mord begangen worden. Nach dem Morde wurde von den Mördern ein Festgelage veranstaltet, doch geschah dies angeblich nicht, um die Tat zu verherrlichen, wie dies in Šala dann Sitte ist, wenn man einen Nikaj tödtet, sondern um die Häupter von Šala abzufüttern, damit die Täter nicht genöthigt würden, Sühngeld zu zahlen. Als Stammesangelegenheit galt z. B. das Vertreiben vom von den türkischen Behörden unabhängigen Stammesgebiet und das Niederbrennen eines Hauses im Falle eines Mordes. Andere Stammesangelegenheiten betrafen das Abschließen von Frieden und/oder die Kriegserklärung an andere Stämme. In diesem Punkte war speciell der Plečnija von ausschlaggebender Bedeutung. Die Verkündigung des Beschlusses mußte durch den Bajraktar oder an seiner Statt durch seinen nächsten Verwandten erfolgen.

Zwei concrete Zwischenfälle können die Autonomie der einzelnen Gemeinden und das Recht des Bajraktars, Krieg und Frieden zu erklären, am einfachsten erläutern. Im Spätherbste des Jahres 1905 geschah es, daß ein Bewohner aus Ober-Šala (Thethi) einen Conflict mit dem Pfarrer von Unter-Šala hatte und ihm eine Ohrfeige antrug. Durch dieses Vorgehn fühlte sich der Pfarrer naturgemäß beleidigt, er drohte, falls ihm der Bezirk Thethi durch Bestrafung des Übeltäters nicht augenblicklich Genugtuung leiste, dem ihm offenstehenden Rechtsweg zu betreten und an den ganzen Bajrak Šala zu appellieren. Auf diese Androhung hin versammelten sich die Häupter von Thethi, confiscierten dem Übeltäter zwei Kühe, schlachteten sie, vertheilten das Fleisch der einen Kuh unter einander und sandten das Fleisch der anderen Kuh an die Häuptlinge des übrigen, infolge der Beleidigung seines Priesters bereits arg erregten von Unter-Šala. Die Häuptlinge von Unter-Šala erachteten diese Sühne für zu gering, sie sandten daher das Fleisch zurück und erklärten in Einvernehmen mit dem Bajraktare, daß Thethi den Übeltäter zu zwingen habe, mit 245 Eideshelfern im Eideswege seine incriminirte Äußerung zu anullieren. Wegen dieser Forderung des ganzen Bajrak Unter-Šala versammelte sich am 5. November die ganze Pleč-

---

510 Die Ältesten.

nija inclusive Thethi, und in dieser Versammlung mußte es nun zur Entscheidung kommen. Da eine res judicate oder wenigstens etwas dem verzweifelt ähnliches vorlag – denn es war unmöglich, die einmal geschlachteten und verspeisten Kühe zum Leben zu erwecken – war die Situation recht schwierig. Die Häuptlinge von Thethi taten ihr möglichstes, Unter-Šala zu überreden, es bei dem Geschlachtetsein der zwei Kühe bleiben zu lassen, Unter-Šala war aber unerbittlich, drohte im Weigerungsfalle 500 Mann stark nach Thethi zu kommen, um dem Beleidiger sein Haus zu verbrennen und seine Äcker zu zerstören, und infolge dieses Standpunktes sah sich das nur über 100 Bewaffnete verfügende Thethi, wollte es nicht zu einem Gefechte mit Šala ankommen lassen, endlich genöthigt, den Standpunkt Unter-Šalas zu acceptieren, das heißt, im eigenen Wirkungskreis den Beleidiger zu zwingen, als Sühne für die Beleidigung, den verlangten Eid zu leisten. Infolge dieser Entscheidung galt naturgemäß das Schlachten der beiden Kühe als eine unrechtmäßige Handlung, und die Häuptlinge von Thethi mußten sie ersetzen.

Eine Angelegenheit einiger Ziegen zeigt, wie der Bajraktar gegen außen hin anderen Stämmen gegenüber in Privatangelegenheiten auftritt. Hajdar Kazoli aus Nikaj stahl dem Djon Nika aus Lekaj in Šala, obzwar zwischen beiden Stämmen die „Bessa der Hirten" zu Recht bestand, acht Ziegen. Djon Nikaj beschwerte sich bei seinem Bajraktar, und deshalb wandte sich der Bajraktar von Šala an den Bajraktar von Nikaj, um diesen zu veranlassen, Hajdar Kazoli zur Rückgabe der Ziegen zu gezwingen. Der Bajraktar von Nikaj sagte zu, doch nahm sich der Sache nicht sonderlich an, und es verstrich ein Termin nach dem anderen, ohne daß die Ziegen zurückerstattet worden wären.

Diese Saumseligkeit des Bajraktars von Nikaj faßte Prel Marku, der Bajraktar von Šala, als persönliche Beleidigung auf, und energische Schritte seinerseits hatten das zur Folge, daß einige Šala vom Bajraktar von Nikaj nun die Erlaubnis erhielten, als Boten Prel Markus, die Ziegen Djon Nikajs selbst zu holen. Als sie aber bei Hajdar Gjoni anlangten, hatte dieser die gestohlenen Ziegen versteckt, und so mußten die Boten Prel Markus mit leeren Händen wieder abziehen. Hiedurch war Prel Marku natürlich neuerlich beleidigt, und unter gewöhnlichen Umständen hätte dies gleich dazu geführt, daß die Bessa zwischen Šala und Nikaj gekündigt worden wäre; energischen Vermittlungsversuchen von dritter Seite nachgebend, beschloß aber Prel Marku, nochmals zu warten, und, gleichfalls einem Drucke von außen Folge leistend, schickte endlich auch der Bajraktar von Nikaj, da er der gestohlenen Ziegen nicht habhaft werden konnte, zur Schadloshaltung des Djon Nika acht andere Ziegen nach Šala. Dieser Schritt hatte nicht die erhofften Folgen, denn es beharrte nun der Stamm Šala auf Einhaltung der Anfangs eingegangenen Verpflichtungen, er wollte nämlich nicht irgendwelche wahrscheinlich gestohlene Ziegen statt der aus Šala gestohlenen annehmen, da sich später daraus neuerliche Streitigkeiten um deren Eigentumsrecht hätten ergeben können. Trotz dieser Schwierigkeiten ließ der außenstehende Vermittler, es war dies der Verfasser dieser Zeilen, der sich der Sache angenommen hatte, nicht locker, und nun er erklärte, er, da ihm der Stamm rp.

der Bajraktar von Nikaj die Regelung der Sache versprochen hatte, sich seinerseits als schwer beleidigt, denn die Sache sei noch immer nicht geregelt, und er
sei durch das Vorgehen der Nikaj in den Augen der Šala compromitiert worden,
da er ja die Verpflichtung übernommen hatte, die Sache in Ordnung zu bringen,
und so forderte denn nun er, da er ihr Gast war, Genugtuung von den Nikajs.
Diese neue Wendung der Sache hatte endlich das zur Folge, daß die Schuld an
der Beleidigung des mit den Nikaj befreundeten Vermittlers dem Diebe Hajdar
Djoni zur Last gelegt wurde, denn dieser hatte ja durch das Verstecken der Ziegen das ganze Unheil verschuldet, und so drohte endlich der Stamm Nikaj dem
Diebe, falls er die gestohlenen Ziegen nicht sofort nach Šala zurückbringe, sein
Haus anzuzünden und ihn aus dem Stammesgebiet zu vertreiben. Diese Intervention half, und so war diese Angelegenheit auf Umwegen geregelt. Getrübt
wird das Bild der Handlung durch das Auftreten des unerbittlichen Vermittlers;
das Bild des Bajraktars, der gleich anfangs für die Schäden seines Stammes eintritt, ist aber deutlich zu erkennen. Leider verbietet es der Raum, hier andere
Belege aus meiner albanischen Rechtspraxis zu bringen.

Über Krieg und Frieden wird in der Stammesversammlung beschlossen. Je
stärker eine Stammesversammlung (Kuven)[511] besucht ist, desto schwerwiegen-
der sind naturgemäß ihre Beschlüsse.

In der Regel versammelt sich der Stamm an einem durch die Tradition festge-
stellten Orte. Ganz Merdita versammelt sich vielleicht zum Andenken an Pal
Dukadžin, von dem es abzustammen angibt, in Špal unweit von Bliništi; Kastrati
versammelt sich beim Brunnen von Frašni Keč[512] unweit Bajza; Dušmani bei der
Kapellenruine Ksštenja Mchil;[513] Šala entweder bei der Pfarre oder bei der
Brücke von Šala.

Hier scheint es angebracht, auch die von Gjecov erwähnten Orte zu nennen,
bei denen sich andere nordalbanische Gebirgsstämme versammeln.[514] Lurja versammelt sich bei der Kirche im alten Dorf, Kthela bei der Quelle Kroni Fikut[515]
in Perlataj. Für die Gebirgsstämme Alessios gilt der Birnbaum Dardha Kerbuces
am Mallung als Versammlungsort. Šoši trifft sich bei der mittelalterlichen
Kirchenruine Šn Gjergi; Puka bei dem auf Römerzeit zurückgehenden Čütet
Puks;[516] Postripa bei der römischen (?) Burgruine Drišti; Klmeni am Predelec
Paße; Hoti beim Hange Brinja Rapš.[517]

Die äußere Form einer Stammesversammlung ist die, daß nach lange vorher-
gegangenen vertraulichen Besprechung der Chefs unter einander (vergl. Tacitus
seine Schilderung der alten Germanen), der Bajraktar die Versammlung eröffnet, und er oder sonst ein guter Redner in der lautlosen Versammlung die Sache,

---

511 Kuvend.
512 Frashni i Keq (Frashëri i Keq).
513 Kshtenja Mçil (Gështenja Mçil).
514 GJEÇOV, S. 129f.
515 Kroni i Fikut (Kroi i Fikut).
516 Qyteti i Puks (Qyteti i Pukës).
517 Brinja e Rapshs (Brinja e Rapshës).

wegen der die Versammlung einberufen wurde, vorbringt; hierauf antworten einer oder mehrere darauf in längeren wohlgefügten Reden, dann bricht die gemeinsame Versammlung auf, jeder Krüe zieht sich mit seinen Leuten Gruppen bildend zurück, jede dieser Gruppen bildet auf den Boden oder herbeigeholten Steinen sitzend einen Kreis um den Krüe, und nun berathet jede Gruppe für sich die Proposition. Meistens fällt die Entscheidung nach Wunsch des Krüe aus, doch geschieht es auch, daß er genöthigt ist, seine Ansicht dem allgemeinen Verlangen entsprechend zu modificieren. Sind diese Einzelberathungen der Krüe mit ihren Anhängern glatt zu Ende, dann vereinigen sich wieder alle Gruppen zu einer gemeinsamen Versammlung, und hier kommt es nun zu der entscheidenen, bloß unter den Krüe geführten Debatte.

Auch das habe ich gesehen, daß sich aus dieser Debatte irgendeine Gruppe neuerdings zurückzog, um ihren Standpunkt neuerlich zu berathen und eventuell zu modificieren. Kommt man zu einer Entscheidung, so wird diese vom Bajraktar verkündet, wobei in Nikaj z. B. die Formel „Bajraktari me djith Wojwoden e me ism djith Parijs e Voglis"[518] (der Bajraktar mit dem Wojwoden und der Erlaubnis des ganzen Parija und Voglija) Verwendung findet. Der Bajraktar zeigt sich also als das ausführende Organ der Aristokratie (Parijs) und der Plebs (Voglija). Die besondere Erwähnung des Wojwoden geschah [im] von mir citierten Falle nur, um ihm schmeicheln und ihn für die Sache zu gewinnen.

Ein officielles Schreiben der türkischen Regierung aus dem Jahre 1857 an den Stamm Kuči, von dem leider nur die deutsche Übersetzung vorliegt, beginnt mit den Worten: Gruß an die Häupter und an alle armen Leute der Kuči. Wie man sieht, waren auch hier die Parija und die Voglija scharf getrennt.

Kommt es bei einer Stammesversammlung zu keiner Entscheidung, so wird die Erregung bis zum Sieden gesteigert. Oft geht in solchen Fällen die Versammlung resultatlos auseinander und im günstigen Falle kommt man dahin überein, diese Sache in einer neueren Vollversammlung zu besprechen. Der Gottesfriede (die Bessa), die beim Beginne einer jeden Versammlung proklamiert wird, verhindert es meist, daß eine beschlußunfähige Versammlung mit Tätlichkeiten endet, wenn jedoch schon zwei oder gar drei stets resultatlose Versammlungen auf einander folgen, dann rückt, da jede Versammlung stets mit dem Waffen in der Hand besucht wird, die Gefahr einer Schießerei in unmittelbare Nähe. Durham schildert eine schreiende stürmische Versammlung in Thethi, bei der wegen des Widerstandes des einen Dorfältesten und seines Anhanges die übrigen vier Häuptlinge einen Weiderechte betreffenden Beschluß nach zweitägiger Versammlung nur mit Mühe und Noth durchsetzen konnten, außerdem erwähnt sie eine andere Versammlung in demselben Orte, wo ein tatsächliches Blutvergießen nur durch die Geistesgegenwart des Pfarrers verhindert wurde, der, die Fruchtlosigkeit jedes Vermittlungversuches einsehend, in die Kirche stürzte und die Sturmglocke zu läuten anfieng.[519] Das Resultat des Läutens war, daß die all-

---

518 Bajraktari me gjithë vojvodën e me izmin e gjithë parisë e voglisë.
519 DURHAM, Albania, S. 120.

gemeine Aufmerksamkeit dem stürmischen Läuten zugewendet wurde, sich die Waffen senkten, die Leute in die Kirche kamen, um zu schauen, was denn eigentlich los sei, ihre Gedanken vom Streite abgelenkt wurden und so sich ihre Aufregung dann legte. Allgemein ist zu betonen, daß alle Versammlungen in Merdita geräuschloser und ruhiger verlaufen als in der Malcija Vogel. Dieser Unterschied ergibt sich aus dem weniger impulsiven, mehr überlegenden, allerdings auch verschlageneren Charakter der Mirditen. Eine kleine Episode aus der Zeit, wo wegen vieler äußerer Einflüsse der Einfluß der Bajraktare sogar in den am besten organisierten Theilen Nordalbaniens bereits fast Null war, wo also wirklich und tatsächlich dem Bajraktar das Recht zusteht, die zwischen zwei Stämmen geschlossene Bessa zu anullieren. Sehr gegen den Willen einer Familie in Dakaj, die von Šoši ein Blut zu fordern hatte, schlossen Šala und Šoši einer Einwirkung von außen folgend in 1914 einige Wochen eine Bessa, und in Folge dieser Bessa mußte der Hausherr in Dakaj auf seine Blutrache verzichten. Um die Bessa zu untergraben, beschloß Dakaj zu einer List zu greifen. Einen seiner Freunde postierte er des Nachts an die Stammesgrenze von Šoši, einen anderen versteckte er knapp unterhalb der Kula des Bajraktars in Pecaj, selbst blieb er in Dakaj in seiner Kula, und als nun der Morgen anbrach, da tönte von Šoši her ein Ruf über einen großen Theil von Šala, daß der Stamm Šoši dem Stamme Šala feierlich die Bessa gekündigt hatte. Der Ruf gelangte durch die Stille der Morgenluft klar bis Dakaj, hier nahm ihn der Rächer wieder auf und rief weiter gegen Pecaj. Ganz Šala war auf diese Weise unzweideutig verständigt, und kurz darauf ertönte denn auch von Pecaj her die Antwort, daß der Bajraktar diese Kündigung zur Kenntnis nähme und die Bessa nicht mehr [in] Kraft bestehe; freilich war es nicht der Bajraktar, sondern der bei seiner Kula versteckte Freund, der dies ausrief, der ohne dies über ganz Šala ausrief. Zornentbrant kam der Bajraktar Prel Marku bald hinter den ihn compromittierenden Betrug, Gegenrufe wurden laut und Šala geriet zwar in Aufregung, doch war weiteres Unheil verhindert. Das ganze Hin- und Herrufen blieb ein Schlag ins Wasser, über den sich einige ärgerten, andere aber lachten. Man sieht aber aus dieser Sache, daß es ohne Executivorgane nicht so einfach ist, einem Stamm zu leiten. Einem über Autorität verfügenden Bajraktar gegenüber würde sich niemand zu so einem Bubenstück hergegeben haben, denn der Bajraktar hätte wahrscheinlich den Stamm dazu gebracht, den Übeltäter zu bestrafen.

Einfacher als die Leitung der Stammesangelegenheiten gestaltet sich die Leitung eines Dorfes. Im persönlichen Streit wählt jeder einen Schiedsrichter und übergibt ihm seine Sache, beide Schiedsrichter schwören, gewissenhaft zu urtheilen, und deren Spruch ist für beide Theile bindend. Die Schiedsrichter können sich Beiräte oder einen Vorsitzenden wählen und verlangen von beiden Parteien als Beweis, daß sie sich dem Spruche unterwerfen werden, Pfänder (Peng) meist Gewehre oder Revolver. Wenn sich die Schiedsrichter nicht einigen können, können diese ihrerseits die Sache andern Schiedsrichtern übergeben, oder sie stellen es den Parteien wieder anheim, an eine andere höhere Instanz, also einen Krüe, an den Bajraktar oder das Skutariner Gericht żu appellieren. In

Falle eines Appelles an das türkische Gericht war natürlich einzig und allein die Höhe des dem Richter übergebenen Bestechungsgeldes von Bedeutung, ja es ereignete sich, als einst so ein Bakšiš außergewöhnlich hoch war, sogar der rare Fall, daß der Richter aus gutem Willen der einen Partei sogar mehr zusprach als sie überhaupt beansprucht hatte.

Da es sich in diesem Falle um Weidegebiet am Trošani Berge gehandelt hatte, hatte dieser Richterspruch augenblicklich eine ganz gewaltige Schießerei zwischen dem Kläger und Gegenkläger, in diesem Falle den Stämmen Šala und Gimaj, zur unmittelbaren Folge, und angeblich sind hiebei acht Todte am Platz geblieben. Den Vortheil hatte der Richter, denn auch die Sühnegelder für diese neuen Mörder mußten in seine Tasche fließen, denn es waren nämlich alle Sühnegelder seine einzige „ordentliche" Bezahlung. Später wurde dieser Rechtsstreit durch die als Vertrauensmänner der Stämme an Ort und Stelle gesandten Pfarrer von Škreli und Šala ohne Gericht und ohne Mord zufriedenstellend geordnet. Wegen dieser Übelstände galt ein Apell an das fremde Gericht im albanischen Gebirge sowie vor nicht langer Zeit in Montenegro (Rowinsky) als eine nicht eben lobenswerthe Handlung. Plutarchs patriotisches Gebot, einheimische Streitigkeiten nicht vor auswärtige Richter zu bringen, galt daher in albanischen Gebierge noch in XX. Jahrhundert. Wie wir schon aus der Angelegenheit des Šala Pfarrers ersehen konnten, ist in allen größeren Gebieten jedes Dorf vollkommen autonom, es kann daher die Dorfversammlung jede zum Dorfe gehörende Familie durch Geldbußen, durch Schlachten von Kühen, durch Verbrennen von Häusern, Fällen von Obstbäumen u. dg. ohne weiters bestrafen, man sieht aber wie trotz allen Variationen die Stammesorganisation ein festes Bild zeigt.

In Merdita trifft man bis auf einen Punkt im wesentlichen dieselbe Stammorganisation wie in der Malcija Madhe, der Malcija Vogel und Dukadžin; dieser eine Punkt ist aber von wesentlicher Bedeutung. Er läßt sich dahin so zusammenfassen, daß in Merdita über alle Bajraktare und Kren eine diese an Bildung, Reichtum und Einfluß weit überragende Familie den Oberbefehl in der Hand hat. Diese Familie ist die Familie Džon Markus.

Ehe wir in Detail auf diese Familie eingehn, ist einiges über die Bajraktare und Kren in Merdita kurz zu erwähnen. Jeder der fünf Bajraks von Merdita hat einen eigenen Bajraktar, und zwar wohnt jener von Oroši in Oroši, jener von Fandi in Domgjoni u.s.w. Der Bajraktar von Oroši hat den Vortritt vor allen anderen. So wie im übrigen Gebiete Nordalbaniens zerfallen auch die Bajraks von Merdita in kleinere Theile. Es bilden z. B. die Dörfer Sangu Mišes und Domdžoni, dann Skortul, Mamz und Džini in Fandi je eine weitere Einheit, deren Namen mir entfallen u.s.w. Der Bajrak Dibri besteht aus Kažnjeti, Kačinari und Terthoria. Eine ähnliche Unterabtheilung z. B. Gojani gibt es auch im Bajrak Kušneni u.s.w. Diese Unterabtheilungen entsprechen meist einer Talweiterung oder sonstiger topographischer Einheit. Auch die Organisation dieser Unterabtheilungen ist theoretisch dieselbe wie [in] allen übrigen Gebieten.

Im Bajrak Dibri gibt es einen Bajraktar, drei Älteste erster, dann drei bis vier

Älteste zweiter, und acht bis zehn Älteste dritter Ordnung. Die drei ersten beschließen, die folgenden können den Beschluß zurückweisen, jedoch selbst keinen Beschluß fassen, und, falls der Beschluß der Chefs angenommen wird, sind sie mit dessen Ausführung betraut. Auch Privatangelegenheiten werden in Merdita theoretisch ebenfalls in derselben Weise erledigt, wie im übrigen Gebiete, denn in Fällen von Privatstreitigkeiten wählen die Streitenden zuerst entweder eine Privatperson oder einen der acht Unterchefs als Vermittler, dann appelliert man, falls keine Einigung zustande kommt, an die Chefs ersten oder zweiten Grades und in letzter Instanz an die Familie Džon Markus in Oroši oder an die Vollversammlung in Špal, in der die Familie Džon Markus den Vorsitz hat. Die Appellation an die Familie Džon Markus in Oroši kann auch mit der Formel umschrieben werden, man appelliert an die Gruka Orošit (= Schlucht von Oroši, das heißt „Oroši kat exochen").

In der Plenarversammlung von Merdita findet das Beraten, in dem die einzelnen Theile das Thema getrennt besprechen, genau so statt, wie in der übrigen Malicija, und diese Stichproben genügen, um uns von Merdita ohne die Familie Džon Markus ein anschauliches Bild zu machen, ja es scheint, daß um 1610 in Merdita tatsächlich den eben geschilderten Verhältnissen recht ähnliche Zustände herrschten, Merdita also damals von der heutigen Malcija Vogel nur unwesentlich differierte.

6. Die Kapetane von Merdita

Was dem Gebiete Merdita heute seine Besonderheit aufdrückt ist die Familie Džon Markus. Die Geschichte dieser Familie wurde, soweit sie sich nicht auf ihr blutiges Privatleben bezieht, bereits besprochen. Hier müssen wir daher über ihre sociale Rolle reden. Alle Mitglieder dieser Familie führen den Titel Kapedan, Džon Marku II war schon Chef der Merditen und offenbar ihr Führer und seinem Zeichen nach Condottiere. Er führte seinen Stamm dorthin, wo Beute und Kriegsruhm lockten. Die Erblichkeit seiner Würde war offenbar schon vorhanden; wie alle seiner Angehörigen dürfte bereits er den altvenezianischen, auch aus der Maina bekannnten Titel Kapedan besessen haben. Die Größe von Džon Markus Einfluß ist an der Anhänglichkeit der Merditen an seine Nachkommen zu erkennen, denn deren moralischer Einfluß kam in Merdita bis vor Kurzem dem tatsächlichen Fürsten nahe. Erst Prenk Pascha hat diesen Einfluß durch Unfähigkeit untergraben, aber die Tatsache, daß Prenk noch vor wenigen Jahren ein Todesurtheil fällte, daß der Verurtheilte das Urtheil als berechtigt aufnahm, und daß es tatsächlich von anderen Merditen vollzogen wurde, spricht für seinen ehemaligen, bloß ererbten Einfluß mehr als Bände. Freilich hat auch die Prinzfamilie, wie schon Hecquard hervorhebt,[520] ihre Entscheidungen in Merdita im Einvernehmen mit den Bajraktars zu treffen, sie konnte also öffentlich nichts gegen den Willen der Bajraktare unternehmen doch brachte es der

520 HECQUARD, S. 227.

Unterschied an Bildung, namentlich aber an Reichtum mit sich, daß die Bajraktare wenig Opposition zu machen pflegten. Direct verbotene Sachen konnten
seitens der Kapetane ohne Widerspruch freilich nicht unternommen werden,
galt es aber, eine unangenehme Person in Merdita zu erdrücken, so standen
doch dem reichen Fürsten gedungene Meuchelmörder oder das Aufhetzen einer
Familie gegen die andere und nachträglich milder Urtheilspruch oftmals zur
Verfügung; schließlich sind ja diese Mittel am Balkan überall gang und gebe.
Um noch einen Namen zu nennen, will ich als „Bravo" Prenk Bib Dodas einen
gewissen Preni Davs erwähnen. Er bediente sich noch 1913 desselben. Infolge
ihres Einflusses ist die Familie Džon Markus rep. der Chef dieses Hauses die
höchste Instanz in ganz Merdita. Abgesehen von der unwichtigen administrativen und der militärischen Gewalt übte der jeweilige Chef dieser Familie, wie
die Gaugrafen der Karolinger, von Gau zu Gau reisend bis 1912 auch die richterliche Gewalt aus.

Nach merditischer Anschauung hatte nur der von den Türken am Ende des
XIX. Jahrhunderts mit dem Titel Reis ausgezeichnete Merditenfürst das Recht,
Blutrachen durch Richterspruch zu pacificieren.

Seit einmal ein Pabst Džon Marku II, den Ahnen Prenk Paschas als „Principe"
apostrofierte lieben es seine Nachkommen, Prinzen genannt zu werden. Alle
Familienmitglieder des „Prinzen" participieren an dessen Einfluß, in Bezug auf
Reichtum und Bildung stehn jedoch viele von ihnen mit den übrigen Merditen
auf einer Stufe. Das hohe Alter der Familie bewirkte eine weitgehende Tren-
nung dieser Familie. Einige Kapetane von Merdita wohnen sogar außerhalb
Merditas, sie tragen dadurch freilich bei, neue Gebiete mit Merdita zu vereinen.
Es versteht sich, daß durch die Anwesenheit des Prinzen und der Kapetane in
Merdita der Einfluß eines jeden Bajraktars im Inneren arg geschwächt wird und
nach außen vollkommen verschwindet. Die Folge dessen ist, daß man sich in
Merdita nicht so sehr um die Beschlüsse der Bajraktare, als um die Beschlüsse
der Kapetane kümmert. Die einzige Bajraktarfamilie, die gegen außen noch her-
vortrat, war die des vornehmsten Bajraktars von ganz Merdita, nämlich jene von
Oroši. In stiller Opposition verharrte bis heute die in Domdžoni wohnende Familie des Bajraktars von Fandi.

Die Unbedeutendheit der Bajraktare hatte als unmittelbare Folge, daß die türkische Regierung sie nur wenig an sich heranzog, die Köderungsversuche der
Valis richteten sich mehr gegen die Kapetane. Mehr als ein Kapetan stand in
den letzten Jahren im Solde mehrerer Großmächte, und viele wußten sich
gleichzeitig in Constantinopel, Rom, Wien und Cetinje Geld billig zu verdienen.
Der kleine Einfluß der Bajraktare machte das Aufkommen der Djelmija zu einer
überflüssigen Sache, und die in der Voglija latente Unzufriedenheit mit den Baj-
raktaren litt in Merdita Schiffbruch an der instinctiven, angeerbten Loyalität
gegen den directen Abkömmling Džon Markus.

Die siegreichen Feldzüge der Vorfahren Bib Dodas, die Privilegien, die diese
für die Merditen erhalten und erworben, dies waren die Factoren, welche die
Kapetane stützten, die Richtung der „auswärtigen Politik" Merditas konnte daher

eine constante bleiben. Die Richtung dieser Politik war nichts anderes als ein Erweitern der Einflußsphäre der eigenen Familie. Es war eine altalbanische Tradition, die Bib Doda aufgriff. Als Beispiel standen ihm die Bušatlis, die Begolis, namentlich aber die Fürsten von Montenegro vor den Augen. Einen Vorsprung vor den Bušatlis gewährte ihm und seinen Vorfahren die Ungangbarkeit der Berge Merditas und die christliche Religion ihrer Bevölkerung, und seit Bib Doda einst mit seinen Merditen am Cemfluß vor den Montenegrinern kapitulierte, war die Politik der Familie Džon Markus immer deutlicher zu erkennen. Sie steuerte auf ein unabhängiges Fürstentum Nordalbanien, doch gehört dieser Abschnitt schon zur modernen Geschichte unseres Gebietes, sein Erwähnen ist aber nothwendig, weil wir dies zum Verständnisse der Entwicklung der Stammesorganisation in Nordalbanien brauchen.

Es versteht sich, daß die Kraft der Stammesorganisation in Nordalbanien nicht immer und nicht überall gleich ist. Das zeitliche Moment ist in diesem Satze vom Örtlichen allerdings scharf zu trennen. Einerseits konnte es geschehen, daß der Einfluß des Bajraktars gering ist und irgend eine andere Persönlichkeit den Bajrak leitet oder zu mindesten für eine Zeit persönlich so stark wird, daß sie sich für eine kurze Weile über die Stammesbeschlüsse hinwegsetzt, es konnte aber auch der Fall eintreten, daß es einfach wegen Interessenlosigkeit der Weiler an den gemeinsamen Agenden unmöglich wird, den Stamm zu gemeinsamen Unternehmungen wie z. B. zur Wahrung der inneren Ordnung zu vereinen. Die Strenge, mit der Diebstähle im eigenen Stamme normaler Weise bestraft werden, kann als bester Werthmesser für die Festigkeit des inneren Stammesgefühle gelten.

Wenn die Desorganisation nur das Werk einer Person ist, werden wir nur von einer Verschiebung des Schwerpunktes bei gleichbleibendem festem Stammesgefüge, im Falle von Interessenlosigkeit jedoch von lockerem Stammesgefüge reden. Da es in Merdita jedermann und zwar wegen des Reichtums des Prinzen fast kostenlos frei stand, an diesen zu appellieren, war in Merdita der Stammesverbände in den fünf Stämmen locker. In der Malcija Vogel, Dukadžin und der Malcija Madhe war so eine Centralgewalt nicht vorhanden, hier war daher entweder die Möglichkeit vollkommener Anarchie oder einer geordneten, vom Gemeinsinn seiner Bewohner unterhaltenen Selbstverwaltung gegeben. Von diesen beiden Möglichkeiten hat sich in der Malcija Vogel aus Gründen, [...] die wir später untersuchen werden, letztere entwickelt, in Matja aber auch in Kthela und Selita haben jedoch die gleichen Praemissen infolge topographischer Differenzen Anarchie gezeitigt. In Bajza, Kthela, Selita und auch Lurja hatte der Stammeschef keine Macht, und es herrschte, wie Steinmetz treffend zeigt, in Gegensatz zu den nördlich des Drin liegenden straff organisierten Malissorengauen, völlige Anarchie und persönliche Ungebundenheit, so daß jeder Jurisdiction und Execution für sich in Anspruch nahm. Nirgends traf man in ganz Nordalbanien fester gefügte Stämme als in der Malcija Vogel. Die Dorfältesten hielten unverbrüchlich zu ihrem Krüe oder zu der Dželmija, die Krüe und die Dželmija, deren Kraft auf ihrem Anhange basierte, stützen ihrerseits wieder mit Leib und

Seele ihren Führer. Die Folge dieses Zusammenhanges verhinderte fast immer das Individuum rp. die einzelne, für das Individuum haftbare Familie, sich über die Stammesgesetze hinweg zu setzen, und wie schon erwähnt, geschah es in diesem Gebiete, daß sich Hunderte vereinten, dann über eine renitente Familie herfielen und sie mit wahrer Lust brandschatzten und bestraften. Nur sehr selten geschah es, daß ein Verbrecher, und war er sogar Stammeschef, sich in der Malcija Vogel über die Stammesgesetze hinwegsetzen und nach verbrachtem Mord im Stammesgebiete bleiben konnte oder in der Lage war, andere bei der Umgehung der Stammesgesetze offenkundig Vorschub zu leisten, wie dies Steinmetz von Süt Abrahimi in Nikaj berichtet.[521] Meist wurde gegen jeden Verbrecher unbarmherzig vorgegangen. Ein Verbrennen eines Hauses durch Stammesbeschluß war in Šala stets eine ernst gemeinte Sache, der sogar die Mauern des Hauses zum Opfer fielen, in Dukadžin kam es so z. B. in Ibalja jedoch vor, daß man einer schuldigen Familie zuerst das totale Ausräumen des zu verbrennenden Hauses gestattete, dann Feuer anlegte, sowie aber die Rauchentwicklung groß genug war, den Brand löschte. Noch weniger kümmerte sich der Stamm als solcher um die Angelegenheiten des einzelnen in Merdita. Diebstahl blieb oft, Mord seitens des Stammes immer unbestraft, der Mörder hatte stets nur die private Blutrache zu fürchten. Arges Verletzen des Gastrechtes war in Merdita vielleicht die einzige Angelegenheit, die nicht nur die Entrüstung des ganzen Stammes, sondern wohl auch prompte Bestrafung nach sich zog.

Die Sitte der Beriša, bei einem Morde von der Verbrennung des Hauses dann abzustehen, wenn es sein Eigentümer drei Tage lang gegen alle Angriffe vertheidigen konnte, bildet so zu sagen einen Übergang von der Sitte der Šala, ein Haus zu verbrennen, zu jener der Kthelaleute, die an so ein Verbrennen überhaupt nicht dachten, oder der Mirditen, denen so eine Handlung gleichfalls fremd war.

Über die sonstigen Zustände in Beriša haben wir bereits geschrieben, Ibalja bildete infolge der Rivalität zweier rp. dreier Dörfer mehrere getrennte Lager. Die Bewohner des Ljumi Bugjonit bildeten allerdings eine festgefügte Einheit, sie hatten einen Bajraktar und folgten oft corporativ dem schon genannten Cherim Sokoli; im übrigen kümmerte sich aber das übrige Thači nur wenig um das, was an den beiden Hängen des Ljumi Bugjonitales vorging.

Komana erledigte seine Angelegenheiten ohne Čereti weiter zu fragen, Dardha gehörte zwar nominell zu Kabaši, doch war dies mohamedanisch, jenes katholisch, ein wirkliches Zusammenarbeiten war daher nicht möglich, und zu allen dem kam bei den Stämmen von Dukadžin noch das, daß in Puka ein von einer kleinen Garnison unterstützter Kaimakam residierte, der manchmal Lebenszeichen von sich gab. Immerhin sorgte jeder Weiler in Dukadžin so gut er konnte für eine Art öffentlicher Ordnung. Doch brachte der Mangel an Zusammenhalten das mit sich, daß sich die Einwohner dieses Gebietes, namentlich aber die Einwohner von Ukthi und Bušala[522] bei den Nachbarn nicht in

---

521 STEINMETZ, Vorstoß, S. 39.
522 Buzhala.

Achtung setzen konnten, und deshalb schwur denn Tšerim Sokoli, nachdem er mich nach Bušala begleitet hatte, hoch und teuer, daß er nie gedacht hätte, daß er jemals bei einem Bušala zu Gast sein werde.

Zusammenfassend können wir also die Straffheit der Stammesorganisation Nordalbaniens den Anspruch durch die Behauptung charakterisieren, daß in der Malcija Vogel der Stamm als solcher und zwar mit großer Strenge für die Ordnung sorgte oder wenigstens diesbezüglich bemüht war, in Dukadžin vereinte Stammesactionen selten waren, hier meistens die einzelnen Fractionen rp. Weiler für die Ordnung irgendwie zu sorgen trachteten, was freilich schwer war, da hier die nur in der Gestalt zahlreicher Bewaffneter denkbare Executivkraft meistens fehlte, endlich in Merdita sich die Stammesfractionen zwar freiwillig dem Urtheil ihres Prinzen fügten, an sonsten aber nicht um die öffentliche Ordnung zu kümmern pflegten. Anders als in Merdita waren die Verhältnisse in der Malcija Madhe. In dem einen Theil der Malcija Madhe war die Stammesentwicklung dadurch, daß gerade die reicheren Familien eigentlich außerhalb des Stammesgebietes wohnten, und nur im Sommer die Almen des Stammesgebietes bezogen, durch diese Wanderung beeinflußt. Denn in der Malcija Madhe hatten während der Abwesenheit der Chefs die in den Felsengeklüften überwinternden „Steinbewohner" (Gurazak)[523] ihre Angelegenheiten schlecht und recht selbst zu loesen. Nur in wichtigen Sachen ließen sie den Bajraktar auch im Winter auf die Berge rufen. Trotz dieser Schwierigkeit war aber stets in jedem Stamme eine den Gemeinsinn leitende Persönlichkeit vorhanden. Die Stammesorganisation war in der Malcija Madhe eine ebenso feste wie in der Malcija Vogel, doch wurde das Benehmen eines großen Theiles jeden Stammes, weil er in erreichbarer Nähe von Skutari wohnte, durch den Willen der türkischen Centralgewalt wesentlich beeinflußt, ja die Malisoren zahlten sogar eine minimale Steuer. Da, wie Boué bereits in 1838 erwähnt, das Bildungsniveau der Malisoren gleichfalls ein höheres war, als das der Bewohner von Dukadžin oder der Malcija Vogel, was sich schon darin zeigte, daß z. B. bei den Klmeni viele von ihnen aus eigenem Antriebe ohne Schulbesuch Lesen und Schreiben erlernten und daß sie die Šala [als] ganz besonders wilde und schmutzige Leute (džin t'eger)[524] bezeichneten, ja sogar sich über deren Insektenreichtum Witze erlaubten.[525]

Da sich ferner der ruhigere, überlegenere, ehrlichere Charakter der Malisoren von jenem der Dukadžin wesentlich und zwar vortheilhaft unterscheidet, so waren natürlich auch die bei der Leitung der Stammesangelegenheiten hier in Anwendung kommenden Mittel keine so radikalen wie in den südlicheren Gebieten.

Die weiteren Folgen dieses Unterschiedes waren erstens, als Reaction auf die türkischen Steuern, besser entwickelter albanischer nationaler Gemeinsinn und zweitens sogar ein gewisses Sympathiegefühl für jene Stämme, aus denen man

523 Guracak; von „gur": Stein.
524 Gjin t'egër (njerëz të egër).
525 BOUÉ, Ami: Die Europäische Türkei, Bd. I, Wien 1889, S. 348.

meist seine Ehegattinnen ein zu führen pflegte. Infolge aller dieser Unterschiede reden endlich z. B. die Hoti von den Šala wie von einer fremden Einheit.

In der Malcija Madhe gab es auf diese Weise einen Kompromiß zwischen guter Selbstverwaltung und Einflußnahme seitens der türkischen Behörden.

V. Die Entstehung der Stämme Nordalbaniens und ihre Ursache

Nachdem wir die Stammesgeschichte der einzelnen nordalbanischen Stämme angeführt und die allen Stämmen gemeinsame Organisation besprochen haben, ist eine Enumeration der politisch einen Stamm rep. einen Gau bildenden Theile unseres Gebietes nöthig. Vor allem unterschieden wir je nachdem der Stamm seinen Ursprung vorwiegend auf eine einzige oder auf mehrere Familien zurück führt, monophyletische oder polyphyletische Stämme.

In der Malcija Madhe haben wir fünf größere Stämme zu unterscheiden und zwar Klmeni, Hoti, Gruda, Škreli und Kastrati, dann vier kleinere, Reči, Loja, Buzaujt und Rijoli. Der Stamm Klmeni ist monophyletischen Ursprungs, später ist er in drei Bajaraks Vukli, Selza und Nikši zerfallen, außerdem hat er den Stamm Boga in Schutz genommen. Der Stamm Hoti, der einen Bajrak mit mehreren Dörfern umfaßt, ist so wie Klmeni gleichfalls monophyletischen Ursprungs, und das gleiche gilt auch von Kastrati und Škreli. Wahrscheinlich ist auch der Ursprung von Reči, Loja und Rijoli monophyletisch. Sicher polyphyletischen Ursprungs ist Gruda. In der Malcija Vogel sind die großen Stämme Šala, Šoši, Nikaj und Merturi monophyletische Einheiten, und das gleiche gilt von den kleineren Stämmen Toplana, Dušmani, Suma und Mazrek, die Stämme Plani, Kiri und Drišti sind hingegen polyphyletisch, denn deren Gebiete sind durch verschiedene Einwanderer besiedelt worden.

In Dukadžin ist Beriša der einzige Stamm, der seinen Ursprung auf einen gemeinsamen Stammvater zurückführt, alle übrigen heutigen Stämme sind polyphyletisch. Der zwei von einander unabhängige Bajraks umfassende Stamm Thači umfaßt außer den eigentlichen Thačileuten die Bewohner von Apripa Gurit, die von Merturi stammen, und beeinflußt die Dörfer Mzin,[526] Mliskan[527] von Kabaši. In Kabaši wohnen Leute aus Kabši mit aus Merdita eingewanderten Kčira, bei den von Thači sehr verachteten Einwohnern von Ukši[528] und Bušala weiß man förmlich überhaupt nicht, ob sie zum Stamme Čereti oder Puka gehören, denn das Stammesgefühl steht hier auf einer so niederen Stufe. Der Stamm Čereti umfaßt Duši, Kčira[529] und Komana, die alle ganz verschiedenen Ursprung haben; und was Merdita anbelangt, so ist im Bajrak Dibri gleichfalls ziemlich viel fremde angeblich zumal toskische Einmischung vorhanden. Was die Fixie-

---

526 Mziu.
527 Miliska.
528 Ukthi.
529 Kçira.

rung der Stammeszugehörigkeit in Merdita bedeutend erschwert ist, daß sich einerseits Colonien des einen Stammes sogar dann, wenn sie sich recht weit vom Stammesgebiet niedergelassen haben, noch immer zu ihren Heimatstämmen zählen, wie z. B. die von Spači stammenden Ansiedler von Mnela und Gömsice, die ihre Angelegenheiten noch immer dem Bajraktar von Spači vorzubringen pflegen, anderseits aber in Merdita an der Peripherie solche Elemente absorbiert wurden, die einfach bloß mirditisiert und, wie zum Beispiel Kčira und Duši pošter, im übrigen sind die drei alten Stämme Merditas vielleicht monophyletisch. An allen diesen Beispielen ersehn wir, daß bei der Stammesbildung andere Factoren als bloße Blutverwandtschaft im Spiel sind, und es verlohnt sich diese Factoren zu ergründen.

In einer früheren Arbeit haben wir der allgemeinen Beschreibung Nordalbaniens vom topografischen Standpunkte die Malcija Madhe als ein Karstgebiet charakterisiert, die Malcija Vogel als ein Gebiet großer, tief eingeschnittener Thäler und langgestreckter dazwischen liegender hoher Bergrücken. Dukadžin und Merdita können wir endlich als ein Bergland rp. Mittelgebirge bezeichnen, das von einer großen Anzahl nicht sehr tiefer Thäler in alle Richtungen unregelmäßig durchfurcht wird und nur im äußersten Südosten eine große Thalerweiterung (Fandi) aufweist. Es ergibt sich aus dieser Zusammenstellung, daß sich das Gebiet der größten, markantesten Thäler vollkommen mit jenem Gebiete deckt, wo wir die strammeste Stammesorganisation angetroffen haben, und wenden wir, durch dieses Zusammenfallen betroffen, unsere Aufmerksamkeit dem Zusammenhange zu, der sich auf diese Weise zwischen Stammesorganisation und Topografie äußert, so können wir in der Tat leicht zahlreiche Belege dafür finden, daß die Topografie der Gegend die Stammesorganisation wesentlich beeinflußt.

In der Malcija Madhe sind große Theile der pliocänen Peneplanie erhalten und, obzwar die chemische Erosion die Erdoberfläche anfraß, so daß sie vielerorts bloß mehr ein Gewirre von Dolinen und großen Felsentrümmern darstellt, so ist dieses Gebiet doch für die mit Opanken bekleideten Malisoren fast in jeder Richtung gleichmäßig passierbar, Verkehrshindernisse stellen sich nur beim Abstiege quer auf die Langsachse der Cannontäler entgegen.

Der Länge nach sind die im Querschnitt U-förmigen Canontäler oberhalb der 600 Meter Linie mühelos zu durcheilen, unterhalb der 600 Meterlinie kann man jedoch Thalverengungen treffen, die den Verkehr auch der Länge nach behindern. In der Malcija Vogel ist die Gangbarkeit des Terrains eine andere. Die vorpliocäne Erosion schuf hier lange Täler und dazwischen liegende, oft 1.400–1.700 Meter hoch emporragende hohe Grate, die nachpliocäne Erosion vertiefte die Talsohle und machte den Thalgrund der Länge und der Quere nach fast unpassierbar. Die Communications- und, was daselbe ist, die Ansiedelungszone beschränken sich in das Malcija Vogel auf die Lehnen der jetzigen Thäler, doch ist in der Zone 600–800 Meter die Thallehne in jeder Richtung gangbar. Die Communicationsverhältnisse in Dukadžin stehen im Zeichen einer hochgelegenen, älteren daher für die Besiedelung belanglosen, und einer pliocänen Verebnungsfläche, die gleichfalls in nachpliocäner Zeit durch Thalbildung zerfurcht wurde, wobei aber die Härte des Gesteins hier sanftere Thalhänge schuf, als im Kalkgebiete der Malcija Madhe und Dukadžin dermaßen kein großes praepliocänes Thal praeformiert war, vertheilte sich die jüngere Zerfurchung gleichmäßig auf die ganze Peneplaine. Infolge dieser Umstände ist ein großer Theil von Dukadžin in jeder Richtung gangbar. Ähnliche Factoren, wie in der Malcija Vogel modellierten seiner Zeit das Terrain im centralen Theil von Merdita, die Härte des Gesteines schützte aber auch hier vor zu weitgehender Zerstörung, die Hauptthäler und Nebenthäler entwickelten sich daher in normaler Weise mit gleichmäßig steilen Hängen. In Central Merdita sind in Folge dieser Umstände die Berghänge daher größten Theils eben noch gangbar, doch gibt es keine für Ansiedelungen geeigneten Flächen, nur das Fandithal ist eine tiefe praepliocäne Furche. Genetisch einer pliocänen Mulde entsprechend, ist das Gebiet von Dibri durch die postpliocäne Erosion am wenigsten zerschnitten worden und ein Hügelland geblieben.

Der Einfluß der Topografie auf die Stammesbildung ist nach diesem Resume unschwer zu verfolgen. Klmeni im engeren Sinne bewohnt den Oberlauf des Cemthales, und es entspricht vollkommen der Gabelung dieses Flusses, daß sich um 1820 der Stamm in zwei Parteien trennte; Hahn berichtet, daß dies einfach deshalb geschah, weil Selce zu geordneteren Zuständen übergehn wollte und die anderen Dörfer dem widerstrebten.[550] Ich glaube, dieser Anlaß war nur der Abschluß eines längeren eben durch die Topografie geförderten Conflictes zwischen den Bewohnern der beiden Quellthäler des Cemflusses, und wenn man auch einen scheinbaren Widerspruch gegen diese Annahme in der Dreitheilung Klmenis erblicken könnte, so muß man jedoch bedenken, daß in ein und dem selben Quellthale des Cem das mohamedanische Dorf Nikši und das katholische Dorf Vukli liegen, und dann begreift man leicht, weshalb der Sprung, der den Klmenistamm entzwei riß an einem „locus minoris resistentiae" auch einen Nebenriß erzeugte, weshalb dann eine Dreitheilung erfolgte. Etwas ganz Analoges kann man übrigens in Albanien auch oft bei den Theilungen eines Compossessorates finden. So wie Klmeni liegt auch der Stamm Boga in einer wohl ausgeprägten Hohlform des Geländes, der Stamm ist recht verachtet. Er ist auf der Durchzugslinie von Šala und Gussinje nach Skutari gelegen, und dies sowie seine centrale Lage zwischen mächtigeren Stämmen sind wohl Grund genug, weshalb er sich dem einen dieser Stämme anschloß. Die Wahl des entferntesten Stammes, daher des jenigen, mit dem [es die] wenigsten Räuberein gab, war, wie es sich zeigt, eine recht gute, denn Boga wußte so seine Selbständigkeit zu bewahren. Dies hat nämlich offenbar dem zwischen ihm und seinen Schutzherren liegenden Hochgebirge zu verdanken.

Ein ähnliches Übereinstimmen von Stammesgrenze und Wasserscheide wie bei den Klmeni und Boga ist auch bei anderen Stämmen zu bemerken. Thethi, obzwar ein Abkömmling von Šala, ist von Šala autonom; wahrscheinlich ver

---

550 HAHN, Studien, S. 184f.

dankt es dies zum nicht geringen Theil der Thalenge bei Škala Thethit.[531] Gimaj, das von Šalas Centrum, Pecaj, durch den tiefen Šalabach getrennt ist, hat gleichfalls seine eigenen Gesetze. Ein classisches Beispiel für den stammestrennenden Einfluß geographischer Barrieren ist der Stamm Merturi. Merturi bewohnt heute ein Gebiet, das durch den Drinfluß und das Stammesgebiet von Nikaj in drei geografische Einheiten zerlegt wird: Nordost-Merturi oder das eigentliche Merturi nördlich des Drin am Abhange der Korja, Süd-Merturi (Merturi Gurit)[532] auf der Südseite des Drin am Bergstock Tšlumi,[533] Nordwest-Merturi (Salza)[534] am Abhange der Maja Ršalit. Alle drei Gebiete beginnen von einander unabhängig zu werden und während die beiden nördlich des Drin lebenden Theile immerhin noch gemeinsame Angelegenheiten haben, hält sich der südlich des Drin liegende Theil sogar von den Vollversammlung des Stammes fern. Interessant ist es, das Verhältnis von Salza und Merturi Gurit zu Toplana zu betrachten. Wahrscheinlich infolge der ehemaligen Verdrängung der Toplana von Strazič herrscht zwischen Merturi und Toplana hereditäre Feindschaft, und gar leicht knallen zwischen diesen Gegnern die Gewehre. Zuweilen kommt es zu einer Bessa: das merkwürdige ist nun aber, daß Toplana eine Bessa mit Salza abschließt. Diese Bessa jedoch für Merturi Gurit, obzwar es nominell zu Salza gehört, ungültig bleibt und Merturi Gurit daher mit Toplana eigene Verträge abschließt. In Salza erfuhr übrigens ich erst nach mehrtägigem Aufenthalt, daß es mit Merturi verwandt sei. Was das von Merturi Gurit durch den Berg Tšlumi und vom ganzen übrigen Merturi durch den Drin abgetrennte Merturi-Dorf Apripa anbelangt, so hat es sich vollkommen offen an Thači angeschlossen, allerdings geschah dies nur in Ermangelung eines bessern. Auch an einem anderen Umstande läßt sich der Einfluß der natürlichen Grenzen auf die Abgrenzung des Stammes schön erkennen. Dorten, wo ein Weidegrund eines Stammes über eine Wasserscheide hinaus an der Lehne eines Berges in ein anderes Thalsystem hinabgreift, ist blutgedränkter Boden. Dies war am Trošaniberge[535] die Ursache der bereits erwähnten Streitigkeiten zwischen den Škreli und den Gimaj, das Hinabsteigen der Šoši nach Prekali verwickelte diese Leute in heftige Kämpfe mit den zum Stamme Drišti gehörenden Einwohnern von Lohja, das die Grenze von Šala gegen Nikaj bildende Kreuz „Krüči Bajrakta-rit"[536] ist ebenfalls eine Gegend, um die die Leute beider Stämme wiederholt gefochten haben, und an der Čafa Strazičes[537] ist ein Weidegrund, um den sich die Toplana auch heute mit den Einwohnern von Serma stark befehden. Die Beispiele ließen sich, z. B. durch Heranziehen des Valbonaquellgebietes, noch vermehren. Die einzige Expansion über eine Wasserscheide hinaus, die friedlich

---

531 Shkalla e Thethit.
532 Mërturi i Gurit.
533 Çlumi.
534 Salca.
535 Troshani.
536 Kryqi i Bajraktarit.
537 Qafa e Straziçes.

vor sich ging, ist die Besiedelung des oberen Seriče Thales durch Merditen; doch werden die Merditen von ihren Nachbaren mit Recht gefürchtet, und im übrigen ist es nicht unmöglich, daß hier das Eindringen so wie im Ljumi Beri-šes[538] durch die scheinbar harmlose Niederlassung von merditischen Pächtern vorbreitet wurde. Dem trennenden Einflusse geografischer Barrieren steht das einigende Momente geografischer Hohlformen gegenüber. Daß Šala, Šoši, Nikaj, Dušmani und Toplana, dann der Bajrak Bugjoni monophyletischen Stämmen und Hohlformen des Terrains entsprechen, ist bereits erwähnt worden. Planti, Kiri und Ibalja sind jedoch ein Beispiel dafür, daß durch die Terrainformen sogar auch polyphyletische Siedelungsgenossenschaften zu einem Bajrak vereint werden. Pulati im engeren Sinne, daß heißt als Sammelname für die Stämme Planti, Suma und Kiri, läßt sich ebenfalls heranziehen. Planti ist ebensosehr ein topografischer Begriff wie Name eines Stammes, Planti bezeichnet als topografischer Begriff, wie auf der Karte zu erkennen, eine ausgesprochene im Norden halbkreisförmig von hohen Gebirgen, im Süden durch die Berge Guri Činur[539] und Kula Hafis Paß[540] eingeengte Mulde und, obzwar nun diese Mulde von nach albanischer Auffassung unter einander nicht verwandten Familien bewohnt wird, gilt deren Bevölkerung doch als ein Bajrak und bildet gegen außen und innen eine fest organisierte, wenn auch numerisch schwache Einheit.

Genau dasselbe wie für Planti gilt für Kiri, der Unterschied ist jedoch der, daß Kiri nicht auf eine Mulde, sondern auf einen zwischen einen tiefen, der Länge nach unwegsamen Thal und einen Bergrücken gelegenen Hang in rund 600 Meter Meereshöhe beschränkt ist. Die Kiri gegenüber liegende Thallehne bewohnt der Stamm Suma, und die drei Stämme, nämlich Planti, Suma und Kiri, die im Osten, Westen und Norden von hohen Bergen, im Süden von niedrigen aber schwer passierbaren Schranken begrenzt werden, werden als Gegenstück zu den Šala oder Šoši zusammen mit dem Worte Pulti bezeichnet. Pulti entspricht genau dem Quellgebiet des Kiri, und es ist jedenfalls interessant, daß heute, aber für dieses jetzt drei Stämme umfassende Gebiet ein Name benützt wird, der zur Feudalzeit Albaniens unter der Form Pilot aufkam und der damals als politischer Begriff auch weitere Gebietstheile umfaßte. Der Begriff Pilot hat sich auf diese Weise seit dem Mittelalter auf eine topographische Einheit reducirt. Die Ebene von Ibalja läßt sich als weiteres Beispiel der vereinigenden Kraft topografischer Hohlformen citieren. Genetisch gehört ein Theil der Bevölkerung von Ibalja zum Stamme Thači, da sie aber von der Hohlform des Ljumi Bugjonit[541] durch einen höheren Bergrücken getrennt ist, hat sich dieser Theil zusammen mit den nach Ibalja gekommenen Einwanderern aus Toplana zu einem, vom übrigen Thači recht unabhängigen Stamm entwickelt, und dies trotzdem, daß hier der Kampf um die Hegemonie zwischen Koprati und den anderen Dörfern die Entwicklung

---

538 Lumi i Berishës.
539 Guri Çinur.
540 Kulla e Hafiz Pash's (Kulla e Hafiz Pashës).
541 Lumi i Bugjonit.

der Stammesorganisation wesentlich behindert. Es versteht sich nach dem Gesagten, weshalb die am Abhange des albanischen Berglandes gegen die Ebene liegenden Stämme nur schwach organisiert sind, aber auch die stramme Organisation der je einer geografischen Hohlform entsprechenden Stämme Planti, Šoši, Šala, Toplana, Nikaj und Dušmani nach innen und nach außen wird ohne weiters verständlich. Das Versammeln der ganzen Bevölkerung ist in so einer Mulde wesentlich erleichtert, und Šala kann sich z. B. im Falle eines Alarmes vollzählig in drei Stunden bei der Šalabrücke versammeln.

Die Sitte, sich durch Rufen Nachrichten zukommen zu lassen, ist bei der Stammesorganisation gleichfalls von Bedeutung, und sie hat sich namentlich in der durch die Terrainconfiguration, das heißt die Existenz tiefer Thäler hiezu geeigneten, in Malcija Vogel zu einem fast organisierten Nachrichtendienst entwickelt. Als ich in 1906 nach Šala kam, befand sich der Pfarrer dieses Ortes zufällig gerade bei der in Luftlinie 9 km entfernten Kirche von Šoši und es hätte wegen der tiefen Täler und schlechten Wege wohl mehr als einen halben Tag gebraucht, ihn durch einen Boten von meinem Eintreffen zu verständigen; ich nahm daher das in Šala übliche Nachrichtensystem in Anspruch. Die Nachricht, daß ein Fremder bei der Šala Kirche eingetroffen wäre, wurde von Haus zu Haus gerufen und in erstaunlich kurzer Zeit bekam ich von Šoši her die Antwort, daß der Pfarrer demnächst wieder nach Šala kommen werde.

Die Distanzen, über die ein einzelner Mensch in der Malcija Vogel einem anderen Bekannten eine Nachricht kund gibt, sind dem wunderbaren Lungenbau der Gebirgler entsprechend ungeheuer. Öfter geschieht es, daß sich Leute 2–3 Kilometer weit verständlich machen. Das Rufen selbst geschieht in hoher Tonlage und mit größter Kraftanstrengung, also mit eingezogenen Unterleib, gegen rückwärts gebeugten Oberkörper mit vor Anstrengung entstelltem Gesicht und mit an den Mund gehaltenen Händen, wobei die einzelnen Vocale eines jeden Wortes in die Länge gezogen werden, gleichsam um ihre Schallwellen mit gleichförmiger Stärke und mit Gewalt durch die träge Luft zu treiben.

Hört man in Šala solche hohe langgezogene Töne unbekannter Herkunft geisterhaft durch die Luft vibrieren, dann hält, da es sich möglicherweise um die Ankündigung einer Feindseligkeit mithin möglicherweise um ein Menschenleben handelt, jeder, sei er allein oder in Gesellschaft, mit seiner Beschäftigung inne, und erst wenn ein Hörer, der die oft schwer verständliche Nachricht schneller analysiert, den übrigen ihren Inhalt mit der Bemerkung „Kurrgja keče"[542] (nichts schlechtes) mitgetheilt hat, gehn alle wieder an ihre Arbeit.

Soll die Nachricht weitergegeben werden, so begibt sich einer, der sie gehört hat, auf die nächste Kuppe und bald vibriert sie weiter zu ihrer Bestimmung, im Falle eines Überfalles greift hingegen jedermann so wie er ist zu seiner Waffe, und bald eilt alles an die bedrohte Stelle. Das Senden einer Nachricht wird „me ba Za"[543] (einen Ruf machen) bezeichnet.

542 Kurgjâ e keqe (agjë e keqe).
543 Me bâ zâ (me bë zë).

Die durch schwer passierbare Barrieren bewirkte Abschließung von den Nachbarn und die nothgedrungene Interessengemeinschaft in dem Weide und Acker-
boden enthaltenem Ansiedelungsgebiet des Stammes tragen in einem Gebiete tiefer Hohlformen beide dazu bei, den Contact mit der Umwelt zu reducieren, und
dies mußte naturgemäß wieder ein Mißtrauen von Stamm zu Stamm ins Leben
rufen, das endlich zu einem Absondern und zu einer argen Feindschaft führt. Als
ich einst einen Šala um das momentane Verhältnis zwischen Šala und Nikaj
fragte, gab er mir die classische Antwort, das Verhältnis sei weder gut noch
schlecht, wenn sich die Leute beider Stämme gegenseitig zufällig erschießen
könnten, täten sie es, sonst gäbe es aber derzeit keinen besonderen Conflict. Wo
große Barrieren und damit auch die großen Hohlformen des Bodens fehlten, ging
die Stammesentwicklung in andere Weise vor sich als im besprochenen Gebiet,
denn es gab weder Momente, durch die Verkehr mit Nachbarstämmen beschränkt wurde, noch größere Menschenansammlungen ermöglichende Mulden.
Die Dörfer erhielten den Charakter entfernt liegender Weiler, und infolge der
Schwierigkeit, sich zu versammeln, blieb jeder Weiler stets mehr auf sich gewiesen. Das Nachrichtenwesen ist naturgemäß auch weniger entwickelt.

Alle Bedingungen dieser zweiten Art trifft man im wesentlichen Theil der
Malcija Madhe, in Dukadžin und Merdita doch mit einigen Varianten.

Während das vorwiegende Gestein im alten Merdita und Dukadžin Diabas
und Serpentin ist, trifft man in der Malcija Madhe ausschließlich Kalkstein, und
mit dem Kalkstein ist der Mangel des für den Feldbau im mediterranen Gebiete
so nöthigen Berieselungswassers verbunden. Die Ertragsfähigkeit des Bodens ist
infolge dieses Unterschiedes in beiden Gebieten recht verschieden.

In Merdita ist durch Fleiß ein besserer Ernteertrag durch Berieselung ohne
weiters möglich, in der Malcija Madhe ist der Ertrag des Bodens ein Spiel des
Zufalls. Infolge dieser Verschiedenheit sind die Erwerbsquellen beider Gebiete
wesentlich verschieden. Die das Bergland der z. Th. Gestrüpp bedeckten Malcija
Madhe bewohnenden Malisoren sind ausschließlich auf die Viehzucht gewiesen,
die Merditen können spärlichen Ackerbau betreiben. Mit dem Ackerbau verbin-
det sich ein Senil-werden der Bevölkerung, die Viehzucht muß jedoch, da ja die
höheren Almen im Winter sammt und sonders verschneit sind, zu regelmäßigen
jährlichen Wanderzügen in tiefer gelegene Gebiete führen. Bei jenen Stämmen,
deren Karstgebiet ziemlich tief liegt und die, wie Hoti und Kastrati, auch solche
Ländereien besitzen, die zur Winterweide geeignet sind, wird sich diese periodi-
sche Wanderung im Stammesgebiete abspielen und daher gegen außen nicht
besonders hervortreten, bei solchen Stämmen, jedoch denen zwar ausgedehnte
Almen, aber keine Winterweide zu Verfügung steht, wird sich diese Wanderung
accentuieren, und gegen außen wird sie umso auffallender hervortreten, je weiter diese Stämme mit ihren Herden zu ziehen haben, um Winterweide zu finden. Als Beispiele der zweiten Art können die Škreli und Klmeni gelten. Diese
Wanderung nöthigt einen großen Theil der Malisoren, alljährlich in die Skutariner Niederung zu kommen, und abgesehen davon, daß der Aufenthalt in den bei
Skutari liegenden Winterquartieren eine Abhängigkeit von der türkischen Regie-

rung nach sich zieht und die Leute etwas mit der Civilisation in Contact bringt, hat sie eine innige Berührung der verschiedenen Wanderhirten unter einander zur nächsten Folge. Die separatistischen Tendenzen der einzelnen Malisorenstämme erleiden durch diese Mischung eine wesentliche Schwächung, und dies schafft nun wieder den Boden, auf dem ein gemeinsames Nationalgefühl emporkommt. Die Tatsache, daß sich in Kastrati, nach Aussage der Leute allerdings erst in letzter Zeit, ein gewisses Anhänglichkeitsgefühl für jenen Stamm entwikkelt hat, dessen Töchter man zu heiraten pflegt, läßt sich in diesem Sinne deuten. Diese Beobachtung widerspricht die Angabe Kulischers,[544] daß das Sympathiegefühl der Sippe beim Heranreifen größerer socialer Einheiten erlösche. In der Malcija Vogel, Dukadžin oder Merdita ist ein solcher Einfluß der Spindelseite nirgends zu bemerken.

Das Isoliertsein der Weiler wirkt in Dukadžin und Merdita dem Stammesgefühl entgegen, so daß sich im Merdita z. B. das Dorf als solches nicht einmal um Morde kümmert, weshalb denn dort ein Mörder nichts anders tut, als daß er sich seiner persönlichen Sicherheit zu Liebe in seiner Kula einschließt, wogegen er in der Malcija Vogel aus dem Stammesgebiet flüchtet. Der Mangel an Stammesgefühl schwächt natürlich die Bevölkerung gegen äußere Einflüsse sehr bedeutend, und in Dukadžin führte das Alleinleben der Weiler endlich dazu, daß sich in Puka ein Kaimakam etablieren und halten konnte. Natürlich decken sich hier die Grenzen der locker organisierten Stämme mit dem Verwandtschaftsbegriff in keiner Weise. In dem Gebiete der ursprünglichen Merdita konnte sich offenbar infolge der leichteren Gangbarkeit des Terrains, vielleicht allerdings auch infolge eines feudal klerikalen Einflusses, die Hegemonie des Hauses Džon Marku entwickeln und erhalten. In sich abgeschlossene Gebiete, die wie Fandi vom alten Merdita durch eine Thalenge, oder, wie Dibri, durch einen in der Maja Malthe culmierenden unwegsamen Bergzug getrennt waren, sind erst relativ spät mit Merdita vereinigt worden. Alles dies läßt uns die Stammesverfassung als etwas instabiles erkennen.

Sehr interessant ist, daß auf die Entwicklung der den einzelnen Stämmen gemeinsamen sozialen Züge auch die geologische Bodenbeschaffenheit Einfluß hat. Wo sich, wie in der Malcija Madhe, Kalkgestein mit über die Kalkregion emporragenden Bergen verbündet und große Karsthochflächen entstanden, gibt es Sommerweide, daher Schafzucht und, wie schon erwähnt, Transhumance.

Wo die Täler in Schieferboden eingeschnitten sind und die über die Waldregion emporragenden Kalkkappen bloß auf Grate reduciert werden oder die Kalkberge unter der oberen Waldgrenze bleiben, gibt es spärlichen Ackerbau auf den Schieferlehnen der Täler, ferner etwas auf der spärlichen Sommerweide basierende Viehzucht auf den Bergen. Da diese Wirtschaftsform aber ein allerdings nicht sehr erhebliches Deficit an Agrarprodukten aufweist, entwickelt sich eben, um dieses Deficit zu decken, ein erheblicher Viehdiebstahl in der Fremde.

---

544 KULISCHER, Eugen: Untersuchungen über das primitive Strafrecht, in: Zeitschrift für vergleichende Rechtswissenschaft. Der Artikel erschien in mehreren Teilen, der letzte erschien in Band 17/1905, S. 1–22. Es ist nicht zu eruieren, auf welchen Teil sich Nopcsa bezieht.

In dem aus Eruptivgestein aufgebauten, aber niedrigen und relativ leicht gangbaren Gebiete ist überall Armuth und wegen der mangelnden Stammesorganisation auch geringe Widerstandskraft gegen äußere Feinde zu Gaste. In dem gleichfalls aus Eruptivgestein bestehenden, aber wegen der größeren Höhe der Berge weniger begangbaren Merdita floriert wegen der Armuth zwar ebenfalls der Viehdiebstahl „in der Fremde", außerdem hat sich aber hier noch wegen des Mangels tiefer Täler und stämmetrennenden Grate eine politische Einheit entwickelt.

Es gibt keinen Zweifel darüber, daß die Stammesorganisation im Leben eines Volkes ein primitiver Zug ist, bei der niedrigen Civilisation der albanischen Gebirgler wäre daher zu erwarten gewesen, daß wir die Stammesorganisation in Nordalbanien als alte Institution fixiert und unveränderlich vor uns finden; statt dessen sehn wir nun, daß in ihr auch heute noch Veränderungen vorgehn. Schon dieser Zug ist mit ihrem hohen Alter unvereinbar. Jireček war der erste, der [auf das] relativ jugendliche Alter der Stammesverfassung in Albanien und Montenegro hinweis, von der Beobachtung ausgehend, daß die albanisch-montenegrinischen Stämme erst in den Urkunden des XV. Jahrhunderts erwähnt werden. Auch unsere Beobachtung scheint für die Richtigkeit seiner Beobachtungen zu sprechen, allein wir müssen trachten, diese Annahme mit dem derzeitigen Culturzustand der Gebirgler zu vereinen, denn es ist bekannt, daß Stammesorganisation nur bei primitiven auf niedriger Culturstufe befindlichen Völkern auftritt.

Wollen wir uns entschließen, die albanische Stammesverfassung als Neubildung zu betrachten, so müssen wir auch die Leute in Albanien mit der einhergehenden Wildheit der Gebirgsstämme als solche deuten.

Schon bei der Besprechung der alten Bauten Albaniens haben wir auf manche Unterschiede der Jetztzeit und der Vergangenheit gewiesen. Die noch heute stehenden Ruinen der Stadt Surdha zeigen, daß in Albanien vor 1200 das Prinzip des Bogenbaues bekannt war, und sie zeigen auch weiter, daß man sich seiner sogar kleiner Fensterbogen bedienten, heute ist dieses Bauprincip in Inneren Albaniens nicht mehr üblich. An Stelle der Keilstücke eines Bogens pflegt man den ganzen Bogen meist aus einem massiven Steinstück mühevoll zu meißeln. Schon in dieser Veränderung erblicken wir einen ungeheuren Rückschritt. In den Kirchenbauten Albaniens haben wir denselben Rückschritt zu verzeichnen. Sogar weit oben im Gebirge zeigen uns die alten Kirchenruinen z. B. in Toplana recht hübsch ausgeführte Fresken, in Lotaj und anderen Orten zeigen sich Spuren kleiner Campaniles, doch die Kirchen, die man in den achtziger Jahren in Albanien antraf, waren schlechter als ein Kuhstall, bloß durch den säulengetragenen Vorbau gaben sie sich als die directen Nachkommen der älteren Kirchen unzweideutig zu erkennen. Die sorglose Art des Mauerbaues und der Mangel einer Übertünchung zeigte aber wieder auf einen Rückschritt. Auch die Wegbauten Albaniens reden dieselbe Sprache. Sowohl beim Anstiege von Prekali gegen Šoši als auch am Drin Ufer östlich Mškala[545] konnte man noch 1907 deutliche in

---

545 Mëshkalla.

Fels gehauene vortürkische Wegspuren erkennen, und auch bei Špori[546] sah ich Spuren eines Weges von 1½ Meter Breite, der aus 50 cm großen Steinblöcken gebaut war. Bei Surdha gab es eine Drinbrücke, eine weitere alte Wegspur soll sich unweit Gušt bei der Grüka Vaut[547] befinden, und von allen diesen Spuren läßt sich fast mit Sicherheit beweisen, daß sie aus vortürkischer Zeit stammen. Der Weg bei Prekali und der Rest der dort befindlichen, nicht in Bogenprincip gehaltenen festgebauten Brücke wird durch die Existenz der Festung Mavriči,[548] der Mškala-Špori Weg durch die Stadt Surdha die Existenz der Festung Dalmaces ohne weiters erklärlich. In vortürkischer Zeit gab es also im Inneren Albaniens Kunstwege, während später solche fehlen. Die einzigen türkischen Wege und Brückenbauten in Nordalbanien beschränken sich auf einen von Hafis Pascha von der Čafa Biškašit[549] auf die Kunora Lotajt angelegten improvisierten Saumweg für militärische Operationen, einen weiteren Saumweg auf die Čafa Kumuls,[550] im Osten von Merdita einen Pflasterweg von Skutari nach Durazzo und die Brücken- und Wegbauten, die die Städte Prizren und Scutari verbinden. Mit Ausnahme der strategischen wichtigen Vezirbrücken über den Drin, die, wie aus Cavallis Reisebericht hervorgeht, in 1560 noch nicht existierte, und noch einer bei Mesi zeigt kein einziges Denkmal, daß die Türken für Communicationen in Nordalbanien irgend jemals etwas gethan hätten. Der Zustand der Wege war also in Nordalbanien seinerzeit wenigstens stellenweise gewiß besser als heute, und schon dies ist wieder entschieden als Rückschritt zu bezeichnen. Aber nicht genug damit, denn es mehren sich die […]. Heute sind im ganzen Berglande von Skutari bestenfalls Turbinenmühlen im Gebrauche, der Durchmesser des direct an der Radachse befestigten, daher ungleichmäßig laufenden Mühlsteines beträgt kaum über zwei Spannen, aus vortürkischer Zeit kennen wir in Planti zwei Mühlsteine, die eine Dicke von 20 cm und einen Durchmesser von circa 90 cm zeigen. Sicherlich sind diese, wie man sagt, aus der Zeit der Kauren stammenden Mühlsteine nicht in einer Turbinenmühle gestanden. In Merdita besteht eine Tradition, daß dort zu Lek Dukadžins Zeiten Windmühlen functionierten; der einzige Beweis ist ein Mühlstein hoch oben bei Škala Fandit,[551] und auch dieser „Guri Dukadžinit" zeigt bei 70 cm Durchmesser größere Dimensionen als man heute in Merdita antrifft.

Auch die Tracht der Albaner setzt sich aus einer Reihe von Widersprüchen zusammen, denn während noch vor Kurzem der Mangel an Hemden im Gebirge keine auffällige Erscheinung war und die schweren rauhen Wollstoffe am bloßen Teil getragen wurden, zeigen diese selbst gleichsam als traditionelle Erinnerung längstvergangener besserer Tage eine gut entwickelte Ornamentik.

---

546 Shpori.
547 Gryka e Vaut.
548 Mavriqi.
549 Qafa e Bishkashit.
550 Qafa e Kumulls (Qafa e Kumbullës).
551 Shkalla e Fandit.

Die freskenbemalten Kirchen Nordalbaniens haben sich während der türkischen Zeit in rohe Steinhütten verwandelt, aus einem von wenigen aber guten Saumwegen durchgezogenem Gebiete wurde eine fast wegelose Wüste. An die Stelle von Windmühlen und großen Wassermühlen sind Handmühlen und Turbinenmühlen getreten, und gleichsam als letzter Rest einer vergangenen Periode zeigt die Kleidung der in fruchtbaren Gebieten numerisch zurückgegangenen Bevölkerung bei aller Armuth und allem Schmutz geschmakvolle Ornamente. Im alltäglichen Leben überrascht einen der Rest des ehemaligen guten Tones, der Reichtum an Formelwesen und Etikette, namentlich wird letzteres dann auffallend, wenn man die Albaner mit den, in Beziehung auf ihre Profession gleich stehenden rumänischen Hirten vergleicht. Trotz der höheren Cultur beobachten die rumänischen Hirten und Bauern im alltäglichen Leben viel weniger Formalitäten als die Albaner (eigene Beobachtungen). Alle diese Indicien weisen auf eine junge Verwilderung des Landes und seiner Bewohner. Auch das Studium des albanischen Gewohnheitsrechtes wird uns Zeichen einer später eingetretenen Verwilderung enthüllen.

Verlassen wir das Land und wenden wir uns zu seiner Geschichte. Musachi und Barletius haben uns werthvolle Angaben hinterlassen. Skutari und Alessio und die anderen größeren Städte waren bald serbisch, bald türkisch oder venezianisch. Das übrige Albanien zerfiel im XV. Jahrhundert in eine Reihe von Fürstentümern, die alle untereinander verschwiegert waren, in denen jedoch jede Dynastie bestrebt war, ihr Gebiet auf Kosten des Nachbarn zu vermehren.

Die Malcija Madhe mit dem südlichen Theile Montenegros gehörte den Cernojevič, die Malcija Vogel, Dukadžin und Merdita den Dukadžin, südlich von dem Dukadžin regierte die Dynastie Castriota,[552] und im Westen der Castrioten saßen die Musakia, deren Herrschaft sich auf das Gebiet von Durazzo und Kroja erstreckte. Die ewigen Grenzstreitigkeiten hatten einen constanten, wenn auch nicht wesentlichen Besitzwechsel zur Folge. Nirgends war eine Herrschaft wirklich stabilisiert und die Pausen zwischen dem Besitzwechsel der großen Herrn benützen kleinere Familien, um für einige Generationen zu Ansehn zu gelangen.

Solche kleinere Familien sind die Spanos, die Herrn von Drivasto, dann die Zaccaria, die auf Dagno residirten, jener Lek Dušman der wahrscheinlich in Šala in Čüteti Dakajt[553] residirte, doch war er möglicherweise nicht weltlicher Herr, sondern Bischof dieses Gebietes, das in diesem Falle den Spanos gehörte.

---

552 (Fußnote des Autors). Die Kastrioten halte ich für eine ausschließlich in Mittelalbanien begüterte Familie, und ich halte alle Versuche, die Familie mit Nordalbanien in Beziehung zu bringen, für verfehlte Speculationen, denn alle jene Autoren, die wegen des Meserechus lautenden Beinamens der Kastrioten Beziehungen dieser Familie zu Kastr in Dibra und Mazarek am Drin angenommen haben, übersahen die Tatsache, daß in Südalbanien die Existenz eines Kastriota existiert und daß ein Stammeschef der Mazareker im 1340 Janina begütert, wir daher in Südalbanien die Existenz eines größeren albanischen Stammes der Mazareker anzunehmen haben. Deshalb ist daher gar nicht notwendig, den Ursprung der Castrioten bei Kastr in Merdita, Kastrati in Malcija Madhe oder Mazarek am Drin [zu] suchen.

553 Qyteti i Dakajt.

Über den Einfluß dieser und ähnlicher Herrn in ihrem Gebiete geben einige gleichzeitige Notizen Aufschluß.

In 1280 wird Tanus Dukadžin wegen der Ermordung des Bischofs seines Gebietes von den Einwohnern von Fandi in einer der heiligen Maria geweihten Kirche in Fandi sammt seinen Angehörigen aus Rache ermordet.[554] Ein Sohn, den seine Anhänger nach Kalivari (Hopf schreibt Kalameri) retten können, kam jedoch bald darauf wieder in den Besitze des väterlichen Erbes. Sichergestellt ist also, daß sich die Herrschaft über irgendein Gebiet, soferne keine Eroberung durch einen ehrgeizigen Nachbaren dazwischen kam, von Vater auf Sohn vererbte, sicher ist ferner, wie aus den Bestimmungen der Bosa, der Mutter Lek Zacharias, über Dagno hervorgeht, daß auch Frauen als Erben ein Verfügungsrecht über die Burgen und Gebiete ihrer Söhne haben konnten, endlich ist die Nachricht zu betonen, daß sich die Städte Šala und Šoši, allerdings durch einen gewissen Marcus Spano aufgehetzt, gegen ihre Obrigkeit empörten. Das Bild, das uns Barletius und Bieme[555] vom Inneren Nordalbaniens einst entwerfen, ist also das eines Gebietes mit feudalen Institutionen. Die alten Burgen Mavriči, Dagno, Drišti beweisen dasselbe. Sicher ist, daß mit den feudalen Institutionen höfische Sitte Hand in Hand ging. Sicher ist ferner, daß damit bei der Eitelkeit der Albaner aber auch ein sich in der Tracht äußerndes Geckentum verbunden war und daß der Bauer die Sitten seiner Herrn nachzuäffen bestrebt war. Von autonomen Stämmen ist im Gebiete Nordalbaniens vor 1400 nirgendswo die Rede, die Bevölkerung kann viel mehr ohne Revolte sammt dem Gebiete, auf dem sie wohnt, von einem Herrn dem anderen abgetreten werden.

Aus Montenegro, wo, was die Stammesentwicklung anbelangt, fast gleiche Bedingungen existierten wie in Albanien und wo sich die jetzt lebenden Stämme auf gleichfalls zwischen dem XIV. und XVI. Jahrhundert eingewanderte Leute zurückführen, soll, der volksmäßigen Tradition gemäß, vor der Ankunft der neuen Einwanderer eine schlechte, wenig geachtete halbfreie Bevölkerung gelebt haben. Ungefähr mit der Periode, während der die türkischen Eroberer die Feudalherrn Nordalbaniens zur Flucht zwingen oder vernichten, beginnen die Stammessagen der jetzt in Nordalbanien lebenden autonomen Stämme, und da das Alter eines Stammes nichts bedeutet, scheint es ungerechtfertigt, an der Richtigkeit der albanischen Stammessagen zu zweifeln. Auch die im Kataster der Stadt Skutari des Jahres 1416 enthaltenen Eigennamen lassen sich als Beweismittel verwenden, daß um diese Zeit wenigstens einige der heutigen lebenden Stämme damals noch nicht existierten. In erster Linie gilt dies für die Škreli. Aus dem Gebiete, das heute vom Fis Škreli bewohnt wird, erwähnt der Kataster das Dorf Škreli mit 7 und Lugu mit 8 Steuerzahlern,[556] die Namen der Steuerzahler in beiden Dörfer sind aber z. Th. solche, die auf die Herkunft der Einwoh-

---

554 (Fußnote des Autors). Hopf schreibt Musachi folgend Santa Maria di Elefanti. In 1630 besteht in Fandi eine Pfarrkirche, die der Hl. Maria geweiht ist.
555 BIEMMI, Giammaria: Istoria di Giorgio Castriotto detto Scander-begh, Brescia 1742.
556 CORDIGNANO, S. 87.

ner aus anderen Dörfern weisen, und anderseits findet man in anderen Dörfern wieder Leute, die als Beinamen den Dorfnamen Škreli führen und die z. Theil mit solchen Leuten zusammenleben, die als Beinamen einen Eigennamen, also offenbar den Vornamen des Vaters, führen. Dieselbe Beobachtung wie bei den Škreli machen wir auch bei den Kastrati. Aus dem heutigen Stammesgebiet von Kastrati erwähnt der Kataster 5 Dörfer Budiči, Lahol, Kastrat, Pojica und Maršejnt, und auch diese Dörfer sind von Leuten bewohnt, deren Beinamen auf fern liegende Dörfer weisen.

Mit Ausnahme von Merdita, wo, wie erwähnt, einzelne Familienverbände eigene Familiennamen haben, sind heute in Nordalbanien Familiennamen nicht gebräuchlich, als Beinamen verwendet man bei jenen Personen, die sich in der Stadt Skutari ansiedeln, den Namen des Dorfes, woher sie stammen. Bei den Gebirgsstämmen oder den Bauern der Ebene wird der Taufname des Vaters als Beiname verwendet. Übertragen wir diese Erfahrung auf die im Skutariner Kataster angeführten Namen, so sehn wir, daß in vielen Dörfern beide Arten der Namengebung vorkommen, und so ergibt sich schon aus den Personennamen für jedes einzelne Dorf und zwar auch für jene, die heutige Fisnamen haben, z. B. Škreli oder Kastrati, ein recht mannigfacher Ursprung der Bewohner. Die Consequenz dieser Beobachtung ist klar und einfach. Sie zeigt, daß in 1416 viele der heutigen Stammesnamen noch keine Stammesnamen, sondern räumlich beschränkte Ortsbezeichnungen waren, und sie bestätigt auch den Satz, den wir schon früher ausgesprochen haben: „viele Stammesnamen sind älter als die Fise, die sie heute tragen". Das isolierte Vorkommen eines heutigen Stammesnamens ist also kein Beweis, daß der heutige Träger dieses Names, das heißt der jetzt so benannte Fis, schon damals als Stamm oder größere Familie existierte. Für die Tatsache einer jüngeren Verwilderung Nordalbaniens glauben wir einige Belege erbracht zu haben, die Tatsache, daß uns aus Nordalbanien vor 1400 kaum eine Spur einer Stammesorganisation bekannt ist, ist gleichfalls nicht zu leugnen, und so bleibt uns denn, um die Stammesbildung in Nordalbanien positiv als Neubildung betrachten zu dürfen, nur die Aufgabe mehr übrig, die Gründe der Verwilderung Nordalbaniens naturgemäß auch Montenegros und der angrenzenden Bergländer nach 1400 mit einiger Wahrscheinlichkeit zu eruieren.

Als ich Nordalbanien in 1905 besuchte, lebte die Bevölkerung des katholischen Gebietes ihrer Privilegien und ihres Glaubens wegen mit der türkischen Regierung constant in latentem Kriege. Einen Mohamedaner zu erschießen, galt in den Augen der meisten Katholiken als gute Handlung. Einen religiösen Insult pflegte man meist „Zur Ehre Christi" mit einer Kugel zu begleichen, Steuerzahlen oder Rekrutenstellen waren unbekannte Sachen; das Privilegium des Waffentragens war ein sichtbares Zeichen einer relativen Freiheit, dennoch war ein latenter Kriegszustand vorhanden. Offenbar war dieser Kriegszustand schon ungemein alten Ursprungs, denn schon die Berišatradition besagt, daß die Mörder Begoli Beys zwar hingerichtet, für diesen Mord jedoch heilig gesprochen wurden. Bei vielen Stämmen Nordalbaniens ist die Convertierung zum Islamismus neuen Datums, seiner Zeit war also das religiöse Moment in einem viel größeren Gebiete maßgebender als heute. Auf den constanten Druck der Mohamedaner auf die christliche Bevölkerung ist schon von Pouqeville,[557] Leake[558] und Hahn hingewiesen worden, sie hatte eine langsame Mohamedanisierung der Bevölkerung zur Folge. Hahn fügt seiner Beobachtung hinzu, der Grieche und Wlache opfert die politische Freiheit seinem Glauben, der Albanese erträgt den Druck so schwer, daß er die Befreiung von demselben mit dem Glauben seiner Väter bezahlt.[559]

Es sei, fügen wir anbetracht des katholischen Gebietes hinzu, daß ihm ein nahegelegenes Gebirge eine sichere Zufluchtsstätte gewährte. Zu den religiösen Gegensätzen in einem Theile Albaniens kam in ganz Albanien noch die Tatsache hinzu, daß die Türken dann und wann spasmodische Versuche unternahmen, das Bergland Albaniens zur dauernder Botmäßigkeit zu zwingen, daß dann zwar fast jede zu diesem Zweck unternommene militärische Expedition, insoferne als die türkischen Truppen das ausgesteckte militärische Ziel erreichten, von Erfolg begleitet war, die türkische Verwaltung jedoch, das an und für sich unrentable Kunststück nie zu Wege brachte, das einmal mit Gewalt erworbene dauernd zu behalten.

Während der relativen Ruhepausen zwischen den einzelnen militärischen Expeditionen versuchten die Behörden naturgemäß ihrer Autorität im Berglande zuweilen in verschiedener Weise Geltung zu verschaffen, und ein beliebtes Mittel war nun in solchen Fällen, für die Schuld eines einzelnen Menschen vom ganzen Dorfe oder gar dem ganzen Stamme, dem er angehörte, Verantwortung zu fordern. Noch zwischen 1905 und 1909 vergingen Tage, ja sogar Wochen, daß irgend ein Stamm so zu sagen verfehmt war, und während der Zeit der Verfehmung durfte sich kein männliches Mitglied dieses Stammes in den allerdings nur auf die Scutariner Niederung beschränkten Machtbereich der Behörden wagen. Tat es einer, so wurde er augenblicklich verhaftet. Freilich traute sich auch kein Repräsentant der türkischen Behörden hinauf auf das Gebirge. Um die Gesamtheit von Merdita zur Zahlung von 300 Čese[560] zu zwingen, ließ zum Beispiel die türkische Regierung im Frühjahre 1906 fünfundzwanzig arme Mirditen, die eben auf ihren Rücken und auf Tragtieren Holzkohle auf den Skutariner Markt trugen, in Vau Dejns[561] verhaften, und es bedurfte auswärtiger Einflüsse, um die Angelegenheit der vollkommen unschuldig Verhafteten zu einem erträglichen Abschlusse zu bringen.

Um im übrigen diesen latenten Krieg recht drastisch vorzuführen, wurde ja im vorigen Kapitel die Localgeschichte Nordalbaniens von 1852 bis 1894 geschil-

---

557 POUQEVILLE, François F. C. H. L.: Reise durch Morea und Albanien nach Constantinopel und in mehrere andere Theile des ottomanischen Reiches in den Jahren 1798, 1799, 1800 und 1801, 3 Bände, Leipzig 1805.

558 LEAKE, William Martin: Travels in Northern Greece, London 1835.

559 HAHN, Studien, S. 18 und Fußnote 72.

560 Albanisch qese: Geldbeutel.

561 Vau i Dejës.

dert. Die Verwilderung Nordalbaniens kann durch nichts besser als durch dieses Kapitel illustriert werden, das eine Zeitspanne behandelt, in der schon in den verschiedenen Städten Vertreter mehrerer fremder Mächte residierten und die Türkei im allgemeinen als zivilisierter Staat galt. Man kann sich leicht vorstellen, welche Formen dieser latente Krieg angenommen haben muß, als in der Türkei noch weniger zivilisierte Zustände herrschten.

Die Folge eines solchen latenten Krieges war, daß sich die Gebirgsbevölkerung nach Möglichkeit von der Stadt und ihrem civilisatorischen Einflusse abschloß und daß jeder Mann und jedes Dorf danach trachtete, von den Marktplätzen der Niederung möglichst unabhängig zu werden.

Da so eine Unabhängigkeit von den Marktplätzen der Niederung in erster Linie durch das Entstehen kleiner, im Gebirge befindlicher Krämerläden gefördert wurde, wurde diese von der türkischen Regierung in Berufung auf allerlei Gesetzesparagrafe natürlich principiell verboten, und wenn der eine oder andere Krämerladen dennoch existierte, verdankte er es nicht dem Wohlwollen, sondern dem zu einer Schließung nöthigen Energiemangel der Regierung.

Wir haben gar keinen Grund anzunehmen, daß diese Zustände [...] vor hundert, zweihundert, ja dreihundert Jahren in Albanien nicht genau so waren. Der Freiheit zur Liebe verzichten also infolge ihres Charakters die Albaner des Gebirges zwar nicht auf ihre Religion, wohl aber auf ihre Bildung und da die Opposition gegen die türkischen Behörden auch im mohamedanischen Theile Albaniens allenthalben existierte, sank die Kultur im ganzen Bergland. Dort, wo noch der Religionsunterschied hervortrat, also im katholischen Gebiete, geschah dies in ausgesprochenster Weise, und aus diesen Grunde wurden eben die katholischen Bergstämme die wildesten, ärmsten und schmutzigsten, aber auch die am besten organisierten ganz Albaniens. Auch den türkischen Behörden war diese Armuth und Verwilderung der Bevölkerung freilich recht willkommen, denn ein armes oppositionelles Element ist leichter zu beherrschen als ein reiches.

Zu allen diesen Momenten kam noch im Norden des Drin der Mangel an führenden Geschlechtern.

So wie man aus dem jetzt oder noch vor nicht langer Zeit katholischen Teile Albaniens, wo wirtschaftlich gleich gestellte Freibauern leben, in das mohamedanische Gebiet kommt, stößt man immer auf Namen von Persönlichkeiten, die ihre Umgebung bedeutend überragen: So Dželal Bey und die Zogus in Matja,[562] die Toptani in Tirana,[563] in kleinerem Maßstabe Sulejman Aga Batuša, Bajram Curi[564] und Riza Bey[565] in Djakova, Isa Boletinac[566] und früher Ali Pascha Draga in Mitrovica, die Begolis in Ipek und andere.

---

562 Siehe Dokument 70.
563 Siehe Dokument 76.
564 Curri, Bajram (1862–1925); einer der berühmtesten Führer der albanischen Nationalbewegung in Kosovo.
565 Kryeziu, Riza Bej: Hauptmann einer großer Familie aus Gjakovë in Kosovo.
566 Boletini, Isa, siehe Dokument 90.

Die theoretisch durchaus auf Erbpacht beruhende Bey-Wirtschaft, die man im mohamedanischen Teile Albaniens überall antrifft, ist ein rein feudaler Zustand; sie kommt im wesentlichen darin zum Ausdruck, daß ein seine Kmeten an Reichtum und manchmal auch an Kultur stark überragender Mann in seinem Gebiete den fast allein maßgebenden Einfluß ausübt. Diese feudale Einrichtung fehlt in dem größten Teile der unwegsamen katholischen Malcija. Die einzigen Katholiken, denen derselbe ererbte Einfluß zu kommt, wie seinerzeit etwa den Topia und Bušatli, sind die bereits besprochenen Nachkommen des berühmten Džon Marku. Die Ursache, warum sich die feudale Bey-Institution im mohamedanischen Teile Nordalbaniens erhielt, während sie in dem katholischen Gebiete fehlt, obzwar auch hier vor der türkischen Okupation Feudalherren existierten, ist leicht zu finden: sie ist darin zu suchen, daß in dem konvertierten Teile die Eroberer die feudalen Institutionen, wenn auch modifiziert, bestehen lassen konnten, während sie im katholischen Teile jedoch trachten mußten, den gegnerischen, stets zur Rebellion geneigten, andersgläubigen Feudaladel zu vernichten. Das Aufkommen von Freibauern war eine naturgemäße, so einer Vernichtung Folge. Selbstverständlich ist, daß die zeitweise Bedrückung der Albaner seitens des neuen Eroberers und die damit verbundene Verwilderung in der ersten Zeit der türkischen Herrschaft am allerstärksten hervortrat. Die stammesbildenden Factoren mußten also schon 1500 intensiv wirken. Recht klar ist der constante Krieg, den Kthela und Merdita mit den türkischen Machthabern [führten] in 1610 aus Bizzis Reisebericht zu erkennen. Einem Alajbeg in Plana wurden einige Leute durch Räuber aus Kthela entführt, und der Alajbeg bittet nun den Bischof Bizzi, in dieser Sache zu intervenieren. Über die Mirditen sagt Bizzi, daß die so von ihren Nachbaren gefürchtet seien, mit den Türken constant Krieg haben und gegen Osten und Westen Raubzüge unternehmen. Die meisten Merditen, sagt er ferner, gehen bloßfüßig umher oder haben, soferne sie Sandalen tragen, den Unterschenkel entblößt. Sie sind gut bewaffnet, die Bekleidung der Frauen läßt aber in Merdita nach seinem Dafürhalten so viel zu wünschen übrig, daß man daran Anstoß findet.[567]

Die Ueberlieferung der Šala, daß sie nach der Vernichtung ihrer feudalen Familien jahrezehntelang in Höhlen gehaust haben, und die mauerbewehrten Höhlen in Čelza an der Korja und in der Nähe von Gömsiče sind offenbar Erinnerungen an jene traurige Periode. So eine Periode kann uns auch die Flucht der orthodoxen Bischöfe von Oroši in Baštrik ungezwungen erklären. Auch für die Klmeni läßt es sich nachweisen, daß sie im XVII. Jahrhundert zeitweise in unzugänglichen Höhlen wohnten; wir können daher auf diese Weise für das Bergland von Albanien zumal zwischen 1350 und 1500 in einem Zustande der intensiven Verwilderung annehmen. Wenn wir uns nun fragen, wer, von den gehaßten Türken abgesehn, damals in diesem Berglande noch Ansehn und Einfluß auf den größten Theil der Bewohner hatte, so können wir das nur damit beantworten, daß es die Familienväter waren. Namentlich mußten diese Fami-

---

567 Relacione I, S. 159.

lienväter (Hausherren) den größten Einfluß haben, wenn sie schon damals Vorstände von Hauskommunionen waren.

Die Hauskommunion läßt sich heute, wie Cvijič zeigt, auf der Balkanhalbinsel nordwestlich einer von Valona südostwärts im Bogen nach Monastir, von da nach Sofia und längs des Ister an die untere Donau vorlaufenden Linie constatieren.[568] Die geografische Verbreitung dieser Institution scheint der Annahme, daß sie sich aus der byzantinischen Rauchsteuer entwickelte, geradewegs zu widersprechen.

Markovič findet, daß infolge des besseren Schutzes, der die Zadruga ihren Mitgliedern gewährte, diese Institution gerade während der Zeit der Türkenherrschaft, namentlich aber während der serbischen Freiheitskriege vom Anfange des XIX. Jahrhunderts in Serbien ungemein überhandnahm, wogegen sie seither wieder abnimmt;[569] offenbar ist hier der Satz „cessante causa, cessat effectus" giltig, und ansonsten nennt dieser Verfasser die Zadruga eine typische Wirtschaftsform ackerbautreibender Völker. Von anderen primitiven Erwerbszweigen, namentlich auch der Viehzucht, unterscheidet sich der Ackerbau, in soferne als er auf Naturalwirtschaft beruht, in ökonomischer Hinsicht dadurch, daß bei ihm alle Arbeiten plötzlich in kurzbefristeten Perioden des Jahres geleistet werden müssen und daß daher durch den Mangel genügender Arbeitskräfte, namentlich in Gebieten mit viel Freiland und einseitiger Wirtschaftsform, oft ein ungemeiner Schaden eintritt. Für Ackerbauerfamilien ist es aus diesen Gründen ein ungemeiner Vorteil, wenn nicht nur alle Einwohner eines Hauses beisammen bleiben, sondern wenn sie durch rapide Aufnahmen von Gattinnen neue Arbeitskräfte gewinnen, denn dadurch wird nicht nur größere Arbeitsleistung, sondern Arbeitstheilung ermöglicht. Der agrarische Factor der Entstehungsursache der Hauscommunionen erklärt uns wahrscheinlich die Erscheinung, warum diese in dem fast ausschließlich auf Parcellenwirthschaft und Viehzucht angewiesenen Montenegro [...] fehlen, wogegen das Schutzbedürfnis des Einzelnen auch hier so wie im Ackerbaulande Albanien zu Geschlechtsverbänden führte.

Sowie die Familienväter im Berglande Albaniens als die einzigen socialen einheimischen Factoren übrig geblieben waren, war offenbar die nun einsetzende Wirkung der verschiedenen Bodenconfigurationen jenes Element, das im Norden des Drin die dort heute bemerkbare Stammesorganisation erzeugte, und aus den Familienvätern konnten dort Dorfälteste und Stammeshäuptlinge werden.

Der Name Bajraktar weist auf eine spätere Ausnützung der einmal im Gebirge entstandenen neuen Organisation durch die türkische Regierung, und diesen Namen können wir ebenso wie die Privilegien der Gebirgler als den Beweis eines Compromisses auffassen, den die türkischen Eroberer zwischen ihrem Können und ihrem Wollen resp. zwischen der Rentabilität und den Kosten der Eroberung des albanischen Gebirges geschlossen hatten. Etwas dunkel bleibt im

---

568 CVIJIĆ, S. 122–126.
569 MARKOVIĆ, Milan: Die serbische Hauskommunion, Leipzig 1903, S. 19.

diesen Bilde der nordalbanischen Stämme die Entstehungsursache der Familie Džon Markus, denn die Annahme, daß diese Familie seit ihrer Flucht in den Baštrik bis zu ihrem Wiedererscheinen unter Džon Marku II., also 200 Jahre lang im Verborgenen als geistiges Oberhaupt stets mit ihrer Heimat Conectionen hatte, ist der einzige Weg, wie wir ihr plötzliches glanzvolles Aufleuchten erklären können. Da das Aufleuchten der Familie und die Verleihung von Stammesprivilegien an Merdita möglicher Weise in eine Zeit fällt, wo viele katholische Albaner gegen die Pforte rebellierten, kann man immerhin supponieren, daß eben durch Džon Marku II. die Merditen damals von Rebellion zurück gehalten, ja zu activem Eingreifen zu Gunsten der Türken bewogen wurden. Auf diese Möglichkeit haben wir schon bei der Besprechung der Stammessage Merditas gewisen, und daß ein in Baštrik wohnender, auf glanzvolle Traditionen und Einfluß bauender Häuptling der Merditen eine schlechte Behandlung seitens der kaiserl. Truppen noch viel schlechter ertragen haben mußte als sonst irgend ein Albaner, ist ja ganz natürlich wichtig. Wichtig scheint im Anschlusse an die Geschichte Merditas immerhin der Hinweis, daß auch das Fürstentum Montenegro nicht in der von großen Stämmen bewohnten Brda, sondern in der von kleinen Stammverbänden bewohnten Katunska Nahija entstand.

Das nordalbanische Gewohnheitsrecht

I. Allgemeines

Das Gewohnheitsrecht der Hochgebirgler Nordalbaniens regelt das ganze öffentliche Leben dieser Leute, soferne es sich außerhalb des Familienverbandes abspielt.

Innerhalb der Familie werden alle Rechtsstreitigkeiten der Familienmitglieder, ja sogar innerhalb der Familie vorkommende Morde, durch die Patriae potesta entschieden. Verschiedenartiges Material über das Gewohnheitsrecht der Albaner ist von Hahn,[1] Mjedja,[2] Ašta,[3] Durham,[4] Steinmetz,[5] Thalloczy,[6] Cozzi[7] und Gječov[8] publiciert worden, endlich habe auch ich während meiner Reisen diesbezügliche Angaben gesammelt.[9] Manche dieser Veröffentlichungen bringen concrete Fälle und sind daher sehr werthvoll, Gječovs Publication leidet jedoch an dem Fehler, daß sie sich a priori die Aufgabe stellt, das unverfälschte Gewohnheitsrecht so vor Augen zu führen, wie es sich die katholischen Geistlichen Nordalbaniens darstellen rp. wünschen.[10] Sie ist daher mit größter Vorsicht zu be-

---

1 HAHN, Studien.

2 MJEDIA, Lazar: Kanuni i bajrakëve të Dukagjinit, in: Albania (Brüssel) 1898, S. 12f, 28f, 44f; 1899, S. 70f; Ders.: Das Recht der Stämme von Dukadschin, in: Illyrisch-albanische Forschungen, hrsg. Ludwig von Thallóczy, Bd I, München-Leipzig 1916, S. 390–399.

3 ASHTA, Nikola: Kanuni i malcís, in: Albania (Brüssel) 1897, S. 149–152, 178–181; 1898, S. 86, 106f, 156; 1899, S. 67–70; Ders.: Das Gewohnheitsrecht der Stämme Mi-Schkodrak in den Gebirgen nördlich von Skutari, in: Illyrisch-albanische Forschungen, hrsg. Ludwig von Thallóczy, Bd I, München-Leipzig 1916, S. 399–408.

4 DURHAM, Albania. Dies., Origins.

5 STEINMETZ, Reise. Ders., Vorstoß. Ders., Adria.

6 Thallóczy, Ludwig von (1856–1916); war Präsident der bosnisch-herzegowinischen Landesverwaltung und 1915 Zivilgouverneur in Serbien. Von ihm stammen: Kanuni i Lekës. Ein Beitrag zum albanischen Gewohnheitsrecht, in: Illyrisch-albanische Forschungen, Bd I, München-Leipzig 1916, S. 409–412. Ders.: Türkischer Gesetzentwurf, betreffend Kodifizierung des albanischen Gewohnheitsrechtes, ebenda, S. 463–486.

7 COZZI, E., Vendetta, S. 654–687. Ders.: Donna, S. 617–627.

8 Shtjefën Gječov war der erste, der den Kanun gesammelt und veröffentlicht hatte, siehe Kanuni i Lekë Dukagjinit, Shkodër 1913. Sein Werk ist später vielfach wiederveröffentlicht worden: GJEÇOV, Shtjefën: Codice di Lek Dukagjini, ossia diritto delle montagne d'Albania, Roma 1941. Ders., Veprat, Bd 4, Prishtinë 1985. Ders.: Kanuni i Lekë Dukagjinit. Mbledhur dhe kodifikuar nga Shtjefën Gječovi, Tirana 1989 (= E drejta zakonore shqiptare). Eine Übersetzung des von Gječov kodifizierten Kanuns in deutscher Sprache findet man in GODIN, ebenda. Über sein Leben und Werk siehe BUDA, Aleks: Sh. K. Gječovi (1874–1929). Nga jeta dhe veprimtaria, in: Studimë Historike 4/1979, S. 105–117.

9 Über das albanische Gewohnheitsrecht gibt es eine umfangreiche Literatur; siehe HETZER, Armin – ROMAN, Viorel S.: Albanien. Ein bibliographischer Forschungsbericht, München 1983; GJERGJI, Andromaqi: Bibliografi e etnografisë shqiptare (1944–1979), Tiranë 1980.

10 Über die Kritik an Gječovs Arbeit siehe ULQINI, Kahreman: Dy vërejtje rreth „Kanunit të Lekë Dukagjinit" mbledhur e kodifikuar nga Shtjefën Gječovi, in: Shkodra, 1/1961, S. 143–146.

nützen. Infolge der erwähnten Tendenz werden in Gječovs Arbeit bloß jene Belegstücke angeführt, die als Belege für a priori aufgestellte Grundsätze gelten können. Aus diesem Grunde habe ich im Folgenden viele von Gječovs unrichtigen Angaben einfach ignoriert und nur einige einer Widerlegung gewürdigt. Ähnliche Rechtsgrundsätze wie im Gebirge Albaniens waren vor nicht all zu langer Zeit in Bosnien, der Hercegovina und teilweise in Montenegro in Geltung, und mancher heute im Gebirge Albaniens geltende Rechtsatz findet sich, worauf schon Köhler hinweis, im italienischen mittelalterichen Städterecht des XII. Jahrhunderts wieder. Als Vergleichsmaterial ist das diesbezügliche wichtig. Es wird auf diesen Punkt noch ausführlich zurückgegriffen werden.

Das Gewohnheitsrecht Nordalbaniens wird durch die Gesetzes-Sammlung Lek Dukadžin, auf albanisch den „Kanun Lek Dukadžinit"[11] geregelt. Sein Pendant findet dieser Kanun in Mittelalbanien in den leider so zu sagen unbekannten Kanuni Skanderbegut.[12] Das Wort Kanun (Civilrecht) findet sich auch schon in 1787 in der türkischen Rechtssprache. Das Recht als solches bezeichnet man in Albanien meistens mit dem türkischen Worte adet (Herkommen), daneben sind aber auch das slavische Wort zakon und das albanische dokt (Sitte) in Gebrauch. Gječov führt auch das aus der Zeit vor dem XI. Jahrhundert stammende altslavische Wort sunde (Satzung) an. Der Kanuni Dukadžinit hatte für alle Stämme Nordalbaniens mit Ausnahme jener Geltung, die östlich einer von Lisna nach Karma, von da über Brozola gegen Lohja hierauf nach Vorfaj Sirme führenden Linie wohnten, denn bei den westlich dieser Linie lebenden Stämmen hatte wenigstens in den Augen der türkischen Behörden nicht der Kanun, sondern das fremde türkische Gesetz der Ebene Geltung. Ein sichtbares äußeres Zeichen dieser Tatsache war darin zu erblicken, daß sich türkische Soldaten in dem den Gesetzen der Ebene unterworfenen Theile Nordalbaniens frei herumbewegen durften, während sie das Gebiet des Kanun nur in geschlossenen Verbänden oder unter dem Schutz einer albanischen Privatperson betreten durften. Nach einheimischer Auffassung hatten sich auch die dem Gesetz der Ebene unterworfenen Gebirgsstämme nach dem Kanun Dukadžinit zu richten, und da sich diese Gebiete in keiner Weise deckten, war dies fortwährend die Quelle von Conflicten. In kleinerem Ausmaße ließen sich ähnliche juridische Conflicte wie in der Ebene auch im Hochgebirge constatieren, denn auch hier suchten die türkischen Behörden den Kanun Dukadžinit fortwährend zu ihren Gunsten zu modificieren, doch kamen ihre Bestrebungen infolge des Mangels an Executivorganen meist inhaltlich und zeitlich nur beschränkt zur Geltung; daß so etwas die Rechtsfälle compliciert, ist evident, denn in Wirklichkeit war auf diese Weise in der Ebene jedermann einer entschieden doppelten, im Gebirge jedermann einer in manchen Punkten doppelten Rechtsauffassung untergestellt, und um die Rechtslage noch

---

11 Kanuni i Lekë Dukagjinit.
12 Kanuni i Skanderbegut, ebenda. FRASHËRI, Kristo: Remarques sur le Kanun de Skanderbeg, in: La Conférence Nationale des Etudes Ethnographiques (28–30 juin 1976), Tirana 1976, S. 243–258. In anderen Teilen des Landes waren auch der Kanuni i Maleve und der Kanuni i Labërisë in Gebrauch.

complicierter zu gestalten, kam für die Mohamedaner außerdem auch noch das Scheriatsgestz in Betracht, dessen Ausdehnung auf die Nichtmohamedaner sie als juridisches Desideratum zu betrachten pflegten und dem zu Folge theoretisch z. B. ein Christ nicht gegen einen Mohamedaner Zeuge sein konnte (Belege aus den Jahren 1857 und October 1875). Schließlich hatte für die Katholiken zu allen dem noch das sich in manchen Fällen weder mit Scheriatrecht noch dem Kanun noch dem Gesetze der Ebene deckende Kirchenrecht Geltung.

Das Kirchengesetz verbot zum Beispiel, Pfarrer vor ein türkisches Gericht zu laden, betonte in Gegensatze zum Kanun die Monogamie, dann die Freiheit der Braut bei der Eheschließung und andere oft zu schweren Complicationen führende Momente. Da nicht für Nordalbanien typisch, wollen wir das an und für sich ja recht interessante Kirchenrecht und das türkische Recht außer Acht lassen und uns im Folgenden bloß mit den Satzungen des Kanun Lek Dukadžinit befassen. Wir gruppieren die Rechtssatzungen des Kanun Leks vom sonstigen Gebrauch abweichend, aber den albanischen Verhältnissen entsprechend, in die Person, die Ehre, in das Eigentum, endlich in das Verhältnis zwischen Mann und Frau betreffende Satzungen und behandeln daher der Reihe nach die Vergehen an der Person, die Vergehen an der Ehre, dann das Eigentumsrecht und dessen Verletzung, endlich das Eherecht. Ihrer Intelligenz und ihrem raschen Auffassungsvermögen entsprechend sind die Albaner ausgezeichnete Juristen. Die wissen die Satzungen des Kanun so zu wenden, wie es ihnen am besten zukommt, und verstehen es auch, alle nur denkbaren Argumente vorzubringen, um den einfachsten Fall zu complicieren. Ich will dies an einem landesüblichen Scherzbeispiel illustrieren:

Einer bestellte eine Eierspeise, aß dieselbe, vergaß aber sie zu bezahlen. Nach einigen Jahren verlangte der Gastwirth, daß ihm der Gast sämtliche Hühner, die aus den Eiern dieser Eierspeise hervorgegangen waren, sammt ihren Nachkommen bezahle, denn, wenn die Eierspeise nicht bestellt worden wäre, hätte er die Eier nicht zerbrochen.

Als die Sache vor Gericht kam, war der Richter wegen dieses Argumentes ratlos, bis jemand die Frage aufwarf, ob der Gastwirt lebensfähige oder gekochte Eier verkauft habe. Infolge dieser Frage entschied man zu Ungunsten des Wirthes. Da das Gewohnheitsrecht nicht kodificiert ist, ist seine Gestalt fluctuierend, und es geschieht, daß die Volksversammlung von Fall zu Fall den Kanun modificiert.

Kastrati machte allerdings in Anwesenheit türkischer Regierungsvertreter und unter deren Einfluß am 1. XII. 1892 folgende Gesetze:[13]

1. Für Mord in der Malcija Madhe 3.000 Groš[14] und 24 Schafe Strafe.

2. Für Wunde 1.500 Groš und 12 Schafe Strafe.

3. Wer einen anderen mit Buße belegt, ohne den Dorfrath anzurufen, zahlt 1.000 Groš und 10 Schafe.

---

13 Siehe auch GJEÇOV, S. 354–356.
14 (Fußnote des Autors). 1 Groš = 10 Heller österr.-ungar. Währung (1900).

4. Wer einen anderen beschimpft oder mit der Waffe in besonders geschützten Orten (und zwar bei Quellen) bedroht, zahlt 1.000 Groš (hierin zeigt sich der Quellmangel des Karstlandes).

5. Wer einen Zaun bricht, um sich über fremden Grund einen Weg zu öffnen, zahlt dem Zauneigentümer 50 Groš und den Kren 150 Groš (= 3 Schafe).

6. Einbruchdiebstahl wird mit 500 Groš und 5 Schafen Strafe belegt.

7. Wenn einer eine Frau schändet und sie dabei um Hilfe ruft, so zahlt er 3.000 Groš und 5 Schafe.

8. Wer sich einem Gericht nicht unterwirft und seine Freiheit hochmütig wahren will, zahlt 500 Groš und 5 Schafe.

9. Ein Diebstahl von Großvieh innerhalb des Dorfes wird mit 500 Groš und 5 Schafe Strafe belegt.

10. Das Absperren eines bisher bestandenen Steges zieht 150 Groš Strafe nach sich.

Nikaj und Curaj beschlossen in 1905 folgendes:

1. Wer einen Hirten tödtet, wird gebrandschatzt, und sein Grundstück muß 3 Jahre brach liegen bleiben (Bessa Gjajs e csobanve).[15]

2. Seine Helfer zahlen 5 Čese, 2 Čese dem Rächer, 3 Čese dem Bürgen.

3. Ein Gjaksi kann in das verwüstete Gut erst nach 3 Jahren zurückkehren, es sei, daß es der Zoti Gjakut eigens gestattet, wofür er 5 Čese oder entsprechendes Vieh bekommt.

4. Ein Mörder hat, bis die Rache vollzogen ist, keine Bessa.

5. Von St. Anton bis zur Maria von Alsiče haben Leute die Föhren (pistari) und Schnitter (Drapen) Bessa.

6. Jeder Kostari (Mäher) hat Bessa für ein Tagwerk.

7. Jeder Jäger hat Bessa von St. Anton bis Maria von Alsiče.

8. Die Ruga Nermajs[16] (der Weg über den Paß Nermajna), Livad e Madh[17] (die Wiese) und Kodra Plak (der Hügel) bis an die Šalagrenze haben Bessa für Vieh und Hirten.

9. Kleinviehdiebstähle werden mit dem Duplum um 250 Groš, Großviehdiebstähle mit dem Duplum um 500 Groš bestraft.

10. Wer Futtersack heimlich öffnet, wird schwer gestraft.

Šala modificierte in 1903 unter dem Einflusse Mehmed Spendis und der Djelmija Šals folgende Gesetze:[18]

1. Für hundert Korit ist bis zu fixem Termin ein Korit Getreide zu zahlen, hierauf ist Selbsthilfe durch Nehmen von 30 Oka Getreide für 100 Oka statthaft.

---

15 Besa e gjâsë dhe e çobanve; siehe GJEÇOV, S. 122f.
16 Rruga e Nërmajs.
17 Livadhi i Madh.
18 GJEÇOV, S. 358f.

2. Eine Patin (Ndrikula) soll keinen rothen Džamadan[19] schenken.

3. Es soll bei einem Totenmahl kein Raki verabreicht werden, es sei denn während der Fasten.

4. Geschenke innerhalb und außerhalb des Stammes von mehr als 100 Groš werden verboten.

Eine Versammlung von Kurbini setzte in 1926 folgendes fest:

1. Bei Einbruchdiebstahl haben die Genossen mit 12 Eideshelfer zu schwören, bei Ueberführung aber 1.000 Groš Strafe zu zahlen.

2. Bei Ochsendiebstahl seien 6 Eideshelfer nöthig, bei Ueberführung seien 600 Groš und Duplum zu zahlen, dasselbe habe für Pferd und Maultier zu gelten.

3. Bei Esel oder Kuhdiebstahl sollen 3 Eideshelfer in Anspruch genommen werden, bei Ueberführung des Schuldigen sollen 250 Groš und das Duplum verlangt werden.

4. Beim Leithammeldiebstahl seien das Duplum und 3 Schafe zu verlangen; beim Leugnen aber ein Eid mit allen Männern des Hauses.

5. Kleinviehdiebstahl sei mit dem Duplum und 2 Schafe Strafe zu belegen.

6. Die Brandstiftung eines Hauses ziehe 2.500 Groš Strafe nach sich. Die Brandstiftung eines Ksol,[20] eines Heuschobers oder einer Hürde jedoch 1.500 Groš und Duplum.

Im reicheren Ostalbanien wurden unter dem Einflusse der türkischen Behörden bei Ipek am 15. November 1891 folgende Geldstrafen festgesetzt:

1. für Mord 6.000 Piaster

2. für schwere Verwundung 3.500 Piaster

3. für mittelschwere Verwundung 3.000 Piaster

4. für leichte Verwundung 1.500 Piaster

5. für einen Schlag 2.000 Piaster

6. für Verläumdung 3.000 Piaster

7. für einen nach der Verkündigung obiger Rechtsgrundsätze begangenen Mord 12.000 Piaster

8. für ein Vergehen gegen die mit der Regelung aller Streitigkeiten betrauten Commission 3 Jahre Verbannung.

Diese Beispiele genügen.

---

19 Nordalbanisch „xhamadan" (heute: jelek): Weste oder Gilet.
20 Nordalbanisch „ksoll" (heute: kasolle): Hütte.

II. Vergehen an der Person

1. Die Tödtung

Den schwersten Eingriff in die Rechte einer Person bildet deren Tödtung. Bevor wir aber um alles auf die Tödtung eines Menschen Bezug habende in Detail besprechen, gehn wir vor allem auf die Häufigkeit der in Albanien vorkommenden Tödtungen über. Außer von mir sind Daten über die Häufigkeit der Morde in Nordalbanien von Cozzi[21] und Hecquard[22] zusammengestellt worden.

Häufigkeit der Tödtung

Eine genaue tabellarische Zusammenstellung des verfügbaren Materiales scheint nicht ohne Interesse.

Tabelle

Die wenigsten Morde kommen, wie ja zu erwarten, in der Ebene vor, wo selbst unter der erwachsenen männlichen Bevölkerung im Durchschnitte ungefähr 11% der Todesfälle durch Mord bedingt werden, die meisten Morde ereignen sich in der Malcija Vogel, denn hier steigt derselbe Percentsatz auf 22. In Dukadžin und der Malcija Madhe betragen die gleichen Ziffern 15% und 13%; in Merdita sind 18% Morde zu verzeichnen.

Ich gebe nun im Folgenden die diesbezüglichen Percentangaben alphabetisch und regional geordnet:

I. Malcija Madhe

Gruda	0%	Loja	14%	Selze	12%
Hoti	7%	Reci	5%	Škreli	16%
Kastrati	12%	Rijolli	12%	Vukli	10%

II. Malcija Vogel

Dušmani	24%	Nikaj	26%	Šoši	25%
Gjani	17%	Planti	23%	Suma	18%
Kiri	9%	Šala	26%	Toplana	27%
Mazarek	20%	Šlaku	16%		

III. Dukadžin

Čelza	18%	Ibalja	12%	Komana	17%

IV. Merdita

Bliništi	13%	Kortpula	17%	Ršeni	13%
Bulgeri	14%	Kruezez	8%	Šnjeri	23%
Čafa Malit	5%	Manatia	13%	Spači	32%

---

21 COZZI, Vendetta, S. 657 und 660.
22 HECQUARD, S. 378.

Gömsiče	42%	Mnela	11%	Velja	8%
Kačinari	25%	Nerfandina	28%	Vigu	21%
Kalmeti	13%	Oroši	21%		
Kažnjeti	24%	Pedhana	21%		

V. Die Ebene

Bušati	3%	Kolaj	18%	Lači	16%	Nanšati	6%

Interessant ist es, mit diesen Angaben die von Hecquard publicierten älteren Daten zu vergleichen. Hecquard zufolge sind von 1854 bis 1856 eines gewaltsammen Todes gestorben:

In Dušmani	17 Leute	Planti	17 Leute
Gjani	9 Leute	Šala	25 Leute
Kiri	7 Leute	Šoši	4 Leute
Nikaj und Merturi	51 Leute	Toplana	3 Leute

Für Dušmani ergibt dies jährlich 8.5, für Gjani 4.5, für Kiri 3.5, für Nikaj und Merturi je 13 Leute, für Planti 8.5, für Šala 12.5, für Šoši 2 und Toplana 1.5 Leute. Im Ganzen ergibt dies also jährlich 66 Morde.[23] Aus meinen Angaben läßt sich berechnen, daß in diesen Gebieten im Durchschnitt auf jedes Jahr folgende Anzahl von Morden entfallen:

In Dušmani	2.5 Leute	Šala	6.5 Leute
Gjani	0.9 Leute	Šoši	2.4 Leute
Kiri	0.3 Leute	Toplana	1 Leute

Für Merturi läßt sich die Anzahl der Morde jährlich auf 6 veranschlagen, und so gelangt man denn zum Resultate, daß in demselben Gebiete, wo zwischen 1854 und 1856, also zu einer Zeit, als gerade die türkische Herrschaft wieder dort festeren Fuß gefaßt hatte, jährlich 66 Morde vorkamen, zwischen 1895 und 1905 bloß 25 Leute ermordet wurden, das heißt, daß der Percentsatz der ermordeten Männer von der erschreckenden Zahl von 63% auf 24% herabfiel. Im Jahre 1863 wurde die Anzahl der Blutrache verfallenen Leute im Gebiete von Skutari auf 2.000 geschätzt; während des Ramazan des Jahres 1860 wurden z. B. in der Stadt Skutari am 27. März drei Leute verwundet, vom 30. bis den 31sten neuerdings zwei, am 1. April wurde einer getödtet, am 2. April zwei ermordet und einer verwundet. Am 5. April war neuerlich eine und am 10. wieder eine Verwundung in der Localchronik zu verzeichnen. Am Anfang des XX. Jahrhunderts war ein Mord in der Stadt Skutari selbst eine relativ seltene Sache. Nicht ohne Interesse ist es, die Frequenz der Morde Nordalbaniens mit den diesbezüglichen Daten aus anderen halbcivilisierten oder ganz civilisierten Ländern zu vergleichen. In Mayors Statistik der Gesellschaftslehre sind einige Angaben enthalten. In Preußen entfallen in der letzten Zeit vor dem Kriege 1914–1918 auf 100.000 Einwohner rund 1.9 Morde, in Bayern auf die gleiche Anzahl von Einwohnern 2.7, in Serbien steigt dieselbe Zahl auf 18.0, im Gebirge Albaniens

---

23 HECQUARD, ebenda.

ungefähr auf 60.0. In Albanien wird also etwas mehr als drei Mal so viel gemordet als in Serbien und dreißig Mal mehr als in Preußen. Dieser hohe Percentsatz von Morden hat ein Überwiegen von Frauen zu Folge, denn während in Montenegro und der Hercegovina auf 1.000 Männer 908 Weiber kommen, entfallen in Albanien auf 1.000 Männer 994 Weiber. Bei der Tödtung eines Menschen haben wir in Albanien eine den landesüblichen Gesetzen entsprechende, also legale Tödtung, und eine den landesüblichen Gesetzen zuwiderlaufende, also illegale Tödtung zu unterscheiden. Erstere charakterisiert sich dadurch, daß ihre Vornahme für den Täter keine Folgen nach sich zieht, es sei denn, daß man seine Waffe lobt (t'lumt puška),[24] letztere zieht eine mehr oder minder empfindliche Bestrafung nach sich. Je nachdem die legale Tödtung auf Grund eines öffentlichen Beschlusses als höchstes Strafausmaß von der ganzen Bevölkerung oder unter allgemeiner Billigung bloß von einer einzelnen Person vorgenommen wird, unterscheiden wir wieder Hinrichtung und Rachemord.

Legale Tödtung

Da sogar ein gewöhnlicher Mörder von Stammens wegen nur mit Verbannung und Güterdevastation bestraft wird und seine Tödtung der durch ihn geschädigten Familie überlassen wird, ist eine öffentliche Hinrichtung in Albanien nicht häufig, denn es muß jemand, um von Stammes wegen hingerichtet zu werden, ein ganz besonders schweres Verbrechen begangen haben. So ein Fall tritt ein, wenn einer seinen Gastfreund mordet, wobei es dann ganz irrelevant ist, ob dies auf fremdes Anstiften hin oder ob es zur Befriedigung des eigenen Hasses rp. der eigenen Rache geschah. Alle Hinrichtungen, die mir aus Nordalbanien bekannt wurden, ereigneten sich in Merdita. Die erste ist jene, die von Steinmetz erwähnt wurde und die noch vor Prenk Bib Dodas Rückkehr nach Merdita stattfand.[25] Bei dieser Hinrichtung wurde in Bliništi in 1891 ein Mann von seinen Dorfgenossen erschossen, weil er, von einer dritten Person bestochen, seinen Gastfreund ermordet hatte, und zwar gab der Bruder des Delinquenten den ersten Schuß ab; die zweite Hinrichtung durch Stammesbeschluß erfolgte nach der Rückkehr Prenk Bib Dodas nach Merdita in 1911. Diese Hinrichtung ist deshalb interessant, weil der Verurtheilte das von Prenk Bib Doda gefällte Todesurtheil als etwas vollkommen ordnungsgemäßes hinnahm und dies knapp vor seinem Tode ausdrücklich betonte. Leider habe ich über diesen Rechtsfall keine weiteren Details erfahren können. Eine andere erfolgte am 24. August des Jahres 1875 und zwar deshalb, weil sich ein Diener des Kapetan Leš Džoni vom officiellen, allerdings nicht in Merdita residierenden Kaimakam von Merdita bestechen ließ, seinen Dienstgeber zu ermorden. Der Merdite begleitet Leš auf die Jagd und tödtete ihn daselbst unter vier Augen. Aus Strafe wurde der Mörder von seinen eigenen Verwandten ergriffen, an einen Baum gebunden und von ihnen allen zusammen, nämlich dreißig an die Zahl, erschossen.

---

24 Nordalbanisch t'lumt pushka (heute: të lumtë pushka): dein Gewehr sei gelobt.
25 STEINMETZ, Reise, S. 46.

Per Gjuk Doda aus Gojani Merdita verzeiht dem Pren Djo Zefi die Rache, tödtete ihn aber hierauf in 1884 im eigenen Hause beim Mahle, er wurde aber vom ganzen Dorfe hingerichtet.

Gjon Pren Gjinit aus Kimesa[26] in Spači wurde von 5 Merditen-Leuten der Malcija Lešs[27] und 3 Kthela Häuptern in 1913 auf Kresta bei Kalmeti hingerichtet, weil er seine Vettern, um sie zu beerben, getödet hatte. Andere Fälle sind mir unbekannt geworden. Außerhalb Merditas scheinen Hinrichtungen unbekannt zu sein, und ich glaube, daß wir nicht fehlgehn, wenn wir geradedort ihre Existenz mit dem Emporkommen der fürstlichen Gewalt in Zusammenhang bringen. In der Malcija Vogel werden solche Fälle mit Ausschluß der Öffentlichkeit erledigt. Als Beleg kann ein von Durham erwähnter Fall aus Šala gelten.[28] Der Bruder eines Hausherren ließ sich durch die Aussicht auf eine große Belohnung überreden, den in seinem Haus befindlichen Gast zu erschießen, deshalb wurde nun aber er vom Hausherren erschossen. Nach den wenigen über die Hinrichtung Mitgetheilten decken sich unsere Erhebungen theilweise mit der von Thalloczy publicierten Angaben, namentlich mit jener, daß in Merdita, sowie seinerzeit in Montenegro bei einer Hinrichtung der nächste Verwandte als erster gegen den Verurtheilten vorzugehn oder zum Zeichen der Zustimmung wenigstens seine Waffen zur Execution herzuleihen habe.[29] Zur Erklärung des ersteren Vorgangs ist das heran zu ziehen, daß ein innerhalb einer Familie vorgefallener Mord niemanden außerhalb der Familie angeht und daher auch von niemandem gerächt werden kann, und das Herleihen der Waffen ist offenbar wieder dem Vorgange gleichzustellen, daß man bei Meuchelmord dem gedungenen Mörder außer seinem Lohn auch eine Patrone zu geben hat, worauf dann nicht der Meuchelmörder, sondern der von ihm zur eignen Rettung namhaft zu machende Auftraggeber der Blutrache verfällt. Durch alle diese bei der Hinrichtung üblichen Symbole bleibt auf diese Weise bei einer Hinrichtung sogar in Merdita die Tödtung gleichsam innerhalb der Familie; es entfällt also der Rächer.

Für die Tatsache, daß bloß die Versammlung in Špal ein Todesurtheil fällen könne, habe ich keinen Beleg gefunden, der allgemeinen Wichtigkeit der Špales Beschlüsse entsprechend, glaube ich aber gerne, daß dies theoretisch wohl so ist wie Talloczy angibt,[30] in Praxis scheint dies aber nicht eingehalten zu werden. Der von Steinmetz citierte Fall[31] beweist das Gegentheil, und Prenk Bib Doda fällte seine Urtheile um 1911 auch nicht in Špal, sondern als Richter von Gau zu Gau reisend dorten, wo Kläger und Beklagter vor ihm traten. Abgesehen von der Tödtung von Leuten, die die Gesetze der Gastfreundschaft verletzten,

---

26 Kimza.
27 Malcija e Leshs (Malësija e Lezhës).
28 DURHAM, High Albania, S. 172.
29 THALLÓCZY, S. 413.
30 Ebenda.
31 STEINMETZ, ebenda.

pflegten sicher auch verführte Mädchen, die ein Kind in die Welt setzen, vor ungefähr 50 Jahren hingerichtet zu werden. Es galten diesbezüglich noch sehr strenge Satzungen, denn damals wurden Verführte auch in Merdita durch das ganze Dorf oder ihre Verwandten durch Steinigung oder Verbrennung bestraft, so wie es bis vor kurzem im Reka-Tale noch Brauch war, heutzutage ist man im katholischen Gebiete, da die Moralität gesunken ist, etwas milder.

Theoretisch sollen Mädchen oder Wittwen, die Unzucht treiben, zwischen zwei brennende Holzstöße gestellt und genötigt werden, den Uebeltäter anzugeben, oder sie sollen auf einem Misthaufen verbrannt werden. Klmeni begnügt sich theoretisch, solche Leute einfach zu tödten, aber sogar davon wird meist abgesehen.

Der letzte Fall, wo ein Mädchen hätte hingerichtet werden sollen, ereignete sich in Gojani in Merdita in 1913, auf Intervention Prenk Bib Dodas wurde aber das Todesurtheil cassiert, aber immerhin wurde die Sünderin von ihren Verwandten lebend in ein Zimmer eingemauert und nur durch eine kleine Mauerlücke ernährt.

Gleichsam als legale Hinrichtung seitens ihrer Gegner betrachten viele der Blutrache verfallenen auch das, wenn sie durch die Kugel des Rächers sterben. Für diese gewiß für unsere Auffassung merkwürdige Tatsache lassen sich Belege bringen: Cozzi erwähnt einen Fall, wo der Sterbende dem Rächer mit den Worten „verzeih, gepriesen sei dein Gewehr, denn es hat gut getroffen", da er seine Tödtung als etwas ganz ordnungsgemäßes auffaßte,[32] und auch ein zweiter Fall läßt sich anführen, der auf einen ähnlichen Gedankengang hinweist. Auf der Kodra Maršentit[33] geschah es, daß zur Zeit, als bereits bessere Waffen im Lande waren, ein noch mit einer Feuersteinflinte bewaffneter Mann in großer Entfernung seinen Feind erblickte und ihn aufforderte, stehen zu bleiben, um auf sich schießen zu lassen, wobei er versprach, ihm, falls er beim ersten Schuß nicht treffen würde, die zwischen den beiden auszutragende Blutracheangelegenheit als erledigt ansehen zu wollen. Der aus der Ferne angerufene nahm den Vorschlag an, ließ in Anbetracht der Entfernung ruhig auf sich zielen, hatte sich aber verrechnet, denn er wurde, trotz der – wie ich mich selbst überzeugte – ganz unglaublichen Distanz von mehreren hundert Metern und, obwohl der Schießende bloß über ein Feuersteingewehr verfügte, tödlich getroffen.

Die Legalität der Tödtung des Gegners im Falle der Blutrache basiert auf dem alten Satze: „Aug um Aug, Zahn um Zahn", der in Albanien „gjak per gjak e var per var"[34] (Blut für Blut, Verwundung für Verwundung) lautet, wobei unter „Blut" das Blut als lebenserhaltendes Element zu verstehn ist. Der Blutrache nimmt, bleibt daher unbehelligt, und, da auf diese Weise die Tödtung als Ausfluß der Blutrache als legale, von der Allgemeinheit gebilligten Handlung gilt,

---

32 COZZI, Vendetta, S. 659.
33 Kodra e Marshentit.
34 Heute: Gjak për gjak e var për var.

ergibt sich auch der Satz „puntori me mar gjak, nuk bjen n'gjak" (wer bei einem Rachemord hilft, verfällt nicht der Blutrache).

Im Gegensatze hiezu verfällt jener, der in ungerechtfertiger Weise einen Hinterhalt legt, sammt seinen Gehilfen der Rache. Gječov gibt an, daß in Šala in 1894 ein Gesetz erlassen wurde, daß jener, der zum berechtigten Tödten ausgeht, Waffen, aber kein seine Absicht verdunkelndes Werkzeug mitnehmen soll, und daß der zuwiderhandelnde einer Strafe von 20 Čese oder Blutrache verfalle, es sei denn, daß jener, der diese Bestimmung umgeht, ohne Rücksicht, ob ihm die List half oder nicht, einen Sedija Eid mit 24 Eideshelfern leisten könne.[35] Jeder fremde Bajrak kann das Legen eines Hinterhaltes in seinem Gebiete verbieten, bei vollbrachtem Morde darf er sich aber, falls so ein Verbot nicht ergieng, darüber nicht aufhalten. Gječov zufolge muß jeder Mörder einen Getöteten Ost-West orientieren oder jemanden mit Orientierung der Leiche beauftragen.[36] Von dieser Bestimmung weiß man, wie ich ausdrücklich feststellen muß, in der Malcija Madhe nichts. Jede legale oder illegale Tödtung muß nach dem Kanun durch den Tödtenden bekannt gegeben werden, damit im Falle einer illegalen Tödtung den Hinterbliebenen die Ausübung der Blutrache ermöglicht werde, resp. damit im Falle einer legalen Tödtung die zum Erlöschen einer Blutrache nötigen Schritte eingeleitet werden.

Ob es statthaft ist, der Blutrache dann Genüge zu leisten, wenn man den zu tötenden Gegner unter dem Schutz einer dritten Person antrifft, darüber gehen die Ansichten auseinander. Auf jeden Fall involviert so eine Handlung die allerschwerste Beleidigung des Beschützers, und man verfällt ihm gegenüber der Blutrache, ob aber die Tödtung des Verfolgten in so einem Falle legal gilt, darüber gibt es verschiedene Ansichten. In der Malcija Vogel nimmt [man] Cozzi zu Folge an, daß hiedurch der Blutrache genüge geleistet werde,[37] Mjedja berichtet jedoch aus Dukadžin, daß so eine Tödtung als gemeiner Mord gelte und man sich daher nach seinem Vollzug nicht einmal rühmen könne,[38] der Blutrache genüge geleistet zu haben. So wie die Hinrichtung ist, wie aus diesen Sätzen erkennbar, auch die Blutrache als höchstes auf Mord gesetztes Strafausmaß zu betrachten, wir werden sie daher unter den auf Mord ausgesetzten Strafen noch eingehender zu besprechen haben.

Nebst der Blutrache gibt nur wenig Umstände, die die Tödtung eines Menschen als gerechtfertigt erscheinen lassen. Da eine Verführte seinerzeit in Albanien öffentlich hingerichtet wurde, ergibt es sich, daß Unkeuscheit und eheliche Untreue auch heute noch unter gewissen Umständen die Tödtung des Schuldigen durch den entehrten Familientheil nach sich zieht.

Ich bringe zuerst einige concrete Fälle. Eine Frau floh nach Skutari und lebte dort als Hure mit Soldaten und hierauf erschoß sie ihr Gatte mit Einwilligung

---

35 GJEÇOV, S. 371.
36 GJEÇOV, S. 184–187.
37 COZZI, Vendetta, S. 668.
38 MJEDIA, S. 395.

ihrers Bruders, doch gab zum sichtbaren Zeichen der Einwilligung letzterer dem Gatten die hiezu nöthige Patrone.

In Summa wurde ein Mädchen von Sokol Mema geschwängert. Der Vater des Mädchens beauftragte seinen Neffen, das Mädchen zu tödten, dieser schoß es in die Brust, doch genas die Verwundete und entkam nach Montenegro. Einige Tage nach der Verwundung des Mädchens tödteten dann dessen Vater und Bruder auch Sokol Mema.

Im allgemeinen erfolgt die Tödtung der Schuldigen nur dann, wenn sie den Namen ihres Verführers nicht bekannt gibt, denn dadurch, daß sie dies unterläßt, deckt sie den Verführer und will ihren Verwandten oder dem Gatten die Möglichkeit benehmen, sich an dem eigentlich Schuldigen zu rächen.

Im Falle, [daß] das Bekenntis abgepreßt worden wäre, soll der Uebeltäter ergriffen und auch getödtet werden (die Frau aber nicht).

Es ergeben sich aus dieser Tatsache folgende von Cozzi angeführten Sätze: Wenn ein verführtes Mädchen den Namen des Verführers nicht bekannt gibt, so wird sie von ihrem Vater getödtet, oder es beauftragt dieser einen anderen durch Uebergabe einer Patrone mit ihrer Tödtung und behält sich die Tödtung des Verführers vor; wenn ein Mädchen, das, ein illegitimes Kind in die Welt gesetzt, den Namen des Verführers nicht bekannt geben will, so muß sie das elterliche Haus verlassen, doch geschieht es auch, daß ihr Vater oder nächster Verwandter einem Freund eine Patrone übergibt, damit dieser als sein Mandatär das Mädchen noch vor der Niederkunft tödte.[39]

Die Tödtung des Verführers seiner Frau durch den Gatten oder den Verwandten der Frau galt seinerzeit als legale Handlung und hatte daher für jenen, der sie beging, keine weiteren Folgen, heutzutage ist in diesem Punkte eine Modification eingetreten, denn es gilt der Satz, daß bei so einer Tödtung weitere Folgen nur dann unterbleiben, wenn der Verführer und die Verführte zusammen in actu peccati getödtet werden, wobei es irrelevant ist, ob diese Tödtung vom Gatten, von dessen Sohn oder dem Bruder der Frau vorgenommen wird.[40] Ein Beispiel genügt: Nikol Suti aus Gomsice tödtete den Prendi Nozit aus Gomsice und die Prendja, die Tochter des Marca Nrez aus Kažnjet, die Gattin seines Vetters, die er in Flagranti ertappte; es erfolgte aber keine Blutrache (1922).

Auf der Flucht kann eine Gattin von ihrem Gatten, ohne daß sich dieser weiteren Folgen aussetzen würde rp. der Blutrache verfallen, in der Malcija Vogel bloß dann getödtet werden, wenn der Gatte die hiezu nöthige Patrone von dem Verwandten der Frau erhielt, was dann zu geschehn pflegt, wenn nach einmaligem Fluchtversuch der Frau ein weiterer Fluchtversuch zu erwarten ist.[41] In Merdita ist man in diesem Punkte strenger, denn dem Gatten steht das Recht, seine Gattin auf der Flucht zu tödten, jederzeit zu.

Da ein zwischen Familienmitgliedern vorfallender Mord die Außenwelt nichts

---

39 COZZI, Donna, S. 332f.
40 GJEÇOV, S. 307.
41 GJEÇOV, S. 76: „e drejta me vra gruen".

angeht, da ja die Familie infolge der in ihr herrschenden Gütergemeinschaft der Außenwelt gegenüber als geschlossene Einheit auftritt und gegen außen durch den Familien-Chef repräsentiert wird, da daher bei Fällen von Mord innerhalb einer Familie dem Familienchef die richterliche Gewalt zukommt, so ergibt sich, daß dem Vater als Familien-Chef par exellence theoretisch das Recht über Leben und Tod seiner Kinder zukommt, doch ist mir kein Fall bekannt geworden, wo von diesem Recht Gebrauch gemacht worden wäre.

Rachemord für die Tödtung des Mik[42] ist, da der Mik während der Dauer des Freundschaftzustandes als zur Familie gehörend betrachtet wird, immer gestattet,[43] und so können wir um den die legale Tödtung des Nebenmenschen behandelnden Abschnitt mit dem Hinweis darauf schließen, daß das albanische Gewohnheitsrecht die straflose Tödtung des Nächsten auch im „Kriege" zwischen zwei Stämmen zuläßt. Wir resümieren also, daß die Tödtung des Nächsten seitens einer Privatperson im Gebirge Albaniens im Kriege (luft)[44] und in Fällen von Blutrache (per gjak)[45] unbedingt legal, wenn die Ehre der Frau oder des Gastfreundes tangiert wurde (per gruen rp. per mik)[46] bedingungsweise legal ist.

Illegale Tödtung

Jede andere, in obigen Fällen nicht eingeschlossene, absichtliche oder unabsichtliche Tödtung eines anderen gilt in Albanien ohne Rücksicht auf die Ursachen als Mord. In den Augen der Pfarrer wird in Merdita ein Mörder angeblich fani bezeichnet (vom Griechischen fainw). Allgemein ist die Bezeichnung Gjaksur oder Gjaksi, für Merdita erwähnt Gjeçov das Wort „Dorezi".[47] Nur ist eine große Inconsequenz des albanischen Gewohnheitsrechtes zu verzeichnen, denn einerseits gilt jede nicht durch die früher besprochenen Fälle motivierte Tödtung eines Nebenmenschen ohne Rücksicht auf die Ursachen als Mord, anderseits verzeichnet aber das Gewohnheitsrecht zahlreiche Fälle, wo ohne Rücksicht auf die Folgen die Tödtung eines anderen als Ehrensache gefordert ist rp. die Unterlassung einer Tödtung als Schmach gilt. Die Tatsache, daß die zu einer Tödtung führenden Ursachen sogar dann nicht in die Wagschale fallen, wenn der Getödtete der Angreifer war und als solcher in Unrecht war, ist in dem Satze enthalten: „Gjak per fai nuk hup" (eine wegen Vergehen vorgenommene Tödtung geht nicht verloren).[48] So eine Tödtung muß wie jeder andere Mord gerächt werden. Es ergibt sich aus dieser Inconsequenz, daß Leute so zu sagen unter moralischem Zwange öfters einerseits einen Nebenmenschen [...] tödten,

---

42 Mik: Freund, Gast und Gastfreund. Nach dem Kanun wurde jede fremde Person als „Mik" betrachtet, die an der Haustür klopfte. „Das Haus des Albaners gehört Gott und dem Freunde", siehe GODIN, 57/1954, S. 52. GJEÇOV, S. 109.

43 GJEÇOV, S. 117.

44 Luftë.

45 Për gjak.

46 Për gruen e për mik.

47 Gjeçov schreibt „dorërasi", siehe GJEÇOV, S. 301.

anderseits aber hierauf auch die Folgen dieser Handlung auf sich zu nehmen haben. Die tragischen Conflicte, die sich aus solchen Situationen ergeben, sind naturgemäß recht düster. Ein Beleg für diese Behauptung soll gleich an dieser Stelle erbracht werden. Tom Gjini in Rogami[49] verfiel z. B. mit seiner ganzen Familie nicht weniger als dreimal der Blutrache, weil er die Beleidigung seiner Gastfreunde nicht ruhig hinnahm, sondern durch Erschießen des Beleidigers rächte. Es versteht sich, daß sehr viele Morde in Albanien auf diese Weise ihre Erklärung finden, und zwar handelt es sich meistens um solche Fälle, wo die persönliche Ehre irgendwie tangiert wird, im übrigen sind die häufigsten Ursachen des Mordes in Nordalbanien Ehrenangelegenheiten, Frauen betreffende Angelegenheiten, Grenzstreitigkeiten, Streit wegen Wasserleitungen, Streit wegen Vorenthalten einer gebührenden Sache, Zank, Schmähung und ungünstige Aussage vor Gericht. Auf diese Punkte wird noch zurückgegriffen werden.

Im Anschlusse an die bisherigen Fälle wollen wir die Ehrenangelegenheiten und die Angelegenheiten von Frauen und Töchtern eingehender erörtern. Wenn man im Falle von Ehebruch nur den einen Ehebrecher in flagranti tödtet, so verfällt man in der Malcija Vogel [der] vollen Blutrache der Familie des Ehebrechers und wenn derselbe vom eigenen Stamm war, sogar allen auf Mord bestehenden Strafen. Die Motivierung dieses Vorganges ist in diesem Falle darin zu suchen, daß der Beweis dafür, daß beide Schuldigen in flagranti ertappt worden waren, infolge des Entkommens des einen Schuldigen tatsächlich aussteht. Die Rache steht in diesem Falle jener Familie zu, deren Mitglied getödtet wurde. Starb der Ehebrecher, so hat die Familie des Ehebrechers das Recht, Blutrache zu nehmen, starb die Gattin, so steht dieses Recht jener Familie zu, von der sie stammte.[50]

Die Schmach, die dadurch angetan wird, daß die Verlobte den Bräutigam stehen läßt und jemand anderen heiratet, kann gleichfalls nur durch Blut abgewaschen werden.[51] Den Umständen entsprechend pflegt man sein Opfer in so einem Falle entweder unter den Verwandten des Mädchens oder denen des neuen Gatten zu suchen, doch ist der Satz „gjak per fai nuk hup" auch in diesem Falle giltig. Ein Beispiel kann vorläufig genügen. In Vukli tödtete der Bräutigam, als seine Braut im letzten Augenblick von ihren Eltern an jemand anderen weggegeben wurde, einen der Brüder der Braut, darauf wurde er von den Angehörigen des Ermordeten erschossen und damit war die Angelegenheit nach den Regel „Blut für Blut" erledigt (Durham).[52]

---

48 »Gjaku për faj nuk hupë." Im Gegensatz dazu findet man bei Gjeçov eine andere Formulierung: „Gjaku për faj nuk jet." (Eine solche unabsichtliche Tötung gilt nicht für die Blutrache). Nach ihm wird der Totschlag ohne Absicht nicht mit der Büchse verfolgt. Der Täter büßt das Blut und wird verbürgt. Siehe GJEÇOV, S. 208, 322 und GODIN, 58/1956, S. 134.

49 Rragami.

50 GJEÇOV, S. 307ff.

51 GJEÇOV, S. 69. GODIN, 56/1953, S. 25.

52 DURHAM, High Albania, S. 156.

Schlag, Beschimpfung und Ehrenbeleidigung sind gleichfalls Vorgänge, die einen Albaner des Gebirges zu Mord treiben.[53]

Ich citiere einen Fall aus Ršeni[54] im Stamme Kthela.

In Ršeni war Dod Prenga wegen verschiedener Vorfälle mehrfacher Blutrache verfallen und selbst war er daher nicht in der Lage, seinen sich von ihm verabschiedenden Freunde N., dem Bardhok Doda nachstellte, der Sicherheit halber nachhause zu begleiten. Um dies dennoch zu erreichen, gab er seinem Gastfreund seine, als Frau ohnehin unverletzliche Mutter als Begleitung. Der Zufall wollte es nun, daß der von Dods Mutter geschützte N. tatsächlich mit Bardhok Doda zusammentraf, und schon wollte Bardhok auf N. schießen, als Dods Mutter Bardhok aufmerksam machte, daß N. in ihrem Schutz sei. Bardhok senkte das Gewehr, machte jedoch aus Unmuth darüber, daß ihm die Gelegenheit zur Rache entgangen sei, ein Spottgedicht auf Dod Prenga und nannte ihn einen Feigling, weil er selbst nicht den Muth gehabt hätte, seinen Gastfreund zu begleiten und die Mutter vorschob. Da dieses Spottgedicht unbegründet war, weil ja die Mutter Dod Prengas den Gastfreund besser hatte schützen können als Dod selber, fühlte sich letzterer naturgemäß beleidigt, und er erschoß den Bardhok Doda. Naturgemäß hatte diese Handlung Blutrache zur Folge, und einige Jahre später wurde Dod Prengas Bruder Namenseš Prenga vom Sohne Bardhok Dodas namens Dod Bardhoku tatsächlich aus Blutrache erschossen.

Beim Diebstahl steht es nach albanischer Auffassung frei, den Dieb vor dem Stammesgericht zu klagen, und wenn auch der Erfolg so einer Klage freilich nicht immer sicher ist, so steht dennoch niemanden in Albanien das Recht zu, einen auf frischer Tat ertappten Dieb, Räuber oder Einbrecher zu tödten, ohne der Blutrache zu verfallen[55]. Dies ist umso bemerkenswerter, als der Selbstschutz hier, wie ein Beispiel zeigt, oft das einzige Mittel ist, sein Eigentum zu wahren. Mehmed Zeneli aus Šala entführte bei hellichtem Tage die Kuh eines anderen aus dessen Gehöft, der Hausherr bemerkte es und begann auf den Einbrecher zu schießen, dieser band sich aber die Kuh an den Oberschenkel, erwiderte das Feuer und entführte seine Beute. Abgesehen von dem praktischen Nutzen hat übrigens die Tödtung des Gegners bei Diebstahl oder gar bei Einbruch auch dadurch noch eine größere Bedeutung als jener, der fremden Eingriffen gegenüber sein Eigentum nicht zu wahren versteht, leicht in den Ruf eines Schwächlings oder Feiglings kommt. Auch der Dieb pflegt nicht öfter, seiner dem Bestohlenen gegenüber zu Tag gelegten Entschlossenheit und Tapferkeit zu rühmen, und ganz besonders muß so etwas natürlich dann in die Waagschale fallen, wenn der Eigentumer nicht irgendwie überrascht wurde, die ihn schädigende Handlung vielmehr so erfolgte, daß er hinlänglich Zeit gehabt hätte, Gegenmaßregeln zu treffen, oder die Entwendung betraf solche Gegenstände, deren Besitz besonderen Werth hatte.

---

53 GJEÇOV, S. 306.
54 Rrsheni (Rrësheni).
55 GJEÇOV, S. 319 und 331; GODIN, 57/1954, S. 72f.

Als so eine öffentliche und langsam erfolgende Entwendung ist das Verschieben der Grenze des Ackerlandes, als eine Entwendung besonders werthvoller Gegenstände [und] der Waffenraub zu bezeichnen. Erstere Handlung zieht häufig Mord nach sich, letztere pflegt, da die Ehre des Mannes an dem Besitz von Waffen haftet, fast immer zur Tödtung des Übeltäters zu führen. Das albanische Sprichwort sagt in bezug auf Mann und Waffen „Buri pa pušk ašt grue"[56] (ein Mann ohne Gewehr ist ein Weib).

Belege dafür, daß man in Albanien sogar die Entwaffnung durch türkisches Militär, also durch übermächtige Behörden nicht ruhig hinnahm, haben die Albaneraufstände der Jahre 1910 und 1911 erbracht; genau so wie beim Versuche einer allgemeinen Entwaffnung pflegten sich aber die Albaner auch einzelnen, an Privatpersonen vorgenommenen, ja sogar temporären Entwaffnungen zu widersetzen. Die Tatsache, daß ein wohlhabender Einwohner von Gruda einen ihm persönlich unbekannten Soldaten erschoß und sich dadurch materiell zu Grunde richtete, weil ihm andere Soldaten temporär seine Waffe abgenommen hatten, zeigt, wie sehr man sich durch eine Entwaffnung seinerzeit entehrt fühlte. Natürlich versteht es sich, daß die Entwaffnung durch einen Gebirgler, also einen Gleichgestellten, noch schwerer ins Gewicht fiel, als eine Entwaffnung durch eine Behörde.

Recht consequent ist der Kanun in jenen Punkten, die das Verhalten der Helfer bei einem Morde regeln. Im Gegensatze zur Straflosigkeit jenes Individuums, das beim Ausüben einer Blutrache behilflich ist, ist jener, der bei einem strafbaren Morde hilft, selbst strafbar, doch darf freilich die Strafe für einen Mord wie immer nur an einem Uebeltäter vollzogen werden.[57] Der Rechtsatz, der diesen Punkt regelt, lautet „puntori me ra n'gjak bje n'gjak" (der Täter beim Verfallen der Blutrache verfällt der Blutrache). Es genügt allgemein, daß ein im Hinterland liegender Mensch von dritter Seite wissentlich mit Proviant versehn werde, damit der Proviantgeber für den Mord verantwortlich gemacht werde.

Wird eine Person von mehreren Leuten erschossen, so sind in Dukadžin für den Tod so viele der Übeltäter haftbar, als der Erschossene Schußwunden aufweist. Sind weniger Schußwunden vorhanden als Angreifer waren, so kann sich jeder von der Mitschuld mit 24 Eideshelfern losschwören, gelingt dies jedoch jedem und wird auf diese Weise der Meineid offenkundig, so bleiben alle Angreifer für den Mord haftbar. Letzteres tritt übrigens auch dann ein, wenn sich die Angreifer schon früher freiwillig in diesem Sinne aussprechen.

Häufig kommt es vor, daß sich Leute in Albanien wegen einer Kleinigkeit zerzanken, wodurch dann eine Schießerei entsteht, der zahlreiche Leute zum Opfer fallen. Namentlich die Malcija Vogel ist reich an solchen Fällen; in der von besonnenen Leuten bewohnten Malcija Madhe und bei dem ruhigeren aber heimtückischeren Merditen sind solche Fälle selten.

---

56 »Burri pa pushk âsht grue" (heute: Burri pa pushkë është grua); siehe GJEÇOV, S. 107. GODIN, 57/1954, S. 52.
57 GJEÇOV, S. 301f.; GODIN, 58/1956, S. 123.

Bekannt ist eine wegen geringfügiger Schulden ausgebrochene Zankerei, die am Ostersonntag des Jahres 1898 vor der Ostermesse bei der Thüre der Pfarrkirche von Šlaku mit 12 Todten abschloß. In Šala soll Durham zufolge einer einen anderen des Diebstahls einer Patrone beschuldigt haben, was zu einer Schießerei führte, in der 12 Leute getödtet und mehrere verwundet wurden.[58] Leider konnte ich das Datum dieses Ereignisses, das nach dem Todtenregister zu urtheilen in 1890, 1896, 1897 oder 1901 stattfand, nicht mehr fixieren. In Okoli zerzanken sich derselben Verfasserin zufolge bei einer anderen Gelegenheit einige Leute darüber, welcher von zwei Sternen der größere sei, und auch dieser Zank hatte an Ort und Stelle sofort 17 Todesfälle und 11 Verwundungen zur Folge.[59]

Bisher haben wir nur von absichtlichen Tödtungen gesprochen, nun müssen wir die zufälligen unabsichtlichen Tödtungen erörtern. Schon Hahn erwähnt, daß [jeder], der in Albanien ohne sein Verschulden tödtet, zwar anfangs auch fliehen muß, doch vom Pascha nicht gestraft werde und nach einiger Zeit gewöhnlich Verzeihung von den Verwandten des Getödteten erhalte;[60] nach meinen Erhebungen zieht auch unabsichtliche Tödtung theoretisch Blutrache nach sich, doch wird die Angelegenheit meist gütig beglichen und auf diese Weise erledigt.[61]

Da das Tödten einer Frau als Schande gilt[62] und sich die Frauen daher in Albanien freier bewegen als die Männer, da sie ferner bei Streitigkeiten oft zu intervenieren trachten, ist die zufällige Tödtung von Frauen relativ häufiger als jene von Männern. In einem Conflict zwischen Škreli und Loja wurden nach Cozzis Angaben ein Mann getödtet, ein Mann verwundet, hingegen wurden drei Frauen verwundet und eine Frau getödtet.[63] Der merkwürdigste auf zufällige Tödtung bezughabende Rechtsfall ist jener, von dem ich in Merturi hörte. Der Kanun besagt, daß auch der Töter eines auf frischer Tat ertappten Diebes der Blutrache verfällt,[64] und deshalb wurde einst hier angeblich ein Mann zu einer bedeutenden Geldbuße verurtheilt, weil ein in der Nacht auf seinen Birnenbaum gestiegener Dieb in dem im Hofe befindlichen Brunnen gefallen und so umgekommen war. Der abgebrochene, gleichfalls im Brunnen liegende Baumast sowie eine Anzahl Äpfel waren die stummen Zeugen. Die Urtheilsbegründung lautete dahin, daß der Hauseigentümer verpflichtet gewesen wäre, das gemeingefährliche Brunnenloch bedeckt zu halten. Da es in Merturi keine Brunnen gibt

---

58 DURHAM, High Albania, S. 151.

59 Ebenda, S. 131.

60 HAHN, Studien, S. 177.

61 Nach Gjeçov wird der Totschlag ohne Absicht nicht mit der Büchse verfolgt. „Der Täter büßt das Blut und wird verbürgt (durch Bürgen gesichert). So lange das Blut heiß ist (die Erregung dauert), wird der Täter versteckt, bis die Sache gut untersucht ist."; siehe GODIN, 58/1956, S. 134 und GJEÇOV, S. 322.

62 GJEÇOV, S. 109.

63 COZZI, Vendetta S. 663.

64 GJEÇOV, S. 319f.

und ich auch das Datum des Ereignisses nicht fixieren konnte, glaube ich allerdings, daß es sich um ein den Kanun freilich gut illustrierendes Schulbeispiel handelt.

Es versteht sich von selbst, daß Streitigkeiten um Weidegründe zuweilen zu einer Serie von Morden führen. Im Mai 1860 hatten die Klmeni bei Robošta[65] einige Weideplätze gepachtet, sie begnügten sich aber nicht damit, ihr Vieh auf den gepachteten Feldern weiden zu lassen, sondern richteten auf den Heuwiesen und Weingärten von Robošta Schaden an. Da mehrfaches Ermahnen nichts nützte, sahen sich die Leute von Robošta endlich veranlaßt, einige der den Klmeni gehörenden Pferde als Pfand zu behalten und erheben beim Mudir von Alessio gegen die Klmeni Klage. Die ob solchen Vorgehens erzürnten Klmeni töten zwei Söhne eines gewissen Prek Sula aus Robošta. Preka tötet hierauf einen Klmeni, in der Folge werden aber er und sein dritter Sohn von den Klmeni getötet. Nach diesen Morden rotten sich die Leute aus Robošta zuerst zusammen und töten aus Rache zwei des Weges kommende Klmeni, deren einzige Schuld darin bestand, Angehörige des feindlichen Stammes zu sein, nach dieser Tat sehn sie sich aber alle genöthigt, sich aus Angst vor den Klmeni in ihre Häuser zurückzuziehen, das Ausgehn zu unterlassen und zum Bebauen ihrer Felder stammesfremde Leute zu miethen. Da ein Klmeni aus der Ferne so einen Arbeiter nicht als stammesfremden Merditen erkannte, ihn vielmehr für einen Robošta hielt, tötete er diesen, und so waren denn als Ausfluß einer Bagatelle drei Bajraks ordentlich verfeindet. Da jeder Mord Blutrache gefordert hatte, sahen sich endlich außenstehende Factoren, nämlich das Skutariner Consularcorps und die türkische Regierung veranlaßt, in dieser Sache zu intervenieren, aber auch so fielen noch am 21. December desselben Jahres ein Klmeni und drei Robošta als Opfer dieses Zankes, der 12 Menschenleben heischte.

2. Strafen auf Mord

Nachdem die legale Tödtung und der Mord hinlänglich erörtert wurden, können wir die Consequenzen eines Mordes oder anders gesagt die auf den Mord ausgesetzten Strafen in Betracht ziehen. In erster Linie haben wir, wie wir es schon einmal taten, neuerlich zu betonen, daß der innerhalb einer in Gütergemeinschaft lebenden Familie begangene Mord außerhalb der Familie niemanden angeht und daher so ein Mord, wenn man von dem fremden Einflusse der türkischen Regierung absieht, theoretisch straflos bleibt. Ich citiere einen Fall, den Durham anführt: Ein Mann N., der zwar einige Felder, aber kein Haus hatte, da dieses wegen eines durch einen seiner Verwandten begangenen Mordes verbrannt worden war, lebte zusammen mit seinem Cousin M. Beide zerzankten sich wegen des Gebrauches eines Berieselungscanales, und N. erschoß in diesem Streit den M. Auf diese Weise lag ein innerhalb derselben Hauscommunion begangener Mord vor, und da die Vorgänge innerhalb einer Familie niemanden

---

65 Roboshta.

etwas angehn, fehlte in diesem Fall der Rächer, weshalb der N. straflos aus-
gieng.[66]

Mord an einem nicht in Gütergemeinschaft, also getrennt lebenden, noch so
nahen Verwandten gilt als gewöhnlicher Mord und wird von Stammes wegen
bestraft. Daß sich bei irgendeinem Morde der Mörder, um den Folgen seiner
Handlung zu entgehen, verheimlicht hätte, kam bis 1911 in der Malcija Vogel
nicht vor; in Merdita war es aber auch damals schon der Fall.

Jeder Mord pflegte Strafen seitens des Stammes und Strafen seitens der
geschädigten Familie nach sich zu ziehen, und zwar erstreckten sich die Strafen
auf Mord in Nordalbanien nicht einzig auf den Mörder sondern, da jede Familie
daselbst gegen die Außenwelt als geschlossene Einheit auftrat, auf die ganze
Familie, ja z. Th. sogar auf weitere Verwandtschaft.

Die Frage, wie weit bei einem Morde die Verwandschaft in Betracht zu kommen habe, wurde verschieden beantwortet. In vielen Fällen trachtete man die
Folgen des Mordes auf die ganze Blutsverwandschaft auszudehnen, in anderen
blieben sie auf die in Gütergemeinschaft lebenden Familienmitglieder beschränkt. Ein Unterschied bestand auch in der Ausdehnung der öffentlichen und
privaten Strafen. Abhängig waren die öffentlichen Strafen von den Begleitumständen des Mordes, in bezug auf ihre Art waren sie mehrfacher Natur, denn sie
betrafen erstens die Person des Mörders, dann dessen Familie, drittens deren
bewegliche und unbewegliche Habe. Regionale Unterschiede lassen sich vielerorts bemerken, und daß die Strafen im Laufe der Zeit verändert wurden, ist
gleichfalls zu constatieren.

Strafen von Seiten der Öffentlichkeit[67]

Im allgemeinen mischt sich der Stamm als solcher nur dann in eine Mordan-
gelegenheit ein, wenn mit dem Mord ein Bruch des Stammesfriedens einher-
geht.[68] Da bei einem im Gebiete eines fremden Stammes begangenen Mordes
dieser Umstand meist abgeht, so pflegt in der Regel bei in fremden Stammesgebiet begangenem Mord eine öffentliche Bestrafung zu unterbleiben. Es gilt dies
sowohl in der Malcija Madhe als auch der Malcija Vogel als auch in Dukadžin:
meist erklärt sich der Stamm in so einem Falle mit dem Mörder solidarisch und
vertheidigt ihn in eigenem Gebiete gegen jeden öffentlichen Angriff, es sei denn,
daß seine Tat schmachvoller Natur sei. Ein Beispiel für so einen Fall ereignete
sich um 1909 in Šoši. Ein Šoši zerzankte sich in Gjani mit einem Gjani, dieser
warf ein brennendes Holzscheit auf ihn, und da erklärte der Šoši, daß er hiefür
Blut verlangen werde. Er erwürgte bald darauf im Gebiete von Gjani einen minderjährigen Sohn des Beleidigers. Wegen der Tödtung des Kindes durch den
Šoši gab es in Šoši eine Stammesversammlung, diese mißbilligte die Handlung
und bot dann den Verwandten des ermordeten Kindes die Möglichkeit, nach Šoši

---

66 DURHAM, Origins, S. 69f.
67 GJEÇOV, S. 289–296. GODIN, 58/1956, S. 159ff.
68 GJEÇOV, S. 310.

zu kommen und das Haus des Mörders anzuzünden. Selbst das Haus anzuzünden, dazu fühlte sich aber Šoši doch nicht competent, denn das Verbrechen war
außerhalb des Stammesgebietes und gegen Angehörige eines fremden Stammes
begangen worden. Ausnahmsweise kann es vorkommen, daß jener Stamm, dessen Mitglied ermordet wurde, den anderen Stamm mit Gewalt dazu zwingt, an
die Bestrafung des Schuldigen zu schreiten. Als in 1904 Leute aus Gjani im
Gebiete des Stammes Šala zwei Šalaleute ermordeten, dann nach Hause zurückkehrten und dort straflos blieben, da geschah es, daß sich der Stamm Šala die
Sache der Familie der Ermordeten zu eigen machte, mit 400 Bewaffneten nach
Gjani drang und gegen alle Satzungen die Gjani-Leute zwang, ihre Stammesmitglieder zu bestrafen. Man sieht, daß manchmal auch in Albanien Macht vor
Recht geht.

Wurde ein Mann im eigenen Stammesgebiete von einem Stammesmitgliede
ermordet oder wurde irgendwo im eigenen Stammesgebiete ein von einem
Stammesmitglied begleiteter Fremder ermordet, dann ist der Stammesfriede
gebrochen, und der Stamm als solcher muß den Friedensbrecher bestrafen. Ein
Bruch des Stammesfriedens liegt in Dukadžin übrigens auch dann vor, wenn
zwischen zwei Stämmen die gegenseitigen etwaige Morde regelnden Verabre-
dungen zu Recht bestanden, das heißt Bessa herrschte. Dies alles gilt aber nur
beim Morde eines Mannes, denn beim Morde eines Weibes greift der Stamm als
solcher in die Angelegenheit nie ein. Die Strafen bei Mord eines Mannes
bezweckten einerseits den Mörder und dessen Familie zu schädigen, anderseits
Angehörigen des Ermordeten eine Entschädigung zu gewähren. Sofort nach
Vollzug eines Mordes avisiert der Mörder seine Verwandten, sich in Sicherheit
zu bringen und tut dasselbe, was durch Flucht dann dadurch, daß man sich in
den Schutz einer anderen Familie begibt oder auch dadurch, daß man sich in
seinem Haus versammelt, geschieht. Letzteres ist freilich nur in jenem Gebiet
möglich, wo ein Mörder keinen übermächtigen Angriff gegen sein Haus befürchtet.

Die den Mörder schädigenden Strafen gegen Mord treten augenblicklich nach
dem Mord in Geltung. In der Malcija Madhe und der Malcija Vogel haben der
Mörder und seine Familie augenblicklich das Stammesgebiet zu verlassen und
zu fliehen, sie werden friedlos (flak), der Bajraktar und die Stammeschefs begeben sich sofort zur Familie des Mörders, halten dort auf deren Kosten ein
Gelage, dann wird zur Devastation geschritten, für die man in Klmeni den Ausdruck „me ba džira", in Merdita Gjeçov zu folge das slavische Wort „sodumet"
verwendet.[69] Die Devastation beschränkt sich sogar in jenen Fällen, wo sich die
Blutrache auf die weitere Verwandschaft des Mörders erstreckt, stets bloß auf
die mit dem Mörder in Gütergemeinschaft lebende Familie, der übrigen Verwandschaft steht es frei, sich von der Devastation durch eine Gebühr von 100–
500 K loszukaufen. In Curaj eper hatte z. B. Prelaš Gjoni 500 K hiefür zu zahlen,
und dennoch war er mit dem Mörder bloß im fünften Grade verwandt.

---

[69] Über die Devastation als Strafe siehe GJEÇOV, S. 291.

In Šala kann von zwei getrennt lebenden Brüdern jeder für die Handlung des Anderen verantwortlich gemacht werden, in Gimaj ist ein Bruder für den Anderen nur dann verantwortlich, wenn beide in Gütergemeinschaft leben.

Die Devastation besteht im Ganzen oder im Teilweisen im Niederbrennen des Hauses, zuweilen werden die Felder zerstört und auch die Obstbäume gefällt,[70] endlich wird die bewegliche Habe mit Ausnahme der Waffen sofort zu Gunsten der Familie des Ermordeten und der Executoren confisciert.[71] Sie unterbleibt bei der Tödtung eines Erbfeindes des betreffenden Dorfes oder Stammes. Besonders intensiv wird die Devastation dann betrieben, wenn die Ermordung eines Gastfreundes eines anderen Menschen bestraft werden soll. In solchen Fällen werden alle Güter der schuldigen Familie vollkommen verwüstet. Das Haus wird nur bei besonders schweren Fällen, in Klmeni zum Beispiel, wenn sich jener gegen das Dorf auflehnt, bis zum Erdboden zerstört, sonst beschränkt sich die Devastation auf Verbrennung und Verwüstung der Äcker und Fruchtbäume. Bei der Devastation muß ähnlich wie bei einer Hinrichtung der nächste Verwandte zuerst die Hand anlegen.

Der Gebrandschatzte hat während der Devastation mit [...] Handzeichen alles Üble des Dorfes auf sich zu nehmen und sagt „marša t'ligat katunit e bajrakut",[72] und in Klmeni hat er die Brandschatzenden zu bewirthen. Ein Versuch des Mörders, sich diesen Schädigungen mit Gewalt zu widersetzen, würde nur in ganz besonderen Fällen Erfolg haben. Als Beispiel kann der Fall Süt Abrahimit in Nikaj dienen, der die Gaugesetze dreimal straflos übertreten konnte (von Steinmetz erzählt, von mir nicht geprüft).[73] In Dukadžin werden dem Täter gleichfalls das Haus verbrannt, die Felder verwüstet und die Obstbäume gefällt, doch steht es ihm frei, den Versuch zu unternehmen, seine Habe drei Tage lang zu verteidigen. Gelingt ihm dies oder vermag er seine Habe unter den Schutz eines einflußreichen ortsfremden Häuptlings zu stellen, so unterbleibt die Verwüstung. Im Allgemeinen erfolgt die Devastation durch das Dorf selbst. Es kann aber ein Dorf auch dem zustimmen, daß fremde Verfolger einen ihrer Dorfgenossen devastieren, und in diesem Falle helfen sie ihrem Dorfgenossen nicht gegen die Fremden.

In Merdita ist ein Verbrennen des Hauses und eine Devastation theoretisch vielleicht vorgesehn, Hahn berichtet wenigstens, daß das Haus eines Brudermörders in 1860 von Stammes wegen verbrannt wurde. Prenk Bib Doda ließ nach seiner Rückkehr nach Merdita in 1910 gleichfalls einige Häuser auf Grund von Stammesbeschlüssen verbrennen, zwischen 1905 und 1909 war jedoch das Verbrennen des Hauses eines Mörders in Merdita eben so wenig Sitte wie in den im Süden angrenzenden Gebieten. Nebst der Devastation pflegte in ganz Nordalbanien der Stamm im Einvernehmen mit der türkischen Regierung rp. deren

---

70 GJEÇOV, S. 292.
71 GJEÇOV, ebenda.
72 „Marsha t'ligat e katunit e bajrakut" (Es nehme alles Üble des Dorfes und des Bairaks mit).
73 STEINMETZ, Vorstoß, S. 39.

Organen allenthalben über dem Mörder rp. dessen Familie als weitere Strafen Geldbußen zu verhängen.

In Merdita mußten seinerzeit dem Fürsten und den Stammeschefs 1 Rind und 100 Schafe abgetreten werden, heutzutage ist diese Summe auf 100 K herabgesetzt worden, wovon die Hälfte dem Fürsten, die Hälfte den Stammeschefs zukommt. Nach anderer Version besteht das Strafausmaß in einem Ochsen und ein Goldpfund, die den Fürsten zu zahlen sind, und 10 bis 20 Schafen, die unter den Stammeschefs vertheilt werden.

In Beriša beträgt laut Kanun das an die Stammeschefs zu zahlende Sühnegeld 1 Čese (= 100 K), und eine werthige Čese mußte 50 K an den Kaimakam von Puka gezahlt werden. In Ibalja waren 50 K an die Häuptlinge und 50 K an den Kaimakam von Puka zu zahlen. In der Malcija Vogel waren 220 K an die Regirung und den Bülükbasch und 200 K an den Bajraktar zu zahlen. In Šala war für den Mord eines Mik der hohe Betrag von 2.000 K ausgesetzt worden und auch dieser Betrag wurde zwischen den Stammeschefs und dem Bülükbasch getheilt. Damit jeder Mörder in der Lage sei, diese Bußgelder zu zahlen, lud man ihn vor die Versammlung der Stammeschefs und sicherte sein Erscheinen durch das Gewähren einer Bessa, was einem freien Geleite gleichkam.

Das Strafgeld war in Geld, Waffen, Werthsachen oder Thieren zu entrichten. Für den Fall, daß die sofortige Entrichtung unmöglich wurde, mußten Pfänder gegeben oder Bürgen gestellt werden. Natürlich hatte der Schuldige auch die Auslagen der Executionscommission zu bestreiten, ja sie sogar zu verköstigen. Wollte sich der Mörder den von der Executionscommission gestellten Bedingungen nicht unterwerfen, so wurde an die vollkommene Güterconfiscation geschritten. Dies wurde „me ba igjiraa"[74] bezeichnet. Fühlte sich ein kleiner Stamm der Malcija Vogel nicht kräftig genug, gegen ein mächtiges Stammesmitglied strafend vorzugehn, so konnte er, obzwar die igjiraa eigentlich eine interne Stammesangelegenheit war, einen anderen Stamm zu Hilfe rufen. Meist war der zu Hilfe gerufene Stamm der von Šala, die hilfesuchenden Stämme waren Planti, Kiri oder Gjani. Größere Stämme wie Šala oder Nikaj hatten wegen der großen Anzahl von Gewehren, über die sie verfügten, so etwas nicht nöthig. Ähnliche Zustände wie in der Malcija Vogel existierten in der Malcija Madhe, hier erhielt aber der Sergjerde in Skutari ungefähr 550 K, der Bülükbasch 270 K. Erfolgte der Mord auf Kirchengut, so erhielt auch die Kirche 550 K. Die Entschädigung der Familie des Ermordeten bestand principiell darin, daß ihr die unbewegliche Habe der Familie des Mörders in beschränktem Ausmaße anheimfiel; die Güter der Familie des Mörders giengen nämlich in ihren Besitz über, doch war ein Auslösen derselben statthaft.

In Toplana in der Malcija Vogel konnte die Erlaubnis, die unbewegliche Habe wieder zu bebauen, von den Verwandten des Mörders gegen einen Geldbetrag, der geringer war als der Kaufpreis der Güter, wiedererworben werden, und ebenso war es möglich, sich das Aufenthaltsrecht der Frauen im Stammesge-

---

74 „Me bâ ixhra": den Beschluß ausführen.

biete zu erkaufen. Nach Jahren konnte man daselbst sogar dem einen oder dem anderen der Männer auf diese Weise die Rückkehr in die Heimat ermöglichen. Die Höhe, der bei solchen Gelegenheiten zu zahlenden Summen wurde meist durch ein Schiedsgericht fixiert. Auch in anderen Theilen der Malcija Vogel konnte man gegen den Erlag einer Summe die Erlaubnis bekommen, die Felder wieder zu bebauen, doch gab es Varianten, bei denen das Gestatten des Bebauens durch Frauen oder Taglöhner als Zwischenstadium zwischen dem völligen Verbot des Bebauens und der Erlaubnis der Wiederansiedelung der entfernten männlichen Verwandten des Mörders aufgefaßt werden konnte. Welche Modalität eingehalten werden sollte, hing von dem Willen der Familie des Ermordeten ab. Auf den eigentlichen Mörder und seine nächsten männlichen Verwandten wurde diese Begünstigung nie ausgedehnt, diese mußten bis zur Regelung der aus dem Morde erwachsenden Blutrache das Stammesgebiet meiden.

In Nikaj mußte der Mörder, um sein Eigentum vor Confiscation zu Gunsten der Familie des Ermordeten zu bewahren, 1.200 K der Familie des Ermordeten und 100 K den Stammeshäuptern zahlen, dann konnte seine Familie wieder die Felder bebauen. Erfolgte die Devastation und Güterentziehung in der Malcija Vogel deshalb, weil einer den Schützling des anderen ermordet hatte, dann war ein Auslösen der der Entziehung verfallenen Güter für Geld überhaupt nicht möglich, und deshalb wurden diese, soferne sie nicht von ihren neuen Eigentümern bebaut wurden, brach liegen gelassen.

In Merdita, wo der Mörder in seinem Hause eingeschlossen zu bleiben pflegte, hatte er naturgemäß die Güterconfiscation überhaupt nicht zu befürchten und konnte seine Felder durch die weiblichen Familienmitglieder und seine etwaigen Diener auch weiterhin bebauen lassen. Diese Leute konnten auch ungefährdet seine Herden weiden und ihren übrigen Pflichten obliegen, so z. B. den Skutariner Markt besuchen, und wie diese für Merdita temporär geltende Regel galt als dauernde Regel für die südlich von Merdita gelegenen Landschaften Kthela, Lurja, Selita und Matja. In diesem Gebiet war allerdings für die männlichen Verwandten des Mörders und Mörder selbst das Eingeschlossen sein in dem Hause fast ebenso eine Strafe wie in der Malcija Vogel die Nöthigung, in der Fremde umher zu irren. Ein besonders laxes Rechtsverfahren constatierte ich in 1906 in Kačinari in Merdita. Hier geschah es, daß ein junger Mensch deshalb, weil er aus der Verwandschaft eines Mörders war, vom Rächer, der den Tod seines Bruder zu rächen hatte, erschossen wurde. Wie es sich bald zeigte, hatte der zuletzt Ermordete nun aber schon deshalb keine Ahnung davon, daß man ihm nachstelle, weil man ihn nicht davon benachrichtigt hatte, daß er in Blut sei, und da er mit seinem Mörder auch bis zum Augenblick des Mordes keinen Streit gehabt hatte, entschied das Dorf Kačinari zwar, daß diese Handlung nicht als Rache gelten könne, denn Mord kann nur durch Tod eines Menschen aus demselben Hause gesühnt werden, und es wurde daher diese Tödtung als Mord qualifiziert, wodurch der jetzt zum Mörder gewordene Mann auch weiterhin sein Blut zu suchen hatte und nur mit einem neuen Haus in Blut gekommen war, dennoch gestattete aber das Dorf Kačinari diesem Mörder, sich vierundzwanzig Stunden frei im Dorfe zu bewegen, dann mußte ihm die Familie des Ermordeten 14 Tage Bessa gewähren, hierauf schützte ihn das Gastrecht der Nachbarn, und so erwuchs ihm, abgesehen davon, daß er und seine Familie in eine neue Blutrache verfallen waren, eigentlich wegen dieses Mordes gar kein Schaden. Noch schwächlicher als in Merdita wurde das öffentliche Strafrecht zwischen 1905 und 1907 nur in der Zadrima gehandhabt, wo ein Mord seitens des Dorfes überhaupt nicht geahndet wurde, was freilich seinen Grund darin hatte, daß hier die Pflicht der Ahndung den türkischen Behörden oblag, deren Representant, der Müdir von Dacji,[75] sich allerdings bestechen ließ, weshalb die Häuser von Mördern nicht einmal verbrannt wurden. Dem Morde ist auch das Ermorden einer anderen Person durch gedungene Menschenmörder gleichzustellen, denn sowie jener, der die Menschenmörder gedungen hat, diesen das Mordwerkzeug überreicht hat, so hat auch jede Verantwortung zu tragen, nur daß man von jenen Unfällen absieht, die etwa dem Menschenmörder selbst widerfahren. Für diese hat der Menschenmörder selbst die Verantwortung zu tragen.[76]

Strafen seitens der durch einen Mord geschädigten Partei

Die härteste und furchtbarste auf Mord ausgesetzte Strafe bestand in Nordalbanien darin, daß der Mörder mit seiner Familie der Blutrache verfiel. Furchtbar war diese Strafe deshalb, weil sie einmal verhängt, mit einer unheimlichen Ausdauer und Zähigkeit zur Ausführung gelangte, hart, weil unter ihr an dem Verbrechen unbetheiligte Leute zu leiden hatten.

Jeder illegale Mord zog Blutrache nach sich. Bei der Blutrache war es irrelevant, ob der Mörder, der sie herauf beschwor, zurechnungsfähig war oder nicht, ob die Tödtung mit Absicht oder absichtslos geschah, ob sie etwa durch Selbstverteidigung motiviert war oder einem frivolen Verbrechen entsprang. Alle diese Begleitumstände wurden nur bei der Beilegung der Blutrache in Betracht gezogen. Gjeçov seine Angabe, daß ein Priester nicht der Blutrache verfallen könne, wird von albanischen Laien bestritten. In Gjeçovs Arbeit ist dies einer jener eclatanten Fälle, wo er als Geistlicher pro domo schreibt.[77] Ob seine Angabe, daß es für eine Hexe keine Blutrache gebe (per striga ska gjak)[78] richtig ist, weiß ich um so weniger zu entscheiden, als es für Frauen auch sonst keine wirkliche Blutrache gibt.[79]

Fast die Hälfte der jährlich in Albanien begangenen Tödtungen waren auf das Conto der Blutrache zu setzen, und dennoch mußte dieselbe in diesen, jede staatliche Autorität entbehrendem Gebiete als wohltuende Einrichtung bezeichnet werden. Über diesen Punkt waren alle die Autoritäten, die die Verhältnisse

---

75 Dajçi.
76 GJEÇOV, S. 302.
77 GJEÇOV, S. 338. GODIN, 56/1953, S. 12: „Der Priester fällt nicht ins Blut".
78 »Për shtriga s'ka gjak": Es gibt keine Blutrache für die Hexen.
79 GJEÇOV, S. 340.

in Albanien am Ausgange des XIX. Jahrhunderts genauer kannten, einer Meinung. Der katholische Pfarrer Cozzi betont in seinen Werken, daß die Blutrache in Nordalbanien die einzige Institution war, die die öffentliche Ordnung einigermaßen erhielt und das Land vor Anarchie rettete,[80] selbst glaube ich zu ihrer Vertheidigung am besten jenes vorbringen zu können, was Musil über die Blutrache der arabischen Beduinnenstämme sagte.[81]

Als erstes Gesetz der Blutrache, das man freilich oft zu umgehen oder zu mißachten trachtet, gilt die Tatsache, daß das Leben eines guten und eines schlechten Mannes gleichen Wert hat. Infolge dieses Grundsatzes darf für die Tödtung eines Menschen ohne Rücksicht auf dessen Ausehn, Vermögen oder Rang stets nur wieder ein Mann getödtet werden.[82] Wichtig ist ferner, daß, wie schon aus den öffentlichen Strafbestimmungen ersichtlich, das Leben einer Frau weniger Werth hat als das Leben eines Mannes und daß daher der Mord einer Frau durch den Mord an einem Manne nicht gerächt werden kann, denn letzteres bedeutet ein Übermaß der Rache.[83] Eine aus Rache wegen des Mordes einer Frau begangene Tödtung eines Mannes kann infolge dieser Rechtsauffassung nicht als Rachemord gelten, sondern wird als gemeiner Mord classificiert.

Bei jeder Blutrache-Angelegenheit haben wir zwei scharf getrennte Parteien zu unterschieden, nämlich jene, der die Pflicht und das Recht zusteht, die Blutrache zu vollziehen und jene, die der Blutrache verfällt. Wir wählen den Ausdruck Parteien, denn die Blutrache beschränkt sich, wie schon erwähnt, nicht auf einzelne Individuen, sondern erstreckt sich auch auf deren Verwandschaft.

Jener, der in erster Linie der Blutrache verfällt, also der Übeltäter selbst, heißt, wie schon erwähnt, „Gjaksi", der nächste Verwandte des Opfers des Übeltäters heißt „Zoti Gjakut" (Herr des Blutes). Der Zoti Gjakut ist der nächste Verwandte des vom Übeltäter Ermordeten. Die Pflicht der Blutrache liegt in erster Linie auf den Schultern des Zoti Gjakut.

Sowohl das Anrecht, Blutrache zu nehmen, als auch das Ihr-verfallen-sein vererbt sich in jeder der beiden Familien, bis die Blutrache irgendwie erlischt. Der Blutrache verfallen heißt auf albanisch „me ra n'gjak" (in Blut fallen). Der Blutrache genüge leisten, was durch Tödtung des Gegners geschieht, heißt „me mar gjak" (Blut nehmen).

Da es gar keinen Sinn hätte, wenn ein Gjaksi aus Zorn darüber, daß er der Blutrache verfallen ist, weiterhin Leute aus der Verwandtschaft des Zoti gjakut tödten würde, da er dadurch nur noch mehr Blutschuld auf seine Verwandten häufen würde, fällt dem Gjaksi und seiner Verwandtschaft stets eine rein defensive, dem Zoti gjakut und den Seinen eine offensive Rolle zu.

---

80 COZZI, Vendetta, S. 654.

81 MUSIL, Alois: Arabia Petraca, 3 Bde, Wien 1907-08.

82 GJEÇOV, S. 123. „Der Preis des menschlichen Lebens ist gleich, für den Guten wie Bösen. Jeder hält sich für gut und sagt zu sich selbst: Ich bin ein Mann und sie sagen: Bist du ein Mann?": GODIN, 58/1956, S. 129.

83 GJEÇOV, S. 77. „Das Blut der Frau ist nicht gleichwertig mit dem Blut des Mannes; also werden ihre Eltern für den Überschuß Sühne leisten": GODIN, 56/1963, S. 35.

Wir müssen nun trachten, darüber klar zu werden, wen das albanische
Gewohnheitsrecht zum Tragen der Blutschuld verurtheilt und wen es zum Ausüben der Rache verpflichtet.

Die Auffassungen variieren. Dem alten Gesetze gemäß mußte die ganze
männliche Verwandtschaft eines Mörders der Blutrache verfallen,[84] und da
gegen Außen nicht nur die auf Verwandschaft basierende Familie, sondern auch
der Stamm als geschlossene Einheit auftritt, kann sich die Blutrache allerdings
glücklicherweise bloß theoretisch temporär sogar auf einen ganzen Stamm
erstrecken. Dieser Fall tritt dann ein, wenn ein Mitglied des einen Stammes ein
Mitglied des anderen Stammes tödtet. In so einem Falle ist die nähere Verwandschaft des Ermordeten berechtigt, jeden Fremden, der aus dem Ursprungsorte
des Mörders stammt, zu tödten, und dieser Zustand dauert so lange, bis die
Stammeschefs nicht intervenieren und die Rache auf gütlichem Wege auf die
Familie des Mörders beschränkt wird.

Im März 1860 tödtete ein gewisser Vuksan Mark aus Šoši einen in Skutari
befindlichen Pep Deda und floh in ein Asyl. Die Verwandten des Pep Deda tödteten darauf einen gewissen Niš Nive. Doch war Niš mit dem Mörder in keiner
Weise verwandt, er stammte aber aus Šoši (österr.-ungar. Consularbericht, März
1860). Streng genommen kann der aus Mord resultierende Zustand der Feindschaft zwischen zwei Stämmen in der Malicija Madhe nicht als Zustand der
Blutrache bezeichnet werden, er verdient vielmehr eher die Bezeichnung Stammeskrieg, denn, wenn jemand dorten in dem Falle als zwei Stämme wegen
eines Mordes temporär in Blutrache sind, die Blutrache nicht an einem Verwandten, sondern bloß an einem Stammesgenossen des Mörders vollzieht, der
verfällt der Blutrache der Familie des nunmehr Ermordeten. In diesem Falle
fehlt mithin die wesentlichste Eigenschaft der Blutrache, nämlich die Straflosigkeit. Vom Stammeskrieg unterscheidet sich freilich diese temporäre Blutrache
allerdings gleichfalls, da das Recht der Tödtung nur den Verwandten des Ermordeten zukommt. Nach diesem ephemeren Stammeskrieg erstreckt sich in der
Malicija Madhe die Blutrache jetzt nur auf die mit dem Gjaksi in Gütergemeinschaft lebenden Männer. Diese Einschränkung hat man den Bemühungen der
türkischen Regierung zu verdanken, der es im Laufe der Zeit gelungen ist, dieser Auffassung in der Malcija Madhe, in Merdita und einen Theil der Malcija
Vogel zum Durchbruche zu verhelfen. Ein Theil von Klmeni, wobei Selze den
Anfang machte, folgt diesem Gesetze schon seit 60 Jahren, Škreli seit 1908. Das
alte Gesetz, dem zufolge auch die weitere Verwandschaft eines Mörders der
Blutrache verfällt, gilt in Merdita nur für die ersten nach einem Morde folgenden 24 Stunden. In der Malcija Vogel kann infolge der Aufregung der einander

---

84 Gjeçov erklärt, daß nach dem alten Kanun nur der Mörder in Blutrache verfiel; siehe GJE-
    ÇOV, S. 186. Erst später hieß es, „wenn es sich um einen Totschlag im Dorf handelt, muß der
    Täter wie auch alle Männer seines Hauses bis zum letzten Wiegenkinde auswandern; sie
    werden das Dorf verlassen und zu Fremden gehen, um der Gefahr der Tödtung zu entkom-
    men": GODIN, 58/1956, S. 130.

zu Hilfe eilenden Leute dieser Zustand leicht zu einem echten Stammeskrieg entarten. Im übrigen ist man in der Malcija Vogel in Bezug auf Blutrache heute noch immer strenger als in der Malcija Madhe, da der Kreis, den die Blutrache, umfaßt, größer ist.

Da beim neuen Gesetz Gütergemeinschaft bei Fällen von Blutrache das Criterium abgibt, könnte man meinen, daß jene Familienmitglieder, die nach dem Ausbruche einer Blutracheangelegenheit aus der Gütergemeinschaft ausscheiden, hiedurch auch von der Blutschuld befreit werden, dies ist aber in Wirklichkeit nicht so, denn, da das Ausscheiden aus der Gütergemeinschaft in diesem Falle ein einfacher Weg wäre, einer Blutrache zu entrinnen, ist die Bestimmung aufgenommen, daß die Blutrache in so einem Falle ungeschwächt für alle jene fortbesteht, die beim Eintreten der Blutrache in Gütergemeinschaft waren. In der Malcija Vogel hat, so viel ich weiß, nur Gimaj das neue Gesetz acceptiert, namentlich in den entlegeneren Theilen wie Nikaj und Curaj hat das alte Gesetz Geltung. Der angesehene Prelas Gjonit in Curaj war mit einen gewissen Deli Maraši nur im achten Gliede verwandt, dennoch verfiel er aber, als der von jemandem beschimpfte Deli einen angewissen Mark ermordete und auf der Flucht noch zwei Leute verwundete, der Blutrache. Der Zoti gjakut, das heißt der erste Rächer war in diesem Falle Pal, der Sohn des Mark, und dann ein gewisser Kol Nou, und beide ließen sich die Ermordung Prelas Gjonis speciell deshalb angelegen sein, weil der eigentliche Mörder nach Krajsnič geflohen, mithin für sie schwer erreichbar war, während Prelas Gjoni unter ihnen wohnte. Da Prelas zu seinem Unglücke auch noch angesehen war, hätte ihnen seine Ermordung auch noch zur besonderen Ehre gereicht. Obzwar jedes Menschenleben nach dem Kanun gleichwertig ist, so ist es, wie schon aus diesem Falle ersichtlich, doch nicht irrelevant, wen man tödtet. Das Tödten des eigentlichen Mörders bringt einen die meisten Ehre, das Tödten eines Kindes aus der nahen Verwandtschaft des Mörders, das in der Malcija Vogel zuweilen auch vorkommt, gilt aber als der Blutrache zwar genüge leistende, jedoch wenig ehrenvolle Handlung.

In Šoši meint man Durhams Aufzeichnungen zu folge, ein Knabe bilde von jenen Augenblick ein Object der Blutrache, als ihm zum ersten Male die Haare geschoren wurden,[85] sonst finde ich, daß man seine Waffenfähigkeit in Betracht zieht. Diese beginnt ungefähr mit 12 Jahren; mit 16 ist ein Knabe schon oft verheiratet.

Im allgemeinen verfolgt man dem alten Blutrachegesetz zufolge in der Malcija Vogel jene Leute, die mit dem Mörder in ersten, zweiten und dritten Grade verwandt sind, und ob diese Leute davon, daß sie irgendwie einer Blutrache verfallen sind, Kenntnis haben, kommt nicht in Betracht.

Recht eigentümlich ist eine Blutrache betreffende Notiz Mjedjas, für die ich keine weiteren Belege gefunden habe, und die besagt, daß im Falle eines Mordes wenigstens 6 männliche Verwandte des Mörders der Blutrache zu verfallen haben, und daß man diese Zahl, wenn die Familie des Mörders nicht 6 Männer enthalte,

---

85 DURHAM, High Albania, S. 155.

aus seiner weiteren Verwandtschaft complettiere.[86] Möglicherweise ist dies als ein Compromiß zwischen dem alten und dem neuen Blutrachegesetz zu deuten.

Recht logisch sind die für den Fall aufgestellten Regeln, als eine Frau einen Mann ermorden würde.

Da ein Frauenleben weniger werth ist als das Leben eines Mannes und da es ferner als Schmach gilt, eine Frau zu tödten, so hat, dem Kanun zu Folge, in so einem Falle nicht die Schuldige, sondern ausschließlich ihre mänlichen Verwandschaft der Blutrache zu verfallen. In erster Linie bezieht sich dies natürlich auf ihren Vater.[87] Mit Ausnahme des zuletzt erwähnten Falles verfällt der Blutrache stets der Tödter und seine Verwandschaft. So ein Vorfall, in dem sich gleichzeitig die in diesem Falle vom Bruder ausgeübte Patriae potestas äußert, ist folgender: In 1919 tödtete eine Frau, Prendja aus Duši in Puka ihren Gatten Mark Lek Ndreca. Die Verwandten des Mark wollten die Prendja tödten, die Dorfgenossen Marks protestierten jedoch und brachten die Prendja gesund zu ihrem Bruder. Dieser tödtete die Mörderin und erledigte damit die Sache.

Für ein Übertragen der Blutrache ist kein Beleg zu finden, mit dem Recht rp. der Pflicht der Rache verhällt es sich hingegen anders. Analog wie die Blutschuld erstreckt sich auch die Rachepflicht nicht nur auf eine Person, nämlich den Zoti Gjakut, sondern auch auf dessen Verwandschaft, wer aber Zoti Gjakut wird, ist bei einem Mord verschieden. Frauen sind, soferne sie keine männlichen Verwandten haben, zum Ausüben der Blutrache berechtigt. Cozzi erwähnt mehrere Fälle. Eine Frau aus Reči rächte ihren Bruder am Mörder selbst, eine aus Šoši verwundete den Mörder ihres Schwagers bei hellichtem Tag in Skutari, eine Frau aus Šala verfolgte in 1909 den Mörder ihres Sohns schon seit 7 Jahren und kam einmal zum Schuß.[88] Eine Übertragung des Rechtes der Blutrache vom nächsten Verwandten des Ermordeten auf andere Personen trifft öfter ein.

Bei Mord des Gastes geht das Blutracherecht nicht sofort auf die natürlichen Rächer, also Verwandten des Ermordeten, über, es bleibt vielmehr für ein Jahr beim Gastgeber,[89] ebenso hat beim Morde eines Schützlings nicht die Verwandschaft des Ermordeten, sondern der Beschützer die Pflicht, die Blutrache zu übernehmen, ja dieser Zwang ist so stark, daß der beleidigte Beschützer, selbst wenn er seiner neuen Pflicht nicht nachkommt, der Blutrache verfällt und die Familie des Ermordeten in der Malcija Vogel berechtigt ist, von ihm wegen dieser Versäumnis Rechenschaft zu fordern, ja ihn sogar zu tödten. Ein Rechtsgrundsatz lautet: „Buka e lan damin" (bei gewährtem Brot nimmt der Gastgeber den Schaden auf sich),[90] und deshalb hat bei jeder Beleidigung des Gastes nicht der Gast, sondern der Gastgeber die Sache zu ordnen.

In der Malcija Madhe bleibt die Pflicht der Blutrache für den Mord an einer

---

86 MJEDIA, S. 392.
87 GJEÇOV, S. 325ff.
88 COZZI, Vendetta, S. 663.
89 Einen ähnlichen Fall erwähnt Gjeçov für Shala. GJEÇOV, S. 117.
90 Bei Godin findet man diese Formulierung: „Das Brot sühnt den Schaden". GODIN, 57/1954, S. 54.

Frau, die weniger als ein Jahr beim Ehegatten verbrachte, bei den Eltern der Ermordeten; erst wenn die Ehe länger als ein Jahr bestanden hatte, obliegt diese Pflicht dem Gatten. In der Malcija Vogel herrschen diesbezüglich andere Sitten. Wenn eine Frau getötet wird, so steht das Recht der Rache für eine mit der Familie der Getödteten zu vereinbarenden Frist, soferne diese die Verwandschaft des Gatten es will, ausschließlich dem Gatten zu, nach Ablauf der Frist bekommt auch die Familie der Ermordeten Anrecht auf Rache.

Hahn seine Bemerkung, daß in Merdita die Rache für die Tödtung einer Frau in erster Linie ihren Blutsverwandten und erst in zweiter Linie dem Gatten zukommen, läßt sich mit dem zuvor Gesagtem leicht in Einklang bringen.

Durhams Bemerkung, daß das Tödten einer verheirateten Frau durch einen Fremden sowohl die Blutrache der Familie der Getödteten als auch die der Familie ihres Gatten nach sich ziehe,[91] ist in dieser Fassung schwer verständlich, wahrscheinlich ist daran ein Mißverständnis schuld. Ich halte es nun für zweckmäßig, die Blutrache und ihr Wüthen so wie die Tatsache, daß ihr meist die angesehensten Familienmitglieder zum Opfer fallen, an einem eclatanten Beispiel vorführen zu müssen. In 1905 stellten z. B. in Ršeni einem gewissen Leš Prenga infolge des Benehmens seiner Brüder nicht weniger als drei Nachbarfamilien nach, um Blutrache zu nehmen. Leš war, wie man sagt, in dreifachem Blute, und zwar kam er erstens deshalb in Blut, weil sein älterer Bruder Dod Prenga bei der Vertheidigung eines Gastfreundes namens Marka Tussi einen Atentäter Markas niedergeschossen hatte, zweitens deshalb, weil Dod einen weiteren niedergeschossen hatte, der seiner Ehre nahegetreten war, drittens hatte Leš selbst einen gewissen Bardhok Doda niedergeschossen, der von den türkischen Regierung zum Bajraktar von Ršeni ernannt worden und ihm die Herrschaft in diesem Gebiete strittig machte.

Als ich einmal Leš seine gastfreundliche Kula verließ und er mich bei dieser Gelegenheit ein wenig begleiten wollte, da war ihm dies nur in Begleitung von fünf Bewaffneten möglich, und auch bei diesem Spaziergange wurde trotzdem dann wie bei einem Kriegszuge mit allergrößter Vorsicht zu Werke gegangen. Eine Begegnung mit einem von Leš seinen Gegnern hätte wahrscheinlich ein wenig erbauliches Ende gefunden. Ganz paradox schien es mir, daß Leš es trotzdem nicht unterlassen konnte, guter Laune zu sein und Witze zu machen, ja sich scheinbar sogar an diese Situation gewöhnt hatte. Da Leš Prengas Familie in dreifachem Blute war, mußten drei männliche Mitglieder seiner Familie erschossen werden, bis alles gerächt ist. In 1911 ist Leš tatsächlich von einem seiner Gegner, nämlich Dod Bardhoka, dem Sohne Bardhok Dodas, erschossen worden. Diese Familie des Leš war übrigens schon seit 80 Jahren fortwährend in Blutracheangelegenheiten verwickelt. Übrigens war auch Dod Prenga nach längerem Siechtum an den Folgen einer Schußwunde gestorben, sein noch lebender Bruder wurde bereits einmal verwundet, Vater und Großvater starben ebenfalls eines gewaltsamen Todes.

---

91 DURHAM, Origins, S. 69.

Im beiliegenden Stammbaum dieser Bajraktarfamilie sind jene Mitglieder, die die Bajraktarwürde nach ein ander geerbt hatten, mit Cursivschrift, jene die eines gewaltsamen Todes starben, durch ein Kreuz bezeichnet. Man sieht, wie stets gerade der jeweilige Bajraktar erschossen wurde.

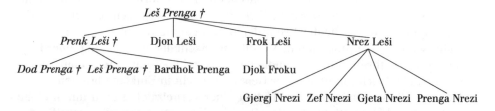

In Proseku waren am 20. Okt. 1907 von 40 Häusern 30 „in Blut", weshalb die Männer dieser Häuser nicht ausgehen konnten. Der Zeitpunkt und die Art und Weise, wie der Rächer sein Opfer tödtet, bleibt ihm vollkommen überlassen. Es kam schon häufig vor, daß die Blutrache erst nach zehn Jahren ausgeübt wurde, ja Cozzi erwähnt einen Fall zwischen einer Familie in Šala und einer in Škreli, der sich 65 Jahre hinzog.[92] Ich kenne eine Angelegenheit aus Nikaj, die schlecht und recht beglichen und aus der Welt geschafft, nach 120 Jahren wieder aufgenommen wurde. Wie und mit welcher Waffe man der Blutrache genüge leistet, ist vollkommen irrelevant, doch muß es so geschehen, daß tatsächlich des Gegners Blut fließt, daher greift man meistens zur Schußwaffe oder auch zum Messer. Letzteres ist, da die Wirkung eines Messerstiches nicht gewiß ist, relativ selten. In Nikaj wurde einst der Blutrache dadurch genüge geleistet, daß einer eine größere Schwarzpulverladung in den Kamin des Gegners brachte und den Gegner durch die Sprengung des Kamins tödtete. Details habe ich leider nicht erfahren.

Da bei dem Ausüben der Blutrache die tödliche Körperverletzung des Gegners unbedingt nöthig ist, kann der Blutrache durch Vergiften des Gegners nicht genüge geleistet werden, und auch das Herbeiführen eines scheinbar zufälligen Unfalls, bei dem der Gegner das Leben einbüßt, ist beim Ausüben der Blutrache nicht zulässig, denn bei diesem Vorgange wird die Tatsache, daß die Tödtung des Gegners nicht bloß dem Zufall zuzuschreiben ist, nicht deutlich genug erkennbar. Als Beispiel eines solchen unstatthaften Vorganges könnte z. B. der Versuch gelten, das Gewehr des Gegners durch irgend einen Eingriff dazu zu bringen, beim Gebrauche zu explodieren. Eine große Schande wäre es, wenn sich beim Ausüben der Blutrache der Rächer selbst infolge seiner Unvorsichtigkeit oder Ungeschicklichkeit einer überflüssigen Gefahr aussetzen würde oder gar getödtet werden sollte. Da der Blutrache nur durch Tödtung bestimmter Personen genüge geleistet wird, gilt jede beim Ausführen der Blutrache zufällig vorkommende Tödtung unbetheiligter Personen als Mord und zieht alle Folgen eines Mordes nach sich, und wenn man beim Vollzuge der Rache zufällig mehr

---

92 COZZI, Vendetta, S. 664.

Leute tödtet als einem durch den Kanun gestattet ist, so gelten auch diese über-
zähligen Tödtungen, ohne Rücksicht auf die Person, ebenfalls als gemeine
Morde. In so einem Falle wird nicht einmal das in Betracht gezogen, ob die
Getödteten zufällig alle Mitglieder der der Rache verfallenen Familie waren.

In Klmeni meint man, daß, wenn vom Bluträcher zwei Personen verwundet
wurden, die Rache erlösche, wenn aber eine Person mehrmals verwundet wird,
das nur als eine Verwundung gelte.

Beim Ausüben der Blutrache ist jede List und jeder Betrug gestattet. Häufig
geschiet es, daß man seinem Opfer einen falsche Botschaft zukommen läßt, er
möge sich irgendwohin begehn und ihm dann am Wege auflauert, sonst läßt man
häufig, ohne dem Mörder nachzustellen, einige Jahre verstreichen und überfällt
dann den Ahnungslosen, wenn er in Sicherheit gelullt wurde. Es ist eine große
Schande, eine günstige Gelegenheit zur Blutrache zu versäumen, und es ergibt
sich daher öfters die Nothwendigkeit, gerade solche Mitglieder der gegnerischen
Familie zu erschießen, mit denen man persönlich auf gutem Fuß lebt.

Ist der Mörder, nach dessen Leben man trachtet, in eine Gegend geflohen,
wohin man aus irgendeinem Grunde nicht folgen kann, so kann man ihm Meuchelmörder nach schicken. Der Meuchelmörder gilt dann, soferne er das Mordwerkzeug oder einen wesentlichen Theil desselben, also z. B. eine Patrone, vom
Rächer persönlich erhielt, bloß dessen ausführendes Organ, und jede etwaige
Schuld fällt wie bei jedem Mord nicht auf den gedungenen Meuchelmörder, sondern auf jenen, der ihn gedungen hat.[93] In Fregna[94] wurde um 1860 jemand mit
dem Versprechen zum Mord aufgefordert, daß der Anstifter die Buße bei der
Versöhnung zahlen werde. Der Aufgeforderte kam der Aufforderung nach und
tödtete das Opfer aus dem Hinterhalt. Auf einer Versöhnungsreise von Gau zu
Gau behandelte Bib Doda diesen Fall. Der Mörder verlangte, um sich bereinigen
zu können, den Blutpreis vom Aufforderer, der Besteller gab aber das Geld nicht
her. Bib Doda erkundigte sich, ob Geld versprochen worden war, was Besteller
zugiebt. Straffällig blieb der Mörder, da er kein Zeichen erhalten hatte, und
nicht der Besteller. Dem Besteller verbrannte man aber wegen des durch das
Nichtbezahlen erfolgten Wortbruches das Haus. Ganz consequent ist es, daß
beim Ausborgen eines Gewehres maßgebend ist, ob der Borger gewußt hat,
wozu [das] Gewehr dienen werde. Der Rechtsgrundsatz lautet: „puska e čon gjakun te Špija".[95] Ein weiterer Beleg dafür ist mir von einem am 14. Sept. 1878
datierten Rechtsfall bekannt. Das Morden durch Meuchelmörder ist in der Malcija Madhe oder der Malcija Vogel nicht sehr häufig, im Gebiete von Dukadžin
und in Merdita ist dies aber eine häufige Erscheinung und als Anlehnung an
Mittelalbanien aufzufassen. Wenn jemand in dem in Dukadžin liegenden
Kabaši[96] von einem entfernt wohnenden Fremden ermordet wird, so daß es der

---

93 GJEÇOV, S. 303.
94 Dorf in Mirdita.
95 »Pushka e çon gjakun te shpia": Das Gewehr bringt das Blut nach Hause. GJEÇOV, ebenda.
96 Kabashi.

Familie unmöglich ist, den Mörder zu verfolgen, so dingt der ganze Stamm Kabaši zusammen einen Meuchelmörder, der dann dem Mörder nach geschickt wird, um die Rache [zu] vollziehen. Beim Dingen eines Meuchelmörders zahlt der Zoti Gjakut im Stamme Thači dem Gedungenen 300 K, und weitere 300 K sind ihm von der Verwandschaft des Zoti Gjakut zu zahlen. Der Meuchelmörder erhällt also im ganzen 600 Kronen, das heißt den vollen Preis eines Menschenlebens. Genau denselben Vorgang beobachtet man in Merdita im Dorfe Kavlina.

Da sich die Blutrache auch auf die Verwandschaft des Täters, also auch auf solche Leute erstreckt, die an irgendeinem Morde unbetheiligt waren, ja hievon oft überhaupt keine Kenntnis haben, gilt es als allgemeine Vorsichtsmaßregel, daß jedermann, der über den momentanen Stand der neuesten Blutangelegenheiten im Unklaren ist, wenn er in seinem Namen gefragt wird, zum Selbstschutz eine ausweichende Antwort gibt, denn ein praeziseres Bekennen der wahren aber auch einer ad hoc zur Irreführung angenommenen unwahren Verwandtschaft könnte für ihn gleichmäßig unangenehme Folgen haben. Aus dieser Sitte ergibt sich die Gewohnheit, fremde Leute, die man am Wege begegnet, direct überhaupt nicht nach ihren Namen zu fragen. Will man wissen, mit wem man es zu tun hat, so trachtet man, es auf Umwegen zu erfahren. Wie aus der an den Namen Parumi anknüpfenden Tradition ersichtlich, machte seinerzeit in Albanien die Sitte, bis zum Vollzug der Blutrache das Bartscheeren zu unterlassen. Aus der griechischen Maina ist diese Gewohnheit noch am Anfange des XIX. Jahrhunderts bekannt geworden.

Schutzmaßregeln gegen die Blutrache

Die Schutzmaßregeln des Gjaksi gegen die Nachstellungen des Zoti Gjakut sind der mannigfachen Art der Nachstellungen entsprechend, verschiedener Natur. Der Gjaksi kann sich entweder in sein Haus zurück ziehen und sich dort verbarrikadieren, den Schutz und die Gastfreundschaft anderer Leute in Anspruch nehmen, oder sich dadurch unter den Schutz anderer Leute stellen, daß er nur in ihrer Begleitung ausgeht. Sowohl den Gastfreund, als auch den von einer anderen Person begleiteten Schützling, nennt man in Albanien „Mik". Man sagt, der „Mik" ist in der „Bessa",[97] das heißt im Schutze dieser oder jener Person. In der Malcija Madhe macht die Blutrache vor dem Gaste in dem Maße halt, so jederman sogar dadurch vor der Blutrache geschützt wird, daß er Gäste bei sich im Hause hat. Eine Tödtung des Hausherrn würde in der Malcija Vogel als arge Beleidigung der Gäste gelten.

Mir ist ein concreter Fall aus Plani bekannt, wo sich der Rächer vor Vollzug der Rache zuerst davon überzeugte, daß keine Gäste im Hause waren, dann ist mir auch ein Fall aus Šala bekannt geworden, in dem der Hausherr in Folge meiner Anwesenheit eine Nacht deshalb außerhalb seines Schutzbaues ver-

---

97 Nach Godin ist Besa „eine Frist der Freiheit und Sicherheit, die das Haus des Getöteten dem Täter und seinen Hausgenossen gewährt, um ihn nicht sofort und vor einer bestimmten Frist für das Blut zu verfolgen. Jemand um Gottesfrieden zu senden, ist Kanun; den Gottesfrieden zu gewähren, Pflicht der Männlichkeit". GODIN, 58/1956, S. 125f. GJEÇOV, S. 118.

brachte, weil er mich und meine Begleiter als Gäste bei sich hatte; Durham berichtet, daß eine Familie, die unversehns Gäste erhielt, dies der ganzen Umgebung durch Rufe verkündete, damit allen ihren Rächern bekannt werde, woran sie sich zu halten hätten, daher von einem etwa geplanten nächtlichen Überfall den Gästen zu Ehren abstehen sollten. Da es nicht ohne Wichtigkeit war, bekannt zu geben, welchem Stamme die Gäste angehörten, wurde auch dies durch Rufe verkündet.[98]

Gječov behauptet, daß sogar das Gewähren eines Feuerbrandes Gastfreundschaft nach sich ziehe.[99] Angesehene Albaner der Malcija Madhe u. zw. Prek Gjeta Zog, haben dem aber ausdrücklich widergesprochen und mir gegenüber ausdrücklich betont, daß man nur nach Einnahme von Nahrung Gastfreund werde.

Es kann leicht geschehn, daß sich Verfolger und Verfolgter im Hause eines dritten Menschen treffen. In diesem Falle genießen beide den Schutz des dritten, und es wäre für diesen dritten die denkbarst größte Beleidigung, wenn beide ihren Streit unter seinem Dache fortsetzen wollten. Infolge dieser Sitte verkehren in so einem Falle die beiden Gegner daher so mit einander, als ob zwischen ihnen gar keine Blutrache existieren würde, und es ist an dieser Stelle zu betonen, daß bei der Beilegung einer Blutrache zwar für die Ermordung des eigenen Bruders Sühnegeld angenommen werden darf, wogegen die Ermordung eines Gastfreundes ausnahmslos durch einen Act der Blutrache gesühnt werden muß. Ein Aussöhnen ist in so einem Falle unstatthaft.[100]

Da die Regeln der Gastfreundschaft keine Ausnahme kennen, ruht die Blutrache dann, wenn der Rächer als Gast in das Hause des Verfolgten kam oder der Verfolgte im Hause des Rächers zu Gast ist.[101] Beides kann dann entreten, wenn eine dritte Person den einen von den beiden in das Haus des anderen als Gast einführte. Natürlich ist in der Malcija Vogel jeder Gjaksi vor der Blutrache auch dann gefeit, wenn er von einer anderen Person begleitet wird, bei jemandem anderen als dem Rächer selbst zu Gast ist, doch darf ein Gjaksi die Gastfreundschaft ein und derselben Familie niemals zu lange ununterbrochen in Anspruch nehmen, da er sonst den Gastgeber in den Augen des Rächers compromittieren würde, und es etwa gar geschehn kann, daß der Rächer hiedurch irritiert und so zum Mißachten der Regeln der Gastfreundschaft verleitet werden könnte.

Der Schutz des Gastrechtes dauert stets so lange, bis der Gast nicht in ein anderes Haus einkehrt.[102] Der Gastgeber hat infolge dieser Regel stets alles zu tun, damit der Gastfreund dies ungefährdet tun könne.[103]

Als ich Gast Zef Nocis in Merdita war, waren mit seiner und eines Cousin Ausnahme, alle seine männlichen Verwandten mit fast allen im Hause befind-

98 DURHAM, High Albania, S. 155f.

99 GJEÇOV, S. 115. GODIN, 57/1954, S. 55.

100 GJEÇOV, S. 117; GODIN, 57/1954, S. 56.

101 „Kommt dir der Freund ins Haus und er schuldet dir selbst Blut, du wirst ihm sagen: Gut, daß du kamst!": GODIN, 57/1954, S. 53. GJEÇOV, S. 115.

102 GJEÇOV, S. 116. GODIN, 57/1954, S. 54.

103 GJEÇOV, ebenda. GODIN, ebenda.

lichen Gewehren wegen eines Festes nach Kažnjeti gegangen, dennoch bestand aber Zef, als ich seine Kula verließ, darauf, daß sein mich begleitender Vetter das einzige momentan noch im Hause befindliche Gewehr mitnehme, und er selbst blieb, obzwar er in Blut war und keine Bessa hatte, ohne Waffen in seiner Wohnung. All dies geschah nur meiner Sicherheit zu liebe.

In Curaj beobachtete ich in 1905, wie zuerst Prelaš Gjoni, ein ferner Verwandter eines Gjaksi, der zu mir auf Besuch kam, dann von Kol Nou, einem Verwandten des Zoti Gjakut, nach Hause begleitet wurde, dann kam freilich in Begleitung einer dritten Person Pal Marku, der Zoti Gjakut zu Prelaš auf Besuch, später ging auch ich zu Prelaš, und da sah ich, wie Prelaš dem Pal mit Kaffee aufwartete, ja ihn sogar zum Abendessen einlud, und dies, obzwar beide, wenn sie sich auch nur einige Minuten früher außerhalb des Hauses getroffen hätten, unbedingt angeschossen haben würden.

In Merturi soll es vorgekommen sein, daß einst ein Verfolgter, als er bei seinem Gegner zu Gast war, diesen rasierte, wobei dann zwar den Verfolger, der gleichzeitig der Hausherr war, ein gewisses Gruseln überkam, er sich als aber dennoch ruhig und, wie es sich zeigte, ohne bösen Folgen rasieren ließ.

Um seinem Gaste gewiß keine Unannehmlichkeit zu bereiten, pflegt man sich einmal nach dem Namen seines Gastes zu erkundigen und alle Bemühungen der türkischen Regierung, Mörder und andere Verbrecher von der Gastfreundschaft auszuschließen, waren bisher vollkommen vergebens. Bisher ist mir vor 1903 nur ein Fall bekannt geworden, wo man das Gesetz der Gastfreundschaft, und auch da nur zum Scheine, brach.

Die Proklamierung der jungtürkischen Verfassung machte bekanntermaßen auf die Albaner großen Eindruck, und da gleichzeitig damals das Verbot, Mördern Gastfreundschaft zu gewähren, erneuert wurde, so erzählte man in 1908 in Škreli, daß ein Mörder in einer Höhle deshalb einsam und verlassen gestorben wäre, weil ihm wegen des Mordens niemand Obdach gewährte. Auch ich hörte seinerzeit von diesem Gerücht und glaubte, es sei wahr, später erfuhr ich aber, es sei nur zur Beruhigung der türkischen Behörden verbreitet worden. In Wirklichkeit hatte der Verfolgte überall Gastfreundschaft genossen, und erst nach seinem natürlichen Tode hatte man, um die Behörden irrezuführen und die Wahrheit zu verbergen, seinen Leichnam in jene Höhle geschafft, in der er dann gefunden wurde. Ein vollkommen entgegen gesetzter Fall ereignete sich in Klmeni, denn dort habe ich davon gehört, daß einst ein Mörder nach eben vollbrachter Tat vor seinen Verfolgern in ein ihm unbekanntes Haus flüchtete, dort eine alte Frau antraf, und die versprach ihm wie jedem Gjaksi Gastfreundschaft und vor den nachstürmenden Verfolgern sogar dann schützte, als es sich herausstellte, daß der flüchtige Mörder gerade ihren Sohn ermordet hatte, und man den blutigen Leichnam des Sohnes in das Haus brachte.

Es versteht sich, daß man infolge der noch zu besprechenden Sitten des Gastrechtes jedem Gjaksi Gastfreundschaft gewährt, und flieht ein Mensch, der irgendwo einen Mord begangen, in das benachbarte Stammesgebiet, so hat ihm dessen Stamm in der Malcija Vogel Gastfreundschaft zu gewähren und ihn zu beschützen. In der Malcija Madhe ist das allerdings nicht der Fall, denn da trachtet man jeden mit einem Mord beladenen Fremden so lange zu tödten, bis es ihm nicht gelungen ist, sich den Schutz einer Privatperson zu sichern. Er erreicht dies z. B. dadurch, daß er unvermutet in ein Haus eintritt oder sich unerkannt einem anderen Menschen anschließt.

Durham berichtet, daß einst ein Kastrati, der die Ursache einer Stammesfehde zwischen den Stämmen Kastrati und Hoti war, gerade jene Familie besuchte, durch deren Kränkung er die Ursache der Fehde geworden war. Dort wurde er gut bewirthet und erhielt hierauf sicheres Geleite nach Hause, doch wurde er aufgefordert, den Besuch nicht zu häufig zu wiederholen.[104]

Noz Deda aus Guri Leks erfuhr einst, daß zwei getrennt lebende Brüder ihn töten wollen. Demonstrativ gieng er als Gast abends ins Haus des einen und schlief dort, dann machte er in der Früh dem anderen Bruder einen Besuch. Während dieses Besuches kamen die Männer des ersten Hauses in das zweite, um Noz zu töten, aber der Hausherr verbot es. Später verließ Noz mit einem Begleiter das Haus, da lauerten nun ihm schon drei seiner Gegner auf, sie durchschossen den Unterkiefer seines Begleiters und Noz seine Kleider. Noz deckte sich gut hinter einem Stein, tötete zwei seiner Angreifer und fehlte den dritten.

Im Anschluße an den Schutz des gastfreundlichen Hauses scheint es zweckmäßig, jenen Schutz zu erwähnen, der von gewissen Örtlichkeiten ausgeht. Hahn erwähnt in seiner Drin- und Vardar-Reise eine an der Grenze zwischen Merturi und Thaçi liegende öde Stelle, an der niemand getödtet werden dürfe, die also ein Asyl darstellt, in neuerer Zeit ist der Schutz bekannt geworden, den der Paß Čafa Nermajs dem Wanderer tagsüber gewährt. Ohne einer Strafe von 600 K zu verfallen, darf weder ein Šala oder ein Nikaj einen Angehörigen dieser beiden Stämme dann tödten, wenn er ihn bei Tag, also zwischen Sonnenaufgang und Sonnenuntergang, auf dem über die Čafa Nermajs führenden Weg antrifft. Ausnahmsweise kann der vom Passe ausgehende Schutz aufgehoben werden, hiezu ist aber ein besonderer Stammesbeschluß nötig.

Auch das Asylrecht der Kirchen läßt sich am ehesten mit dem von gewissen Örtlichkeiten ausgehenden Schutz vergleichen, doch wird gerade das Asylrecht der Kirchen trotz zahlreicher Vorschriften viel weniger geachtet.[105] In der Malcija Vogel gibt es ein Gesetz, daß jeder, der, auf Kirchengut stehend, streitet oder jemanden beleidigt oder gar zur Waffe greift, der Kirche 400 K und den Stammeshäuptlingen gleichfalls 400 K zu zahlen habe, und dann gibt es auch ein Gesetz, daß jener, der zu einem von fremden Stämmen besuchten Kirchenfest der Blutrache Verfallene Gäste mitbringt, 100 K an die Kirche und 100 K an die Stammschefs zu zahlen habe, da er hiedurch die Möglichkeit eines Conflictes seiner Gäste mit den fremden Kirchenbesuchern in greifbare Nähe rückt.[106]

---

104 DURHAM, High Albania, S. 61.
105 Bei Gjeçov findet man diese Formulierung: „Die Beleidigung des Gastes der Kirche verursacht die Blutrache der Familie und nicht des Priesters", siehe GJEÇOV, S. 116.
106 Über dieses Gesetz in Mirdita und Puka siehe GJEÇOV, S. 313–314; GODIN, 56/1953, S. 9.

Beide Gesetze sind sehr gut, beide wurden aber wie die meisten auf die Kirchen und auf die Pfarren bezughabenden Stammesgesetze sehr häufig übertreten.

Der einem Gjaksi durch einen Begleiter gewährte Schutz ist in vielen Punkten dem Schutze des Gastrechtes ähnlich. Mik, das heißt Schützer oder Beschützer eines anderen, kann jederman ohne Rücksicht auf seine Stellung oder Person werden, also ein Mann ebensogut wie ein Weib, ein Erwachsener ebenso gut wie ein Kind.[107]

Den wirkungsvollsten Schutz gewährt einem jeden zweifellos eine unbewaffnete Frau, doch gilt es nicht als hervorragend, sich in den Schutz einer Frau zu stellen. Über einen diesbezüglichen Fall haben wir schon früher erörtert.

Der Schutz eines Nebenmenschen kann auf verschiedene Weise erworben werden und sich auf verschiedene Zeit erstrecken.

Mik wird man dadurch, daß man bei jemand zu Gast war, und dann dauert dieser Schutz so lange, bis man nicht in ein anderes Haus einkehrt, Mik wird man auch dann, wenn man jemanden am Weg begleitet, endlich dadurch, daß man den Schutz einer dritten Person anruft. Die Tatsache, daß man in jemands Schutz ist, muß auf jeden Fall durch die Sinne der anderen Personen wahrgenommen werden können. Man verkündet es daher entweder durch Rufe, oder bringt es dadurch zum Ausdruck, daß man seinen Mik begleitet. Der Pfarrer von Šala lieh jemanden zum Zeichen, daß er ihn beschütze, seinen Schirm, der der einzige Schirm in ganz Šala war.

In der Malcija Vogel kann jeder die Tatsache, daß er jemanden beschützt, selbst verkünden und so jenen, zu dem sich der Mik begibt von dieser Sache informieren. Meist geschieht dies mit der Formel „Oh! N.N. jan tu me ardh do mik"[108] (Oh! N.N. Es sind im Begriffe zu kommen einige Freunde), es kann aber auch der Schützling selbst die Tatsache, daß er von jemanden beschützt wird, durch Anrufen des Namens seines Beschützers verkünden, doch liegt es in so einem Falle an der Hand, daß ein etwaiger einzelner Angreifer die Ausrede benützen werde, er habe den Ruf nicht gehört, und dies läßt sich dann, soferne keine Zeugen da sind, natürlich schwer widerlegen. Aufjedenfall ist der Angerufene verpflichtet, jedes seinem Schützlinge widerfahrende Leid zu rächen.

Am sichersten ist es für den Beschützer in jedem Fall, den Schützling persönlich zu begleiten. In Šala so wie in der ganzen Malcija Vogel, dann auch in der Malcija Madhe, aber auch in Dukdžin und theilweise auch in Merdita schützt ein Begleiter jeden fast immer vor den Folgen der Blutrache, denn wenn man den durch den Begleiter gewährten Schutz mißachtet und sein Opfer dennoch tödtet, so entsteht dem Schützer gegenüber eine neue Blutracheangelegenheit, und dies ist unangenehmer als die Freude, sich gerächt zu haben. Concrete Fälle, die das Einhalten dieser Sitte beweisen, habe ich wiederholt constatiert.

---

107 GODIN, 57/1954, S. 54: „Der Freund wird geleitet, und wenn er ein Kind ist, ob Mädchen, ob Knabe, geradeso wie ein Mann oder eine Frau."
108 Oh! N. N. jan tu më ardhë do miq!

Doch hat beim Begleiten eines Gjaksi auch der Schützer gewisse Vorsichtsmaßregeln zu beobachten. Man erwartet daher zum Beispiel von ihm, daß er seinen
Mik nicht gerade neben der Behausung des Rächers vorbei führen werde, da
dies als demonstrative und wenig zartfühlende Handlung aufgefaßt werden
könnte.

Leute, die sich zufällig begegnen, treten sogar, wenn sie einander fremd sind,
so lange sie mit einander gehn, auch in ein gegenseitiges Schutzverhältnis, und
jeder von ihnen ist in so einem Falle, solange sie zusammen gehn, der Mik des
anderen. Am 2. Dec. 1905 entbrannte wegen strittiger Weidegründe auf der Čafa
Mjetit[109] eine Stammesfehde zwischen dem Dorfe Brašta[110] in Šoši und dem
Stamme Toplana, und diese führte gerade in jenem Augenblicke zu einem
Gefecht, als sich ein, allerdings nicht aus Brašta, sondern aus einem anderen
Dorfe in Šoši stammender Šoši-Mann bei den Toplanaleuten befand und ihr Mik
war. Obzwar Brašta zum Stamme Šoši gehörte, hielt es nun der Šoši als Mik der
Toplana dennoch mit diesen, griff aber, sowie sich nach 30 Schuß durch den
Rückzug der Toplana eine günstige Gelegenheit ergab, gleich vermittelnd ein
und stiftete Frieden.

Besonders strenge werden die auf den Mik bezughabenden Regeln von den
Šala befolgt, und die Tapferkeit und Rücksichtslosigkeit, die die Šala bei der Ver-
teidigung eines Schützlings zur Schau tragen, wird von den anderen Stämmen,
wie z. B. Hoti, ganz besonders gerühmt und hervorgehoben.

Zur Illustration des Vorgebrachten erzählt man von den Šala folgende Anek-
dote. Zwei Šala saßen beisammen, und der eine erklärte dem anderen, daß niemand seinem Mik nahezutreten getraue; der andere Šala bezweifelte diese
Behauptung, und da sagte nun der erste, daß er, da augenblicklich keiner seiner
Freunde anwesend sei, einen Stein, auf den er hinwies, in seinen Schutz nehme,
und jeden warne, auf ihn zu schießen. Der Zweifler fand das lächerlich, erklärte, er schieße auf jeden Stein, auf den es ihm beliebe, denn es gehe doch
nicht an, daß ein Mensch irgend welche Steine schütze; und, um dies zu beweisen, schoß er tatsächlich auf den Stein, er wurde jedoch in demselben Augenblick von seinem Genossen selbst getödtet, und dieser gieng nun ganz ruhig
nach Hause und erzählte, er habe einen Stammesgenossen getötet, da er seinen
Schützling angegriffen habe. Zieht man in Betracht, daß in Šala Menschenblut
wegen der Größe zweier Sterne vergossen worden, so ist es auch gar nicht
unmöglich, daß einer einen anderen wegen eines Steines anschoß.

Merkwürdigerweise kann sogar ein Leithammel einen Schutz gewähren. Gječov erwähnt einen concreten Fall. Ein Friedloser erschrickt, in der Einsamkeit
allein einen Grat passierend, da er befürchtet, daß gegen ihn [...] ein Hinterhalt
gelegt sei. Er rief einen Hirten, den er in der Nähe wähnte, um seinen Schutz
an, als sich dieser nicht meldete, sagte er dem dort grasenden Leithammel,
seinem Herrn zu vermelden, daß er bis zu einem bestimmten Passe Mik des

---

109 Qafa e Mjetit.
110 Brashta.

Leithammels sei, damit gieng er weiter, er wurde aber vor dem Paß getötet. Ein anderer Hirte, der die Worte vernommen hatte, sagte dies dem Eigenthümer des Leithammels, dieser griff zur Waffe und tödtete den Mörder. Vor dem Altenrath gab der Rächer alles zu, verteidigte sich aber damit, daß der Ermordete den Schutz des Hammels angerufen habe. Die Richter fanden, es habe der Hirte einfach seinen Freund, einen Freund seines Leithammels, gerächt und fanden, daß die Sache richtig erledigt worden sei.[111]

Im südlichen Theile Merditas, dann auch in Kthela ist der Schutz eines Begleiters weniger wirksam als in Šala. Bardhok Prenga ging mit Nikol Leši und wurde wegen einer Blutracheangelegenheit von Mrami Voci aus Kurei angeschossen. Dies faßte Nikol Leši als Beleidigung des Begleiters auf, wollte Bardhok Prenga rächen und schoß daher auf Mrami Voci, ohne ihn jedoch zu tödten. Infolge dieses Schusses hatte nun Nikol Leši die Rache Mrami Vocis zu befürchten, da gieng aber einige Tage später Leš Prenga, der Bruder Bardhoks, mit mehreren Begleitern zu Mrami Voci und bat Mrami, dem Nikol Leši zu verzeihen, damit ein weiteres Blutvergießen vermieden werde. Leš mußte diesen Gang deshalb machen, weil Bardhok Prenga in Zukunft sonst schwer Leute gefunden hätte, um ihn zu begleiten, da er in diesem Falle, wenn auch indirect, einen Begleiter in eine Racheangelegenheit verwickelt hätte.

So ein Planieren der zweiten Angelegenheit erfolgt allerdings nicht immer, denn es verfällt, wenn dies Planieren unterbleibt, das Haus des Rächers selbst wieder einer neuen Blutrache, und dadurch wird nun auch der Rächer genötigt, in seinem Hause zu bleiben.

Auch die Art und Weise, wie man gegen einen Mann verfährt, der, um seinen „Mik" zu schützen, jemand erschießt, ist je nach dem Gebiete ganz verschieden. In Šala geht die Angelegenheit den „Mik" gar nichts an, und der Mörder bleibt ungestraft. Man sagt „e ka vra per mik, t'lumt puška" (er tödtete für den Freund, gelobt sein Gewehr); in Merturi geht die Sache dem „Mik" auch nichts an, der Mörder hat jedoch, um der Blutrache zu entgehn, wie bei jedem anderen Morde, an die Verwandten des Ermordeten das Wehrgeld zu entrichten. Aus Kthela ist mir ein Fall bekannt, wo der Mik die Blutracheschuld freiwillig auf sich nahm und der eigentliche Mörder straflos blieb.

Vom Schutz vor der Blutrache gehn wir nun auf deren Erlöschen rp. Beilegen. Das Beilegen kann temporär oder dauernder Natur sein.

Temporäres Beilegen der Blutrache

Das temporäre Beilegen der Blutrache hängt bloß vom Willen des Rächers ab, das endgültige muß unter gewissen Umständen von rechtswegen erfolgen.

Temporär wird eine Blutrache dann beigelegt, wenn der Zoti Gjakut oder ein anderer Rächer die feierliche Erklärung abgibt, für eine gewisse Zeit oder an gewissen Orten oder gewissen Personen gegenüber auf das Recht der Blutrache

---

111 GJEÇOV, S. 380f.

verzichten zu wollen. Er kann zu dieser Erklärung von dritter Seite zwar aufgefordert, aber niemals gezwungen werden.

Diese dritte Seite kann entweder ein Freund oder das Dorf sein, in dem der
Mörder wohnt.[112] Die Intervention eines etwaigen Freundes hat sich in Merdita
danach zu richten, was der Zoti Gjakut mit dem Dorfe vereinbart hat. Wenn der
Zoti Gjakut dem Dorfe die Bessagewährung verweigert, so sperrt sich der Mörder in seiner Kula ein.[113] In der Malcija Vogel, wie ich aus Erfahrung weiß,
braucht ein etwaiger Vermittler das Dorf (die Mahala) nicht zu fragen: „Dorsan
e bestar nuk hin kuš me pare"[114] (um Geldes willen wird man weder Bürge
einer Bessa noch der Vermittler einer Bessa).

So ein temporäres Aufheben der Blutrache nennt man auf albanisch „me lan
bessen"[115] (Bessa geben), und [dem] Verfolgten sagt man unter solchen Umständen, daß er unter diesen und jenen Bedingungen „Bessa habe" (me pas bess).
Die Bessagewährung ist für alle Mitglieder der Familie des Rächers bindend.

Die Bessa gewährt man in erster Linie an großen Feiertagen und zu anderen
besonderen Gelegenheiten, dann für Tage oder Wochen, häufig gewährt man
sie aber periodisch intermitierend, und zwar so, daß die Bessa automatisch ein
oder zwei Wochen andauert, dann von selbst aufhört und nach einem bestimmten Termin wieder von selbst anfängt.

In Merturi geschieht es sogar, daß der Mörder für [die] Leichenfeier des
Ermordeten Bessa bekommt. In der Malcija Madhe ist dies nicht üblich.

In Beriša gab eine Familie dem Vat Maraši die Bessa in der Weise, daß Vat
mitsammt seiner ganzen Familie abwechselnd 14 Tage Bessa und dann wieder
14 Tage lang keine Bessa hatte, und so sollte es nach dem Beschluß der betreffenden Familie das ganzen Jahr dauern. Durham berichtet, daß sich einst zwei
Feinde zufällig in einem Han trafen, sich dort wegen des Schutzes des Gastrechtes nichts antun konnten, daher mit einander plauderten und sich so lieb
gewannen, daß sie sofort eine sechswöchentliche Bessa schlossen.[116]

Manchmal, namentlich wenn außer der Blutrache persönliche Antipatie im
Spiele ist, wird das Gewähren einer Bessa hartnäckig verweigert oder ist wenigstens recht schwer zu erlangen. Obzwar der Knabe Maraš Tuši, der Sohn des
Tuš Bala, nur in vierter Generation mit dem eigentlichen Mörder verwandt war,
hatte er durch fünf Jahre nur an drei Festtagen „Bessa", und daher wurde ich
bei einer Gelegenheit gebeten, zu intervenieren, daß Vat Loši, der Zoti Gjakut,
ihm wieder einmal „Bessa" geben möge. Es gelang mir, eine eintägige Bessa zu
erbitten.

Als in 1914 der Bajraktar von Merturi, dann der Sohn von Ded Trimi und noch
ein Nikaj in einem Streit erschossen und außerdem noch ein Merturi schwer

---

112 Die Besa des Dorfes dauerte 30 Tage; siehe GJEÇOV, S. 121. GODIN, 58/1956, S. 126.
113 GJEÇOV, ebenda; GODIN, ebenda.
114 »Dorzan e bestar nuk hin kush me pare": GJEÇOV, S. 119. GODIN, 58/1956, S. 125.
115 Me dhanë besën.
116 DURHAM, High Albania, S. 41.

verwundet wurde, da gelang es mir schon drei Tage nach diesen Morden, für alle Betheiligten eine zweiwöchentliche Bessa zu erbitten, und noch vor Ablauf dieser Frist wurde diese Bessa auf 2 Monate verlängert.

Leš Prenga hatte seinerzeit abwechselnd je eine Woche Bessa und eine Woche keine Bessa. Die Bessa hatte hiebei stets mit Sonnenaufgang zu beginnen und mit Sonnenuntergang zu endigen. Als er einst diese Bestimmung vergaß, wurde er, sowie die Sonne unter dem Horizonte verschwunden war, von dem Rächer, der ihn bis dahin friedlich begleitet hatte, sofort erschossen; allerdings wurde dieser Handlung des Rächers nicht allgemein gebilligt, denn, wenn auch zwischen beiden in dem Augenblick der Tödtung keine verabredete Bessa bestanden hatte, so war doch in diesem Augenblicke der Mörder Leš Prenga sein Begleiter gewesen und hatte daher als solcher eigentlich kein Recht, Leš zu erschießen.

Als einst der Stamm Gjani, wenn auch nur indirekt, die Ursache war, daß alle Stammeschefs von Kiri schwer gekränkt wurden, da wußten diese sich an Gjani in keiner empfindlicheren Weise zu rächen, als daß sie einen bei den Gjani als Gast befindlichen Planti ermorden ließen. Die Gjani rächten sich corporativ dadurch, daß sie einen Trupp Kirileute überfielen und mehrere von ihnen töteten, als aber nun hierauf wegen der Leichenbegängnisse zwischen den Stämmen Kiri und Gjani eine Bessa geschlossen wurde, da begaben sich sogar jene Gjani, welche die Kirileute erschossen hatten, zum Leichenbegängnis ihrer Opfer und [nahmen] dort an der Totenklage und dem folgenden Totenschmause teil (2. Oktober 1881).

In Kthela steht das Recht, eine Bessa zu gewähren, ausschließlich dem Zoti Gjakut zu, und die Verfolgten bleiben dort sonst fast ununterbrochen in ihren Häusern. Als ich einst in Kthela in ein Haus einkehrte, ereignete es sich, daß der Hausherr nicht anwesend war, da er vom Zoti Gjakut die specielle Erlaubnis bekommen hatte, ein anderes Haus aufzusuchen, und da nun meine Anwesenheit die Rückkehr des Hausherrn in sein eigenes Haus nöthig machte, konnte dies nur so erreicht werden, daß man sich an den Zoti Gjakut wandte und dieser den Hausherrn wieder in das ihm zum Gefängnis gewordene eigene Haus brachte. Eine Stellvertretung bei Bessaangelegenheiten in Kthela ist nur im Falle der Abwesenheit des Zoti Gjakut möglich.

Um den Verfolgten für das Einhalten der Bessa größere Sicherheit zu gewähren, werden meist beim Abschlusse einer feierlichen Bessa zwischen dem Gjaksi und dem Zoti Gjakut Bürgen (dorzan) eingesetzt, die vom Gjaksi gewählt werden können, von Zoti Gjakut aber approbiert werden müssen. Oft werden als Bürgen jene eingesetzt, die die Bessa vermittelt rp. erwirkt haben. Diesen Bürgen obliegt es, darüber zu wachen, daß die Bedingungen der Bessa eingehalten werden. Sie sind für den Bruch der Bessa verantwortlich und haben in so einem Falle dem in Unrecht befindlichen Theile – es ist dies naturgemäß immer jener, dem Bessa gewährt wurde – zu seinem Recht zu helfen rp. ihm, wenn er unrechtmäßiger Weise getödtet worden wäre, zu rächen. Ein von Cozzi citierter Fall zeigt, wie dies geschieht. Zul Zeneli aus Summa tödtete seinen Gjaksi, der einige Kirileute als Bürgen hatte, während der Bessa und versuchte hierauf, die

Sache so darzustellen, als ob er sein Opfer erst nach Ablauf der Bessa getödtet hätte. Dieser Versuch mißlang, die Bürgen und der Stamm Kiri erfuhren die Wahrheit, und hierauf drangen sie alle bewaffnet nach Summa vor. Der Stamm Summa, dem Zul angehörte, nahm sich Zuls, da er die Bessa gebrochen hatte, die Kiri daher in ihrem Recht waren, nicht an; Zul mußte fliehen, seine Häuser wurden verwüstet, und seither ist Zul mit allen seinen männlichen Verwandten aus Summa verbannt.[117]

Das bewußte und absichtliche Brechen der Bessa gilt in der Malcija Vogel als große Schande,[118] in Dukadžin und Merdita verurtheilt man es auch, aber in viel geringerem Maße. Als ein Zoti Gjakut in Dušmani einst mit seinem Gegner Bessa schloß, der Bruder des Zoti Gjakut aber die Bessa nicht gelten lassen wollte, und den Verfolgten daher niederschoß, da wurde er von dem Zoti Gjakut, also seinem eigenen Bruder erschossen. Eine Bessa kann in erster Linie zwischen Familien, dann aber auch zwischen Stämmen geschlossen werden, endlich kann sie aber auch nur auf solche Leute Bezug haben, die einer bestimmten Beschäftigung nachgehn.

Ein Abschätzen, ob seinerzeit zwischen den einzelnen Stämmen Nordalbaniens meist der Zustand der Bessa, also der des Friedens oder jener des Krieges herrschte, ist keineswegs einfach. Zwischen Šala und Nikaj, dann Thači und Beriša dürfte der größere Theil der Zeit im Kriegszustand verbracht worden sein, zwischen den übrigen Stämmen dürfte eine Art neutraler Zustand praevaliert haben, der durch keine Bessa geschützt, so zu sagen als bewaffneter Friede bezeichnet werden konnte. Als ich mich einst in 1909 um den momentanen Zustand zwischen Šala und Nikaj erkundigte, sagte man mir, er sei weder gut noch schlecht, wenn man sich gegenseitig tödten könne, tue man es zwar, sonst sei aber nichts besonderes los. Wurde zwischen zwei Stämmen eine förmliche Bessa geschlossen, so pflegte man für den Bruch der Bessa Strafen zu fixieren. Sowohl das Abschließen als auch das Anullieren einer Bessa muß feierlich verkündet werden. Bei einer Gelegenheit bestand z. B. zwischen Šala und Nikaj die Vereinbarung, daß dem, der die Bessa bricht, das Haus verbrannt und die Felder verwüstet werden sollten, und daß er außerdem ein Pönale von 2.000 Kronen zu erlegen habe.

Da eine Bessa von der anderen unabhängig ist, indem jede die Natur eines eigenen Vertrages hat, so kann es zum Beispiele geschehen, daß eine Bessa zunichte wird, die andere jedoch noch bestehn bleibt: namentlich gilt dies für die gewissen Professionisten gewährte Bessa.

Am bekanntesten ist die namentlich in der Malcija Vogel stark verbreitete „Bessa Vadadžive"[119] und die „Bessa Gjanjs e čobanve".[120] Die Vadadži sind jene Leute, die die ökonomisch höchst wichtigen Berieselungscanäle der Gebirgstä-

---

117 COZZI, Vendetta, S. 668.
118 GJEÇOV, S. 306.
119 Besa e vadaxhive.
120 »Besa e gjasë e e çobanit": GJEÇOV, S. 122f. GODIN, 58/1956, S. 128.

ler ausbauen und in Ordnung halten, und die Bessa Vadadžive involviert daher das Versprechen, solche Leute während ihrer diesbezüglichen Tätigkeit nicht zu stören, namentlich aber nicht zu tödten, und diese Verpflichtung ist öfter für die in sonstiger Beziehung mit einander in Feindschaft lebenden Stämme, so z. B. Šala und Nikaj, giltig. Für die Bessa čobanve, das heißt jene Bessa, die speciell auf die Hirten Bezug hat, gilt dasselbe. Šala und Nikaj können daher mit Leichtigkeit unter einander mehrere unerledigte Blutracheangelegenheiten haben und mit einander in Krieg sein, dennoch haben aber dann trotz dieses Verhältnisses die Hirten oder die Vadadži beider Stämme von keinem der beiden etwas zu befürchten. Als Strafe für den Bruch der Bessa čobanve war zwischen Šala und Nikaj der Betrag von 2.000 Kronen fixiert. Zwischen Šala, Nikaj und Merturi wurden z. B. in 1894, wie Gječov berichtet,[121] verschiedene auf die Bessa Bezug habende Vereinbarungen getroffen und zwar Folgende:

1. Mäher und Schnitter haben auf der Alm und auf der Winterweide Bessa.

2. Pechsieder und Bauholzschneider haben immer Bessa.

3. Wasserleitungsarbeiter haben während der Nacht Bessa.

4. Ein umfriedetes Haus mit Feuerstätte, das ständig bewohnt wird, hat keine Bessa. Eine Hütte, die nur temporär bewohnt wird, hat aber Bessa; als Hütte habe jener Bau zu gelten, in dem weder zu St. Johann noch zu St. Nikolaus noch zu St. Sebastian eine Kerze gezündet wird.

5. Wer von einem Hause, das keine Bessa hat, zu einer Hütte geht, die Bessa hat, soll dies durch Rufen angeben, dann ist er der Bessa auch teilhaft.

6. Niemand darf einen Hirten oder Tiere einer Herde tödten. Die Strafe war 20 Čese oder Tödtung des Übeltäters.

7. Der Weg über Krüči Brašd (= Krüči Bajraktarit) hat Bessa und jeder Nikaj, der Tagsüber auf diesem Wege geht, ist Mik von ganz Šala mit allen Folgen und umgekehrt.

8. Dasselbe gilt für Šoši und Merturi, die dorten die gleiche Bessa haben, aber so daß jeder Šoši der Mik Šals, jeder Merturi der Mik Nikajs ist. Das heißt, daß nur der unmittelbar angrenzende Stamm zur Rache verpflichtet wird.

9. Wer einen Hinterhalt am Nermajna Weg legt, hat Reinigungseid mit 24 Personen zu machen, von denen 12 selbst zu schwören haben.

10. Wenn jemand während des Zustandes der Bessa ermordet würde, hat der geschädigte Bajrak mit 24 Eidelshelfern einen Eid zu leisten und zu erklären, daß der Betreffende während der Bessa getödtet wurde, womit natürlich dann, wenn der Schuldige von Stammes wegen nicht bestraft würde, die Bessa erlösche.

Ausnahmsweise kann, wenn zwei Stämme in vertragslosem oder feindlichem Verhältnisse leben, unbeschadet des bestehenden Verhältnisses durch einen besonderen Beschluß ad hoc, auch sonst irgendeiner speciellen Gruppe von Leuten, z. B. den Begleitern eines Hochzeitszuges, eine Bessa zugesichert werden. So einen Fall konnte ich in 1906 konstatieren.

---

121 GJEÇOV, S. 373f.

Erlöschen der Blutrache

Während das temporäre Aufheben einer Blutracheangelegenheit durch die Institution der Bessa mehr oder weniger leicht zu erreichen ist, ist das dauernde Aufheben einer Blutrache eine schwere Sache. Das dauernde Aufheben einer Blutrache erfolgt dadurch, daß der Zoti Gjakut der Rache genüge leistet oder auf die Rache freiwillig und endgültig verzichtet.

Die erste Schwierigkeit der Aufhebung besteht darin, daß in der ersten Aufregung oft allzu viele Leute erschossen werden, wodurch es schwer wird, genau die nämliche Anzahl von Leuten zu erschießen und verwunden. Ein von Steinmetz publicierter Fall kann das gesagte illustriren. In Kthela in Mrena wurde einst ein Mann erschossen, sein Bruder sammelte hierauf 15 Leute und tödtete darauf 4 und verwundete 7 Mann der Familie des Mörders. Hierauf sperrten sich alle Betheiligten in ihre Kulen und beschossen sich von dort aus. Der überfallenen Familie gelingt es endlich, jenen, der die 15 Leute versammelt hatte, irgendwie zu tödten, und darauf gab es nun zwar eine einjährige Bessa, es mußten aber theoretisch noch 4 Leute getödtet und 7 verwundet werden, ehe die Angelegenheit aus der Welt schwinden konnte.[122]

Am leichtesten ist eine Blutrache dann aus der Welt zu schaffen, wenn sich die Anzahl der Morde und Verwundungen gegenseitig aufhebt.

Ein wahres Schulbeispiel dieser Art bilden die in Oroši in der Familie Bib Dodas vorgekommenen Morde. Vor allem ließ ein gewisser Kola die drei Söhne des Familienchefs Leši Zi alle Verwandten Kolas ermorden, es gelang aber nur, drei zu tödten. Kolas Wittwe flüchtete in die Fremde, und da es nun zufälliger Weise durch diese Vorgänge jede Partei auf vier Morde gebracht hatte, intervenierten nun unbetheiligte Personen, es fand eine Versöhnung statt, Kolas Wittwe kehrte mitsamt ihrem Kinde Bib Doda nach Oroši zurück, und beide Wittwen bezogen hierauf gemeinsam wieder die Gemächer, in denen früher ihre Gatten Kola und Leši Zi zusammen gewohnt hatten.

Dasselbe, was sich in diesem Falle nach einer Serie von Morden zutrug, ist auch nach einem einfachen Rachemord möglich. Der Gegner lauert seinem Opfer auf, tödtet es, ist damit einer honörosen Pflicht befreiter, geht nach Hause, ist darüber stolz, froh und zufrieden, und die Rache ist erloschen.

Daß eine Blutrache-Angelegenheit nicht durch Tödtung, sondern auf gütigem Wege erledigt werde, kam in Albanien auch vor, so ein Vorgang war aber, obgleich er vom Gewohnheitsrecht gestattet war, relativ selten. Sogar dann, wenn so eine Aussöhnung zu stand kommt, so pflegte diese dann zu erfolgen, wenn seit dem zu rächenden Mord mehrere Jahre verstrichen waren, und außerdem gab es Stämme, die anderen eine Blutrache nie verziehen. In Dušmani ist es z. B. üblich, etwaigen, dem Stamme Šlaku angehörenden Morden ihr Verbrechen nachzusehn, den aus dem übrigen Gebiete der Malcija Vogel und aus Dukadžin stammenden Mördern wurde aber nie verziehen. Offenbar datiert

---

122 STEINMETZ, Adria, S. 35f.

dieser Unterschied aus jener Zeit, wo Šlaku sein jetziges Gebiet bezog und dadurch mit den Leuten der Malcija Vogel in heftigen Conflict kam.

Das Verzeihen von Blutrache-Angelegenheiten erfolgt meist nur dann, wenn angesehene, oder mit dem Zoti Gjakut befreundete Leute zu Gunsten des Gjaksi intervenieren. Es versteht sich, daß diese Rolle in erster Linie den Freunden des Zoti Gjakut, dann Stammeshäuptlingen, aber auch angesehenen Fremden, so z. B. Missionären oder Priestern, zukam.[123] Sehr großen Erfolg hatten die Jesuiten-Missionen, die Einkehr und Besserung predigend, mit großem Aufwand und Pomp Nordalbanien zwischen 1904 und 1909 bereisten. In der großen Malcija gelang es so einer Mission in 1909, zweiundvierzig Blutracheangelegenheiten zu regeln und einige Jahre vorher grenzte der Erfolg einer anderen Mission in Merdita beinahe an ein Wunder; freilich wurde seitens der Geistlichkeit alles getan, das Ansehn dieser fliegenden Missionen zu erhöhen: sie wurden, als ob sie bischöflichen Rang hätten, mit Glockengeläute empfangen, zum Andenken wurden bei ihrem Abschiede an weithin sichtbaren Stellen oft 3 bis 4 Meter hohe Holzkreuze errichtet u.s.w.

Ein ziemlicher Unterschied beim Verzeihen einer Blutrache ist insoferne zu bemerken, als dies in einigen Gebieten nur gegen Erlag eines in Bezug auf Höhe variierenden Betrages erfolgt, in anderen Gebieten nur Werthgegenstände angenommen werden, in anderen endlich die Blutrache fast umsonst verziehen wird. Ein Bajrak, der keine Sühne-Gelder annihmt, ist z. B. der Bajrak Kthela, ein anderer solcher Bajrak ist Lurja und ein dritter, der dies ebenfalls tut, ist Gruda. Die Motive in den drei Bajraks sind allerdings verschieden: die Kthela- und Lurjaleute nehmen deshalb kein Geld an, weil sie Blut mit Blut rächen wollen, und ein Verkaufen des Blutrache-Rechtes als Schande betrachten. Die Gruda hingegen deshalb, um dem Gegner die Bitte um Nachsicht zu erleichtern, und sich auf diese Weise von der keineswegs angenehmen Pflicht der Blutrache zu befreien. Beim unentgeltlichen, großmütigen Nachsehen einer Blutschuld sagt man, daß der Zoti Gjakut dem Gjaksi das Blut schenke (me fal gjakun).[124]

Im größten Theile Nordalbaniens kann die Blutrache ausnahmsweise gegen den Erlag einer Taxe nachgesehn werden, doch gilt auch in der Malcija Vogel des Verzeihen der Blutrache gegen Erlag des Sühnegeldes als nicht besonders hervorragende Handlung. Die Nachkommen und Verwandten des Zoti Gjakut werfen später dem Zoti Gjakut oft vor, daß so ein Verzeihen infolge seiner Feigheit, Schwachheit seines Geistes oder seines Unvermögens, die Blutrache zu vollstrecken, erfolgt sei, ja es geschieht sogar, daß der Zoti Gjakut infolge dieses moralischen Druckes die Aussöhnung bereut und den jetzt ahnungslosen Gegner tödtet. So etwas geschah in Kastrati im August 1860. Wenn es sich irgendwo nachweisen ließe, daß das Nachsehen der Blutrache bloß des Sühnegeldes zu Liebe sei, so würde es den Zoti Gjakut social entschieden in ein schiefes Licht stellen. Bei Fällen dieser Art pflegt man dann zu sagen, daß der Zoti Gjakut sein

---

123 GJEÇOV, S. 191. GODIN, 58/1956, S. 137.
124 Heute: Me falë gjakun.

eigenes Blut gegessen, das heißt als Trinkgeld angenommen habe (ka hanger gjakun e vet).[125] Den Ausdruck „me hanger" (essen) benützt man in Albanien, analog wie in der Türkei, auch für solche Leute, die sich bestechen lassen.

Als Beispiel einer wiederaufgefrischten Blutrache mit allen ihren Folgen führe ich einen concreten Falle vor. In dem in Nikaj liegenden Dorfe Zuraj gab es in 1908 einen Menschen, der damals eine dreimal geregelte Blutrache-Angelegenheit, die bereits 100 Jahre alt war, wieder aufgefrischt hatte. Diese Angelegenheit war folgende: Vor 130 Jahren tödtete Ibralija den Nik Vojuši. Darauf folgte eine Aussöhnung gegen Erlag eines Sühngeldes von 120 Čese (= 1.200 Kronen). 30 Jahre später tödtete der Cousin Nik Vojušis namens Bal Vata, den Cousin Ibralis, namens Mehemd Uku, und in demselben Gefecht verwundete der Sohn Ibralis, namens Šedjir Ibra, den Bruder Bal Vatas, namens Nue Vata. Bal Vata und seine Familie flohen, da sie Mehemd Uku erschossen hatten, in [das] Gebiet von Ipek, und Uk Alia, der Sohn Mehemd Uks, erklärte, er würde den an seinem Vater begangenen Mord nicht verzeihen. Bei dieser Sachlage ließ vor circa 80 Jahren die Regierungsbehörde in Djakova den Uk Alia vorladen, und es wurde beschlossen, die Ermordung Nik Vojušis und Mehmed Ukus als gleichwertig zu betrachten, daß sich dieselben daher gegenseitig aufheben sollte und daß sich Sedjir Ibra oder an seiner statt sein Vater Ibralija für die Verwundung Nue Vatas dem Pal Vata 600 Kronen zu zahlen habe, und hiedurch wäre dann die Angelegenheit geregelt. Alles geschah, wie man beschlossen hatte. In 1908 erklärte nun aber Vuksan Preka, der directe Nachkomme Nik Vojušis diese seinerzeitige Regelung nicht an zu erkennen, und daher wollte er den Šum Sediri, den Sohn Sedir Ibras, als Enkel Ibralis tödten. Bal Vatas Nachkommen waren hiedurch genöthigt, wegen der Verwundung Nue Vatas Šun Sediri, da er der Sohn Sedir Ibras ist, verwundeten zu wollen, und Djeloš Rama mußte endlich trachten den Vuksan Preka als einen Nachkommen Pal Vatas zu tödten. Wie die Sache erledigt wurde, habe ich nicht erfahren, in 1909 trachtete aber jeder nolens volens sich zu rächen.

Jede Aussöhnung ist ohne Rücksicht darauf, ob sie für Sühnegeld oder umsonst erfolgte, mit gewissen Ceremonien verbunden, die wir bei den Rechtsbräuchen besprechen werden. Die Höhe des officiellen Sühnegeldes ist je nach der Art des Mordes verschieden. Im allgemeinen hat man heutzutage bei gütlichem Begleichen einer Blutrache in der Malcija Vogel für die Tödtung eines Mannes 6 Čese also rund 600 K zu zahlen. Selbst constatierte ich dies in Toplana, Steinmetz constatierte dies in Nikaj,[126] Cozzi im Gebiet von Pulati.[127] In Beriša schwankt die Höhe des officiellen Sühnegeldes zwischen 600 und 700 K, ebenso in Merdita.[128] An Stelle vom Bargeld können auch Werthsachen überge-

---

125 Heute: Ka hangër gjakun e vet.
126 STEINMETZ, Vorstoß, S. 17.
127 COZZI, Vendetta, S. 669.
128 Gjeçov erwähnt 6 Beutel für einen Ermordeten und 3 Beutel für einen Verwundeten; siehe GJEÇOV, S. 194.

ben werden und allenthalben ist ein Raten weises Abzahlen gleichfalls gestattet. Seinerzeit betrug der bei gütlicher Beilegung eines Mordes zu zahlende Betrag 160 K, heutzutage sind die angeführten 600 K das theoretische Minimum, oft verlangt der Zoti Gjakut den doppelten Betrag.

In der Malcija Madhe ist die Höhe des Sühne-Geldes stellenweise auf 24 türkische Pfund also 570 K festgestellt. Oft sagt man, daß ein Zwilling ein halber Mensch sei und deshalb bei seiner Tödtung nur ein halbes Wehrgeld zu zahlen sei.[129]

Bei der Tödtung einer Frau ist stets nur die Hälfte des für die Tödtung eines Mannes fixierten Preises zu zahlen, man verlangt also im ganzen Gebiete in der Regel 300 K,[130] es sei denn, daß die Frau schwanger gewesen wäre, denn die Tödtung einer Schwangeren gilt wegen der gleichzeitigen Tödtung des Foetus als doppelter Mord.[131] Die Höhe des für den Fötus zu zahlenden Betrages richtet sich nach seinem Geschlechte: war der Fötus ein Knabe, so müssen 600 Kronen, war es ein Mädchen, 300 Kronen gezahlt werden. Um sich von Geschlechte des Foetus zu überzeugen, wird an der ermordeten Frau ein operativer Eingriff vorgenommen. Analog wird bei einer unfreiwilligen Tödtung einer schwangeren Frau die Tödtung der Frau mit 3 Čese, die Tödtung des eventuell weiblichen Leibesfrucht auch mit 3 Čese, die Tödtung der eventuell aber männlichen Leibesfrucht mit 6 Čese bewerthet.[132]

In Thethi soll es nach der Versöhnung und nach der Annahme des Sühnegeldes noch sechs Monate lang erlaubt sein, den Gjaksi, wenn man ihn unter vier Augen trifft, ungestraft zu tödten, doch habe ich für diese isoliert stehende Angabe keine concreten Belege finden können. Nach jeder Versöhnung werden zur größeren Sicherheit des Gjaksi Bürgen eingesetzt, auch pflegen in der Malcija Madhe der Zoti Gjakut und der Gjaksi Blutsbruderschaft zu schließen.[133]

Einen förmlichen und recht schweren Eingriff in das albanische Gewohnheitrecht bildet die Sitte, Blutracheangelegenheiten durch einen Machtspruch der türkischen Regierung rp. des Sultans zu begleichen. Wenn sich auch dieser Vorgang an die sonst bei der Erledigung von Blutracheangelegeneheiten üblichen Vorgänge anlehnt, so ist es doch zweifellos, daß er nur deshalb durchdringen konnte, weil nicht wenige Leute froh waren, die oft verwickelten und unangenehmen Blutracheangelegenheiten irgendwie los zu werden. Als Bürge tritt in solchen Fällen die türkische Regierung auf, da aber gerade sie im Berglande

---

129 Nach Gjeçov war dies seit der Zeit des Lek Dukagjin nicht mehr der Fall, und das Blut eines Zwillings galt als Blut eines gleichwertigen Menschen. Siehe GJEÇOV, S. 379.

130 Nach Godin: „Wer jemanden erschlägt, sei er Mann oder Frau, Knabe, Mädchen oder Wickelkind – die Strafe ist dieselbe. Für den Mord des Männlichen: 6 Malter Getreide, 100 Hammel und ein halber Ochse Buße. In Has und Kossovo 12 Beutel das Blut eines Mannes und 6 Beutel das Blut einer Frau. In Mirdita für jede Ermordung 6 Beutel an die Familie des Ermordeten, 100 Hammel und 1 Ochse an den Bajrak und 500 Grosh an die Familie Gjonmarku": GODIN, 58/1956, S. 130. GJEÇOV, S. 323.

131 GJEÇOV, S. 134. GODIN, 58/1956, S. 134.

132 GJEÇOV, ebenda; GODIN, ebenda.

133 GJEÇOV, S. 195 und 197. GODIN, 58/1956, S. 138f.

Albaniens wenig Einfluß hatte, galt die Bessa Mretit (die Bessa des Sultans) verhältnismäßig wenig. Jeder war sicherer, wenn er den ärmsten Gebirgler zum
Bürgen hatte, als wenn für ihn der Sultan gut stand. Sollte eine Versöhnung
durch großherrlichen Eingriff zu stande kommen, so mußte dies durch einen
eigenen Ferman des Sultans verkündet werden, der wie jede für die Öffentlichkeit bestimmte Nachricht an öffentlichen Orten, also Kirchen und Moscheen,
verlesen wurde. Jederman war dann verpflichtet, sich diesem Ferman zu unterwerfen. So ein Ferman betraf Gjaksi und Zoti Gjakut in gleicher Weise, und die
eigentlichen Versöhnungen erfolgten nun dadurch, daß eigene Commissionen
ernannt wurden, die alle Blutracheangelegenheiten zu prüfen, dann festzustellen hatten, in wie weit ein Mord dem anderen gegenüberstellt werden könnte,
endlich für die nicht bereinigten Morde das Sühnegeld zu fixieren hatte. In der
Kleinen Malcija hatte sich die Versöhnungscommission in das Stammesgebiet zu
begeben, in der Großen Malcija hatten die Schuldigen zu der in Skutari tagen-
den Commission zu kommen. Das Sühnegeld setzte sich aus Beträgen zusammen, die der Versöhnungscommission zufielen und solche, die der Zoti Gjakut
erhielt. Die Versöhnungscommission erhielt meist ungefähr 80 K, und zwar
wurde dieser Betrag meist in folgender Weise vertheilt: 30 K erhielt für jeden
Mord die Skutariner Regierung, 50 K wurden an den als Chef der Versöhnungscommission wirkenden Bülükbasch und die Stammeshäuptlinge vertheilt. An
den Zoti Gjakut hatte der Schuldige das Blutgeld im Ausmaße von 600 K zu zahlen. Da die Bürgschaft des Sultans im praktischen Leben in Albanien nicht viel
bedeutete, geschah es oft, daß der Schuldige bei so einer Versöhnung auch noch
das Einsetzen einheimischer Bürgen verlangte, was meist auch gewährt wurde.
Als Beleg für die stattgefundene Versöhnung diente ein schriftliches Dokument,
das gegen den Erlag einer Taxe dem Gjaksi übergeben wurde. In Dukadžin
wurde die Veröhnung durch den Sultan die „Bessa Mretit" ähnlich gehandhabt
wie in der Malcija Madhe und der Malcija Vogel, der Vertreter des Sultans war
in diesem Gebiet der Kaimakam von Puka. In Merdita konnte der nominelle Kaimakam von Merdita, der außerhalb Merditas seinen Amtsitz hatte und dem die
Merditen das Betreten ihres Gebietes überhaupt nicht gestatten, infolge dieser
Umstände bei der Bessa Mretit nicht herangezogen werden. Während Prenk
Paschas Anwesenheit übertrug daher die Regierung diese Aufgabe einem Verwandten Prenk Paschas, und dieser pflegte dann die Sache irgendwie zu probie-
ren. Als Prenk Pascha in 1909 nach Merdita zurück kehrte und dort die Regierung übernahm, gieng auch das Aussöhnen der Blutracheangelegenheiten in
seine, allerdings schwächliche und nicht unparteiische Hand über.

3. Die Verwundung in Albanien

Die Verwundung in Albanien wird als eine der Tödtung ähnliche, jedoch leichtere Gesetzesverletzung betrachtet. Die auf Verwundung festgesetzten Strafen
sind daher den auf Tödtung festgesetzten analog, jedoch weniger empfindlich. So
wie bei der Tödtung kann auch bei Verwundung das unabsichtliche der Handlung nicht als Entschuldigung, sondern nur als Milderungsgrund gelten, weshalb

es leichter zu einer Versöhnung kommt. Analog dem Satze „Gjak per Gjak"[134] ist bei Verwundung der Satz „Var per var"[135] (Wunde für Wunde) in Geltung; gelingt es dem Rächer, jenen, von dem er selbst verwundet wurde, oder einen aus seiner Verwandtschaft zu verwunden, so heben sich beide Verwundungen gegenseitig auf, und die ganze Angelegenheit ist aus der Welt geschafft. Gelingt dies dem Rächer jedoch nicht und wird der Verfolgte zufällig nicht verwundet, sondern getötet, so kann der Rächer zwar auch weiter trachten, die haftbaren Personen zu verwunden, selbst hat er sich aber durch die Tödtung eine Blutrache auf die Schultern geladen. Da es keineswegs leicht oder auch gar nicht ungefährlich ist, einem Menschen zu verwunden, da dies einerseits, zumal wenn hiezu ein Gewehr verwendet wird, leicht zu einer Tödtung führt, man sich ferner auch dem aussetzt, von dem Verwundeten nachträglich getödtet zu werden, pflegt die aus Rachegefühl hervorgehende absichtliche Verwundung eines Nebenmenschen meist zu unterbleiben, und die Sühne für eine Verwundung wird daher meist in der Form einer Geldbuße gefordert. Wer so eine Geldbuße nicht annehmen will, kann sogar darauf bestehen, seinen Gegner zu tödten, er weiß aber von voraus, daß so eine Handlung illegal ist und Blutrache nach sich zieht.

Strafen aus Verwundung

Als Buße für eine Verwundung ist stets die Hälfte des für eine Tödtung fälligen Betrages zu zahlen.[136] Theoretisch waren mithin am Anfang des XIX. Jahrhunderts in der Malcija Vogel für eine Verwundung 300 K zu zahlen; da der Mord einer Frau ebenfalls mit 300 K gesühnt wird, ergibt sich dann naturgemäß, daß der für die Verwundung einer Frau zu zahlende Betrag auf 150 K herabsienkt. In der Malcija Madhe waren für absichtliche Verwundung eines Mannes der Regierung ebenfalls 300 K zu zahlen.

Viel strenger als in der Malcija Vogel scheint man nach Mjedjas Angaben, die auch Durham bekräftigt, in Dukadžin bei Verwundungen vorzugehn. Das Haus des Schuldigen wird verbrannt und außer dem Täter verfallen noch die Männer aus der unmittelbaren Verwandschaft temporär unter den zuvor geschilderten Bedingungen der Blutrache, die übrige Verwandtschaft hat nichts zu befürchten.[137] Das den Häuptlingen zu zahlende Sühngeld betragt 110 Kronen, soferne es aber in Werthgegenstände umgesetzt wird, so muß deren Werth 220 Kronen betragen. Wenn ein Verwundeter seine Verwundung verzeihen soll, so pflegt er häufig die Bedingung zu stellen, daß ihm der Übeltäter die Heiligungskosten ersetze, was die Behandlungskosten und die Kosten etwaiger Medicamente einschließt.[138] Hat man bei gütlicher Beilegung einer Verwundung in der Malcija Madhe nicht 300 K, sondern den doppelten Betrag, also 600 K

---

134 Heute: Gjak për gjak.
135 Heute: Var për var (plagë për plagë).
136 GJEÇOV, S. 330. GODIN, 58/1956, S. 130.
137 MJEDIA, S. 394. DURHAM, Origins, S. 70.
138 GJEÇOV, S. 194; GODIN, ebenda.

gezahlt, so ist man für den als Folge der Verwundung eintretenden Tod des Verwundeten nicht mehr haftbar, und die Sache bleibt res judicata; stirbt jedoch der Verwundete bevor die Angelegenheit gütlich beglichen war, so wird die Sache so aufgefaßt, als ob der Betreffende nicht verwundet, sondern getödtet worden wäre. In der Malcija Vogel ist, falls der Betreffende nach Empfang der 300 K Sühngeld stirbt, weiter nichts zu zahlen, es sei denn, daß eine besondere Vereinbarung getroffen worden wäre. Hat die Verwundung eines Menschen eine bleibende Verstümmelung zur Folge, so sind die dafür zu bezahlenden Beträge verschieden. Sie werden je nach der Sachlage von Fall zu Fall durch die Stammeshäuptlinge fixiert.

Gječov behauptet, daß auf verschiedenartige Wunden auch in Albanien eine variierende Buße festgesetzt sei, so daß z. B. für eine Verletzung des Kopfes 3 Čese, für eine des Fußes aber nur 750 Groš zu zahlen gewesen wären oder daß für eine Wunde oberhalb des Gürtels 3 Čese, für eine unterhalb des Gürtels 750 zu zahlen gewesen wären.[139] Dies entspricht nicht der Tatsache, denn so eine an und für sich ganz logische Bestimmung versuchten zwar die türkischen Behörden anzuführen, sie drangen aber damit nicht durch. Dem Kanun Dukadžinit ist so eine Bestimmung, wie mir ausdrücklich versichert wurde, fremd. Es versteht sich von selbst, daß auch zufällige Verwundungen, da sie meist auf Unvorsichtigkeit zurückführbar sind, bestraft werden. Ein Einwohner von Curaj wurde in 1908 deshalb zur Entschädigung zweier Verwundeter verhalten, weil sein geladenes Kapsel-Gewehr im Hause eines dritten von dem morschen, hölzernen Gewehrhaken herabgefallen war und durch Entladung die beiden verletzt hatte. Die Frage, wer der Schuldtragende sei, der Hauseigentümer und Besitzer des morschen Wandhakens oder der Eigentümer des Gewehres, wurde nach wochenlanger Debatte zu Ungunsten des letzteren entschieden, weil er verpflichtet gewesen wäre, das Gewehr vor der Übergabe an den Hausherrn zu entladen. Seinerzeit, als in Albanien Kapsel-Gewehre dominierten, war allerdings so ein Entladen nicht üblich, mit dem Aufkommen der leichter entladbaren Martini-Gewehre änderte sich aber die Sitte, und dieser neuen Sitte paßte sich auch das Recht dermaßen an, daß der Tatbestand, daß [es] sich in diesem speciellen Falle nicht um ein Martini, sondern ein altertümliches Kapselgewehr handelte, gar nicht in Betracht gezogen wurde.

Da mich dieser Rechtsfall interessierte, legte ich ihm den Chefs der Hoti in der Malcija Madhe zur Überprüfung vor, und diese entschieden nun, daß man in Curaj unrichtig geurtheilt hätte, denn für alle Handlungen des Gastes hat der Gastgeber die volle Verantwortung zu tragen. In Klmeni meint man, daß, wenn ein geladenes Gewehr deshalb von Hacken falle, weil der Hacken bricht, der Hackeneigentümer jeden etwaigen Schaden zu zahlen habe, wenn aber der Gewehrriemen reiße, die Schuld den Eigentümer des Gewehrriemens treffe.[140]

---

139 GJEÇOV, S. 330. GODIN, 58/1956, S. 132.
140 Auch Gjeçov bietet diese Erklärung; siehe GJEÇOV, S. 322.

Verwundung der Gattin[141]

Besondere Satzungen regeln die Fälle der Verwundung einer Ehefrau durch ihren Gatten.

Das Criterium der Verwundung ist stets das Bluten. Solange ein Mann seine Frau nur so mißhandelt, daß kein Blut fließt, gilt dies nur als Schlag, ist aber einmal Blut geflossen, so gilt dies als Verwundung. Schlägt jemand seine Gattin bis aufs Blut, so tritt die Familie der Gattin als Rächer auf und verlangt entweder Blut oder begnügt sich in der Malcija Madhe mit 15.000 K oder ein Rind Buße. Flieht eine Frau deshalb von ihrem Gatten, weil sie blutig geschlagen wurde, so hat sie ihre Familie nach Besehen der Verletzungen dem Gatten zurückzustellen, er hat aber die übliche Strafe zu zahlen und zwei Bürgen zu stellen, daß er sie nicht mehr schlagen werde. Bricht der Gatte die eingegangene Verpflichtung, so hat sich die Frau nicht mehr an ihre Familie, sondern an die Bürgen zu wenden, die den Gatten dann zum Zahlen von 600 Kronen verurtheilen.

Ist Verdacht vorhanden, daß die an einer Frau sichtbaren blutigen Verletzungen nicht vom Gatten stammen, sondern daß sich die Frau dieselben bloß deshalb selbst beibrachte, um ihre Flucht zu motivieren, so kann der Gatte seine Unschuld mit 12 Eideshelfern beschwören, von denen jede Partei die Hälfte wählt.

4. Mordversuch[142]

Der Mordversuch, der sich im Gebirge Albaniens meist in einem Beschießen kund tut, wird in Albanien seitens der Öffentlichkeit recht geringschätzig behandelt.

Im Allgemeinen wird der Schuß auf einen Nebenmenschen in der Malcija Madhe und Malcija Vogel mit einer Geldstrafe von 200–300 Kronen belegt, in Ibalja sah ich, daß in 1904 der Pfarrer deshalb, weil er vom Hodža beschossen worden war, seine Getreuen versammelte und dazu brachte, das Haus des Hodža zu verbrennen, was er sonst in Ibalja nur dann vornehmen ließ, wenn sich jemand trotz des Kirchenbannes nicht von seiner Concubine trennen wollte. In vielen anderen Fällen hat eine Schießerei, die durch das Intervenieren unbetheiligter Leute unterbrochen wurde, keine weiteren Folgen, als daß der Haß der beiden Gegner gesteigert wurde. Wenn bei einem Recontre die erste Kugel nicht trifft, oder dem viel schwächeren Gegner nicht irgendwie der Rückzug abgeschnitten wird, dann konnte man in Albanien ziemlich beruhigt sein, daß die ganze Schießerei nur auf eine Patronenverschwendung hinauslaufen werde. Diese Tatsache ist auch den Einheimischen so gut bekannt, daß sie beim Hören eines einzigen Schusses merklich in Aufregung versetzt werden, wenn die Schießerei aber andauert, sich neuerdings beruhigen.

Als Primo Docchi, der spätere Abt der Merditen, als junger unerfahrener Pfarrer gelegentlich einer Schießerei in Oroši atemlos einen Hügel hinaufstürmte,

---

141 GJEÇOV, S. 74 und 76. GODIN, 56/1953, S. 34.
142 GJEÇOV, S. 301.

um zu intervenieren, da hemmte, wie er mir selbst erzählte, ein erfahrener Alter seine Eile mit der Bemerkung „wozu sich den beeilen, sie schießen ja weiter".

Aus meinen Tagebüchern will ich nur einige diesbezügliche Belege citieren. „Ende November 1905. Gefecht zwischen Brašta und Toplana, angeblich 30 Schuß gefallen; niemand verletzt". „Mitte März 1906. Fünfzehn Schuß oder mehr bei Kalivači; niemand verletzt". „Ende März 1906. Über 10 Schüsse bei Ungrej, niemand verletzt".

Recht merkwürdig ist die Bestimmung, daß man in dem Falle, daß man auf einen Menschen schießen will und das Gewehr hiebei versagt, in einigen Stämmen wegen des Versagens des Gewehres oft mehr als 100 K Strafe zu zahlen hat. Diese merkwürdige, beim Kaufe fertiger Patronen oft ganz unmotivierte Bestimmung ist offenbar ein Anachronismus und datiert wohl aus der Zeit, da man auf das Laden eines Gewehres besondere Sorgfalt verwenden und sein Pulver trocken halten mußte. Offenbar wurde damals diese Strafe deshalb verhängt, weil es seine Schande war, wenn jemand seine Waffen nicht so in Ordnung hielt, daß er sie jeden Augenblick benützen konnte. Dies findet offenbar im Grundsatz „Burri pa arm ašt grua"[143] (Ein Mann ohne Waffe ist ein Weib) seine Erklärung.

Hievon abgesehn wird die hohe, in diesem Falle festgesetzte Strafe ihre Begründung wohl auch in der Annahme finden, daß der Übeltäter, falls sein Gewehr nicht versagt hätte, getroffen und den Angegriffenen wenigstens leicht verwundet hätte und ihm dermaßen der Beweis unmöglich wird, daß er nur einen Schreckschuß habe abgeben wollen. Bei jedem Mordversuch wird in Betracht gezogen, ob er irgendwie motiviert war. War er motiviert, erfolgte er also offensichtlich zur Selbstvertheidigung oder zur Vertheidigung von Hab und Gut, so wird er, da er ja keine weiteren Folgen hatte und sich jener, gegen den der Mordversuch unternommen worden war, durch einen Übergriff offensichtlich freiwillig in Gefahr begeben hatte, nicht bestraft. Entfiel das Motiv der Notwehr, so war ein Mordversuch in der oben angeführten Weise strafbar.

Regelmäßig hat das Beschossenwerden im Gebirge schwere Folgen, denn diese bestehen, wie man es sich denken kann, sehr oft darin, daß sich der Beschossene zu wehren trachtet, auch seinerseits auf den Angreifer schießt, ja ihn nun, um ihm seine Absicht auf die Dauer unmöglich zu machen, fürderhin auch seinerseits zu tödten trachtet. Da sich aus so einer Tödtung nur schwer ein Akt der Nothwer construieren ließe, ist so eine praeventive Tödtung im Gewohnheitsrechte verboten. Wieder hat der Satz „Gjak per fai nuk hup" Geltung (auch das Blut des Verbrechers fordert Rache).

---

143 Heute: Burri pa armë âsht gru.

III. Die Ehre

So wie viele andere Gesetzsammlungen bestimmt auch das albanische Gewohnheitsrecht zwar das genau, was man als entehrend zu betrachten habe, vergißt
aber, einem Entehrten ein vollwertiges Mittel zum Wiedererlangen der verlorenen Ehre zu bieten. Auf diese Inconsequenz wurde schon im vorigen Hauptstücke gewiesen. Möglicherweise hängt diese Lücke der Gesetzgebung mit dem
Umstande zusammen, daß der abstracte Begriff der persönlichen Ehre sehr
stark der subjectiven Auffassung unterliegt und seine Definition daher aussteht.

Im Allgemeinen sind Harakiri, Duell und Tödtung des Gegners jene privaten
Mittel, durch die man seine Ehre wieder zu gewinnen trachtet. Die praktischen
Albaner bevorzugen das dritte. Dem Charakter der Albaner entspricht es, daß
man die Ehre für das höchste Gut hält. Bei den weltlichen Gütern werden wir
Güter des Stammes rp. der Gemeinde, solche der Familie und solche der einzelnen Person unterscheiden können, bei der Ehre kann man von Analogem reden.
Es kann durch eine Handlung die Ehre des Stammes oder der Gemeinde, weiterhin in leichteren Fällen die Ehre der Familie, endlich die Ehre des Individuums verletzt werden, und je nach der Art der Verletzung ist dann auch die
Ehrenrettung verschieden. Einen Fall von Entehrung eines ganzen Stammes
haben wir schon gelegentlich der legalen Hinrichtungen besprochen, andere
werden später zur Sprache kommen. Da alle drei Arten der Ehrverletzung in
einander übergehn und mit einander so zusagen verfließen, da unehrenhaftes
Benehmen des Individuums in gewissem Maße immer die Familie entehrt und
unehrenhaftes Benehmen mehrerer Familien die Stammesehre verringert, so
scheint ein getrenntes Behandeln dieser verschiedenen Ehrverletzung nicht nöthig. Qualitativ lassen sich bei dem Vergehen an der Ehre oder ehrenrührigen
Handlung zwei Arten unterscheiden: solche, durch die man sich selbst entehrt,
bei denen also der Schaden auf den Täter selbst zurückfällt, und solche, bei
denen ein anderer entehrt wird. Ersteres wollen wir Verlust der Ehre, letzteres
Raub der Ehre nennen. In beiden Fällen kann der Grad der Entehrung sehr
bedeutend variiren und in Folge dieser Differenzen können wir in diesem
Hauptstücke der Reihe nach drei Abschnitte unterscheiden, der erste Abschnitt
muß von dem Verlust der Ehre, der zweite von dem Raub der Ehre, der dritte
von der Wiedererlangung der Ehre, also der Ehrenrettung, handeln.

1. Verlust der Ehre

Entehrende Handlungen, das heißt solche, durch die der Handelnde sich selbst
entehrt, gibt es in Albanien eine ganze Reihe. Die entehrendste ist auf jeden Fall
der Bruch des Gastrechtes.

Bruch des Gastrechtes

In Fregna in Merdita geschah es, daß der Verfolgte infolge einer Blutracheangelegenheit beim Verfolger zu Gast geladen und nach dem Mahle vom Hausherrn
selbst angeschossen wurde. Obwohl dies vor Generationen geschah, dauert die

Schmach der Familie dieses Hausherrn jetzt noch an; ihre Mitglieder können an keiner Versammlung teilnehmen und wenn sie irgendwie ihre Stimme erheben wollen, nöthigt man sie zum Schweigen und weist darauf, daß sie keine Ehre, also auch kein Recht zum Reden hätten. Die Tatsache, daß jener, der die Gesetze des Gastrechtes mißachtet, von den eigenen Familienmitgliedern getödtet oder ermordet wird, ist gleichfalls als Beweis für das Entehrende dieser Handlung zu deuten.[144] Auch das Brechen der Bessa gilt als einiger Maßen schmachvoll. Das Versöhnen bei diesen Vorgange liegt höchstens darin, daß sich der betreffende Täter bewußt und trotzig der Rache der Garanten aussetzt.

Tödtung eines Wehrlosen

Weniger gravierend als das Verletzen der Gastfreundschaft aber immerhin entehrend ist es auch, einen Wehrlosen zu tödten. Schon das in der Malcija Vogel sporadisch vorkommende Tödten eines Knaben gilt als keineswegs ehrenvolle Handlung und wird daher allgemein verurtheilt, das Tödten eines waffenlosen Greises oder einer Frau wird vollends allgemeinen verachtet. Ganz besonders schmachvoll wäre es, eine Frau zu tödten um sich an ihr zu rächen, und ebensolche Schande würde das Vornehmen so einer Handlung an einem wertlosen Greisen bringen. Des Meineides überführt zu werden, ist, allerdings leider nur theoretisch, ebenfalls entehrend, doch scheint es bei so einer Überführung, da stets ein Kläger nötthig ist, zweckmäßiger, über diesen Punkt in dem bei Beschimpfung betreffenden Abschnitte dieses Capitels zu handeln. Dafür, daß der Meineid für den Meineidigen ehrenrechtliche Folgen hätte, daß also etwa der Meineidige in Zukunft zu keinem Eide zugelassen würde, habe ich in Nordalbanien keine Belege finden können. Um zu verhindern, daß jemand in leichter Weise zu falschen Zeugen gelange, gibt es bloß die Bestimmung, daß jener, der des Meineides überführt würde, 100 K Strafe zu zahlen habe. Jeder hiezu Verurtheilte kann aber den Ersatz dieser Summe jedoch von jenem, der ihn zum Meineide überredete, also der Regel vom Beklagten, verlangen.[145]

Der Schlag

Wenn einer einen Schlag gegen die Bezahlung von 6 Čese ruhig hinnimmt und auf die Ausübung seiner Rache verzichtet, so hat er sich entehrt, und welchen

---

144 Nach Godin „hat der Richter den Ungetreuen (den, der seinen Freund nicht gerächt hat) mit einem Knüttel verjagt wie einen Hund und ließ ihn nicht in den Männerrat kommen. An so einer Person wird jeder Gegenstand mit der linken Hand unter dem Knie gegeben, bis er Rache genommen hat": GODIN, 57/1954, S. 57. Eine ausführlichere Version dieses Gesetzes findet man bei GJEÇOV, S. 117.

145 Nach Godin waren die Strafen für den Meineid: „1. Er wird dem Besitzer der Sache das Zwei-für-Eins zahlen; 2. Er wird dem Angeber das Schuhgeld zahlen; 3. 100 Hammel und ein Ochse für den Eid mit 24 Eideshelfern und 500 Grosh dem Hause Gjonmarku; 4. Er wird zur Kirche gehen, um sich von dem Meineid mitsammt den Eideshelfern lossprechen zu lassen; 5. Er wird pro Eideshelfer 500 Grosh zahlen, da er sie zum Meineid führte, indem er die Kirche schändete. Dieses Geld wird der Verbrecher auf den Altar legen.": GODIN, 57/1954, S. 51. GJEÇOV, S. 165f.

Grad diese Entehrung erreicht, ergibt sich aus folgendem: Verfällt ein so Entehrter später wegen einer anderen Handlung der Rache und wird er dann getödtet, so hat sein Mörder in erster Linie an die Verwandten des Ermordeten kein Sühnegeld zu zahlen, denn es wird angenommen, daß der Geschlagene durch die Annahme der 6 Čese das im Falle seiner Tödtung fällige Sühnegeld selbst schon zu Lebzeiten erhielt; außerdem wird durch die Tödtung seines Mörders aber nicht einmal der Blutrache genüge getan, denn der Geschlagene war ja schon längst durch die Annahme des genannten Geldes entehrt und social todt. Der Rächer hätte daher, um der Rache genüge zu leisten, schon von Anfang an einen anderen Verwandten des Entehrten tödten müssen. Einer, der einen Schlag des lieben Geldes wegen einsteckt, gilt südlich des Malcija Madhe als Paria, den man nicht einmal eines männlichen Todes würdig erachtet, ja, so ein Aussöhnen nach einem Schlage wird viel stärker verurtheilt, als wenn der Geschlagene den Schlag überhaupt nicht gerächt hätte. Jeder Schlag[146] verlangt unbedingt die Tödtung des Beleidigers, doch verfällt der Mörder der Blutrache der überlebenden Verwandten.

Beleidigung

Natürlich ist, wenn auch in geringerem Maße, als ein Schlag auch das entehrend, wenn man eine geringere Beleidigung ruhig hinnimmt, und ist auch in Albanien alles das entehrend, was auf Mangel persönlicher Tapferkeit hinweist. Freilich hat, wie so manches andere auch, der Begriff Tapferkeit in Albanien eine etwas andere Ausdehnung als in Europa. Blinde, alles riskierende Tapferkeit wird in Albanien nicht gefordert, die Tapferkeit darf, ja muß sich dort stets so mit Klugheit paaren, daß man mit geringster Gefahr auf sein Ziel losgeht. Stoltz wird oft in Nordalbanien mit Tapferkeit verwechselt und Krüe fort[147] (Dickschädel) wird oft mit Burri fort[148] (tapferer Mann) identifiziert. Seinem „Mik" unbedingt und unter allen Umständen bis zuletzt beizustehn und alle daraus entstehenden Folgen unbedingt freiwillig auf sich zu nehmen, ist durch den albanischen Ehrencodex streng geboten, und als Ehrensache gilt es zum Beispiel unter normalen Umständen, seinen Dorfgenossen in einen Streit oder einem Gefecht zu helfen. Als Ehrensache gilt es endlich auch, auf die Blutrache womöglich nicht zu verzichten.

Daß es bei jeder Tödtung gestattet ist, den Gegner hinterrücks zu überfallen und dies nicht unehrenhaft ist, ist bereits betont worden. Ja, es würde einem direct Schande eintragen, wenn man bei einem Überfall nicht nur sein Ziel nicht erreichte, sondern selbst verletzt wurde.

Entwaffnung

Da ein waffenloser Mann nicht geehrt wird, würde das öffentliche Verzichten auf das Waffentragen, wie es in Mittelalbanien vorkommt, in Nordalbanien als

---

146 Nach Gjeçov wurde der Schlag nur durch das Gewehr versöhnt; siehe GJEÇOV, S. 306.
147 Heute: Krye fortë (kokë fortë).
148 Heute: Burrë i fort(ë).

besondere Schande gelten, doch ist dies heutzutage nicht mehr üblich. Als Über-
rest einer solchen Sitte ist aber das aufzufassen, daß man auch das Vergessen
der eigenen Waffe als ehrenrührig ansieht. Es ist mir ein Fall bekannt, wo ein
Kastrati sein Gewehr in Hani Zojs vergessen hatte, es aber, als er zum Han
zurückkehrte, noch glücklicher Weise vorfand und so in diesem Falle noch mit
dem bloßen Schreck davon kam, denn hätte es jemand in seiner Abwesenheit
entwendet, so wäre dies mit seiner Entwaffnung gleichwertig gewesen. Der
Kastrati hätte in diesem Falle seine Ehre nur durch Tödten des Diebes wiedererlangen konnen, durch diese Tödtung wäre er aber der Blutrache verfallen.
Natürlich gilt dasselbe bei einem etwaigen Raub der Waffen.

Der einzige Fall, wo das Verzichten auf eine Waffe nicht entehrt, tritt dann ein,
wenn man für kurze Zeit auf den Schutz der Waffe eingestandener Maßen deshalb verzichtet, um besonders zu demonstrieren, daß man sich von seinem
etwaigen Gegner nicht fürchtet und ihn gering schätzt. Es ist diese Handlung der
gleich zu stellen, daß zu weilen ein Gjaksi demonstrativ allein herumgeht und so
auf den Schutz einer anderen Person verzichtet. Auch dies soll die Mißachtung
vor dem Zoti Gjakut klar zum Ausdruck bringen. Mißlingt so eine verwegene
Demonstration und wiederfährt dem Verwegenen hiebei ein Unfall, so wird er,
da der Unfall durch Verwegenheit provociert wurde, allerdings nicht bedauert,
man sagt vielmehr ganz nüchtern, daß er am Unfalle selbst Schuld war.

Zwischen den direct entehrenden Handlungen und solchen, die nur mißbilligt
werden, gibt es eine Reihe von [Möglichkeiten]. Um nach einer schwereren
Beleidigung eine Verzeihung herbei zu führen, müssen sich die intervenieren-
den Freunde schon ganz erheblich bemühen, ja es kann geschehen, daß Tage
und Wochen verstreichen, bis sie ihr Ziel erreichen. Immerhin ist zu bedenken,
daß sich der Stamm als solcher um Beschimpfungen nicht kümmert, da der
Kanun nur Taten aber nicht Worte betrifft, und ein Wort kann nicht töten (fjal
nuk vret).[149]

Noch schwieriger wird für die Vermittler naturgemäß die Sache bei dem für
den Geschlagenen folgenschweren Schlag. Unter montenegrinischem Einfluß
gilt in Klmeni ein Ausholen zum Schlag, ein Schlag oder ein Stoß zwar als entehrend, könnte aber im Gegensatze zu den weiter südlich liegenden Gebieten
auch ohne Ermordung des Beleidigers gesühnt werden, freilich gibt es aber
auch Fälle, wo das albanische Gewohnheitsrecht das Schlagen gestattet oder
wenigstens dem Schlage kein Gewicht beilegt. Das Schlagen von noch nicht
waffenfähigen Knaben wird, zumal wenn es von Greisen geschieht, nicht beachtet, denn es wird so etwas als wohlverdiente Strafe betrachtet, auch jedem Vater
steht das Recht zu, seine Tochter zu schlagen, und auch der Gatte hat das Recht,
seine Gattin zu schlagen, doch hat, soferne er nicht gleichzeitig Familienchef
ist, der Familienchef dafür zu sorgen, daß dieses Schlagen weder unmotiviert
noch zu heftig sei, denn der Familie der Gattin gegenüber hat in so einem Falle
noch mehr als der Gatte, der Familienchef die Verantwortung zu tragen. Das

---

149 Heute: Fjala nuk vret.

Schlagen der Frau ist ja dem Gatten dann gestattet, wenn sie einem dreimal wiederholten Befehl nicht Folge leistet oder wenn sie ungebührlich antwortet; in letztem Falle kann sie der Gatte deshalb schlagen, damit sie schweige.[150] Im allgemeinen ist das Schlagen der Frauen namentlich in dem centralen und östlichen Theil der Malcija Vogel stark verbreitet.

Häufig kommt es vor, daß sich die in einem Hause wohnenden Frauen gegenseitig schlagen. Wie man dies beurtheilt, kann an der Hand eines Vorfalles illustriert werden, der sich unter angehörigen Leuten der Malcija Madhe zutrug.

Als in Kolaj einst eine Frau von einer anderen, in demselben Hause wohnenden Frau geschlagen wurde, weshalb sie das Haus verlassen wollte, entschied der zugezogene Schiedsrichter, daß die Frau, wenn sie das Haus verlasse, keinen Anspruch auf Entschädigung habe. Man erklärte ihr, sie möge ganz unbesorgt weiter im Hause verbleiben und versprach, daß ihr, falls sie nochmals geprügelt werden sollte, 100 Kronen Schmerzensgeld ausgezahlt würden, außerdem stellte man zwei Bürgen, die für ihre Sicherheit Gewähr leisten sollten und erklärte dem Hausherrn, in dessen Haus sich der Vorfall abgespielt hatte, daß er im Wiederholungsfalle an die Frau selbst und auch noch an die beiden Bürgen je 100 K zu bezahlen haben werde. Sowohl der betreffende Mann als auch die geschlagene Frau fügten sich diesem Rechtsspruche.

Die Milde des in diesem Falle gefällten Urtheils hängt damit zusammen, daß in Albanien die persönliche Ehre einer Frau geringeren Umfang hat, als die eines waffenfähigen Mannes. Während ein Mann in Albanien durch allerlei Kleinigkeiten entehrt wird, entehrt man eine Frau persönlich nur, wenn man sie dazu bringt, durch Schreien ihre [ ] vertheidigen zu müssen, ihr das Wasserfaß zerbricht oder ihr den zum Tragen des Wasserfasses nöthigen Strick zerschneidet. Diese drei Handlungen können allerdings dann nur durch Blut oder den Erlag von 6 Čese gesühnt werden, denn an und für sich ist die Ehre einer Frau und eines Mannes gleichwertig. Falls [...] z. B. ein Mädchen bei seiner Verführung oder Vergewaltigung Allarm gibt und den Schuldigen anzeigt, so muß dieser seine Unschuld mit Eideshelfern beweisen, sonst verfällt er der Blutrache, und dann hat er, soll diese Rache gütig beglichen werden, nicht wie für Tödtung einer Frau 300 K, sondern 600 K Strafe zu zahlen, denn die Ehre aller Leute ist ohne Rücksicht auf deren Geschlecht gleich wertig. Der diesbezügliche Rechtssatz lautet: „Erzi burit e i grues plečnohet barabar"[151] (die Ehre des Mannes und der Frau wird gleich beurteilt). Jede andere Beleidigung einer Frau, als die drei zuvor erwähnten wird nicht als Entehrung, sondern bloß als Kränkung jener Familie aufgefaßt, bei der sich die Frau befindet. Da man sich an einer Frau nicht rächen kann, ist für jede durch eine verheiratete Frau begangene Entehrung ihre väterlichen Familie, für jeden durch sie begangenen materiellen Schaden ihr Gatte rp. dessen Familie verantwortlich.

Eine Handlung, die man in Albanien als Kränkung rp. als Ausfluß des Hasses

---

150 GJEÇOV, S. 74;

151 Korrekt: Erzi i burrit e i grues pleqnohet barabar.

auffaßt und dem entsprechend ahndet, ist ungünstige Aussagen vor Gericht. Man reagiert darauf zuweilen dadurch, daß man den Aussagenden tödtet. Der Grund dieser Handlung scheint einigermaßen verborgen, hält man sich aber vor Augen, daß die Albaner die türkischen Behörden, später auch die serbisch-italienischen und österr.-ungar. Truppen, immer als Übertreter, die sich alle dadurch definieren lassen, daß sie nicht mehr gegen den Kanun, sondern gegen die Sitten und Gebräuche der Hochländer verstoßen, [betrachtet wurden]. Als Schande gilt es, wenn man in Šala öffentlich mit einer Frau streitet oder sie öffentlich schlägt, und für den Verlobten ist es im ganzen Gebirge Nordalbaniens eine Schande, wenn bekannt wird, daß er seine Braut gesehen habe oder wenn er sie in Anwesendheit anderer Leute erblickt. Sowie bekannt ist, daß der Verlobte eines Mädchens sich ihrer Wohnung oder ihrem Gehöfte nähert, muß sich die Verlobte verstecken, und damit sind wir schon an jene Grenze gekommen, wo sich Schande und das Mißachten des guten Tones treffen. Allenthalben gilt es als Schande, wenn man die Gesetze der albanischen „feiner Sitten" nicht einhält und z. B. beim Essen mit der linken Hand in die gemeinsame Schüssel greifen würde u.s.w.

Für eine Gattin ist Kinderlosigkeit gleichfalls eine Schande. Alle diese Sachen müssen jedoch in einem anderen Kapitel besprochen werden, und wir gehen nun auf jene Handlung anderer Personen über, die in Albanien einen Raub der Ehre involvieren. Sie lassen sich in drei Gruppen vereinen. Die erste Gruppe umfaßt jene Handlungen, durch die man einem anderen Menschen direct persönlich nahetritt, die zweite und dritte sind solche, durch die ein Mensch indirect entehrt wird, also durch Beleidigung oder Entehrung eines wehrlosen Verwandten, daher in erster Linie einer Frau, und durch Beleidigung des Schützlings.

Persönliche directe Beleidigung

Als in die erste Gruppe gehörende Handlungen sind Kränkung, Ehrabschneidung, kleinliche, mit demonstrativer Absicht verbundene Schädigungen und Waffenraub zu bezeichnen. Alle diese Handlungen sind solcher Natur, daß sie, soferne keine Versöhnung eintritt, meist die Tödtung des Beleidigers zur Folge haben.

Beim Punkte Kränkung ist nur die absichtliche vorbedachte Kränkung von Bedeutung, eine unabsichtliche oder in der Aufregung begangene kann, soferne der Täter sie bereut und selbst oder im Wege einer dritten Person um Verzeihung bittet, ohne weiters verziehen werden. Beschimpfung und Fluchen gelten natürlich als ganz besonders schwere Kränkung.

Einen Menschen offen zu fluchen geschieht meist nur in Skutari, im Gebirge hört man Fluche nur dann, wenn der betreffende, dem geflucht wird, nicht anwesend ist, da ein offenes Fluchen sofort einen Schuß zur Folge hätte. Wohl der häufigste Fluch der Skutariner ist „Zoti t'maroft"[152] (Gott soll dir ein Ende

---

152 Korrekt: Zoti t'marroft(ë).

bereiten), dann „t'hanger drekji"[153] (der Teufel soll dich fressen), was durch die Formel „t'hangeršin kater cin drekjin"[154] (vierhundert Teufel sollen dich fressen) einer Steigerung fähig ist. Von Mohamedanern wird naturgemäß der erstere Fluch in „Allahu t'maroft"[155] (Allah soll dich tödten) verändert. „Kjoft face zi"[156] (dein Gesicht soll schwarz sein) ist eine von Angehörigen beider Religionen gleichmäßig verwendete, allerdings nicht sehr bösartige Verwünschung. Der hauptsächlich in Šala gebrauchte Fluch „Vraft i ora"[157] (deine Ora soll getödtet werden) ist schon wieder bedeutend böser, aber offenbar echt albanisch.

Als Schimpfworte hört man die aus dem Türkischen übersetzten Redewendungen „čeni biri čenit"[158] (Hund, Sohn einer Hündin), „Thiu biri thiut" (Schwein Sohn etc.), „Gomar biri gomarit" (Esel Sohn etc.) und „Kodosh" (Kupler). Aus dem Slawischen stammt offenbar der Fluch „Tjifša t'amen". In Klmeni konnte diese Sache durch Zurückschimpfen erledigt werden.

[...] fremde Eindringlinge betrachtet haben, so versteht es sich schon leichter, weshalb man gegen jemanden, der einen bei diesen Eindringlingen so zu sagen anzeigt, öfters tödtet: man geht gegen solche Leute beinahe so vor, als ob sie Verräther ihrer eigenen Stammesgenossen wären. So ein Anzeigen gilt übrigends auch als schmachvoll, wodurch die Ähnlichkeit mit Verrath noch stärker hervortritt. Als sich im Jahre 1860 ein Zeuge fand, der einen Gewissen Uk Mehmeti dessen überführte, daß er einem Montenegriner in Podgorica 30 Piaster schulde und Uk deshalb in Schuldhaft gesetzt wurde, da beschaffte sich der Eingesperrte zuerst einen Bürgen, der dafür gut stand, daß er die Schuld begleichen werde, und hierauf tötete er, eben aus dem Gefängnisse entkommen, am 27. Mai den unangenehmen Zeugen.

Alle jene Handlungen, durch die die Schwäche und Ohnmacht eines anderen klar zu Tag tritt, werden im allgemeinen gleichfalls für entehrend gehalten, und Raub wird z. B. infolge diese Begleitumstandes anders beurteilt als Diebstahl. Auch dies vermag ich durch eine kleine, so zu sagen zu historischer Berümtheit gelangte Episode zu illustrieren, die sich zwar bei den Kuči zutrug, sich aber ebenso gut bei irgend einem albanischen Stamm hätte abspielen können. Im August des Jahres 1858 erschien der Stamm Kuči corporativ vor Podgorica und ließ den damals türkischen Befehlshaber der Stadt wissen, er sei nicht deshalb erschienen um in gewohnter Weise wieder einmal die Weingärten der Mohamedaner von Podgorica zu vernichten, sondern um mit den Podgoricanern die Waffen zu messen. Als nun der türkische Befehlshaber der Stadt auf die Herausforderung erklärte, er sei zur Eröffnung von Feindseligkeiten nicht ermächtigt, da schnitten die Kuči in den Weingärten einige Reben ab und schickten sie ihm, um ihn zu entehren, zu. Denn diese Handlung war ein Symbol dessen, daß er

---

153 Korrekt: T'hangërt dreqi.
154 Korrekt: T'hangërshin katërqind dreqën.
155 Korrekt: Allahu t'marroft(ë).
156 Korrekt: Qofsh faqezi.
157 Korrekt: T'u vraft(ë) ora. Albanisch Ora: die Fee.
158 Korrekt: Qen, i biri qenit.

unfähig sei, sein Eigentum zu beschützen. „So eine Herausforderung wird von den Albanesen in der Regel nie zurückgewiesen", lautet der Schluß eines diesen Vorfall seiner vorgesetzten Behörde meldenden ausländischen Consuls.

Auch das Vorenthalten einer gebührenden Sache oder des gebührenden Rechtes fällt in diesen Abschnitt. Häufig kommt es vor, daß so eine Unbilde den Gegner dermaßen erzürnt, daß er zur Tödtung schreitet.

In Poravi war einst ein Dörfler wegen eines ganz geringen Delictes von Schiedsrichtern zur Zahlung eines Kilo Tabaks verurteilt worden, da er sich aber dem Spruche nicht unterwerfen wollte, verweigerte er dessen Übergabe an den Kläger. Wiederholte Mahnungen seitens des Klägers führten zu keinem Resultate und darüber erboste sich dieser nun in solcher Weise, daß er den Verurteilten erschießen wollte. Beide Parteien begannen, aus der Angelegenheit eine Ehrensache zu machen, der Verfolgte ließ den Zornigen Kund tun, daß er sich vor ihm nicht fürchte, das ganze Dorf Poravi theilte sich in zwei Parteien und die Folgen hätten recht schöne werden können, wenn nicht zufällig ich dazugekommen wäre. Dem einen sagte ich, es wäre dumm, wegen eines Kilos Tabak der Blutrache zu verfallen, dem anderen, es wäre dumm, wegen etwas Tabak sein Leben zu riskieren, und dadurch, daß ich den Tabak kaufte und dem Eigentümer übergab, regelte ich die Sache zur Freude ganz Poravis.

Mark Dusmani verlor im August 1860 zwei Söhne durch Mord und nahm hierauf nach Jahresfrist Wehrgeld mit dem Versprechen an, die Hälfte einigen in Mazrek lebenden Verwandten zukommen zu lassen. Er hielt sein Versprechen nicht und behielt das Ganze, worauf ihn die Verwandten töteten.

Auch eine Reihe von anderen Handlungen bewerthet man in Albanien nicht auf Grund des zugefügten Schadens, sondern nach der bei ihnen beabsichtigten Herausforderung des Gegners. Solche Handlungen haben stets schwere Rache zur naturgemäßen Folge. Zu diesen Handlungen gehört das mutwillige Beschießen der Haustüre eines fremden Hauses. Das Anschießen des Haustores bei Anwesenheit des Hausherren gilt als Demonstration, durch die man sein Leid ausdrückt, den Hausherren selbst nicht angetroffen zu haben, da man in diesem Falle nicht auf die Haustüre, sondern ihren Eigenthümer geschossen hätte. Es ist dies mit dem Zurücklassen einer Visitkarte zu vergleichen.

Dieser Vorgang führt manchmal zu Mord, doch wird er manchmal im Wege einer freien Rechtsfindung erledigt.

In Kačinari schoß einer in 1920 in die Türe eines Anderen und machte drei Löcher. Die Sache kam vor das Dorfgericht, und man stellte die durchschossene Tür in das Haus des Schädigenden und seine an die Stelle der Durchschossenen. Außerdem verbot das Dorf den Schädigenden, die Löcher 15 Jahre lang zu schließen.[159]

Auch das mutwillige Zerstören eines Hauses, eines Vath,[160] eines Kotec[161] oder

---

159 Dieses Ereignis wird auch von Gjeçov angeführt. GJEÇOV, S. 381.
160 Vathë: Schafhürde.
161 Kotec: Hühnerstall.

Čaranik,[162] kann, da es als Ueberhebung gilt, zu Morden führen.[163] Das Zusammentreffen zweier Hochzeitszüge kann, wenn die Vortrittsschwierigkeiten nicht lösbar werden, zu Morden führen, daher gibt es mehrere Orte die „Vorret e Kruškve"[164] heißen.

Tisch-Vortrittsstreitigkeiten enden auch oft tödtlich. Entehrend ist auch, die Rangordnung bei Tisch zu verletzen, da hiedurch der etwa anwesende Gast gekränkt werden kann. Wenn ein Fremder den Deckel des Topfes am Herde abhebt, ist dies für den Hausherren auch entehrend. Die festgesetzte Strafe ist 500 Groš. Das Motiv ist, es könnte offenbar werden, daß kein Fleisch im Topfe ist, wodurch Armuth des Hausherren klar würde.

Die absichtliche Tödtung eines Hundes, theoretisch irrelevant, ob diese Tödtung aus Mutwillen oder zur Selbstvertheidigung geschah, ist auch für den Hausherren entehrend.[165] Daß das mutwillige Erschießen eines fremden Hundes so schwere Folgen nach sich zieht wie Menschenmord, das basiert wohl darauf, daß der Hund einen wichtigen Factor beim Beschützen der Herden und des Gehöftes bildet. Daß man einem auch das Recht abspricht, sich dem Angriff eines Hundes radikal zu erwehren, das muß wieder darauf zurück geführt werden, daß der Hausherr für den durch seine Hunde angestellten Schaden haftet. Wird man von einem Hund gebissen, also verwundet, so ist der Hausherr verpflichtet, die Verwundung in jeder Weise zu vergüten, selbst muß man aber unter solchen Umständen auf das Recht der Selbsthilfe naturgemäß verzichten.

Merkwürdigerweise ist das Auswischen der Schlüssel oder Abkratzen der Bratpfannen angesichts des Freundes für diesen entehrend. Ein Beispiel genügt: Tahir Jussuf aus Ura Strejt kratzte in 1872 die Bratpfanne angesichts seines Gastes Achmed aus, dieser klagte auf Entehrung, und der Hausherr hatte 500 Groš zu zahlen (vide Gječov).[166]

Sehr viele Ehrenhändel entstehen in Albanien durch Übergriffe fremder Personen auf die weiblichen Verwandten oder Gattinen anderer Personen. Häufig sind diese Übergriffe von Stittlichkeitsverbrechen begleitet. Wir unterscheiden Übergriffe gegen die Tochter, Übergriffe gegen die Braut und Übergriffe gegen die Gattin. In allen drei Fällen kann es sich um Menschenraub, um gebilligte Entführung, dann um das Unterhalten eines sträflichen Verhältnisses, endlich um Vergewaltigung handeln.

Da alle diese Handlungen je nach dem, an wem sie begangen wurden, verschieden beurtheilt werden, wollen wir diese Fälle nach Personen und nicht nach Inhalt gruppiert behandeln.

---

162 Çarranik: Kleiner Schrank, der zur Aufbewahrung von Lebensmitteln dient.

163 In einem solchen Fall wurde die Ehre des Mannes als geraubt betrachtet; siehe GJEÇOV, S. 107. GODIN, 57/1954, S. 53.

164 Vorret e Krushqve: die Gräber der Brautführer. Gječov erwähnt drei Orte, die so heißen, und zwar in Mirdita, Malësija e Lezhës und in der Nähe der Stadt Peja in Kosovo. GJEÇOV, S. 379.

165 Nach Gjeçov waren in einem solchen Falle 500 Grosh an den Hausherrn zu bezahlen; GJEÇOV, S. 328.

166 GJEÇOV, S. 381f.

Eine Anzahl von auf Mädchen-Raub bezughabenden Regeln sind von Cozzi zusammengestellt worden.[167] Mädchenraub erfolgt meist wegen Nichteinhalten von Verlobungsverpflichtung, wegen Weigerung des Mädchens, zu heiraten, oder weil das Mädchen eine bestimmte Person heiraten will und die Eltern dies nicht zulassen können oder es nicht zulassen wollen.

Wer ein heiratsfähiges Mädchen raubt, verfällt der Rache; geschieht es im eigenen Stammesgebiet, so hat er noch 600 K zu zahlen, und außerdem wird ihm das Haus verbrannt. Raubt man ein Mädchen, das in einem fremden Stamm zu Gast ist von seinen Gastgebern, so steht das Recht der Blutrache ein Jahr lang diesem Stamme zu, und erst nach einem Jahr geht dieses Recht, soferne die Rache bis dahin nicht vollzogen wurde, so wie in sonstigen Fällen, auf die Familie des geraubten Mädchens über. Wenn ein Mädchen beim Raube um Hilfe ruft, so muß jener Stamm, in dessen Gebiet der Raub vor sich geht, dem Mädchen zu Hilfe eilen.

Wegen des Raubes eines Mädchens aus Domni durch einige Škreli in 1902 gab es bis 1908 schon 27 Morde, und die Sache war noch immer nicht geregelt. Bečir Nou aus Raja, dessen erste Frau gestorben war, trachtete später ein Mädchen aus Beriša zu rauben, doch wurde er dabei ertappt, er mußte fliehen und entkam glücklich seinen Verfolgern, doch seither trachteten die Beriša-Leute aus der Verwandschaft des Mädchens, ihn zu tödten.

Wenn jemand beschuldigt wird, ein Mädchen geschwängert zu haben, so kann er seine Unschuld mit Eideshelfern beweisen. Als jemand in Ungrej ein Mädchen vergewaltigt hatte und in Folge dessen wußte, daß ihm die Verwandten des Mädchens nun ohnehin nach dem Leben trachten würden und daß ferner aus seiner Tödtung in weiterer Folge eine Blutrache-Angelegenheit erwachsen werde, da wollte er seinen Gegnern zuvorkommen und schoß auf den Bruder des Mädchens, den er schwer, aber nicht tödlich verletzte. Zu diesem Vorgange fühlte er sich durch die Überlegung veranlaßt, daß er praktisch so zu sagen ohnehin schon der Rache verfallen war, sich aber nicht einmal dessen rühmen konnte, jemand getödtet zu haben. Seinen Entschluß konnte er umso leichter fassen, als er wußte, daß er durch seine zweite Handlung seinen eigenen, ihn überlebenden Verwandten auch nur geringe Unanehmlichkeiten bereiten würde.

Einen großen Raum nehmen in der alltäglichen Rechtssprechung in Albanien jene Vorfälle ein, die auf einen Übergriff gegen die Braut eines anderen hinauslaufen.

Klagen darüber, daß die Braut ihren Verlobten nicht heiraten will, daß sie sich mit oder ohne Hilfe anderer Personen einer verhaßten Ehe zu entziehen trachtet, und daß dann daraus complicierte Streitigkeiten entstehn, kann man auf Schritt und Tritt vernehmen.

Wer eine Verlobte raubt, verfällt der Rache der Eltern der Verlobten. Der

---

167 COZZI, Donna, S. 330f.

Bräutigam hingegen kann gegebenen Falles an den Eltern der Verlobten Rache nehmen. Denn ihm gegenüber sind nur diese verantwortlich.[168] Falls die Verwandten der Braut ihre Schuldlosigkeit durch Zeugen beweisen, können sie sich in der Malcija Madhe von ihrer Schuld durch das Zahlen von 600 Kronen an den Bräutigam loskaufen, in der Malcija Vogel ist dies nicht möglich, hier besteht der Bräutigam meist darauf, daß er die Braut erhalte. Da der Raub einer Verlobten kaum jemals ohne triftigen Grund geschieht, und da das freiwillige Herausgeben der Beute außerdem auch noch als Zeichen der Schwäche aufgefaßt würde, so pflegt der Räuber, wenn die Eltern der Braut an ihm mit der Bitte um Rückerstattung der beraubten Tochter herantreten, diese Sitte meist abschlägig zu beantworten, und hiedurch verfällt er nun wieder der Rache, es sei denn, daß er sich durch Geld von der Rache loskauft und daß sich die Eltern des Mädchens mit dem Empfang von 600 Kronen zufrieden stellen. Als Raub der Braut und als Entehrung faßt jeder Bräutigam auch das auf, wenn eine Verlobung seitens der Braut rp. seitens derer Eltern rückgängig gemacht wird und die Betreffende hierauf einen anderen Mann heiratet; so etwas geschieht verhältnismäßig häufig. Die Satzungen bei Wiederverlobung oder Entführung einer Braut sind verhältnismäßig einfach. Der Bräutigam kann und muß seine Verlobte unter allen Umständen von deren Eltern fordern und dies sogar dann, wenn er sie überhaupt noch nie gesehen hatt. Er muß, um seine Ehre zu retten, die männlichen Verwandten der Braut ermorden, die Eltern oder die anderen Verwandten der Braut können hingegen wieder, wenn eine Entführung vorliegt, für die Entführung von den Angehörigen des Entführers Genugtuung verlangen. Wenn ein verlobtes Mädchen gegen den Willen seiner Eltern nicht den Bräutigam, sondern eine andere Person heiratet, so müssen die Eltern, wie gesagt, den neuen Gatten oder jemand anderen aus dessen Verwandtschaft zu tödten trachten, denn nur in diesem Falle entgehn sie der Rache des ursprünglich mit dem Mädchen verlobten Mannes, wenn sie dies unterlassen oder sich gar etwa mit ihrem nunmehrigen Schwiegersohn aussöhnen, so gilt dies als Consens zu der rechtlich unstatthaften Ehe, und der verschmähte Bräutigam darf sich an den Eltern der Braut rächen.

Leider werden alle diese auf die Ehre der Braut bezugnehmenden Satzungen oftmals nicht beachtet und, um die daraus entstehenden Complicationen zu illustrieren, will ich eine Reihe diesbezüglicher Fälle kurz erwähnen.

Ein Mann aus Nikaj war mit einem Šoši-Mädchen verlobt, kurz vor der Hochzeit floh aber das Mädchen zu ihrer in Šala verheirateten Schwester. Der Nikaj forderte seine Braut von Šoši, dieser übergab ihm an Stelle des nach Šala geflohenen Mädchens, deren ältere in Šala verheiratete Schwester, als diese nach Hause auf Besuch kam, später floh auch diese neue Gattin des Nikaj zu ihrem ersten noch lebenden Mann nach Šala, und als sich nun der Nikaj diese zweite Frau wieder aus Šala holen wollte, wurde er von dem Šala erschossen.

Ein Mädchen aus Beriša, das anderswo verlobt war, floh nach Temali und

---

168 GJEÇOV, S. 78f. GODIN, 56/1953, S. 26.

wurde dort mit einem Dortigen getraut. Ihr Verlobter verlangte sein Geld von dem Vater der Braut, dieser verwies ihn an die Familie des neuen Gatten der Braut, diese Familie weigerte aber, da sie jetzt ohnehin der Rache des ehemaligen Bräutigams verfallen war, naturgemäß die Zahlung. Der verschmähte Freier konnte sich nun an den Beriša-Leuten und an den Temali rächen. Beriša war aber nun auch mit Temali zerzankt. Um noch einige andere Fälle: Ein Jüngling wollte eine Wittwe heiraten und gab ihr einen Ring und 1 L Angeld. Diese Wittwe wurde aber von ihren Eltern an jemand anderen verheiratet. Wegen dieser Hochzeit erschoß der verschmähte Jüngling einen der Brüder der Braut, da diese die Ehe geschlossen hatten und der neue Ehemann davon, daß die Wittwe Angeld erhalten hatte, möglicherweise nichts wußte. Wegen dieses Mordes wurde er wieder von dem anderen Bruder der Braut selbst erschossen, und endlich forderte der Vater des Jünglings ein Blut von den Verwandten der Wittwe. Nach dem Kanun war diese Forderung freilich unberechtigt, denn für Blut war schon Blut geflossen, und infolge des Satzes „Gjak per fai nuk hup" war schon der erste Mord unberechtigt gewesen.

Ein Mädchen aus Plani war nach Summa verlobt, floh jedoch nach Šala und heiratete sofort dort. Infolge dieses Vorganges verfiel die Familie in Plani der Rache des Summa-Hauses, und die Angelegenheit wurde so beglichen, daß die Familie aus Summa an Stelle der geflohenen Braut dem Plani ein anderes Mädchen gab und ihm 300 Kronen Buße zahlte. Nach einigen Jahren tödtete dann die Verwandschaft der geflohenen Braut den in Šala wohnenden Schwiegersohn, worauf sich die Verwandtschaft des Šala aber rächte, denn die Tödtung des Schwiegersohnes galt als unmotivierter Mord.

Ein einem Šoši verlobtes Mädchen floh, um nicht zu einer verhaßten Ehe gezwungen zu werden, nach Skutari, von wo sie aber nun ihr Bruder, der sie nach albanischem Gewohnheitsrecht ihrem Bräutigam zu übergeben hatte, ohne Anwendung von Gewalt nicht mehr entfernen konnte. Infolge dieser Schwierigkeit kam der Bruder des Mädchens zu mir und bat meine Intervention, und im Einvernehmen mit dem Skutariner Erzbischof wurde beschlossen, das Mädchen ihrem Bruder unter der Bedingung zurück zu stellen, daß derselbe zu versprechen habe, dem Bräutigam des Mädchens 600 Kronen zu zahlen, damit dieser von der Heirat abstehe, anderseits übernahmen aber wir die Verpflichtung, den Bräutigam dazu zu bewegen, gegen eine anderweitige Hochzeit außerhalb des Gebietes Šoši nicht zu protestieren. Durch unsere Vereinbarung war nun einerseits der um seine Braut gekommene Bräutigam entschädigt, anderseits hatte auch der Bruder der Braut keinen pekuniären Schaden, denn er hatte von dem neuen Bräutigam der Schwester wieder 600 Kronen als Heiratsangabe zu erwarten. Besonders muß betont werden, daß unser Benehmen dem Bräutigam gegenüber allerdings gegen den Kanun verstieß, denn dieser bestimmt, daß der Bräutigam nur dann auf Rache zu verzichten habe, wenn die ihm abhanden gekommene Braut das Gelöbnis abgibt, überhaupt nicht mehr zu heiraten.

Ein recht unangenehmer Fall mit einem nach Šala verlobten Mädchen aus

Šoši widerfuhr mir im Jahre 1904, als eine schon nach Šala abgegebene, aber kirchlich noch nicht getraute Braut ihren Bräutigam dazu überedete, sie nach Skutari zu bringen und sie mir zu übergeben, damit ich ihre Aufnahme in ein Spital erwirke. Erst nachdem ich dem Bräutigamstellvertreter, der gleichzeitig mein Blutsbruder war, versprochen hatte, für seine Braut zu sorgen und sie nach ihrer Genesung ihm wieder zurück zu erstatten, eröffnete mir das Mädchen in Abwesenheit des nach Šala zurückgekehrten Bräutigams, daß es nur deshalb Krankheit simuliert hatte, um aus dem Hause des Bräutigams zu entfliehen, und es bat mich, ihm bei seiner Flucht zu helfen. Infolge dieser Entdeckung befand ich mich in einer prekären Lage, denn durch Erfüllen dieser Bitte hätte ich ein meinem eigenen Blutsbruder gegebenes feierliches Versprechen gebrochen, ihm wenn auch indirect seine Braut entführt, und wäre seiner Rache verfallen, durch Rückgabe der Braut an meinen Kumar setzte ich mich aber, da hiedurch jemand gewaltsam zur Ehe genöthigt worden wäre, der kirchlichen Excomunication aus. Nach langem Parlamentieren und nicht zur Sache gehörender Complicationen fand sich eine recht eigentümliche Lösung: Der Erzbischof versprach, mit der Excommunication zwei Wochen lang zu warten, die Braut wurde trotz ihres Widerstrebens dem Bräutigam gegeben, der Bräutigam mußte jedoch mir versprechen, die Braut, falls sie auch nach zwei Wochen das Eingehen der Hochzeit weigern würde, wieder nach Hause zu entlassen, wodurch die Verlobung rückgängig gemacht würde. Glücklicherweise änderte die Spröde vor Ablauf der zwei Wochen ihre Meinung, die Trauung wurde vorgenommen, und seither ist diese Gattin auch die Mutter mehrerer Knaben.

Nun will ich noch einen letzten Fall einer Brautentführung aus Merdita bringen. Prena aus Kačinari war mit Preng Leš Noj aus Bisak verheiratet. Preng Leš Noj wurde 1910 verbannt und seither bis 1917 fehlte jede Nachricht von ihm. Für den Fall, als Preng Leš Noj nicht mehr am Leben sei, wurde Prena von ihrem Bruder, namens Preng Nue Nreza, an Nikol Pjetri verlobt, und während dieser in 1917 noch immer gewissenhaft auf eine Nachricht über Preng Leš Noe wartete, entführte ein gewisser Preng Leš Prenga aus Konaj die Frau. Bei dieser Entführung half ein Cousin Preng Leš Noes, namens Nrez Kol Biba, mit. Preng Nue Nreza, also der Bruder der Frau, sowie seine ganze Familie und ebenso auch die Verwandtschaft des an der Entführung beteiligten Nrez Kol Biba mißbilligten diese Entführung, und ein anderer Cousin des Nrez Col Biba, namens Djok Prenk Pietri, schoß sogar auf den Entführer und verwundete ihn. Bei dieser Sachlage fragte mich dann der um seine Verlobte gekommene Nikol Pjetri, wie er sich in dieser Lage zu verhalten habe. Ich hielt es für das beste, ihn an seine Stammeschefs zu weisen.

Aus allen diesen Fällen ergibt sich mit apodiktischer Gewißheit, daß man sich bei der Entführung oder der Flucht einer Braut nur wenig an den Kanun hällt. So wie die Entführung der Braut bewirkt auch deren Schwängerung eine Entehrung des Verlobten. Wer eine Frau oder ein Mädchen schwängert, verfällt der Rache, doch wird bei einer Wittwe die Ausrede, die Leibesfrucht stamme von

ihrem verstorbenen Gatten, sogar 4–5 Jahre nach dem Tode des letzteren angenommen.[169]

Bei der Schwängerung einer Braut kann sich in der Malcija Vogel der Bräutigam an dem Vater der Braut rächen oder für den Vorfall 6 Čese annehmen und
die Geschwängerte heiraten. Cozzi bringt Belege für beide Fälle.[170]

Zur Tahiri aus Pecaj in Šala verlobte seinen Sohn mit der Tochter Kacol Gjonis aus Šoši, die Verlobte wurde hierauf von dritter Seite geschwängert, darauf
tödtete Zur Tahiri, als Kacol jeden Schadenersatz verweigerte, diesen. Ein Einwohner aus Rijolo nahm hingegen als Schadenersatz für die Schwängerung seiner Braut 6 Čese an und heiratete dieselbe. Thalloczy erwähnt ein Gesetz aus
Merdita, dem zu folge bei Schwängerung einer Verlobten die Eltern des Mädchens so lange der Rache des Freiers entgehn, als sie der Pflicht der Rache dem
Verführer gegenüber genüge zu leisten versuchen.

Alle die Ehre der Gattin betreffenden Gesetze schmiegen sich innig an die
bisher erwähnten.

Der Raub einer verheirateten Frau scheint in Albanien nicht vorzukommen.
Flucht der Gattin, so wegen schlechter Behandlung oder wegen Krankheit des
Gatten, kommt aber mehrfach vor. Bei unmotivierter Flucht muß die Gattin,
soferne sie sich in das elterliche Haus geflüchtet hätte, sofort wieder dem Gatten
zurückerstattet werden, da es sonst Ehrenpflicht des Gatten würde, sich an den
männlichen Verwandten der Entflohenen zu rächen, und das gleiche gilt jedem
anderen Menschen gegenüber, der einer von ihrem Manne geflohenen Gattin
Unterkunft und Schutz gewähren würde. Im besten Falle kann so eine Angelegenheit dadurch beglichen werden, daß sich der Gatte mit der Annahme von
600 Kronen zufrieden stellt, doch ist so ein Fall recht selten.

Wenn in der „Großen Malcija" eine von dritter Seite geschwängerte Frau den
Namen des Übeltäters den Interessierten bekannt gibt und die Sache geheim
bleibt, so ist dort ein gütiges Begleichen der Sache für 600 Kronen möglich, in
der „Kleinen Malcija" besteht man jedoch auf Rache. Ist die Sache öffentlich
bekannt geworden, so ist auch in der Malcija Madhe ein gütiges Begleichen der
Sache nicht möglich. Der Gatte so einer Frau ist so lange enterht, bis er ohne
Rücksicht auf die Folgen einen männlichen Verwandten des Schuldigen oder
diesen selbst tödtet.

Während in der Malcija Vogel die Blutsverwandten einer Frau häufig froh
sind, wenn der überlebende Bruder des gestorbenen Gatten die Wittwe als
Nebenfrau aufnimmt und dies gar keine Beleidigung involviert,[171] ist aus der
Malcija Madhe ein Fall bekannt geworden, der auf andere diesbezügliche
Anschauungen hinweist.

Eine nach Kastrati verheiratete kinderlose Frau kehrte nach dem Tode ihres
Gatten aus Kastrati wieder nach Hoti zurück, sollte dann von dort einen ander-

---

169 GJEÇOV, S. 71 und 473.
170 COZZI, Donna, S. 317.
171 Nach Gjeçov muß in so einem Falle der neue Gatte 1 Ochsen und 300 Grosh an die Eltern
       der Wittwe bezahlen. GJEÇOV, S. 318.

wärts wohnenden Mohamedaner zur Frau gegeben werden, sie protestierte aber und begab sich mit allseitiger Zustimmung zu ihren früheren Schwager wieder nach Kastrati. In Kastrati wurde sie vom Schwager als Nebenfrau aufgenommen und geschwängert, darauf wurde aber dieser wegen der Schwängerung von den in Hoti lebenden Verwandten der Frau erschossen, und es wurde bestimmt, daß das zukünftige Kind und die Frau in Kastrati zu bleiben hätten. Natürlich hatte der an diesem Kastrati begangene Mord Blutrache zur Folge. In Šala, noch mehr aber in Dukadžin, wäre gegen so eine Schwängerung von niemandem ein Einwand erhoben worden. Um jeden Conflikt mit dem Ehegatten einer fremden Frau stets vollkommen zu vermeiden, muß man sich in Nordalbanien an folgende zwei Principen halten:

„Bijat e dheutmos ne nga"[172] (die Töchter dieser Welt soll man nicht sekieren), „Mebijat e dheut s'ke fjal"[173] (mit den Töchtern dieser Welt hast nichts zu reden). Die verschiedenen bisher vorgebrachten Fälle dürften als Beweis genügen.

Indirecte Entehrung durch Beleidigung des Mik

Ebenso empfindlich wie der Verwandte einer weiblichen Person ist in Ehren-Angelegenheit der Bürge, dessen Schützling gekränkt, beleidigt oder gar getödtet wurde.

Wie schon zum Theile erwähnt, verlangt man bei allen halbswegs wichtigen Verträgen in Albanien Bürgen, und die Aufgabe dieser Leute besteht dann im Wesentlichen darin, daß sie einerseits einen Vertragsbruch zu verhindern trachten, anderseits jenen, der den Vertrag bricht, streng bestrafen. Da die Strafen oft solcher Art sind, daß der anderen Vertrag schließenden Partei nur geringe oder gar keine Vortheile erwachsen, kann man auch von Rache reden. Die Bürgen (Dorzan) sind daher die Wächter des Vertrages.[174] Die Zahl der Dorzan ist den Umständen gemäß verschieden. Theoretisch heißt es, daß, je größer ihre Zahl, desto effectiver auch ihr Schutz sei, in Wirklichkeit schützen jedoch in der Regel zwei oder drei Bürgen besser als ein halbes Dutzend, denn je mehr ihrer sind, desto schwerer fassen sie bei Vertragsbruch einstimmige Beschlüsse. Bei zahlreichen Bürgen gelingt es der Gegenpartei nicht selten, einige zu gewinnen, die Bürgen zerzanken sich dann in der Regel untereinander, und da dies zu einem gegenseitige Erschießen führen könnte, ist dann schließlich ihnen häufig kein Sophisma zu schlecht, um sich nicht den übernommenen Verpflichtungen zu entziehen, um sich untereinander zu versöhnen. Einen Vorwand zu finden, um sich seinen Verpflichtungen zu entziehen, ist in solchen Fällen immer deshalb nöthig, da im albanischen Gewohnheitsrecht von den Bürgen theoretisch stets die rücksichtsloseste Verfolgung des Schuldigen verlangt wird und das Unterlassen dieser Pflicht sehr entehrend für die Bürgen wäre. Letzteres ist auch der Grund, weshalb wenige Bürger stets ihre Pflicht vollinhaltlich erfüllen. Am häu-

---

172 Korrekt: Bijat e dheut mos me i nga.
173 Korrekt: Me bijat e dheut s'ke fjal.
174 Gjeçov nennt sie „Bestarë". GJEÇOV, S. 119. GODIN, 58/1956, S. 125.

figsten verlangt man Bürgen beim Abschlusse einer Bessa, bei Beilegung einer Blutrache oder wenn eine Verlobte, um von der Hochzeit zurücktreten zu können, das Gelübde der Jungfräulichkeit ablegt.

Wer einen Gjaksi, für dessen Sicherheit jemand gut stand, während der Bessa tödtet, verfällt der Rache des Dorzan, ja sogar des ganzen Stammes, dem der Dorzan angehört, und ein gütiges Beilegen so einer Angelegenheit ist nicht gestattet.[175] Wenn eine Jungfrau, die ein Keuschheitsgelübde, für das Bürgen eingesetzt worden waren, dadurch bricht, daß sie jemand heiratet, so haben die Bürgen die Pflicht, sich an dem neuen Gatten [zu] rächen rp. ihn zu tödten. Eine Frau, die Keuschheit geschworen hatte, diente zuerst Jahre lang einem Geistlichen, nach dem Tod des Geistlichen heiratete aber die 40 Jahre alte Unbescholtene einen Mohamedaner aus Gussinje. Durch diese Handlung war die Ehre der 12 Leute, die für ihre Keuschheit gutgestanden waren, verletzt worden, und diese trachteten nun, sowohl den Mohamedaner als auch die Frau zu tödten.

Daß man auch für geringe Sachen, wie für das Schlagen einer Frau, Bürgen einsetzt, ist bereits zuvor geschildert worden.

3. Die Ehrenrettung

Wie schon erwähnt, ist infolge gewisser Inconsequenzen das Wiedererlangen der verlorenen Ehre in Nordalbanien nicht leicht möglich. Wer sich selbst entehrt hat, dem steht überhaupt kein Weg offen, die Ehre wieder zu erlangen. Der manchen auf derselben Rechtstufe lebenden Völkern, so den Bewohnern des Daghestan, bekannte Selbstmord, ist in Albanien fast unbekannt,[176] und sich aus Schande selbst zu tödten, widerspricht einerseits dem albanischen Charakter, anderseits aber auch der Auffassung der Leute, denn, wie wir noch sehen werden, herrscht überall die Meinung, daß eine Entehrung einem Menschenmorde doch nicht gleich zu stellen sei. Da Buße und um Verzeihung bitten sich selbst gegenüber gleichfalls nicht möglich ist, ergibt sich aus allem dem, daß einer, der sich selbst entehrt hat, die Schmach sein Leben lang mit sich trägt.

Durch Geldbuße

Leichter als das Wiedererlangen der durch eigenes Verschulden verlorenen ist das Wiedererlangen der durch jemand anderen geraubten Ehre. Bei geringeren Vorfällen genügt es, wenn seitens des Räubers der Ehre unter Betheuerung des Bedauerns der gleiche Betrag gezahlt wird, der bei der Tödtung eines Mannes verlangt wird, und man zeigt durch das Refusieren einer kleineren Summe, daß man seine Ehre und sein Leben gleich hoch einschätzt, bei schwererer Beleidigung kann dieselbe durch eine Geldstrafe nicht gut gemacht werden.

---

175 Nach Gjeçov wurde so ein Verfahren als große Schande betrachtet, und die Familie des Täters wurde aus dem Stammesgebiet verjagt. GJEÇOV, S. 310.

176 Gjeçov gibt einen Satz über den Selbstmord wider: „Tötet jemand sich selbst, verliert er sein Blut. Das Haus des Selbstmörders fällt nicht in Buße; es büßt sich selbst durch den Verlust eines Menschen und die Ausgaben des Totenmahles". GJEÇOV, S. 323. GODIN, 58/1956, S. 136.

Durch Tödtung des Gegners

„Miku e pree, armet e marne, gruia e kapme skan peng".[177] Für einen beleidigten Freund, für geraubte Waffen und für eine entführte Frau gibt es keine Geldstrafe. Gječov gibt die Formel für Merdita „mikun te pre, armt e maruna e grunt e dhunuemet Kanuja sie perket"[178] (kümmert sich der Kanun nicht).

Entehrungen, die in diese Kategorie fallen, wiegen beinahe jedoch nicht vollkommen wie ein Mord. Durch Geldstraffen lassen sie sich nie und nimmer begleichen, den Räuber seiner Ehre muß man daher, um seine Ehre wieder zu gewinnen, in so einem Falle tödten. Widersinniger Weise steht nun der Satz „Gjak per fai nuk hup" hindernd gegenüber, und die Folge dieses Widerspruches ist, daß durch so eine obligatorische Tödtung dennoch Blutrache provociert wird. Häufig geschieht es, daß man subjectiv auch andere Beleidigungen den drei hier angeführten gleichstellt und daher für sie kein Geld annimmt, es versteht sich aber von selbst, daß auch in allen diesen Fällen geringerer Beleidigung die Tödtung des Gegners als ein die Ehre zwar wiedergewinnender und motivierter, aber dennoch illegaler Mord gilt.

Daß die Tödtung des Gegners im Stande ist, jede Entehrung wieder gut zu machen, ergibt sich aus der Überlegung, daß man durch diese Handlung der Blutrache verfällt, der Ehre zu Liebe also sogar sein eigenes Leben unbedingt aufs Spiel setzt.

Das Duell

Ihren Consequenzen nach ist diese Art der Ehrenrettung fast einem Duelle ähnlich. Das Duell selbst, das in Nordalbanien nur in der Malcija Madhe, also an dem an Montenegro grenzenden Teile bekannt ist, scheint eine landesfremde Sitte und sie widerspricht auch dem albanischen Charakter. Als Zeichen zur Herausforderung zu einem Duell übersendet man dem Herausgeforderten einen Apfel. Hahns Angaben zu Folge gilt auch das als Aufforderung, daß man in der Nacht einen Spinnrocken oder eine Spindel vor das Haus des Gegners pflanzte.[179]

Nicht-Annahme gilt als Schande, doch kann statt des Herausgeforderten ein Verwandter die Herausforderung übernehmen. Im Duelle ist also eine Stellvertretung statthaft. Beim Duell begeben sich beide Parteien mit ihren Verwandten auf den Kampfplatz, und, handelt es sich um ein Duell zwischen Angehörigen verschiedener Stämme, so begeben sich beide Stämme vollzählig dorthin. Seinerzeit kam es in der Regel zu einem Kampfe, heute wird so ein Duell meist im letzten Augenblick durch neutrale Stämme und durch Missionäre verhindert, denn immer entartet es in ein Gefecht beider Parteien, beider Stämme. So eine Verhinderung erfolgte zuletzt in 1906 bei einem Duelle, das zwischen Hoti und Gruda hätte ausgefochten werden sollen.

---

177 Korrekt: Miku i pre, armët e marrme, gruja e kapme s'kan peng.
178 Bei Gjeçov: „Mikun e premë, armët dhe gruen e dhunueme kanuja s'i përket", siehe GJE-
     ÇOV, S. 307.
179 HAHN, Studien, S. nicht identifiziert.

Da sich das Duell als Rechtsbrauch zur Wiedergewinnung der verlorenen
Ehre im ganzen südslavischen Gebiete findet, ist es leicht zu erklären, weshalb
es in die Malcija Madhe eindrang und, da das Duell eine landesübliche Art der
Ehrenrettung darstellt, so mußte es an dieser Stelle erwähnt werden, obzwar
seine Besprechung eigentlich bei den Rechtsbräuchen hätte erfolgen sollen.

IV. Das Eigentum

1. Anrecht auf Eigentum

Ehe wir die auf das Eigentum bezughabenden Gesetze des nordalbanischen
Gewohnheitsrechtes erörtern, müssen wir uns über die dortigen Besitzverhältnisse orientieren. Vor allem werden wir das Anrecht auf Eigentum zu erörten
haben. Der Stammes- oder Sippen-Organisation entsprechend, haben wir in
Nordalbanien ungetheiltes, einer ganzen Sippe gehöriges Eigentum, dann Fami-
lieneigentum, endlich Privateigentum zu unterscheiden. Da eine Sippe stets ein
größeres Gebiet bewohnt und so eine zerstreute Gemeinde bildet, können wir
das Eigentum der Sippe, das meist nur aus Ländereien besteht, auch Gemeindegut nennen. Die Gesammtheit des Gemeindegutes aller zu einem politischen
Stamme gehörigen Sippen kann im Vereine mit dem dazwischen liegenden
Ödland (fank) Stammesland genannt werden.

Stammesland

Als Öd-, Forst- oder Weideland dient es in erster Linie den Weiden der Herden, dann den häuslichen Holzbedarf zu decken. Nur durch besondere Vorgänge, die im Wesentlichen darauf hinauslaufen, daß der Werth eines Theiles
des Gemeindelandes oder eines der Gemeinde gehörenden anderen Gutes
wesentlich erhöht wird, kann sich jemand in den Besitz des betreffenden Teiles
setzen, sonst ist eine Besitzergreifung von Gemeindeland verboten. Eine Familie
darf es zum Beispiel auf eigene Verantwortung nicht möglich machen, daß eine
stammesfremde Familie Gemeindeland benütze, mit Consens der Gemeinde ist
aber so etwas gestattet. Mancher Šala weidet seine Herden im Winter im Stammesgebiete von Summa, Klmenileute konnte man in 1908 im Sommer in Fandi
in Merdita treffen, Leute aus Oroši frequentierten im Winter mit ihren Herden
die sonnigen Hänge oberhalb Karmas und Dušis. Die Gemeindeweide heißt in
Merdita Paštrok, in Klmeni Halija. In Klmeni wird unter Paštrok der Pachtschilling verstanden. Naturgemäß hat kein Stamm das Anrecht auf das Stammesland
eines anderen Stammes, und meistens fallen auch die Grenzen des Stammeslan-
des mit natürlichen Grenzen zusammen. In solchen Fällen ist ein Streit um
Grenzgebiete nicht leicht möglich, liegt aber, wie dies meist der Fall ist, an den
Grenzen beider Stämme ausgedehntes Ödland, dann kann es geschehen, daß
sich durch Ansiedelung im Ödland die Besitz- und Grenz-Verhältnisse verschieben. Solche Gegenden sind meist blutgedüngter Boden.

Die Šoši haben zum Beispiel ihre natürliche Grenze gegen Prekali überschritten und einen Abschnitt des Kiri-Tales bei Prekali bevölkert, die Folge
davon war, daß die Prekali mit den Einwohnern von Lodja heftige Kämpfe hatten. Den Westhang der Čafa Straziče beanspruchen die Merturi und die Toplana. Die oberhalb Kapreh emporsteigende Lehne ist ein Zankapfel zwischen
den Šala und den Škreli, die Niederlassung von Merditen im Oberlauf des Gro-
ska Baches führte zu Unfrieden mit den dem Stamme Malizi gehörenden
ursprünglichen Einwohnern dieses Tales, endlich hat Thethi wegen der Colonisation des öden oberen Valbona-Tales manchen Strauß mit den Gaši zu
bestehen. Als concretes Beispiel für einen Streit um Grenzland zweier Gemeinden kann ein Fall gelten, der sich in Merdita zutrug. An der Grenze der
Gemeinden Spači und Bliništi liegt in der Talsohle des Fandi-Baches eine
kleine steinige Fläche, um die sich beide Gemeinden streiten. Jahre lang stempelte die steinige Natur der strittigen Parcelle den Streit fast nur zu einer in
ihren praktischen Folgen irrelevanten Sache, eines Tages unternahmen aber
die Bliništi, die Fläche mit Nußbäumen zu bepflanzen. Spači empfand dies als
einen Eingriff in seine Rechte, zuerst wollte es das Bepflanzen überhaupt verbieten, dann war es bereit, dies unter der Bedingung zu gestatten, daß die Parcelle Spači näher lag als Bliništi, hoffte es auf diese Weise den größeren Teil
der Nüsse einheimsen zu können. Um die Bliništi leichter zur Annahme dieser
Bedingung zu bewegen, wollte Spači auch vier Martini Gewehre verpfänden
und sich hiedurch zur Annahme eines auf diese bezughabenden, durch neutrale Richter zu fällenden Urtheils verpflichten. Bliništi wollte auf diesen Vorschlag in keiner Weise eingehen und es pflanzte die Nußbäume, als ob nichts
vorgefallen wäre. Der nächsten Schritt, der in der Sache unternommen wurde,
war, daß Spači die Nußbäume eines Tages fällte, und darauf erschossen die
Leute von Bliništi einen Einwohner von Spači. Durch diesen Mord war wieder
Spači zur Blutrache verpflichtet, es erklärte sich aber neuerdings bereit, die
Häuptlinge beider Dörfer zu versammeln, dieselben zum Lokalaugenschein
aus zu senden, die Blutrache als erledigt zu betrachten und, falls es im Unrecht
sei, den Bliništi 4 Martini zu übergeben; Bliništi, das sich im Recht fühlt, wollte
auch diese Lösung der Angelegenheit nicht acceptieren. Als nun zufällig eine
Jesuiten-Mission diese Gegend besuchte, übergab Spači die Regelung seiner
Sache den Jesuiten, und diese hofften, auch von Bliništi die zur Regelung der
Angelegenheit nöthige Vollmächtig zu erhalten. Wie die Frage endlich gelöst
wurde, ist mir unbekannt geblieben. Die Spači hielten sich in diesem speciellen
Falle beim Fällen der Bäume an das Gewohnheitsrecht der Gegend, denn die
auf fremdem Gebiete angebaute Frucht darf vernichtet werden, und versucht
jemand wiederholt und trotz Ermahnung in fremdem Gebiete liegendes Land
zu bebauen, so kann es in ganz Merdita geschehn, daß man ihn tödtet: Man
erwägt in so einem Falle nicht nur die Schädigung des Eigentums, sondern
erblickt in der Mißachtung des Verbotes eine Kränkung.

Bei Grenzstreitigkeiten ereignete es sich Hahn zufolge mitunter, daß eine Partei als Zeichen der Herausforderung einen Jatagan als Grenzmarke in der Erde

steckte und die andere Partei aufforderte, sie aus dem Besitze des bestrittenen Grundstückes zu vertreiben. Geschah dies und bemächtigte sich die letztere des Jatagans, so eroberte sie zugleich das Landstück als ihr Eigenthum. So eine Herausforderung ist schon in der Stammessage der Kastrati erwähnt.

Ein alter Grenzstreit zwischen Šala und Škreli wurde um 1908 dadurch ausgetragen, daß sich nach mehreren gegenseitigen Morden die Chefs beider Stämme unter Vorantritt der beiderseitigen Pfarrer an Ort und Stelle begaben, den beiden Pfarrern Waffen als Pfänder übergaben, dann im Vereine mit den Pfarrern die Sachlage besprachen und endlich den von den Pfarrern gefällten Schiedsspruch annahmen. Ein vorheriger Appel an das Skutariner Gericht hatte infolge eines von beiden Parteien als ganz ungerecht erkannten Urtheils die Situation zuvor noch bedeutend vergiftet. Der Grund dieses ungerechten Urtheils war ein abnorm hohes Bestechungsgeld der einen Partei gewesen.

Theils um ein gleichmäßiges Ausnützen des Gemeindelandes zu sichern, theils allerdings bloß aus Tradititon, erfolgt in Merdita der Auftrieb der Herden auf die Gemeindeland repräsentierenden Almen in jeder Gemeinde am nämliche Termine, und der Abtrieb erfolgt ebenfalls am gleichen Tage. Das Errichten von Sennhütten ist, da dies mit der Ausnützung der Gemeindeweide innig verbunden ist, naturgemäß gestattet. Die Anzahl der auf die Gemeindeweide getriebenen Thiere wird beim Ausnützen des Weidelandes nicht beachtet, und aus diesen Bestimmungen, die ein übermäßiges Ausnützen des Gemeindelandes regeln, dürfte sich wohl ein klares Bild des Wesens des Gemeindelandes entrollt haben.

Eigentum der Familie

Die zweite Kategorie des Eigentums in Albanien ist das Eigentum der Familie. So wie die Familie so representiert auch das Eigentum derselben gegen Außen eine Einheit. Der unumschränkte Verwalter dieses Vermögens ist stets der die Familie gegen außen representierende Familienchef.[180]

Der Familienchef kann das Familiengut durch Kauf vermehren oder auch verkaufen,[181] ein Verschleudern desselben ist ihm theoretisch ebenfalls gestattet. Beim Vermehren des Familiengutes haben die Söhne und andere Familienmitglieder zu helfen, ihr Erwerb verschwindet von rechtswegen im Schoße der Familie. Kurz lassen sich die Besitzverhältnisse innerhalb einer Familie so definieren, daß alle Familienmitglieder in Gütergemeinschaft leben. Das in einer Familie lebende Individuum hat gegen außen kein Vermögen, daher auch kein Ansehen und keine Rechte. Die Rechte so wie die Pflichten sind der Familie gemeinsam. Falls der Familienchef stirbt oder unfähig wird, das Familiengut zu

---

180 Nach Godin ist der Familienchef „die Regierung des Hauses; sie obliegt dem Ältesten unter einem Dache oder dem ersten Bruder. Falls diese nicht die notwendigen Eigenschaften haben, wird von allen Hausbewohnern ein anderer Mann gewählt". GODIN, 56/1953, S. 16. GJEÇOV, S. 54.

181 GJEÇOV, ebenda. GODIN, 56/1953, S. 17.

verwalten, übernimmt der älteste Sohn des Chefs oder der sonst in Betracht kommende Mann die Leitung des Compossesorates.

Eigentum der Person

Wer aus einer Gütergemeinschaft, das heißt einer Familie, aus irgend einem Grunde austritt, hat sofort Anrecht auf persönliches Vermögen, denn durch dieses Austreten tritt das Individuum der Außenwelt gegenüber als Einheit auf, es stellt sich so zu sagen auf eigene Füße, verliert aber dadurch die bisherige Unterstützung und den bisherigen Schutz seitens der eigenen Familie.

Da in Albanien das Ansehen von jedermann davon abhängt, ob er in der Lage ist, seinem Willen kräftigen materiellen Nachdruck zu verleihen, und da sich das Verfügen über bewaffnete Verwandte hiezu besonders eignet, versteht es sich von selbst, daß das Ansehen eines ganz isoliert dastehenden Mannes meistens sehr gering ist. Wer sich von seiner Familie trennt, trachtet daher, so schnell als möglich eine neue Familie zu begründen.

Nach den männlichen Familienmitgliedern haben in gewissen Fällen die männlichen Verwandten, dann auch die Anrainer Anrecht auf die unbewegliche Habe einer Familie oder einer Person.[182] Über jede bewegliche Habe kann der Eigentümer unumschränkt verfügen. Der Fall, wo das Anrecht der Verwandten oder Anrainer wesentlich in Betracht kommt, tritt aber beim Verkauf von Grund und Boden ein, worüber wir noch beim Kaufvertrage zu reden haben. So wie auf diese Weise alle Verwandte und Anrainer durch gewisse Rechtsnormen geschützt sind, ebenso schützt sich der Stamm als solcher gegen Fremde. Gelangt in einem Stamme irgend eine Grundparcelle zum Verkaufe, so darf sie nur von Stammesangehörigen oder solchen gekauft werden, die die Stammeszugehörigkeit erworben haben.[183] Letzters ist äußerst schwierig. Nun bleibt noch das Privateigentum der Frauen zu besprechen übrig. So wie bei dem Manne beginnt auch bei der Frau das Anrecht auf Vermögen dann, wenn sie aus ihrer Familie austritt; dies geschieht in der Regel durch ihre Hochzeit. Die Braut erhält von ihrer Familie als Brautausstattung, Wäsche, Kleider, eine zu deren Aufbewahrung nöthige Truhe, ausnahmsweise auch noch ein Stück Kleinvieh.[184] Dies alles nimmt sie mit in das Haus des Gatten, und es steht ihr stets das volle Verfügungsrecht über diese mitgebrachte Habe, später dann auch noch über das zu, was sie sich durch eigenen Fleiß also durch Arbeiten für fremde Personen, etwa Kleidernähen udgl. oder durch Geschenke erwerben konnte. Wenn der Ehemann stirbt und die Gattin sein Haus als Wittwe verläßt, kann sie ihr persönliches Eigentum mitnehmen, und niemand darf sie daran hindern.[185] Wenn ein Mann seine Ehegattin verstößt, so hat er sie nicht nur mit ihrer persönlichen Habe ziehen zu lassen, sondern ihr noch einen gebührenden Antheil zu geben,

---

182 GJEÇOV, S. 84.
183 GJEÇOV, S. 270. GODIN, 57/1954, S. 37.
184 GJEÇOV, S. 78.
185 GJEÇOV, S. 69. GODIN, 56/1953, S. 23.

der in ihren persönlichen Besitz übergeht, verläßt aber eine Frau ihren Gatten aus eigenem Antrieb, so hat sie auf so eine Entschädigung keinen Anspruch. Über das Anrecht der Wittwe an dem Vermögen ihres Mannes werden wir beim Eherechte handeln.

2. Erwerb von Eigentum

Nach Erörterung des Anrechtes auf Eigentum können wir nun den Erwerb von Eigentum erörtern. Eigentum kann man in Albanien auf zweierlei Weise erwerben: entweder durch Besitzergreifung herrenlosen Gutes oder durch Übernahme des Gutes eines anderen.

Besitzergreifung

In Merdita kann jeder den Gemeindewald seines Dorfes für sich und seine Familie roden und bebauen, und durch diese Handlung geht die gerodete Parcelle in seinen Besitz über.[186] Fremden Gemeindewald zu roden, um von diesem dann Besitz zu ergreifen, ist jedermann verboten. Eine ganz neue Rodung sah ich in 1916 bei der Čafa Bukmire, und eine Rodung in der Balza Šošit, die im Jahre 1904 stattfand, beweist, daß dieses Gesetz auch in der Malcija Vogel existiert. Entdeckt jemand auf Gemeindeland etwas bisher unbeachtetes, was er benützen zu können glaubt, so z. B. einen für besondere Zwecke passenden Baum oder ein Bienennest, so kann er dort ein Zeichen anbringen, womit er dann vom betreffenden Gegenstand Besitz ergreift. Will man von einem bestimmten Stein Besitz ergreifen, so braucht man denselben gleichfalls nur irgendwie zu bezeichnen.

Als ich infolge meiner geologischen Forschungen mit meinem Hammer auf vielen Steinen unwillkürlich Schlagmarken hervorrief, da meinte man in der Malcija Vels, in Kthela und sogar in Nikaj, also in ganz Nordalbanien, daß ich die Steine deshalb bezeichne, um sie später wegschaffen zu können. Oft meinte man in der Anordnung der Schlagmarken ein Kreuzeszeichen zu erblicken.

Von einem unbehauenen oder angeschwemmten Holzstück kann man ohne Rücksicht auf seinen Werth oder seine Größe ebenfalls ohne weiters dadurch Besitz ergreifen, daß man zum Zeichen der Besitzergreifung, einen oder mehrere Steine darauflegt, denn durch diesen Akt bringt man der Öffentlichkeit zur Kenntnis, daß sich schon jemand für das betreffende Holzstück interessiert habe; von selbst können ja Steine nicht auf ein Holz zu liegen kommen.

Gegenstände, bei denen an einem Zeichen zu erkennen ist, daß sie nicht verloren giengen und vergessen, sondern niedergelegt wurden, darf man naturgemäß nicht entwenden. Ich sah einst, daß ein Šoši zu diesem Zweck ein Kleidungstück mit einem Stein beschwerte. Verlorene Gegenstände gehn, soferne sich der Eigentümer nicht mehr um sie kümmert, in den Besitz des Finders über. Meldet sich ihr Besitzer, so hat sie ihm der Finder zu übergeben.

Wilde Bienen gehören, wenn sie in einem Garten einschwärmen, dem Grund-

---

186 GJEÇOV, S. 211. GODIN, 57/1954, S. 15.

eigenthümer, wenn sie im Walde gefunden werden, jedoch dem Finder.[187] Lassen sie sich aber auf einen Baum nieder, der einen Eigenthümer hat, so gehört die Hälfte dem Baumeigenthümer, die Hälfte dem Finder. Entwichene Bienen gehören dem etwaigen Verfolger, sonst dem, in dessen Gebiet sie sich niederließen.

Am zweckmäßigsten ist es an dieser Stelle auch die auf das Jagdrecht Bezug habenden Normen einzufügen, die aber nicht durch den Kanun (das Recht), sondern durch Adet (der Gebrauch) festgelegt sind. Wer Wild auftreibt, gibt jenem, der es tötet, eine Patrone und nimmt das Wild. Mit Hilfe von einem Jagdhunde geschossenes Wild gehört dem Hundeeigenthümer, der dem Schützen die Patrone zu ersetzen hat. Wer Wild verwundet, bekommt „Jägerrecht" (Leber etc.). Wenn mehrere schießen, so wird das Jägerrecht geteilt. Wenn von mehreren Jägern einer ein Wild tödtet, so hat er Anrecht auf das „Jägerrecht", auch Anrecht auf die Haut, das Fleisch[188] und in Klmeni auch auf den Schädel.

Das Fischereirecht ist Gjeçov zu Folge an das Dorf-Revier gebunden.[189] Meinen Erfahrungen zufolge ist es, soferne die Fischerei mit der Kugel betrieben wird, überall und jedermann frei. Beim Fischen mit Reusen ist es anders, denn knapp oberhalb einer Fischreuse kann man sogar auf eigenem Boden keine weiteren Reusen anbringen.

Die Sitte (Adet) regelt auch den Gebrauch einer Schmiede (farka). Das Eisen und die Holzkohle hat jeder selbst zur Schmiede zu bringen.[190] Jedem ist der Tag, an dem er die Schmiede benützen kann, voraus bestimmt, und an diesem Tage hat er den Schmied auch mit Nahrung zu versorgen. Der Spruch lautet „Mulini e farka e kan me rend"[191] (bei den Mühle und der Schmiede ist die Reihenfolge festgesetzt). Einem Schmiede wird der Lohn nicht zugeschickt, sondern er muß sich ihn holen. Jeder Schmied übernimmt dem Dorfe gegenüber die Schmiedepflicht auf ein Jahr, und seinerzeit hatte er im Kriegsfalle für je zehn Personen seines Dorfes je ein Schwert zu schmieden. Zu Folge eines Gesetzes von Kastrati vom 2. VI. 1891 darf der Mahllohn nicht mehr als 5 Oka von 100 Oka [betragen]. Allgemein feiert jede Mühle beim Tode des Müllers 8 Tage.

Da im Allgemeinen im albanischen Bergland keine Testamente existieren, kann die Übernahme des Familiengutes beim Tode des Eigenthümers fast als Gutsübernahme gelten: Es steht auf diese Weise die Erbschaft an der Grenze von Besitzergreifung und Erwerb, und der Zweckmäßigkeit halber wollen wir, da mit diesem Erwerbe keine Bedingungen verknüpft werden, die Erbschaft

---

187 GJEÇOV, S. 232.

188 Gjeçov nennt den von Nopcsa „Jägerrecht" genannten Teil „shengjeta". GJEÇOV, S. 250. GODIN, 57/1954, S. 32.

189 »Jedem Flußlauf entlang kann der Dorfbewohner dort fischen, wo der Fluß innerhalb seiner Dorfgrenzen fließt; niemand darf ihn hindern. Innerhalb der Dorfgrenzen darf kein Fremder fischen"; siehe GJEÇOV, S. 253. GODIN, 57/1954, S. 34.

190 GJEÇOV, S. 245. GODIN, 57/1954, S. 26.

191 GJEÇOV, S. 246; GODIN, ebenda.

noch zur Besitzergreifung stellen. Das Familiengut oder Erbgut, in Merdita bastena, geht in erster Linie vom verstorbenen Vater auf den ältesten seiner Söhne über. Eine verheiratete Frau erbt weder nach ihrem Manne noch nach ihren Eltern.[192] Sind keine Söhne vorhanden, so erbt das männliche nächstverwandte Mitglied, die von Nebenfrauen stammenden Kinder gelten bei jeder Erbschaft als vollkommen legitim und erbberechtigt.

Sind in einem Hause nur Erbtöchter vorhanden, so fällt diesen beim Tode des Vaters zwar die bewegliche Habe zu, die unbewegliche geht aber stets an den nächsten männlichen Verwandten des Verstorbenen über, und [wäre] er noch so weit [verwandt]. Heiratsfähige weibliche Familienmitglieder haben deshalb kein Erbrecht auf Immobilien, damit nicht infolge der exogamen Heiratsvorschriften fremde Männer in das Stammesgebiet dringen.

Hatte eine Frau Söhne und Töchter und starben aber sowohl ihr Gatte als auch ihre Söhne, so haben in der Malcija Madhe, Ashta zu Folge, die Töchter, so lange sie ledig sind, auch Anspruch auf den Nutzgenuß des väterlichen Erbes, doch steht ihnen das Verkaufrecht nur über die bewegliche Habe ihres verstorbenen Vaters zu, und sogar hier bilden die unveräußerlichen Waffen eine Ausnahme.[193] Jeder Erbe hat stets die Alimentationspflicht aller im Hause befindlichen heiratsfähigen weiblichen Personen bis zu deren Verehelichung zu übernehmen, es sei denn, daß ein besonderes Gesetz deren Entlassung vorsieht.

Eigentümlich ist, daß eigene Gesetze die Erbfähigkeit jener Mädchen regeln, die Jungfrauschaft geschworen haben und Verdžin[194] wurden. Sind in einer Familie erwachsene Söhne vorhanden, so erben natürlich diese vor jeder Verdžin, sind die Söhne aber minderjährig und ist ihre großjährige Schwester Verdžin, so übernimmt die Verdžin die Rolle des Familienoberhauptes und hat dieselbe so lange inne, bis der älteste Knabe großjährig wird, worauf die Rolle des Familienchefs ihm zufällt.

Bleibt beim Tode des Vaters nur eine Tochter übrig, ist diese Verdžin und hat sie keine minderjährigen Brüder, wohl aber andere ferne großjährige männliche Verwandte, so kann sie in der Malcija Vogel die lebenslängliche Nutznießung des ganzen väterlichen Erben nur dann beanspruchen, wenn keine anderen männlichen Erben da sind, sonst erben diese und haben dann für den Lebensunterhalt der Verdžin zu sorgen. In Dušmani muß die Verdžin in so einem Falle jährlich 300 Oka Mais, 18 Oka Raki und 30 Oka Wein erhalten, auch steht ihr das Recht zu, wenn sie dies nicht erhält, ihre Angelegenheit vor die Stammeschefs zu bringen.

Bleiben in der Malcija Vogel nach dem Tode eines Vaters zwei Mädchen übrig und sind beide Verdžin, dann können sie vor allen anderen männlichen Erben

---

192 GJEÇOV, S. 264. GODIN, 56/1953, S. 43.

193 ASHTA, S. 407f.

194 Virgjina hießen jene Mädchen, die sich nicht zu heiraten entschlossen hatten, Männerkleider anzogen und die Rolle eines Mannes ausübten. Siehe KASER, Karl: Die Mannfrau in den patriarchalen Gesellschaften des Balkans und der Mythos vom Matriarchat, in: L'homme. Zeitschrift für feministische Geschichtswissenschaft, 5/1994,1, S. 59–77.

für Lebzeiten die Nutnießung der ganzen Erbschaftsmasse beanspruchen, denn ein, zwei Mädchen sind in diesem Falle einem Knaben gleichwertig.

Im Gegensatze zur Malcija Vogel hat in der Malcija Madhe, wenn keine Söhne vorhanden sind, schon eine Verdžin nicht nur den Anspruch auf Nutznießung des väterlichen Erbes, sondern sie kann auch Grund und Boden erben. Meist pflegt sich eine Verdžin in so einem Falle ganz oder teilweise nach Männer-Art zu kleiden, ja sogar Waffen zu ergreifen. Als Beleg erwähnt Durham einen Fall aus Hoti, wobei die betreffende Virdžin nach dem Tode ihres einzigen Bruders Männerkleidung anzog sowie die Männerwaffen trug und das Haus und den Acker des Vaters erbte.[195] Nebst der Absicht einer unerwünschten Hochzeit zu entgehen, ist der Wunsch, erbfähig zu werden, überhaupt oft die Ursache, daß ein Mädchen das Verdžin-Gelübde ablegt.

Das Privatvermögen einer verheirateten Frau fällt bei ihrem Todt immer an ihre väterliche Verwandtschaft, es sei denn, daß sie vor ihrem Tode ausdrücklich einen anderen Wunsch geäußert hätte.

Übernahme von Vermögen durch Vertrag und zwar Kauf und Verkauf

Über die Übernahme von Vermögen durch Vertrag ist wenig zu bemerken. So eine Übernahme ist durch Vertrag Kauf und Verkauf, durch Vertrag und Verdienst, dann Schenkung und Belehnung möglich.

Der Kauf und Verkauf von beweglichen Gütern steht dem Eigentümer frei.

Beim Verkaufe von Immobilien sind in ganz Nordalbanien einige überall gleichlautende Vorschriften zu beachten. An Frauen und an stammesfremde Leute dürfen Immobilien überhaupt nicht veräußert werden, außerdem sind alle Immobilien bei ihrem Verkaufe zuerst der näheren, dann der weiteren Verwandschaft, endlich dem Anrainer zum Kaufe zu offerieren.[196] Gječov zu Folge muß ein abgeteilter Bruder den Besitz etwas billiger kaufen können als die übrigen Verwandten.[197] Falls die weiteren Verwandten bereit sind, ebenso viel zu zahlen, wie der ursprüngliche Bewerber, so haben sie in jedem Fall der Reihe nach das Vorrecht. Die Ursache ist darin gelegen, diese meist angrenzenden Leute vor unangenehmen Nachbarn zu bewahren. Ausnahmsweise kommt es in Merdita vor, daß der Stamm als solcher einen stammesfremden Manne den Ankauf von Grund und Boden durch Stammesbeschluß gestattet, in so einem Falle muß aber der Käufer gleichzeitig auch Stammesmitglied werden.[198] Unterläßt man, das zu Verkauf gelangende Grundstück den durch das Gesetz bestimmten meist begünstigten zu offerieren, so führt dies oft zu Sreit, Haß und Mord.

Liebhaberpreise sind beim Kauf von Waffen, dann aber und zwar namentlich in Dukadžin und der Malcija Vogel beim Kaufe von schön, das heißt klar und laut krähenden Hähnen üblich. So ein schön krähender Hahn heißt dann auf

---

195 DURHAM, High Albania, S. 63.
196 GJEÇOV, S. 270. GODIN, 57/1954, S. 37.
197 GJEÇOV, ebenda; GODIN, ebenda.
198 GJEÇOV, S. 85f.

albanisch Kangjel (Sänger). Die Höhe des Kaufpreises eines Gegenstandes wird oft durch die Meinung neutraler Zuschauer beeinflußt, ein förmlicher Schiedsspruch ist aber nicht üblich. Die Zuschauer bei einem Kaufe pflegen dann gleichzeitig als Zeugen zu fungieren; schriftliche Documente werden, da die Leute ohnehin nicht lesen können, nie gegeben. Angabe (Kapare) schließt Rückgängigmachung des Kaufes auch dann aus, wenn [dem] Verkäufer der Kauf später reut.[199] Die Auszahlung des Restbetrages kann in der Malcija Madhe im Klagewege erzwungen werden. Der Angeld gegeben hat, kann dies, soferne es der Verkäufer leugnet, durch einen Eid mit zwei Zeugen beweisen, und es wird ihm geglaubt.[200] Als Specialvertrag hat zu gelten, daß ein gegen bedingungsweisen Rückverkauf verkauftes Grundstück nicht an eine dritte Person verkauft werden kann.[201]

Bei beiderseitigem Willen kann jeder Kauf rückgängig gemacht werden. Ein Kauf muß rückgängig gemacht werden und ist ungiltig, wenn der Käufer an der gekauften Sache nachträglich solche Mängel entdeckt, die den Werth der Sache vermindern und dem Verkäufer bekannt waren, von ihm aber beim Abschlusse des Kaufes auf ausdrückliches Befragen verheimlicht wurden. Hatte ein Befragen nicht stattgefunden, so bleibt der Kauf giltig.

Beim Verkaufe von lebenden Tieren gelten local gewisse Regeln. Wenn ein Pferd nach der Übernahme krepiert, so trägt der Käufer den Schaden.[202] In der Malcija Madhe hat der Verkäufer einer Schafherde anzugeben, ob sie vom Leberegel befallen sei oder nicht. Giebt er an, daß die Krankheit nicht in der Herde stecke, so ist er für sechs Wochen haftbar, sonst aber nicht. In Merdita soll nach einer Angabe Gječovs, wenn der Leberegel in einer Schafherde vor Sn Gjerg auftritt, der Verkäufer diese zurücknehmen und den doppelten Kaufpreis zurück erstatten.[203]

Die Angabe, daß die Ware gestohlenes Gut sei, gehört zu jenen, die bei jedem Verkaufe bekannt werden müssen.

Weiß man bei einem Kaufe, daß es sich um unrechtmäßig erworbenes Gut handelt, dann ist des rechtmäßigen Eigentümer diesem legaler Weise das Gut zurückzustellen, und der Käufer trägt den Schaden.[204]

Einem Thethi wurde einst durch einige Krajsnič sein Maulthier gestohlen und als gestohlenes Gut nach Djakova gebracht; dort kaufte es ein Mann aus

---

199 GJEÇOV, S. 268. „Bereut der Käufer, so geht ihm das Angeld verloren, und seien es 100 Groschen"; siehe GODIN, 57/1954, S. 36.

200 GJEÇOV, S. 269. „Leugnet der Verkäufer, daß er Angeld erhielt, und der Angeldgeber hat keinen Zeugen, so zwingt der Kanun den Verkäufer zum Eid; schwört er, so geht das Angeld verloren"; siehe GODIN, ebenda.

201 Gječov erwähnt diesen Fall nur für das Verkauf der Erde; siehe GJEÇOV, S. 271. „Verkaufte ich dir die Erde heute, morgen aber fällt dir ein, sie wieder zu verkaufen, so darfst du sie keinem andern verkaufen, ohne mich zu befragen": GODIN, ebenda, S. 38.

202 GJEÇOV, S. 272. GODIN, ebenda.

203 Ebenda.

204 GJEÇOV, S. 268. GODIN, ebenda, S. 36.

Fandi und brachte es nach Hause. Beim Kaufe hatten die Krajsnič den Fandi eigens noch gewarnt, sich nie mit dem in Skutari bekannten Maulthiere in Skutari zu zeigen. Vom Fandi wurde das Maulthier von Marca Gjoni aus Oroši gekauft, und auch diesem wiederholte der Fandi audrücklich die Warnung. Marca Gjoni mißachtete diese Warnung und beauftragte seinen Cousin, ihm mit dem Maulthier etwas aus Skutari zu bringen. Nikol Djudja tat, wie ihm geheissen, hatte aber das Unglück, jenem Thethi zu begegnen, dem das Maulthier seinerzeit gehört hatte. Der Eigenthümer erkannte das Maulthier, gab genau an, was für Kennzeichen das Maulthier habe, bewies dadurch vor mir, dem Schiedrichter, sein Eigenthumsrecht und infolge dieser Tatsache mußte Nikol Djudjaj das Maulthier wieder dem Thethi übergeben. An sonsten gehört die gestohlene Ware stets dem Eigentümer, und der letzte Käufer kann sich am vorigen Verkäufer schadlos halten, eventuell das Duplum verlangen. Bereut ein Käufer einen Kauf und will er einen ordentlich abgeschlossenen giltigen Kauf rückgängig machen, so kann er dies nur dann, wenn der Verkäufer zustimmt, dann wird er aber durch Richterspruch genöthigt, dem Verkäufer hiefür einen kleinen Schadenersatz zu leisten.

Bei manchem Kaufe müssen, damit er rechtskräftig werde, symbolische Handlungen vorgenommen werden. Beim Kaufe von Waffen müssen dieselben zum Zeichen der Besitznahme in der Hand geschwungen werden. Thiere muß man mit der Hand berühren, und bei der Übernahme von Grund und Boden muß der Käufer den Verkäufer und die Zeugen zu einem Male oder zum mindesten zu einer Schale Kafe oder zu einem Glas Wein einladen.[205] Hiedurch kann der Kauf nicht rückgängig gemacht werden.

Das Wasserrecht ist in Albanien so wie in Montenegro ein Ding für sich. Bei einer Wasserleitung unterscheidet man: den „Plang", den oberen Teil der Wasserleitung, und „Lang", den unteren Teil der Wasserleitung, wo das gebrauchte Wasser abfließt. „Via me ama e me plang" ist eine Wasserleitung mit Rinnsal und Quelle, wenn daher ein Müller eine „Via me ama e me plang" macht oder kauft, so muß seine Mühle sogar auf kosten eines höher liegenden Ackers Wasser haben. Bei gewöhnlicher „Via me plang" geht aber der Acker vor.

Als eine Art Kaufsvertrag, durch den man in Nordalbanien Geld verdient, läßt sich auch der Heiratsvertrag, also jener Vertrag betrachten, durch den ein Familienchef eine in seinem Hause befindliche heiratsfähige weibliche Person einen anderen Menschen zur Frau gibt.

Der Heiratsvertrag als solcher muß im Eherecht noch eingehender besprochen werden, hier wollen wir nur die finanzielle Seite dieses Vertrages ins Auge fassen.

In Albanien kann man noch mit Fug und Recht von Brautkauf reden. In Nikaj wird der eventuelle Wunsch eines Mädchens, unverheiratet zu bleiben, da ihr

---

205 GJEÇOV, S. 270. „Für die verkaufte Reihenfolge an Wasserlauf oder Mühle ist es Gesetz, einen Branntwein zu trinken. Den Branntwein wird jener spendieren, der kauft": GODIN, ebenda, S. 38.

Verheiraten für ihre Familie ein Mittel abgibt, um zu Geld zu kommen, einfach nicht beachtet. In Dukadžin wird das Geld, das man für die Wiederverehelichung einer Wittwe erhält, zwischen der Familie ihres früheren Gemahls und der Familie der Wittwe getheilt. Wie man sieht, profitieren mehrere Parteien. Auch die Familie des Bräutigams hat von Brautkauf Vortheile zu erwarten, denn der Hausherr bekommt, wenn er für seinen Sohn eine Braut heim führt in der jungen Gattin einen dienstbaren Hausgeist, der den anderen Hausbewohnern einen Theil ihrer Arbeit abnimmt. Zum Abschlusse des Brautkaufes ist nur der Familienchef berechtigt,[206] denn nur er kann für die Familie bindende Verträge eingehen, es sei denn, daß er den seitens anderer Familienmitglieder geschlossenen Vertrag stillschweigend billigt. In Albanien gilt der Satz „quis stacet consentire videtur". Will jemand nachträglich gegen einen Vertrag protestiren, so fragt man ihn meistens, warum er dies nicht schon früher bekannt gegeben habe: „pse nuk ke fol ahere" (warum hast du damals nicht geredet).

Verträge

Für Nichteinhalten eines für Gegendienst geleisteten Versprechens kann man durch Richterspruch zum Einhalten genöthigt werden.

Als einen Vertrage besonderer Art kann man in Albanien die Aufnahme eines Boten bezeichnen oder die eines Menschen, um seine Sache zu verrichten. Jeder Abgesandte steht im Schutz des Senders, denn er ist nur Vermittler, und er trägt keine Verantwortung für den Inhalt der Botschaft. Er ist eben nur ein bezahlter Diener. Soll eine Sache erledigt werden, so gibt man dem betreffenden ein Paar dünne Opanken für den Gang, durch den er die Sache zu erledigen habe und bewirte ihn außerdem mit Kaffee. Für die Verpflichtung, etwas zu regeln, kann bis 500 Groš gezahlt werden. Bleibt die Sache unerledigt, so bleibt auch die Bezahlung aus. Jede Verpflichtung, eine Angelegenheit zu ordnen, erfolgt mündlich oder ein diesbezügliches Versprechen. Eid wird oft ohne Aussicht auf Bezahlung nicht gegeben.[207]

Pacht ist im Gebirge verhältnismäßig selten, für Weidepacht wird manchmal eine Gegenleistung gefordert. Grund und Boden kann man auch an Stammesfremde verpachten. Im oberen Sapači Thal im Stammesgebiet von Beriša traf ich einen Merditen als Pächter. Auch sonst sind die Merditen dadurch bekannt, daß sie Grund und Boden pachten, z. B. in Kalmeti. Merkwürdig ist, daß man beim Mieten eines Pferdes, falls demselben während des Gebrauches etwas zustoßen sollte, nur dann nicht verantwortlich ist, wenn man die Pferdemiete

---

206 GJEÇOV, S. 55. GODIN, 56/1953, S. 16f.
207 Bei Gjeçov gibt eine andere Version; siehe GJEÇOV, S. 274f. Sie lautet in der Übersetzung Godins: „Der Bote geht nicht in der Hut des Senders, er ist in eigener Hut. Geschieht ihm unterwegs ein Unglück, so dient der Sender nicht zum Freunde. Der Bote wie der Vermittler machen den Weg für Botenlohn, im eigenen Brot, darum sind sie in niemandes Hut. Ging der Reisende allein aus seinem Haus und jemand erschlug ihn, so dient ihm weder das Haus, das ihn sandte, noch in das er gesandt ist, als Freund. Geht aber der Bote aus dem Haus, das ihn sandte, dahin er gesandt war, und es tritt ihn Unheil in deren Brot, so wird ihm als Freund gedient": GODIN, 57/1954, S. 40.

voraus bezahlt hat, man trägt hingegen die volle Verantwortung, wenn man die Miete nachträglich bezahlen wollte.

Darlehen werden heutzutage nur kurzfristig und gegen Wucherzinsen gegeben.[208] Nach Hahns Angaben zu schließen, war dies im 1860 jedoch noch nicht üblich.[209] Darlehen können gegen Bürgen, gegen Pfand oder „me bes e burni" (treu und Mannhaftigkeit) gewährt werden.[210]

Nach einer Entscheidung von Šala in 1894 kann der saumselige Schuldner, wenn sich weder Krue noch Bajraktar seiner annehmen, bis er sich der Entscheidigung des Bajraktars fügt, beraubt und getötet werden.[211] Ein Bürge kann sich von der Bürgschaft sogar bei Reue nicht losmachen. In Merdita gilt Gječov zu Folge der Spruch, „stirbt der Schuldner, so lebt der Bürge".[212] In der Malcija Madhe muß der Bürge für den gestorbenen Schuldner zahlen, er kann sich aber am Erben schadlos machen, und die Verwandten des Toten müssen die Schulden auch dann zahlen, wenn sie vom verstorbenen Schuldner nichts erben.

Wenn ein Kläger in der Malcija Madhe die Schuld eines Verstorbenen eintreiben will und der Hinterbliebene nicht einen Reinigungseid leisten will, kann der Kläger verlangen, daß er zum Eid zugelassen werde, denn für einen Todten braucht sein Verwandter keinen Eid zu leisten. Dies ist der einzige Fall im Kanun, wo der Kläger und nicht der Beklagte zum Eide kommt.

Wer sich durch das gewaltsame Ergreifen von Vieh des Schuldners eigenmächtig entschädigen will, verfällt, falls daraus Complicationen erfolgen, der Strafe und hat das gewaltsam genommene Vieh zurückzugeben.

Ich schließe an diese Satzungen eine Begebenheit vom 30. April 1860 an. Ein Šlaku leistete bei einer Schuld von 30 Piaster Bürgschaft für einen Bekannten, mußte aber hierauf, da der Schuldner nicht zahlte, selbst zahlen. Darüber hatte er mit dem Schuldner Zank, beide schossen zu gleicher Zeit und der Bürge wurde getötet.

Pfändung ist in Albanien wohl bekannt. Pfänder verlangt man um sich einer Sache zu vergewissern. In erster Linie sind es stets die Schiedsrichter, die deshalb Pfänder verlangen, um sich dessen zu vergewissern, daß sich die streitenden Parteien ihrem Richterspruche unterwerfen werden. Der Werth der Pfänder ist in solchen Fällen der Wichtigkeit der Angelegenheit entsprechend sehr verschieden. Bei Kleinigkeiten kommt es vor, daß der eigentliche Werth des Pfandes ungemein gering ist und das Pfand dann eigentlich nur ein Symbol darstellt. Manchmal ist jedoch der Werth eines Pfandes recht bedeutend. Nach Durchführung des Richterspruches sind diese Pfänder ihren Eigentümern zurückzugeben. Andere Pfänder verlangt man, wenn man befürchtet, daß jemand seine Schuld

---

208 Nach Gjeçov „Das Gesetz der Berge kennt kein Darlehen gegen Zins. Der Kanun kennt nur das einfache Darlehen: so viel du erhielst, mußt du zurückgeben". GJEÇOV, S. 272ff. GODIN, ebenda, S. 41.
209 HAHN, Studien, S. ?
210 GJEÇOV, ebenda; GODIN, ebenda.
211 Siehe die Besa zwischen Shala, Nikaj, Mërturi und Shoshi am 26. Juli 1894; GJEÇOV, S. 373f.
212 GJEÇOV, S. 277.

nicht einlösen werde oder, wenn es sich darum handelt, den Einlösungstermin einer Schuld vollkommen zu fixieren. In diesem Falle ist ein Pfand ein Werthpfand. So wie die Schuld bezahlt ist, muß das Pfand zurückerstattet werden. Ist ein Pfand im Begriffe zu verfallen, so muß der Pfänder zuerst den Gepfändeten in Anwesenheit zweier Zeugen auf diese Tatsache aufmerksam machen, und kann denn der Eigenthümer auch dann […] seine Schuld nicht begleichen oder will er es nicht tun, so steht dann dem Pfänder das Recht zu, das Pfand endgiltig zu behalten.

Gječov meint, so ein Pfand dürfte verkauft werden, und der Überschuß wäre dem Schuldner aus zu folgen.[213] Leute der Malcija Madhe sagen mir, so ein Pfand sei unveräußerlich, und es wäre im Falle seines Verkaufes als Strafe das Duplum des Darlehens oder sogar Duplum des erzielten Erlöses zu zahlen.

Für gewöhnliche Geldschulden können im allgemeinen die verschiedensten Gegenstände verpfändet werden, erwächst jedoch die Geldschuld aus den Strafgebühren eines Mordes, dann dürfen als Pfänder nur Waffen angenommen werden.

Für den Bestand des Pfandobjectes ist jener haftbar, bei dem das Pfand deponiert ist, den Verlust oder die Beschädigung des Pfandes hat er dem Gepfändeten zu ersetzen. So wie jedes Pfand ist natürlich auch jedes andere anvertraute Gut heilig und unverletzlich, und es müssen seine Beschädigung oder sein Verlust von dem Übernehmer stets vollkommen ersetzt werden.

Schenkung

Die beiden letzten Möglichkeiten, durch Vertrag zu Eigentum zu gelangen, sind in der Schenkung und der Güterteilung gegeben. Bei der Schenkung ist der Empfänger zu keiner Gegenleistung verpflichtet. Eine bloß versprochene Schenkung kann widerrufen werden, eine vollzogene kann aber ohne Einwilligung des Beschenkten nicht mehr rückgängig gemacht werden, denn dies wäre für den Schenker entehrend.[214] Häufig kommt es in der „Großen Malcija" vor, daß der Vater noch bei Lebzeiten seiner Söhne Kleinvieh, ja sogar Pferde und andere bewegliche Habe schenkt, und dies bildet dann das persönliche Eigentum des Beschenkten. Die Qualität eines verschenkten Gegenständes ist bei einer Schenkung von nebensächlicher Bedeutung, doch haben bei Schenkungen von Immobilien alle für den Verkauf von Immobilien bestehenden Einschränkungen Geltung. Weiblichen Familienmitgliedern kann man infolge dieser Bestimmungen in der Regel daher nur bewegliche Habe schenken und sogar diese nur in dem Maße, daß hiedurch nicht der Neid der männlichen Familienmitglieder erweckt werde. Unter Skutariner Einfluß pflegen Besucher in der großen Malcija bei [der Verabschiedung] aus einem Hause jeder der Frauen dieses Hauses ein kleines Geldgeschenk zu geben. Diese Geschenk ist dort, so zu sagen obligatorisch. In der Kleinen Malcija ist so ein Beschenken

213 GJEÇOV, S. 279. GODIN, ebenda, S. 42.
214 GJEÇOV, S. 273. GODIN, ebenda, S. 43.

nicht üblich. Fromme Schenkungen an Kirchen können sowohl eine bewegliche als auch unbewegliche Habe umfassen, doch sind sie nicht sehr häufig. Meistens schenkt man über Betreiben des Pfarrers der Kirche an den Pfarrhof angrenzende Felder,[215] aber auch das kommt vor, daß Leute im Wege einer Sammlung etwas zur Verschönerung der Kirche beitragen. Die letztgenannte Art der Schenkung ist nur in der Malcija Madhe und mit Einschränkungen in der Malcija Vogel üblich. In Dukadžin waren bis vor Kurzem manche Kirchen von Schmutz starrende, schlecht gedeckte, fast fensterlose, ungetünchte, ganz leer stehende Bauten, denen natürlich auch die Glockentürme fehlten, und dementsprechend dienten in Dukadžin alle frommen Schenkungen nur dazu, die Einkünfte des Pfarrhofes zu verbessern.

Güterteilung[216]

Bei der Güterteilung beim Aufbruche einer Familie hat die zu teilende Habe stets in so viel Teile zu verfallen als direct erbberechtigte Mitglieder da sind, und die Enkel haben auf diese Weise daher nur dann ein Anrecht auf einen Teil, wenn ihre Eltern nicht mehr leben. Sind die Eltern der Enkel noch am Leben, so erhalten sie ohne Rücksicht darauf, ob sie viele oder wenig Kinder haben, immer nur einen den übrigen Theilstücken gleich großen Theil.

Daß man die künftigen Erben bei so einer Gütertheilung ausschließt, ist, wenn man sich die Structur der aus einer Theilung neu entstehenden Familien vor Augen hällt, leicht verständlich. Die directen Erben werden Chefs der neu zu gründenden Familien, und die zukünftigen Erben bleiben daher als noch nicht Eigentums berechtigte Personen in den Verbänden dieser neuen Familien.

Kann man sich, was meist der Fall ist, bei einer Gütertheilung über irgendwas nicht einigen, so bittet man seine Freunde oder Häuptlinge um deren Intervention. Falls sich in der zu theilenden Familie auch persönliches Eigentum vorfinden sollte, so verbleibt dies jener Person, der es gehört, und daher unterliegt es nicht der Theilung. Wenn mehrere männliche Erben und eine Verdžin, die alle Anrecht auf eine Erbmasse haben, diese Erbmasse theilen, so bekommt auch die Verdžin ihren Theil, das heißt es steht ihr die Nutznießung ihres Theiles zu. Nach ihrem Tode geht aber ihr Antheil wieder in den Besitz der männlichen Erben über.

Ein Verlust des Eigentums oder eines Theiles desselben kann in rechtlicher Weise nur durch Richterspruch erfolgen, und zwar entweder dadurch, daß er genöthigt wird, Sühnegeld zu zahlen oder bei Mord genöthigt wird, sein ganzes Vermögen zeitweilig dem Zoti Gjakut zu überlassen. Jede andere Entäußerung des Vermögens hat als Eigentumsverletzung zu gelten und unterliegt in Folge dessen theoretisch einer Strafe. Welches die Eigentumsverletzungen sind, ist der Inhalt des folgenden Abschnittes.

---

215 GJEÇOV, S. 265. GODIN, 56/1953, S. 45.
216 GJEÇOV, S. 257–263. GODIN, 56/1953, S. 40–43.

3. Verletzung des Eigentumes

Die Verletzungen des Eigentumes spielen in Albanien eine große Rolle. Nebst Mord- und Frauenfragen sind im Gebirge stets die Rechtskundigen in hervorragender Weise mit dem Schlichten von Eigentumsstreitigkeiten beschäftigt. Die häufigste Art der Eigentumsverletzung ist Raub und Diebstahl, dann folgt die Beschädigung von fremdem Gute, endlich sind der Reihe nach Vorenthalten des Rechtes und am Schluße Betrug und Nichhalten von Verträgen zu erwähnen. Da die Vergehen der letzten Gruppe bei den beiden vorigen Abschnitten ohnehin zur Sprache kommen, theilen wir die Eigentums-Verletzungen in zwei gut getrennte Gruppen, in die eine gehört die Entwendung fremden Gutes, die zweite umfaßt jene Verletzungen des Eigentumsrechtes, die eine Beschädigung des fremden Gutes involvieren. Häufig kommt es vor, daß mehrere dieser Vergehen zusammenfallen, und die Beurtheilung dieser Fälle bleibt natürlich dann stets der Einsicht der Richter überlassen.

Raub und Diebstahl

Viehdiebstahl ist in Albanien eine häufige Erscheinung. Meist trachtet man, sich durch Selbsthilfe zu redressieren. Gelingt dies, so ist die Sache naturgemäß in Ordnung, gelingt dies aber nicht, oder war der eingeschlagene Weg von vorne herein ein verfehlter, dann erwachsen sehr leicht verwickelte Situationen. Illustriert sollen diese Complicationen an drei, dem alltäglichen Leben entnommenen Fällen werden. Zu einer Zeit, wo zwischen Šala und Curaj keine Bessa herrschte, stahl ein Šala, Sadik Müftari, dem Deli Hasani eine Kuh und da ein anderer Curaj, Vat Leka, dem Dieb das sichere Geleite bis an die Grenze des Stammes Šala gab, konnte der Dieb seine Beute in Sicherheit bringen. Wegen des Mangels einer Bessa und weil er in Šala keine Freunde hatte, war es für den Curaj Deli Hasani aussichtslos, den Dieb bei den Stammeschefs von Šala zu verklagen, und er klagte daher in Curaj. Er verklagte aber nicht den Dieb selbst, sondern seinen Helfer Vat Leka und berief sich auf das Gewohnheitsrecht. Das besagt: „Wenn ein Curaj im fremden Gebiet eine Kuh stiehlt, so zahlt er, wenn er von den Fremden in Curaj verklagt wird und man die Klage für berechtigt hält, den doppelten Werth der gestohlenen Ware, wenn aber ein Curaj im eigenen Stammesgebiet stiehlt, so wird ihm außerdem das Haus verbrannt". Da nun Deli Hasani den Vat Leka verklagt hatte, so hatte das Gericht zu entscheiden, ob Vat Leka, weil er die Entwendung der Kuh befördert hatte, bestraft zu werden habe und ob dieser Diebstahl als von einem Šala in fremdem Gebiet begangen zu betrachten wäre, oder ob nicht gar Vat Leka als Helfer des Diebes selbst als Dieb betrachtet werden mußte. Deli Hasani wollte natürlich, daß Vat Leka als Helfer eines Diebes selbst als Dieb verurtheilt werde, denn dann hätte er von ihm zwei Kühe an der Stelle der einen gestohlenen bekommen, und außerdem hätte er sich noch am Niederbrennen von Vat Lekas Haus freuen können. Vat Leka tat alles um das Unheil zu beschwören. Zumal Vat Leka ein sehr schönes Haus besaß, sonst aber ein nicht gerne gesehener und außerdem durch eigenes Verschulden verarmter Mann [war]. Diese Frage setzte Curaj eine Woche lang in größte Aufregung. Endlich wurde der Ausweg gefunden, daß Vat Leka straflos ausgehen solle, falls er beschwören könnte, daß ihm der Dieb gesagt habe, daß es sich nicht um einen in Curaj begangenen Diebstahl, sondern bloß um die Begleitung einer aus Krasnić gestohlenen Kuh handle, und daß Vat es tatsächlich nicht gewußt hätte, daß er seine aus Curaj stammende Kuh begleitete. Ob es Vat zu Wege gebracht hat, den Eid zu leisten, das ist für die Charakteristik des Falles von geringerer Bedeutung.

Der Hehler und auch der Helfer wird so behandelt wie der Dieb selbst. Der Kanun besagt: „Zubi e bukdhansi jan ni"[217] (der Dieb und sein Brotgeber sind eins). In Klmeni meint man sogar, daß im Falle eines Diebstahles nicht der Zub sondern der heimliche Bukdhansi den ganzen Schaden zu ersetzen hätte und der Zub straflos aus zu gehen habe, da er ohne den Helfer nicht hätte stehlen können.

Eine andere Angelegenheit, die sich zwischen Nikaj und Krasnić und Šala zutrug, hat ähnliches Gepräge, wie die eben erwähnte, aber dennoch wurde sie vollkommen verschieden gehandhabt, denn wenn der Bajrak einem Dieb geholfen hatte, kann der Geschädigte den betreffenden Bajrak zur Wiedegewinung von Ehre und Schaden bestehlen. Nikaj hatte mit Krasnić schon lange keine Bessa, und als nun auch der Stamm Šala den Krasnić kündigte, die es bis dahin gehabt hatte, da stahlen sofort einige Šala den Krasnić 3 Maulthiere. Da Šala nicht an Krasnić grenzt, beschuldigten die Krasnić der Einfachheit zu liebe nicht die Diebe, sondern die an sie grenzenden Nikaj, daß diese den Šala-Dieben beim Durchzuge durch ihr Gebiet Gastfreundschaft gewährt hätten, und sie verlangten auf diese Weise die Maulthiere von den Nikaj. Nikaj erklärte, er wisse von der Angelegenheit der Krasnići-Maulthiere überhaupt gar nichts und wies die Krasnić weiter an die Šala, um sich aber die Krasnić dennoch zu versöhnen, stahlen zwei Nikaj aus Šala zwei Pferde. Zufällig gehörten aber nun eben diese keinem Šala, sondern einigen Klmeni, die ihre Pferde den Šala zur Obhut anvertraut hatten. Šala forderte die Pferde seiner Gäste von den Nikaj. Da die Nikaj aber nun deren Rückerstattung verweigerten und von den Diebstahl profitieren wollten, griffen die Šala zur Selbsthilfe und holten sich die Pferde durch nächtlichen Diebstahl wieder von den Nikaj. Der Stamm Nikaj meinte nun, Šala hätte, ohne die Krasnić-Maulthiere zurück zu erstatten, kein Recht gehabt, sich die Pferde zurückzustehlen, aber Šala bestritten dies wieder mit Hinweis, daß damals, als es die Krasnić-Maulthiere gestohlen hatte, zwischen Nikaj und Krasnić keine Bessa existierte. Und dies war wohl eine dem Kanun entsprechende Antwort.

Der dritte Fall, den ich als Beispiel eines complicierten Diebstahles erwähnen möchte, ereignete sich in Thethi. Mitte August 1906 kamen Him Sadiku aus Vuthaj, Špen Balia aus Krasnić und noch ein Vuthaj mit 4 Pferden nach Thethi. Am Wege begegneten sie Lul Djoka aus Thethi, der mit Him Sadiku Freundschaft hatte, und über Aufforderung Hims wies er ihnen seinen Garten als Freistätte, um dort zu übernachten. Zusammen mit dem Krasnić ließ Lul noch Nik Lulaši aus Thethi und drei Fremden schlafen. In der Nacht kamen Zef Braši und sein Bruder aus Boga und stahlen die Pferde. Die Vuthaj forderten ihre Pferde

---

[217] Korrekt: Cubi e bukdhanësi jan nji; siehe GJEÇOV, S. 331. GODIN, 57/1954, S. 68.

von Lul Djoka als ihrem Gastgeber. Lul Djoka forderte hierauf deren Rückerstattung von Zef Braši, doch Zef erklärte, er behalte die Pferde als Pfand so
lange, bis ihm nicht einige andere Pferde zurückerstattet würden, die ihm vor
zwei Jahren von anderen Krasnić gestohlen worden waren. Um seine Gäste zu
entschädigen, stahl nun Lul Djoka den Djek Gjoni, einem Cousin Zefs, 35 Ziegen und brachte sie nach Thethi. Da aber mischten sich nun die Freunde, die
Djek Gjoni in Thethi hätte, in diese schon complicierte Sache und verlangten
unter Androhung des Hausniederbrennens von Lul Djoka die Rückerstattung
der 35 Ziegen. Dies mußte nun geschehen und zu guter letzt erstattete nun aber
wohl Lul Djokas persönlicher Feind, Nik Miloku, den die Sache eigentlich gar
nichts angieng, eine Anzeige gegen Lul Djoka wegen Ziegenraubes bei der Skutariner Regierung. Die Anzeige Nik Milokus konnte wieder nur durch Bakšiš
erledigt werden.

Vom eigentlich Dieb wird in Albanien jener, der im Geheimen Kleinigkeiten
entwendet, ausdrücklich unterschieden. Ersterer heißt Hain oder Zub, letzterer
Bratsa.[218] Nach dieser Einführung in den offenen Diebstahl und speciell in den
Viehdiebstahl der Albaner scheint es richtig, die auf Raub und Diebstahl bezug
habenden Gesetze zu besprechen.

Zwischen Raub und Diebstahl hat man wohl zu unterscheiden.

Raub ist immer mit Gewaltanwendung verbunden, der Räuber beweist durch
seine Tat, daß er kräftiger, kühner und entschlossener ist als der von ihm
Beraubte, bei Raub erleidet der Beraubte daher nicht nur materiell, sondern
auch moralisch Schaden. Die bei Raub der Waffen erlittene Entehrung läßt sich
nur durch Ermordung des Räubers aus der Welt schaffen. Bei Waffendiebstahl
braucht man in Merdita jedoch als Schadenersatz 6 Čese, das heißt einen vollen
Blutpreis, zu zahlen. In anderen Gebieten verlangt man für die Entwaffnung
nicht 600 sondern bloß 400 K.

Abgesehen von den auf die Ehre des Anderen Bezug habenden Folgen eines
Raubes, hat man bei Raub und bei Diebstahl im Gebiete des eigenen Stammes
oder solcher Stämme, die mit dem eigenen diesbezügliche Verträge haben, im
allgemeinen und überall den doppelten Betrag des Werthes der gestohlenen
Sache zu zahlen, und außerdem muß man auch an die Häuptlinge verschiedene
Strafgebühren zahlen. Stellenweise ist bestimmt worden, daß der Werth dieser
Beträge den halben Werth der gestohlenen Sache nicht überschreiten dürfen.[219]
Bei Diebstahl von Kleinvieh im eigenen Bajrak hat man z. B. theoretisch in Nikaj
an den Eigentümer 300 Kronen und an die Stammeschefs 100 K zu entrichten.
Bei Diebstahl eines Ochsen oder einer Kuh hat man dem Eigentümer das Dop-
pelte zu zahlen und den Stammeschefs ein Martini-Gewehr zu übergeben. In
anderen Gebieten sind die Satzungen noch strenger. In Karma wurden im Winter 1905 für ein von einem Stammesgenossen gestohlenes Schaf sechs Schafe
des Diebes am Kirchhofe geschlachtet und vertheilt. Auch Hahn erwähnt schon,

---

218 Braca.
219 GJEÇOV, S. 333. GODIN, ebenda, S. 70.

daß der Malcija Vogel manchmal vom Diebe bei Diebstahl den vier-, acht- ja sogar zwölffachen Betrag fordert.[220]

Für Viehdiebstahl (Prej[221] oder me ra plačk) gibt es natürlich eine Reihe von Bestimmungen. In Merdita wird Viehdiebstahl nur mit Viehdiebstahl beglichen oder durch einen [...], oder durch eine Anzeige an das Dorf. Bei der Anzeige lautet in Klmeni der Grundsatz: „Entweder Vieh oder freier Weg zur Selbsthilfe" (Agjan t'zot, a rugen t'lir). Bei Viehdiebstählen aus einer Hürde wird wegen des damit verbundenen Einbruches (rp. Hausfriedensbruches) noch 500 Groš Strafe verlangt. Im Gebirge gestohlenes Vieh braucht nicht doppelt bezahlt zu werden, sondern Stück für Stück.[222] Es entfällt auch dann jede Nebenstrafe auf den Diebstahl eines Mastschweines, aber [auf] seine Tödtung ist in Merdita eine sehr hohe Strafe ausgesetzt.[223] In Klmeni wird es stets geschätzt.

In Merdita soll bei Diebstahl im eigenen Gebiete der Dieb auch jene Auslagen zu ersetzen haben, die dem Bestohlenen aus dem Aufsuchen des abhanden gekommenen Gegenstandes erwuchsen, bei Diebstahl außerhalb des Stammes und außerhalb befreundeter Gebiete bleibt der Dieb in der Regel straflos. Es gilt so ein Diebstahl als eine Bereicherung des eigenen Gebietes. Im schlechtesten Fall hat der Dieb das gestohlene Gut zurück zu geben.

Die Leithammelglocke darf in Merdita nicht gestohlen werden. Der Diebstahl dieser Glocke gilt als besondere Provocation und gilt als Diebstahl einer ganzen Herde. Außer dem Ersatz der Herde sind für so einen Streich 500 Groš zu zahlen, denn die Sache gilt nämlich als für den Eigentümer rp. Hirten als entehrend, und sie werden, wenn die Herde ohne Glocke nach Hause kommt, ausgelacht.[224] Auch in Klmeni gilt so ein Diebstahl als Ehrensache und wird mit 6 Čese Strafe belegt.

Bei Diebstahl von Kirchengut hat der Dieb an einigen Orten theoretisch den zehnfachen Betrag zu zahlen, oder ausnahmsweise noch strengere Strafen zu erwarten. Auch hier genügt ein von Gjeçov angeführter Fall als Beispiel. Vor 50 Jahren wurden zwei Leute von ihrem ganzen Bajrak zum Tode durch Erschießen verurteilt, weil sie aus der Abtei von Oroši einen Topf Butter gestohlen hatten. Allerdings wurden sie auf Verbannung und Vertreibung aus dem Stammesgebiet begnadigt. Sie wurden also geachtet, wofür Gjeçov das slawisches Wort lečis verwendet.[225] Ein Raub in dem Bannkreise einer Kirche wurde am 1. III. 1892 mit einer sehr hohen Strafe belegt. In Bugjoni besteht, so wie im ganzen Bajrak Thači, das Gesetz, daß man einen Dieb, der sich noch vor dem Ertapptwerden freiwillig meldet, wegen der freiwilligen Meldung vom doppelten Ersatz des gestohlen Gutes befreit und von ihm nur die einfache Rückerstattung fordert.

Eine in einem Privathof verfolgte Spur stempelt den Hofbesitzer zum Dieb.

---

220 HAHN, Studien, S. ?
221 Korrekt: Pre.
222 Nach Gjeçov soll in diesem Falle das gestohlene Vieh doppelt bezahlt werden, der Dieb soll keine Geldstrafe an den Ältesten bezahlen, siehe GJEÇOV, S. 333.; GODIN, ebenda, S. 73.
223 Die Strafe war in so einem Falle 500 Grosh; siehe GJEÇOV, ebenda. GODIN, ebenda, S. 72.
224 GJEÇOV, S. 228. GODIN, ebenda, S. 71.
225 GJEÇOV, S. 294.

Wenn eine Spur in ein Dorf verfolgt wurde, so muß das Dorf den Dieb zu finden trachten oder zusammen den Diebstahl wieder gutmachen. Der Rechtsspruch sagt: „Gjurma e vueme, gjaja e gjetun" (gefundene Spur, gefundenes Vieh).[226]

Für alles, was einem Gaste gestohlen wird, ist der Gastgeber haftbar und der Gastgeber kann sich an dem Diebe schadlos halten.

Wenn ein Zoti Gjakut seinen Gjaksi tödtet, so kann er nach den Gesetzen der Malcija Vogel die Waffen seines Opfers mit sich nehmen, und dies gilt dann nicht als Diebstahl, in der Malcija Madhe ist dieses Vorgehn jedoch streng verboten, und er verfällt einem zweifachen Blut, denn Waffenraub zieht ebenfalls Blutrache nach sich.

War ein Diebstahl mit Einbruch verbunden, so gilt beim Urtheilsspruch der Einbruch als erschwerender Umstand. Bei im eigenen Stammesgebiet begangenen Einbruch muß daher außer dem doppelten Werthe des gestohlenen Gutes auch noch wegen des Einbruches 100 K Strafe gezahlt werden.[227] In Nikaj hatte, nach einer Notiz von Steinmetz um 1908 zu urtheilen, der Einbrecher bei überwiesenem Einbruch den Häuptlingen 200 Kronen, jenem bei dem er eingebrochen hatte, hingegen 400 K zu zahlen.[228] Ich bezweifle, daß unter normalen Umständen für Einbruch jemals so hohe Strafen tatsächlich eingetrieben wurden. In Merdita bestrafft man bei Diebstahl aus einem fremden Hause den damit etwa verbundenen Einbruch mit 100 K. Nun sind noch eine Reihe kleinerer, nicht seltener Übertretungen zu erörtern. Wer im Gemeindewald vor der erlaubten Zeit behufs Fütterung seiner Thiere Laub schneidet, zahlt in der Malcija Madhe 100 K, und das Laub wird ihm verbrannt. Auch für Holzdiebstahl, in dem einer Familie gehörenden Walde gibt es eine Strafe. In Merdita verliert der Dieb das hiebei verwendete Werkzeug, in der Malcija Madhe wird er zu einer Geldbuße verurtheilt.

Obstdiebstahl im eigenen Dorfe wird durch Richterspruch beglichen, die Auslagen der Richter sind vom Geschädigten zu vergüten. Auch das eigenmächtige Veranstalten großer Jagden und Fischereien ist im Territorium eines fremden Stammes verboten,[229] im allgemeinen ist aber Jagd und Fischfang im kleinen frei, denn, wie bei vielen Übertretungen wird auch in diesen Fällen der entstehende Schaden und die Intention berücksichtigt.

Beschädigung fremden Gutes

Die Beschädigung fremden Gutes erfolgt meist durch Brandstiftung, durch Tödten von Vieh und endlich durch unrechtmäßigen Gebrauch eines Privaten oder öffentlichen Grundstückes.

Unabsichtlicher Schaden muß dem Schätzungswerth entsprechend ersetzt werden, bei absichtlichem Schaden tritt noch eine Buße hinzu, deren Höhe von Fall zu Fall bestimmt wird. Ich gebe ein von Gječov aus Kušneni in 1898 citiertes Bei-

---

226 GJEÇOV, S. 172. GODIN, ebenda, S. 68.
227 GJEÇOV, S. 332f. GODIN, ebenda, S. 73.
228 Vermutlich bezieht er sich auf STEINMETZ, Adria, S. 15–19.
229 GJEÇOV, S. 249. GODIN, ebenda, S. 31.

spiel. Ein Ziegendieb ließ die Vathtüre[230] offen, die Ziegen giengen in einen benachbarten Weingarten und machten dort Schaden. Die Strafe des Diebes war für zwei Ziegen vier, für den Einbruch im Viehstall 500 Groš und für den Schaden im Weingarten 500 Groš.[231] Wenn durch eine Schlinge oder eine Falle Viehschaden in nicht unzäuntem Gebiete entsteht, so ist der Fallensteller, obzwar ihm das Recht zum Fallenstellen auf eigenem Gebiete zusteht, doch haftbar. Es erinnert dies an die Episode mit dem in einen offenen Brunnen gefallenen Dieb.

Daß jener, der einen Hofhund mutwillig erschießt, dadurch der seinen Tod fordernden Rache verfällt, ist bereits erwähnt worden, und manchmal erzürnt der Beschädigte auch wegen anderweitiger Beschädigungen dermaßen, daß er sich nicht an die Richter wendet, sondern den Übeltäter oder einen seiner Verwandten tödtet.[232] Ein Škreli tötete in 1907 zwei Rinder eines Lohja, die er in seinem Maisfelde antraf, der Eigentümer der Rinder tötete hierauf den Bruder des Škreli und dies gab nun einen Ratten[schwanz] von Morden, dem bis 1907 neun Männer und eine Frau zum Opfer fielen. Aus der Malcija Madhe sind durch Ašta eine Reihe von Bestimmungen bekannt geworden, die das Tödten von fremden Vieh theoretisch regeln. Für ein getödtetes Kleinvieh zahlt man 50 K, für ein getödtetes Großvieh sind 100 K zu zahlen. Bei der Verwundung eines Thieres hat man die Heilungskosten zu tragen.[233]

Eine Ausnahme bilden, Gjeçov zu Folge, die Schweine, denn ein Schadenmachen des Schweins darf getötet werden, doch darf der Schuß oder der Schlag nicht wiederholt werden.[234]

Auf die demonstrative Tödtung eines Hahnes war sogar in Klmeni ein sehr hohes Pönale festgesetzt. Die Tödtung oder der Diebstahl eines Hahnes wurde, da für dieses Thier oft Liebhaberpreise gezahlt wurden, mit 500 Groš bestraft.[235] Ob diese Vorliebe für den Hahn auf die bei den Iraniern bekannte Heiligkeit dieses Vogels zurückgeht, ist ungewiß. In Klmeni weiß man jedenfalls nichts mehr von der Heiligkeit des Hahnes. Da die Bienen als heilig gelten, wird überall auch die Zerstörung eines Bienengartens mit 500 Groš Strafe und dem Ersatz des Duplums belegt und auf diese Weise ein Bienengarten dem Čaranik, dem Vath (Herdenhof), Maisbehälter (Kotec) und dem Haus gleichgestellt.

Wer eine Herde auf seinem Felde überrascht, hat in der Malcija Madhe das Recht, ein Stück als Pfand für den zu beanspruchenden Schadenersatz zurück zu behalten, doch muß er es nach dem Schadenersatz zurückgeben, sonst wird er mit 100 K betraft. Übrigens darf das zurückgehaltene Stück kein Leithammel sein. In Merdita kann sich der Geschädigte, wenn es sich um Kleinvieh handelt, bei jeder Gelegenheit je ein Stück behalten.

---

230 Vatha: die Schaf- oder Ziegenhürde.
231 GJEÇOV, S. 377.
232 Nach Gjeçov sollte der Mann, der einen Hund getötet hatte, dem Besitzer nur 500 Grosh
      bezahlen. GJEÇOV, S. 328.
233 ASHTA, S. 405.
234 GJEÇOV, S. 283. GODIN, ebenda, S. 66.
235 GJEÇOV, S. 333. „Der Hahn ist die Uhr der Armen": GODIN, ebenda, S. 72.

Eine auf Gemeindeweide weidende fremde Herde büßt jedesmal mit einem Schaf, das vom Schäfer ausgefolgt zu werden hat und nicht genommen werden darf, es sei denn, daß der Hirte (Bariu) widerspenstig wäre. In so einem Falle ist Selbsthilfe gestattet. In Klmeni erfolgt in so einem Falle die Auswahl durch das Dorf. Wenn ein Vieh in einem Krautfelde Schaden stiftet, so wird dies in Klmeni mit Geld ersetzt. Wenn der Schaden im Getreidefelde erfolgte, so erfolgt der Schadenersatz in natura. In Merdita werden angeblich bei jedem durch Ziegen in einem Weingarten verursachte Schaden für einen Rebenstock 6 Oka Wein und 3 Oka Raki verlangt, weil ein Stock erst in drei Jahren ertragsfähig würde und sein jährlicher Ertrag 2 Oka Wein und eine Oka Raki sei. In Malcija Madhe wird der Betrag von Fall zu Fall durch Schiedsrichter festgestellt.

Auch die Beschädigung von Gegenständen wird naturgemäß bestraft. In Ibalja ist Brandstiftung aus Rache nur 24 Stunden nach dem Mord erlaubt. Falls sie später erfolgt, muß der Schaden oft mit dem Duplum ersetzt werden, und dies sogar in dem Falle, als die Brandstiftung während des Ausübens einer Blutrache erfolgen sollte. Um den 1. September 1906 wurde ein Hausherr in Ibalja in folge einer Blutrache getödtet, und dabei wurde auch seine Wohnungseinrichtung zerstört. Seine Tödtung wurde von allen Ibalja-Leuten für ganz richtig befunden, die Zerstörung der Wohnungseinrichtung mußten aber die Rächer den Hinterbliebenen ersetzen.

Das Verderben der Anlage einer öffentlichen Quelle in der Malcija Madhe ist mit dem außergewöhnlich hohen Pönale von 600 K belegt, denn das Faßen einer Quelle gilt als öffentliche Wohltat, und gerade in der verkarsteten Malcija Madhe sind Quellen selten und daher sehr geschätzt.

In Kastrati wurde am 2. XI. 1891 jede Quellenbeschädigung im Sinne des alten Kanun wieder mit 500 Groš festgesetzt, und dieselbe Strafe wurde für die Verhinderung der Weiber beim Füllen der Wasserfässer festgesetzt. Wie wichtig die Regelung des Gebrauches von Wasserleitungen ist, erkennt man daraus, daß bezügliche Streitigkeiten öfter zum Morde führen, wie z. B. in August 1853 in Merdita einige Leute [nach einem Streit] um das Recht, die Quelle bei der Berieselung ihrer Felder einige Stunden länger benützen zu können, ermordet wurden. Die schon erwähnte Bessa Vadadžive weißt auf die Wichtigkeit, die Berieselungsangelegenheiten in Ordnung zu halten. Auch in Montenegro war Rovinsky zu Folge bei den Mrkojevič die Felder-Bewässerung organisiert und jeder kannte die Dauer der ihm zustehenden Besetzungszeit und seinen Turnus.[236]

Für Beschädigung eines Obstbaumes zahlt man in der Malcija Madhe 100 K Strafe.[237] Wer ein Gemeindegut bildenden großen Wald muthwillig anzündet, hat Steinmetz zufolge in Šala 2.000 Kronen Strafe zu zahlen.[238] Das partielle Anzünden eines Waldes, um den Wald zu roden, ist, so viel ich weiß, gestattet.

---

236 ROVINSKII, ebenda.
237 In Mirdita 500 Grosh; siehe GJEÇOV, S. 282.
238 STEINMETZ, Vorstoß, S. 23.

Das Abschlagen eines Mrizi[239] oder seiner Äste wurde in Kastrati am 2. XI. 1891 mit 500 Groš Strafe belegt, und allgemein ist es strenge verboten, eine unter einem Mrizibaume ruhende Herde auf zu scheuchen. Stellenweise war die Strafe auf diese Störung der Mittagsruhe mit 250 Groš und 3 Schafen Buße fixiert (vide Gječov).[240] Man erinnert sich unwillkürlich an die sommerliche Mittagsruhe, wenn der große Pan schläft.

Das Verwüsten eines fremden Feldes wird in Nikaj mit 500 K bestraft, wovon 200 K auf die Stammeshäuptlinge, 300 K auf die Eigentümer des Feldes entfallen. In der Malcija Madhe wird der durch Verwüsten oder durch Durchschreiten eines Feldes entstandene Schaden durch eine Commission geschätzt.

Mark Kol Nreza, ein lustiger Wildfang, wollte in Kamezi am 20. Februar 1906 einen Menschen deshalb erschießen, weil letzterer trotz der Ermahnung seitens des Besitzers einen Weg über seinen angebauten Grund eröffnen wollte. Er schoß auf den Betreffenden, streifte ihn einmal und fehlte ihn das zweite Mal. Das Dorf Kamezi im Bajrak Ršeni gab Mark Recht, es legte den Streit bei und verurteilte den Angeschossenen zu 60 K Strafe, die unter die Häuptlinge verteilt wurden.

So wie der Gastgeber für den durch seinen Gast vermittelten Schaden, und die Eltern einer verheirateten Frau für deren Verbrechen auf zukommen haben, so sind auch die Eltern in schweren Fällen für die Handlungen ihrer Kinder verantwortlich. In Kastrati wird nach einer Satzung von 2. XI. 1892 ein Schadenstifter dann bestraft, wenn er über 12 Jahre alt ist. Kleine Kinder dürfen allenthalben sogar dann nicht geschlagen werden, wenn sie mit einer gestohlener Sache ertappt werden, sondern die Eltern müssen zu ihrer Bestrafung verhalten werden.[241] Bei Unmündigen ist es anders und fordert manchmal zu freier Rechtsfindung. Anbei ein Beispiel: Einst drang eine in Aufsicht eines Kindes stehende Herde in einen fremden Garten, und der Hirtenknabe hackte mit seinem Messer auf die Weinreben des Gartens so lange los, bis er sie ganz zerschnitten hatte. Es erschien der Garteneigentümer und gieng mit [dem] Kind zu dessen Eltern, um die Anzeige zu machen, aber die Eltern lehnten das Ordnen der Sache mit den Worten „punt fmijs" ab (es sei die Handlung eines unverantwortlichen Kindes). Der Geschädigte zog ab und brachte die Sache vor den Altenrath. Der Altenrath konnte der Angelegenheit nicht beikommen, bis nicht einer der Räte das Kind in den Garten seiner eigenen Eltern führt und dort zum Abschneiden eines Weinreisers auffordert. Das Kind lehnte dies mit der Bemerkung ab, daß es sonst von seinen Eltern ausgezankt würde. Damit war bewiesen, daß sich das Kind, als es die fremden Reiser zerschnitt, der Unzukömmlichkeit der Handlung bewußt war, und darauf mußten die Eltern zahlen.[242]

Die aus Betrug entstehenden Schäden sind schon an einer früheren Stelle besprochen worden.

---

239 Mrizi: Rastplatz der Herde.
240 GJEÇOV, S. 211.
241 GJEÇOV, S. 281. GODIN, ebenda, S. 68.
242 GJEÇOV, S. 377f.

V. Das Eherecht

Verschiedene auf das Eheverhältnis Bezug habende Rechtssätze wurden bereits in den vorigen Abschnitten behandelt. So das Recht des Gatten, die Gattin zu schlagen und zu tödten, dann die Pflichten des Gatten, bei Entehrung des Ehebundes seitens anderer Person, endlich auch jene Satzungen, die das Privateigentum der Gattin und ihr Erbrecht regeln. Einige Folgen des Lösens einer Verlobung sind gleichfalls bereits besprochen worden, dessen ungeachtet gibt es aber noch mehrere Punkte, deren Besprechung aussteht. Unter den ausstehenden Gesetzen können wir die Gesetze des Ehecontractes als die Braut, die Gattin, die Ehescheidung, die Wiederverehelichung betreffende, ferner solche unterscheiden, die die Wittwe betreffen. Wir beginnen den meritorischen Theil dieses Hauptstückes mit Besprechung der die Braut betreffenden Gesetze. Zuweilen wird sich eine kurze Recapitulation des schon in anderen Abschnitten Gesagten nicht vermeiden lassen.

1. Der Ehecontract

Die Verlobung

Die Verlobung ist, wie sich aus den die Verlobung regelnden Gesetzen zeigen wird, in Albanien im Wesentlichen der Beginn eines Kaufvertrages, den der Vater eines heiratsfähigen Jünglings oder der Stellvertreter des Vaters aber stets der Chef der Familie des Jünglings mit dem Vater eines heiratsfähigen Mädchens oder dem Stellvertreter des Vaters, also dem Chef einer anderen Familie abschließt. Da der Familienchef niemals in der Lage ist, diese Function jemand anderem zu übertragen, ergibt sich, daß ein noch unverheirateter Familienchef genöthigt ist, seine eigene Gattin selbst zu suchen, und dies ist daher einer der wenigen Fälle, in denen so zu sagen eine freie Wahl der Gattin eintritt. Falls zufällig irgend ein Jüngling ein ganz specielles Mädchen als Gattin wünschen sollte, so hat auch in diesem Falle stets die äußere Form der Verlobung durch den Familienchef gewahrt zu werden. Wenn aber in so einem Falle der Verlobung Hindernisse bestehen würden, so wird allerdings dann oft zum Brautraub gegriffen. Wie bei jedem anderen Kaufvertrage kann auch bei dem Ehevertrag ganz besonders fixiert werden, wann er in Wirksamkeit zu treten habe. Es ergibt sich aus diesem Grundsatze, daß auch Minderjährige, ja bedingungsweise sogar ungeborene Kinder verlobt werden können. Da bei einer Verlobung die Braut den Gegenstand des Verkaufes bildet, ist ein Befragen des Mädchens, ob es zu einer Verlobung einwilligt, nicht nöthig.[243] Von Seiten eines heiratsfähigen Mädchens kann eine Verlobung principiell nicht rückgängig gemacht werden, es sei denn, daß besondere Umstände eintreten, die die spätere Durchführung des Kaufvertrages hindern.

---

243 »Das Mädchen hat kein Recht: 1. den eigenen Gefährten zu wählen; sie wird zu dem gehen, mit dem sie sie verloben; 2. sich weder in Vermittlung noch Verlöbnis einzumengen; 3. noch auch in die Sache der Schuhe oder Kleider«: GODIN, 56/1953, S. 23. GJEÇOV, S. 64.

Da der Vater eines Jünglings die Braut nicht für sich, sondern für diesen kauft, um sie ihm später zu überlassen, so kann der Jüngling diese Schenkung refusiren. Seitens des Bräutigams kann daher infolge dieser Überlegung jede Verlobung rückgängig gemacht werden, doch hat in so einem Falle der Jüngling kein Anrecht auf Rückerstattung jener Auslagen, die er bis dahin freiwillig zu gunsten seiner Braut auf sich nahm. Daß bei einer Verlobung, also dem Kaufe einer Braut, der Vater die Braut dem Sohne schenkt und bei derselben nicht als Mandatär des Sohnes auftritt, ergibt sich schon daraus, daß der Sohn bei der Verlobung nie um seinen Geschmack rp. um seine Wünsche gefragt wird, die Verlobung also ohne sein Zutun erfolgt, da die ihm bestimmte Braut meist noch dann gekauft wird. Ein zweiter Beleg dafür, daß die von Familienchef gekaufte Braut eigentlich ihm gehört und nur später in den Besitz des Bräutigams gelangt, kann auch im Hochszeitceremoniell gefunden werden, denn sogar nach der Hochzeit ist es dem Bräutigam verwehrt, die erste Nacht bei seiner neuen Ehegattin zu verbringen. Im slawischen Ceremoniell ist die Tatsache, daß das jus primae noctis dem Familienchef gehört, noch deutlicher betont.

Die Schande, die einem Bräutigame aus dem Erblicken der Braut erwächst, ist offenbar gerade aus den eben geschilderten Begleitumständen einer Verlobung zu erklären, denn die Sucht eines Bräutigams sich über seine Braut persönlich zu orientieren, kann als Äußerung dessen gedeutet werden, daß er dem Geschmacke seiner Eltern und der Zweckmäßigkeit ihrer Handlung nicht ganz traue. Als ein Klmeni einst erfuhr, daß ich die Photographie einer in seinem Hause befindlichen Braut ihrem in Merdita befindlichen Bräutigam übergeben hatte, da gab dies Anlaß zu Gerede. Möglicherweise spielt allerdings bei dem Bestreben, die Braut vor dem Bräutigam zu verstecken, auch die Angst der Eltern mit, daß man sich bei dieser Art des Verkaufes der Tochter nicht so leicht einer Rückgängigmachung der Verlobung aussetzt. Sich im Wege dritter Personen unauffällig über die Beschaffenheit seiner Braut zu erkundigen, ist überall in Nordalbanien üblich, und ein heimliches, aber eigentlich nicht statthaftes Erblicken der Braut wird vom Bräutigam zuweilen ebenfalls versucht. Da kein Stamm die Ansiedelung eines Fremden in seinem Gebiete duldet und die Frau gekauft wird, ergibt sich, daß die Frau stets dem Manne folgt, und ein Einheiraten in die Familie der Braut nie stattfindet.

Von einer gewöhnlichen Schenkung an die Kinder ist die Beschaffung einer Braut insoferne verschieden, als jeder Familienchef die Pflicht hat, der Reihe nach zuerst dem ältesten, dann dem zweitältesten Söhne Gattinnen zu besorgen u.s.w. Ein Umstoßen dieser Regel kann nur bei ausdrücklichem Verzicht des einen oder des anderen Sohnes eintreten.

Das sichtbare äußere Zeichen dessen, daß es sich bei der Verlobung eines Mädchens um einen Kauf handelt, ist in der Übergabe des Kaufschillings seitens der Eltern des Jünglings an die Eltern des Mädchen gegeben.[244] Der Kaufschil-

---

244 GJEÇOV, S. 68. GODIN, ebenda, S. 27f.

ling heißt in diesem Falle Mečiri,[245] und auch der Mečiri unterliegt im Wesentlichen den Bestimmungen jeder anderen bei einem Kaufe zu erlegenden Summe. Der Mečiri kann auf einmal oder in Raten gezahlt werden, die Zahlung kann ganz in Bargeld oder in Bargeld und Werthsachen erfolgen. Der Mečiri kann daher in der Malcija Vogel durch Waffen oder Thiere complettiert werden. In der Malcija Madhe sind Thiere ausgeschlossen. Die Complettierung kann nur durch Waffen erfolgen. Im Falle des Todes der Braut verfällt der Mečiri, er wird dem Bräutigam nicht zurück erstattet, der Schaden bleibt beim Käufer.[246] Beim Tode des Bräutigams hat, da ja nicht der Bräutigam sondern sein Vater als Käufer auftritt, eine Verlobung auch weiterhin volle Geltung, zur neuerlichen Verlobung der Braut, also zu deren neuerlichem Verkaufe ist daher die ausdrückliche Zustimmung des ersten Käufers oder seiner Erben nöthig, und zuwiderhandeln würde als Brautentführung oder unrechtmäßige Wiederverlobung gelten.[247] Ein Freigeben der Braut eines Todten ist in folge dieser Regeln nur durch vollkommene Annullierung des Kaufvertrages möglich, der Mečiri muß daher von dem Vater der Braut dem Vater des verstorbenen Bräutigams zurückgegeben werden.

Der Mečiri für eine Braut war früher in der Regel 220 K, von denen in der Malcija Madhe die Braut 100 K, ihre Familie 120 K bekam, in der Malcija Vogel bekam die Familie das Ganze und die Braut nichts. Heute schwankt in der Malcija Madhe der Kaufschilling von 140 bis 600 K. In Merdita zahlt man den Mečiri so wie in der Malcija Vogel gleichfalls nur an die Eltern der Braut. Die Verlobung eines Mädchens ist keinen Hindernissen unterworfen, wohl aber die Hochzeit. Je nach dem diese Hindernisse vorauszusehen waren oder nicht, hindern sie jede Verlobung a priori oder bewirken durch ihr unvorhergesehenes Auftreten das Rückgängigmachen einer eingangenen Verlobung.

Als vorauszusehendes Impedimentum Matrimonii gilt Blutsverwandtschaft männlicherseits oder geistige Verwandtschaft.[248] Blutsverwandtschaft weiblicherseits wird nicht beachtet, jederman kann daher das Kind seiner mütterlichen Tante trauen. Den Grad der männlichen Blutsverwandtschaft schätzt man sehr verschieden. Jene drei Stämme von Merdita, die mit Šala und Šoši blutsverwandt zu sein vorgeben, heiraten weder Šala noch Šoši, innerhalb des Stammes Šala heiraten aber einige Familien unter einander und ebenso sind Hochzeiten zwischen Šala und Šoši in neuerer Zeit üblich. Je primitiver der sociale Zustand eines nordalbanischen Stammes, desto strenger schaut der betreffende Stamm auf die auf väterlicher Abstammung beruhende Verwandtschaft. Infolge dieser exogamen Heiratsbestimmungen und der Einschränkung derselben auf die Speerseite, ergibt sich, daß meist Wechselheiraten zwischen bestimmten Stämmen stattzufinden pflegen. Thethi in Šala heiratet z. B. vorwiegend nach Boga, Hoti meist nach Kastrati und Kastrati wiederum nach Hoti. Auch geistige Ver-

---

245 Korrekt: Mëçiri.
246 Nach Gjeçov sollen, wenn die Verlobte stirbt, zwei Drittel an den Bräutigam zurückerstattet werden, und ein Drittel bleibt im Hause der Verlobten: GJEÇOV, S. 82.
247 GJEÇOV, S. 8f. GODIN, ebenda, S. 33f.
248 GJEÇOV, S. 63. GODIN, ebenda, S. 24f.

wandtschaft gilt als Impedimentum Matrimonii. Die geistige Verwandtschaft beruht auf dem Kumartum, dann auf der kirchlichen Patenschaft, endlich auf der Blutsbruderschaft zweier Leute. Unter directen Nachkommen von Kumars, Paten oder Blutsbrüdern ist eine Hochzeit nicht gestattet.[249]

Unvorhergesehene Gründe, durch die eine Verlobung rückgängig gemacht werden kann, sind die Entdeckung eines Impedimentum Matrimonii, Schwängerung einer Braut seitens eines Dritten, endlich das Gelübde eines Mädchens, niemanden zu heiraten und Verdžin zu werden. Tritt einer dieser Fälle ein, so muß der Mečiri zurückerstattet werden.

Das Gelübde der Jungfrauschaft wird von Mädchen häufig als Mittel benützt, um nach der Verlobung und noch vor der Hochzeit die Verlobung zu annullieren, es hat aber nur dann Geltung und führt dementsprechend nur dann zu einem Resultate, wenn für seine Einhaltung Bürgen gestellt werden. Im ganzen ist mir nur ein Fall bekannt geworden und auch der nur aus der Litteratur, daß bei der Weigerung einer Verlobten, den für sie Auserwählten zu heiraten, dieser, ohne von dem Mädchen das Gelöbnis der Jungfrauschaft zu verlangen, von der Heirat zurück[trat]. Der Fall soll sich in Rubigu zu getragen haben und ist von Durham besprochen worden.[250]

Da in Albanien eine Heirat auch ohne kirchliche Trauung Giltigkeit hat, wird die Verschiedenheit der Confessionen trotz aller Bemühungen des katholischen Cleruses in Albanien theoretisch nicht als Ehehindernis betrachtet. Hat ein Pfarrer in irgend einem Gebiete großes Ansehen, so kann es allerdings geschehen, daß er manche vom religiösen Standpunkte unerlaubte Ehe verhindert. In Ibalja hatte z. B. ein Katholik in 1909 seine minderjährige Tochter an einen mohamedanischen Krajsnič verlobt und demselben auch tatsächlich übergeben, worauf der Pfarrer von Ibalja das Dorf gegen den Vater des Mädchens dermaßen aufzuhetzen begann, daß ein Theil der Bewohner schon bereit war, dem Katholiken zu Ehren Christi das Haus zu verbrennen.

Die Hochzeit

Den Abschluß findet der mit der Verlobung begonnene Kaufvertrag mit der ceremoniellen Übergabe der letzten Kaufrate für die Braut, und hiedurch geht die Braut in den Besitz des Käufers über. Zwischen der Verlobung, das heißt dem Zahlen der ersten Rate des Kaufgeldes, und der Hochzeit, wodurch der Kaufvertrag perfect wird, kann ein verschieden lang befristeter Termin liegen.

Durch das Hochzeitsceremonielle geht die Gattin in den beschränkten Besitz des Gatten über. Der Besitz ist beschränkt, denn er darf seine Gattin unter gewissen Umständen zwar schlagen, aber nur im Falle des unwiderleglichen Ehebruches tödten.[251]

Die Frau behällt auch nach der Hochzeit ihren Mädchennamen, man fügt

---

249 GJEÇOV, ebenda. GODIN, ebenda.
250 DURHAM, High Albania, S. 331.
251 GJEÇOV, S. 74. GODIN, ebenda, S. 38.

aber an diesen den Namen des Stammes mit dem Worte „Tochter". An das Mädchen Len Kolia aus Reči würde also nach ihrer Hochzeit Len Kolia e bija Rečit
(L. K. die Töchter von Reči) heißen.

Vom Tode seiner Gattin muß der Ehegemahl ihre Familie avisieren. Stirbt
eine Frau natürlichen Todes, ohne daß der Gatte hievon die Familie der Gestorbenen rechtzeitig in Kenntnis setzte, so kann diese Familie vom Gatten einen
feierlichen Eid mit zwölf Eideshelfern verlangen, daß die betreffende Frau tatsächlich eines natürlichen Todes starb und nicht ermordet wurde.

Der Ehegatte hat vor der Öffentlichkeit mit der neuvermählten Gattin in den
ersten Jahren in befehlendem Ton zu reden, sie wiederum hat vorallem Gehorsam zu zeigen. Auch sonst muß die Tatsache, daß die Frau dem Manne unterworfen ist, in Äußerlichkeiten zur Geltung kommen. Bei Begegnungen hat nach
orientalischer Sitte die Frau als tieferstehende immer zuerst den Gruß des Mannes zu erwarten und wenn sich Frauen und Männer an einer Bergeslehne
begegnen, so hat das Ausweichen so zu erfolgen, daß stets die Frau, und zwar
wenn nur möglich bergab aus dem Weg tritt, damit nicht irgendwie hiebei ein
Stein auf dem Mann rolle. Bei Anwesenheit von Fremden darf die Gattin nie mit
dem Mann, sondern nur mit den Kindern essen, und wenn sich der Gatte vor
Fremden von seiner Familie verabschiedet, darf sich seine Frau nicht zeigen.

Pflichten der Gattin

Die wesentlichste Pflicht einer Gattin sind in Albanien das Vermehren der
Familie und, da die Wehrhaftigkeit und der Einfluß einer Familie ausschließlich
auf dessen männlichen Nachkommenschaft basieren, ist es naturgemäß, daß in
Albanien noch mehr als in jedem anderen Lande männliche Nachkommen
ersehnt werden.[252] Eine Frau, die nur Töchter hat, ist eine schlechte Gattin, und
allerhand Satzungen regeln deren Verhältnisse. Im XVII. Jahrhundert war es in
Albanien Sitte, mit der Frau erst dann vor den Traualtar zu treten, wenn sie den
ersten Knaben geboren hatte, die Abschaffung dieser Gewohnheit war eine der
Obliegenheiten des albanischen Kirchenkonzils vom Jahre 1703.

Auch heute vergeht in Šala manchmal eine Woche, bis man mit der durch die
Civiltrauung gewonnenen neuen Gattin, vor den Pfarrer hintritt. Diese Verzöge-
rung erfolgt, um sich von einer kinderlosen Gattin leichter zu befreien. Der
Wunsch, von einer Gattin Kinder zu bekommen, ist so stark, daß sogar die drei
bis vier Jahre nach dem Tode ihres Vaters geborenen Kinder einer Wittwe als
vom rechtmäßigen Gatten stammen gelten.[253] Um den Kinderlosigkeit einer Ehe
vorzubeugen, gibt es verschiedene Mittel. Das eine besteht darin, daß man,
wenn möglich, die unfruchtbare Gattin los wird, das zweite darin, daß man zur
ersten Gattin eine zweite ankauft. Beide Arten der Abhilfe sind natürlich kir-
chenrechtlich verboten aber, es verhalten sich eben die kirchliche Ehe und die
Civilehe im Gebirge Albaniens wie zwei getrennte Ceremonien. Die zweite, also

---

252 GJEÇOV, S. 77.
253 Ebenda, S. 70f.

die kirchliche Trauung, bildet so zu sagen bloß eine Bestättigung der ersten. Heiraten zwischen Mohamedanern und Katholikinnen kommen daher vor.

In der Malcija Madhe und Merdita sind Nebenfrauen heute nicht mehr üblich, im ersteren Gebiete ist diese Sitte schon seit längerer Zeit abhanden gekommen, in Merdita in den letzten dreißig Jahren. Die Kinder der Nebenfrau sind ebenso legitim wie die Kinder der ersten. Außer der Vermehrung der Familie hat die Frau die häuslichen Arbeiten zu besorgen. Sie hat den Herd zu bedienen, das Brot und sonstige Essen zu bereiten, dann das zur Bereitung des Essens nöthige Holz und Wasser zu beschaffen, ferner hat sie für die Bekleidung sämtlicher Familienmitglieder zu sorgen. Letztgenannte Arbeit involviert natürlich das Spinnen, das Weben und das Nähen.

Damit die Frauen in der Lage sind, ihren häuslichen Pflichten nach zu kommen, werden sie schon als Mädchen in Wollespinnen, Nähen, Weben, Flechten, dann in den Künsten der Milchwirthschaft unterrichtet und verhalten, Holz und Wasser ins Haus zu bringen. Das Beschaffen des zum Essen zuweilen nöthigen Fleisches, denn naturgemäß ist das Schlachten, Häuten, Ausweiden und Auftheilen von Haus- oder Jagdtieren nicht die Aufgabe der Frauen, sondern die der Männer, und merkwürdigerweise obliegt diesen auch das Bewirthen der Fremden mit schwarzem Kaffe. Infolge dieser Arbeitstheilung haben die Männer auch die Kaffebohnen zu rösten, zu mahlen und Kaffe zu kochen.

Sind die Männer eines Hauses irgendwie verhindert, irgendwelche ihnen zukommende Arbeit zu verrichten, so geht auch diese auf die Frauen über. Als ich in 1908 die Sennhütten von Koprišti besuchte, fand ich dort ausschließlich nur Frauen, die Männer waren, obzwar sonst das Weiden der Herden ihnen obliegt, anderer Arbeiten wegen insgesammt in Broja geblieben. In Koprišti hatten daher die Frauen auch alle Arbeiten der männlichen Hirten zu verrichten.

Häufig wurden bis 1911 die Männer nicht durch anderweitige Arbeit, sondern durch Verfehmung seitens der türkischen Regierung oder durch Blutrache am Arbeiten gehindert. In solchen Fällen mußten die Frauen sich auch an die landwirtschaftlichen Arbeiten machen, und Bazareinkäufe besorgen. Schon auf diese Weise geht auch das Lastentragen auf die Frauen über. Gefördert wird es durch die Nothwendigkeit des Mannes, ununterbrochen Acht zu geben und stehts sein Gewehr schußbereit zu haben. Letzteres ist bei vollbepacktem Rücken und dem daraus resultierendem gebückten Gange nicht möglich.

In der Malcija Madhe fand einst einer meiner Begleiter meine Packtaschen zu schwer, und er klagte, daß er müde sei. Ich sagte ihm, er solle sich schämen, müde zu werden, wo doch Frauen, wenn sie vom Markte kämen und Marktware nach Hause brächten nicht müde würden. Er meinte mürrisch, Frauen seien an das Lasttragen gewöhnt und gleichsam, um mir dies noch eindringlich zu beweisen, trug er am folgenden Tage von der Sennhütte Reth Vukočes mein Gepäck nicht selbst auf den Paß, den ich besteigen wollte, sondern rief hiezu die bei seiner Sennhütte befindlichen Frauen zu Hilfe. Wenn die Gangbarkeit eines Gebietes und Reichtum einer Familie nur irgendwie den Gebrauch von Lastthieren an der Stelle der lasttragenden Frauen zuläßt, gibt man natürlich den Lastthieren den Vorzug. In erster Linie ist dies in den flacheren Gebieten der Malcija Madhe der Fall, dann bei den wohlhabenden Klmeni. Das Gewicht, das sich eine Frau aufbürdet, beträgt zuweilen 40–50 Kilo. Was die Tracht der Frauen anbelangt, so pflegt der Ehegatte darauf nicht unbedeutendes Gewicht zu legen, sowohl seine eigene Eitelkeit als auch jene allgemein der Frauen zukommende ist hiebei im Spiele.

Da man die Hochzeit in Albanien nur von ihrer praktischen Seite auffaßt, gibt der Gatte auf die stets rasch verblühende Schönheit eines albanischen Mädchens wenig. Die Schönheit, sagt ein albanisches von Cozzi citiertes Sprichwort, dauert nur einen Tag, dann fragt man nach der Arbeit.[254]

So wie bei den unwohnenden mohamedanischen, herrscht auch bei den katholischen Albanern die Ansicht, daß sich niemand um die Frau seines Nebenmenschen zu kümmern habe, und infolge dieser Ansicht hat man es nicht gerne, wenn einem die körperlichen Vorzüge seiner Frau von einem anderen Menschen gelobt werden, und ebenso gebraucht man, wenn man sich unbedingt schon um das Wohlergehen einer fremden Frau erkundigen will, meist eine Umschreibung. Man erkundigt sich häufig nach dem Wohlbefinden der Angehörigen des Hauses und statt „si ke gruen"[255] (wie hast du deine Frau) frag man „si ke ropt"[256] (wie hast du die Deinen). Dies ist offenbar eine türkische Sitte.

Den vielen Pflichten einer Gattin gegenüber sind nur wenig Rechte zu verzeichnen. Der zeitweilige Besuch der eigenen Familie, das Aufrechterhalten der häuslichen Ordung, das Erziehen der Kinder, dies sind vielleicht die bedeutendsten unter ihnen. Das Recht, seine Verwandten zu besuchen, ist namentlich für die in einem entfernteren Stamme verheirateten Mädchen wichtig, denn es ermöglicht ihnen, das Fest des Namenspatrons und andere große Festtage im Schoße der eigenen Familie zu verbringen.

Eine besondere Stellung hat innerhalb einer Familie die Frau des Familienchefs, die die Frau des Hauses (Zoja špijs)[257] genannt wird. Die Zoja špijs ist normaler Weise die Gattin des Familienchefs, es sei denn, daß sie etwa wegen Alter unfähig wurde, ihren Pflichten nachzukommen, in welchem Falle übergibt man durch Familienbeschluß die Würde der Frau des ältesten im Hause befindlichen Mannes. In Ermangelung einer solcher Frau kann auch eine im Hause befindliche Wittwe diesen Platz einnehmen, nie aber eine unverheiratete Tochter.[258] So wie der Zoti špijs das Befehlsrecht über die übrigen Männer eines Hauses, so hat, wenn auch in beschränkterem Maße, die Zoja špijs ein gewisses Recht über die anderen Frauen eines Hauses. Man nimmt an, daß die Zoja špijs dieses Recht ihrer Stellung ihrem höheren Alter und ihrer damit verbundenen größeren Erfahrung verdanke.[259] Die Achtung vor der Zoja špijs, so wie vor je-

---

254 COZZI, Donna, S. 324.
255 Korrekt: Si e ke grun? (Si e ke gruan?).
256 Korrekt: Si i ke ropt?
257 Korrekt: E zoja e shpisë.
258 GJEÇOV, S. 56f.
259 Über die Pflichten und Rechte der „Zoja e shpisë" siehe GJEÇOV, S. 57f. GODIN, ebenda, S. 18.

der Frau, schwindet jedoch, sowie ihr die Kräfte zur Pflichterfüllung schwinden. Hochbetagte Frauen werden als unnütze, oft zänkische Esserinnen betrachtet, und über den Tod einer lästigen alten Frau pflegt sich die jüngere Generation beinahe zu freuen. Mit Rücksicht auf das auch mit dem Tode einer alten Frau verbundene Todtenmahl rückt beim Tode einer alten Hexe an die erste Stelle, und mit Rücksicht darauf sagt man, in wenig zartfühlender Weise, daß der Tod einer Greisin ein Gastmahle abgebe.

Das Schicksal, als Last empfunden zu werden, teilt aber eine alte Frau in Albanien auch mit vielen Männern. Auch von kindischen Greisen heißt es „plaku asht ma zi se fmi"[260] (Ein Greis ist schlechter als ein Kind) und „Kur plaket njiri i bien tru n'čaf"[261] (wenn ein Mann alt wird, fällt ihm das Hirn in den Hals).

2. Lösung der Ehe

Außer durch den Tod ist die Lösung einer Ehe auch durch die Ehescheidung möglich, ferner kennt man in Albanien noch die Flucht der Frau und außerdem eine temporäre Verstoßung. Wenn ein Mann seine Frau in der Aufwallung des Zornes aus dem Hause weist und sie genöthigt ist, sich in das Haus ihrer Eltern zu flüchten oder auch, wenn sie aus eigener Initiative flüchtet, so ist hiedurch der Ehebund noch nicht gelöst, die Frau hat vielmehr, so wie sich die Gemüther beruhigt haben, wieder zu ihrem Manne zurück zu kehren, es sei denn, daß der Mann inzwischen die Ehe endgiltig gelöst hätte. Die Gründe, die eine Frau zur Flucht bewegen, sind meist der Haß gegen den ungetreuen Gatten, Krankheit des Gatten, Liebe zu einem anderen Manne oder blutige Mißhandlung seitens ihres Gatten. Der letzt genannte Grund gilt allgemeinen als triftig. Auch das ist schon vorgekommen, daß zu einer verhaßten Hochzeit genöthigte Frauen ihren Gatten mit Hilfe ihres Liebhabers aus dem Wege räumten, meist pflegt dann die betreffende Frau den Liebhaber zu heiraten.

Über die Entlassung einer Frau ist bisher nur das bekannt geworden, was Cozzi bezüglich in der Malcija Vogel eruiert hat.[262] Eine endgiltige Lösung des Ehecontractes tritt dann ein, wenn der Gatte den Gürtel seiner Gattin vor zwei Zeugen entzwei schneidet. In diesem Falle muß der Gatte die so verstoßene Frau mit aller ihrer privaten Habe zu ihren Eltern ziehen lassen, und er hat kein Recht, die Rückerstattung des Kaufschillings seiner Gattin zu verlangen.[263] Masci Berichtet vom Anfange des XIX. Jahrhunderts, daß eine Ehescheidung dann erfolge, wenn Gatte und Gattin die beiden Enden eines Fadens halten und der Gatte den Faden dann feierlich zerschneidet.[264]

Geht eine Entlassung zur Erntezeit vor sich, so hat der Gatte der entlassenen

---

260 Korrekt: Plaku asht ma zi se fmija (Plaku është më keq se fëmija).
261 Korrekt: Kur plaket njiri i bin trut n'qaf.
262 COZZI, Donna, S. 328.
263 GJEÇOV, S. 75. GODIN, ebenda, S. 36.
264 MASCI, Angelo: Discorso sull'origine, costumi e stato attuale della nazione albanese, o. O., o. J., S. 44.

Frau den ihr nach Berechnung auf sie entfallenden Theil der Ernte zu geben. Der Berechnung legt man hiebei die Anzahl der in der Familie befindlichen erwachsenen Menschen zu Grunde. Tritt eine Entlassung nach der Ernte ein, so hat die Entlassene bis zur neuen Ernte von ihrem ehemaligen Gatten wöchentlich 8 Kilo Mais zu erhalten. Die Gründe zu einer Entlassung sind meist in Wahnsinn, Schwängerung durch jemand anderen, totale Unfähigkeit zu häuslicher Arbeit, Diebstahl, Untreue, endlich an der Wiederholung solcher Handlungen gegeben, durch die der Ehegatte öffentlich entehrt wird. Unfruchtbarkeit der Gattin gilt deshalb nicht als Scheidungsgrund, weil man in so einem Falle einfach eine Nebenfrau heimführt. Ist auch diese Nebenfrau unfruchtbar, so wird die letztere einfach entlassen.

Bei der Verstoßung einer schwangeren Frau ist darauf zu achten, daß sie dennoch im Hause des Gatten niederkommen könne. Eine Niederkunft anderswo, namentlich aber im Hause ihrer Eltern wurde für letztere so schändlich, daß dieselben dies am Gatten rächen würden. Bei der Entlassung einer Gattin ist die öffentliche Angabe des Scheidunggrundes nie nöthig, und dies wird von den Verwandten der Frau auch schon deshalb verlangt, weil auch sie den jedenfalls beschämenden Grund vor der Öffentlichkeit verbergen trachten. Auch so findet eine feierlich entlassene Frau, da sich jedermann vor ihr fürchtet, meist nur schwer einen neuen Gatten.

3. Wiederverheiratung

Die Wiederaufnahme einer verstoßenen Frau kann nur durch neuerliches Erlegen eines Brautschillings erfolgen. Es muß also die verstoßene Frau neuerlich von ihren Eltern gekauft werden. Die Kaufsumme beträgt in so einem Falle in der Großen Malcija 120 K, in der Malcija Vogel 100 bis 200 K. Wie man auch aus diesen Summen sieht, wird durch die Verstoßung der Ehecontract vollkommen anulliert.

Der Wiederaufnahme einer Entlassenen ist die Wiederverehelichung einer Wittwe ähnlich. Von einer gewöhnlichen Hochzeit unterscheidet sich die Wiederverehelichung einer Wittwe dadurch, daß bei diesem Vorgange auch die Wittwe, also die zur Verheiratung kommende Person nach ihren Willen gefragt wird, ja es geschieht, daß eine Wittwe sich den Gatten gerade zu erwählt und sich, ohne ihre männlichen Angehörigen zu befragen, mit dem Betreffenden verlobt. Eine Wittwe kann auch bestimmen, wer den Mečiri zu erhalten habe.[265]

Solange eine Wittwe nicht in das Haus ihrer Eltern zurückgekehrt ist, sich also im Hause des verstorbenen Gatten befindet, steht ihr das Recht der Wiederverehelichung nicht zu. In keinem Falle darf eine Wittwe jemanden aus der ferneren Verwandtschaft ihres verstorbenen Gattes heiraten. Bei ihrer Wiederheiratung hat sie rp. die Verwandtschaft ferner stets einen Theil des Mečiri den Eben ihres verstorbenen Gatten zu geben. Und zwar hat dies das halbe Mečiri oder in dem centralen und östlichen Theil der Malcija Vogel 200–400 K zu sein. Als

---

265 GJEÇOV, S. 69.

Schadenersatz für diese Rückerstattung erhällt die Familie der Wittwe 1 Ochsen oder 4 Stück Kleinvieh.

Damit dem vorgebeugt werde, daß eine Wittwe, die eine neuerliche Ehe eingeht, dem neuen Gatten irgendwie ungeborene Kinder des verstorbenen vorigen Gatten ins Haus bringe, wird bei der Wiederverheiratung einer Wittwe häufig ausgemacht, daß das erste Kind der neuen Ehe noch als vom vorigen Gatten stammend zu betrachten sei.

Manchmal ergeben sich beim Wiederverheiraten recht merkwürdige Situationen. Ein Mann in Thethi nahm die Wittwe seines Bruders, da er hiedurch kostenlos in den Besitz einer Frau kam, zur Frau, hierauf wurde er excommuniciert, dann erklärte er sich dem Pfarrer gegenüber bereit, seine neue Gattin gehn zu lassen, soferne ihm der Pfarrer billig einen Ersatz fände, und da der Pfarrer in einen Nachbarstamme eine bloß ein Martini-Gewehr kostende Wittwe finden konnte, trat dies auch tatsächlich ein. Recht ähnlich ist eine zweite Episode. Der Mann einer jungen nach Thethi verheirateten Frau wurde nach einjähriger Ehe getötet, dann kehrte die Wittwe nach Hause zurück, wo ihr Neffe Hausherr war. Der Neffe verlobte sie mit jemand anderen, aber auch dieser Bräutigam starb bald, darauf offerierte wieder jemand anderer für die Wittwe 500 K, ein weiterer Freier etwas mehr und ein dritter 800 Kronen. Es gelang dem Neffen, die zwei ersten Freier zum Rücktritte zu bewegen, er verlobte seine Tante um 800 K, darauf erschien aber ein vierter Mann und gab an, daß die Witwe ihm das Versprechen gegeben hätte, ihn zu heiraten. Auch die Wittwe bestättigte diese Aussage. Der Pfarrer traute daher die Wittwe mit dem vierten Freier, er wies auch darauf, daß der neue Gatte mit der Frau im Patenschaftsverhältnis stehe, aber er hatte mit diesem Protest doch kein Glück, die Wittwe blieb bei ihrem neuen Gatten.

4. Rechtslage der Wittwe

Jede Frau, die keine Kinder hatte, muß nach dem Tode ihres Mannes unbedingt das Haus verlassen und zu ihren Eltern zurückkehren, ebenso kann eine Wittwe auch dann ausgewiesen werden, wenn sie nur Töchter hatte, es sei denn, daß die Töchter minderjährig wären. In diesem Falle wird die Wittwe noch so lange im Hause des Ehemannes geduldet, bis sie die Töchter großgezogen hat.[266] Hatte der verstorbene Ehegemahl einen Bruder hinterlassen, und entschließt sich dieser, die Gattin des Verstorbenen als Nebenfrau zu behalten, dann nimmt man von der Ausweisung Abstand.[267] So ein Behalten der Wittwe gilt nicht als

---

266 „Die junge Frau, die Witwe wird, aber Kinder hat, wird, falls sie im Hause des Mannes bleiben will, durch zwei Paar Bürgen verpflichtet. Zwei Bürgen werden aus dem Dorfe sein, wo sie Witwe wurde, die sich verbürgen, daß niemand mit ihr zu tun hat ... zwei andre werden ihre Eltern oder ihre Vetterschaft wählen, die dafür Bürge werden, daß man sie nicht von ihren Kindern trennt, außer wenn sie selbst darum nachsucht, um sich wieder zu verheiraten": GODIN, ebenda, S. 35. GJEÇOV, S. 69.

267 Nach Gjeçov soll der, der die Witwe des gestorbenen Bruders verheiraten will, 1 Ochsen und 300 Grosh an ihre Familie bezahlen. „Die Familie könnte ihre Tochter irgendwoanders verheiraten können": GJEÇOV, S. 318.

Wiedervermählung, sondern so zu sagen als vom Bruder übernommene Erbschaft. Dieser Brauch, der früher allgemeinen war, ist jetzt nunmehr in Dukadžin und der Malcija Vogel üblich, aber auch hier erfolgt das Behalten der Wittwe
meist nur dann, wenn der Beweis vorliegt, daß die Wittwe in der Lage ist, ihren
mütterlichen Pflichten nachzukommen, also schon früher nebst den Töchtern
auch Söhne hatte. Die Frist innerhalb der eine ausgewiesene Frau das Haus zu
verlassen hat, ist nicht bemessen.

Hatte eine Wittwe Kinder oder ist sie hochbetagt, so kann sie im Hause ihres
verstorbenen Ehegatten bleiben. Soferne sie vom verstorbenen Gatten Kinder
hatte, hat sie aber in der Malcija Vogel zum Verlassen des Hauses des verstorbenen Gatten eigens die Erlaubnis zu verlangen. Eine Wittwe, die Kinder hat,
bleibt also in der Malcija Vogel eigentlich auch nach dem Tode ihres Gatten
Eigentum jener Familie, die sie gekauft hat. Je fleißiger eine Wittwe ist und je
mehr Kinder sie hatte, desto weniger gerne läßt man sie ziehen. In der Malcija
Madhe kann eine Wittwe nach dem Tode des Gatten sofort nach Hause kehren
und von dort wieder verheiratet werden, es sei denn, daß sie schwanger ist,
denn in diesem Falle hat sie bis zur Niederkunft in der Familie des verstorbenen
Gatten zu verbleiben. Bevor eine Wittwe in ihr elterliches Haus zurückkehrt,
wird sie stets von Hebammen (Ferkoiza)[268] untersucht, ob sie nicht schwanger
ist, damit sie nicht etwa den Nachkommen des Todten im Leibe wegtrage.

Die Kinder folgen nie der Wittwe, sondern haben stets in der Familie des
Vaters zu bleiben. Einer Wittwe, die einen Knaben gebar, steht, soferne sie nicht
wieder heiratet, ohne Rücksicht darauf, ob der Knabe noch lebt, die Nutznießung des Vermögens ihres verstorbenen Gatten zu, doch muß sie in diesem
Falle bei der Familie des Verstorbenen bleiben, von den Immobilien des verstorbenen Gatten aber in so einem Falle darf sie nichts verkaufen. Falls eine Wittwe
sich mit der Nutznießung des Vermögens des verstorbenen Gatten nicht erhalten
kann, so steht es ihr frei, auf dieses Nutznießungsrecht zugunsten der männlichen Erben zu verzichten, und diese sind dann verpflichtet, der Wittwe so lange
sie nicht in das elterliche Haus zurückkehrt, jährlich rund 150 Kilo Maismehl, 4
Kilo Butter, 8 Kilo Wolle und 16 K als Lebensunterhalt zu geben.

Eine Wittwe kann auch nach dem Tode ihres Mannes auch in dem Falle ein
beschränktes Verfügungsrecht über dessen Hinterlassenschaft bekommen, wenn
sie einen minderjährigen Sohn hat. Dann bleibt nämlich in der Malcija Madhe
die Wittwe bis zur Großjährigkeitserklärung der Vormund ihres Sohnes und hat
sein Erbe zu verwalten, doch darf es nicht überall verkaufen. Als minderjährig
gilt ein Knabe, der das 15. Lebensjahr noch nicht erreicht hat.

Über die sociale Stellung der Frau verfügen folgende Gesetze:[269]

1. Eine Frau kann nicht in einer Volksversammlung teilnehmen.

2. Eine Frau kann nicht Plak sein, denn Plak kann nur jener sein, der Grund
und Boden hat.

---

268 Korrekt: Fërkojca.
269 GJEÇOV, S. 61.

3. Eine Frau kann nicht Kapuzar sein.[270]

4. Eine Frau kann nicht Perenik (betar)[271] sein.

5. Eine Frau ist nicht eidesfähig.

6. Eine Vergineša kann in Merdita nach Gječov am Kuven teilnehmen, hat aber kein Stimmrecht,[272] in Klmeni nimmt sie am Kuven nicht teil.

7. Eine Frau verfällt nicht der Blutrache.[273]

VI. Rechtsbräuche

Am Abschlusse unserer Schilderung albanischer Sitten haben wir, bevor wir das Gewohnheitsrecht erörtern, einige Rechtsbräuche zu schildern. Sie betreffen die Sitten, die bei jedem Rechtsverfahren, dann solche, durch die gewisse Mädchen specielle, Rechtsbefugnisse erlangen, endlich jene, die bei dem Beilegen der Blutrache eingehalten werden müssen.

1. Rechtsverfahren

Beim Rechtsverfahren in niederster Instanz hat jede Partei einen Schiedsrichter zu wählen und bei ihm zum Zeichen der Unterwerfung ein Pfand zu deponieren.[274] Diese zwei Richter haben hierauf den ihnen unterbreiteten Fall zu untersuchen, können sie aber zu keiner Entscheidung gelangen, so können sie je 2 bis 4 weitere Beiräthe heranziehen. Jede Partei muß die Hälfte der Gesammtauslagen der Schiedsrichter bezahlen.[275] Bei Streitigkeiten zwischen Privaten kann jedermann seinen Gegner auch beim Dorfe rp. bei den Stammeshäuptlingen vorladen, diese haben dann den Schuldigen vorzuladen und ihn zu zwingen, seinen Schiedsrichter zu ernennen. Bei Streitigkeiten zwischen zwei Gemeinden war zu Hahns Zeiten in Merdita die Wahl von 6–12 Schiedsrichtern üblich.

Der Wahrheitsbeweis kann in Albanien durch Zeugen und Eid geliefert werden. Wegen der Gefahren, welchen ein Zeuge von Seiten des Beklagten und seiner Verwandten ausgesetzt ist, gibt sich niemand, ohne sich eine bedeutende Belohnung zu bedingen, öffentlich als Zeuge her. Leichter ist es, einen Menschen durch Belohnung dazu zu bewegen, vor Gericht als „geheimer" Zeuge (kapučar) zu erscheinen.

Hat man in irgend einer Angelegenheit einen Mann gefunden, dem der Tatbestand bekannt ist, und hat er sich durch Aussicht auf Belohnung oder aus eigener Initiative bereit erklärt, geheime Zeugenschaft zu geben, dann macht man jenen Richtern, die der Kapučar angibt, den Namen des Kapučars bekannt, und

---

270 Kapucar: geheimer Zeuge.

271 Poronik, bestar: der Geschworene in einem Gerichtsprozeß.

272 GJEÇOV, ebenda.

273 GJEÇOV, S. 108. GODIN, ebenda, S. 34.

274 GJEÇOV, S. 145. GODIN, 58/1956, S. 140.

275 GJEÇOV, S. 148. GODIN, ebenda, S. 143.

die betreffenden Richter haben dann zu schwören, den Namen des Kapučars geheim zu halten.

Falls der Kapučar der Verschwiegenheit der Richter mißtraut, so kann er in Merdita verlangen, von solchen Leuten, die in Merdita Pritaren heißen, einvernommen zu werden, auf deren Verschwiegenheit er trauen kann.[276] In Klmeni werden die Pritaren von den Alten bestimmt. Die Pritaren haben die Nachforschung des Kapučar zu controlieren und den Kapučar einem Kreuzverhöre zu unterziehen, um seine Glaubhaftigkeit zu prüfen. Die Pritaren müssen auf jeden Fall schwören, den Kapučar nicht zu verrathen, es sei denn, daß er in das Gegenteil einwilligt. Den Kapučar haben sie nach seiner Aussage zu verteidigen. Der Kapučar erscheint vor den Richtern oder Pritaren in der Regel in der Nacht und sein Name bleibt geheim, wenn er aber im Laufe der Untersuchung öffentlich als offener Zeuge vortritt, so hilft sogar ein Reinigungseid dem Beklagten nicht. Der Kapučar bekam nach einer Bestimmung von 1894 in Šala bei Anzeige für jedes Schaf 100 Groš und für jede Kuh oder für jeden Ochs 200 Groš.[277] Die Aussagen des Kapučars und sein Beweis werden nun von den Pritaren den Richtern ohne Namensangabe bekannt gegeben und dann mit den zu seiner Vertheidigung vorgebrachten Angaben des Beschuldigten verglichen. Auf Grund dieses Vergleiches fällen alle Richter dann ihr Uhrteil. Wird dieses Urtheil von einer Partei nicht acceptiert, so kann über beiderseitiges Verlangen die Anzahl der Beiräte der Richter bis auf 24 erhöht werden. Durch diese Erweiterung erhöht sich das Ansehen des Richtercollegiums. Führt auch so ein Erhöhen des Ansehens des Richtercollegiums zu keinem Ziele, dann kann dieses Kollegium dem Kapučar seine persönliche Sicherheit garantieren, und dieser ist dann dadurch in die Lage versetzt, ohne allzu viel zu riskieren, das Geheimnis seiner Person vor aller Welt zu lüften und als öffentlicher Zeuge dem Angeklagten oder Kläger entgegen treten. Ob zwar die Institution des Kapučars naturgemäß sehr oft mißbraucht wird, ist sie dennoch weit verbreitet, und bei jedem complicierten Falle trachtet man, sich einen Kapučar zu sichern. Gibt in Klmeni der Beschädigte an, nicht durch einen Kapučar, sondern einen Freund (Mik) auf die Spur der gestohlenen Sache geführt worden zu sein, so bleibt der Name des Mik stets geheim und der Beklagte muß, wenn er leugnet, einen Reinigungseid leisten.

Kann auch das öffentliche Hervortreten des Kapučars eine Sache nicht entscheiden, oder ist die Sache schon von Natur aus eine solche, daß es unmöglich wird, einen Kapučar zu finden, so wird dem Beklagten ebenfalls der Reinigungseid auferlegt, und das Gericht bestimmt, daß er diesen Eid mit 4, 6, 8, oder 12 Eideshelfer abzulegen habe. Die Anzahl der Eideshelfer variiert nach der Sache, um die es sich handelt.

Gječovs Angaben, daß ein Priester einen Eid ohne Eideshelfer leistet, da sein Eid gleich 24 Eiden gelte, trifft in der Malcija Madhe nicht zu, ist aber für Gje-

---

276 GJEÇOV, S. 179–189 nennt sie „pritëtar".
277 Siehe die Besa zwischen Shala, Shoshi, Nikaj und Mërturi am 26. Juli 1894. GJEÇOV, S. 374.

čovs Behandlung des Kanun typisch.[278] Wenn in der Malcija Madhe ein Pfarrer einen Eide leisten soll, so fordert er andere auf, in seinem Namen den Eid zu leisten, und von ihm verlangt man keinen Eid. Der Eid eines Bajraktars ist dem Eide von 12 Leuten gleichwerthig. Jeder Eid ist nur Reinigungseid und Zeugenbeweismittel. Der Grundsatz lautet: „Ban ehup je bani e mer" (Leiste den Eid und verliert die Sache), leiste den Eid aber nicht, um die Sache zu nehmen, das heißt jener leistet den Eid, der die Sache hat, nicht aber jener, der sie verlangt. Der Eid steht also dem Geklagten zu.[279]

Um in Kavlina seine Unschuld an einem Mord zu bezeugen, sind 22 Eideshelfer nötig. Ansonsten muß der Beklagte, um seine Unschuld am Morde eines Mannes zu beweisen, 24 Eideshelfer stellen. Beim Morde einer Frau sind 12 genügend, und die gleiche Anzahl von Eideshelfern wird auch bei solchen Angelegenheiten gefordert, die durch Blut gesühnt werden müssen, also Waffenraub und Verletzung des Gastrechtes und Verwundung eines Mannes.[280]

Bei einer Anklage bei Pferdediebstahl soll man, Durhams Angaben zu Folge, acht Eideshelfer brauchen,[281] nach Thalloczys Angaben, sechs Eideshelfer stellen.[282] Bei Diebstahl eines Rindes pflegt man 3, bei Diebstahl eines Stückes Kleinvieh stets nur einen Eideshelfer zu verlangen. Um seine Schuldlosigkeit bei einem Einbruch zu beweisen, muß man den Eid mit 12 Eideshelfern leisten. Der Eid des Pfarrers gilt in Šala so viel wie der von 12 anderen Leuten. Im übrigen kann die Zahl der Eideshelfer dem jeweiligen Falle entsprechend etwas abgeändert werden.

Dem Kläger steht das Recht zu, in seinem Interesse außer der Vereidigung des Klägers, noch die einer Anzahl bestimmter Personen zu verlangen. Meist verlangt er solche, von denen er voraussetzt, daß sie infolge ihrer socialen Stellung keinen Meineid leisten werden. Diese Leute heißen in Merdita Poroti oder Poronik,[283] in der Malcija Madhe Betar. Poroti (in der Malcija Madhe als Parot ausgesprochen) ist ein allgemein slawisches Wort, das nach Merdita eventuell unter bulgarischem Einflusse eingedrungen sein kann.

Der Beklagte kann einige vom Kläger bestimmte Eideshelfer ablehnen uzw. in der Malcija Madhe sogar drei. Im Gegensatze zur Malcija Madhe, wo der Kläger alle Betaren bestimmt, wird in Merdita die Hälfte der Eideshelfer vom Ankläger bestimmt, die andere Hälfte wählt sich der Geklagte, der den Eid zu leisten hat.[284] Die Eideshelfer können mit dem den Eid leistenden (dem Zoti Bes) ferne verwandt sein. Wenn einer der vom Kläger bezeichnete Eideshelfer

---

278 GJEÇOV, S. 168. GODIN, ebenda, S. 146.
279 »Die Ableugnung hat den Eid; Dem Ableugner steht der Eid zu." Siehe auch GODIN, 57/ 1954, S. 46. GJEÇOV, S. 162.
280 Über die Zahl der Eideshelfer in anderen Fällen siehe GJEÇOV, S. 170.
281 DURHAM, Origins, S. 71.
282 THALLÓCZY, S. 440.
283 GJEÇOV, S. 166.
284 Nach Gjeçov: „die Hälfte der Eideshelfer weist das Gericht zu, die andere Hälfte findet der Herr des Eides". GJEÇOV, S. 169. GODIN, 58/1956, S. 147.

[den] Eid verweigert, so kann der Kläger in Klmenti an dessen Stelle zwei andere nahmhaft machen. Die Eideshelfer leisten den Eid nach dem Eidleister. Seinerzeit wurde in Šala nicht von allen Eideshelfern der Eid verlangt, sondern nur von der Hälfte, die dann das Evangelium berührten, während die andere Hälfte sitzen bleibt, dies ist aber eine Ausnahme von der allgemeinen Gewohnheit. Als Eideshelfer werden solche Leute designiert, die einen Einblick in die privaten Verhältnisse des Beklagten haben, ja man gibt ihnen sogar vor dem Eide meist noch geraume Zeit, sich in der Sache, in der sie zu schwören haben werden, genau zu orientieren. In Merdita können sie auch einen Verschub des Eides um 6 Monate fordern,[285] um die Sache des Eides genau zu untersuchen zu können. In der Malcija Madhe kann sich diese Frist auf ein Jahr erstrecken.

Wenn alle Eideshelfer den Eid leisten, so ist der Beklagte schuldlos, wenn sie jedoch die Schuld des Angeklagten erkannt haben und daher einstimmig den Eid verweigern, so gilt er, auch ohne daß die näheren Gründe bekannt gegeben werden, doch als schuldig. Er gilt auch dann als schuldig, wenn die Majorität der Eideshelfer den Eid verweigert. Ein weiteres Appelieren ist nicht mehr möglich[286].

Wenn die Minorität der Eideshelfer den Eid verweigert, die Gründe der Verweigerung jedoch nicht angibt, so kann diese Minorität dreimal durch neue Eideshelfer ersetzt werden.[287] Ist die Situation nach dreimaligem Ersatz aber noch immer die nämliche, so gilt der Beklagte, obzwar der Grund noch immer nicht bekannt ist, doch als schuldig, denn man faßt das constante Verweigern des Eides seitens der neu eintretenden Eideshelfer als schwerwiegendes Verdachtsmoment auf, man meint also implicite, die Majorität der Eideshelfer sei nicht parteiisch. Gibt die Minorität der Eideshelfer die Gründe der Eidverweigerung gleich anfangs an, so wird die Schuld des Beklagten natürlich hiedurch sichtbar.

Die Art des Eides ist verschiedenartig, der höchste Eid ist der mit „Sedija", dies ist der Eid bei dem man angeben muß, nicht nur eine Sache nicht getan zu haben, sondern auch nicht zu wissen, wer sie tat.[288] Dieser Eid kann übrigens noch mit den sonstigen Eidesformeln verbunden werden, und um seine Wirkungssphäre zu vergrößern, können auch Poronik gefordert werden. Die diesbezügliche Formel lautet in Kurbini „Se t'a â marr s'e dij"[289] (Ich weiß nicht, ob N. N. es stahl). Bei einen Eid auf ein Kindeshaupt werden die Köpfe aller Knaben zusammen gesteckt, der den Eid Leistende legt seine Hand auf ihre Köpfe und sagt „Ich habe bei den Häuptern meiner Kinder kein Unrecht begangen und weiß nicht, wer es tat". Der vom Hausvorstand geleistete Familien- resp. Hauseid gilt bei Diebstahl für alle Familienmitglieder als Entlastungseid.[290]

---

285 GJEÇOV, S. 172. GODIN, ebenda.
286 GJEÇOV, S. 174. GODIN, ebenda.
287 GJEÇOV, S. 169. GODIN, ebenda.
288 GJEÇOV, S. 154f.; GODIN, 57/1954, S. 49f.
289 Korrekt: Ich weiß nicht, ob es dir gestohlen worden ist.
290 GJEÇOV, S. 159. GODIN, ebenda, S. 48.

Der feierliche Eid muß öffentlich sein, er kann wo immer stattfinden, also in der Kirche, am Friedhof oder einem privaten Hause. In letzterem Falle wird meist das Haus des Beschuldigten gewählt. Man legt das Evangelium vor die Richter, in der Nähe der Richter steht der Kläger, dann tritt der Beklagte vor und schwört, und dann folgen die Eideshelfer, wobei der nächste Verwandte des Beklagten als erster an die Reihe kommt. Es geschieht dies deshalb, damit im Falle eines Meineides des Beklagten er als erster gegen den Meineidigen vorzugehen habe. Der Beklagte schwört im eigenen Namen und im Namen seiner Familie, an dem ihm zur Last gelegten Verbrechen schuldlos zu sein und den Schuldigen auch nicht zu kennen. Die Eideshelfer schwören, daß der Beklagte und die Seinen schuldlos sind, und daß auch sie selbst nicht wüßten, wer der Schuldige sei. Nach dem Eide nehmen die Schwörenden bei dem durch ihren Eide Freigesprochenen ein Mahl ein.

In Kavlina werden die Eideshelfer für diese Leistung vom Schwörenden bezahlt, in Bugjoni sollen jedoch angeblich die Eideshelfer von demjenigen schadlos gehalten werden, der den Schwur verlangt.

Am 18. Oktober 1908 habe ich in Šala einer Eidesleistung mit Eideshelfern beigewohnt. Mehrere Eideshelfer hatten ihre Gewehre für diese Ceremonie vorsichtig geladen. Die Gewehre blieben jedoch größentheils außerhalb der Kirche, wo man sie an die Kirchenmauer lehnte. Der Leiter der ganzen Handlung untersuchte das tadellose Functionieren seines Revolvers. Nach diesen Vorgängen betraten der Kläger, der Beklagte, die Eideshelfer und der Leiter des Vorgangs insgesammt die Kirche. Der Kläger mit seinen Eideshelfern stellte sich auf der Epistelseite der Kirche, der Angeklagte mit seinen Eideshelfern auf der Evangelienseite auf, die Zuschauer blieben innerhalb der Kirche bei der Türe stehen. Der Leiter der ganzen Handlung nahm an der Epistelseite an der Schmalseite des Altares Platz. Sein Gesicht war gegen das Kircheninnere gewendet. Nun begann die Ceremonie. Zuerst trat der Kläger zum Altar vor und forderte den Angeklagten auf, zu beschwören, daß weder er selbst, noch seine Verwandten den Brand in seinem Haus gelegt hätten. Hierauf trat er wieder zu den Seinigen zurück. Der Verhandlungsleiter blieb beim Altar und forderte gleichfalls den Angeklagten auf, vorzutreten. Letzterer tat es, trat mit dem Antlitz gegen den Altar gekehrt vor diesen hin und schwur, in dem er die eine Hand auf das auf der Epistelseite des Altars liegende Meßbuch legte. Unterdessen stand der Leiter der Handlung, mit dem Gesicht gegen die Kirchentüre gewendet, um achtzugeben, daß keine Störung der Handlung vorkomme. Zu diesem Zweck hatte er ja seinen scharf geladenen Revolver bei sich.

Außerhalb der Šala, namentlich in Toplana, Dušmani und Beriša, gibt es noch eine andere, von der Kirche anerkannte Art, seine Unschuld zu bezeugen. Sie besteht darin, daß sich der Schwörende nach mittelalterlicher Art verpflichtet, eine Nacht in der Kirche des Ortes allein zu verbringen und während dieser Zeit die Kirchenglocke dreimal zu läuten. Wie diese Manifestation taxiert wird, konnte ich nicht erfahren, sie scheint sehr selten in Anwendung zu kommen.

Der Eid auf das Wachs der Bienen ist ebenso heilig wie der Schwur auf das

Evangelium. Wenn man seine Feldgrenze abschreitet, um feierlich Grenzsteine zu setzen, so nimmt man einen Stein auf den Rücken, und bei diesem wird unter Anwendung der Formel „Möge dieser Stein mein Gewissen belasten" geschworen. Diese alte römische Art fand sich interessanter Weise auch in der Herzegowina. Für den im Mittelalter in alten slawischen Ländern verbreiteten Eid mit einem Rasenstück am Kopfe, der aus Böhmen, Rußland (1460–1660), und isoliert bis 1360 auch aus Ungarn, bis vor kurzem den südslawischen Ländern belegbar ist, habe ich in Albanien keine Analogie gefunden. Einen Dom, einen Stein und ein Rasenstück hatte bei feierlichen Grenzeiden der Angeklagte nach dem kroatischen Gewohnheitsrecht des XVI. Jahrhunderts zu tragen und damit die stritige Grenze abzugehen. Diese Manifestation galt mehr als der größte Eid. Zuweilen genügte das Ausrupfen von Gras oder das Umwenden eines Steines. Einen Schwur auf den Stein kennt man in Trikala in Griechenland zwischen Grekoalbanern und Griechen.

Sehr merkwürdig sind die von Gjeçov angeführten merditischen Ceremonien, wenn ein Eid bei einer Schuldangelegenheit eines Verstorbenen am Grabe des Todten zu leisten ist, dann geht der Kläger mit Stein und Erde auf Schulter dreimal um das Grab und verwünscht sich, so steinbeladen jenen Weg zurückzulegen, den der Todte zurückgelegt hat.[291] Da ich für diese Ceremonien nirgends weitere Belege gefunden habe und positiv weiß, daß so etwas den Bewohnern der Malcija Madhe nicht bekannt ist, gebe ich die Angabe mit Vorbehalten wieder. Immerhin kann ja die Angabe richtig sein, denn es scheint, als ob diese Selbstverwünschung in Zusammenhang mit der Seelenreise nach dem Tod stünde.

Dem Kanun zufolge soll in der Malcija Madhe jeder, der einen Meineid leistet, als Entschädigung das Duplum der contestierten Sache, ferner Strafgelder in verschiedenem Ausmaße und außerdem für jeden Eideshelfer noch 500 Groš Strafe zu zahlen. Freilich wird dieser Grundsatz selten befolgt.[292]

Meineide sind in Dukadžin (nördlich des Drin) eine tägliche Erscheinung, denn das öffentliche Einbekennen seiner Schuld gilt hier als Zeichen der Schwäche und daher als Schande. Andererseits genügt aber ein durch einflußreiche Eideshelfer unterstützter Eid wegen der Gefahr, der man sich aussetzen würde, wenn man diese Mitschwörenden eines Meineides bezichtigen wollte, meist vollkommen genügt, um sich aus einer unangenehmen Situation zu retten. Deshalb trachtet man auch stets, möglichst einflußreiche und persönlich tapfere Männer als Eideshelfer zu gewinnen.

---

291 GJEÇOV, S. 163f. GODIN, ebenda, S. 47.

292 Nach Godin waren die Bußen für den Meineid folgende: „1. Er wird dem Besitzer der Sache das Zwei-für-Eins zahlen; 2. Er wird dem Angeber das Schuhgeld zahlen; 3. 100 Hammel und ein Ochse für den Eid mit 24 Eideshelfern und 500 Grosh dem Hause Gjonmarku. War der Eid mit weniger als 24 Eideshelfern, so nimmt das Dorf die Buße; 4. Er wird zur Kirche gehen, um sich von dem Meineid mitsamt den Eideshelfern lossprechen zu lassen; 5. Er wird pro Eideshelfer 500 Grosh zahlen, da er sie zum Meineid führte, indem er die Kirche schändete. Dieses Geld wird der Verbrecher auf den Altar legen.": GODIN, ebenda, S. 51. GJEÇOV, S. 164ff.

Auf Beschwörungsformeln pflegt man in Albanien nur wenig Gewicht zu legen. Am häufigsten betheuert man etwas durch Anrufen eines Heiligen oder irgend einer Sache z. B. durch Anrufen des Gewehres, des eben gegessenen Brotes, des Himmels und der Erde oder irgend eines Steines. Man sagt also „per ket pušk",[293] „per buken si kemi hanger bašk",[294] „per čil e per dhe",[295] „per ket gur",[296] „per Šejtin Šenkolin",[297] dann sagt man auch „po bai bee per ket gur e si je bafša aštu m'nimoft"[298] (ich schwöre auf diesen Stein, und wie ich es machte, so solle es mir helfen). Eine Beteuerungsformel zumal der Malcija Vogel, aber auch des übrigen Nordalbanien ist „paša Zotin"[299] (ich soll Gott gesehen haben). Die Beteuerungen, sich auf das gemeinsam verzehrte Brot zu berufen, sind auch bei den Griechen in Macedonien üblich. Als Selbstverwünschung, wie bei den Griechen Trikalas, ist „Zoti mtjeroft süt e mii"[300] (Gott soll meine Augen blenden). Am meisten fühlt man sich im Hochgebirge Albaniens noch durch die Formel „Bessa bes"[301] (Treue für Treue) gebunden.

2. Das Gelübde der Keuscheit.

Ein in seinen civilrechtlichen Folgen schwerwiegendes Gelöbnis ist der Schwur eines Mädchens, unverheiratet zu bleiben. Je nach dem scheinbar mehr oder weniger religiösen Anstrich des Gelübdes kann man das Gelübde der Verdžinesen[302] und Murgešen[303] unterschieden.

Beim Gelübde einer Verdžineša mußte, wie bei jedem feierlichen Versprechen, die Verantwortung für dessen Einhaltung von zahlreichen Bürgen übernommen werden, so wie ein jedes andere feierliche Gelöbnis brauchte dies Gelöbnis aber freilich keinswegs in einer Kirche zu erfolgen. Durch dieses Versprechen gehen auf das betreffende Mädchen einige sonst nur den Männern gebührende Rechte über.

Die Verdžinesen schneiden sich die Haare, tragen am Kopfe wie die Männer einen Cülah[304] oder das sonst von den Männern getragene weiße Kopftuch, dann tragen sie den Džurdin und zuweilen kleidet sich die eine oder die andere Verdžineša auch sonst vollkommen in der Art der Männer, das heißt, sie zieht Hosen, Anterja und Džamadan an.[305] Auch das habe ich beobachtet, daß Verdžinešen Waffen trugen. Die Tatsache, daß die Verdžinešen Männerrechte besitzen,

---

293 Korrekt: Për kët pushk.
294 Korrekt: Për bukën si kemi hangër bashk.
295 Korrekt: Për qill e për dhe.
296 Korrekt: Për kët gur.
297 Korrekt: Për shenjtin Shën Koll.
298 Korrekt: Po baj be për kët gur, e si ja bafsha ashtu m'nimoft.
299 Korrekt: Pasha Zotin.
300 Korrekt: Zoti m'qërroft syt e mi.
301 Korrekt: Besa-besë.
302 Gjeçov nennt sie „virgjna": GJEÇOV, S. 340.
303 Murgesha: die Nonne.
304 Qylaf: charakteristischer Hut der Bewohner der albanischen Berge.
305 Xhamadan: Weste oder Gilet.

geht aus dem zuweilen beobachteten Waffentragen und aus ihren von anderen Mädchen abweichendem Erbrechte hervor. Nach Cozzis Angaben gab es um 1912 in der Malcija Vogel zwei Verdžinešen, die aber auch nur fallweise Männertracht anzogen,[306] in der Malcija Madhe dürfte es damals insgesammt sechs solche verschieden alte Mannsweiber gegeben haben.

Die Institution des Verdžinešentums erstreckt sich aber durch ganz Nordalbanien bis nach Ršeni, denn ich fand da selbst im Todtenregister der Pfarrer in Jahre 1902 den Selbstmord einer Verdžineša verzeichnet.

Auf mein ausdrückliches Befragen gab man mir in Ršeni die Versicherung, daß die Verdžinešen auch die Pflichten der Blutrache übernehmen. Da Cozzi in seiner Arbeit über die Blutrache auch mehrere solche Fälle anführt, wo an sonsten unbewaffnete normale Mädchen oder Frauen der Blutrache genüge geleistet haben, ja sogar Fälle anführt, die nicht auf ein zufälliges Zusammentreffen, sondern systematisches Verfolgen eines Mörders ihres Verwandten weisen,[307] so scheint mir auch diese, die Verdžinešen betreffende Angabe recht glaublich. Interessant wäre zu wissen, wieviel Sühnegeld bei der illegalen Tödtung einer Verdžineša zu zahlen wäre. Dieser punctum salienus der ganzen Frage bleibt allerdings leider noch zu erfragen. Die Institution des Verdžinešentums, die an das Amazonentum gemahnt, ist eine jedenfalls sehr alte. Solche Mannweiber gab es um 1855 auch noch in der Brda in Montenegro und in Bosnien, ist Zvorkos Aufzeichnungen zu Folge eine Tradition vorhanden, daß es früher dort Muškobračas (Mannweiber) gab, die sich als Männer kleideten und deren liebste Beschäftigung der Krieg war.

Die Gründe, die heute ein Mädchen dazu bringen, sich als Verdžineša zu erklären, sind der Wunsch, als unverheiratetes Mädchen im elterlichen Haus zu verbleiben und dann namentlich das Trachten, von einer ihm unangenehmen Verlobung zurücktreten zu können. Der erstgenannte Grund wird nur in der Malcija Madhe berücksichtigt, in der Malcija Vogel setzt man sich über ihn hinweg, denn ein Mädchen, das man nicht an jemanden verheiraten konnte, im Hause zu haben, gilt als Schande. Vielleicht ist dies Reminiscenz an die von Dorgum (1883) mitgeteilte Tatsache, daß im alten Sparta eine geraubte Braut einer Frau (Brautmutter) übergeben und in Männerkleider eingekleidet wurde.

Außer Verdžinešen kommen im Gebirge Albaniens auch andere Jungfrauen vor, die Murgeša heißen und die gleichfalls das Gelöbnis der Keuschheit abgelegt haben. Wie Cozzi anführt, ist die eine Reminiscenz an das von Pabst Clemens XIII. in 1763 aufgelöste Frauenkloster in P̀lanti, das in 1715 gegründet wurde.[308] Die Auflösung des Klosters erfolgte mit der Bestimmung, daß die damaligen Bewohner die Murgeša zu Hause in ihren Familie zu bleiben hätten. Heute werden jene Mädchen Murgeša, die einer Verlobung entgehen wollen. Ist eine Verlobung schon erfolgt, so hat das Gelöbnis, Murgeša zu werden, keine Geltung.

---

306 COZZI, Donna, S. 319.
307 COZZI, Vendetta, S. ?
308 COZZI, Donna, S. 320f.

Im Andenken an den religiösen Ursprung des Murgešentums pflegen sich die Murgešen schwarz zu kleiden, sich als eine Art Laiennonnen zu bezeichnen und anzugeben, daß sie besonders fromm sind. Meist ist mit diesen Angaben gerade das Gegenteil verbunden, und die Kirche hat vom moralischen Standpunkte ganz recht, das Murgešentum zu bekämpfen. Über Veranlassung des Erzbischofs nahm in 1912 die Stadtverwaltung des Skutariner Katholikenviertels gegen die Murgešen Stellung. Besonders viele Murgešen konnte man in Skutari treffen. Ein Verbleiben bei den eigenen Familien war den Murgešen im Hochgebirge nicht recht möglich, und deshalb pflegten sich eben viele Murgešen nach Skutari zu begeben. Vielerorts waren übrigens auch die Bedienerinnen in den Pfarrhöfen des Gebirges dieser Bevölkerungsschicht entnommen.

3. Sitten der Blutrache

Als Ende sei die Schilderung einiger Sitten der Blutrache gegeben. Um sich von den Folgen eines Mordes zu befreien und sein der Blutrache verfallenes Leben zu retten, kann es ein Mörder versuchen, sich mit seinem Rächer zu versöhnen.

Entschließt er sich zu diesem Schritte, so kann er entweder auf die Gefahr hin, abgewiesen zu werden, den Rächer unvermuthet um Gnade angehen, oder sich zuerst erkundigen, ob der Rächer bereit ist, ihm zu verzeihen.

Daß der Mörder den Rächer mit der Bitte um Verzeihung so zu sagen überrumpelt, ist, da die Sicherheit des Erfolges aussteht, naturgemäß nur selten, doch sind die dabei einzuhaltenden Ceremonien genau dieselben, wie bei der voraus verabredeten Versöhnung. Mit der Überrumpelung ist übrigens auch sonst manches Risiko verbunden, denn in Kažnjeti wurde z. B. einst einer, den seine Familie zur Abbitteleistung dem Rächer vorführen wollte, irrthümlicherweise erschossen. Hiedurch werden nun die Vorführenden als Begleiter des Reuigen schwer beleidigt, und dies war dann die Ursache einer zehnjährigen langwierigen Fehde, die acht Morde nach sich zog.

Bei der vorverabredeten Versöhnung, die naturgemäß stets erst mehrere Jahre nach einem Morde eintritt, begibt sich der Mörder in Begleitung jener angesehenen Freunde, die schon zuvor zu seinem Gunsten beim Rächer interveniert haben, allenthalben mit aufgeschlagener Kapuze und auf den Rücken gefesselten Händen zum Haus des Rächers. Meist geschieht dies spät abends oder zeitig in der Frühe. In Ršeni trägt außerdem der Mörder einen Jatagan in seinen Händen mit aufwärts gerichteter Spitze. In Dukadžin nimmt man bei diesem Gange auch ein in einer Wiege verkehrt liegendes Kind mit. Beim Hause des Rächers angelangt, kniet sich der Reuige in der Malcija Vogel stumm nieder, und es bitten nun seine Begleiter den Rächer, dem Schuldigen zu verzeihen. In Ršeni ist es der Mörder, der um Gnade appelliert, und zwar bittet er den Rächer, ihn an Ort und Stelle zu tödten oder ihm zu verzeihen.

Immer markiert der Rächer zuerst, auf seine Rache verharren zu wollen, endlich läßt er sich aber durch die stets eindringlicheren, oft von seinem eigenen Verwandten unterstützten Bitten der Umstehenden erweichen, und er beräth nun mit seinen Verwandten, was er als Sühne zu verlangen habe. Nach dieser

Beratung löst er die Fesseln des Verfolgten, umarmt ihn und verzeiht ihm mit den Worten „Halal kjoft"[309] (es walte Verzeihung). Er legt dann, soferne ein Wiegenkind mitgebracht worden war, dieses in der Wiege zurecht und gibt dann die genaueren Bedingungen bekannt, unter denen er verzeihe. Natürlich haben ihm die Freunde des Mörders hierauf für seine Gnade feierlich zu danken.

Wann und wie das Wehrgeld zu entrichten ist, ist regional verschieden. In der Malcija Vogel ist das Wehrgeld oder sein Substitut vom Verfolgten sofort nach der Versöhnung und noch im Hause des Rächers zu erlegen, in Merdita erfolgte dies später, und zwar im Hause des Verfolgten. Erfolgt die Bezahlung des Wehrgeldes im Hause des Rächers, so hat der Verfolgte die ganze geforderte Summe zu erlegen, doch wird ihm ein Theil derselben vom Rächer wieder zurückerstattet. Ist das Wehrgeld im Hause des Verfolgten zu erlegen, so erfolgt das Zahlen bei dem Versöhnungsmahle, zu dem in jedem Gebiete der Mörder nach erlangter Verzeihung seinen vormaligen Rächer und alle die Vermittler ladet. Der ehemalige Rächer kann zu diesem Mahle auch weitere Freunde in beliebiger Anzahl bringen. Beim Rakitrinken legt der Verfolgte dem Rächer 6 Martinigewehre vor, der Rächer legt das ihm am besten gefallenden beiseite und weist die übrigen zurück. Vor dem Essen bestimmt er weiterhin, soferne es noch nicht geschehen ist, die Höhe des vom Mörder zu zahlenden Betrages,[310] der meistens zwischen 1.200 bis 1.800 K schwankt, läßt davon aber einiges gleich „zu Ehren des Friedenstifters" später einiges „zu Ehren der übrigen geladenen Gäste", die meist Freunde des Ermordeten sind, nach, und hiedurch reduciert sich das Sühngeld auf 600 K. Auch diese Summe wird nach dem Male „für verzehrte Speisen" nachgelassen, und so kommt es, daß der Rächer sich zuletzt in Merdita nur den beiseite gelegten Martini behält und auch den nur auf Zureden des Verfolgten.

Die Höhe der Summe, die man sich in jenen Fällen, wo man Wehrgeld annimmt, als Wehrgeld behällt, darf niemals mehr als 600 K betragen. Wehrgeld nimmt man heutzutage in der Malcija Vogel, dann auch in Dukadžin und in Merdita an, seinerzeit war zwar das Verlangen und die symbolische Übernahme von Wehrgeld allenthalben üblich, die tatsächliche Übernahme aber streng verpönt. Jetzt halten sich nur der Bajrak Kthela und die weiter südlich gelegenen Gebiete an diese alte Form.

Nach jeder Versöhnung muß dieselbe irgendwie feierlich besiegelt werden. In Merdita geschieht dies dadurch, daß alle, die beim Versöhnungsmahle anwesend waren, beim Verlassen des Gebäudes in den hölzernen oder steineren Thürpfosten gemeinsam ein Kreuzeszeichen anbringen, was so erfolgt, daß der Rächer ein Kreuzeszeichen anbringt, und die übrigen dieses Kreuz durch weitere Hiebe oder Schnitte in alle vier Richtungen vergrößern.[311] In anderen Gebieten, so der Malcija Madhe und der Malcija Vogel ist es zu weilen üblich, daß nach einer Versöhnung Rächer und Verfolgter Blutsbruderschaft schließen. In ganz Nordal-

---

309 Korrekt: Hallall t'qoft.
310 GJEÇOV, S. 196. GODIN, 57/1954, S. 138f.
311 GJEÇOV, S. 197. GODIN, ebenda, S. 139.

banien müssen, soferne nicht Blutsbruderschaft geschlossen wurde, für das Einhalten einer Versöhnung Bürgen gefunden werden. Meistens wählt man sie aus jenen Leuten, die die Versöhnung vermittelt haben.

In Merdita kommt es auch heutzutage noch vor, daß ein Rächer, und zwar namentlich dann, wenn er in der Lage gewesen ist, seiner Rachepflicht zu genügen, sich des Verfolgten irgendwie erbarmt und ihm dann seine Schuld großmütig, ohne Buße zu verlangen, und ohne Förmlichkeiten einfach nachsieht. Freilich werden solche Fälle immer seltener. Sie sind als ein Ausfluß der Sitten der südlicheren Gebiete zu erkennen. Alle heute noch in Nordalbanien beim Verzeihen einer Blutrache üblichen Ceremonien sind nunmehr ein matter Abglanz jener, die vor 60 Jahren üblich waren. Letztere sind von Hahn geschildert worden, und es scheint hier passend diese Schilderung gekürzt zu wiederholen.

Beim Gange des Mörders zum Hause des Rächers wurde der Zug von dem das Crucifix und Evangelium tragenden Priester eröffnet, dann folgten 4–6 Wiegen, in denen Säuglinge lagen, hierauf der Mörder mit auf den Rücken gebundenen Händen, verbundenen Augen und mit einen an einem Stricke von seinem Halse hängenden Jatagan. Hierauf folgten die übrigen Vermittler. Beim Hause des Rächers blieb der Zug vor der Haustüre stehen, die Wiegen wurden mit dem Fußenden gegen Osten, also auf den Boden gestellt, also nicht in der Lage, wie man schläft, sondern wie man nur Leichen aufbahrt, der Mörder wurde in das Wohnzimmer geführt und zum Herde gestellt, dann begannen die im Hofe gebliebenen Vermittler, um Verzeihung zu bitten. So wie ihre Bitten Erfolg hatten, nahm der Rächer eine Wiege nach der anderen, trug sie dreimal im Kreise herum und stellte sie wieder, diesmal jedoch mit dem Fußende gegen Westen, auf den Boden. Dann ließ er sich oft noch stundenlang weiter bitten, endlich erklärte er sich aber zur Verzeihung bereit. Er begab sich mit den Vermittlern in das Haus und löste die Fesseln des Mörders. Wenn dies geschehen war, mußte dem Rächer an Stelle des Wehrgeldes eine größere Anzahl von Waffen übergeben werden, und hierauf wurde ein Gastmahl veranstaltet, zu dem der Schuldige die nöthigen Requisiten bereit zu stellen hatte. Gegen Ende des Mahles bat man den Rächer, einen Theil des Wehrgeldes zu erlassen, und dies pflegte ganz oder teilweise zu erfolgen. Der Schuldige erhielt auf diese Weise einen Theil der ihm abgenommenen Waffen, wenn ihm jedoch sämmtliche zurück erstattet wurden, hatte er nachträglich dem Rächer Anstands halber eine werthvolle Waffe als Geschenk zu überlassen. Das Besiegeln der Versöhnung erfolgte durch Pobratimschaft oder Kumarschaft.[312]

Der Vergleich der albanischen mit den montenegrinischen und sonstigen slawischen Ceremonien beim Verzeihen einer Rache ist schon von Miklošič erfolgt, das Resultat zu dem dieser Vergleich führte, besteht darin, daß er den albanischen Ursprung der montenegrinischen Ceremonien nachweist, denn die diesbezüglichen montenegrinischen Ceremonien sind von den übrigen analogen slawischen Ceremonien recht verschieden.

---

312 GJEÇOV, ebenda. GODIN, ebenda.

Anhang

Verzeichnis der zitierten Literatur

Albania, Nozioni geografici, Scutari 1915.

ASHTA, Nikola: Kanuni i malcís, in: Albania (Brüssel) 1897, S. 149–152, 178–181; 1898, S. 86, 106f, 156; 1899, S. 67–70.

Ders.: Das Gewohnheitsrecht der Stämme Mi-Schkodrak in den Gebirgen nördlich von Skutari, in: Illyrisch-albanische Forschungen, hrsg. Ludwig von Thallóczy, Bd. I, München-Leipzig 1916, S. 399–408.

BALDACCI, Antonio: Itinerari Albanesi, Roma 1917.

Ders.: Studi Speciali Albanesi, Bd. III, Roma 1937.

BARTL, Peter: Die Mirditen. Bemerkungen zur albanischen Stammesgeschichte, in: Münchner Zeitschrift für Balkankunde 1/1978, S. 27–69.

Ders.: Quellen und Materialien zur albanischen Geschichte im 17. und 18. Jahrhundert, Band II, Wiesbaden 1979.

Ders.: Prenk Doçi – Priester und Revolutionär. Zur Biographie eines albanischen Patrioten, in: Konferenca Shkencore për Lidhjen e Prizrenit, Tiranë (Archiv des Historischen Instituts)

BENNA, Anna Hedwig: Studien zum Kultusprotektorat Österreich-Ungarns in Albanien im Zeitalter des Imperialismus (1888–1918), in: Mitteilungen des Österreichischen Staatsarchivs 7/1954, S. 13–46.

BIEMMI, Giammaria, Istoria di Giorgio Castriotto detto Scander-begh, Brescia 1742.

BOLIZZA, Marino, Relatione e descritione del Sangiaccato di Scutari dove si ha piena contezza delle citta e siti loro villaggi, case et habitationi etc., Venezia 1614.

BOUÉ, Ami: Die Europäische Türkei, Bd. I, Wien 1859.

BUDA, Aleks: Sh. K. Gjeçovi (1874–1929). Nga jeta dhe veprimtaria, in: Studime Historike 4/1979, S. 105–117.

CHOPIN, Jean Marie: Univers pictoresque, Bd. 39.

CORDIGNANO, Francesco: Catasto veneto die Scutari e Registrum Concessionum 1416–1417, Band I, Scutari 1940 (Roma 1942).

CORONELLI: Ristretto della Dalmazia divisa né suoi contradi gia presentata alla serenissima Republica di Venezia, Vendig circa 1690.

COZZI, Ernesto: Malattie, Morte, Funerali nelle Montagne d'Albania, in: Anthropos 4/1909, S. 903–918.

Ders.: La vendetta del sangue nelle montagne dell' alta Albania, in: Anthropos 5/1910, S. 624–687.

Ders.: La donna albanese con speciale riguardo al diritto consuetudinario delle Montagne di Scutari, in: Anthropos 7/1912, S. 309–335; 617–626.

CVIJIĆ, Jovan: Balkansko poluostrvo, Beograd 1922.

DEGRAND, A.: Souvenirs de la Haute-Albanie, Paris 1901.

DEUSCH, Engelbert: Statistische Angaben über Albaniens Katholiken im letzten Viertel des 19. Jahrhunderts in k.u.k. Konsulatsberichten, in: Österreichische Osthefte 31,3/1989, S. 113–141.

DURHAM, Mary E.: High Albania, London 1909 (Reprint 1994).

Dies.: Some tribal origins, laws and customs of the Balkans, London 1928.

SCHANDERL, Hanns Dieter: Die Albanienpolitik Österreich-Ungarns und Italiens 1877–1908, Wiesbaden 1971 (= Albanische Forschungen 9).

E drejta zakonore Shqiptare, Tirana, 1989.

ELEZI, Ismet: Sur la vendetta en Albanie, in: Studia Albanica, 1/1966, S. 305–318.

FRASHËRI, Kristo: Remarques sur le Kanun de Skanderbeg, in: La Conférence Nationale des Etudes Ethnographiques (28–30 juin 1976), Tirana 1976, S. 243–258.

GELCICH, Giuseppe: La Zedda e la Dinastia dei Balšidi, Spalato 1899.

GJEÇOV, Shtjefën: Codice di Lek Dukagjini, ossia diritto delle montagne d'Albania, Roma 1941.

Ders.: Veprat, Bd. 4, Prishtinë 1985.

Ders.: Kanuni i Lekë Dukagjinit. Mbledhur dhe kodifikuar nga Shtjefën Gjeçovi, Tirana 1989 (= E drejta zakonore shqiptare).

Ders.: Kanuni i Leke Dukagjinit, Shkodër 1933.

GJERGJI, Andromaqi: Bibliografi e etnografisë shqiptare (1944–1979), Tiranë 1980.

GODIN, Marie Amelie Freiin von: Das albanische Gewohnheitsrecht, in: Zeitschrift für vergleichende Rechtswissenschaft 56/1953, S. 1–46; 57/1954, S. 5–73; 58/1956, S. 121–198.

GOPČEVIĆ, Spiridion: Ethnographische Studien in Ober-Albanien, in: Dr. A. Petermann's Mitteilungen 26/1880, S. 405–420.

Ders.: Oberalbanien und seine Liga, Leipzig 1881.

Ders.: Die Ehe in Oberalbanien, in: Globus 9/1881, S. 71–74; 10/1881, S. 151–154; 11/1881.

GRIMM, Gerhard: Johann Georg von Hahn (1811–1869). Leben und Werk. Wiesbaden, 1966.

HABERLANDT, Arthur; LEBZELTER, V.: Zur physischen Anthropologie der Albanesen, in: Archiv für Anthropologie, N.F. 17, Braunschweig 1919, S. 123–154.

HABERLANDT, Arthur: Ethnographische Beobachtungen in Montenegro und Albanien, in: Mitteilungen der k.k. geographischen Gesellschaft 60/1917, S. 92f.

Ders.: Kulturwissenschaftliche Beiträge zur Volkskunde von Montenegro, Albanien und Serbien. Ergebnisse in den von k.u.k. Truppen besetzten Gebieten, Wien 1917 (= Zeitschrift für österreichische Volkskunde, Erg.-Bd. 12 zu Jg. 23).

HAHN, Johann Georg von: Albanesische Studien, Jena 1854.

Ders.: Reise durch die Gebiete des Drin und Wardar, im Auftrage der Kaiserlichen Akademie der Wissenschaften unternommen im Jahre 1867, in: Denkschriften der Kaiserlichen Akademie der Wissenschaften, Philosophisch-historische Classe, 15/1867, 2. Abt. S. 1–188, 16/1869, 2. Abt. S. 1–177.

Ders.: Reise von Belgrad nach Salonik. Nebst vier Abhandlungen zur alten Geschichte des Morawagebietes, 2. Aufl. Wien, 1868.

Ders.: Griechische und albanesische Märchen, 2 Bde, München-Berlin, 1918.

HAMMER-PURGSTALL, Joseph: Geschichte des Osmanischen Reiches, 10 Bde, Graz 1963.

HECQUARD, Hyacinthe: Histoire et description de la Haute Albanie ou Guégarie, Paris 1863.

HEER, Caspar: Territorialentwicklung und Grenzfragen von Montenegro in der Zeit seiner Staatswerdung (1830–1887), Bern etc, 1981.

HELLE VON SAMO, A. Ritter: Völker des Osmanischen Reiches, Wien 1877.

HETZER, Armin – ROMAN, Viorel S.: Albanien. Ein bibliographischer Forschungsbericht, München 1983.

Historia e Shqipërise, Tiranë 1984, Bd. II.

HOPF, Charles: Chroniques Gréco-romaines inedites, Berlin 1873.

IPPEN, Theodor: Das Gewohnheitsrecht der Hochländer in Albanien, in: Zeitschrift für Ethnologie 33/1901, S. 43–57.

Ders.: Das Gewohnheitsrecht der Hochländer in Albanien, in: Zeitschrift für Ethnologie 33/1901.

Ders.: Skutari und die nordalbanische Küstenebene, Sarajevo 1907 (= Zur Kunde der Balkanhalbinsel/Reisen und Beobachtungen 5).

Ders.: Die Gebirge des nordwestlichen Albaniens, Wien 1908 (= Abhandlungen der k.k. Geographischen Gesellschaft in Wien 7).

IVANOVA, Julija: Severneja Albanija v XIX – načale XX v., Moskva 1973.

JASTREBOV, J., S.: Stara Serbija i Albanija, Beograd 1904.

JIREČEK, Constantin: Scutari und sein Gebiet im Mittelalter, in: Illyrisch-albanische Forschungen, hrsg. Ludwig von Thallóczy, München-Leipzig 1916, Band I, S. 94–124.

JUNCHI G.: Succinta Relazione del presente stato della diocesi di Alessio, Rom 1767 (unpublizierte Handschrift).

Kanuni i Skanderbegut, Milot 1993.

KASER, Karl: Hirten, Helden, Stammeskämpfer. Ursprünge und Gegenwart des balkanischen Patriarchats, Wien-Köln-Weimar 1992.

Ders.: Die Mannfrau in den patriarchalen Gesellschaften des Balkans und der Mythos vom Matriarchat, in: L'homme. Zeitschrift für feministische Geschichtswissenschaft, 5/1994,1, S. 59–77.

KÖHBACH, Markus: Nordalbanien in der zweiten Hälfte des 18. Jahrhunderts. Das Pašalik Shkodër unter der Herrschaft der Familie Bushatlli, in: Albanien-Symposion, hrsg. von Klaus Beitl, Kittsee 1986, S. 133–180.

KULISCHER, Eugen: Untersuchungen über das primitive Strafrecht, in: Zeitschrift für vergleichende Rechtswissenschaft 17/1905, S. 1–22.

LEAKE, William Martin: Travels in Northern Greece, London 1835.

LIEBERT, Erich: Aus dem nordalbanischen Hochgebirge, Sarajevo 1909 (= Zur Kunde der Balkanhalbinsel; Reisen und Beobachtungen 10).

LJUBIĆ, Sime: Marijana Bolice Kotoranina opis sandžakata Skadarskoga od g. 1614, in: Starine 12/1880, S. 165–205.

MACKENZIE, G. M. – IRBY, A. P.: Travels in the Slavonic provinces of Turkey in Europe, 2 Bde, London 1877.

MARKOVIĆ, Milan: Die serbische Hauskommunion, Leipzig 1903.

MASCI, Angelo: Discorso sull'origine, costumi e stato attuale della nazione albanese, o. O., o. J.

MJEDIA, Lazar: Kanuni i bajrakëve të Dukagjinit, in: Albania (Brüssel) 1898, 1899.

Ders.: Das Recht der Stämme von Dukadschin, in: Illyrisch-albanische Forschungen, hrsg. von Ludwig von Thallóczy, Bd. I, München-Leipzig 1916, S. 390–399.

MUSIL, Alois: Arabia Petraca, 3 Bde, Wien 1907-08.

NAÇI, Stavri: Pashallëku i Shkodrës nën sundimin e Bushatllive në gjysmën e dytë të shekullit të XVIII (1757–1796), Tiranë 1964.

NOPCSA, Franz: Das katholische Nordalbanien, Budapest 1907.

Ders.: Beitrag zur Geschichte der Morde in Nordalbanien, in: Mitteilungen der kais.-königl. Geographischen Gesellschaft in Wien 50, S. 429–437.

Ders.: Aus Šala und Klementi. Albanische Wanderungen, Sarajevo 1910 (= Zur Kunde der Balkanhalbinsel; Reisen und Beobachtungen 11).

Ders.: Haus und Hausrat im katholischen Nordalbanien, Sarajevo 1912 (= Zur Kunde der Balkanhalbinsel; Reisen und Beobachtungen 16).

Ders.: Beiträge zur Vorgeschichte und Ethnologie Nordalbaniens, in: Wissenschaftliche Mitteilungen aus Bosnien und Herzegowina 12/1912, S. 168–253.

Ders.: Zur Geschichte der Kartographie Nordalbaniens, in: Mitteilungen der k.k. Geographischen Gesellschaft in Wien 59, Wien 1916, S. 520–585.

Ders.: Die Herkunft des nordalbanischen Gewohnheitsrechts, des Kanun Lek Dukadzinit, in: Zeitschrift für vergleichende Rechtswissenschaft 40/1923, S. 371–376.

Ders.: Albanien. Bauten, Trachten und Geräte Nordalbaniens, Berlin 1925.

Ders.: Topographie und Stammestradition in Nordalbanien, in: Festschrift für Carl Uhlig, Öhringen 1932, S. 1–11.

POUQEVILLE, François F. C. H. L.: Reise durch Morea und Albanien nach Constantinopel und in mehrere andere Theile des ottomanischen Reiches in den Jahren 1798, 1799, 1800 und 1801, 3 Bände, Leipzig 1805.

PULAHA, Selami (Hrsg.): Defteri i regjistrimit të Sanxhakut të Shkodrës i vitit 1485, Bd. I, Tiranë 1973.

Ders.: Dokumente austriake mbi ngjarjet në Kosovë dhe në Rrafshin e Dukagjinit gjatë viteve të luftës austro-osmane (1683–1699), in: Studime Historike 1989, 3, S. 127–192.

Ders.: Kontribut për studimin e ngulitjes së katuneve dhe krijimin e fiseve në Shqipërinë e veriut shekujt XV-XVI, in: Studimë Historike 1975,1, S. 75–110.

Ders.: Formation des regions de selfgovernment dans les Malessies du sandjak de Shkodër aux XV-XVIIe siecles, in: Studia Albanica 1976, S. 174–179.

Ders.: Mbi gjallërimin e lidhjeve farefisnore dhe krijmin e fiseve në Shqipërinë e veriut në shek. XVI-XVII, in: Studimë Historike 1975,2, S. 121–145.

ROBEL, Gert: Franz Baron Nopcsa und Albanien, Wiesbaden 1966 (= Albanische Forschungen 5).

ROVINSKII, Pavel: Černogorija v eja prošlom i nastojaščem. Geografija, istorija, etnografija, arheologija, in: Sbornik otdjelenija russkago jazika i slovesnosti imperatorskoi akademin nauk 45/1888; 69/1901, S. 1–646; 80/1905, S. 1–693; 86/1909, S. 1–231; 91/1915, S. 1–501.

SAX, Carl: Erläuterungen zu der „Ethnographischen Karte der europäischen Türkei und ihrer Dependenzen zur Zeit des Kriegsausbruches im Jahre 1877", in: Mittheilungen der kais. und köngl. geographischen Gesellschaft in Wien 21/1878.

Schematismus. Almae provinciae missionarie Albanie, Sarajevo 1908.

SEINER, Franz: Ergebnisse der Volkszählung in Albanien. In den von den österr.-ungarischen Truppen 1916–1918 besetzten Gebieten, Wien-Leipzig 1922 (= Akademie der Wissenschaften in Wien. Schriften der Balkankommission, Linguistische Abteilung 13).

Ders.: Die Gliederung der albanischen Stämme, Graz 1922.

SCHWANKE, Robert: Österreichs Diplomaten in der Türkei. Ihre Verdienste zur Erweckung und Förderung landeskundlicher Forschungen in Albanien, in: Albanien-Symposion 1984, hrsg. von Klaus Beitl, Kittsee 1986.

SCHWEIZER, Gerhard: Die Derwische, Salzburg 1980.

SEDLMAYR, E. C.: Die Landwirtschaft Albaniens, in: Illyrisch-albanische Forschungen, hrsg. Ludwig von Thallóczy, Bd. II, S. 3–44.

Shqipëria e Veriut në shekullin XVIII, Bd. I, Tirana 1967.

SIEBERTZ, Paul: Albanien und die Albanesen. Landschafts- und Charakterbilder, Wien 1910.

STEINMETZ, Karl: Reise durch die Hochländergaue Oberalbaniens, Wien-Leipzig 1904 (= Zur Kunde der Balkanhalbinsel; Reisen und Beobachtungen 1).

Ders.: Ein Vorstoß in die nordalbanischen Alpen, Wien-Leipzig 1905 (= Zur Kunde der Balkanhalbinsel; Reisen und Beobachtungen 3).

Ders.: Von der Adria zum Schwarzen Drin, Sarajevo 1908 (= Zur Kunde der Balkanhalbinsel; Reisen und Beobachtungen 6).

ŠUFFLAY, Milan: Die Kirchenzustände im vortürkischen Albanien. Die orthodoxe Durchbruchszone im katholischen Damme, in: Illyrisch-Albanische Forschungen, hrsg. Ludwig von Thallóczy Bd. I., München-Leipzig 1916, S. 188–281.

SÜSSHEIM, K., Die Arnauten, in: Enzyclopädie des Islam, Band I, Leiden 1913.

THALLÓCZY, Ludwig: Kanuni i Lekës. Ein Beitrag zum albanischen Gewohnheitsrecht, in: Illyrisch-albanische Forschungen, hrsg. Ludwig von Thallóczy, Bd. I, München-Leipzig 1916, S. 409–462.

Ders.: Türkischer Gesetzentwurf, betreffend Kodifizierung des albanischen Gewohnheitsrechtes, In: Illyrisch-albanische Forschungen, hrsg. Ludwig von Thallóczy, Bd. I, München-Leipzig 1916, S. 463–486.

THORNTON, Th.: Etat actuel de la Turquie, Paris 1812.

TOMIĆ, Jovan N.: Gradja za istoriju Gornje Arbanije, in: Srpska Kraljevska Akademija, Spomenik 1905/4, S. 51–77.

ULQINI, Kahreman: Dy vërejtje rreth „Kanunit të Lekë Dukagjinit" mbledhur e kodifikuar nga Shtjefën Gjeçovi, in: Shkodra, 1/1961, S. 143–146.

VALENTINI, Giuseppe: Il diritto delle communità nella tradizione giuridica albanese, Firenze 1965.

VLORA, Eqrem: Lebenserinnerungen, 2 Bde, München 1968–1973.

WERNICKE, Anneliese: Theodor Anton Ippen, Wiesbaden 1967 (= Albanische Forschungen 7).

WUNDT, Wilhelm: Völkerpsychologie, Bd. 7: Die Gesellschaft, Leipzig 1917.

XAMPUTI, Injac (Hrsg.): Relacione mbi gjendjen e Shqipërisë Veriore dhe të Mesme në shek. XVII, Band I, Tiranë 1963.

Verzeichnis der Dokumente (1–99)

Register der Orts- und Stammesnamen

Personenregister

Sachregister

Südosteuropa
bei Böhlau

Helmut Eberhart / Karl Kaser (Hg.)
Albanien
Stammesleben zwischen Tradition und Moderne
1995. Br. 204 S. m. 60 SW-Abb.
öS 398,– / DM 58,– / sFr 58,–
ISBN 3-205-98378-5

Karl Kaser
Hirten, Kämpfer, Stammeshelden
Ursprünge und Gegenwart des balkanischen Patriarchats
1992. Br. 462 S. m. 34 SW-Abb.
öS 686,– / DM 98,– / sFr 98,–
ISBN 3-205-05545-4

Karl Kaser
Familie und Verwandtschaft
auf dem Balkan
Analyse einer untergehenden Kultur.
1995. Br. 522 S. m. 79 Tab. u. 27 Ktn.
öS 686,– / DM 98,– / sFr 98,–
ISBN 3-205-98345-9

BÖHLAU VERLAG WIEN · KÖLN · WEIMAR